中國社會科學院歷史研究所文化史研究室 編

百川學海

續百川學海·廣百川學海

【宋】左圭 【明】吴永 馮可賓 輯

人民出版社

第四冊目次

第四册目次

詩式

唐 釋皎然撰

明勢

高手述作如登荆巫覿三湘鄢郢之盛縈回盤礴千變萬態（文體開闔作用之勢）或極天高峙崒焉不群氣勝勢飛合沓相屬（奇勢在工）或修江耿耿萬里無波欻出高深重複之狀（奇勢雅發）古今逸格皆造其極矣

明作用

作者措意雖有聲律不妨作用如壺公瓢中自有天地日月時時抛鍼擲綫似斷而復續此為詩中之仙拘忌之徒非可企及矣

明四聲

樂章有宮商五音之説不聞四聲近自周顒劉繪流出宮商暢於詩體輕重低昂之節韻合情高此未損文格沈休文酷裁八病碎用四聲故風雅殆盡後之才子天機不高為沈生弊法所媚懵然隨流溺而不返

詩有四不

氣高而不怒怒則失於風流

力勁而不露露則傷於斤斧

情多而不暗暗則蹶於拙鈍

才贍而不疎疎則損於筋脉

詩有四深

氣象氤氲由深於體勢

意度盤礴由深於作用

用律不滯由深於聲對

用事不直由深於義類

詩有二要

要力全而不苦澀　要氣足而不怒張

詩有二廢

雖欲廢巧尚直而思致不得寘

雖欲廢詞尚意而典麗不得遺

詩有四離

雖期道情而離深僻　雖用經史而離書生

雖尚高逸而離迂遠　雖欲飛動而離輕浮

詩有六迷

以虛誕而爲高古　以緩漫而爲沖澹
以錯用意而爲獨善　以詭怪而爲新奇
以爛熟而爲穩約　以氣少力弱而爲容易

詩有六至

至險而不僻　至奇而不差　至麗而自然
至苦而無跡　至近而意遠　至放而不迂

詩有七德 德一作得

一識理　二高古　三典麗　四風流
五精神　六質幹　七體裁

詩有五格

不用事第一
作用事第二 其有不用事而措意不高者黜入第二格
直用事第三 其中亦有不用事而格稍下貶居第三
有事無事第四 比於第三格中稍下故入第四
有事無事情格俱下第五 情格俱下有事無事可知也

李少卿并古詩十九首

西漢之初王澤未竭詩教在焉昔仲尼所删詩三百篇初傳卜商後之學者以師道相高故有齊魯四家之目其五言周時已見濫觴及乎成篇則始於李陵蘇武二子天與其性發言自高未有作用十九首辭精義炳婉而成章始見作用之功蓋前漢之文體又如冉冉孤生竹青青河畔草傳毅蔡邕所作以此而論前漢明矣

鄴中集

鄴中七子陳王最高劉楨辭氣偏正得其中不拘對屬偶或有之語與興驅勢逐情起不由作意氣格自高與十九首其流一也

文章宗旨

康樂公早歲能文性穎神徹及通内典心地更精故所作詩發皆造極得非空王之道助耶夫文章天下之公器安敢私焉曩者嘗與諸公論康樂爲文直於情性尚於作用不顧詞彩而風流自然彼清景當中天地秋色詩之量也慶（一作卿）雲從風舒卷萬狀詩之變也不然何以得其格高其氣正其體貞其貌古其詞深其才婉其德宏其調逸其聲諧哉至如述祖德一章擬鄴中八首經廬陵王墓臨池上樓識度高明

蓋詩中之日月也安可攀援哉惠休所評謝詩如芙蓉出水斯言頗近矣故能上躡風騷下超魏晉建安製作其椎輪乎

用事

詩人皆以徵古爲用事不必盡然也今且於六義之中略論比興取象曰比取義曰興義卽象下之意凡禽魚草木人物名數萬象之中義類同者盡入比興關雎卽其義也如陶公以孤雲比貧士鮑照以直比朱絃以清比玉壺時人呼比爲用事呼用事爲比如陸機齊謳行鄙哉牛山歎未及至人情爽鳩苟已徂吾子安得停此覲諫之忠是用事非比也如康樂公還舊園作偶與張邴合久欲歸東山此敘志之忠是比非用事也詳味可知

語似用事義非用事

此二門未始有之而弱手不能知也如康樂公彭薛纔一作裁知耻貢公未遺榮或可優貪競豈足稱達生此申商榷三賢雖許其退身不免遺議蓋康樂欲借此成我詩非用事也如古詩仙人王子喬難可與等期曹植贈白馬王彪虛無求列仙松子久吾欺又古詩師涓久不奏誰能宣我心上句言仙道不可偕次句讓一作謫求之無效下句略似指人如魏武呼杜康爲酒蓋作者存其毛粉不欲委曲傷乎天眞並非用事也

取境

詩不假修飾任其醜朴但風韻正天眞全卽名上等子曰不然無鹽闕容而有德曷若文王太姒有容而有德乎又云不要苦思苦思則喪自然之質此亦不然夫不入虎穴焉得虎子取境之時須至難至險始見奇句成篇之後觀其氣貌有似等閒不思而得此高手也有時意靜神王佳句縱橫若不可遏宛若神助不然蓋由先積精思因神王而得乎

重意詩例

兩重意已上皆文外之旨若遇高手如康樂公覽而察之但見情性不覩文字蓋詣道之極也向使此道尊之於儒則冠六經之首貴之於道則居衆妙之門精之於釋則徹空王之奥但恐徒揮斧斤而無其質

故伯牙所以歎息也疇昔國朝協律郎吳兢與越僧玄監集秀句二子天機素少選又不精多采浮淺之言以誑蒙俗特入瞽夫偷語之便何異借賊兵而資盜糧無益於詩教矣

跌宕格二品

越俗

其道如黃鶴臨風貌逸神王杳不可羈郭景純遊仙詩左挹浮丘袂右拍洪厓肩鮑明遠擬行路難舉頭四顧望但見松柏園荆棘鬱蹲蹲中有一鳥名杜鵑言是古時蜀帝魂聲音哀苦鳴不息羽毛顦顇似人髡飛走樹間啄蟲蟻豈憶往時一作日天子尊念兹死生變化非常理中心惻愴不能言

駭俗

其道如楚有接輿魯有原壤外示驚俗之貌內藏達人之度郭景純遊仙詩姮娥揚妙音洪厓頷其頤王梵志道情詩我昔未生時冥冥無所知天公強生我生我復何為無衣使我寒無食使我饑還你天公我還我未生時賀知章放達詩落花真好些一醉一回顛盧照隣勞作詩城狐尾獨束山鬼面叅覃

淈沒格一品

淡俗

此道如夏姬當壚似蕩而貞采吳楚之風雖俗而正古歌曰華陰山頭百尺井下有流泉徹骨冷可憐女子來照影不照其餘照斜領

調笑格一品

戲俗

漢書云匡鼎來解人頤蓋說詩也此一品非雅作足為談笑之資矣李白上雲樂女媧弄黃土摶作愚下人散在六合間濛濛若沙塵

對句不對句

上句偶然孤發其意未全更資下句引之方了其對語一句便顯不假下句此少相敵功夫稍殊請試論之夫對者如天尊地卑君臣父子蓋天地自然之數若斤斧跡存不合自然則非作者之意又詩語二句相須如鳥有翅若惟擅工一句雖奇且麗何異於鴛鴦五色隻翼而飛者哉

三不同語意勢

不同可知矣此則有三同三同之中偷語最爲鈍賊如漢定律令厭罪必書不應爲酇侯務在匡佐不暇采詩致使弱手蕪才公行劫剝若評質以道片言可折此輩無處逃刑其次偷意事雖可罔情不可原若欲一倒平反詩教何設其次偷勢才巧意精若無朕迹蓋詩人偷狐白裘于閫域中之手吾亦賞俊從其漏網

偷語詩例

如陳後主入隋侍宴應詔詩日月光天德取傅長虞贈何劭王濟詩日月光太清上三字同下二字義同

偷意詩例

如沈佺期酧蘇味道詩小池殘暑退高樹早凉歸取柳惲從武帝登景陽樓詩太液滄波起長楊高樹秋

偷勢詩例

如王昌齡獨遊詩手攜雙鯉魚目送千里雁悟彼飛有適嗟此罹憂患取嵇康送秀才入軍詩目送歸鴻手揮五絃俯仰自得遊心太玄

品藻

古來詩集多有不公或雖公而不鑒今則不然與二三作者縣衡於衆製之表覽而鑒之庶無遺矣其華艷如百葉芙蓉菡萏照水其體裁如龍行虎步氣逸情高脫若思來景遏其勢中斷亦有如寒松病枝風擺半折

辯體有一十九字

夫詩人之思初發取境偏高則一首舉體便高取境偏逸則一首舉體便逸才性（一作情性）等字亦然故各歸功一字偏高偏逸之例直於詩體篇目風貌不妨一字之下風律外彰體德內蘊如車之有轂衆輻歸焉其一十九字括文章德體風味盡矣如易之有象辭焉今但注於前卷中後卷不復備舉其比興等六義本乎情思亦蘊乎十九字中無復別出矣

高（風韻切暢曰高）　逸（體格閑放曰逸）　貞（放詞正直曰貞）

忠（臨危不變曰忠）　節（持節不改曰節）　志（立性不改曰志）

氣（風情耿耿曰氣）　情（緣境不盡曰情）　思（氣多含蓄曰思）

德（詞温而正曰德）　誡（檢束防閑曰誡）　閑（情性疏野曰閑）

達 心迹曠誕曰達 **悲** 傷甚曰悲 **怨** 詞理淒切曰怨

意 立言曰意 **力** 體裁勁健曰力

靜 非如松風不動林狖未鳴乃謂意中之靜

遠 非謂淼淼望水杳杳看山乃謂意中之遠

詩品總評

王世貞曰吾覽鍾記室詩品折衷情文裁量事代可謂允矣詞亦奕奕發之第所推源出於何者恐未盡然邁凱昉約濫居中品至魏文不列乎上三公屈第乎下尤爲不公少損連城之價吾獨愛其評子建骨氣奇高詞彩華茂情兼雅怨體被文質嗣宗言在耳目之內情寄八荒之表靈運名章迥句處處間起麗典新聲絡繹奔會越石善爲悽戾之詞自有清拔之氣明遠得景陽之詭敘含茂先之靡嫚骨節强於謝

混驅邁疾於顏延總四家而並美跨兩代而孤出玄暉奇章秀句往往警遒足使叔源失步明遠變色文通詩體總雜善於摹擬筋力於王微成就於謝朓此數評者贊許既實措撰尤工

蘭莊詩話云鍾嶸品陶潛詩文體省靜殆無長語篤意真古辭興婉愜古今隱逸詩人之宗也可謂知言矣而寘之中品其上品十一人如王粲阮籍輩顧右於潛耶論者稱嶸洞悉言理曲臻雅致標揚極界以示法程自唐而上莫及也吾獨惑於處陶焉

南史云鍾嶸嘗求譽於約約拒之及約卒嶸品古今詩爲評言其優劣云云蓋追宿憾以此報之也

詩品卷上

梁　鍾嶸著　武林徐仁毓閱

氣之動物物之感人故搖蕩性情形諸舞詠照燭三才暉麗萬有靈祇待之以致饗幽微藉之以昭告動天地感鬼神莫近於詩昔南風之辭卿雲之頌厥義夐矣夏歌曰鬱陶乎予心楚謠曰名予曰正則雖詩體未全然是五言之濫觴也逮漢李陵始著五言之目矣古詩眇邈人世難詳推其文體固是炎漢之製非衰周之倡也自王揚枚馬之徒詞賦競爽而吟詠

靡聞從李都尉迄班婕妤將百年間有婦人焉一人而已詩人之風頓已缺喪東京二百載中惟有班固詠史質木無文降及建安曹公父子篤好斯文平原兄弟鬱爲文棟劉楨王粲爲其羽翼次有攀龍託鳳自致於屬車者蓋將百計彬彬之盛大備於時矣爾後陵遲衰微迄於有晉太康中三張二陸兩潘一左勃爾復興踵武前王風流未沫亦文章之中興也永嘉時貴黃老稍尚虛談于時篇什理過其辭淡乎寡味爰及江表微波尚傳孫綽許詢桓庾諸公詩皆平典似道德論建安風力盡矣先是郭景純用儁上之才變創其體劉越石仗清剛之氣贊成厥美然彼衆我寡未能動俗逮義熙中謝益壽斐然繼作元嘉中有謝靈運才高詞盛富艷難蹤固已含跨劉郭陵轢潘左故知陳思爲建安之傑公幹仲宣爲輔陸機爲太康之英安仁景陽爲輔謝客爲元嘉之雄顏延年爲輔斯皆五言之冠冕文詞之命世也夫四言文約易廣取效風騷便可多得每苦文繁而意少故世罕習焉五言居文詞之要是衆作之有滋味者也故云

會於流俗豈不以指事造形窮情寫物最爲詳切者耶故詩有六義焉一曰興二曰比三曰賦文已盡而意有餘興也因物喻志比也直書其事寓言寫物賦也弘斯三義酌而用之幹之以風力潤之以丹彩使味之者無極聞之者動心是詩之至也若專用比興則患在意深意深則詞躓若但用賦體則患在意浮意浮則文散嬉成流移文無止泊有蕪漫之累矣若乃春風春鳥秋月秋蟬夏雲暑雨冬月祁寒斯四候之感諸詩者也嘉會寄詩以親離羣託詩以怨至於

楚臣去境，漢妾辭宮。或骨橫朔野，或魂逐飛蓬。或負戈外戍，殺氣雄邊。塞客衣單，孀閨淚盡。或士有解佩出朝，一去忘返。女有揚蛾入寵，再盼傾國。凡斯種種，感蕩心靈，非陳詩何以展其義？非長歌何以騁其情？故曰：詩可以羣，可以怨。使窮賤易安，幽居靡悶，莫尚於詩矣。故詞人作者，罔不愛好。今之士俗，斯風熾矣。纔能勝衣，甫就小學，必甘心而馳騖焉。於是庸音雜體，各各為容。至使膏腴子弟，恥文不逮，終朝點綴，分夜呻吟。獨觀謂為警策，衆覩終淪平鈍。次有輕薄之徒，笑曹劉為古拙，謂鮑照羲皇上人，謝朓今古獨步。而師鮑照，終不及日中市朝；學謝朓，劣得黃鳥度青枝。徒自棄於高聽，無涉於文流矣。觀王公搢紳之士，每博論之餘，何嘗不以詩為口實。隨其嗜慾，商榷不同，淄澠並泛，朱紫相奪，喧議競起，準的無依。近彭城劉士章，俊賞之士，疾其淆亂，欲為當世詩品，口陳標榜，其文未遂，感而作焉。昔九品論人，七略裁士，校以賓實，誠多未值。至若詩之為技，較爾可知，以類推之，殆均博弈。方今皇帝，資生知之上才，體沉鬱之幽思，文麗日月，賞究天人。昔在貴遊，已為稱首。況八紘既奄，風靡雲蒸，抱玉者聯肩，握珠者踵武。以瞰漢魏而不顧，吞晉宋於胸中。諒非農歌轅議，敢致流別。嶸之今錄，庶周旋於閭里，均之於談笑耳。

古詩

其體源出於國風。陸機所擬十四首，文溫以麗，意悲而遠，驚心動魄，可謂幾乎一字千金。其外去者日以疏，四十五首，雖多哀怨，頗為總雜。舊疑是建安中曹王所製。客從遠方來，橘柚垂華實，亦為驚絕矣。人代冥滅，而清音獨遠，悲夫！

漢都尉李陵

其源出於楚辭，文多悽怨，者之流。陵名家子，有殊才，生命不諧，聲頹身喪。使陵不遭辛苦，其文亦何能至此。

漢婕妤班姬

其源出於李陵。團扇短章，詞旨清捷，怨深文綺，得匹婦之致。侏儒一節，可以知其工矣。

魏陳思王植

其源出於國風骨氣奇高詞彩華茂情兼雅怨體被文質粲溢今古卓爾不羣嗟乎陳思之於文章也譬人倫之有周孔鱗羽之有龍鳳音樂之有琴笙女工之有黼黻俾爾懷鉛吮墨者抱篇章而景慕暎餘暉以自燭故孔氏之門如用詩則公幹升堂思王入室景陽潘陸自可坐於廊廡之間矣

魏文學劉楨

其源出於古詩仗氣愛奇動多振絕貞骨凌霜高風跨俗但氣過其文雕潤恨少然自陳思已下楨稱獨

步

魏侍中王粲

其源出於李陵發愀愴之詞文秀而質羸在曹劉間別構一體方陳思不足比魏文有餘

晉步兵阮籍

其源出於小雅無雕蟲之功而詠懷之作可以陶性靈發幽思言在耳目之內情寄八荒之表洋洋乎會於風雅使人忘其鄙近自致遠大頗多感慨之詞厥旨淵放歸趣難求顏延年註解怯言其志

晉平原相陸機

其源出於陳思才高辭贍舉體華美氣少於公幹文劣於仲宣尚規矩不貴綺錯有傷直致之奇然其咀嚼英華厭飫膏澤文章之淵泉也張公歎其大才信矣

晉黃門郎潘岳

其源出於仲宣翰林歎其翩翩然如翔禽之有羽毛衣服之有綃縠猶淺於陸機謝混云潘詩爛若舒錦無處不佳陸文如披沙簡金往往見寶嶸謂益壽輕

華故以潘勝翰林篤論故歎陸爲深余常言陸才如海潘才如江

晉黃門郎張協

其源出於王粲文體華淨少病累又巧構形似之言雄於潘岳靡於太沖風流調達實曠代之高手詞彩葱蒨音韻鏗鏘使人味之亹亹不倦

晉記室左思

其源出於公幹文典以怨頗爲精切得諷諭之致雖野於陸機而深於潘岳謝康樂常言左太沖詩潘安

仁詩古今難比

宋臨川太守謝靈運

其源出於陳思雜有景陽之體故尚巧似而逸蕩過之頗以繁蕪為累嶸謂若人興多才高博寓目輒書內無乏思外無遺物其繁富宜哉然名章迥句處處間起麗典新聲絡繹奔會譬猶青松之拔灌木白玉之映塵沙未足貶其高潔也初錢塘杜明師夜夢東南有人來入其館是夕即靈運生於會稽旬日而謝玄亡其家以子孫難得送靈運於杜治養之十五方還都故名客兒治音稚奉道之家靖室也

詩品卷中

一品之中略以世代為先後不以優劣為詮次又其人既往其文克定今所寓言不錄存者夫屬詞比事乃為通談若乃經國文符應資博古撰德駁奏宜窮往烈至乎吟詠情性亦何貴於用事思君如流水既是即目高臺多悲風亦唯所見清晨登隴首羌無故實明月照積雪詎出經史觀古今勝語多非補假皆由直尋顏延謝莊尤為繁密於時化之故大明泰始中文章殆同書抄近任昉王元長等辭不貴奇競須新事爾來作者寖以成俗遂乃句無虛語語無虛字拘攣補衲蠹文已甚但自然英旨罕值其人詞既失高則宜加事義雖謝天才且表學問亦一理乎陸機文賦通而無貶李充翰林疏而不切王微鴻寶密而無裁顏延論文精而難曉摯虞文志詳而博贍頗曰知言觀斯數家皆就談文體而不顯優劣至於謝客集詩文詩輒取張騭文士逢文即書諸英志錄並義在文曾無品第嶸今所錄止乎五言雖然網羅今古詞文殆集輕欲辨彰清濁掎摭病利凡百二十人預

此宗流者便稱才子至斯三品升降差非定制方申變裁請寄知者爾

漢上計秦嘉嘉妻徐淑

夫妻事既可傷文亦悽怨爲五言者不過數家而婦人居二徐淑敘別之作亞於團扇矣

魏文帝

其文出於李陵頗有仲宣之體則新奇百許篇率皆鄙直如偶語惟西北有浮雲十餘首殊美贍可翫始見其工矣不然何以銓衡羣彥對揚厥弟者耶

晉中散嵇康

頗似魏文過爲峻切訐直露才傷淵雅之致然託諭清遠良有鑒裁亦未失高流矣

晉司空張華

其源出於王粲其體華艶興託不奇巧用文字務爲妍冶雖名高曩代而疎亮之士猶恨其兒女情多風雲氣少謝康樂云張公雖復千篇猶一體耳今置之中品疑弱處之下科恨少在季孟之間矣

魏尚書何晏晉馮翊守孫楚晉著作王讚晉王司徒掾張翰晉中書令潘尼

平叔鴻鴈之篇風規見矣子荊零雨之外正長朔風之後雖有累札良亦無聞季鷹黃華之唱正叔綠蘩之章雖不具美而文彩高麗竝得虬龍片甲鳳凰一毛事同駁聖宜居中品

魏侍中應璩

祖襲魏文善爲古語指事殷勤雅意深篤得詩人激刺之旨至於濟濟今日所華靡可諷味焉

晉清河守陸雲晉侍中石崇晉襄城太守曹攄

晉朗陵公何劭

清河之方平原殆如陳思之匹白馬于其哲昆故稱二陸季倫顏遠竝有英篇篤而論之朗陵爲最

晉太尉劉琨晉中郎劉湛

其源出於王粲善爲悽戾之詞自有清拔之氣琨既體良才又罹厄運故善敘喪亂多感恨之詞中郎仰之微不逮者矣

晉弘農太守郭璞

憲章潘岳文體相輝彪炳可翫始變永嘉平淡之體

故稱中興第一翰林以爲詩首但遊仙之作辭多慷
慨乖遠玄宗而云奈何虎豹姿又云戢翼棲榛梗乃
是坎壈詠懷非列仙之趣也

晉吏部郎袁宏

彦伯詠史雖文體未遒而鮮明緊健去凡俗遠矣

晉處士郭泰機晉常侍顧愷之宋謝世基宋參
軍顧邁宋參軍戴凱

泰機寒女之製孤怨宜恨長康能以二韻答四首之
美世基橫海顧邁鴻飛戴凱人實貧羸而才章富健
觀此五子文雖不多氣調警拔吾許其進則鮑照江
淹未足逮止越居中品僉曰宜哉

宋徵士陶潛

其源出於應璩又協左思風力文體省靜殆無長語
篤意眞古辭興婉愜每觀其文想其人德世歎其質
直至如歡言酌春酒日暮天無雲風華清靡豈直爲
田家語耶古今隱逸詩人之宗也

宋光祿大夫顏延之

其源出於陸機尚巧似體裁綺密情喻淵深動無虛
散一句一字皆致意焉又喜用古事彌見拘束雖乖
秀逸是經綸文雅才雅才減若人則蹈於困躓矣湯
惠休曰謝詩如芙蓉出水顏如錯彩鏤金顏終身病
之

宋豫章太守謝瞻宋僕射謝混宋太尉袁淑宋
徵君王微宋征虜將軍王僧達

其源出於張華才力苦弱故務其清淺殊得風流媚
趣課其實錄則豫章僕射宜分庭抗禮徵君太尉可
託乘後車征虜卓卓殆欲度驊騮前

宋法曹參軍謝惠連

小謝才思富捷恨其蘭玉夙凋故長轡未騁秋懷擣
衣之作雖復靈運銳思亦何以加焉又工爲綺麗歌
謠風人第一謝氏家錄云康樂每對惠連輒得佳語
後在永嘉西堂思詩竟日不就寤寐間忽見惠連即
成池塘生春草故常云此語有神助非吾語也

宋參軍鮑照

其源出於二張善製形狀寫物之詞得景陽之諔詭
含茂先之靡嫚骨節強於謝混驅邁疾於顏延總四

家而擅美跨兩代而孤出嘗其才秀人微故取湮當代然貴尚巧似不避危仄頗傷清雅之調故言險俗者多以附照。

齊吏部謝朓

其源出於謝混微傷細密頗在不倫一章之中自有玉石然奇章秀句往往警遒足使叔源失步明遠變色善自發詩端而末篇多躓此意銳而才弱也至爲後進士子之所嗟慕朓極與余論詩感激頓挫過其文。

齊光祿江淹

文通詩體總雜善於摹擬觔力於王微成就於謝朓初淹罷宣城郡遂宿冶亭夢一美丈夫自稱郭璞謂淹曰吾有筆在卿處多年矣可以見還淹探懷中得五色筆以授之爾後爲詩不復成語故世傳江淹才盡

梁衛將軍范雲梁中書郎丘遲

范詩清便宛轉如流風迴雪丘詩點綴映媚似落花依草故當淺於江淹而秀於任昉

梁太常任昉

彥昇少年爲詩不工故世稱沈詩任筆昉深恨之晚節愛好既篤文亦遒變善銓事理拓體淵雅得國士之風故擢居中品但昉既博物動輒用事所以詩不得奇少年士子效其如此弊矣

梁左光祿沈約

觀休文衆製五言最優詳其文體察其餘論固知憲章鮑明遠也所以不閑於經綸而長於清怨永明相王愛文王元長等皆宗附之約于時謝朓未遒江淹

才盡范雲名級故微故約稱獨步雖文不至其功麗亦一時之選也見重閭里誦詠成音嶸謂約所著既多今翦除淫雜收其精要允爲中品之第矣故當詞密於范意淺於江也

詩品卷下

昔曹劉殆文章之聖，陸謝爲體貳之才，銳精研思，千百年中，而不聞宮商之辨，四聲之論。或謂前達偶然不見，豈其然乎？嘗試言之，古曰詩頌，皆被之金竹，故非調五音，無以諧會。若置酒高堂上、明月照高樓，爲韻之首。故三祖之詞，文或不工，而韻入歌唱，此重音韻之義也，與世之言宮商異矣。今旣不備管絃，亦何取於聲律耶？齊有王元長者，嘗謂余云：宮商與二儀俱生，自古詞人不知之，唯顏憲子乃云律呂音調，而其實大謬。唯見范曄、謝莊頗識之耳。常欲進知音論，未就。王元長創其首，謝朓、沈約揚其波。三賢或貴公子孫，幼有文辨，於是士流景慕，務爲精密，襞積細微，專相凌架。故使文多拘忌，傷其眞美。余謂文製本須諷讀，不可蹇礙，但令淸濁通流，口吻調利，斯爲足矣。至平上去入，則余病未能；蜂腰鶴膝，閭里已具。陳思贈弟，仲宣七哀，公幹思友，阮籍詠懷，子卿雙凫，叔夜雙鸞，茂先寒夕，平叔衣單，安仁倦暑，景陽苦雨，靈運鄴中，士衡擬古，越石感亂，景純詠仙，王微風月，謝客山泉，叔源離宴，鮑昭戍邊，太沖詠史，顏延入洛，陶公詠貧之製，惠連擣衣之作，斯皆五言之警策者也。所謂篇章之珠澤，文彩之鄧林。

漢令史班固　漢孝廉酈炎　漢上計趙壹

孟堅才流，而老於掌故。觀其詠史，有感歎之詞。文勝託詠靈芝，懷寄不淺。元叔散憤蘭蕙，指斥囊錢。苦言切句，良亦勤矣。斯人也，而有斯困，悲夫！

魏武帝　魏明帝

曹公古直，甚有悲涼之句。叡不如丕，亦稱三祖。

魏白馬王彪　魏文學徐幹

白馬與陳思答贈，偉長與公幹往復，雖曰以莛扣鐘，亦能閑雅矣。

魏倉曹屬阮瑀　晉頓丘太守歐陽建　晉文學應璩　晉中書令嵇含　晉河南太守阮偘　晉侍中嵇紹　晉黃門棗據

元瑜、堅石七君詩，並平典不失古體。大檢似，而二嵇微優矣。

晉中書張載　晉司隸傅玄　晉太僕傅咸　晉侍中繆

晉散騎常侍夏侯湛

孟陽詩乃遠慚厥弟而近超兩傳長虞父子繁富可嘉孝沖雖日後進見重安仁熙伯挽歌唯以造哀爾

晉驃騎王濟晉征南將軍杜預晉廷尉孫綽晉徵士許詢

永嘉以來清虛在俗王武子輩詩貴道家之言爰洎江表玄風尚備真長仲祖桓庾諸公猶相襲[illegible]許詢彌善恬淡之詞

晉徵士戴逵晉東陽太守殷仲文

晉宋之際殆無詩乎義熙中以謝益壽殷仲文爲華綺之冠殷不競矣

宋尚書令傅亮

季友文余常忽而不察今沈特進撰詩載其數首亦復平矣

宋記室何長瑜羊曜璠宋詹事范曄

乃不稱其才亦爲鮮舉矣

宋孝武帝宋南平王鑠宋建平王宏

孝武詩彫文織綵過爲精密爲二藩希慕見稱輕巧矣

宋光祿謝莊

希逸詩氣候清雅不逮於范袁然興屬閑長良無鄙促也

宋御史蘇寶生宋中書令史陵修之宋典祠令任曇緒宋越騎戴法興

蘇陵任戴竝著篇章亦爲搢紳之所嗟詠人非文才是愈甚可嘉焉

宋監典事區惠恭

惠恭本胡人爲顏師伯幹顏爲詩筆輒偷定之後造獨樂賦語侵給主被斥及大將軍修北第差充作長時謝惠連兼記室參軍惠恭時往共安陵嘲調末作雙枕詩以示謝謝曰君誠能恐人未重且可以爲謝法曹造遺大將軍見之賞歎以錦二端賜謝謝辭曰此詩公作長所製請以錦賜之

齊惠休上人齊道猷上人齊釋寶月

惠休淫靡情過其才世遂匹之鮑照恐商周矣羊曜璠云是顏公忌照之文故立休鮑之論庾白二胡亦

有清句行路難是東陽柴廓所造寶月嘗憩其家會廓亡因竊而有之廓子賫手本出都欲訟此事乃厚賂止之

齊高帝 齊征北將軍張永 齊太尉王文憲

齊高帝詩詞藻意深無所云少張景云雖謝文體頗有古意至如王師文憲既經國圖遠或忽是雕蟲

齊黃門謝超宗 齊潯陽太守丘靈鞠 齊給事中郎劉祥 齊司徒長史檀超 齊正員郎鍾憲 齊諸暨令顏則 齊秀才顧則心

檀謝七君並祖襲顏延欣欣不倦得士大夫之雅致乎余從祖正員常云大明泰始中鮑休美文殊已動俗惟此諸人傳顏陸體用固執不如顏諸暨最荷家聲

齊參軍毛伯成 齊朝請吳邁遠 齊朝請許瑤之

伯成文不全佳亦多惆悵吳善於風人答贈許長於短句詠物湯休謂遠云吾詩可爲汝詩父以訪謝光祿云不然爾湯可爲庶兄

齊鮑令暉 齊韓蘭英

令暉歌詩往往斷絕清巧擬古尤勝唯百願淫矣照嘗答孝武云臣妹才自亞於左芬臣才不及太沖爾蘭英綺密甚有名篇又善談笑齊武謂韓云借使二媛生於上葉則玉階之賦紈素之辭未訝多也

齊司徒長史張融 齊詹事孔稚珪

思光紆緩誕放縱有乖文體然亦捷疾豐饒差不局促德璋生於封谿而文爲雕飾青於藍矣

齊寧朔將軍王融 齊中庶子劉繪

元長士章並有盛才詞美英淨至於五言之作幾乎尺有所短譬應變將略非武侯所長未足以貶臥龍

齊僕射江祏

祏詩猗猗清潤弟祀明靡可懷

齊記室王巾 齊綏遠太守卞彬 齊端溪令卞錄

王巾二卞詩並愛奇嶄絕慕袁彥伯之風雖不弘綽而文體勦淨去平美遠矣

齊諸暨令袁嘏

嘏詩平平耳多自謂能常語徐太保對云我詩有生氣須人捉着不爾便飛去

齊雍州刺史張欣泰　梁中書郎范縝

欣泰子眞並希古勝文鄙薄俗製賞心流亮不失雅宗。

梁秀才陸厥

觀厥文緯具識丈夫之情狀自製未優非言之失也。

梁常侍虞羲　梁建陽令江洪

子陽詩奇句清拔謝朓常嗟頌之洪雖無多亦能自迥出

梁步兵鮑行卿　梁晉陵令孫察

行卿少年甚擅風謠之美察最幽微而感賞至到

二十四詩品

唐　司空圖撰　汪嘉穀閲

雄渾

大用外腓真體內充返虛入渾積健爲雄具備萬物橫絕太空荒荒油雲寥寥長風超以象外得其環中持之匪強來之無窮

沖淡

素處以默妙機其微飲之太和獨鶴與飛猶之惠風荏苒在衣閱音修篁美曰載歸遇之匪深即之愈稀脫有形似握手已違

纖穠

采采流水蓬蓬遠春窈窕深谷時見美人碧桃滿樹風日水濱柳陰路曲流鶯比鄰乘之愈往識之愈真如將不盡與古爲新

沉著

綠林野屋落日氣清脫巾獨步時聞鳥聲鴻雁不來之子遠行所思不遠若爲平生海風碧雲夜渚月明如有佳語大河前橫

高古

畸人乘真手把芙蓉汎彼浩劫窅然空縱月出東斗好風相從太華夜碧人聞清鐘虛佇神素脫然畦封黃唐在獨落落玄宗

典雅

玉壺買春賞雨茆屋坐中佳士左右修竹白雲初晴幽鳥相逐眠琴綠陰上有飛瀑落花無言人淡如菊書之歲華其日可讀

洗煉

如鑛出金如鉛出銀超心鍊冶絕愛緇磷空潭瀉春古鏡照神體素儲潔乘月返真載瞻星氣載歌幽人流水今日明月前身

勁健

行神如空行氣如虹巫峽千尋走雲連風飲真茹強蓄素守中喻彼行健是謂存雄天地與立神化攸同期之以實御之以終

綺麗

神存富貴始輕黃金濃盡必枯淡者屢深霧餘水畔

紅杏在林月明華屋畫橋碧陰金尊酒滿伴客彈琴
取之自足良殫美襟

自然

俯拾即是不取諸鄰俱道適往着手成春如逢花開
如瞻歲新真與不奪强得易貧幽人空山過雨采蘋
薄言情悟悠悠天鈞

含蓄

不着一字盡得風流語不涉已若不堪憂是有真宰
與之沉浮如淥滿酒花時返秋悠悠空塵忽忽海漚

淺深聚散萬取一收

豪放

觀花匪禁吞吐大荒由道返氣處得以狂天風浪浪
海山蒼蒼真力彌滿萬象在旁前招三辰後引鳳凰
曉策六鰲濯足扶桑

精神

欲返不盡相期與來明漪絕底奇花初胎青春鸚鵡
楊柳樓臺碧山人來清酒深杯生氣遠出不著死灰
妙造自然伊誰與裁

縝密

是有真迹如不可知意象欲出造化已奇水流花開
清露未晞要路愈遠幽行爲遲語不欲犯思不欲癡
猶春於綠明月雪時

疏野

惟性所宅真取弗羈控物自富與率爲期築室松下
脫帽看詩但知旦暮不辨何時倘然適意豈必有爲
若其天放如是得之

清奇

娟娟群松下有漪流晴雪滿竹隔溪漁舟可人如玉

步屧尋幽載瞻載止空碧悠悠神出古異淡不可收
如月之曙如氣之秋

委曲

登彼太行翠繞羊腸杳靄流玉悠悠花香力之於時
聲之於羌似往已迴如幽匪藏水理漩洑鵬風翱翔
道不自器與之圓方

實境

取語甚直計思匪深忽逢幽人如見道心清澗之曲

碧松之陰。一客荷樵。一客聽琴。情性所至。妙不自尋。遇之自天。泠然希音。

悲慨

大風捲水。林木爲摧。適苦欲死。招憩不來。百歲如流。富貴冷灰。大道日喪。若爲雄才。壯士拂劍。浩然彌哀。蕭蕭落葉。漏雨蒼苔。

形容

絕佇靈素。少迴清真。如覓水影。如寫陽春。風雲變態。花草精神。海之波瀾。山之嶙峋。俱似大道。妙契同塵。離形得似。庶幾斯人。

超詣

匪神之靈。匪幾之微。如將白雲。清風與歸。遠引莫至。臨之已非。少有道氣。終與俗違。亂山喬木。碧苔芳暉。誦之思之。其聲愈稀。

飄逸

落落欲往。矯矯不群。緱山之鶴。華頂之雲。高人惠中。令色絪縕。御風蓬葉。泛彼無垠。如不可執。如將有聞。識者期之。欲得愈分。

曠達

生者百歲。相去幾何。歡樂苦短。憂愁實多。何如尊酒。日往烟蘿。花覆茆簷。疎雨相過。倒酒既盡。杖藜行歌。孰不有古。南山峨峨。

流動

若納水輨。如轉丸珠。夫豈可道。假體如愚。荒荒坤軸。悠悠天機。載要其端。載聞其符。超超神明。返返冥無。來往千載。是之謂乎。

書品

梁　庾肩吾著　　明李俊卿閱

玄靜先生曰予遍求邃古逖訪厥初書名起于玄洛字勢發于倉史故遺結繩取諸文象諸形會諸人事未有廣此緘縢深兹文契是以一畫加大天尊可知二力增土地卑可審日以君道則字勢圓月以臣輔則文體缺及其轉注假借之流指事會意之類莫不狀範毫端形呈字表開篇玩古則千載共朝削簡傳今則萬里對面記善則惡自削書賢則過必改玉厤頒正而化俗帝教陳言而設教變通不極日用無窮與聖同功參神並運爰洎中葉舍繁從省漸失穎川之言竟逐雲陽之字若乃鳥跡孕于古文壁書存于科斗符陳帝璽摹調蜀漆署表宮門銘題禮器魚遊含鳳鳥已分虫仁義起于麒麟威形發于龍虎雲氣時飄五色仙人還作兩童龜若浮溪蛇若赴穴流星疑燭垂露似珠芝英轉車飛白掩素參差倒薤既思種柳之謠長短懸針復想定情之製蚊脚傍低鵠頭仰立填飄板上謬起印中波回墮鏡之鸞楷顧雕陵之鵲並以篆籀重復見重昔時或巧能售酒或妙令鬼哭信無味之奇珍非趨時之急務且具錄前訓今不復兼論惟草正疏通專行于世其或繼之者雖百代可知尋隸體發源秦時隸人下邳程邈所作始皇見而重之以奏事繁多篆字難製遂作此法故曰隸書今時正書是也草聖起于漢時解散隸法用以赴急本因草創之義故曰草書建初中京兆杜操始以善書知名今之草書是也余自少迄長留心兹藝敏手謝于臨池銳意同于削板而蕺山之扇竟未增錢變雲之臺無因誡子求諸故跡或有淺深輒刪善草隸者一百二十八人伯英以稱聖居首法高以追駿處末推能相越小例而九引類相附大等而三復爲略論總名書品

張芝伯英　鍾繇元常　王羲之逸少

右三人上之上

論曰隸既發源秦始草乃激流齊相跨七代而彌遵將千載而無革誠開博者也均其文總六書之要指其事籠八體之奇能拔篆籀于繁蕪移楷真于重密

分行紙上類出繭之蛾結畫篇中似聞琴之雀峯勢間起瓊山慚其斂霧漪瀾遞振碧海愧其下風抽絲散水定其下筆倚刀較尺驗于成字眞草既分于星芒烈火復成于珠爛或橫牽豎掣或濃點輕拂或將放而更留或因挑而還置敏思藏于胸中巧意發于毫鋩詹尹端策故以迷其變化英韶傾耳無以察其音聲殆善射之不注妙斲輪之不傳是以鷹爪含利出彼兔毫龍管潤霜遊茲蠆尾學者鮮能具體窺者罕得其門若探妙測深盡形得勢煙花落紙將動風彩帶字欲飛疑神化之所爲非人世之所學惟張有道鍾元常王右軍其人也張工夫第一天然次之衣帛先書稱爲草聖鍾天然第一工夫次之妙盡許昌之碑窮極鄴下之牘王工夫不及張天然過之天然不及鍾工夫過之羊欣云貴越羣品古今莫二兼撮衆法備成一家若孔門以書三子入室矣允爲上之上

崔瑗子玉　杜度伯度　師宜官

張昶文舒　王獻之子敬

右五人上之中

論曰崔子玉擅名北中跡罕南度世有得其摹者王子敬見之稱美以爲功類伯英杜度濫觴于草書取奇于漢帝詔後奏事皆作草書師宜官鴻都爲最能大能小文舒聲劣于兄時云亞聖子敬泥帚最驗天骨兼以製筆復識人工一字不遺兩葉傳如此五人允爲上之中

索靖幼安　梁鵠孟皇　韋誕仲將

皇象休明　胡昭孔明　鍾會士季

衛瓘伯玉　荀輿長胤　阮研文幾

右九人上之下

論曰幼安斂慕舅氏抗名衛令孟皇功盡筆力字人帳中仲將不妄染毫必須張筆左紙孔明動見模楷皆謂胡肥而鍾瘦休明斟酌二家隱爲八絕士季之範元常猶子敬之禀逸少而工拙兼効眞草皆成伯玉遠慕張芝近參父迹長胤狸骨方扱而難追阮研居今觀古盡窺衆妙之門雖復師王祖鍾終成別構一體此九人允爲上之下

張超子始　郭伯道　劉德昇君嗣
崔寔子眞　衛夫人名鑠字茂猗
李式景則　庾翼稚恭　郗愔方回
謝安安石　王珉季琰　桓玄敬道
羊欣敬元　王僧虔　孔琳之彥琳
殷鈞季和
右十五人中之上
論曰子始崔寔州里頗相倣效可謂楢鹹于鹹冰寒于水伯道肩間朝廷遠封其迹德昇之妙鍾胡各採其美子眞俊才門法不墜李妻衛氏自出華宗景則毫素流靡稚恭聲彩遒越郗愔安石草正並驅季琰桓玄筋力俱駿羊欣早隨子敬最得王體孔琳之聲高宋氏王僧虔雄發齊代殷鈞頗耽愛好終得肩隨此一十五人允爲中之上
魏武帝曹操孟德　吳主元宗孫皓
衛覬伯濡　左子邑伯字　衛桓巨山
杜預元凱　王廙世將　張彭祖　任靖
韋昶文休　王修敬仁　范懷約

張永景初　吳休尚　施方泰
右十五人中之中
論曰魏帝筆墨雄贍吳主體裁綿密伯儒兼叙隷草子邑分鑣梁鄙巨山三世元凱累葉王廙爲右軍之師彭祖取義之之道任靖矯名文休題杜敬仁清舉致良逼之詞張范逢時俱東南之美施吳鄴下後生同年拔萃此十五人允爲中之中
羅暉叔景　趙襲元嗣　劉輿　張昭
陸機士衡　朱誕　王導茂弘　庾亮元規
王洽　郗超吳興　張翼　宋文帝劉義隆
康昕　徐希秀　謝眺玄暉　劉繪
陶隱君名弘景　王宗素
右十八人中之下
論曰叔景元嗣並稱西州劉輿之筆孔張昭之無懈陸機以弘才掩迹朱誕以偏藝流聲王導則列聖推能庾亮則羣公挹巧王洽以並通諸法郗超以髖年取譽張翼善效宋帝康昕郗秀孤生謝眺劉繪文宗書範近來少前陶隱君仙才翰采拔于山谷王崇素

綸事雕倫篇筆傳于里閭此十八人允爲中之下

姜詡　梁宣　魏徵玄成　韋秀　鍾輿

向泰　羊忱　晉元帝景文　識道人

范曄蔚宗　宋炳　謝靈運　蕭思話

薄紹之敬叔　齊高帝紹伯　庾黔婁

費元瑾　孫奉伯　王會　羊祜叔子

論曰此二十一人並擅毫翰動成楷則殆逼前良見希後彥允爲下之上

陽經　諸葛融　楊潭　張炳　岑淵

張輿　王濟　李夫人　劉穆之道和

朱齡石　庾景休　張融思光　褚元明

孔敬通　王籍文海

右十五人下之中

論曰此十五人雖未窮字奥書尚文情披其叢薄非無香草覩其涯岸皆有潤珠故遺斯紙以爲世玩允爲下之中

衛宣　李韞　陳基　傅庭堅　張紹

陰光　韋熊少季　張暢　曹任　宋嘉

張邈　羊固　傅夫人　薛闓訓　謝朓

徐羨之　孔閶　胡寶光　周仁皓

張欣泰　張熾　僧岳道人

右二十二人下之下

論曰此二十二人皆五味一和五色一彩視其雕文非特刻鵠人人下筆寧止追響遺跡見珍餘芳可折誠以駈馳並駕不遠前鋒而中權後殿各盡其美允爲下之下

今以九例該此衆賢猶如玄圃積玉炎洲聚桂其中實相推謝故有茲多品然終能振北鱗翼俱上龍門倘後之學者更隨點曝云爾

右書品庾肩吾所著載漢魏以來能書者肩吾生梁代相去不遠近者同時宜其評論精核如此後唐張懷瓘宋瀟溪氏皆有論著不過稍加損益附以近世者耳夫古文窮于眞草書法盡于六朝取法乎上者斯亦可以考見矣羅浮山樵跋

書品終

書法

唐 歐陽詢撰 王道焜閱

排疊

字欲其排疊疎密停均不可或濶或狹如壽臺畫筆麗嬴囊系旁言旁之類八訣所謂分間布白又日調勻點畫是也高宗書法所謂堆垛亦是也

避就

避密就疎避險就易避遠就近欲其彼此映帶得宜又如廬字上一撆既尖下一撆不當相同府字一筆向下一筆向左逢字下辵拔出則上必作點亦避重疊而就簡徑也

頂戴

字之承上者多惟上重下輕者頂戴欲其得勢如疊壘藥鸞驚鷺馨聲醫之類八訣所謂正如人上稱下載又謂不可頭輕尾重是也

穿插

字畫交錯者欲其疏密長短大小勻停如中弗井曲冊兼禹禺爽爾襄甬耳婁由垂車無密之類八訣所謂四面停勻八邊具備是也

向背

字有相向者有相背者各有體勢不可差錯相向如非卯好知和之類是也相背如北兆肥根之類是也

偏側

字之正者固多若有偏側欹斜亦當隨其字勢結體偏向右者如心戈衣幾之類向左者如夕朋乃勿少方之類正如偏者如亥女丈乂互不之類字法所謂偏者正之正者偏之又其妙也八訣又謂勿令偏側亦是也

挑掩

字之形勢有須挑掩者如戈弋武九氣之類如獻勵散斷左邊既多須得右邊掩之如省炙之類上偏者須得下掩之使相稱乃善

相讓

字之左右或多或少須彼此相讓方為盡善如馬旁糸旁鳥旁諸字須左邊平直然後右邊可作字

否則妨礙不便如絲字以中央言字上畫短讓兩糸出如辦其中近下讓兩辛出如鷗鷗馳字兩旁俱上狹下潤亦當相讓使不妨礙然後爲佳此類是也

補空

如我哉字作點須對左邊實處不可與成戟戈諸字同如襲辟餐贛之類欲其四滿方正也如醴泉銘建字是也

貼零

如令今冬寒之類是也

粘合

字之本相離開者即欲粘合使相着顧揖乃佳如諸偏旁字臥鑿非門之類是也

滿不要虛

如園圃圖國四包南隔目四勾之類是也

意連

字有形斷而意連者如之以心必小川州水求之類是也

覆冒

字之上大者必覆冒其下如雲頭穴宀𡿨頭奢金食夅巷泰之類是也

垂曳

垂如都鄉卿卯夅之類曳如水支欠皮更辶走民也之類是也

借換

如醴泉銘秘字就示字右點作必字左點此借換也黃庭經庭字壄字亦借換也又如靈字法帖中或作𦉢或作小亦借換也又如蘇之爲蘓秋之爲秌鵝之爲鵞爲鵝之類爲其字難結體故互換如此亦借換也所謂東映西帶是也

增減

字有難結體者或因筆畫少而增添如新之爲新建之爲建是也或因筆畫多而減省如曹之爲曹美之爲美但欲體勢茂美不論古字當如何書也

應副

字之點畫稀少者欲其彼此相映帶故必得應副

相稱而後可又如龍詩讐轉必一畫對一畫相應
亦相副也

撐拄

字之獨立者必得撐拄然後勁健可觀如可下永
亨亭寧丁手司卉草矛巾千子于亏之類是也

朝揖

字之凡有偏旁者皆欲相顧兩文成字者爲多如
鄒謝鋤儲與三體成字者尤欲相朝揖八訣所謂
迎相顧揖是也

救應

凡作字一筆纔落便當思第二三筆如何救應如
何結裹書法所謂意在筆先文向思後是也

附麗

字之形體有宜相附近者不可相離如形影飛起
超飲勉凡有文欠攴旁者之類以小附大以少附
多是也

回抱

回抱向左者曷丏易菊之類向右者如艮鬼包旭
乜之類是也

包裹

謂如圍圓打圈之類四圍包裹也尚向上包下幽
凶下包上匱匡左包右旬匂右包左之類是也

却好

謂其包裹鬪湊不致失勢結束停當皆得其宜也

小成大

字以大成小者如門辶下大者是也以小成大則
字之成形及其小字故謂之小成大如孤字只在
末後一乀寧字只在末後一勾欠字一拔弋字一

點之類是也

小大成形

謂小字大字各字有形勢也東坡先生曰大字難
於結密而無間小字難於寬綽而有餘若能大字
結密小字寬綽則盡善盡美矣

小大　大小

書法曰大字促令小小字放令大自然寬猛得宜
譬如日字之小難與國字同大如一字二字之疎

亦欲字畫與篨者相間必當思所以位置排布令相映帶得宜然後爲上或曰謂上小下大上大下小欲其相稱亦一說也

左小右大

此一節乃字之病左右大小欲其相停人之結字易於左小而右大故此與下二節皆字之病也

左高右低　左短右長

此二節皆字之病不可左高右低是爲單肩左短右長八訣所謂勿令左短右長是也

褊

學歐書者易於作字狹長故此法欲其結束整齊收斂緊密排疊次第則有老氣書譜所謂密爲老氣此所以貴爲褊也

各自成形

凡寫字欲其合而爲一亦好分而異體亦好由其能各自成形故也至於疎密小大長短闊狹亦然要當消詳也

相管領

欲其彼此顧盼不失位置上欲覆下下欲承上左右亦然

應接

字之點畫欲其互相應接兩點者如小八小自相應接三點者如系則左朝右中朝上右朝左四點如然無二字則兩旁二點相應中間相接又作小亦相應接至於丿乀水木州無之類亦然已上皆言其大略又在學者能以意消詳觸類而長之可也

筆陣圖

晉 衛夫人撰 王道焜閱

夫三端之妙莫先乎用筆六藝之奧莫匪乎銀鉤昔秦丞相斯見周穆王書七日興歎患其無骨蔡尚書邕入鴻都觀碣十旬不返嗟其出羣故知達其源者少闇於其理者多近代以來殊不師古而緣情棄道纔記姓名或學不該贍聞見又寡致使成功不就虛費精神自非通靈感物不可與談斯道今删李斯筆妙更加潤色總七條并作其形容列事如左貽諸子孫永爲模範庶將來君子時復覽爲筆要取崇山絕仞中兎毛八九月收之其筆頭長一寸管長五寸鋒齊腰强者其硯取前涸新石潤澀相兼浮津耀墨者其墨取廬山之松烟代郡之鹿膠十年以上强如石者爲之紙取東陽魚卵虛柔滑淨者先學書字先學執筆若眞書去筆頭二寸一分若行草書去筆頭二寸一分執之下筆點畫芟波屈曲皆須盡一身之力而送之若初學先大書不得從小善鑒者不寫善寫者不鑒善筆力者多骨不善筆力者多肉多骨微

肉者謂之筋書多肉微骨者謂之墨猪多力豐筋者聖無力無筋者病一一從其消息而用之

一 如千里陣雲隱隱然其實有形

丶 如高峯墜石磕磕然實如崩也

丿 陸斷犀象

乚 百鈞弩發

丨 萬歲枯藤

㇏ 崩浪雷奔

㇆ 勁弩筋節

右七條筆陣出入斬斫圖執筆有七種有心急而執筆緩者有心緩而執筆急者若執筆近而不能緊者心手不齊意後筆前者敗若執筆遠而急意前筆後者勝又有六種用筆結搆圓備如篆法飄颺灑落如章草凶險可畏如八分窈窕出入如飛白耿介特立如鶴頭鬱拔縱橫如古隸然心存委曲每爲一字各象其形斯造妙矣書道畢矣永和四年上虞製記

王右軍書衛夫人筆陣圖後

夫紙者陣也筆者刀矟也墨者鍪甲也水硯者城池

也心意者將軍也本領者副將也結構者謀略也颺筆者吉凶也出入者號令也屈折者殺戮也夫欲書者先乾研墨凝神靜思預想字形大小偃仰平直振動令筋脉相連意在筆前然後作字若平直相似狀如算子上下方整前後齊平此不是書但得其點畫爾昔宋翼常作此書翼是鍾繇弟子繇乃叱之翼三年不敢見繇即潛心改迹每作一波常三過折筆每作一點常隱鋒而爲之每作一横畫如列陣之排雲每作一戈如百鈞之弩發每作一點如高峯墜石屈

折如鋼鈎每作一牽如萬歲枯藤每作一放縱如足行之趣驟翼先來書惡晉太康中有人於許下破鍾繇墓遂得筆勢論翼乃讀之依此法學名遂大振欲眞書及行書皆依此法若欲學草書又有别法須緩前急後字體形勢狀等龍蛇相鈎連不斷仍須稜側起復用筆亦不得使齊平大小一等每作一字須有點處且作餘字揔竟然後安點其點須空中遥擲筆作之其草書亦復須篆勢八分古隷相雜亦不得急令墨不入紙若急作意思淺薄而筆即直過惟有章

草及章程行狎等不用此勢但用擊石波而已其擊石波者缺波也又八分更有一波謂之隼尾波即鍾公泰山銘及魏文帝受禪碑中已有此體夫書先須引八分章草入隷字中發人意氣若直取俗字不能先發羲之少學衛夫人書將謂大能及渡江北游名山比見李斯曹喜等書又之許下見鍾繇梁鵠書又之洛下見蔡邕石經三體書又於從兄洽處見張昶華岳碑始知學衛夫人書徒費年月耳羲之遂改本師仍於衆碑學習焉遂成書爾時年五十有三或恐

風燭奄及聊遺教於子孫耳可藏之石室千金勿傳

衍極序

鄭子經閩人也所稱回溪肯亭皆其先世此書包括古今論著精核殆不媿其家風者與惟謂虞褚爲疲薾不無大過豈知顔出於褚耶至論張卽之陳讜之廢法實臨池之戒也是編爲吾師泰泉先生家藏有劉有定著釋頗詳贍不能盡刻也刻此爲用筆鑒焉

隆慶二年秋八月羅浮山樵黎民表書

衍極

元　莆田鄭杓述　吳縉肅閱

至朴篇第一

至朴散而八卦興。八卦興而書契肇。書契肇而篆籀滋。飛天八會已前不可得而詳也皇頡以降凡變五矣其人亡其書存古今一致作者十有三人焉予生千載之下每覽昔人殘銘斷碣未嘗不爲之歔欷而三歎也在昔結繩之政始分龍穗之章中皷於是倉史氏出仰觀俯察以造六書通天地之幽秘。爲百王之憲章。非天下之至精其孰能與於此若稽古大禹旣平水土鑄鼎象物勒銘告成而功被萬世三代之末周籀蔚有奇秀篆隸攸祖孔子採摭舊作緣飾篆文天授其靈敷物垂則呂政暴興天人之道壞亂極矣李斯者適際其時陶埏偃仰專名擅作悉燔舊章天下行泰篆矣程邈亦參定篆文增衍隸佐趨時便宜蔡邕鴻都石經爲古今不刊之典張芝鍾繇咸得其道伯英聖於一筆書元常神妙於銘石王羲之有高人之才一發新韻晉宋能人莫敢窬擬李陽冰生於中唐徧蹈孔軌澄心改作過於秦斯張旭天分極深渾然無蹟敍真卿含弘光大爲書統宗其氣象足以儀表衰俗五代而宋奔馳崩潰靡所底止蔡襄毅然獨起可謂間世豪傑之士也嗚呼書其難哉文籍之生久矣能書者何闕希焉蓋夫人能書也吾求其能於夫人是以難也令乎得其人而不表章之使來者無所取則以至乎書道之妙予則有罪也厥今區夏同文奎壁有燿興能間作黼黻皇猷三代以還莫此爲盛大比之制已興保氏之敎必立草茅論著或者有取焉爾

書要篇第二

六書之要其諧聲乎聲原於虛而妙於物言者聲之宣也書者聲之寄也飛龍肇音寥哉闃乎其罔聞也夾漈山人嘗是正之有音無文者多矣皇元圖書重啓人文諧聲之義實宗乎五聲古之三皇龍書穗書雲人諸作蔑以加諸猗歟休哉商之倒薤周之虎書魚書其象形邪曰夷考龠書龜鸞諸體不過名物作也曰孔壁舊書皆科斗文字隹城之文獨顯於世曰古文雜用籀體非一於科斗也蓋古文有填書麒麟鍾鳥篆有垂露複書雜體隸之八分變而飛白行草草本隸隸本篆篆出於籀籀始於古文皆體於自然效法天地然則予何取衷哉曰漢時遠步晉唐至宋滋弗遠矣倉史之跡遠矣幣刀鼎鬲世復寡傳贊皇石刻其非西周乎詛楚其興於近代乎石鼓泰山碑暨於兩京遺書舊畫學者不可不厭觀焉黃庭謂非右軍其誰作耶曰永僧徐浩輩爲之也樂毅論舊本希見於世宋初王侍書別寫刻之洛神賦亦後人託

獻之而謚行之墓田丙舍其鍾大尉之懿乎霜寒數帖其王會稽之與乎李陽氷庶子泉銘怡亭刻石二世詔無是過也浯溪碑雅厚雄深森嚴於瘞鶴萬安記其苗裔乎郎官廳壁序祭濠州文末年誥身同出一軌所謂不約於法而允蹈焉者一掃歐虞褚薛之疲爾張顏嚌宗與曰宗古文籀篆其開於程蔡乎石室之書今亡矣其言曰書肇於自然陰陽生焉形勢立焉勢來不可止勢去不可遏若日月雲霧若蟲食葉若利刀戈縱橫皆有意象左廻右顧無使孤露藏

頭護尾力在字終疾澁之分執筆之度八體變法之玄窮崔瑗之儔咸受業焉光和建安諸作高明粹精非魏晉所擬議籀隷與篆同筆意與張留候蕭相國談筆道鍾大傅著論可爲格言矣諸葛武侯其知書之變矣楊子雲訓纂其說文切韻之本乎冈漢書衛肯亭包蒙其義則衍極竊取之矣夫字有九德九德則法法始乎庖犧成乎軒頡盛乎三代草乎秦漢極乎晉唐萬世相因體有損益而九德莫之有損益也或曰九德孰傳乎天傳乎曰天傳之又問自得曰無愧於心爲自得

造書篇第三

至哉聖人之造書也其得天地之用乎盈虛消長之理奇雄雅異之觀靜而思之漠然無朕散而觀之萬物紛錯書之時義大矣哉自秦以來知書者不少知造書之妙者爲獨少無他由師法之不傳也或曰三代不聞其叢罍也漢魏以降何其瑣瑣耶曰古昔之民大淳未鑿動靜云爲自中乎矩夏商以前非無傳也略也保民之教立於周官後世漸尚巧智設官師以訓教之去本愈遠而防之愈密去道愈疏而言之愈切夫法者書之正路也正則直直則易易則可至至則到未至亦不爲迷人偏則邪邪則曲曲則難於是閫中蘇援轉脫滛夸以梟亂世俗君子道諸學者審其正易邪難幾於方向矣然則子襄阻誦氏法乎曰法倉頡四目而神靈其造書天雨粟鬼夜哭有諸曰吾不知也李斯云九百年後有發吾筆覓者卒如其言曰陽冰非直繼斯者也蔡邕學書嵩山石室得素書八角乘芒鬼物授以筆法何其神耶曰古書至秦而絕斯邈之法復絕微邕斬然矣鍾繇見筆經於韋誕求之不得誕死而發其墓又秘之將死授其子會大康中許人破冢宋翼得之何其秘耶曰法者天下之公也奚其秘王羲之筆論同志求之弗與誡其子孫勿傳爲傳乎曰天將啓之人能秘之顏魯公下問於長史宜有異對而獨以鍾書十二意何耶曰發之也其曰妙在執筆又曰如錐畫沙如印印泥書道盡矣索靖之銀鈎蠆尾顏清臣之屋漏懷素之壁路及釵股諸法不若是之明且要也或曰李斯偸人書

奚傳曰君子不以人廢言顏氏之書李重光掃議之李氏之書可乎曰使天下塞其兌閉其門可也唐數宋史何數乎曰未修之書也古今書品其效尤班固人物表與孫虔禮姜堯章之譜何夸乎曰語其細而遺其大趙伯暐之辨妄所以作也宣和譜石峻等書其誕章之尤者也蘭亭考愈松續考濫釆群言吾不知其然也黃伯思之論其自欺者也

古學篇第四

秦廢古學諸書不可行矣蒙恬書經胡毋敬等剗棘

遺範造倉頡博學諸書散落復盡然道在兩間法出於道書雖不傳法則常在故執筆貴圓字貴方篆貴圓隸貴方圓效天方法地圓有方之理方有圓之象隸不隸吾不知其爲書也紫眞授義之其似乎或曰梁武謂元常古肥子敬今瘦子敬不逮逸逸少不逮元常學者以二王比肩曰父作之子述之逸少無蹟可尋獻之則未至也義之曰意在筆前字居心後存筋藏鋒滅跡隱端而分起伏諸用又題衛氏筆陣曰夫書先引八分章草入隸字中草書衆篆隸八分相雜斯言吉哉衛氏曰善鑒不書善書不鑒又刪李斯筆妙而分七勢可與八永參焉張懷瓘一法其成頌之緒論乎翰林禁經發諸家筆意背拋引蠆毒法趨戈曰清潤遲澀而左顧善於形容矣邊衫邺側其月蘭築未善也蕭何韋誕其能署書乎或問廣成子應侯僧一行釋微燕卿葛氏諸傳極論題署其幾法乎曰法則法矣然泉忌諱適足以累法眞卿之劍滄陽冰之講臺從橫生動不假修飾其署書之雄秀者乎陳旅之記能持論矣世稱李邕善題署然其銘刻

歐虞褚數公若優乎曰古之銘石典重端雅使人興起於千載之下邕以行押相參後世鬼異百出邕作俑也歐虞褚深得書理信本傷於勁利伯施過於鈍孰登少開闔之勢柳誠懸其遊張顏之閫奧乎徐李沈宋諸家殆闕其藩落者乎韓擇木韓秀實李莒李儉約有古意太白得無法之法子美行之昌黎知其理而功淺子厚雅有負抱而有永興公之餘韻議者以退之爲極疏利曰彼蓋不知九方歅之相馬也黃魯直云書道弊於唐末惟楊凝式有古人筆意曰中

流失船一壺千金請問宋之名家曰錢忠懿杜祁公之流便蘇才翁倩仲之爽峭蘇子瞻之才贍米元章之清拔加於人一等矣蹈道則未也若夫蔡直之瓌變劉濤諸人所不能及惜乎態之靡靡也然其眞行多得於瘞鶴問周越李時雍鍾離景伯曰如法何矣謊張李祥范成大法乎曰此而法天下無法矣然則前之諸人其無降乎曰吁傑袈坌地矣或問蔡京下之書曰其悍誕姦宄見於顏面吾知千載之下使人掩鼻而過之也曰張即之陳讜之書一時籍甚豐碑亚刻散流江左迨今書家尚祖餘習曰邊勿爲所染如深焉雖盧扁無所容其靈矣然則其自知耶曰知則不爲也人生不幸不聞過大不幸而恥蘇氏有言曰書於魯公文於昌黎詩於工部至矣或曰彼人耳若夫呂巖鍾離權之瑰雄神險不其愈乎曰吾論書不論仙然抱朴稱皇象爲書聖陶眞逸有預仙之論或問懷素草書躋於長史君謨有僕奴之譏過乎曰人無百歲之壽而有千歲之信豪傑從起相知於異世之下翕然若合符節未達曰人莫不飲食也鮮能知味也夫張公者人龍也藐焉寡儔而素欲策駑駘與之方駕九地之下重天之巔乎然則高閑亞栖之流歟曰二僧蹣若後矣程子之持敬可謂知其本矣或曰朱元晦諸賢其簡畢乎曰道德之充乎中而溢乎外也王子文書感與其幾矣書學何所止曰場身而已矣然則張伯高行業未彰獨以書酬身蓋乎曰吾聞之精於一則盡善偏用智則無成聖人疾沒世而名不稱彼張公者東吳之精去之五百再覺伯英以此養生以此忘形以此玩世以此流名

天五篇第五

天地之數合乎五皇極之道中於五四時之用成於五六書之變極於五是故古文如春籀如夏篆如秋隸如冬八分行草歲之餘閏也隸之興也其周之末造乎其民趨於簡陋乎或問石鼓顯於李唐韓退之韋應物以爲周文王宣王時歐陽永叔蘇子瞻謂非史籀不能作而夾漈以爲秦文信乎曰以漆文知之然則筆曷始乎曰尚矣書曰作會非筆何會紀於太常非筆何紀蘇望歐陽棐以三仁爲漢趙德大洪景

伯非之諒也或曰古書籀隸其淪渝乎久矣而何言之甞那曰吾聞達於理者古今不能隔審其幾者鬼神莫能閟夫道一而已矣然則用筆有異乎曰有請問曰篆用直分用側隸楷曰間出存乎其人其人可得聞乎曰顏柳篆七而分三歐褚分八而篆二問行草曰篆多稷序問以分側有石書之遺意焉然則執筆有異乎曰夫執筆者法書之機變也近世善執筆者莫如張顏吾以此拔天下圖書不能逃乎玉尺也夫善執筆則八體具不善執筆則八體廢寸以內法

在掌指寸以外法兼肘腕掌指法之常也肘腕法之變也魏晉間帖掌指字也嗚呼師法不傳人便其所習便其所習此法之所以不傳故惠施卒而莊子深瞑不言鍾子期死而伯牙毀琴絕絃蓋傷世之難與知也或曰絳州潘氏蒐撫奇墨秘精坊於倉頡訖於宋初其雅博乎曰淳化間太宗出內藏古蹟命王著臨榻工用精嘉大觀絳潭猶有似人之喜戲魚黔江鼎汝無慮數十有無不足討也汪季路之辨審矣曰嵩麓夫子廟碑劉潛夫十餘載求邑僧

塔銘琛乎曰鴻都斷石猶有存者其古刻之天球乎黃初鈌里記詞翰爾雅其南金乎漢碑三百銷蝕亡幾何君闇道夏淳于碑可以全見古人面貌君謨隸纂其憂思深矣魏晉相承善學隸古莫如鍾王自庾謝蕭阮諸人神氣浸殊體式未散歷隋而唐始有專門之學自此益分矣嗚呼婾風並起其末造之孱民乎豪傑之生不數其精神猶參錯於元化之間乎書不盡言言不盡意孔氏遺蹟陽冰獨神會之魯公之書懷素喜而有得似不在語言文字之苴乎諸子之

窮高極微長於詞說知本者厭於言或問衍極曰極者中之至也曷爲而作也曰吾懼夫學者之不至也

元人書無踰趙榮祿雖古縻于榮祿卒能自以其法擅元至今者也顧同時若鄭子經不獨記著所不少及至訴斥永興北海而論諸以金石魏晉防人便其所習總之陰擯榮耳然榮祿名高亦足以豪吾恐鄭口不勝趙手至論法于寸以內外掌指腕肘之說真書家名言也

衍極終

續畫品錄

唐 李嗣眞撰 王道焜閱

夫丹青之妙未可盡言皆法古而變今也立萬象於胸懷傳千祀於毫墨故九樓之上備表仙靈四門之墉廣圖賢哲今之所載並謝赫之所遺有可採者更稱一家之集且古今評畫高下必銓其中優劣可以意求諸爾

湘東殿下

開列至釋迦佛陀吉底俱摩羅菩提並劉姚最評

脫落不全今更不錄

上上品 凡三人

劉褒 桓範 趙岐

上品中 凡三人

陸探微 閻立德 閻立本

上品下 凡三人

王廙 張僧繇 楊契丹

中品上 凡一十九人

衛協 史道碩 曹髦

曹不興 吳 顧凱之 東晉 戴逵

顧寶先 顧景秀 袁倩

史敬文 蘧僧珍 陸杲

戴順 姚曇度 張善果

張德童 綠男 曹仲達 袁子昂

鄭法輪 楊子華 董伯仁

中品中 凡四人

楊脩 宗炳 陶景眞

展子虔

中品下 凡一十二人

荀勗 王獻之 毛稜

顧駿之 謝赫 謝惠遠

戴蜀 陸整 江僧寶

解倩 王知慎 劉董

下品上 凡四人

毛惠秀 史粲 嵇康

高貴鄉公

下品中 凡一十八人

王羲之　毛惠遠　康元之
陸探微　范懷珍　梁元帝
聶松　高尚士　外國僧迦陀
吉底俱　摩羅菩提　康菩薩
鄭德文　孜尚子　江志
吳智敏　楊須跋　檀知政

下品中凡八人

晉明帝　蔡賛　范長

又

蔡邕　夏瞻　謝稚
劉頊　張墨　戴勃
史藝　劉斌　王微
尹長生　吳暕　張則
僕道興　陸紹祖　劉徹
康昕　濮萬年　朱僧錄
稽靈石　蕭賁　張季和
章惟伯　謝約　遽道敏
沈粲　僧惠覺　鍾宗斐

王奴兒　丁寬　王殿
陳公恩　沈標　虞堅
焦寶願　稽寶鈞　田僧亮
徐德祖　劉殺鬼　高孝珩
閻思光　解悰　劉烏賊
陳善見　程瓚　李雅
王仲舒　楊德紹　周烏孫
張仲舒　范龍樹　倪武端
惠靜心

右唐御史大夫李嗣真所錄盡剽取姚最之說上中下三品姓名則最所無者嗣真遂不能措一辭其間不愧於人亦甚矣

貞觀公私畫史

唐 裴孝源撰　宋懋晉閱

宋明帝像　宋景和像
豫章王像　建平王像
江夏王像　寧陵王像
王太宰像　羊玄保像
江智淵像　顧慶像
孫高麗像　孝武功臣像
勳臣像
右十三卷是陸探微真跡隋朝官本

建安山陽二王像　沈曇慶酔像
麻超之徐僧寶像　靈臺寺瑾統像
毛詩新臺圖　蔡姬蕩舟圖
劉亮騎馬圖　高麗赭白馬圖
蟬雀圖　鬭鴨圖
獼猴圖
右十二卷並摹寫本非陸真迹與前十三卷共二
十五卷題作陸探微畫隋朝官本亦有梁陳題記

新豐放鷄犬圖　二疏圖
黃河流勢圖　盜跖圖
右四卷魏高貴鄉公畫隋朝官本
毛詩北風圖　毛詩黍離圖
卞莊刺二虎圖　吳王舟師圖
列女圖
右五卷衛協畫隋官本
史記列士圖　息徒蘭圃圖
洛神賦圖　穆天子燕瑤池圖

漢武回中圖　畋游圖
瀛洲神仙圖　雜人風土圖
右八卷晉明帝畫隋朝官本
濠梁圖一卷　十弟子圖
輕車迅邁圖　孝經圖
汾陽醮鼎圖　狩河陽圖
秦王游海圖　楚令尹泣兩岐蛇圖
游仙圖　孟母圖
洛陽平門翻車圖

右十一卷謝稚畫隋朝官本

王僧綽像　　懷香圖

蟬雀圖　　雜竹樣

孫公命將圖　　陸士衡詩會圖

王謝諸賢像　　名臣像

刺虎圖　　小兒戲鵝圖

右十卷顧景秀畫六卷隋朝官本

山陽七賢圖　　醉客圖

刀戟戲圖　　騎馬圖一卷

右四卷毛惠遠畫隋朝官本

併除圖一卷　　釋迦十弟子圖

胡僧像　　剡中溪谷村墟圖

右四卷毛惠秀畫隋朝官本

豫章王燕賓圖　　維摩詰變相圖

天女像　　東晉高僧像三卷

無名眞貌一卷　　博奕圖

三龍圖一卷

右七卷袁蒨畫並是梁朝官本有太清年月號

朝臣像　　吳中舟行圖

少年行樂圖

右三卷劉瑱畫隋朝官本

豫章王像　　唐居人馬圖

右二卷蘧師珍畫梁朝官本

巢由洗耳圖　　獅子擊象圖

右二卷題云嵇康畫未詳隋朝官本

講學圖

右一卷蔡邕畫隋朝官本有晉宋梁陳年月印記

吳季札像　　嚴君平賣卜圖

兩京圖

右三卷楊修畫隋朝官本有晉明帝題記

周穆王八駿圖　　服乘箴圖

七命圖　　金谷園圖

燕氏送荊軻圖　　王濬弋船圖

田家社會圖　　梵僧圖

右八卷史道碩畫隋朝官本

尚平子圖　　董威輦詩圖

嵇阮像　胡人獻獸圖
漁父圖　十九首詩圖
五天羅漢像　杜征南人物圖
吳中溪山邑居圖　黑獅子圖
名馬圖
右十一卷戴逵畫隋朝官本
司馬宣王像　謝安像
劉牢之像　桓玄像
列仙圖　唐僧會像

沅湘像　三天女像
八國分舍利圖　木雁圖
水府圖　廬山圖
樗蒲會圖　行龍圖
虎嘯圖　虎豹雜鷙圖
鳧雁水洋圖
右十七卷顧愷之畫九卷隋朝官本
豫章王像　宋竟陵王像
勳賢圖　褚淵袁粲像

張興像　天竺僧像二卷
射雉圖　洛中車馬圖二卷
越中風俗圖二卷　高麗鬬鴨圖一卷
右十三卷顧寶光畫隋朝官本
清溪側坐赤龍盤赤龍圖二卷
龍頭樣四卷四頭　南海監牧進十種馬圖
夷子蠻獸樣一卷
右五卷曹不興畫二卷隋朝官本
九州名山圖　朝陽谷神風水圖

秦始王東遊圖
右三卷戴勃畫隋朝官本
立釋迦像　周盤龍像
右六卷陸綏畫
黃帝昇仙圖　張平子西京賦圖
梁冀人馬圖
右三卷史文敬畫梁朝官本
孫倬像　漁父圖
王羲之像

右三卷史藝畫

虎豹圖　孔雀鸚鵡圖

右二卷陶景眞畫隋朝官本

潁川先賢圖　惠持師像

問禮圖　永嘉屋邑圖

右四卷宗炳畫隋朝官本

殷洪像　白馬寺寶臺樣

右二卷姚曇度畫

南朝貴戚圖　車馬圖

略箇像　牛車圖

山陰王像

右五卷月長生畫

蘇門先生圖一卷　名臣像一卷

右二卷濮萬年畫

維摩詰變相圖一卷

右一卷張墨畫隋朝官本

蘇武圖　遊仙圖

右二卷蔡斌畫

悉達太子納妃圖　靈嘉塔樣

右二卷張善果畫一卷隋朝官本

穆天子八駿圖　息嬀圖

右二卷史粲畫

朱買臣圖　列女傳仁智圖

列女傳貞節圖

右三卷陳公恩畫一卷是隋朝官本

王獻之像

右一卷鍾宗之畫

敗春圖

右一卷王殿畫隋朝官本

安期先生圖

右一卷謝赫畫

吳山圖　楚人祠鬼圖

右二卷夏侯瞻畫

藉田圖一卷全幅長三丈

右一卷章愷伯畫隋朝官本

渥洼馬圖一卷　孝子屛風一卷

右二卷苑懷賢畫隋朝官本
文殊像一卷　遊春苑圖二卷
芙蓉湖醮鼎圖一卷　鹿圖一卷
鸛鶴弄陂澤圖一卷
右六卷梁元帝畫並有題跋印記
職貢圖三卷　小兒戲鴨圖一卷
右四卷江僧寶畫隋朝官本亦有梁陳年號題
五天人樣二卷　九子魔圖一卷
丁貴人彈曲項琵琶圖一卷

右四卷解倩畫一卷是隋朝官本
弗林圖人物器樣二卷
鬼神樣二卷　外國雜獸二卷
右六卷西域僧迦佛陀畫並得楊素家
漢武射蛟圖一卷　吳王格虎圖一卷
羊鴉仁躍馬圖一卷　行道天王像一卷
維摩詰像一卷　寶誌像一卷
摩納仙人像一卷　朱异像一卷
梁宮人射雉圖一卷　醉僧圖二卷

綠梅圖一卷　横泉鬬龍一卷
雜人馬兵刀圖一卷　昆明二龍圖一卷
青溪宮水怪圖四卷
右十九卷張僧繇畫九卷隋朝官本
楞伽會圖一卷　寶積變相圖一卷
右二卷張儒童畫
支道林像一卷
右一卷聶松畫隋朝官本
斛律金像一卷　北齊貴戚游苑圖一卷
鄴中百戲圖一卷　雜宮苑人物屏風本一卷
右四卷楊子華畫隋朝官本
齊神武臨軒對武騎圖二卷
慕容紹宗像一卷　弋獵圖一卷
斛律明月像一卷　盧思道像一卷
名馬樣一卷
右七卷曹仲達畫六卷是隋朝官本
周明帝畋游圖一卷　彌勒變相圖一卷
雜臺䲶樣一卷　隋文帝上廐馬圖一卷

農家田舍圖一卷
右五卷董伯仁畫一卷是隋朝官本
阿育王像一卷　隋文帝入佛空像一卷
楊素像一卷　賀若弼像一卷
陳叔英像一卷　擒明盧明月像圖一卷
洛中人物車馬圖樣一卷
北齊畋游圖一卷　貴戚屏風二卷
右十卷鄭法士畫一卷是隋朝官本
雜物變相二卷　豆盧寧像一卷

隋朝正會圖一卷　幸洛圖一卷
貴戚游燕圖一卷
右六卷楊契丹畫一卷是隋朝官本
法華變相一卷　長安車馬人物圖一卷
南郊圖一卷　雜宮苑圖一卷
弋獵圖一卷　王世充像一卷
右六卷展子虔畫
美人詩意圖一卷　屋宇樣一卷
雜鬼神像三卷

右五卷孫尚子畫
黄帝戰涿鹿圖一卷　姜源圖一卷
禹貢圖二卷　燕太子丹圖一卷
古史圖一卷　孫氏水戰圖一卷
五岳真形圖一卷　紀年詩意圖一卷
雜鬼神樣二卷
右十二卷皆甚精奇隋朝以來私家蒐訪所得內
三卷近陸探微先無題記可考
列女傳仁智圖　獅子圖

異獸圖　魚龍相戲圖
吳楚放牧圖　村社會集圖
右六卷王廙畫隋朝官本
已前總二百八十一卷并無名畫十二卷計二百
九十三卷
晉瓦官寺 有顧愷之張僧繇畫壁在江寧
宋法王寺 顧駿之畫在永嘉
晉龍寬寺 史道碩畫在江陵
晉本紀寺 史道碩畫在鄴中

齊王觀寺沈標畫在會稽
魏白雀寺董伯仁畫在汝州
魏北宣寺楊子華畫在鄴中
梁定林寺解倩畫在江寧
梁惠聚寺張僧繇畫在江陵
梁延祚寺張僧繇畫在江陵
梁長慶寺江僧寶畫在江陵
梁何后寺陸整畫在江寧
梁光相寺丁光畫在江陵
梁陟屺寺張善果畫在江陵
梁高座寺張僧繇畫在江寧
梁景公寺江僧寶畫在江寧
梁開善寺張僧繇畫在江寧
梁草堂寺焦寶願畫在江寧
梁報恩寺張儒童畫在會稽
梁資德寺解倩畫在延陵
梁天皇寺張僧繇解倩畫在江陵
北齊大定寺劉殺鬼畫在鄴中

周海覺寺董伯仁鄭法士畫在同州
陳棲霞寺張善果畫在江寧
陳興聖寺張儒童畫在江都
陳逮善寺陸整畫在江都
陳靜樂寺張善果畫在江都
陳東安寺張儒童展子虔畫在江都改爲常樂寺
陳終聖寺董伯仁畫在江陵
隋西禪寺孫尚子畫在長安
隋東禪寺鄭德文畫在長安
隋惠日寺張善果畫在江都
隋永福寺楊子華畫在長安
隋靈寶寺展子虔鄭法士畫在長安
隋光明寺田僧亮展子虔鄭法士楊契丹在長安畫
隋敬愛寺孫尚子畫在洛陽
隋天女寺展子虔畫在洛陽
隋雲花寺展子虔畫在洛陽
隋清禪寺陳善見畫在長安
隋光發寺董伯仁畫在洛陽

隋興善寺劉烏畫在長安
隋皈依寺田僧亮畫在長安
隋淨域寺張僧繇畫自江外移來亦有孫尚子畫在長安
隋恩覺寺袁子昂畫在洛陽
隋空觀寺袁子昂畫在長安
隋隆法寺范長壽張孝師畫在長安
隋實剎寺鄭法士楊契丹畫在長安

右寺四十七所並是名工真跡今東都古畫尚多未得撿閱尒今集撿前蹤取其法度兼之巧思維

二閻楊陸適出常表袁張兩家父子亦得居其次閻本師祖張公可謂青出於藍矣至於人物衣冠車馬臺閣並得南北之妙楊張父子亦謂世不乏賢博陵大安誠曰難兄難弟之學者陳善見王知愼之流萬得其一固未及於風神尚汲汲於形似今人所蓄多是陳王寫搨都非楊鄭之真筆每將真玩深宜精別也

公私畫史終

名畫記

叙畫源流

宋　張彥遠

夫畫者成教化助人倫窮神變測幽微與六籍同功四時並運發於天然非由述作古先聖王受命應籙則有龜字効靈龍圖呈寳自巢燧以來皆有此瑞庖犧氏發於滎河中典籍圖畫明矣軒轅氏得於温洛中史皇蒼頡狀焉是時也書畫同體而未分象制肇創而猶略無以傳其意故有書無以見其形故有畫

按字學之體六其六曰鳥書在幡信上書端象鳥頭者則畫之流也（漢末大司空甄豐校字體有六日鳥書即幡信上作爲鳥體也）顔光祿云圖載之意有三一曰圖理卦象是也二曰圖識字學是也三曰圖形繪畫是也又周官教國子以六書其三日象形則畫之意也故知書畫異名而同體也（周禮保章氏掌六書其六日象形亦蒼頡之遺意也）洎乎有虞作繪繪畫明矣既就彰施仍深比象於是禮樂大闡教化由興故能揖讓而天下治廣雅云畫類也爾雅云畫形也說文云畫畛也象田畛畔所以畫也釋名曰畫掛也以彩色掛象物也故鍾鼎刻則識魑魅而知神姦旂章明則昭軌度而備國制清廟肅而尊彝陳廣輪度而疆理辨以忠以孝盡在雲臺有烈有勳皆登麟閣見善足以戒惡見惡足以思賢留乎形容式昭盛德之事具其成敗以傳既往之蹤紀傳所以叙其事不能載其容賦誦所以詠其美不能備其象圖畫之制所以兼之也故陸士衡云丹青之興比雅頌之述作美大業之馨香宣物莫大於言存形莫善於畫此之謂也是以漢明宮殿贊茲粉繪之功蜀郡學堂義存勸戒之道馬后女子尚願載君於唐堯石勒羯胡猶觀自古之忠孝豈同博奕用心自是名教樂事

王獻之

晉王獻之字子敬少有盛名風流高邁草隸繼父之美妙於畫桓温嘗請畫扇誤落筆就成烏駁牸牛極妙絕又書駮牛賦於扇上此扇義熙中猶在

王廙

晉王廙字世將瑯琊臨沂人善屬詞攻書畫過江後爲晉朝書畫第一音律衆妙畢綜元帝時爲左衛將

軍封武康侯時鎮軍謝尚於武昌樂寺造東塔戴若思造西塔並請廙畫

王濛

晉王濛字仲祖晉陽人放誕不羈書比廙翼丹青甚妙頗希高遠嘗往驢肆家畫轜車自云我嗜酒好肉善畫但人有飲食美酒精絹我何不可也特善清談爲時所重

戴逵

晉戴逵字安道譙郡銍縣人幼年已聰明好學善琴

攻畫爲童兒時以白瓦屑鷄卵汁和溲作鄭玄碑時稱絕妙庾道季看之語逵云神猶太俗卿未盡耳逵曰唯務光當免卿此語

陶弘景

梁陶弘景字通明明象藝善書畫武帝嘗欲徵用隱居畫二牛一以金韊頭牽之一則逶迤就水草梁武知其意遂不以官爵逼之

盧稜伽

唐盧稜伽吳道子弟子也畫迹似吳但才力有限頗能細畫咫尺間山水寥廓物像精備經變佛事是其所長吳生嘗於京師畫總持寺三門大獲衆貨稜伽乃竊畫莊嚴寺三門銳思開張頗臻其妙一日吳生忽見之驚歎曰此子筆力常時不及我今乃類我是子也精爽盡於此矣居一月稜伽果卒

畢宏

唐畢宏大曆二年爲給事中畫松石於左省廳壁好事者皆詩之改京兆少尹爲右庶子樹石擅名於代樹木改步變古自宏始也

畫梅譜序

墨梅始自華光仁老之所酷愛其方丈植梅數本每花放時輒移床其下吟詠終日莫知其意偶月夜未寢見窻間疎影橫斜蕭然可愛遂以筆規其狀凌晨視之殊有月下之思因此好寫得其三昧標名於世山谷見而美之曰嫩寒清曉行孤村籬落間但欠香耳往往士大夫有求數年而未下筆者有不求而自得者華光每寫時必焚香禪定意適則一掃而成人或戲之曰昔王子猷愛竹時何癖於梅華光正色曰

其趣安輕重哉聞者蕭然可愛及其臨老縱心筆墨愈作愈高于時宗寫六人補之亦在其列當時名公巨卿詩詞褒美不下數千首而公平日所作一千二百餘本逮其在西時獨留拔麈帶露几案與山谷最爲絕筆

畫梅譜

元　華光道人著　藍瑛閱

口訣

梅傳口訣本性天然下筆有力最莫遷延醮墨濃淡不許泿傳趣筆縱逸曲徑垂欹仰如秋月曲似彎弓轉如曲肘直似箭邊老如龍角嫩似釣竿枯如丁折條似直弦嫩梢忌柳舊梢若鞭弓梢鹿角下筆忌繁枝無十字舉花大錢開處莫閙閙處莫閑老嫩依法新舊分年棄條無萼勁梢指天枯如蒼眼一刺兩連

枯梢多刺嫩梢是爲梢如鐵戟花無十全花有重犯枝分后先花分錢眼鬚是虎鬚花有六六泣露含烟如愁如語傲雪凝寒大放小放正偏側偏大偏少偏稽春朝元羞容背日骷髏笑顏离披側謝先春狀元背萼五點正萼一圈咲春向陽蓓蕾珠聯左偏右偏護寒衝烟藏春放白蝴蝶蜂先拔風帶蒂萼取其圓一開一謝花欲大然正鬚排七一鬚爭先吐三背四切忌㘣緊造無盡意只在精嚴斯爲標格不可輕傳

取象

梅之有象由制氣也花屬陽而象天木屬陰而象地而其故各有五所以别奇偶而成變化蔕者花之所自出象以太極故有一丁房者華之所自彰象以三才故有三點蕚者花之所自出象以五行故有五葉鬚者花之所自成象以七政故有七莖謝者花之所自究復以極數故有九變此花之所自出皆陽而成數皆奇也根者梅之所自始象以二儀故有二體木者梅之所自放象以四時故有四向枝者梅之所自成象以六爻故有六成梢者梅之所自備象以八卦故有八結樹者梅之所自全象以足數故有十種此木之所自皆陰而成數皆偶也不惟如此花開正者其形規有至圓之象花背開者其形規有至方之象枝之向下其形規俯有覆器之象枝之向上上其形規仰有載物之象于鬚亦然正開者有老陽之象其鬚七謝者有老陰之象其鬚六半開者有少陽之象其鬚三蓓蕾者有天地未分之象體鬚未形其理巳著故有二丁二點者而不加三點者天地未分而人極未立也花蕚者天地始定之象故有所自而取象莫非自然而然也識者當以類推之

一丁　其法須是丁香之狀貼枝而生一左一右不可相並丁點須要端搯有力無令其偏丁偏即花偏矣是故詩有曰丁點須端搯安排不要偏丁偏花不正難使葉如錢

二體　謂梅根也其法根不獨生須分爲二一大一小以别陰陽一左一右以分向背陰不可加陽小不可加大然後爲得體故詩曰根莫與獨發獨發則成孤二體强同勢開源有放株

三點　其法貴如一字上濶下狹兩邊者連丁之狀向兩角中間者據中而起蔕蕚相接不可不相接接不可斷續也故詩曰三點加丁上藥房自此全落毛銜斷却蔕蕚不相連

四向　其法有自上而下者有自下而上者有自右而左者有自左而右者須布左右上下取焉

五出　其法須是不尖不圓隨筆而偏分折如花開七分則全露如半開則見其半正開者則見其全不可無分别也

五萼　其法須分別圓尖要識中隨花成上下掩映莫相同

六枝　其法有偃仰枝覆枝從枝分枝折枝凡作枝之際須是遠近上下相間而發庶有生意也故詩曰六位須分別毋令寫處同有人能識此何必覓春工

七鬚　其法須是勁其中勁長而無英測六莖短而不齊長者乃結子之鬚故不加英噉之味酸短者乃從者之鬚故知英點噉之味苦詩曰奉鬚如虎鬚七莖有等殊中莖結青子六短就成虛

八結　其法有長梢短梢嫩梢疊梢交梢孤梢分梢怪梢須是用木而成隨枝而結若任意而成無體格也

九變　其法一丁而蓓蕾蓓蕾而萼萼而漸開漸開而半折半折而正放正放而爛漫爛漫而半謝半謝而薦酸詩曰九變終始從丁次第開正開還識謝飄落委蒼苔

十種　其法有枯梅新梅繁梅山梅疎梅野梅宮梅江梅園梅盤梅其木不同不可無別也詩曰十種梅花木須憑墨色分莫令無辨別寫作一般春

三十六病　枝成指撚落筆再塡停筆作節起筆不頓枝無生意枝無後先枝老無刺枝嫩刺連落花多片畫月取圓樹老花繁曲枝重疊花無向背枝無南北雪花全露參差積雪寫景無景有烟有月老榦墨濃嫩枝墨輕過枝無花枯枝無蘚挑處捲虽圖花太圓陰陽不分賓主無情花大如桃花小如李棄條寫花當拆起藥樹輕枝重花併犯忌陽花犯少陰花過取奴花並生二本並舉

畫梅總論　木清而花瘦梢嫩而花肥交枝而花繁纍纍分梢而萼疎蘂疎一爲樹二爲體三爲梢長如箭短如戟宇宙高而結頂地步窄而無盡若作臨崖傍數枝枝怪花疎只欲半開若作疎風洗雨枝閑花茂只看離披爛熳若作披烟帶霧枝嫩花茂只要含笑盈枝若作臨風帶雪榦老枝稀只要墨撥淡蕩花閑若作停霜映日森空峭直只要花細香舒學者須要審此梅有數家之格或有疎而嬌或有繁而勁或有老而媚或有淸而健豈有類哉有生山岑者有生

山谷者有生籬落者有生江湖者其枝疎密長短有異不可不推

華光指迷　凡作花蕚必須丁點端楷丁欲長而點欲短蘂欲勁而蕚欲尖丁正則花正丁偏則花偏枝不可對發花不可並生多而不繁少而不虧佼枯則欲其意興枝曲則欲其意舒花須相合枝須相依心欲緩而手欲速墨須淡而筆欲乾蘂須圓而不類杏枝欲瘦而不類柳似竹之清如松之實斯成梅矣

畫梅別理　或問之鬚不下數十莖今寫其七何也公曰花鬚少者梅稟少陽之氣而成霜露之姿偶獨發其七耳或又曰花或有六出者今獨寫其五葉豈有況乎公曰四出者六出者獨謂疎梅乃村野人接之荆棘樹上令或雜而受氣不清使其然乎獨有者稟中和之氣有自然之性故寫者取此棄彼或曰信矣梅爲木不公又曰梅爲木不下一二丈小者此類儘令人作圖障纔數花梢根皆具或有加山坡水石之類豈不失其本眞乎

又

梅有四字叠花如品字交枝如乂字交木如極字結梢如爻字枝小有花多花少則不繁枝細嫩而不怪枝多花少言其氣之全也枝老而花大言其氣之壯也枝嫩花細言其氣之微也梅有高下尊卑之別有大小貴賤之辨有疎密輕重之象有間潤動靜之用枝不得並發花不得並生眼不得並點木不得並接枝有文武剛柔相合花有大小君臣相對條有父子長短不同蘂有夫妻陰陽相應其木不一當以類推之

畫竹譜

薊丘李衎述　王道焜校閱

文湖州授東坡訣云竹之始生一寸之萌耳而節葉具焉自蜩腹蛇蚹至於劍拔十尋者生而有之也今畫竹者乃節節而爲之葉葉而累之豈復有竹乎故畫竹必先得成竹於胸中執筆熟視乃見其所欲畫者急起從之振筆直遂以追其所見如兎起鶻落少縱則逝矣坡云與可之教予如此予不能然也夫旣心識所以然而不能然者内外不一心手不相應不

學之過也且坡公尚以爲能然者不學之過況後之人乎人徒知畫竹者不在節節而爲葉葉而累抑不思胸中成竹從何而來慕遠貪高踰級躐等放弛情性東抹西塗便爲脫去翰墨蹊徑得乎自然故當一節一葉措意於法度之中時習不倦眞積力久至於無學自信胸中眞有成竹而後可以振筆直遂以追其所見也不然徒執筆熟視將何所見而追之耶苟能就規矩繩墨則自無瑕纇何患乎不至哉縱失於拘久之猶可達於規矩繩墨外若遽放逸則恐不復可入於規矩繩墨而無所成矣故學者必自法度中來始得之畫竹之法一位置二描墨三承染四設色五籠套五事殫備而後成竹粘幀礬絹本非畫事苟不得法雖筆精墨妙將無所施故併見附於此

粘幀先須將幀幹放慢靠墻壁頓立平穩熟煮稠麵糊用椶刷刷上看照絹邊絲縷正當先貼上邊再看右邊絲縷正當然後貼上次左邊亦如之仍勿動直待乾徹用木楔楔緊將下一邊用鍼線寄縫篾棹許一杖子次用麻索綳羅綳緊然後上礬畢仍再緊之

礬絹不可用明膠其性太緊絹素不能當久則破裂須紫色膠爲妙

又云凡春秋隔宿用溫水浸膠封蓋勿令塵土得入明日再入沸湯調開勿使見火見火則膠光出於絹上矣夏月則不須隔宿冬月則浸二日方開別用淨磁器注水將明淨白礬研水中嘗之舌上微澀便可太過則絹澀難落墨仍看絹素多少斟酌前項浸開膠礬水相對合得如淡寄水微溫黃

色爲度若夏月膠性差慢頗多亦不妨冉有稀絹濾過用刷上絹陰乾後落墨近年有一種油絲絹并礬粉絹先須用熱皁莢水刷過便乾依前上礬

一位置須看絹幅寬窄橫竪可容幾竿根梢向背枝葉遠近或榮或枯及上坡水口地面高下厚薄自意先定然後用朽子行不再看得不可意且勿着筆再審看改稱得可意方始落墨庶無後悔然畫家自來位置爲最難蓋凡人情尚好才品各各不同所以雖父子至親亦不能授受況筆舌之間豈

能盡之惟畫法所忌不可不知所謂衝天撞地偏重偏輕對節排竿鼓架勝眼前枝後葉此爲十病斷不可犯餘當各從己意

衝天撞地者謂梢至絹頭根至絹末阨塞填滿者偏輕偏重者謂左右枝葉一邊偏多一邊偏少不停趁者對節者謂各竿節節相對

二描墨提筆時澄心靜慮意在筆先神思專一不雜不亂然後落筆須要圓勁快利仍不可太速速則失勢亦不可太緩緩則凝濁復不可太肥肥則俗惡又不可太瘦瘦則枯弱起落有准的來手有逆順不可不察也如描葉則勁利中求柔和描竿則婉媚中求剛正描節則分斷處要連屬描枝則柔和中要骨力詳審四時榮枯老嫩隨意下筆自然枝葉活動生意具定若待設色而後成竹則無復有畫矣

三承染最是緊要處須分別淺深翻正濃淡用水筆破開時忌見痕跡要如一段生成發揮畫筆之功今在於此若不加意稍有差池即前功俱廢矣法

用番中青黛或福建螺青放蓋內入膠膠殺開慢火上焙乾再用指面旋點清水隨點隨殺不厭多時愈殺則愈明淨看得水脈着中蘸筆承染嫩葉則淡染老葉則濃染枝節間深處則濃染淺處則淡染更在臨時相度輕重

四設色須用上好石綠如法入清膠水研淘出分五等除頭綠麄惡不堪用外二綠三綠染葉面色淡者名枝條綠染葉背及枝幹更下一等極淡者名綠花亦可用染葉背枝幹如初破籜新竹須用三

綠染節下粉白用石青花染老竹用藤黄染枯竹枝榦及葉梢筍籜皆土黄染筍籜上斑花及葉梢上水痕用檀色點染此其大略也若夫對合淺深斟酌輕重更在臨時

調綠之法先入稠膠研勻別煎槐花水相輕重和調得所依法濡筆須輕薄塗抹不要厚重及有痕迹亦須嵌墨道遇截勿使出入不齊尤不可露白若遇夜則將綠盞以盡水出膠了放乾明日更依前調用若只如此經宿則不可用矣

五籠套此是畫之結裹尤須縝密後設色乾了子細看得無缺空漏落處用乾布淨巾着力拂拭恐有色脫落處隨便補治勻好除葉背外皆用草汁籠套葉背只用澹藤黄籠套

草汁之法先將好藤黄浸開却用殺開螺青汁看深淺對合調勻便用若隔夜則不堪用若暑月則半日則不堪用矣

往歲遠使交趾深入竹鄉究觀詭異之產於焉辨析疑似區別品彙不敢盡信紙上語若心叅訂昝志余之與竹庶幾得之薊丘李衎

畫竹譜終

墨竹譜

元　管夫人輯　杜蘋龍閱

墨竹位置一如畫竹法但幹節枝葉四者若不由規矩徒費工夫終不能成畫也凡濡墨有深淺下筆有重輕逆順往來須知去就濃淡麁細便見榮枯乃要葉葉着枝枝枝着節山谷云生枝不應節亂葉無所歸須一筆筆有生意一面面得自然四面團欒枝葉活動方為成竹然古今作者雖多得其門者或寡不失之於簡略則失之於繁雜或根幹頗佳而枝葉謬

誤或位置稍當而向背乖方或葉似刀截或身如板束麁俗狼藉不可勝言其間縱有稍異常流僅能盡美至於盡善良恐未暇獨文湖州挺天縱之才比生知之聖筆如神助妙合天成馳騁於法度之中逍遙於塵垢之外縱心所欲不踰準繩故一依其法布列成圖庶後之學者不陷於俗惡知所當務焉

一畫竿若只畫一二竿則墨色且得從便若三竿之上前者色濃後者漸淡若一色則不能分別前後矣然後梢至根雖一節節盡下要筆意貫穿梢頭節短漸漸放長比至節根漸漸放短每竿須要墨色勻停行筆平直兩邊如界自然圓正若擁腫偏邪墨色不勻間麁間細間枯間濃及節空勻長勻短皆文法所忌斷不可犯頗見世俗用蒲絟槐皮或疊紙濡墨畫竿無問根梢一様麁細又且板平全無圓意但堪發笑學者切忌不宜倣效

二畫節立竿既定畫節為最難上一節要覆蓋下一節下一節要承接上一節中間雖是斷離却要有連屬意上一筆兩頭放起中間落下如月少彎則便見

一竿圓混下一筆看上筆意趣承接不差自然有連屬意不可齊大不可齊小齊大則如旋環齊小則如墨板不可太彎不可太遠太彎則如骨節太遠則不相連屬無復生意矣

三畫枝各有名目生葉處謂之丁香頭三合處謂之雀爪直枝謂之釵股從外畫入謂之垜疊從裏畫出謂之逆跳下筆須要遒健圓勁生意連綿行筆疾速不可遲緩老枝則挺二而起節大而枯瘦嫩枝則和柔而婉順節小而肥滑葉少則枝覆葉少則枝昂風

枝雨枝。觸類而長。亦在臨時轉變。不可拘於一律也

尹白鄭王隨枝畫斷節既非文法今不敢取

四畫葉下筆要勁利。實按而虛起。一抹便過。少遲留。則鈍厚不銛利矣。然寫竹者此爲最難。虧此一功。則不復爲墨竹矣。法有所忌學者當知。麄忌似桃。細忌似柳。一忌孤生。二忌並立。三忌如叉。四忌如井。五忌如手指及似蜻蜓。翻正向背。轉側低昂。雨打風翻。各有態度。不可一例抹去。如染皁絹無異也。

墨竹譜終

樂府雜錄

唐　段安節

雅樂部

宮懸四面天子樂也軒懸三面諸侯樂也判懸二面大夫樂也特懸一面士樂也宮懸四面每面五架架即簨簴也其上安金銅仰陽以鷺鷥孔雀羽裝之兩面綴以流蘇以綵翠絲紱為之也十二律上鐘九乳依月排之每面石磬及編鐘各一架每架列鐘十二所亦依律編之四角安鼓四座一曰應鼓四旁有四小鼓為轊鼓也二曰腰鼓三曰警鼓四曰雷鼓皆彩畫上各安寶輪以珠翠粧之樂即有簫笙竽塤篪籥跋膝琴瑟筑將竽形似小鐘以手將之即鳴也次有登歌皆奏法曲御殿即奏凱安廣　雍熙三曲宴羣臣即奏鹿鳴三曲近代內宴即全不用法樂也郊天及諸壇祭祀即奏太和沖和舒和三曲凡奏曲登歌先引諸樂逐之其樂工皆戴平幘衣緋大袖每色十二在樂懸內已上謂之坐部伎八佾舞則六十四人文武各半皆著畫幘俱在樂懸之北文舞居東手執翟

羽如鳳毛武舞居西手執戚文衣長大武衣短小其鐘師及磬師登歌八佾舞并諸色舞通謂之立部伎柷敔樂懸既陳太常卿押樂在樂懸之北亞太樂令鼓吹令俱在太常卿之後太樂在東鼓吹居西協律郎二人皆執翬竿亦用綵翠粧之一人在殿上翬竿倒殿下亦倒遂奏樂協律郎皆緋衣大袖戴冠

雲韶樂

用玉磬四架樂即有琴瑟筑簫篪籥跋膝笙竽登歌拍板樂分堂上堂下登歌四人在堂下坐舞童五人

衣繡衣各執金蓮花引舞者金蓮如仙家行道者也舞在階下設錦筵宮中有雲韶院

清樂部

樂即有琴瑟雲和箏其頭像雲笙竽箏簫方響篪跋膝拍板戲即有弄賈大獵兒也

鼓吹部

即有鹵簿鉦鼓及角樂用絃鼗笳簫又即用哀笳以羊角為管蘆為頭也警鼓二人執朱旛引樂衣文戴冠已上樂人皆騎馬樂即謂之騎吹俗樂亦有騎吹

也天子鹵簿用大金伏鼓一百二十面金鉦七十面郊天謁廟吉禮即衣雲花黃衣鼓四鉦二下山陵凶禮即衣雲花白衣鼓二鉦二下册太后皇后及太子用鼓七十面金鉦四十面謂之小金伏公主出降及册三公并祔廟禮葬並用大半伏鼓四十面鉦二十面諸侯用小半伏鼓三十面鉦十四面吉凶如上自太子巳下册禮及葬祔廟並無警鼓

驅儺

用方相四人戴冠及面具黃金爲四目衣熊裘執戈揚盾口作儺儺之聲以除逐也右十二人皆朱髮衣白晝衣各執麻鞭辮麻爲之長數尺振之聲甚厲乃呼神名其有甲作食凶者沸謂食夢者騰蘭食不祥者覽諸食咎者祖盟強食其磔死寄生者桃根食蠱者等振子五百小兒爲之衣朱褶青襦戴面具以晦日於紫宸殿前儺張宮懸樂太常卿及少卿押樂正到西閣門丞并太樂署令鼓吹署令協律郎並押樂在殿前事前十日太常卿并諸官於本寺先閱儺并遍閱諸樂其日大宴三五署官其朝寮家皆上棚

觀之百姓亦入看頗謂壯觀也太卿上此歲除前一日於右金吾龍尾道下重閱即不用樂也御樓時於金雞竿下打赦鼓一面鉦一面以五十人唱色十下鼓一下鉦以千下

熊羆部

其熊羆者有十二皆有木雕之悉高丈餘其上安版床復施寶幰皆金彩粧之於其上奏雅樂含元殿方奏此樂也奏唐十二時萬宇淸月重輪三曲亦謂之十二按樂具軍在望仙門內之東壁俗樂古都屬樂圖新院院在太常寺內之西北也開元中始別署左右教坊上都在延政里東都在明義里以內官掌之至元和中只署一所又於上都廣化里太平里兼各署樂官院一所

鼓架部

樂有笛拍板答鼓即腰鼓也兩杖鼓戲有代面始自北齊神武弟有膽勇善鬬戰以其顏貌無威每入陣即著面具後乃百戰百勝戲者衣紫腰金執鞭也鉢頭昔有人父爲虎所傷遂上山尋其父屍山有八折

故曲八疊戲者被髮素衣面作啼蓋遭喪之狀也蘇中郎後周士人蘇葩嗜酒落魄自號中郎每有歌場輒入獨舞今爲戲者着緋戴帽面正赤蓋狀其醉也即有踏搖娘羊頭渾脫九頭獅子弄白馬益錢以至尋撞跳丸吐火吞刀旋槃觔斗悉屬此部

龜茲部

樂有觱篥笛拍板四色鼓揩鼓雞樓鼓戲有五常獅子高丈餘各衣五色每一獅子有十二人戴紅抹額衣畫衣執紅拂子謂之獅子郎舞太平樂曲破陣

樂曲亦屬此部秦王所制舞人皆衣畫甲執旗旆外藩鎮春冬犒軍亦舞此曲兼馬軍引入場尤甚壯觀也萬斯年曲是朱崖李太尉進此曲名即天仙子是也

胡部

樂有琵琶五絃箏箜篌觱篥笛方響拍板合曲時亦擊小鼓鈸子合曲後立唱歌涼府所進本在正宮調大遍小者至貞元初康崑崙翻入琵琶玉宸宮調初進曲在玉宸殿故有此名合諸樂即黃鍾宮調也奉聖樂曲是韋南康鎮蜀時南詔所進在宮調亦舞伎六十四人遇内宴即於殿前立奏樂更番替換若宮中宴即坐奏樂俗樂亦有坐部立部也

歌

歌者樂之聲也故絲不如竹竹不如肉迥居諸樂之上古之能者即有韓娥李延年莫愁樂府詩云莫愁在何處住在石城西艇子打兩槳催送莫愁來善歌必先調其氣氤氳自臍出至喉乃噫其詞即分抗墜之音既得其術即可致遏雲響谷之妙也明皇朝有韋青本是士人嘗有詩云三代主

綸誥一身能唱歌官至將軍開元中内人有許和子者本吉州永新縣樂家女也開元末選入宮即以永新名之籍於宜春院既美且慧善歌能變新聲韓娥延年殁後千餘載曠無其人至永新始繼其能遇高秋朗月臺殿清虛喉囀一聲響傳九陌明皇嘗獨召李謨吹笛逐其歌曲終管裂其妙如此又一日賜大酺於勤政樓觀者數千萬衆喧譁聚語莫得魚龍百戲之音上怒欲罷宴中官高力士奏請命永新出樓歌一曲必可止諠上從之永新乃撩鬢舉袂直奏曼

聲至是廣場寂寂若無一人喜者聞之氣勇愁者聞之腸絕洎漁陽之亂六宮星散永新爲一士人所得韋青避地廣陵日夜憑闌于上河之上忽聞舟中奏水調者曰此永新歌也乃登舟與永新對泣久之青始亦晦其事後士人卒與其母之京師竟殁於風塵及卒謂其母曰阿母錢樹子倒矣

大曆中有才人張紅紅者本與其父歌於衢路丐食過將軍韋青所居在昭國坊南門裏青於街牖中聞其歌者喉音寥亮仍有頷首即納爲姬其父舍於後

戶優給之乃自傳其藝頴悟絕倫嘗有樂工自撰歌即古長命西河女也加減其節奏頗有新聲未進聞先侑歌於青青召紅紅於屏風後聽之紅紅乃以小豆數合記其拍樂工歌罷青入問紅紅如何云巳得矣青出云有女弟子久曾歌此非新曲也即令隔屏風歌之一聲不失樂工大驚異遂請相見欽伏不巳再云此曲先有一聲不穩今巳正矣尋達上聽翊日召入宜春院寵澤隆異宮中號記曲娘子尋爲才人一日內史奏韋青卒上告紅紅乃上前嗚咽奏云妾本風塵丐者一旦老父死有所歸致身入內皆自韋青妾不忍忘其恩乃一慟而絕上嘉歎之即贈昭儀也貞元中有田順郎曾爲宮中御史娘子元和長慶以來有李貞信米嘉榮何戡陳意奴武宗巳降有陳幻寄南不嫌羅寵咸通中有陳彥暉

舞工

舞者樂之容也有大垂手小垂手或如驚鴻或如飛燕婆娑舞態也蔓延舞綴也古之能者不可勝記即有健舞軟舞字舞花舞馬舞健舞曲有稜大何連柘

枝劍器胡旋胡騰軟舞曲有涼州綠腰蘇合香屈柘團圓旋幷州等字舞以舞人亞身於地布成字也花舞著綠衣偃身合成花字也馬舞者攏馬人著綵衣執鞭於牀上舞蹀躞蹄皆應節奏也開元中有公孫大娘善舞劍器僧懷素見之草書遂長蓋准其頓挫之勢也

俳優

開元中黃幡綽張野狐弄參軍始自漢館陶令石耽耽有贓犯和帝惜其才免罪每宴樂即令衣白夾衫命優伶戲弄辱之經年乃放後爲參軍誤也

開元中有李仙鶴善此戲明皇特授韶州同正參軍

以食其祿是以陸鴻漸撰詞言韶州叅由此也武宗朝有曹叔度劉泉水鹹淡最妙咸通以來即有范傳康上官唐卿呂敬遷等三人弄假婦人大中以來有孫乾劉璃瓶近有郭外春孫有熊僖宗幸蜀時戲中有劉真者尤能後乃隨駕入京籍于教坊弄婆羅大中初有康廼李百魁石寶山大別有夷部樂即有扶南高麗高昌驃玆康國疎勒西凉安國樂即有單龜頭鼓及箏蛇皮琵琶蓋以蛇皮爲槽厚一寸餘鱗介具亦以楸木爲面其捍撥以象牙爲之畫其國王騎

象極精妙也鳳頭箜篌卧箜篌其工頗奇巧三頭鼓鐵拍板葫蘆笙舞有骨鹿舞胡旋舞俱於一小圓球子上舞縱横騰踏兩足終不離於球子上其妙如此也

琵琶

始自烏孫公主造馬上彈之有直項者曲項者便於急關中也古曲有所上桑范曉石崇謝奕皆善此樂也開元中有賀懷智其樂器以石爲槽鵾鷄筋作絃鐵撥彈之貞元中有康崑崙第一手始遇長安大旱詔移南市祈雨及至天門街市人廣較勝負鬬聲樂即街東有康崑崙琵琶最上必謂街西無以敵也遂令崑崙登綵樓彈一曲新翻羽調錄要其街西亦建一樓東市大誚之及崑崙度曲西市樓上出一女郎抱樂器先云我亦彈此曲兼移在楓香調中及下撥聲如雷其妙入神崑崙即驚駭乃拜請爲師女郎遂更衣出見乃僧也蓋西市豪族厚賂莊嚴寺僧善本姓段以定東鄽之聲翊日德宗召入令陳本藝異常嘉奬乃令教授崑崙段奏曰且請崑崙彈一調及彈

樂府雜錄 八

師曰本領何雜兼帶邪聲崑崙驚曰段師神人也臣少年初學藝時偶於鄰舍女巫授一品絃調後乃易數師段師精鑒如此玄妙也段奏曰且遣崑崙不近樂器十年使忘其本領然後可教詔許之後果盡段之藝

貞元中王芬曹保保子善才其孫曹綱皆襲所藝次有裴興奴與綱同時曹綱善撥若風雨而不事扣絃興奴長於攏撚頪時人謂曹綱有右手興奴有左手武宗初朱崖李太尉有樂吏廉郊者師於曹綱盡綱

之能鋼常曰教人多矣未有此性靈弟子也鄭嘗宿平泉別墅值風清月朗攜琵琶池上彈𣓏賓調忽聞芰荷間有物跳躍之聲必謂是魚及彈別調即無所聞復彈舊調依舊有聲遂加意朗彈忽有一物鏘然躍出池岸之上視乃方響一片蓋𣓏賓鐵也以指撥精妙律呂相應也

某門中有樂吏楊志善琵琶其姑尤更妙絶姑本宣徽弟子後放出宮於永穆觀中住自惜其藝常畏人聞每至夜方彈楊志懇求教授堅不允且曰誓死不

傳於人也志乃賂其觀主求寄宿於觀竊聽其姑彈弄仍繫脂鞓帶以手畫帶記節奏遂得一兩曲調明日攜樂器詣姑姑大驚異志即告其事姑意乃回盡傳其能矣

文宗朝有內人鄭中丞善胡琹（中丞即宮官也）內庫二琵琶號大小忽雷鄭嘗彈小忽雷偶以匙頭脫送崇仁坊南趙家修理大約造樂器悉在此坊其中二趙家最妙時有權相舊吏梁厚本有別墅在昭應之西正臨河岸垂鉤之際忽見一物浮過長五六尺許上以錦綺纏之令家僮接得就岸即秘器也及發開視之乃一女郎粧飾儼然以羅領巾繫其頸解其領巾伺之口鼻有餘息即移入室中將養經旬乃能言云是內弟子鄭中丞也昨以忤旨命內官縊殺投于河中錦綺即弟子相贈爾遂垂泣感謝厚本即納爲妻因言其藝及言所彈琵琶今在南趙家尋值訓注之亂人莫有知者厚本賂樂匠贖得之每至夜分方敢輕彈後遇良夜飲於花下酒酣不覺朗彈數曲洎有黃門放鷂子過其門私於牆外聽之曰此鄭中丞琵琶聲

也翊日達上聽文宗方追悔至是驚喜即命宣召乃赦厚本罪仍加錫賜焉咸通中即有米和郎嘉榮子也申旋尤妙復有王連兒也前羽調綠腰注云本自樂工進曲上令錄其要者今以爲名誤言綠腰也

箏

箏者蒙恬所造也元和至太和中李青青及龍佐大中以來有常述本亦妙手也史從李從周皆能者也從周即青孫亞其父之藝也

箜篌

箜篌乃鄭衛之音權輿也以其亡國之音故號空國之侯亦曰坎侯古樂府有公無渡河之曲昔有白首翁溺於河歌以哀之女麗玉善箜篌撰此曲以寄哀情咸通中第一部有張小子忘其名彈弄冠于今古今在西蜀太和中有季齊皐者亦爲上手曾爲某門中樂史後有女亦善此伎爲先徐相姬大中末齊皐尚在有内官擬引入教坊辭以衰老乃至朝部中此樂妙絕教坊雖有三十人能者一兩人而已

笙

笙者女媧造也仙人王子晉於緱氏山月下吹之象鳳翼亦名參差自古能者固多矣太和中有尉遲章尤妙宣宗已降有范漢恭有子名寶師盡傳父藝今在陝州

笛

笛羌樂也古有落梅花曲開元中有李謨獨步於當時後祿山亂流落江東越州刺史皇甫政月夜泛鏡湖命謨吹笛謨爲之盡妙倏有一老父泛小舟來聽風骨冷秀政異之進而問焉老父曰某少善此今聞至音輒來聽耳政即以謨笛授之老父始奏一聲鏡湖波浪搖動數疊之後笛遂中裂即探懷中一笛以畢其曲政視舟下見二龍翼舟而聽老父曲終以笛付謨謨吹之竟不能聲即拜謝以求其法頃刻老父入小舟遂失所在

觱篥

大龜茲國樂也亦曰悲栗德宗朝有尉遲青官至將軍時青州有王麻奴者善此伎河北推爲第一手恃其藝倨傲自負戎師外莫敢輕易請者從事臺拜入

京臨岐把酒請吹一曲相送麻奴偃蹇大以爲不可從事怒曰汝藝亦不足稱殊不知上國有尉遲將軍冠絕今古麻奴怒曰某此藝海内豈有及者也今即往彼定其優劣不數月到京訪尉遲青所居在常樂坊乃側近僦居日夕加意吹之尉遲每經其門如不聞麻奴不平乃求謁見閽者不納厚賂之即引見青青即席地令坐因於高般涉調中吹勒部羝曲曲終汗洽其背尉遲頷顒而已謂曰何必高般涉調也即自取銀字管於平般涉調吹之麻奴涕泣愧謝曰邊

郜徵人偶學此藝實謂無敵今日恭聞天樂方悟前非乃碎樂器自是不復言音律也元和長慶中有黃日遷劉楚材尚陸陸皆能者大中以來有史敬約在汴州

五絃

貞元中有趙璧者妙於此伎也白傅諷諫有五絃彈近有馮季皐

方響

武宗朝郭道源後爲鳳翔府天興寺丞充太常寺調音律官亦善擊甌率以邢甌越甌共十二隻旋加減

水於其中以筯擊之咸通中有吳嬪洞曉音律亦爲鼓吹署丞充調音律官善於擊甌擊甌蓋出於擊缶

琴

古者能士固多矣貞元中成都雷生善斲琴至今尚有孫息不墜其業精妙天下無比也彈者亦衆焉太和中有賀若夷尤能後爲待詔對文宗彈一調上嘉賞之仍賜朱衣至今爲賜緋調後有甘黨亦爲上手

阮咸

大中初有待詔張隱聳者其妙絕倫而都亦多能者

羯鼓

明皇好此伎有汝陽王花奴尤善擊鼓花奴時戴砑絹帽子上安葵花數曲曲終花不落蓋能定頭項爾黔帥南卓著羯鼓錄中具述其事咸通中有王文舉尤妙弄三杖打庶萬不失一懿皇師之

鼓

其聲坎坎然其衆樂之節奏也禰衡常衣綵衣擊鼓其妙入神武宗朝趙長史尤精

拍板

拍板本無譜明皇遣黃幡綽造譜乃於紙上畫兩耳以進上問其故對但有耳道無節奏也韓文曰樂句古樂工都計五千餘人內一千五百人俗樂係梨園新院於此旋抽入教坊計司每月之精料於樂寺給散太樂署在寺院之東令一丞一鼓吹署在寺門之西令一丞一

安公子

隋煬帝遊江都時有樂工笛中吹之其父老廢於臥

內聞之問曰何得此曲子對曰宮中新翻也爻乃謂其子曰宮曰君商曰臣此曲宮聲往而不返大駕東巡必不回矣汝可託疾勿去也精鑒如此

黃驄疊 急曲子

太宗定中原時所乘戰馬也後征遼馬斃上歎惜乃命樂工撰此曲

離別難

天后朝有士人陷冤獄役家族其妻配入掖庭本初善吹觱篥乃撰此曲以寄情始名大郎神蓋取良人行第也遂三易其名亦名切子終號愁迴鶻

夜半樂

明皇自潞州入平內難正夜半斬長樂門關領兵入宮剪逆人後撰此曲名還京樂

雨霖鈴

明皇自西蜀返樂人張野狐所製

康老子

康老子即長安富家子落魄不事生計常與國樂游處一旦家產蕩盡偶一老嫗持舊錦褥貨鬻乃以半千獲之尋有波斯見大驚謂康曰何處得此是冰蠶絲所織若暑月陳於座可致一室清涼即酬千萬康得之還與國樂追歡不經年復盡尋卒後樂人嗟惜之遂製此曲亦名得至寶

明皇初納太真妃喜謂後宮曰予得楊家女如得至寶也遂製曲名得寶子

文叙子

長慶中俗講僧文叙善吟經其聲宛暢感動里人樂工黃米飯狀其念四聲觀世音菩薩乃撰此曲

望江南

始自朱崖李太尉鎮浙日爲亡妓謝秋娘所撰本名謝秋娘後改此名亦曰夢江南

楊柳枝

白傅閑居洛邑時作後入教坊

傾盃樂

宣宗喜吹蘆管自製此曲初捻管令排兒辛骨𩨨拍不中上瞋目瞠視骨𩨨憂懼一日而殞

道調子

懿皇命樂工敬納吹觱篥初弄道調上謂是曲誤拍之敬納乃隨拍撰成曲子

傀儡子

自昔傳云起於漢祖在平城爲冒頓所圍其城一面即冒頓妻閼氏兵強於三面壘中絕食陳平訪知閼氏妬忌即造木偶人運機關舞於陴間閼氏望見謂是生人慮下其城冒頓必納妓女遂退軍史家但云陳平以秘計免蓋鄙其策下爾後樂家翻爲戲其引歌舞有郭郎者髮正禿善優笑閭里呼爲郭郎凡戲場必在俳兒之首也

別樂識五音輪二十八調圖

舜時調八音用金石絲竹匏土革木計用八百般樂器至周時改用宮商角徵羽用製五音減樂器至五百般至唐朝又減樂器至三百般太宗朝三百般樂器內挑絲竹爲胡部用宮商角羽並分平上去入四聲其徵音有其聲無其調

平聲羽七調

第一運中呂調第二運正平調第三運高平調第四運仙呂調第五運黃鍾調第六運般涉調第七運高般涉調雖去中呂調之運如車輪轉却去中呂一運聲也

上聲角七調

第一運越角調第二運大石角調第三運高大石角調第四運雙角調第五運小石角調亦名正角調第六運歇指角調第七運林鍾角調

去聲宮七調

第一運正宮調第二運高宮調第三運中呂宮第四運道調宮第五運南呂宮第六運仙呂宮第七運黃鍾宮

入聲商七調

第一運越調第二運大石調第三運高大石調第四運雙調第五運小石調第六運歇指調第七運林鍾商調

上平聲調

爲徵聲　商角同用　宮逐羽音

右件二十八調琵琶八十四調方得是五絃五本共應二十八調本笙除二十八調本外別有二十八本

中管調初製胡部樂無方響只有絲竹緣方響不應諸調有直拔聲太宗於内庫别收一片鐵有以方響下於中呂調頭一韻聲名大呂應高般涉調頭方得應二十八調是箏只有宫商角羽四調臨時移柱應三十八調

羯鼓錄

唐　南卓

羯鼓出外夷樂以戎羯之鼓故曰羯鼓其音主太簇一均（一作云）龜茲部高昌部疏勒部天竺部皆用之次在都曇鼓答臘鼓之下（都曇鼓似腰鼓而小 答臘者即揩鼓也）雞婁鼓之上鼗如漆桶（山桑木為之）下有小牙牀承之擊用兩杖其聲焦殺鳴烈尤宜促曲急破戰杖連碎之聲又宜高樓晚景明月清風破（一作渡）空透遠特異衆樂杖用黃檀（一作櫃）狗骨花楸等木須至乾緊絕濕氣而復柔

膩乾取發越響亮膩取戰裹健舉卷用剛鐵鐵當精鍊卷當至勻若不剛即應條高下摲捩不停不勻即鼓面緩急若琴徽之病矣諸曲調如太簇曲色俱騰乞婆娑耀日光等九十二曲名玄宗所製（其餘徵羽調曲皆與胡部同故不載）上洞曉音律由之天縱凡是絲管（一作管絃）必造其妙若制作曲調隨意即成不立章度取適短長應指散聲皆中點拍至於清濁變轉律呂呼召君臣事物迭相制使雖古之夔曠不能過也尤愛羯鼓玉笛（玉笛之說見遺事）常云八音之領袖不可無也（不可無也四字一作諸樂不可為此）嘗遇二月初詰旦巾幘方畢時當宿雨初晴景物（一作色）明麗小殿內庭柳杏將吐覩而歎曰對此景物豈得不與他判斷之乎左右相目將命備酒獨高力士遣取羯鼓上旋命之臨軒縱擊一曲曲名春光好（自製名也）神思自得及顧柳杏皆已發拆上指而笑謂嬪御曰此一事不喚我作天公可乎嬪御侍官皆呼萬歲又製秋風高每至秋空迥徹纖翳不起即奏之必遠風徐來庭葉隨下其曲絕妙入神例皆如此汝南王璡寧王（一本有長字）子也姿容妍審（一作美）秀出藩

邸玄宗特鍾愛焉自傳授之又以其聰悟敏慧妙達音旨每隨游幸頃刻不捨常戴砑絹（案唐史作砑綃）帽打曲上自摘紅槿花一朵置於帽上笪當是簷字處二物皆極滑久之方安遂奏舞山香一曲而花不墜落（本色所謂定頭項難在不動搖）上大喜笑賜璡金器一廚因誇曰眞（一本璡字）花奴（益璡小字）姿質明瑩肌髮光細非人間人必神仙謫墮也寧王謙謝隨而短斥之上笑曰大哥不在過慮阿瞞自是相師（上於諸親嘗自稱此號）夫帝王之相須有英特越逸之氣不然有深沈包育之度（一作厚）若花奴

但端秀過人悉無此相固無猜也而又舉止淹一作閑
雅當更得公卿間令譽耳寧王又笑曰若如此臣乃
輸之上曰若此一條阿瞞亦輸大哥矣寧王又謙謝
上又笑曰阿瞞贏處多大哥亦不用撝挹衆皆歡賀
上性俊邁酷不好琴曾聽彈琴正弄未及畢叱琴者
曰待詔出去謂內官曰速召花奴將羯鼓來爲我解
穢
黃幡綽亦知音上嘗使人召之不時至上怒絡繹遣
使尋捕綽既至及殿側聞上理鼓固止謁者不令報

俄頃上又問侍官奴來未綽又止之曲罷後改奏一
曲纔三數十聲綽即走入上問何處去來綽曰有親
故遠適送至郊外上頷之鼓畢上謂曰賴稍遲我向
來怒時至必撻焉適方思之長入供奉已五十餘日
暫一日出外不可不放一作許他東西過往綽拜謝訖
內官有相偶語笑者上詰之具言綽尋至聽鼓聲候
時以入上問綽綽語其方怒及解怒之際皆無少差
上奇之復厲聲謂曰我心脾肉一本無肉字背下事安有
侍官奴間小鼓能料之耶今且謂我如何綽走下惜

面北鞠躬大聲曰奉敕監金雞上大笑而止
宋開府璟雖耿介不羣亦深好色樂尤善鼓樂部行王
詢云南蠻起雲北山起雨即開府所爲也始承恩顧與上論鼓事曰不是
青州石末即是曾山花甆撚小碧上掌下須有朋去聲
肯之聲據此乃是漢震一作偯第二一作三鼓也且蘇用
石末花甆固是腰鼓掌下朋肯聲是以手拍非羯鼓
明矣第二鼓者左以杖右以手指又開府謂上曰頭如青山峰手
如白雨點此即羯鼓之能事也山峰取不動雨點取
碎急即上與開府兼善兩鼓也而羯鼓偏好以其比

漢震稍雅細焉開府之家悉傳之東都留守鄭叔則
一作則祖母即開府之女今尊賢里鄭氏第有小樓即
宋夫人習鼓之所也開府孫沇亦工之并有音律之
學貞元中進樂書三卷德宗覽而嘉之又知是開府
之孫遂召對賜坐與論音樂喜甚數日又召至宣徽
張樂使觀焉曰有舛誤乖濫悉可言之沇曰容臣與
樂官商確講論具狀條奏上使宣徽使教坊使就教
坊與樂官參議數月一作日然後進奏二使奏樂工多
言沇不解聲律不審節拍兼有聵疾不可議樂上覽

異之又召宣徽使對且曰臣年老多病耳實失聽若造於聲律不至無業上又使作樂曲罷問其得失承稟舒遲衆工多笑之沇顧笑者忽忿怒作色奏曰曲雖妙其間有不可者上驚問之即指一琵琶云此人大逆戕忍不日間兼即抵法不宜在至尊前又指一笙云此人神魂已遊墟墓不可更留供奉上尤驚異令主者潛伺察之旋而琵琶者爲同輩告訐稱六七年前其父自縊不得端由即令按鞫遂伏其罪笙者乃憂恐不食旬日而卒上益加知遇面賜章綬累召

對每令察樂樂工見沇悉惴恐脅息不敢正視沇懼罹禍辭病而退

嗣曹王皋有巧思精曉器用爲荆南節度使有羇旅士人懷二棬欲求通謁先啓賓府府中觀者訝之曰豈足尚耶士曰但啓之尚書當解矣及皋見棬捧而嘆曰不意今日獲逢至寶指其剛勻之狀賓佐唯唯或腹非之皋曰諸公必未信命取食柈自選其極平者遂重二棬於柈心以油注之棬中滿而油不浸漏蓋相契無際也皋曰此必開元天寶中供御棬不然無以至此問其所自答曰某人在黔中得於高力士之家衆方深伏賓府又潛問客直價幾何客曰不過三百五緡及遣財帛器皿其直果稱焉

廣德中蜀客前雙流縣丞李琬者亦能之調集至長安僦居務本里夜聞羯鼓聲頗妙於月下步尋至一小宅門極卑隘叩門請謁謂鼓工曰君所擊者豈非耶婆色（一作沙）雞平雖至精能而無尾何也工大異之曰君固知音者此事無人知某太常工人也祖父傳此藝尤能此曲近張通儒入長安某家事流散父沒

河西此曲遂絕今但按舊譜數本尋之竟無結尾聲故夜夜求之琬曰曲下意盡乎工曰盡琬曰意盡即曲盡又何索尾焉工曰奈聲不盡何琬曰可言矣夫曲有不盡者須以他曲解之可盡其聲也夫耶婆色雞當用柘枝急遍解之工如所教果相協聲意皆盡（如柘枝用渾解甘州用吉了解之類是也）工流而謝之即言於寺卿奏爲主簿後累至太常寺少卿（宗正卿）

宰相杜鴻漸亦能之永泰中爲三州副元帥西川節度使至成都有削杖者在蜀以二鼓杖獻鴻漸得之

宗於衆曰此尤物也當衣衾下收貯積時矣匠曰其於脊溝中養者十年及出蜀至利州西界望嘉陵驛入漢州矣自蜀南來始臨嘉陵江有山水境致其夜月色又佳乃與從事楊炎杜亞一作悰孫源孝曰案代宗廣德二年崔旰反成都命鴻漸以宰相兼山南劍南副元帥往鎮撫之鴻漸憚旰許以不死反委以政日與從事杜亞楊炎縱酒高會則此是亞無疑悰於武宗會昌間鎮東川非從事也輩登驛樓望江月行觴讌話曰今日出艱危脫猜迫外則不辱命於朝廷內則免中禍於微質皆諸賢之力也既保此安步又瞰此殊景安得不自賀乎遂命家僮取鼓與板笛

以前所得杖紬奏數曲四一作西山猿鳥皆驚飛鳴噭噭從事悉異之曰昔夔之搏拊百獸舞庭此豈遠耶鴻漸曰若某於此稍會致功未臻尤妙尚能及此況至聖御天賢臣考樂飛走之類何有不感因言此有別墅近華嚴閣每遇風景晴朗時或登閣奏此初見群羊牧於山下忽數頭躑躅不已某不謂以鼓然也及止鼓羊亦止某復鼓羊亦復然遂以疾徐高下而節之無不應之而變旋有二犬自其家走而吠之及群羊側遂漸止聲仰首一作遂聲俯仰所有所聽少選即復宛頸搖尾亦從而變態是知率舞固不難矣其後乃不敢爲也一本無此句

近士林中無習之者唯僕射韓卓善亦不甚高焉爲鄂州節度使時問於黃鶴樓一月兩習而已會昌元年卓因爲洛陽令數陪劉賓客白少傅宴遊白有家僮多佐酒卓因談往前三數事二公亦應和之謂卓曰若吾友所談宜爲文紀不可令堙沒也時語而未錄及陝府盧尚書孫源孝發盧商任河南尹又話之因遺爲紀即粗爲編次尚未脫稿至東陽因暴書見之乃謹

列而竟焉雖不資儒者之博聞亦助賓筵之談話屬之好事庶或流傳

前錄大中二年所著四年春陽罷免旋自海南路由廣陵崔司空孫源孝曰崔鉉也爲鎮司空遇合素厚留止旬朔輒獻之過蒙獎飾因曰宋沇即某之中外親丈人知音之異事非止於此也嘗謂太常丞每諸懸鐘磬亡墜至多補亡者又乖律呂一日早於光宅佛寺待漏貞元中猶未有待漏院朝士多立於門衙中或立近坊人家及光宅寺也聞塔上風鐸聲傾聽久之朝迴復止寺舍問寺主僧曰上人塔上

鐸皆知所自乎曰不能知況曰其間有一是古製其請一登塔循金索歷叩以辯之可乎僧初難後許乃叩而辯焉寺衆即言往往無風自搖洋洋有聞非此耶況曰是耳必因祠祭考本懸鐘而應也固求摘取而觀之曰此姑洗之編鐘耳請且獨綴於僧庭歸太常令樂工與僧同（一本有臨之二字恐互誤）約其時彼叩樂懸此果應之遂購而獲焉又曾送客出通化門路逢度支運承駈馬俄頃忽草草揖客別隨乘至左藏認一鈴言亦編鐘也他人但覺鎔鑄獨工不與衆者埒莫知其餘乃配懸鐘音形皆合其度異乎此亦識微在金奏者與列於鼓錄則寖差矣以大君子所傳又精義入神豈容忽而不載遂附之于末

諸宮曲

太簇宮

色俱騰　精日光　乞婆娑

大勿　大通　舞山香

羅犁羅　蘇莫頓耶　俱倫僕

阿箇盤陀　蘇合香　藏鈎樂

春光好　無首羅　鶻嶺鹽

踈勒女　要殺鹽　通天樂

萬載樂　景雲　紫雲

承天樂　順天樂

太簇商

蘇羅　椽利梵　大借席

耶婆色雞　堂堂　半杜渠

君王盛神　武赫赫君之明　大鉢樂苗

大沙野婆　破陣樂　黃駿蹄

放鷹樂　英雄樂　思歸

億新院　西樓送落月　摻霜風

九成樂　傾盃樂　百歲老壽

還戍樂　打毬樂　飲酒樂

舞厭[illegible]賦　太平樂　大酺樂

大寶樂　聖明樂　婆羅門

顛加那　萬歲樂　秋風高

回婆樂　夜半擊羌兵　香山

優婆師　通天樂　禪曲

濩積破虜迴　五更轉　黄鸎囀
大定樂　越殿　須婆
鉢羅背　大秋秋鹽　栗特
突厥鹽　踏蹄長
　太蔟角
大蘇賴耶　大春楊柳　大東祇羅
大郎賴耶　郎渠沙魚　大達麼友
倶倫毗　悉利都　移都師
阿鵲鴝烏歌　飛仙　凉下採桑
西河師子三臺舞石州　破勃律
　徵羽調與胡部不載
　諸佛曲調
九仙道曲　盧舍那仙曲　御製三元道曲
四天王　半閣麽奴　失波羅辭見柞
草堂富羅　于門燒香寶頭伽
菩薩阿羅地舞曲　阿陀彌大師曲
　食曲
雲居曲　九巴鹿　阿彌羅衆僧曲

無量壽　真安曲　雲星曲
羅利兒　芥老雞　散花
大燃燈　多羅頭尼摩訶鉢婆娑阿彌陀
悉駄低　大統　蔓度大利香積
佛帝利　龜茲大武　僧箇支婆羅樹
觀世音　居麼尼　真陀利
大輿　永寧賢者　恒河沙
江盤無始　具作　悉家牟尼
大乘　毗沙門　渴農之文德
菩薩緱利陀　聖主興　地婆拔羅伽

嘯旨

唐　孫廣

夫氣激於喉中而濁謂之言激於舌而清謂之嘯言
之濁可以通人事達性情嘯之清可以感鬼神致不
死蓋出其言善千里應之出其嘯善萬靈受職斯古
之學道者哉（字闕）老君授王母母授南極真人真人授
廣成子廣成子授風后風后授嘯父嘯父授務光務
光授堯堯授舜舜演之爲琴與禹自后廢續有晉
太行山僊君孫公獲之乃得道而去無所授焉阮嗣

宗得少分其后湮滅不復聞矣嘯有十五章句權輿
正畢有十二法　外激　內激　含　藏　散　越
一大沈　小沈　疋　叱　五太　五少
皆在十五章之內則嘯之妙音盡矣

權輿章第一

夫權輿者嘯之始也夫人精神內定心目外息我且
不競物無害者身常足心常樂常定然後可以議權
輿之門天氣正地氣和風雲朗暢日月調順然後我
其神亡其身玉液傍潤靈泉外灑調暢其出入息端
正其脣齒之位安其頰輔和其舌端考擊於寂寞之
間而後發折撮五太之精華高下自恣無始無卒者
權輿之音近而論之猶衆音之發調令聽者審其一
音也耳有所主心有所擊於情性和於心神當然後
入之

外激以舌約其上齒之裏大開兩脣而激其氣令其
出謂之外激也

內激用舌以前法閉兩脣於一角小啓如麥芒通其
氣令聲在內謂之內激也

含用舌如上法兩脣但起如言殊字而激其氣令聲
含而不散矣

藏用舌如上法正其頰輔端其脣吻無所動用而有
潛發於內也

散以舌約其上齒之內寬如兩椒大開兩脣而激其
氣必散於爲散也

越用舌如上法每一聲以舌約其上齶令斷氣絕用
口如言失字謂之越也

大沈用舌如外激法用氣令自高而低大張其喉令

曰中含之大物含氣煌煌而雄者謂之大沈也
小沈用舌如上法小遏其氣令揚大小沈屬陰命鬼
吟龍多用之
疋用舌如上法如言疋字高低隨其宜
叱用舌如上法如言叱字高低隨其宜
五太者五色也宮商角徵羽所爲之五太八九五少
爲應故爲之大以配仁義禮智信此有磊之本謂聲
者皆不逃五太但以宮商發應均使文序理則聲理
亂則聲亂

五少者五太之應五太自有陰陽然太推而言五太
爲陽五少爲陰用聲之至詳而後發凡十二法象一
歲十二月内激爲黃鍾外激爲應鍾大沈爲太簇小
沈爲夾鍾五太爲姑洗五少爲仲呂散爲蕤賓越爲
林鍾疋爲夷則叱爲南呂入爲無射藏爲大呂律呂
相生而成又此則十法二之首也

流雲章第二

流雲古之善嘯者聽韓娥之聲而寫之也淫濶流轉
杳中宮聲沈浮起伏若龍游戲春泉直上萬仞聲過

流雲故曰流雲此當林塘春照晚川和風特宜爲之
始於内激次散自含越小沈成於疋叱且吾少則流
雲之音備矣其音有定所之若龍若虎若蟬若鬼一
發之后更無難撓亦由易之有可適亦謂云凡十二
嘯之變態極矣夫琴象南風笙象鳳嘯笛象龍吟凡
音之發皆有象故虎嘯龍吟之類亦音聲之流今所
序故於后

深谿虎章第三

深谿虎者古之善嘯者聽谿中虎聲而寫之也雄之

餘怒之末中商之初壯逸寬悆畧不屈撓若當夏鬱
蒸鬱果四合特宜爲之始於内激既藏又含外激而
沈終於五少而五太則深谿虎之音備矣

高柳蟬章第四

高柳蟬者古之善嘯者聽而寫之也飄揚高舉繚繞
縈徽蟬中角之初清楚輕切既斷又續薝林修竹之
下特宜爲之始於大沈次以五少激散越繁而令清
終以小沈則高柳蟬之音備矣

空林夜鬼章第五

空林夜鬼者古之善嘯者夜過空林而爲之也點柳蟋蟀鐵寫嗒寂輕不舉纖不滅中徵之餘濃雲晝暄淒風飛雪之時特宜爲之奏之當以道法先呼羣鬼聚於空林之中遞爲應命心當危危然若有所遇始於內激次以五少三去宮商耳以越連之則空林夜鬼之音備矣

巫峽猿章第六

巫峽猿者古之善嘯者聞而寫之也幽隱清遠者存數里之外若自外而至自高而下雜以風泉羣木之響迥然出於衆聲之表中羽之初旦暎空山萬壑一聲特宜爲之初以內激切切五連之前二緩而長三急而高錯總偏此則巫峽猿之音備矣

下鴻鵠章第七

下鴻鵠者出於師曠清角之音古之善嘯者聽而寫之也其聲寬綽浩渺不絕以節洪洞不絕既上未上寬大內外聞而樂之輕浮遒急聞而惡之嘗奏則來此一一聽之愛惡分明鴻鵠下矣且善嘯無其聲至遠不越數百尺鴻鵠翔於冥冥之間必由聞而下也蓋激氣出於脣齒之間妙聲轉於風景之際則風景和風景和則元氣下降翔雲之間游元氣之上有不隨而下哉若高秋和風景麗特宜爲之先以外激翔風數十發聲次以疋叱然後純以五太終以散越成之三奏而清風臻五奏而流雲卷九奏而鴻鵠降則下鴻鵠之音備矣

古木鳶章第八

古木鳶古之善嘯者聞而寫之也飛鳶哀鳴洪洞繚遠若有所不足鬱鬱振蕩適斷又續寒郊原野陰風若霧特宜爲之始於內激長引之次疋叱又散興古木鳶之音備矣

龍吟章第九

龍吟者龍吟水中古之善嘯者聞而寫之也深溪鬱沒重厚濕潤高不揚不殺聲中宮商傍暎嶺巒俯對渾洞特宜爲之先以內激次含又藏其大終以沈興龍吟之音備矣

動地章第十

動地者出於公孫其音師曠清徵也其聲廣博宏壯

始末不屈隱隱習習震霆所不能太鬱結掩遏若將大激大發又以道法先存以身入於太上之下鼓怒作氣阿叱而令山嶽俱舉將手出於外夫坤儀至厚地道至靜而以一嘯動之不亦異乎然有所動之何者夫人必志而發乎氣氣激於外而成於聲聲含太宮太商自然與四氣相合則呂動律應陽行陰伏必陽藏而動陰陰藏而動陽當藏而動之則振發不定地居陰陽之上焉有所負者動而所據能息哉然則聲作而見動地之道知音樂之有感不必與震動然

後謂動地之聲也氣閉涸煙凝陰沍特宜為之先探內激次以大沈藏含悉作動以五太成之則動地之音備矣

蘇門章第十二

蘇門者仙君隱蘇門所作也聖人述而不作蓋卷君述廣成務光以陶性靈以演大道非有以感聲音作程品也昔人有游蘇門昔聞鸞鳳之聲其音美暢蘇異假為之鸞鳳鸞鳳有音而不得聞之蘇門者為得而知鸞鳳之響后尋其聲迺仙君之長嘯矣仙君之

嘯非止於養道怡神蓋於俗則致雍熙於昔則致太平於身則道不死於事則攝百靈御五雲於萬物飛各得其所感應之效莫近於音而仙君得之至於飛走禽獸嘯之末者晉阮嗣宗善嘯聞仙君以為巳若往詣焉方被髮據坐籍再拜至請之嘯風而請者三承風而請者再仙君神色自若竟無所對籍因長嘯數十聲而去仙君料籍固未遠因動清角而嘯至四五發聲籍但覺林巒草木皆有異聲須臾飄風暴雨忽至巳而鸞鳳孔雀繽紛而至不可勝數籍既懼又

喜而歸因傳寫之十得其二為之蘇門今之所傳者是也深山大澤極高極遠宜為之先發五太五少沈激內外一十二法備舉方少得蘇門之音矣

劉公命鬼章第十二

劉公命鬼仙人劉根之所為也昔劉根道成雅好長嘯為太守所屈因嘯召太守七世之祖立至其聲清淨徑急中人巳下惡聞之雖志人好古嘯者多不肆習以故其聲多闕後之人莫能補者謂之元剛格先以五太之三去宮商次用內激大小沈終以定地則

劉公命鬼之聲備矣

阮氏逸韻章第十三

阮氏逸韻者正阮籍所作也音韻放逸故曰逸韻用法多凡權輿與流雲之辭輾十二聞無約束多散越大雅君子與常才齷齪者皆宜聽之天氣清肅氛垢之外迺可雜填箕倨態之樂鄭衛入耳者嘯者多能為之林泉逸人每為呼風亦偶作一韻法寄在衆之中與距則短之興盡則止則阮逸韻之旨備矣

正章第十四

正者正也深遠極大非常聲所擬近代孫公得之人未之聽致平和而郊光不死者此聲也今有義亡其聲

畢章第十五

畢者五聲之極大道畢矣堯舜之後有其義亡其聲

嘯旨不著作者氏名觀其命辭殆似出於唐人而今不可考矣是書人間罕傳書序謂王母以南極真人真人授廣成子其說誕妄不經惟太上有之法及載孫登阮籍則誠可謂得嘯之旨者序又謂登無所授而籍之後湮滅無聞予嘗以使事道經洛陽遊蘇門山訪孫阮遺跡思鸞鳳之聲不可得聞為之悵惋夫人之聲即天地之聲也人有古今而聲無古今是書既行安知山林之下無孫阮者出然則豈終於湮滅而無聞也哉正德庚辰虎丘老樵都穆跋

風后握奇經

漢　公孫弘解

宋高似孫曰馬隆本作握機敘云風后軒轅臣也握者帳也大將所居言其事不可妄示人故云握機人稱諸子總有三本其一本三百六十字一本三百八十字蓋呂尚增字以發明之共一行頗有公孫弘等語或云武帝令霍光等習之於平樂館以輔少主備天下之不虞今本衍四字

經曰八陣四爲正四爲奇舊注奇讀如字後人說天地風雲爲四正龍虎鳥蛇爲四奇公孫弘曰世有八卦陣法其說不用奇正似非風后所傳未可參用餘奇爲握奇舊注奇讀如奇耦之奇解云說奇正者多矣而握奇云者四爲正四爲奇餘奇爲握奇陣數有九中心零

零者大將握之以應赴八陣之急處或總稱之先出遊軍定兩端天有衝圓地有軸前後有衝一作有風雲風附於天雲附於地衝有重列各四隊前後之衝各三隊風居四維故以圓軸單列各三隊前後之衝各三隊風居四角故以方天居兩端地居中間總爲八陣陣訖遊軍從後躡敵或驚其左或驚其右驚一作警聽音望麾以出四奇天地之前衝爲虎翼風爲蛇蟠圍繞之義也虎居於中張翼以進蛇居兩端向敵而蟠以應之天地之後衝爲飛龍雲爲鳥翔突擊之義也龍居其中張翼以進鳥掖兩端向敵而翔以應之虛實二壘一作二軍皆逐天文氣候向背山川利害隨時而行以正合以奇勝于地以下八重以列或曰握機望敵即引其後以掎角前列不動而前列先進以次之公孫弘曰傳項氏陣法依此今按而前列等八字舊文在依此法下誤也故遷次以成之或合而爲一因離而爲八各隨師之多少觸類而長

天或圓而不動一作天或圓而不布前爲左後爲右天地四望之屬是也一本下有風象二字天居兩端其次風其次雲一作其次天衝其次地衝其次風衝其次雲衝左右相向是也地方布風雲各在

後衝之前天居兩端其次地居中間一作其次地兩其次天中間地爲比是也公孫弘曰此爲地爲從天陣變爲地陣故或曰張抛布摯破敵攻罰不定其形故爲動也一本自公孫弘曰動靜二義皆雜出經文中縱布天一一作兩天一無兩字而縮字上有雲象龍一句一作龍者象龍天二次之天二一作兩天縱布地四次於天後一作縱布四地圍地次之一無下四地字縱布四風撲天地之左右一無地字天地前衝居其右後衝居其左一無二句一無天地字一無居其右後衝五字雲居兩端虛實二壘則此是也一本下有此爲動也四字一無虛實已下公孫弘曰人多傳韓信注釋天或則布已下與此微有差異而范蠡樂毅之說相雜今亦錯綜於其中其部隊或三五或三十或五十變通之理寄之明哲不復備載近占以來其文不滿尺多憑口訣

以桓傳授子今於難解之處脩字發明之耳一本莫部隊下上五十云陣圖如此變通由人以爲經文誤也按公孫氏稱與其異者天或圓布次遊軍定兩端下以爲正經而以天有衝止觸類而長列于續圖雲爲翔鳥之下今馬本尚如此

握奇經續圖

角音二　初警衆　末收衆

革音五

一持兵　二結陣　三行　四趨走

五急鬬

金音五

風后握奇經　三

一緩鬬　二止鬬　三退　四背

五急背一本作趍

麾法五

一玄　二黃　三白　四青一作赤

五赤一作青

旗法八

一天玄　二地黃　三風赤　四雲白

五天前上玄下赤　六天後上玄下白

七地前上玄下青一作赤　八地後上黃下赤一作青

陣勢八　天　地　風　雲

飛龍　翔鳥　虎翼　蛇蟠

二革二金爲天　三革三金爲地

二革三金爲風　三革二金爲雲

四革三金爲龍　三革四金爲虎

四革五金爲鳥　五革四金爲蛇

書法此八陣名用金鼓之制

其金革之間加一魚音者在天爲兼風在地爲兼雲在龍爲兼鳥在虎爲兼蛇加二角音者全師進東加三角音者全師進南一作西加四角音者全師進西一作南加五角音者全師進北鞞音不止者行伍不整金革既息而角音不止者師並旋

風后握奇經　四

三十二隊天衝　十六隊風

八隊天前衝　十二隊地前衝

十二隊地軸合作二十四隊　八隊天後衝

十二軸地後衝　十六隊雲

以天地前衝爲虎翼天地後衝爲飛龍風爲蛇蟠雲爲翔鳥

八陣總述

晉平虜護軍西平太守封奉高侯加授東羌校尉

馬隆述

治兵以信求聖以奇信不可易戰無常規可握則握
可施則施千變萬化敵莫能知

四陣讚

動則爲奇靜則爲陳陳者陳列戰則不盡分苦均勞
伏輪軌定有兵前守後隊勿進

天陳讚

天陳十六內方外圓四面風衝其形象天爲陳之主
爲兵之先潛用三軍其形不偏

地陳讚

地陳十二其形正方雲生四角衝軸相當其體莫測
動用無窮獨立不可配之於陽

風陳讚

風無正形附之於天變而爲蛇其意漸玄風能鼓物
萬物驚焉蛇能圍繞三軍懼焉

雲陳讚 自太公范蠡以來風雲無正形所以附天地下

雲附於地則知無形變爲翔鳥其狀乃成鳥能突擊
雲能晦冥千變萬化金革之聲

飛龍

天地後衝龍變其中有手有足有背有胸潛則不測
動則無窮陳形亦然象名其龍

翔鳥

鷙鳥擊搏必先翱翔勢凌霄漢飛禽伏藏審而下之
下必有傷一夫突擊三軍莫當

蛇蟠

風爲蛇蟠蛇吞天真勢欲圍繞性能屈伸四季之中
與虎爲鄰後變常山首尾相因

虎翼

天地前衝變爲虎翼伏虎將搏盛其威力淮陰用之
變化無極垓下之會魯公莫測

奇兵讚

古之奇兵兵在陳內今人奇兵兵在陳外兵體無形
形露必潰審而爲之百戰不昧

合而爲一離而爲八

而爲一平川如城散而爲八逐地之形混混沌沌如環無窮紛紛紜紜莫知所終合則天居兩端地居其中散則一陰一陽兩兩相衝勿爲事先動而輒從

遊軍

遊軍之形乍動乍靜避實擊虛視羸撓盛結陳趨地斷繞四徑後賢審之勢無常定

金革

金有五革有五退則聽金進則聽鼓鼓以增氣金以抑怒握其機關戰不失度

鞞鼓

紅塵戰深白刃相臨勝負未決人懷懼心乍奔乍背或縱或擒行伍交錯整在鞞音

麾角

麾出有五光月條流角音有五初驚末收麾者指揮角者驚覺臨機變化愼勿交錯光月一作光自

兵體

上兵伐謀其下用師棄本逐末聖人不爲利物禁暴隨時禁衰悲不得已聖人用之英雄爲將夕惕乾乾

書圖四字其形不偏樂與身後勞與身先小人偏勝君子兩全爭者逆德不有破軍必有亡國握機爲陳動則爲賊後賢審之勿以爲惑夫樂殺人者不得志於天下聖人之言以戒來者一作天下

似孫曰風后握奇經三百八十四字其妙本乎奇正相生變化不測蓋曆乎伏羲氏之畫所謂天地風雲龍鳥蛇虎則其爲八卦之象明矣蓋注奇讀如奇耦之奇則尤可與易準諸儒多稱諸葛武侯八陣唐李衛公六花皆出乎此唐裴緒之論又以爲六十四卦

之變其出也無窮若此則所謂八陣者特八卦之統爾焦氏易學卦變至乎四千七十有六奇正相錯變化無窮是可以名數該之乎然觀太公武韜且言牧野之師有天陣有地陣此固出於握奇而又有人陣焉此又出於天地陣之外者非八陣六花所能盡也獨孤及作風后八陣圖記有曰黃帝順煞氣以作兵法文昌以命將風后握機制勝作爲陣圖故八其陣所以定位衡抗於外軸布於內風雲負其四維所以備物也虎張翼以進蛇向敵而蟠飛龍翔鳥上下共

勢所以致用也至若疑兵以固其餘地遊軍以案其侵列門具將發然後合戰弛張則二廣迭舉犄角則四奇皆出圖成鑄祖帝用經畧北逐獯鬻南平蚩尤遺風寖寖神機未昧項籍得之覇西楚黥布得之奄九江孝武得之攘匈奴唐天寶中客有得其遺制於黄帝書之外篇裂素而圖之按魚復之圖全本於握機得其妙窮其神者武侯而已獨孤乃以為項黥武帝得之末之思歟

唐進女孝經表

唐朝散郎陳邈妻鄭氏上

妾聞天地之性貴剛柔焉夫婦之道重禮義焉仁義禮智信者是謂五常五常之教其來遠矣總而爲主實在孝乎夫孝者感鬼神動天地精神至貫無所不達蓋以夫婦之道人倫之始考其得失非細務也易著乾坤則陰陽之制有別禮標羔鴈則伉儷之事實陳妾每覽先聖垂言觀前賢行事未嘗不撫躬三復歎息久之欲緬想餘芳遺蹤可躅妾姪女特蒙天恩

策爲永王妃以少長閨闈未閑詩禮至于經誥觸事面牆夙夜憂惶戰懼交集今戒以爲婦之道申以執巾之禮並述經史正義無復載乎浮詞總一十八章各爲篇目名曰女孝經上至皇后下及庶人不行孝而成名者未之聞也妾不敢自專因以曹大家爲主雖不足藏諸巖石亦可以少補閨庭輒不揆量敢茲聞達輕觸屏扆伏待罪戾妾鄭氏誠惶誠恐死罪死罪謹言

女孝經

唐　鄭氏

開宗明義章第一

曹大家閒居諸女侍坐大家曰昔者聖帝二女有孝道降于媯汭卑讓恭儉思盡婦道賢明多智免人之難汝聞之乎諸女退位而辭曰女子愚昧未嘗接大人餘論曷得以聞之大家曰夫學以聚之問以辯之多聞闕疑可以爲人之宗矣汝能聽其言行其事吾爲汝陳之夫孝者廣天地厚人倫動鬼神感禽獸恭近於禮三思後行無施其勞不伐其善和柔貞順仁明孝慈德行有成可以無咎書云孝乎惟孝友于兄弟此之謂也

后妃章第二

大家曰關雎麟趾后妃之德憂在進賢不淫其色朝夕思念至于憂勤而德教加于百姓刑于四海蓋后妃之孝也詩云鼓鐘于宮聲聞于外

夫人章第三

居尊能約守位無私審其勤勞明其視聽詩書之府

可以習之禮樂之道可以行之故無賢而名昌是謂積殃德小而位大是謂嬰害豈不誡歟靜專動直不失其儀然後能和其子孫保其宗廟蓋夫人之孝也易曰閑邪存其誠德博而化

邦君章第四

非禮教之法服不敢服非詩書之法言不敢道非信義之德行不敢行欲人不聞勿若勿言欲人不知勿若勿爲欲人勿傳勿若勿行三者備矣然後能守其祭祀蓋邦君之孝也詩云于以采蘩于沼于沚于以

用之公侯之事

庶人章第五

爲婦之道分義之利先人後巳以事舅姑紡績裳衣社賦蒸獻此庶人妻之孝也詩云婦無公事休其蠶織

事舅姑章第六

女子之事舅姑也敬與父同愛與母同守之者義也執之者禮也雞初鳴咸盥漱衣服以朝焉冬溫夏凊昏定晨省敬以直内義以方外禮信立而後行詩云

女子有行遠兄弟父母

三才章第七

諸女曰甚哉夫之大也大家曰夫者天也可不務乎古者女子出嫁曰歸移天事夫其義遠矣天之經也地之義也人之行也天地之性而人是則之則天之明因地之利防閑執禮可以成家然後先之以汎愛君子不忘其孝慈陳之以德義君子興行先之以敬讓君子不爭導之以禮樂君子和睦示之以好惡君子知禁詩云既明且哲以保其身

孝治章第八

大家曰古者淑女之以孝治九族也不敢遺卑幼之妾而況於娣姪乎故得六親之懽心以事其舅姑治家者不敢侮於雞犬而況於小人乎故得上下之懽心以事其夫理閨者不敢失於左右而況於君子乎故得人之懽心以事其親夫然故生則親安之祭則鬼享之是以九族和平萋菲不生禍亂不作故淑女之以孝治上下也如此詩云不愆不忘率由舊章

賢明章第九

諸女曰敢問婦人之德無以加於智乎大家曰人肖天地負陰抱陽有聰明賢哲之性習之無不利而況於用心乎昔楚莊王晏朝樊女進曰何罷朝之晚也得無倦乎王曰今與賢者言樂不覺日之晚也樊女曰敢問賢者誰歟曰虞丘子樊女掩口而笑王惟問之對曰虞丘子賢則賢矣然未忠也妾幸得充後宮尚湯沐執巾櫛備掃除十有一年矣妾乃進九女今賢於妾者二人與妾同列者七人妾知妨妾之愛奪妾之寵然不敢以私蔽公欲王多見博聞也今虞丘

子居相十年所薦者非其子孫則宗族昆弟未嘗聞進賢而退不肖可謂賢哉王以告之虞丘子不知所爲乃避舍露寢使人迎孫叔敖而進之遂立爲相夫以一言之智諸侯不敢窺兵終霸其國樊女之力也詩云得人者昌失人者亡又曰辭之輯矣人之洽矣

紀德行章第十

大家曰女子之事夫也纚笄而朝則有君臣之嚴沃盥饋食則有父子之敬報反而行則有兄弟之道受期必誠則有朋友之信言行無玷則有理家之度五者備矣然後能事夫居上不驕爲下不亂在醜不爭居上而驕則危爲下而亂則辱在醜而爭則乖三者不除雖和如琴瑟猶爲不婦也

五刑章第十一

大家曰五刑之屬三千而罪莫大於妬忌故七出之狀標其首焉貞順正直和柔無妬理於幽閨不通於外目不徇色耳不留聲耳目之欲不越其事蓋聖人之教也汝其行之詩云令儀令色小心翼翼古訓是式威儀是力

廣要道章第十二

大家曰女子之事舅姑也竭力而盡禮奉娣姒也傾心而罄義撫諸孤以仁佐君子以智與娣姒之言信對賓侶之容敬臨財廉取與讓不爲苟得動必有方貞順勤勞勉其荒怠然後慎言語省嗜慾出門必掩蔽其面夜行以燭無燭則止送兄弟不踰于閾此婦人之要道汝其念之

廣守信章第十三

立天之道曰陰與陽立地之道曰柔與剛陰陽剛柔

天地之始男女夫婦人倫之始故乾坤交泰誰能間
之婦地夫天廢一不可然則丈夫百行婦人一志男
有重婚之義女無再醮之文是以芣苡興歌蔡人作
誡匪石爲歎衛主知慚昔楚昭王出遊留姜氏於漸
臺江水暴至王約迎夫人必以符合使者倉卒遂不
請行姜氏曰妾聞貞女義不犯約勇士不畏其死妾
知不去必死然無符不敢犯約雖行之必生無信而
生不如守義而死會使者還取符則水高臺沒矣其
守信也如此汝其勉之易曰鶴鳴在陰其子和之

廣揚名章第十四

大家曰女子之事父母也孝故忠可移於舅姑事姊
妹也義故順可移於娣姒居家理故理可聞於六親
是以行成於內而名立於後世矣

諫諍章第十五

諸女曰若夫廉貞孝義事姑敬夫揚名則聞命矣敢
問婦從夫之令可謂賢乎大家曰是何言歟是何言
歟昔者周宣王晚朝姜后脫簪珥待罪於永巷宣王
爲之夙興漢成帝命班婕妤同輦婕妤辭曰妾聞三
代明王皆有賢臣在側不聞與嬖女同乘成帝爲之
改容楚莊王耽于遊畋樊女乃不食野味莊王感焉
爲之罷獵由是觀之天子有爭臣雖無道不失其天
下諸侯有諍臣雖無道不失其國大夫有諍臣雖無
道不失其家士有諍友則不離於令名父有諍子則
不陷於不義夫有諍妻則不入於非道是以衛女矯
齊桓公不聽淫樂齊姜遣晉文公而成霸業故夫非
道則諫之從夫之令又焉得爲賢乎詩云獻之未遠
是用大諫

胎教章第十六

大家曰人受五常之理生而有性習也感善則善感
惡則惡雖在胎養豈無教乎古者婦人妊子也寢不
側坐不邊立不跛不食邪味不履左道割不正不食
席不正不坐目不視惡色耳不聽靡聲口不出傲言
手不執邪器夜則誦經書朝則講禮樂其生子也形
容端正才德過人其胎教如此

母儀章第十七

大家曰夫爲人母者明其禮也和之以恩愛示之以

嚴毅動而合禮言必有經男子六歲教之數與方名七歲男女不同席不共食八歲習之以小學十歲從以師焉出必告反必面所遊必有常所習必有業居不主奧坐不中席行不中道立不中門不登高不臨深不苟訾不苟笑不有私財立必正方耳不傾聽使男女有別遠嫌避疑不同巾櫛女子七歲教之以四德其母儀之道如此皇甫士安叔母有言曰孟母三徙以教成人買肉以教存信居不卜鄰令汝曾鈍之甚詩云教誨爾子式穀似之

舉惡章第十八

諸女曰婦道之善敬聞命矣小子不敏願終身以行之敢問古者亦有不令之婦乎大家曰夏之興也以塗山其滅也以妹喜殷之興也以有莘氏其滅也以妲己周之興也以太任其滅也以褒姒此三代之王皆以婦人失天下身死國亡而況於諸侯乎況於卿大夫乎況於庶人乎故申生之亡禍由驪女愍懷之廢釁起南風由是觀之婦人起家者有之禍於家者亦有之至於陳御叔之妻夏氏殺三夫戮一子弒一君走兩卿喪一國蓋惡之極也夫以一女子之身破大家之產吁可畏哉若行善道則不及於此矣

墨經

宋　晁氏

松

古用松煙石墨二種石墨自晉魏以後無聞松煙之製尚矣漢貴扶風隃麋終南山之松蔡質漢官儀曰尚書令僕丞郎月賜隃麋大墨一枚小墨一枚晉貴九江廬山之松衛夫人筆陣圖曰墨取廬山松煙唐則易州潞州之松上黨松心尤先見貴後唐則宣州黃山歙州黟山松羅山之松李氏以宣歙之松類易水之松今兖州泰山徂徠山嶧山羽山沂州龜山蒙山密州九仙山登州牢山鎮府五臺邢州潞州太行山遼州遼陽山汝州靈君山隨州桐柏山衛州共山衢州柯山池州九華山及宣歙諸山皆產松之所兖沂登密之間山總謂之東山鎮府之山則曰西山自昔東山之松色澤肥膩性質沉重品惟上上然今不復有今其所有者纔十餘歲之松不可比西山之大松蓊西山之松與易水之松相近乃古松之地與黃山黟山羅山之松品惟上上遼陽山靈君山桐柏山可甲乙九華山品中共山柯山品下大與松根生茯苓穿山石而出者透脂松歲所得不過二三株品惟上上根幹肥大脂出若珠者曰脂松品惟上中可揭而起視之而明者曰揭明松品惟上下明不足而紫者曰紫松品惟中上癭而挺直者曰籤松品惟中中明不足而黃者曰黃明松品惟中下無膏油而漫若糖苴然者曰糖松品惟下上無膏油而類杏者曰杏松品惟下中其出歷青之餘者曰脂片松品惟下下其降此外不足品第

煤

古用立窰高丈餘其竈寬腹小口不出突於竈面覆以五斗甕又益以五甕大小爲差穴底相乘亦視大小爲差每層泥塗惟密約甕中煤厚件火以雞羽掃取之或爲五品或爲三品二品不取最先一器今用卧窰疊石累甎取岡嶺高下形勢向背而或長百尺深五尺脊高三尺口大一尺小項八尺大項四十尺胡口二尺身五十尺胡口亦曰咽口口身之末曰頭每以松三枝或五枝徐爇之五枝以上煙暴煤麓以

下則煙緩煤細枝數益少益良有白灰去之凡七晝夜而成名曰一會候窑冷採煤以頭煤爲二器以頭煤爲一器頭煤如珠如纓絡身煤成塊成片頭煤深者曰遠火外者曰近火煤不堪用凡煤貴輕舊東山煤輕西山煤重今則西山煤輕東山煤重凡器大而輕者良器小而重者否凡振之而應手者良擊之而有聲者良凡以手試之而入人紋理難洗者良以物試之自然有光成片者良凡墨有穿眼者謂之滲眼煤雜窑病也舊窑有蟲鼠等糞及窑衣露蟲雜在煤中莫能揀辨唯硬多可調之然終不能無

膠

凡墨膠爲大有上等煤而膠不如法墨亦不佳如得膠法雖次煤能成善墨且潘谷之煤人多有之而人製墨莫有及谷者正在煎膠之妙凡膠鹿膠爲上考工記曰鹿膠青白馬膠赤白牛膠火赤鼠膠餌犀膠黃莫先於鹿膠故魏夫人曰墨取廬山松煙代郡鹿膠凡鹿膠一名白膠一名黃明膠墨法所稱黃明膠正謂鹿膠世人多誤以爲牛膠但鹿膠難得煎法用

蠟及煎麻者皆不入墨家之用案慧居白膠法先以米瀋汁漬七日令軟然後煮煎之如作阿膠法又一法細剉鹿角與一片乾牛皮同煎即銷爛唐本草注曰麋角鹿角煮濃汁重煎成膠今法取蛻角斷如寸去皮及赤瓣以河水漬七晝夜又一晝夜煎之將成以少牛膠投之加以龍麝鹿膠之下當用牛膠牛用水牛皮作家所謂鄉掘皮最良刷除去毛以水浸去塵汙浸不可太軟當須有性謂之夾生煎火不可卒常以篦攪之不停手貴氣出不昏晴時揚起視之以候厚薄直至一條如帶爲度其胍膠不可單用或以牛膠魚膠阿膠參和之充人舊以十月煎膠十一月造墨今旋煎旋用殊失之故潘谷一見陳相墨曰惜哉其用一生膠耳當以重煎者爲良

羅

凡煤須用羅後魏賈思勰曰醇煙擣訖當以細絹篩堈內此物至輕微不宜露篩喜飛去不可不謹

和

凡和煤當在淨密小室內不可通風傾膠於煤中央

良久使自流然後衆力急和之貴潤澤而光明初和如麥飯許搜之有聲乃良膠初取之和下等煤再取之和中等煤最後取之和上等煤凡煤一片古法用膠一斤今用膠水一斤水居十二兩膠居四兩所以不善然賈思勰墨法煤一斤用膠五兩蓋亦未盡善也況膠多利久膠少利新匠者以其速售故喜用膠少觀易水奚氏歙州李氏皆用大膠所以養墨時大膠墨紙黃小膠墨紙微黃其力以是爲差凡大膠必厚厚難於和和之柔則善剛則裂若以漆和之凡煤

一斤以生漆三錢熟漆二錢取清汁投膠中打之匀和之如法

擣

凡擣不厭多魏韋仲將墨法鐵臼中擣三萬杵杵多益愈後賈思勰法曰亦擣三萬杵杵多益善唐王君德則用石臼擣三二千杵蓋其擣無數其擣遍糯後光不可擣自從臼中提出爲度出臼納靜器内用紙封羃煨火養之紙上作數穴以通氣火不可間斷爲其畏寒然不可暴暴則澀滯謂之熟粘不堪製作凡

鹿膠擣成便丸捍不可遲延殘遲不然裂不堪若先膠擣之一日後膠行力均再入臼搗千餘下乃可丸捍丸時用五人相次入有錢非椎三五百下舊語曰一椎一折鬬手捷此其法也初椎成爲光劑爲硬劑又過硬劑爲熟劑每一劑傳畢五人成熟劑乃入匠手丸捍

丸

凡丸劑不可不熟又病於熱熱不堪用雖成必不光澤易碎裂凡急手爲光劑緩手爲皴劑一丸即成不

利於再

藥

凡墨藥尚矣魏韋仲將用真珠麝香二物後魏賈思勰用梣木雞白真珠麝香四物唐王君德用醋石榴皮水犀角屑膽礬三物王又法用梣木皮皂角膽礬馬鞭草四物李廷珪用藤黃犀角真珠巴豆等十二物今兗人不用藥爲貴其說曰正如白麵清麵又如茶之不可雜以外料亦自有理然不及用藥者良舊有別集藥法一卷

印

凡底版貴乎直寧大不小平版上傾下平寧直不輕凡底版銀爲上面印牙爲上尋常底版用棠手版用杷蓋底版面印皆以松爲良與煤爲宜凡印大墨以水拭之以紙按之然後用印凡印方直最難眉用多裂易水張遇印多方直者其劑熟可知

樣

凡墨樣當取則於古無大小厚薄之限而覔愚總曰墨璽不得過二三兩寧小不大世人遂以薄小爲貴謂從前奚庭珪然宜府奚庭珪之類小墨在古品中爲佳不知雙脊龍之類大墨亦不可置在第等要之無大小厚薄醇煙法膠爲本耳蓋厚太利久薄小利新厚大難工薄小易善故匠人不喜於厚大者然太大則不便於用太薄則艱於包當以厚而大者爲佳

蔭

凡蔭用炭灰石灰麥糠三種炭灰爲上石灰酷多裂麥糠慢多鹵惟炭灰爲上凡用炭灰精篩弗雜弗濕其下惟厚上之厚薄視墨之大小時之晴濁中以薄紙裹之然置之不平亦曲見風亦裂若用石灰蔭當於新瓦器中置灰灰上用紙紙上復加以灰不可厚若用麥糠蔭以椽架葦縣室中其上糠底糠惟平惟均不可有逆糠凡蔭室以密密溫小爲貴晝夜不去火然火大則病火暴亦病其晝夜視火隨風日晴晦最爲難又有不用蔭者蓋成曝於静密室中聽自乾又有以衣被覆之使乾者

事治

凡事治墨以水以兎皮以滑石以萊州石以錢以蠟頭以漆以墨以蠟最不佳餘錯用之皆良惟此數物不及弄成如弄鞭弄茶瓢

研

凡研墨不厭遲古語云研墨如病凡研直研爲上直研乃見直色不損墨若圓磨則假借重勢往來有風以助顏色乃非墨之眞色惟售墨者圓研若邪研則水常損其半而其半不及先所用者惟俗人邪研凡墨戶不工於製作而工於研磨其所售墨則使自研之常優一暈凡煤細研之乾遲煤麄研之乾疾凡善

墨研之如研犀惡墨研之如研泥

色

凡墨色紫光爲上黑光次之青光又次之白光爲下凡光與色不可廢一以久而不渝者爲貴然忌膠光古墨多有色無光者以蒸濕敗之非古墨之善者其有善者黯而不浮明而有艷澤而無漬是謂紫光凡以墨比墨不若以紙比墨或以研試之或以指甲試皆不佳

聲

凡墨擊之以辨其聲醇煙之墨其聲清響雜煙之墨其聲重滯若研之以辨其聲細墨之聲膩麄墨之聲麄麄謂之打研膩謂之入研

輕重

凡墨不貴輕舊語曰煤貴輕墨貴重今世人擇墨貴輕甚非煤麄則輕煤雜則輕春膠則輕膠傷水則輕膠爲濕所敗則輕惟醇煙法膠善藥良時乃重而有體有體乃能久遠愈久益堅濕則弗能敗自然成質非輕非重

新故

凡新墨不及故墨衛夫人曰墨取十年以上强之如石者益其愈久益堅且白物久斯變墨況其本黑之物藥久而黑黑而紫膠久而固固而乃發光彩此古墨所以重於世凡新墨不過三夏殆不堪用凡故墨膠敗者末之新煤再和殊善入膠久之乃可和然非大膠久陰弗可

養蓄

大凡養新墨納輕器中懸風處每丸以紙封之惡濕氣相搏不可臥放臥放多曲凡蓄故墨亦稱新風日時以手潤澤之時置於衣袖中彌善

時

凡墨最貴及時韋仲將墨法不得過二月九月賈思勰曰溫時敗臭寒時潼溶當以十一月十二月正月爲上時十月二月爲下時餘月無益有害旣得時須擇晴明無風之日或當靜夜若燒煤之時當以二月三月四月爲上時八月九月五月十月六月七月水潦上濕十一月十二月風高水寒皆不利

工

凡古人用墨多自製造故匠氏不顯唐之匠氏惟聞祖敏其後有易水奚鼐奚鼎鼐之子超鼎之子起易水又有張遇陸贇江南則歙州李超超之子庭珪庭寬庭珪之子承浩庭寬之子承晏承晏之子文用文用之子惟處惟一惟益仲宣皆其世家也歙州又有耿仁耿遂遂之子文政文壽而耿德耿盛皆其世家也宣州則盛匡道盛通盛真盛舟盛信盛浩又有柴珣柴承務朱君德兗州則陳朗朗弟遠遠之子惟進惟造近世則京師潘谷歙州張谷

丸經集敘

捶丸古戰國之遺策也粤若稽古莊子之書有楚莊王偃兵宋都得市南勇士熊宜僚者工於丸士衆稱之以當五百人乘以劍而不動捶丸丸於手一軍停戰而觀之莊王免於敵而覇降世尚習蓋謂而知之矣造其理也至宋徽宗金章宗皆愛捶丸盛以錦囊擊以綵棒碾玉綴頂飾金緣邊深求古人之遺製而益致其精也且夫飽食終日無所用心不有博奕者乎爲之猶賢乎已而聖人稱之方今天下鑒乎遼

勝寧謐將帥宴安於櫜弓服矢之際士卒嬉遊於放牛歸馬之餘苟非彈石習鬪何以臨機而制敵也至如芳春永晝長夏留陰秋爽氣清冬晴雪霽高飈微動纖雲不驚半酣乍醒飫飽舍餔於斯塊坐鞅掌甚不肌膚固會而筋骸束焉者幾希矣宜乎視土燥堅坌而安基擇地平峻凹凸之例勝拽肘運杖擊杓收窩體無低昂意無急躁手持欲固意運欲和誠足以收其放心養其血脈而怡懌乎神情者矣不以勇勝不以力爭斯可以正己而求諸身者也由是觀之抑亦衛生之微奥而訓將練兵之一伎也宜乎君子不器而與衆樂之考古今制作之詳索籌筭多寡之計述爲丸經二卷增註簡謌好事者從而詠歌之因書以爲敘

龍集壬午孟春上澣書于寧志齋之西軒

丸經卷上

元　古名氏

承式章第一

捶丸之制全式為上破式次之違式出之捶丸之式先習家風
後學體面折旋中矩周旋中規失利不嗔得雋不逞若喜怒見面利口傷人君子不與也謙柔索
窩衆人先擬毬兒得采者便索窩忘擴蔟籌手中無擬者算輸一籌無鷹觜同因動
為擊毬兒基上安定或被風吹動當稱風落即不稱風落或自那動者亦算打了對攛不
易對定毬棒不可換易或再換以掛去頭子者亦算輸一籌乖令背式罰不可恕
他人得勝索著法度不依隨者算輸一籌毬兒打在窩中用棒撥出者輸一籌趨時爭利賞

不為加自己毬兒在不得埨處却那不賞而有罰勝負靡常色斯
舉矣贏即矜能逞詐輸即發怒使走或至罵僕與朋攏毬摔棒此非閒雅君子真小人耳俚語云廢
毬棒磨靴底跟踹脫脹裂鍬摔皮臉拋狗皮輸便怒贏便喜與別人不留禮此之謂也

崇古章第

靈臺滯慮較若畫一會其至常精藝無二人心隨時更異謂如
窩鄉會兒木自一家今分兩處窩腳只使擴棒能走能衆能收窩法度更多人不易學會兒只打撲棒能
衆不能毬又不能收窩法度更少人甚易學今不曉等般法度只說別人是窩腳殊不知藝到精處同一
理而已豈有差別○常去聲先登者生之徒後撞者死之計生有人二
棒打在窩邊後來人一二棒誤撞前毬不問有畫無畫先滾後死故意打去撞人者算輸一籌踰埨

越縱從累其主毬兒著身者若在有土行者死了毬兒但是件當在埨上行走者死了本
官毬兒不在埨上著人無傷○縱平聲從去聲放土安基隨埨起壘倒棒正棒基中
安下墊棒棒上不放土者自爲一籌土太濕起樣子有添無減搭者若將棒於頂上拔賞即算輸一籌毬
上毬欲杖兒皮塔兒碑角等不放土坐窩名自死一籌若落巧擂皮面打着毬兒者皆是落毬者是
本分著毬者謂之上稱死毬也矜能喪善有等人說擂丸時只自商強打處便贏未曾有輸及
到場上口中說得精細手拙不能應口一籌不長全場輸了俚語云高者不說說者不高是也方款
苟瞞有等人場上引着十餘件當將一敵顏色毬兒打在死處趕放一箇在好處做活毬又去打窩
處帶躍翅于在死處踢在活處俟人眼不見把毬人毬兒踢在死處小厮每踏在土裏然後拿死毬如此
者真可惡也掛窩佯傍致疑成隙凡棒柄窩上橫過抹著毬兒算掛窩抹不著算

上毬兒打在住處傍邊上畫記定教人遠看不要到根前本不那動教人猜疑遂成嫌隙因人上
畫毬兒被人踢動只教本人上畫者是自家上畫死了毬兒正賽詭隨令人口乃手拙但打
得詭隨不得並賽之規度怎爭勝負心情性剛燥強辯不伏自害惶恐俚語云有智贏無智輸只此是
也覽而記之神斯會矣熟看此書自然精擘法象皆傚豈不快哉

審時章第三

作有時天朗氣清惠風和暢飲飽之餘心無所碍擇良友三三五五於園林清勝之處依法捶
擊風雨陰晦大寒大暑不與也樂有節議定會數或五或七或十籌為止徐在和血脈養性情滌煩
襟消飲食而已勿為荒逸○樂音洛有時則事不廢知時為始則不誤事有節則
志不妨既不荒逸志不邪矣無時無節則事廢而志妨有時有

節則身安而志逸不得其時則荒廢政事傷氣動志得其時則心平氣和志自樂矣

因地章第四

地形有平者有凸者有凹者有峻者有仰者有阻者有妨者有迎者有裹者有外者諸形絶無曰平龜背曰凸中低曰凹勢險曰峻之上曰仰前臨曰阻後礙曰妨可反曰迎左高曰裹右高曰外平者勿失地形平則衆皆可及我既及家衆若失家則敗凸者有取形如龜背難從中行必觀左右形勢而取用凹者有行兩高中低可從中行到家不難峻者欲緩毬往峻坡窩在彼下不可力擊輕緩擊之仰者欲及窩在上毬在下不到則不能上必使到窩邊落也阻者欲越窩與毬相隔必爲超可至妨者用巧後既有礙難於運棒當取地形對棒端正迎者勿及窩後有牆壁或木石者不可定至窩邊落恐迎回無功裹者裹之吾左高窩在右當反裹之就其勢外者外之吾右高窩在左當反外之就其勢立飛者囊撲棒畢手盡於車囊也行蹲者籠撒棒杓棒盛於提籃也所稱既備無不勝矣凡稱心之棒既全有已如此者無有不勝之道也○稱去聲

擇利章第五

上有堅者有坌者有燥者有濕者地之形也堅者損之土硬毬難止力大則遠故減力而擊之坌者益之土鬆毬難行故加力擊之燥者濕者隨形處之觀土燥濕隨地宜而擊○處上聲因地之利制勝之道也得地利之宜亦致勝之一端也

定基章第六

基縱不盈尺橫亦不盈尺縱長也橫濶也皆不滿一尺也○縱平聲擇地而處之揀好地畫基○處上聲直向而畫之直對窩也瓦礫則除之若有瓦礫草木等物除畢然後畫基權彎者利陷彎棒不利剗杏基偏利碟樣基權直者利凸棒直不利碟棒基偏利剗杏基作基不左立假如向南擊權畫基者不得居西可居東丸不處基外毬安在基外者致○處去聲權不擊基畫畢及未畫不可基內試棒足不踏基手不拭基無易基恐利便也無毁基禁惡徒也後礙家傍不處基後礙損棒難運窩傍復來難爲○處上聲不踐家傍恐有作也窩邊周圍五尺內不許人行恐有惡之徒堀土阻毬作坑陷毬窩邊行者同奉皆輪故動復擇基兩反不許作術有[illegible]一毬在左二毬在右所住難爲彼何類者故爲不得已而動之動已復揀好基如此者將動毬人來往兩邊不許擊毬此禦奸之術也禁盡詐奸惡之法也

取友章第七

恭必泰恭敬者必安詳浮必亂輕浮者必爭亂泰者善之徒君子也亂者惡之徒小人也君子小人其爭也不同其朋也有異君子小人其志不同在人識察之也君子之爭藝高而服衆技藝高人自服小人之爭奇詐而謀利技藝低以詐取利是故會朋必以君子而遠小人也必進君子退小人○遠去聲昔楚莊王爲匏居之臺

宴者相者贊者而皆賢者伍舉稱之稱其能會賢人也靈王爲章華之臺宴者相者贊者皆非賢者伍舉諫之諫其不得賢人也相去聲播丸會朋不可不愼也播丸雖爲聚娛險佚之人不可與同樂也君子愼之

正儀章第八

斸場建旗毬場上斸成了窩立彩色旗兒合衆同樂合聚播丸之人相與同樂○樂音洛恪愼其儀各事其事各人謹守進退各去關踩領籌弃競躁譊爭取譁棒杳口逞手號呶諠譁在場鬧喉叫囂比於敗羣不可與也如此之人不循規矩是如敗羣攪衆即逐去之有斐君子其儀不忒如有文質君子依守規式

自有容儀不至差失安如閑如容也安詳夭如申如周旋閑雅摶旋動作夭夭申申如也不勞神於極以暢四肢不太任力至於疲之但要得四體血脈和暢而已拚手之舞之足之蹈之耶所以怡悅性情使自娛樂也

置序章第九

初擊者擇基而安頭棒安基其次隨處而作二棒隨毬住處便擊不許安基安側取其次擇基謂之强二棒安基者强衆之徒也初擊不容謂之阻頭棒不許人安基是阻人能也强阻者君子惡之小人作之强阻之輩君子不役小人爲能基既處巳總投於地以次行列取而安之按毬安於基內也□處上聲行音杭遠者先近者後左者先右者後

毬窩遠者先擊若頭棒者左邊先擊所以置先後之序也此乃定先後之法也

試藝章第十

權權者所持之棒也故以棒爲操之權有立者擬當立而運十數爲全副八數爲中副其次爲小副飛者立者次及十棒不可收製行者不可使飛飛者不可使行擬棒單手者當立違者也蹲者今人曰減膝是也杓棒鷹觜當蹲行者擬棒是也飛者擬棒單手杓棒是也遠者立近者蹲隨宜用力也無阻則行有阻則飛隨宜用棒行者不蹲擬棒不減膝飛者隨宜擬棒單手當立杓棒鷹觜當蹲有阻不定行無阻不定飛有阻多飛無阻多行隨宜斟酌用棒務在取中返此則迷若執定一端取中難矣是以持欲固緊持棒也運欲和使力得中無低昂

[illegible]妙也無窮者也○窒[illegible]古之運棒時手對心

記止章第十一

丸至之所毬所住處也當以杖畫記其止也勿前勿後勿左勿遠恐彼有所扭也唯畫於右可去寸許長亦相比也定法丸動於我動或毬擲或衣動或是動或手動或棒動或他物動毬也令安畫首令彼動我毬者代我安於初所畫之前與勿遠勿後恐彼得利彼乃爲敗彼既動我毬彼毬巳擊則不用未擊則不許擊也我若無畫彼雖爲敗吾亦任去不可復位若我初無畫彼動我毬則任我毬之所往不可回復安本處彼雖爲輸恐我亦不得其利故也取

相去分猝 兩毬相離也 及有妙手 今人謂之步子 無復動移 兩毬相並及有步子俱不可動若動者爲輸 中身爲敗復從我擊 我毬着他人身者他人爲敗取我之毬再後擊之不擊亦從我心口中出聲

制財章第十二

富不出微財 富厚者不吝嗇 貧不出重貨 貧薄者不倍償 富出微財則耻 貧出重貨則竭 量力而爲之可也 智者有方財不絕 播擊有法故得常勝所以財不盡也 愚者無方將恐竭 播擊無法所以常負財不足用也 不絕者必勝之基 財不絕則必安故勝 將竭者必敗之道 財消盡必不安愈怯愈輸也

衍數章第十三

十數九數爲大會八數七數爲中會六數五數爲小會四數三數爲一朋二人爲單對十數八數文數可分不分從之九數七數五數四數三數皆不分 雙數可分單數不可分四數雖雙數少亦不可分也 分者相朋也 朋者班也 不分者各逞其能也 相朋者一朋勝多爲贏 倘五人爲一班於一班中多勝一人者是贏相等曰平 各逞者他不勝而我勝爲贏 初棒贏二棒二棒贏三棒三棒贏兩棒是也 於三會中 大會中會小會 俱勝一敗免一敗者 俱上獨一不上免不上者 一二朋一敗勿免其取 三四人擊先獨一不上不可不取其物數

少故也 一日不三會 一日不賭三會惜物故也 有遺不爲輸 二十籌爲滿倘贏得十九籌是遺一籌若遺一籌利物不可得矣 昨所得今不用義也 昨日勝得十九籌喏一籌未得今日不可用昨日所勝十九籌乃義聚之道也

運籌章第十四

大籌二十中籌十五小籌一十 此謂分班將三會也 初勝三次勝二後勝一 牌數 初勝次次勝後後勝四 初贏二二贏三三贏四 四若不可用也 不可打第四棒 最上多初其中多次其下多後 上中下之能也 復有爭先滿三竭五 俱人五牌三番勝方得一牌如此五番他人籌盡 勝得一 所謂初棒二棒三棒都同止得一牌 無再爭 一人上高餘皆不用 上者

不偏能 飛行遠近不偏能一種也 中者亞之 比上者稍低亦不偏能也 下者阻其偏不可行矣 下等者若不隨意則必窘矣 是故必擅可也 欲專此事必精此藝

決勝章第十五

衆爲已敗之形 已敗之形者失棒擊棒着身著毬戀空挂窩磚上閣毬於特基拿死毬踏坍子放坍子那毬踢人毬兒換死毬基中撥坍子上棒毬兒自上畫數次安毬基中試棒基外安毬畫基不於左險上行 吾爲決勝之妙 得之於心應之於手人皆見志過於人是爲決勝 我所以中之能而莫知吾所以制勝之能 機深識廣人莫度也 妙之妙者也風墜而中不可爲勝若不隔堝可 准初

中風史上高者別人皆安毬在基內則不筭初棒未曾安毬在基者筭初棒○中去聲抑亦乘機決勝之妙也此在已之能慮勝而後會亦兵家之成筭也

出奇章第十六

致於死地則無生致於生地則無怯死而復生生而復死習之出奇心手相應故也君子無所怯小人有所懼無怯者坦然有懼者戚若坦則多勝戚則多敗多勝者神舒而氣和多敗者色厲而內荏人心有所主則無懼無怯量勝而擊之故無敗[illegible]心無所主則妄動而失利將之用兵亦然智者察之迫而勝之彼既怯可急乘之若隕大石於高山矣彼既怯而敗我既勝則我之勢如高山推石不可[illegible]矣良將汲之

丸經卷下

權輿章第十七

權輿始計也造衡自權始造車自輿始丸准輪輪量權權量身毬欲量棒大小棒欲量身長短稱則利相戾則不利矣○量去聲琢磨之失雖能亦敗造棒刮棒失其法度雖善擊者亦不能以巧勝彼矣突者寬薄遜者窄厚突者激起也而欲皮面寬木分薄遜者擊遠也凡撲棒擲棒單手杓棒欲令致遠必須皮面窄木分厚若違此式則不相應矣偏欹爲乖手不可脫手棒頭不可攙端爲中頭中爲妙不預磨削不預磨削恐毬壞矣不毀心脊勿將棒中心脂及將脊削遜也先刃次脊後平其心最後刮心也貲木爲丸乃堅乃久貲木者樫木也樫木堅牢故可久而不壞無貲爲劣輕重欲稱無樫者可用太重則遲太輕則飄工從主料以理工者匠也造棒必從擊毬者人心之所好凡治料諸棒必當依此理也善勝者不恃力唯恃地知地形爲上

製器章第十八

工欲善其事必先利其器夫欲精善其藝必須得好利器謂如擊毬好亦須得好棒器利藝精心手相應臨事發機無不中也又有好棒丸經之妙皆之於心施擊之法熟之於手百發百中今有新舊權製具錄于左○中去聲

正棒頭打八面　倒棒斜插花

臥棒斜插花　攛棒斜插花

皮塔斜插花　燕尾斜插花
倒棒纔捲簾　底板基兒
肷裏基兒　兩肩基兒
山口四面基兒　山口四面打皮塔
山口打棒尾　背身打土兒
背身打纔杖　背身彈棒
背身正棒　背身撲棒
竹撅兒打四邊　皮塔打八面
近雙彈棒　遠雙彈棒

三根彈棒　疊柄彈棒
三撅三毬彈棒　雙撅雙毬倒棒打撅
井裏拔　正棒頭纔撅兒
棒尾皮塔　棒尾打四邊
棒上安偏棒　棒上安正棒
棍兒颭棒　棍子纔撅兒
後撅撳過前　前撅纔過後
杓兒纔擦兒新法　已上土尖
磚角　毬上毬

觔杖　直杖
紐杖　靴尖
雁點頭　泥撅兒
泥蝦蟆　正棒頭
倒棒頭　土尖棒尾
颭棒　積棒
打燕尾　遠近小土兒已上古法

取材章第十九

取材之方不可不察（夫欲造棒採取材料不可不知其法）秋冬取木用

其堅也（秋冬木植津氣在內所以堅牢故可取也）筋膠以牛用其固也（牛筋牛膠性最堅固其他不及也）竹取勁幹用其剛也（南方大竹剛勁厚實故可爲柄）樸斲以時用其柔也（春夏天氣溫暖筋膠相和可以造棒也）

適宜章第二十

遠近隨宜（或遠或近隨人便益）各安其能（隨各人所能用棒索窩）遠無百步之遥（雖遠勿出百步之外）近必盈丈之外（一丈之內太近故必一丈之外以及致丈之爲也）遠多則疲（運力多故疲）近多則弱（不能致遠故弱）遠者難從近者易行（致遠者少致近者多）有力者利遠無力者利近（強弱）爲不遠者拙也（麁）近者巧也（細）百步之遥不可再（太遠不可兩遭）半

百之遥不可數五六十步不可類數各適其宜而已矣遠近適其宜而已矣

處用章第二十一

熟地必革謂熟處不再擊每日須當改革毋敎以利形不許指與人地喻道便利處擊者弄輸阻利勿許不許放丸子及埸土脚躧踏地如此者弄輸假權勿從不許借棒與他人使錯丸棄之錯擊他人毬者弄輸爲妨出之或前或後或左或右影他人使棒如此者出之陰結爲奸謂二人平日相親愛或分班時分開而於自班中故不肯用意以致失利如此乃謂暗中與人相結是爲朋奸如此者劾使分開若彼二人自欲分開而復如此者名曰行封不可以入會矣非擊爲敗挑撥推砍兜削刮杏掃碾如此者皆弄輸代施倍罰替他人擊者弄輸二籌馭衆處用之道也亦兵家擒旅用卒之義也

觀形章第二十二

擊不他視專視其丸他視傷權專視必利夫擊毬時眼勿看窩而下棒專觀於毬必得其利權從心棒隨心轉心從形心從地勢從心先形欲從心所作必先觀其地形從形必中隨地形者必上窩○中去聲從形者勝隨地形者勝從力者敗恃自力者敗從力雖勝謂之僥倖偶然得也

善行章第二十三

行止者嫌愛之端行止善則可敬不善則可鄙厭言語者榮辱之階言不可妄誕妄誕則辱不妄則榮訥於言敏於行正己踐言是爲善行慎言語謹行止先行其言斯爲善矣○行去聲言行有常君子貴之言顧行行顧言成德人也○行去聲

寧志章第二十四

心之所之定而處之勿徇於己心所定向無徇己私○處上聲赧莫赧於易易者將本色毬兒相換及毬兒在不好處換在好處恥莫恥於復復者初擊不利欲再擊也既易既復同朋盡敗若易毬若重擊非但本人爲輸同班盡皆作輸雖會得勝亦不爲勝懸有三曰高曰平曰低不可用也高者仰也平者立也低者盈寸而下空也懸毬於此三者皆不可用

集智章第二十五

善巧者不以力不恃力也善爭者不以奇善爭者君子之爭君子不作奇怪也善巧者左右逢其源善爭者嘿嘿而取勝藝高不言而勝奇怪索隱謂之僻平易無頗謂之德平易可爲法奇怪不可學奇怪者人所未覩也平易者衆所共知也奇怪數出君子疾之小人覬之奇怪者小人之所以僥倖也平易者君子之所以存心也○數入聲

聚要章第二十六

聚集紜紜吾將傍通若衆毬聚在窩邊吾取地勢與傍通行之傍通者借喻也是難通勇者必勝謂三人毬在我前一毬正對兩毬在正對之左右吾欲左則有阻吾

吾欲有則右有阻欲正則正有阻是以直至窩中必勝勇者不怯也有強力之中有勢

末之巧難至之所用力多復有不須用力但有不虞稍擊可隨形上窩者○中去聲下同

之中假然中也有求中之蹶用詐求中反成數蹶故先度爲上先看地勢

土性度其遠近避其妨阻也○度入聲下同先度後動百發百中先勁後

度百發百蹶不可僥倖求中不度而中謂之偶然故曰差之毫釐失之

千里分毫不可苟也此決勝之要智者所守也有智之人必須熟覽此書

知幾章第二十七

先人者制人無擊無鬬心有定向必能制人後人者制於人搪擊不應隨時

發幾志先勝弱必爲人所制也制人者人皆仰之心手相應發無不中人必稱善制

於人者人皆卑之多死少活人皆哄之人仰之三軍之帥也衆心

服而歸之將之用兵亦由是也人卑之匹夫之諒也衆所不與難方爭矣幾者

動之由事之微幾者人心念發動之初善惡從此而分榮辱存焉勝負之先

見者也勝負皆萌於此知幾知微君子哉見幾而作不俟終日惟君子能之

守中章第二十八

擊高當踰致遠當臻過樹過牆必當高超而過擊遠者必過所限不踰不

臻爲敗之名不能過不能制爲敗所操從人所操之棒各從人心所主從

勝索高從贏者下操不從人主不從勝君子不爲也君子之人不作

此

觀心章第二十九

斯術無方制心爲上放其心也心體既明觀心爲上自已

心體已明必觀他人之心如何觀心者觀其形聽其聲有怯於心必

顯諸形顯諸形者我得迫而勝之觀形乘勝怯者無復怯而

輸者必難復勝既無以復我可縱橫縱橫者自在乘勝縱之擒之彼

心愈驚彼驚我寧必勝之徵彼既惶懼我心既安必勝之道也初勝

勿驕驕而必失初既勝當自慎毋爲驕驕必敗慎終如始乃可無敵

貴和章第三十

君子無所爭正己而不求於人和而不同播先處雖若爭相近而尊卑之序

不可亲寵奴顏巧言佞也就場論是談非稱長道短巧佞之人不可近也正慮隨

情和也但思播擊之法自爲娛樂無有爭心和而不同君子貴之貴賤有等

不相夷躐成德者貴重之便佞取贏君子不貴也便僻巧佞務取勝於人者君子

不與也○便平聲

待傲章第三十一

以多待一曰傲衆待其來其人慢期不至傲也衆不悅一曰孤所作不可

人意自違其黨孤也輕佻曰賤行止輕薄故曰賤人取惡曰凶所爲侵犯於人人疾

惡之故曰凶人跛足目盲傴僂耳聾不可與也殘疾者不宜與娛樂

佞之徒不足道也諂曲之人不足與言○便平聲道音導是故貴賤不

相效賤者不敢效貴效則于犯在己之人而取敗矣同類必相求則女之[illegible]可以相效

多勝無矜色數敗無恚容君子也多勝不矜數敗無[illegible]怒君子也[illegible]數[illegible]聲

知人章第三十二

觀志知人觀其意趣可知人之善惡觀心知己內觀此心則己之言行亦可自知也

心欲寧心要靜定志欲逸志欲寧適氣欲平氣要溫和體欲安體要安舒

貌欲恭容止端莊言欲訥語言簡當有諸中必形諸外由乎中而應乎外

勝負決矣勝負已定正賽行矣賭賽已畢體不安觀其手足失措

貌不泰容止急躁作於意意思嗔恚見於色顏色惱怒形於言出言不謙

小人也此等可見其為小人也心平氣和不形於色不作於意

君子也勝負不動於心容止自若成德人也

棋經

宋　清和張擬

夫萬物之數從一而起局之路三百六十有一一者生數之主據其極而運四方也三百六十以象周天之數分爲四隅以象四時隅各九十路以象其日外周七十二路以象其候夫棋三百六十白黑相半以法陰陽局之線道謂之枰線道之間謂之罫局方而靜棋圓而動自古及今奕者無同局傳曰日日新故宜用意深而存慮精以求其勝負之由則至其所未至矣

得筭

棋者以正合其勢以權制其敵故計定於内而勢成於外戰未合而筭勝者得筭多也筭不勝者得筭少也戰已合而不知勝負者無筭也兵法曰多筭勝少筭不勝而况于無筭乎由此觀之勝負見矣

權輿

權輿者奕棋布置務守綱格先于四隅分定勢子然後拆二斜飛下勢子一等立二可以拆三立三可以拆四與勢子相望可以拆五近不必比遠不必乖此皆古人之論後學之規舍此改作未之或知書曰事不師古無以克永世又曰愼厥初惟厥終

合戰

博奕之道貴乎謹嚴高者在腹下者在邊中者占角此棋家之常然法曰寧輸數子勿失一先有先而後有後而先擊左則視右攻後則瞻前兩生勿斷俱活勿連闊不可太疎密不可太促與其戀子而求生不若棄之而取勢與其無事而强行不若因之而自補彼衆我寡先謀其生我衆彼寡務張其勢善勝者不爭善陣者不戰善戰者不敗善敗者不亂夫棋始以正合終以奇勝必也四顧其地牢不可破方可出人不意掩人不備凡敵無事而自補者有侵絕之意也棄小而不救者有圖大之心也隨手而下者無謀之人也不思而應者取敗之道也詩云惴惴小心如臨于谷

虛實

夫棋緒多則勢分勢分則難救投棋勿逼逼則使彼

實而我虛虛則易攻實則難破臨時變通愼勿執一傳曰見可而進知難而退又曰執中無權猶執一也

自知

夫智者見於未萌愚者暗於成事故知己之害而圖彼之利者勝知可以戰不可以戰者勝識衆寡之用者勝以虞待不虞者勝以逸待勞者勝不戰而屈人棋者勝老子曰自知者明

審局

夫棋布勢務相接連自始至終着着求先臨局交爭雌雄未決毫釐不可以差焉局勢已羸專精求生局勢已弱銳意侵綽沿邊而走雖得其生者敗弱而不伏者愈屈躁而求勝者多敗兩勢相圍先蹙其外勢孤援寡則勿走機危陣潰則勿下是故棋有不走之走不下之下誤人者多方成功者一路而已能審局者則多勝矣易曰窮則變變則通通則久

度情

人生而靜其情難見感物而動然後可辨推之于棋勝敗可得而先驗法曰夫持重而廉者多得輕易而貪者多喪不爭而自保者多勝務殺而不顧者多敗因敗而思者其勢進戰勝而驕者其勢退求己弊而不求人之弊者益攻其敵而不知敵之攻己者損目凝一局者其思周心役他事者其慮散行遠而正者吉機淺而詐者凶能自畏敵者强謂人莫己若者亡意傍通者高心執一者卑語默有常使敵難量動靜無度招人所惡詩云他人有心予忖度之

斜正

或曰棋以變詐爲務劫殺爲名豈非詭道耶予曰子然易曰師出以律否臧凶兵本不尚詐謀言詭道者乃戰國縱橫之說棋雖小道實與兵合故棋之品甚繁而奕之者不一得品之下者舉無思慮動則變詐或用手以影其勢或發言以泄其機得品之上者則異于是皆沉思而遠慮因形而用權神遊局內意在子先圖勝于無朕滅行于未然豈假言詞喋喋手勢翩翩者傳曰正而不譎此之謂也

洞微

凡棋有益之而損者有損之而益者有侵而利者有

侵而害者有宜左投者有宜右投者有先着者有後着者有緊辟者有慢行者粘子勿前棄子思後有始近而終遠者有始少而終多者欲强外先攻内欲實東先擊西路虚而無眼則先覷無害於他棋則做刼饒路則宜疏受路則勿戰擇地而侵無礙則進此皆棋家之幽微不可不知也易曰非天下之至精其孰能與于此

名數

夫奕者凡下一子皆有定名棋之形勢死生存亡因名而可見有衝有斡有綽有約有飛有關有劄有粘有頂有尖有覷有門有打有斷有行有立有捺有點有聚有蹺有夾有撥有辟有刺有勒有撲有征有刼有持有殺有鬆有盤用棋之名三十有二圍棋之人意在萬周臨局變化遠近縱横我不得而前知也用行取勝難逃此名傳曰必也正名乎其奕之謂歟

品格

夫圍棋之品有九一曰入神二曰坐照三曰具體四曰通幽五曰用智六曰小巧七曰鬭力八曰若愚九曰守拙九品之外不可勝計未能入格今不復云傳曰生而知之者上也學而知之者次也困而學之又其次也

雜說

夫棋邊不如角角不如腹約輕於捺捺輕于辟夾有虚實打有情僞逢綽多約遇撥多粘大眼可贏小眼斜行不如正行兩關對直則先覷前途有礙則勿征施行未成不可先動角盤曲四局終乃亡直四板六皆是活棋花聚透點多無生路花六聚七終非吉祥十字不可先紐勢子在心勿打角圖奕不欲數數則怠怠則不精奕不欲疏疏則忘忘則多失勝不言敗不語振廉讓之風者君子也起忿怒之色者小人也高者無亢卑者無怯氣和而韻舒者喜其將勝也心動而色變者憂其將敗也赧莫赧于易耻莫耻於盗妙莫妙于用鬆昏莫昏于覆刼凡棋直行三則改方聚四則非勝而路多名曰脈局敗而無路名曰輸籌皆籌爲溢停路爲芇打籌不得過三淘子不限其數刼如金井轆轤有無休之勢有交逅之圖奕棋者不

可不知也凡棋有敵手有半先有兩先有桃花五有北斗七夫棋有羸之相生遠近之相成强弱之相形利害之相傾不可不察也是以安而不泰存而不驕安而泰則危存而驕則亡易曰君子安而不忘危存而不忘亡

右十三篇作于清河張公擬公嘗仕宋爲翰林學士其文章政事固未暇論而槪見集稱其英姿卓識超然特立於風塵之表於是亦可以想見其儀刑矣是編雖不能悉公之平生而其修詞命章傍

通曲暢非深達是道者曷克臻此爾後作者迭興莫不極力模擬或取遠而遺近舍大而從小求與能盡奕之情如公者鮮矣今諸家采錄加以訓詁多重複舛戾適足自亂亦無取焉

五木經

唐 李翺

樗蒱五木玄白判

樗蒱古戲其投有五故自呼爲五木以木爲之因謂之木今則以牙角尚節也判半也合其五投並上玄下白故曰玄白判

厥二作雉

雉鳥也取二投於白上刻爲鳥

背雉作牛

其刻雉鳥二投背上並刻牛故曰背也以雉犢爲彩者謂其悍戾逢敵必鬬以求勝也雖兔鳥鬬亦皆角逐防遏之義也

王采四盧白雉牛

王貴也

厥采六開塞塔禿撅梟

亞賤也其采義未詳

全爲王駁爲厥

全謂其不雜也

皆玄曰盧厥筴十六

盧黑白色也書曰盧弓盧矢謂所投盡黑也十六筴者行馬將渡以此數矢而渡之他筴倣此

皆白曰白厥筴八雉二玄三曰雉厥筴十四牛三白三曰犢厥筴十雉一牛二白三曰開厥筴十二雉如開

如開各一

厥餘皆玄曰塞厥筴十一雉白各二玄一曰塔厥筴五牛玄各二白一曰禿厥筴四白三玄二曰撅厥筴

三白二玄三曰梟厥筴二矢百有二十設關二間矢爲三

關朋也刻木爲關彫飾之每聚四十矢

馬筴二十厥色五

大率戲將不過五人五色者各辨其所執也

凡擊馬及王采皆又投

擊馬謂打敵人子也打子得傳王采自專故皆許重擲王采累得累擲之疑則止

馬出初關疊行

謂逢可以疊馬即許疊也如不要疊亦得重馬敀

打着尤苦

非王采不出關不越坑

馬出關亦自專之義也名爲落坑義在難出故用

王采能出也

入坑有謫

其所罰隨所約並輸合坐

行不擇筴馬一矢爲坑

謂矢行致馬落坑也亦有馬皆不可均融數奇而

主不系

入坑者所賭隨臨時所約劉毅家無擔石儲而一

擲百萬也

鼎錄

梁　虞荔

昔虞夏之盛遠方皆至使九牧貢金鑄九鼎於荆山之下于昆吾氏之墟白若甘㼜之地圖其山川奇怪百物而爲之備使人知神姦不逢其害以定其祥鼎成三足而方不炊而自沸不舉而自藏不遷而自行九鼎既成定之國都桀有亂德鼎遷于殷載祀六百殷紂暴虐鼎遷于周成王定鼎於郟鄏卜世三十卜年七百天所命也及顯王姬德

大衰鼎淪入泗水秦始皇之初見於彭城大發徒出之不能得焉

金華山皇帝作一鼎高一丈三尺大如十石甕像龍騰雲百神螭獸滿其中文曰眞金作鼎百神率服複篆書三足

漢孝景帝鑄一鼎名曰食鼎高二尺銅金銀雜爲之形若瓦甑無足中元六年造其文曰五熟是滋君王膳之小篆書

武帝登泰山鑄一鼎高四尺銅銀爲之其形如甕有三足太始四年造其文曰登于泰山萬壽無疆四海寧謐神鼎傳芳大篆書

元鼎元年汾陽得寶鼎即吾丘壽王所識之鼎高一丈二尺受十二石雜金銀銅錫爲之四面蛟龍兩耳能鳴三足馬蹄刻山雲奇怪之象紀靈圖未然之狀其文曰壽考天地百祥臻侍山伏其靈海伏其異此銘在底下又別有銘或浮或沉皆古文複篆此上古之鑄造也總有九枚

昭帝元平元年於藍田覆車山鑄一鼎高三尺受五

斗刻其文曰宜君王和四方調滋味去腥傷小篆書三足

廢帝賀以天鳳六年登位廢爲海昏侯鑄一小鼎貯酒其形若甕四足受二斗其文曰長滿上小篆書

宣帝甘露元年於華山仙掌鑄一鼎高五尺受四斗擬承甘露刻其文曰萬國伏貽長久鑄神鼎承天酒三足小篆書又建章宮銅人生毛以爲美祥作一金鼎埋之本宮

元帝初元二年鑄一鼎大如甕無足其文曰黃帝膳

鼎小篆書
成帝綏和元年鑄[illegible]平鑄一鼎其文曰厭逆平黃河
清八分書三足高五尺六寸
哀帝元壽元年鑄一鼎貯潤高四尺三足其文曰羣
臣元日用禮鼎小篆書
平帝元始五年鑄一鼎受二斗其文曰樂鼎三足八
分書
王莽建國元年鑄一大鼎高一丈其文曰建國鼎莽
自書埋之漸臺又作一鼎其文曰君臣之鼎並小篆
書三足
後漢光武建元元年鑄一鼎其文曰定天下萬物伏
小篆書三足高九尺
明帝永平十年鑄一鼎於洛水高六尺其文曰蛟龍
伏大篆書三足又鑄一鼎於穀水高五尺其文曰穀
洛小篆書四足
章帝元和二年於北嶽鑄一鼎高四尺無足其文曰
鎮地鼎小篆書
安帝延光四年鑄一鼎於少室山其文曰承露鼎小
篆書四足
順帝永建六年鑄一鼎於伊水名曰魚鼎高四尺三
足
靈帝熹平元年鑄一大鼎埋之鴻都門其文曰儲羅
古書三足
漢官儀曰開陽門夜直樓上帝因作一鼎其文曰柱
鼎一足如馬蹄
蜀先主章武二年於漢川鑄一鼎名曰克漢鼎埋之
丙穴中八分書三足又鑄一鼎沉於永安水中紀行
軍奇變又於成都武擔山埋一鼎名曰受禪鼎又埋
一鼎於劍口山名曰劍山鼎並小篆書皆武侯迹又
時龍見武陽之水九日因鑄一鼎像龍形沉水中
蜀章武三年先主作二鼎一與魯王文曰富貴昌宜
侯王一與梁王文曰大吉祥宜公王並古隸書高二
尺
魏武帝鑄一鼎於白鹿山高一丈紀征伐戰陣之能
古文篆書四足更作鼎於太子名曰孝鼎書刻古來
孝子姓名小篆書

文帝黃初元年鑄受禪鼎其文曰受祚鼎小篆書
明帝太和六年鑄一鼎三足名曰萬壽鼎小篆書
吳孫權黃武元年於彭蠡水沉一鼎其文曰百神助
陽侯伏三足大篆書又獵於樊山見一姥問得何獸
答曰得一豹曰何不截尾遂爲姥立廟并作一鼎文
曰豹尾鼎
孫亮建興元年於武昌鑄一鼎其文曰鎮山鼎小篆
書三足
孫晧鑄一鼎於蔣山紀興之曆數八分書

晉懷帝永嘉六年鑄一鼎沉於瓜步江中無文字鼎
似龜形
王劉裕晉永初三年從秦中還紀功鑄一鼎於九
江其文曰沸泰洛伏大漢古篆書
宋文帝得鰕魚遂作一鼎其文曰鰕魚四足
順帝昇明元年有人於宮亭湖得一鼎上有古文滿
漢二字
齊高祖諱道成於齊中池內見龍鬪鼎鼓聲遂埋一
鼎其文曰龍鼎眞書三足

梁武帝大通元年於蔣山埋一鼎文曰大通眞書文
鑄一鼎書老子五千言沉之九江中並蕭子雲書又
天監二年安豐得一角靈龜武帝遂作一鼎投得龜
處
陳武帝卽位鑄一鼎文曰元勲鼎沉于淛江
陳宣帝於大極殿中鑄一鼎文曰忠烈常侍丁初正
書
太公於渭水得玉璜鑄一鼎刻其文曰璜鼎
秦丞相樗里子作一鼎文曰智囊獨足古文大篆書

荀況在蘭溪作一鼎大如五石甕表裏皆紀兵法大
篆書四足
張儀伐蜀鑄一鼎高三尺文曰定蜀大篆書
李斯爲丞相鑄一鼎其文曰上丞相鼎埋於上蔡東
門
蕭何爲丞相鑄一鼎大如三石甕白表已功其文曰
紀功鼎亦是何自作署書體四足
張陵在雲臺山得仙作一鼎爲丹經埋於雲臺山下
車千秋爲丞相鑄一鼎文曰車丞相鼎八分書

司馬遷字子長南遊探禹穴作一鼎面小記年月日
埋之秦望山
黃霸爲潁川守神雀集遂刻鼎記之
孔光拜丞相鑄一鼎文曰丞相博山侯大篆書
王商爲單于所畏遂令鑄一鼎刻記其功以勸功臣
錫震爲太尉作一鼎其文曰太尉鼎古隸書
胡廣鑄一鼎其文曰孝子鼎八分書
陳太丘鑄一鼎藏于陘山
王允字子師郭林宗見而器之允自鑄一鼎曰千里

八分書
王仲子爲太司徒鑄一鼎其文曰司徒鼎大篆書
王朗爲司空鑄一鼎其文曰司空鼎複篆書
董卓爲太師鑄一鼎其文曰太師鼎古隸書
蔡伯喈爲侍中封高陽侯作一鼎記漢家爲數邑自
書藏于泰山
諸葛亮殺王雙還定軍山作一鼎埋於漢川其文曰
定軍鼎又作八陣鼎沉之永安水中皆大篆書又於
玄武郡金山作二鼎一大一小並無文蔣亮行軍見

此兩勢似有王者故鎮之
鍾繇魏文帝賜五熟鼎
吳顧邕鑄一鼎文曰顧元凱之鼎八分書三足
陸遜破劉備軍鑄一鼎紀功其文曰破備鼎
孔愉獲龜放之遂作一鼎刻其文曰孔敬康鼎沉之
於水
張衡制地動圖記之於鼎沉於西鄂水中
王羲之於九江作書鼎高五尺四兩周匝書遍刻之
沉於水中眞隸書

蜀錦譜

元　費著

蜀以錦擅名天下故城名以錦官江名以濯錦而蜀都賦云貝錦斐成濯色江波遊蜀記云成都有九壁村出美錦歲充貢宋朝歲輸上供等錦帛轉運司給其費而府掌其事元豐六年呂汲公大防始建錦院於府治之東募軍匠五百人織造置官以涖之創樓于前以爲積藏待發之所榜曰錦官公又爲之記其畧云設機百五十四日用挽綜之工百六十四用杼之工五十四練染之工十一紡繹之工百一十而後足役歲費絲權以兩者一十二萬五千紅藍紫茹之類以斤者二十一萬一千而後足用織室吏舍出納之府爲屋百一十七間而後足居自今考之當時所織之錦其別有四曰上貢錦曰官告錦曰臣僚襖子錦曰廣西錦總爲六百九十疋而已渡江以後外攘之務十倍承平建炎三年都大茶馬司始織造錦綾被褥折支黎州等處馬價自是私販之禁興又以應天北禪鹿苑寺三處置場織造其錦自真紅被褥而下凡十餘品於是中國織紋之工轉而衣衫椎髻鴃舌之人矣乾道四年又以三場散漫遂即舊廨訪司潔巳堂刱錦院悉聚機戶其中猶恐私販不能盡禁也則倚宣撫之力建請於朝併府治錦院爲一俾所隸工匠各以色額織造盎馬政旣重則織造盎多費用盎夥隄防盎密其勢然也今取承平時錦院與今茶馬司錦院所織錦名色著于篇俾來者各以時考之

轉運司錦院織錦名色 即成都府錦院

上貢錦三疋花樣

八答暈錦

官告錦四百疋花樣

盤毬錦　簇四金鵰錦

葵花錦　八答暈錦

六答暈錦　翠池獅子錦

天下樂錦　雲鴈錦

臣僚襖子錦八十七疋花樣

簇四金鵰錦　八答暈錦

天下樂錦

廣西錦二百疋花樣

眞紅錦一百疋

大窠獅子錦　大窠馬大毬錦

雙窠雲鴈錦　宜男百花錦

青綠錦一百疋

宜男百花錦　青綠雲鴈錦

茶馬司錦院織錦名色

茶馬司須知云逐年盤番蠻中到馬數多寡以用折傳別無一定之數

黎州

皂大被　緋大被

皂中被　緋中被

四色中被　七八行錦

瑪瑙錦

敘州

眞紅大被褥　眞紅雙連椅背

眞紅單椅背

南平軍

眞紅大被褥　眞紅雙窠錦

皂大被褥　青大被褥

文州

犒設紅錦

細色錦名色

青綠瑞草雲鶴錦　青綠如意牡丹錦

眞紅宜男百花錦　眞紅穿花鳳錦

眞紅雪花毬露錦　眞紅櫻桃錦

眞紅水林檎錦　秦州細法眞紅錦

鵞黃水林檎錦　秦州中法眞紅錦

紫皂段子　秦州麤法眞紅錦

眞紅天馬錦　眞紅湖州大百花孔雀錦

眞紅飛魚錦　四色湖州百花孔雀錦

眞紅聚八仙錦　二色湖州大百花孔雀錦

眞紅六金魚錦

蜀牋譜

元　費著

古者書契多編以竹簡其次用縑帛至以木膚麻頭敝布魚網爲紙自東漢蔡倫始簡太重縑稍貴人遂以紙爲便倫宦者也傳多稱其能然受宮掖風旨謟親貴猶宦者態也智足以創物而亦足以殺身第於文字有功人至今稱蔡倫紙今天下皆以木膚爲紙而蜀中乃盡用蔡倫法牋紙有玉板有貢餘有經屑有表光玉板貢餘雜以舊布破履亂麻爲之惟經屑

表光非亂麻不用於是造牋者廟以祀蔡倫矣廟在大東門雪峰院雖不甚壯麗然每遇歲時祭祀香火累累不絕示不忘本也恩足以及數十百家雖千載猶不忘如此

易以西南爲坤位而吾蜀西南重厚不浮此坤之性也故物生於蜀者視他方爲重厚凡紙亦然此地之宜也府城之南五里有百花潭支流爲一皆有橋焉其一玉溪其一薛濤以紙爲業者家其旁錦江水濯錦益鮮明故謂之錦江以浣花潭水造紙故佳其亦水之宜矣江旁鑿臼爲碓上下相接凡造紙之物必杵之使爛滌之使潔然後隨其廣狹長短之制以造研則爲布紋爲綾綺爲人物花木爲蟲鳥爲鼎彜雖多變亦因時之宜

紙以人得名者有謝公有薛濤所謂謝公者謝司封景初師厚師厚創牋樣以便書尺俗因以爲名薛濤本長安良家女父鄖因官寓蜀而卒母孀養濤及笄以詩聞外又能掃眉塗粉與士族不侔客有竊與之宴語時韋中令皋鎮蜀召令侍酒賦詩僚佐多士爲

之改觀期歲中令議以校書郎奏請之護軍曰不可遂止濤出入幕府自皋至李德裕凡歷事十一鎮皆以詩受知其間與濤唱和者元稹白居易牛僧孺令狐楚裴度嚴綬張籍杜牧劉禹錫吳武陵張祜餘皆名士記載凡二十人競有酬和濤僑止百花潭躬撰深紅小彩牋裁書供吟獻酬賢傑時謂之薛濤牋晚歲居碧鷄坊剏吟詩樓偃息于上後段文昌再鎮成都太和歲濤卒年七十三文昌爲撰墓誌謝公有十色牋深紅粉紅杏紅明黃深青淺青深綠淺綠銅綠

淺雲即十色也楊文公億談苑載韓浦寄弟詩云十
様蠻牋出益州寄來新自浣花頭謝公牋出於此乎
濤所製牋特深紅一色爾僞蜀王衍賜金堂縣令張
蠙霞光牋五百幅霞光彩疑即今之彤霞牋亦深紅
色也蓋以胭脂染色最爲靡麗范公成大亦愛之然
更梅溽則色敗萎黃尤難致遠公以爲恨一時把玩
固不爲久計也濤以牋名可矣雖良家女乃失身爲
妓韋尹欲官之段尹誌其墓焉何哉時幕府賓客多
天下選一時縱適不少歛大抵唐藩鎭不廋皆習然

也濤固得之而諸公似以爲失云
紙固多品皆玉板表光之苗裔也近年有百韻牋則
合以兩色材爲之其橫視常紙長三之二可以寫詩
百韻故云人便其縱闊可以放筆快書凡紙皆有連
二連三連四（售者連四一名曰船）牋又有青白牋背青面白有
學士牋長不滿尺小學士牋又半之倣姑蘇作雜色
粉紙曰假蘇牋皆印金銀花於上承平前輩蓋常用
之中廢不作比始復爲之然姑蘇紙多布紋而假蘇
牋皆羅紋惟紙骨柔薄耳若加厚壯則可勝蘇牋也

蜀牋體重一夫之力僅能荷五百番四方例貴川牋
蓋以其遠號難致然徽紙池紙竹紙在蜀蜀人愛其
輕細客販至成都每番視川牋價幾三倍范公在鎭
二年止用蜀紙省公帑費甚多且詭蜀諸司及州縣
緘牘必用徽池紙范公用蜀紙重所輕也蜀人事上
則不敢輕所重矣此以價大小言也余得之蜀士云
澄心堂紙取李氏澄心堂様製也蓋表光之所輕脃
而精絕者中等則名曰玉水紙最下者曰冷金牋以
供泛使

廣都紙有四色一曰假山南二曰假榮三曰冉村四
曰竹絲皆以楮皮爲之其視浣花牋紙最清潔凡公
私簿書契券圖籍文牒皆取給于是廣幅無粉者謂
之假山南狹幅有粉者謂之假榮造於冉村曰清水
造於龍溪鄉曰竹紙蜀中經史子籍皆以此紙傳印
而竹絲之輕細似池紙視上三色價稍貴近年又倣
徽池法作勝池紙亦可用但未甚精緻爾
雙流紙出於廣都每幅方尺許品最下用最廣而價
亦最賤雙流實無有也而以爲名蓋隋煬帝并改廣

都曰雙流牋紙名自隋始也亦名小灰紙

廣百川學海

廣百川學海序

自聖人之經崇深若海嶽而百家雜狙秖見其煙波峭蒨不足多耳雖然彼孔子大聖人商羊萍實之是采問官學琴之不遑愼德積小以高大也豈必槩如青達不讀非聖之書可乎班氏且謂街譚巷議道聽塗說言之尤邇者迺粃糠瓦礫至道之精奚弗具焉矧如近所刻逸史稗乘至五秘笈眞若萬花谷多寶林遠搜粉蠹之遺近探青緗之秘其宏鉅足以補正史而裨掌故之闕餘亦怡神輔志非物外間譚卽林間韻事又出沈天生三數公討授雖中郎玄賞束晳通識殆無以過余猶疑駢語問奇之類必坊賈所益近喜友人重校學海正續精美典贍因擇篇目相近者爲之廣併附燕都所挾抄本數種俾玉魚金盌並出人間後之藏書家知競流布爲藏而不以秘惜爲藏洵海內讀書一快事已北海馮可賓撰

廣百川學海目錄

甲集

乙集

丙集

癸集

廣百川學海目錄終

聖學範圍圖説

檇李岳元聲著　仲震校閲

圖何昉乎昉吾孟夫子指點楊墨歸儒之義而擴之象也後學讀其書而不得其旨楊墨之辯紛如甚至溺其教而爲之徒者亦復狹小聖人之道以宗廟百官爲不足奇浸淫久之有託而逃而詩禮發塚之徒且貽笑於南華氏矣孟夫子憂之洞開天心憫此異學剖破藩籬廓然大路特詔儒者以範圍曲成之方開歸受之塗止入笠之辯斯吾孟夫子願學孔子家

風痛切人靈之愚振聾啓瞶使有血心者人人鞭策聖域天地之心生民之命堯舜之道具是學者舍是何以闢荆棘掃靡蕪何以體天地之撰收人物之大全使江漢秋陽之烈日月經天江河注地恐令二氏角立門外雄據別傳長作伊周傲客於吾夫子問津沮溺之懷不大刺謬須知學術之壊過在吾黨偺疏其義以就正於吾儕之誦法孔氏者

聖學範圍天地法象之圖

參天兩地屬人皇
否泰相尋聖與狂
不得一尊標二氏
都來三界總茫茫

客問一

客曰方今參禪味玄之徒堅白其說以傲吾儒之所不知綦盛矣子何謂之易也曰吾非易視二氏二氏實竊取吾道而用之者也易與天地準故能彌綸天地之道範圍天地之化而不過曲成萬物而不遺乃顧有超三界以爲高者乎乃顧有淩五岳以爲奇者乎自以兼愛爲是見謂之仁而不知春之不能不秋也自以爲我爲是見謂之義而不知秋之不能不春也四時偏枯百物彫落吾懼夫乾坤毀而無以見易

也感慨及此不禁學術之痛準大易作聖學範圍圖崇一尊以攝二氏復準三立陰陽剛柔仁義推原二氏本末作差別二圖以明其偏仁偏義之僻首圖無極中圖太極卒歸無極以明吾儒有始有卒之學使逃楊逃墨者洞然曉大中至正之的便知其來也原從個中而來其去也原從個中而去殊塗同歸百慮一致書有之會其有極歸其有極其斯之謂歟教者誠如是由象攝心又何慮歸受之塗不廣而入笠之有遺憾乎客聞之唯唯而退

聖學範圍釋氏法象之圖

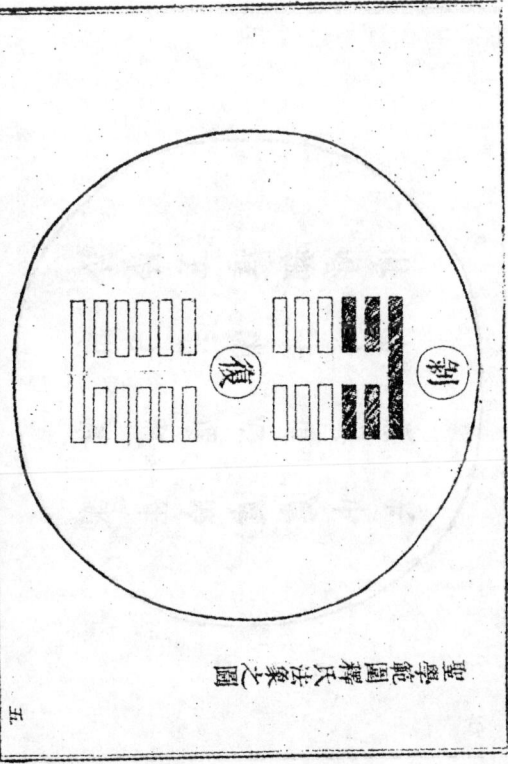

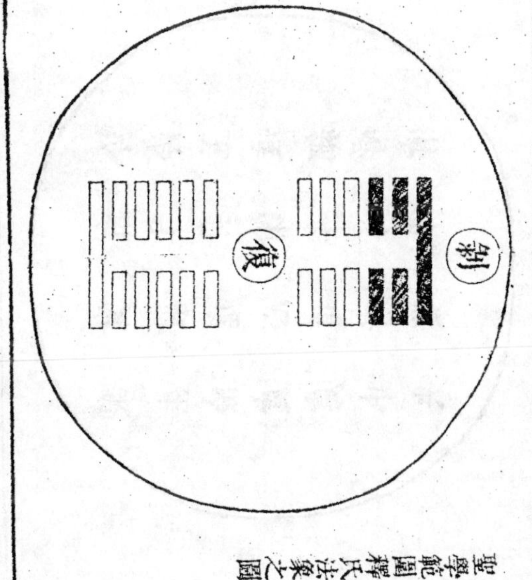

客問二

客曰子不聞西方聖人之稱乎而欲以剝復範圍釋氏之情狀政恐釋氏之徒未必心折也曰善哉問也夫不盡釋氏之情狀而駕空譚以與釋氏辯是入笠之招也且世之取大於釋氏者以能利天下也試觀其傲兀君父雄視陽明以爲如來此非剝後之復耶剝不終於剝故受之以復六龍上行五陰俱盡驅三身四智作渡迷之筏以皮囊爲幻化而謂空空子不足以見天地之心是誣釋氏也見天地之心而毀天

地之形自以爲幽贊王化而不知已明棄倫常聖學之所以範圍天地不如是其兼愛之辟也儻其一日反經則逃墨歸儒孟夫子曲成盛心千載如生矣客曰誠如是夫業已釋氏之徒矣又遵何道而不詭於聖也在乾之初九曰潛龍勿用陽在下也龍潛則不至過乎亢何偏仔之不可歸而儒也吾敢借潛龍之義以進夫釋氏之卒爲釋氏之徒者而謂剝復不足以範圍釋氏乎子其退而參之無輕譚

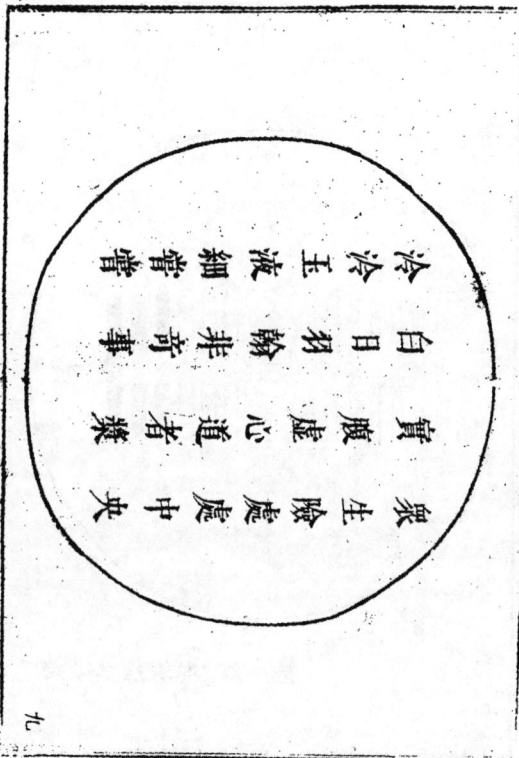

聖學範圍老氏法象之圖

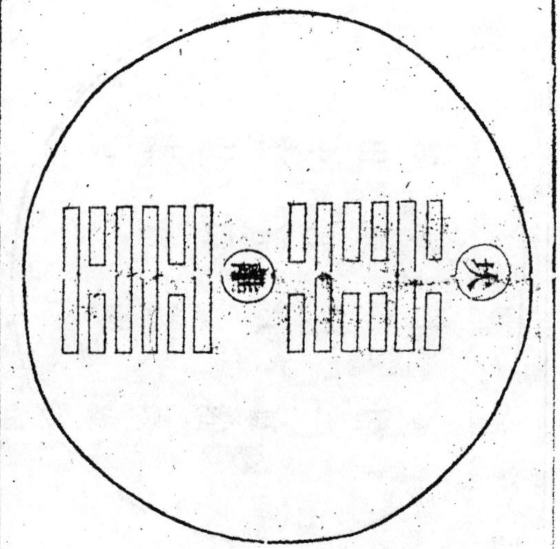

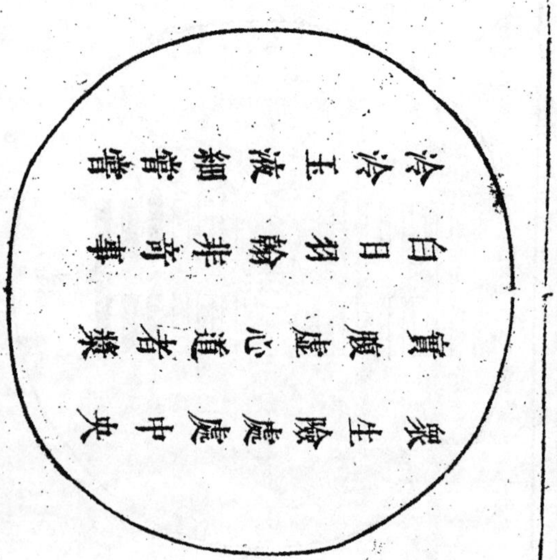

客問三

客曰子不聞柱下猶龍之稱乎而欲以坎離範圍老氏之情狀政恐老氏之徒未必心折也曰善哉問也夫不盡老氏之情狀而逞玄譚以與老氏辯是又入笠之招也且世之取大於老氏者以能自利也試觀其致守虛無雌伏陰符以爲竅妙此非坎中之離耶坎不終於坎故受之以離抽添尾閭消息崑崙取五金八石作服食之糧而以形骸爲蟬蛻謂玄玄子不足以竊日月之變是又誣老氏也竊日月之變而私

日月之照自以爲逃生物表而不知已偷死人間聖學之所以範圍天地不如是其爲我之辟也倘其一日反經則逃楊歸儒孟夫子曲成盛心千載如生矣客曰誠如是夫業巳爲老氏之徒矣又遵何道而不詭於聖也在易坤之六五曰黃裳元吉文在中也能中則不至流於險又何偏義之不可歸而儒也吾敢借黃裳之義以進夫老氏之卒爲老氏之徒者而謂坎離不足以範圍老氏乎子其退而參之無輕譚

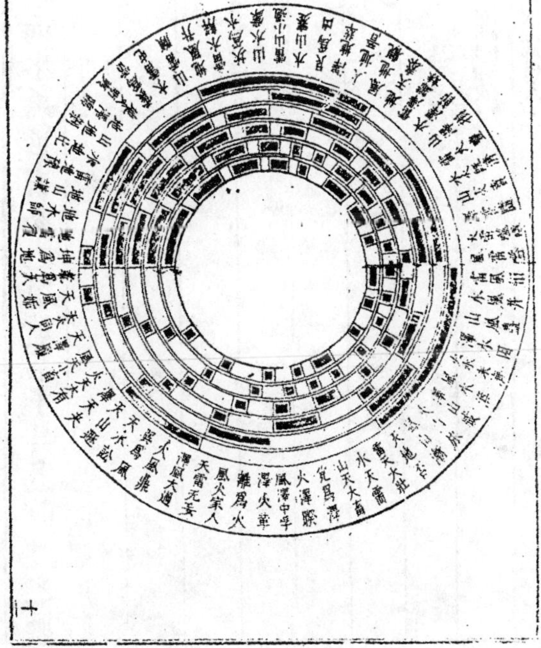

圖

客問四

客曰卦有六十四而子以剝復象釋氏以坎離象老氏以否泰象吾儒其爲敎也夫乃偏而不全略而不詳有遺象歟曰是不然言剝復而一陽一陰之卦盡之矣如坤逢雷自復而師而謙而豫而比而剝皆一陽之卦也如乾遇巽自姤而同人而履而小畜而大有而夬皆一陰之卦也言坎離而二陽二陰之卦盡之矣如自臨而明夷而震而屯而頤而升而解而坎而蒙而小過而蹇而艮而萃而晉而觀皆二陽之卦

也如自遯而訟而巽而鼎而大過而无妄而家人而離而革而中孚而睽而兌而大畜而需而大壯皆二陰之卦也言否泰而三陽三陰之卦盡之矣如自泰而歸妹而節而損而豐而既濟而賁而隨而噬嗑而益皆三陽之卦也如自否而漸而旅而咸而渙而未濟而困而蠱而井而恒皆三陰之卦也易之道一而二二而三三生萬物盡之矣一不兩不三三不兩不六六六而參天兩地之事備矣聖學所以範圍二氏而不遺政惟此易簡之配至德也而子乃執象求之

是緣木而求魚也去易之道遠甚子其退而參之無輕譚

聖學範圍圖終

戊申立春考證

明　路士登訂　徐仁中校閱

萬曆三十六年戊申歲立春正月節曆

以洪武初欽天監監正元統大統曆法推

推天正冬至

置所求萬曆三十六年戊申歲距元至元辛巳歲積三百二十八年減一以大統歲實三百六十五日二十四刻二十五分乘之得一十一萬九千四百三十四日二十九刻七十五分爲中積分加氣應五十五日〇六刻得一十一萬九千四百八十九日三十五刻七十五分爲通積分滿旬周去之餘二十九日三十五刻七十五分爲天正冬至分以法推之得歲前十一月初四日癸巳辰正二刻冬至

求立春

置氣策一十五日二十一刻八十四分三十七秒五十微三因之得四十五日六十五刻五十三分一十二秒五十微加天正冬至日分得七十五日〇一刻二十八分一十二秒五十微其日滿旬周去之餘一十五日〇一刻二十八分一十二秒五十微爲立春分以法推之得歲前十二月二十一日己卯子正一刻立春

以元至元辛巳太史令郭守敬授時曆法推

推天正冬至

置所求萬曆三十六年戊申歲距元至元辛巳歲積三百二十八年減一以授時消一歲實三百六十五日二十四刻二十二分乘之得一十一萬九千四百三十四日一十九刻九十四分爲中積分加氣應五十五日〇六刻得一十一萬九千四百八十九日二十五刻九十四分爲通積分滿旬周去之餘二十九日二十五刻九十四分爲天正冬至分以法推之得歲前十一月初四日癸巳卯正初刻冬至

求立春

置授時消一氣策一十五日二十一刻八十四分二十五秒三因之得四十五日六十五刻五十二分七十五秒加天正冬至日分得七十四日九十一刻四十六分七十五秒其日滿旬周去之餘一十四日九

十一刻四十六分七十五秒為立春分以法推之得
歲前十二月二十日戊寅亥初三刻立春
以余蘭州立六丈表取冬至前後冬至四十五日實測
晷景推

推今時所測天正冬至

余於蘭州立六丈表下識圭刻約戊申歲前丁未歲
冬至前後相距各四十五日測得午景前四十五日
九月十八日戊申景長七丈二尺〇九分至後四十
四日十二月十九日丁丑景長七丈二尺五寸四分
五釐後四十五日十二月二十日戊寅景長七丈一
尺六寸六分以前後相對所距之四十五日戊申戊
寅二景相校餘四寸三分為晷差為實仍以十二月
十九日二十日丁丑戊寅相連二日之景相校餘八
寸八分五釐為法以法除實得四十八刻五十八分
七十五秒前多後少為減差於前後相距各四十五
日計九十日凡九千刻內減前減差餘八千九百五
十一刻四十一分二十五秒折取其中為四千四百
七十五刻七十〇分六十秒加半日五十刻共為四

千五百二十五刻七十〇分六十秒百約為日命起
戊申日筭外得四十丑日為癸巳餘以發歛收之為
時刻及分除甲子以前至戊申之十六日自甲子至
癸巳得二十九日二十五刻七十〇分六十秒為冬
至分以法推之得歲前十一月初四日癸巳卯正初
刻冬至

推今特所測歲實

置余所測萬曆三十六年戊申歲前冬至日景推得
癸巳日夜半後二十五刻七十〇分六十秒上距元
至元十八年辛巳歲前郭守敬所測日景推得己未
日夜半後六刻即五十五萬六百分之氣應為準以
辛巳距今戊申三百二十七年共積一十一萬九千
四百三十四日加新測到癸巳日夜半後二十五刻
七十〇分六十秒內減去元辛巳歲測到己未日夜
半後六刻得一十一萬九千四百三十四日一十九
刻七十〇分六十秒為實以距積三百二十七年而
一得三百六十五日二十四刻二十一分九十秒為
今時所測歲實

求今時所測氣策

置今時歲實三百六十五日二十四刻二十一分九十秒以二十四氣而一得一十五日二十一刻八十四分二十四秒六十微爲今時所測氣策

求今時所測立春

置今時氣策一十五日二十一刻八十四分二十四秒六十微三因之得四十五日六十五刻五十二分七十三秒八十微加天正冬至日分得七十四日九十一刻二十三分三十三秒爲立春分去其旬周餘

一十四日九十一刻二十三分三十三秒爲立春分以法推之得歲前十二月二十日戊寅亥初三刻立春

右大統立春分校授時多九刻八十一分三十七秒五十微立春後天十刻有奇相隔一日與天不合授時校余實測之數止多二十三分四十二秒其立春時刻與余合余與天合乃稍差二十餘分者則消一未盡畸零之小數耳不害其爲同也

論曰孟子云天之高也星辰之遠也苟求其故千歲之日至可坐而致也旨哉言乎夫故之言利也其天行順利之故道也故不難致而難於求然求亦多術矣從古羲和道廢日官失職帝王六曆訛於四分漢人踵之又假不變而不知爲好事之僞作也四分之曆天與日齊以步氣朔一跬步不可行迨漢末劉洪始覺其誤乃減歲餘立歲差考冬至日躔在斗二十二度千古不明之數自洪始發之後之曆家代各改革然不數十年而輒先後天不可行者何則以歲差之中仍有消長一機未備也至元太史郭守敬乃悉

其蘊焉觀守敬之言曰上考往古下驗將來皆距立元爲筭歲實上推每百年長一下筭每百年消一其諸應等數隨時推測不用爲元其說至明也至洪武初欽天監博士元統則不知測驗爲何事而徑削去消長另立準分以爲修改合天擢爲監正監副李德芳持消長正論力爭之不得遂從統議然而統所修改四准則皆授時舊數接年續之一無所改者也訛傳至今失之益遠疇人沿襲恬不爲怪今余於蘭州立六丈之表視郭太史四丈之高又申一之半復從

宋周琮取立冬立春去至日遠之景日差長幾九寸尤易分別以法布之立春時刻與郭太史消一之曆符合而大統則後天九刻八十餘分適值子半之交差天一日矣夫曆從何來從日躔之在天來也今仰觀天象立春日躔在戊寅亥初而欽天監在巳卯子正此可以口舌爭乎且七政壹禀於日躔日度變而朔轉交及五曜之率皆變氣應一差即諸事皆差而而以之步曆無一可者故守敬曰天有不齊之運而曆爲一定之法所以既久而不能不差既差則不可

不改隆慶間監官周相亦曰今年遠數盈歲差天度失令不考所差必甚皆探本之論也乃監正張應候等不知强以爲知方訑訑然曰大統曆乃元統依守敬法爲之准驗無差必不可改且詆余爲妄議夫使元統果依守敬安得有差統背守敬者也背守敬而差邪以爲無差何不觀今日之天其躔形圭景立春在亥分寸易辨一指顯間可與海内億萬人有目所共見者正孟子所謂天日之故可求而可坐致者也若信如彼言堅持大統爲無差則余與守敬差耶若余與守敬差則天亦差耶嗟嗟張壽王不能爭鄧平祖冲之不能勝戴法與李德芳之是不能排元統之非張應候之非力能奪余之是振古如兹匪今斯今則吾末如之何也已

題戊申立春考證後

觀察邢公按金城和以治粟臬蘭爲屬下吏公著曆書成復出戊申立春考證一帙示和和盥誦竊有請曰曆稱千古絶學自公發之其精微藴奥和固難測然立春爲朞實之首與窮月相禪受者大統且差隔

日則監官擇日之吉凶不甲乙顛覆令人靡所適從乎公曰善哉問可易言之余訂古今曆數言天運不言事應大統擇日其事應之驗與否我不敢知第今時所用上自軍
國重務下逮民間日用吉凶趨避一切禀命於曆書而立春一差其弊有不可勝言者如從大統十二月二十一日巳卯立春則巳卯爲萬曆三十六年正月節爲除日立前二十日戊寅爲三十五年大寒十二月中之終亦除日爲四絶如從郭太史授時曆與余

測晷所步十二月二十日戊寅立春則戊寅爲三十六年正月節爲建日立前十九日丁丑爲三十五年大寒十二月中之終亦建日爲四絕查欽天監大成曆載十二月戊寅除宜施恩封拜宴會整手足甲上官立券交易掃舍宇不宜出行正月戊寅建不宜出行動土四絕日打上官上梁出行此大統不易之定法也而今監曆謬以戊寅之立春正月節爲四絕以戊寅之建日爲除日丑月戊寅宜施恩封拜等吉應止忌出行乃今建也而非除也一期之首日也而非

絕也正月建寅百事皆忌而以之施恩封拜宴會整手足甲立券交易掃舍宇可乎監曆四絕打上官上梁出行監官遂皆打去而不知建日自不宜上官上梁出行日原不忌出行而正月之戊寅則不宜出行也十二月十九日爲四絕打上官上梁出行監曆宜祭祀不宜出行適偶合者則以丑月建日止宜祭祀餘事皆忌故偶合而非以四絕之正論打去也不寧惟是立春一差則年神方位俱差監曆戊寅日之年神方位太歲黃幡在未一黑以至九白予死符小耗

以至壬空授時與余戊寅日之年神方位太歲五鬼金神在申一白以至九紫子大殺官符金神畜官以至壬空監曆非矣夫余不言事應者也監曆之非郎姑置勿論乃其大者今去郭太史才三百二十餘年差十餘刻猶可言也若三千年仍舊則計差千餘刻中節俱差十餘日三萬年仍舊則計差十萬餘刻中節俱差千餘日不可言也和聞公是語如夢斯覺如夜斯晝乃仰天大息曰有是哉從古帝王以欽天授時爲首務今若此謂寬天負時何使斯世斯民不用

趨避也則可如用趨避則胡可使昭昭之民蹈昏昏之忌也況係軍國重務乎和而後乃今始知臺司之舛謬非小而我公之有功於天下萬世至弘遠矣和不文敬述公明訓題其後

萬曆丁未上元之吉臨洮府同知屬下吏滇南阮聲和頓首拜題

戊申立春考證終

正朔考

宋　魏了翁著　張遂辰按閱

七月陳王業也

七月之詩大槩述天時以勤民事也先儒謂七月一詩皆以夏正爲斷愚則曰非特七月一詩也凡詩篇如正月四月六月十月之交皆夏正也非特詩諸篇也凡易書周官春秋左氏所書之月亦皆夏正也然則商正建丑周正建子者非改正朔歟曰改正朔矣不改月次也正朔之改示一代之興各有所尚也月

次之不可改四時之序不可紊也苟紊之則時命乖張民聽疑惑雖耕耘斂藏亦將失其候堯典所謂欽若昊天敬授人時者萬世不可易也若夫正朔迭尚不過以新民視聽如大朝會大典禮尊用此日名曰歲首太史公所謂朝以十月者是其例也世儒遂謂商周既改正朔則併其餘月次亦應遞改噫爲此說者臆度之過也臨卦所謂八月者指觀而言也臨觀反對故聖人預以爲戒觀之爲卦其晝四陰其辰在酉曉然夏之八月也而何氏以爲周八月屬未之遯

孔氏以爲商八月屬申之否夫文王周孔簡易以從夏正而何氏孔氏反崎嶇以求合商周之正不亦異乎故曰凡謂改正朔而幷其月遞改者皆臆說也書伊訓元祀十有二月乙丑奉嗣王祗見厥祖太甲三祀十有二月伊尹以冕服奉嗣王歸于亳夫奉嗣王初見厥祖重事也故以改元之歲首以冕服奉嗣王歸亳亦重事也故以三祀之歲首然而仍稱十有二月則是殷人未嘗改十二月爲正月也孔氏以商正解之不通則乃曲爲之說曰此湯崩踰月太甲即位

而奠告也攷之孟子外丙二年仲壬四年然後繼以太甲則太甲乃湯之孫所謂祗見厥祖者是矣非嗣湯而立也假使太甲嗣湯而正亦安肯踰月而遽改稱元年邪故曰凡謂改正朔而并其月遞改者皆臆說也詩篇如正月曰正月繁霜四月曰四月維夏六月曰六月棲棲此爲夏正無疑雖欲曲說不可得也雖有曲說不足惑也至十月之交鄭氏則釋之曰此夏之八月也夫十月之交則十一月矣是周人朔月也故曰朔月辛卯正朔日食古人所忌故曰亦孔之

醜不然八月日食何足以言甚醜也以是證之則周人以十一月爲朔月未嘗改爲正月也又七月之詩之五章自五月數至十月而繼之曰曰爲改歲是以十一月爲歲首而未嘗改之爲正月又一證也故曰凡謂改正朔而并其月遞改者皆臆說也周官凌人十有二月斬冰與月令季冬之月命取冰相合則不惟時皆夏正而月亦皆夏正矣而正月之吉始和縣法觀象鄭氏强解之曰周正月也夫以夏正言之建寅之月也三陽旣交斯謂之和若猶爲周正則建子

之月矣時方寒冬安得謂之和邪又黨正四時之孟月吉日則屬民而讀法夫言孟月則夏正建寅之月非周正建子之月也明矣故曰凡謂改正朔而并其月次遞改者皆臆說也春秋所書時皆夏時也月皆孟月也雖左氏傳亦然隱三年傳曰夏四月鄭祭足帥師取周之麥秋又取周之禾其爲夏正明白如此杜氏以周正解之曰四月今之二月也秋今之夏也麥禾皆未熟取者蓋蹂踐之夫左氏祗曰麥禾而杜謂之未熟左氏直謂之取而杜謂之蹂踐幾於迂疎

可笑良由曲泥周正有所不通故遷就其辭以至于此故曰凡謂改正朔而并其月遞改者皆臆說也或曰漢晉唐諸儒以三正說六經豈鑿空爲說之哉曰亦必有一二疑似以啓之如春無冰冬大無麥禾之類皆其藉口者也然疑似者一二而明白者十百也以疑似益明白以一二勝十百豈非惑與夫有一二之明白猶將勝十百之疑似今乃反是又豈非大惑與噫六經不幸而經秦火幸而賴諸儒之補綴也然而使學者得見秦灰之殘編斷簡當反無惑惟其出

於諸儒之補綴也是以惑學者滋甚蓋不知其幾事不特如改正朔之一端而已也亦幸而改正朔之事證驗尚多可以是正不然又烏覩其眞邪

二

夫旣因七月之詩而攷六經所書之月皆夏正矣六經之外先秦他古書及秦漢以後正史凡所書月亦皆夏正也呂氏月命或以爲周公作是與否固未可知然其所言時命則夏時也岐伯素問伊川以爲□國間人所作是與否固未可知然其所言月候即□

月也竹書紀年傳謂晉太康初汲人得之魏冢是與否固未可知然其言三代之正月則皆建寅也由是觀之先秦古書所紀之月則皆夏正也秦正建亥漢仍秦舊太史公作史記書十月於每年之首班固作漢紀書秋九月於每年之終所謂春正月者自枉年中不改稱謂至武帝太初元年正曆法以正月爲歲首明年所書始以春正月起之而以冬十二月終之是後惟魏明帝用景初曆嘗以建丑爲正并改三月爲孟夏餘皆遞改然而郊祀蒐狩頒宣時命則復以

寅爲正二者交互徙惑民聽行之未幾復用夏正又其後惟唐武氏改年曰載以十一月爲正月以十二月爲臘月然復以正月爲春一月自二月以後不能易其次也由是觀之秦漢以後凡正史所書之月則皆夏正也或曰孟子之書亦先秦書也其言七八月之間旱趙岐以爲此周七八月夏之五六月以苗槁證之疑若可信愚則應之曰泛言苗槁耳既不可以爲夏之七八月亦何以證其爲周之七八月邪孟子又言歲十一月徒杠成十二月輿梁成直謂仲冬以後農隙之餘可治橋梁以利民涉而趙氏泥於周正謂夏之九月十月也亦可信乎或者又曰劉歆以三代之正作三統曆述此亦正史所載也何以謂之皆夏正邪愚則應之曰劉歆漢儒也與孔安國並遞相祖述者自是歷家從而和之又豈足爲確論乎且不信聖經而信歷述復以歷述而伸傳註是皆學者厭平實而喜奇誇之過也必有務平實而後可與論古事而學古道也

三

或者問曰六經子傳及先秦他古書與歷代正史所書之月皆爲夏正亦既白矣然姚大老辨三代秦漢置正傳引經傳以爲皆用夏時而平庵項氏獨以爲春秋自是孔子之書即非周王所用此一說也胡文定經解謂以夏時冠周月是聖人垂法後世之意此又一說也陳止齊後傳謂以夏時冠周月自是魯史之舊夫子因之每孟月書時以見魯史每正月書王以存周正蓋尊周而罪魯也此又一說也三家者之言何如曰三家者皆近世博雅大儒也特其立說猶

未必牽於傳注，故雖卓然有見於始，然卒不能不自變於其後者也。孔子之春秋即魯國之史記也，魯史之時月即周家之紀歷也。夏周之歲首雖殊，夏周之時命則一，安得孔子所書與周王所用不同邪？項氏固嘗謂周歷本辯，決無改月之理，其說卓然當於理矣，而末乃謂春秋四時十二月恐皆夫子筆之以為萬世法，是則惑也。是豈非牽於傳註，雖卓然有見於其始，而卒不能不自變於其後邪？顏淵問為邦，子曰行夏之時，言正朔惟夏得其正也。胡氏乃謂夫子以

夏時冠周月，信斯言也，是春秋所書春正月者，乃今之冬十一月也；秋七月者，乃今之夏五月也。以冬為春，以夏為秋，雖甚愚者猶不為，曾謂聖人而為之乎？傳之當時猶且不可，尚可為萬世法乎？胡氏固嘗有言曰：周人以子為歲首，則冬十一月也；前乎周者以丑為正，其書始即位曰惟元祀十有二月，則知月不易也；後乎周者以亥為正，其書始建國曰元年冬十月，則知時不易也。其說卓然當於理矣，而末乃謂夫子作春秋是天子之事，可以改正朔，故以夏時冠月

又以夫子無其位，不敢自專，故以周正紀事，是則大惑也。是豈非牽於傳注，雖卓然有見於其始，而卒不能不變於其後邪？至陳氏謂魯史舊以夏時冠周月，夫子仍之，此說似勝，然於胡氏之說特添一轉語爾。事不如此，亦秖費詞。假使周人改朔并移月矣，則天王在上，魯人安敢自以夏時冠周月乎？如此是不奉天子正朔也。又豈有魯奉天子正朔而史官紀事私以夏時冠周月乎？如此則是無故而悖其君於僭逆也。假使魯史官無識，以是紀事，吾夫子修之，肯仍其

僭謬乎？陳氏固嘗謂凡西周之史言時皆夏時也，於是援周官季春出火非周正月、季秋納火非周九月以為證據，其說卓然當於理矣，而末乃謂西周之史言月皆周月也，於是曲借康誥三月不言春、畢命六月不言夏以為證據，至泰誓十有三年春一月於己說有礙，則反指為謬誤，是則惑也。是豈非牽於傳註，雖卓然有見於其始，而卒不能不變於其後邪？嗚呼！自傳註之學興也，各以三統解經，不特何氏之於易、孔氏之於書、鄭氏之於毛詩周官、杜氏之於春秋左

氏而已也然而此五六人者古博雅大儒也三統之
外不可廢也至於春秋一經以周正解之者則滔滔
皆是又豈特胡陳項三家而已也

正朔考終

龍興慈記

明　王文祿述　陳斗垣校閱

王生文祿曰自幼聞慈淑母氏言國初遺事子雖幼喜問以故始末甚詳惜歲久多忘也盖外祖陸公源生國初時壽逾耋好學多聞授母氏母氏授予予今幾艾母氏違養已十有三秋追書幼聞恍然如覩悲哉邈矣忘者曷能盡書邪嘉靖辛亥冬十月

泗州有楊家墩墩下有窩　熙祖嘗臥其中有二道

士過指臥處曰若葬此出天子其徒曰何也曰此地氣暖試以枯枝栽之十日必生葉呼　熙祖起曰汝聞吾言乎　熙祖佯聾乃以枯枝插之去　熙祖候之十日果生葉　熙祖拔去另以枯枝插之二道士復來其徒曰葉何不生也曰必此人拔去矣　熙祖不能隱道士曰但洩氣非長支傳矣謂曰汝有福殁當葬此出天子　熙祖語　仁祖後果得葬葬後土自壅爲墳半歲陳后孕　太祖嘗言此墩有天子氣

仁祖徙鳳陽生于盱眙縣靈跡鄉方圓丈許至今不生草木　仁祖崩　太祖舁至中途風雨大作索斷土自壅爲墳人言葬九龍頭上系曰嘉靖戊戌春遇淞江徐長谷獻忠言與予幼聞合且言曾至　熙祖陵龍脈發自中條王氣攸萃前潴水成湖作内明堂淮河黄河合襟作外明堂淮上九峯插天爲遠案黄河西繞元末東開會通河遠之而　聖祖生矣天時地理不誣也又言誕時二郎神廟徙去路東數十步攜浴于河忽水中浮起紅羅一方取爲襁今名紅羅幛云

聖祖始誕屋上紅光燭天皇覺寺僧望見之驚疑迴祿也明發扣問告以誕請長從游後睿知天縱主僧禁縛之堦下口占一詩曰天爲羅帳地爲氊日月星辰伴我眠夜間不敢長伸脚恐踏山河社稷穿系曰天眷中華篤生　大聖夙稟渾一寰宇志矣伏讀宸章恍然開闢維新景象元運安得不迄哉

聖祖幼時與羣牧兒戲以車輻版作平天冠以碎版作笏令羣兒朝之望見儼然王者殺小犢煮食之犢尾插入地誑主者曰陷地裂去矣主者拽尾轉入地

中眞以爲賠也埽梵宇以帚擊伽藍像令縮足起待我埽即縮起佛前燭鼠傷責伽藍不曾書其背曰發去三千里其晚僧夢伽藍辭行曰何也曰當世主遣發三千里矣明早僧視伽藍背有字追問之　聖祖曰戲耳今釋之晚又夢伽藍來謝江淮訛言接新天子　聖祖立于仆碑跌石龜背上望之石龜行十數步系曰　聖天子出百靈受命非異也常也有開必先哉

聖祖渡江至太平府不惹庵僧問詰不已題詩壁上

曰腰間寶劍血星殷殺盡南蠻百萬兵老僧不識英雄漢只管刀刀問姓名僧洗之去題詩旁曰壁上新詩不可留欲留在此鬼神愁慢將法水輕輕洗洗出毫光射斗牛後差人密訪錄詩進呈遂不問系曰神武英發　玉音朗宣剷削不平義之決宥釋細故仁之寬

劉伯温見西湖五色雲起知爲天子氣應在東南徼服以卦命風鑑遊江湖間密訪之先至會稽王冕家與之閒行竹林中潛令人放砲冕聞響而驚嘆曰膽怯徃海昌賈銘家時新建廳堂精潔唾汙之銘出見命拭去嘆曰量小遂往臨淮見人人皆英雄直諒屠販者氣宇亦異買肉討饒即大砟一塊與之箕多王侯貴人命嘆曰天子必在此也不然何從龍者之衆邪晚得　聖祖知眞命　天子遂深結納之許定大計後薦聘起者明出之以正也

青田山中有異劉伯温隱居時日對之坐山忽開石門進入見石壁上有字曰山爲基開取石擊之石門又開進入內有道士枕書臥遂取書看乃兵書也曰

明日能熟之吾當授汝明日果熟遂授以兵法少時讀書寺中僧房有一異人每出神去鎖門或一月半月偶有北來使客無房可宿見此空房擊開之曰此人死矣可速焚瘞我住之僧不能禁遂焚之其人神返身已焚無復可生每夜叫呼曰我在何處基知之開牕應曰我在此神即附之聰明增前數倍天文兵法一覽洞悟翊運爲謀臣之冠也

聖祖賜劉誠意一金瓜曰擊門錐有急則擊之一夕夜將半擊宮門乃洞開重門迎之曰何也曰睡不安

思　聖上奕棊耳命棊對奕俄頃報太倉災　命駕往救劉止之曰且奕　聖祖遽起曰太倉國之命脉也不可不救曰請先遣一內使兗乘輿往遂如言回則內使已斃車中　聖祖驚曰何知以救朕厄曰觀乾象有變特來奏聞耳曰何人爲謀曰明早朝衣緋者是早朝西班中有一臣衣緋命縛之即取袖中懸哨鴿放起鴿已死袖中葢以鴿爲號起伏兵也其臣姓名忘之劉誠意影神畫中有童子持金瓜隨侍即上賜也系曰篤生　聖君允降賢輔湯武伊呂合轍

龍興慈記　一八

也皇矣上天惠民哉或疑誠意伯祿米不及忠勤伯多殆功少云曰否辭減祿米以減括蒼耗稅也　聖祖神武惟誠意伯能盡言每稱先生不名後生烏可輕議哉

刑部尚書開濟聰敏明辨深契　聖心久亦疑之　聖祖午門見羊倡二句忘之濟續曰昨日方過九月九今朝又見兩重陽侍遊後苑　聖祖倡二句曰柿子熟綿綿不落待何年諷退也濟續曰因沾恩露重寧碎玉堦前　聖祖一夕不睡召濟曰朕欲燕上天

二十八宿濟曰臣意亦然曰燕何品也曰昴奎用酪畢用鹿肉觜用根及果參牛用醍醐斗井鬼用秔米華和蜜柳用乳糜星用秔米烏麻作粥張用毗羅婆果翼用煑熟青黑荳軫用莠稗飯角氏用諸華飯亢用窖煑菉荳房用酒肉心危用秔米粥尾用諸果根作食箕用尼拘虺皮汁女用烏肉虛用烏荳汁室用肉血壁用肉婁用大麥飯并肉胃用秔米烏麻野棗列于二十八張金卓上曰何以知至否也曰二十八把金椅用二十八縷紅綿剖鬆椅上至則苡頭倒不

龍興慈記　一八

至則苡頭不倒如濟言燕之二十六金椅苡頭倒二椅苡頭不到問曰二宿何不至也濟曰一宿　陛下一宿臣　聖祖疑曰卿欲做朕不難也後以事見法問曰卿聰明絕世錦心繡腹且賢人心有七竅可見乎濟曰先剖腹風入無見也先斬後剖五內宛然臨刑嘆曰待我了清軍事方可死今死後不能清矣如言剖之無見也曰濟死且誘朕眞聰明也濟前元儒學職以薦起初造天下黃册不能清問濟濟曰以新收次舊管則清矣至今因之我　朝建置多出濟定

系曰濟有學有養者觀臨刑不亂神完哉天生賢以
輔世死生不論也或曰何不見幾遠去曰用世才天
授之也必用之後巳曰用之不盡奈何曰彼亦恐不
盡用故不去也曰清軍未完其未盡乎曰大者亦盡
矣其未盡留之以待再來耳
武寧違疾亟　聖祖幸其第至榻前問之占二句曰
聞說　君王　鑾駕來一花未謝百花開蓋諷待用
英賢之衆戀主之恩乎執　聖祖手不放　聖祖曰
卿欲朕繫掌山河違就榻上叩頭勉　主之忠乎嗚

呼君臣始終兩得之矣
聖祖嫺常開平遇春無嗣　賜二宮女妻悍不敢御
晨起捧盂水盥櫛開平曰好白手遂入　朝去矣至
回內出一紅盒啟之乃斷宮女手也開平驚憂後入
朝儀度錯愕　聖祖問之不敢對再三詰曰面色非
昔豈謀朕邪開平懼盡吐其實且叩頭曰　聖上憐
臣　賜二宮女　恩莫敢讫今若此有孤　聖恩萬
死莫贖故連日驚憂　聖祖大笑曰再賜何妨且入
宮飲酒解憂外　命力士肢解其妻分賜功臣上寫

曰悍婦之肉開平回不見其妻驚成癲癇又有無嗣
功臣若指揮千百戶妻面奏　聖祖求養　聖祖曰
你們平日妒悍絕我功臣後嗣可着禮部各給木碗
一隻拄杖一條沿功臣門求討作樣系曰雲行雨施
每快人意當元末大亂後用重典允哉奉天也觀此
細事垂戒無窮
季巴巴王媽媽者　聖祖微時有恩隣人也登極後
召至　命工部造房與居官其子携入宮燕之二人
嗚呼　御名而疑曰如何哄我到古廟中來　聖祖

笑而不較蓋不知　宮殿之高廣而　帝王之尊嚴
也系曰今人一至富貴舊皆忘之豈思圖報惟我
聖祖天縱英明不忘人所易忘云
聖祖戰偶失利夜行宿妓館明發語姓名題詩于壁
曰二之十古之一左七右七橫山到出得了一是爲
之土之一皆不能解後生子聞　登極錄壁間詩攜
子奏　聞即　命工部造府封子爲王其婦不召是
詩蓋言王吉婦得子爲王系曰欽仰　聖慮非章淺
所能窺也又聞毋氏云起兵時微行御女與記後生

子令年月日誌之多封王亦名養子。有封侯者。噫衆
建親王。垂萬世無疆之休。
國初頑民竄避緇流。投衆數十。掘深坑埋身露頂大
斧一削去數顆名剷頭會。惟一僧削去復生。連削連
生。凡四五次。乃釋之。併罷斯會。系曰。佛法之大有如
是哉。此教不當滅故出此僧以現神異。殆佛之轉世
歟故　聖祖存之曰陰翊王化云。
聖祖遣高僧宗泐拜表上天宮宗泐沐浴俯伏神遊
三日後返入奏曰天宮所見有胡黨藍黨盖胡惟庸

藍玉以二人故牽連戮者十萬人目曰胡藍二黨問
又何見也曰徐太傅坐龕子中盔武寧達問又何見
也曰婁宿現形俄疽發背崩一云　上有疾差使訪
周顛仙于匡廬天池山顛令遍閱二十八宿躔舍皆
有人惟一舍空然无人一蛟龍垂首流血顛云此世
主也又角亢宿矣系曰　聖祖盪滌夷腥首開華治
上天經星降靈亶哉三十餘年太平而上實焉令人
切鼎湖之思也噫於昭于天陟降在帝左右云
龍興慈記終

在田錄

泗水張定述　武林何士鎮閱

高皇鳳陽泗州人居鍾離鄉　上皇以賣腐爲生皇覺寺一寺僧衆爭來買之遂爲主顧生　太祖之夕鄰里中只聞　上皇屋上霹靂一聲啓戶視之但見紅光屯聚一鄉之人無不驚駭又寺僧高彬于是夜夢　上皇屋上火發煙焰冲天空中見一人拏金椎而下彬遂覺至晨候　上皇來欲語之　上皇不來歇月餘挑腐而至彬疑其有病一見即問何故一日

不來莫非有恙　上皇曰非病某于某夜得一小男恐不淨故弗敢來彬遂言其夢因稱此兒後必大貴上皇言草野之人何敢望此但得長成送爲長老弟子我之願也

高皇爲兒童時糾合村中年相若者聚爲一群採蘆葦結作宮室朝夕至其所南向令衆小兒羅拜稱山呼又于曠野營石爲陣圖列衆小兒爲行伍習行軍之儀識者謂其過于老將

元末甲申歲大疫　上皇罹是病又值大荒　上皇及皇太后陳氏　皇兄皇侄皆相繼而亡　上皇既殂家益無聊田主呼叱昂昂不與之地謀葬無所同里劉大秀與地以葬葬既畢　上無所依以嘗許從釋氏遂請于仲兄師事沙門高彬于里之皇覺寺隣嫗汪氏助爲之禮九月乙巳也

皇祖死時衣不被體棺槨無具及至葬浮土三尺而已　上既即位欲遷葬下議于群臣群臣咸曰擇陵改葬固陛下孝心之無已但今既葬而復遷之不惟有洩元氣且使神靈不安爲今之計莫若增土如山

栽植如林如是則元氣厚蔵陰靈亦安誠萬萬世無窮之美矣　上竟從之　皇陵今在泗州臨濠縣

高皇在寺嘗戲書九字于伽藍背云發你去三千里外充軍伽藍夜來托夢于僧致心乞赦僧遂呼　高皇詰其實　皇言有之乃洗去伽藍復來謝去

高皇既在寺值歲凶僧以歉收不能給衆俾各還皇陵碑記有云朝望突烟而徑進暮投孤廟以趨蹌蓋紀實也

高祖游食四方時嘗露宿野中作詩自述云天爲羅

帳地爲氊日月星辰伴我眠鞠躬不敢高伸脚恐踏山河社稷穿

又詠日一首云東頭日出光始出逐盡殘星秤殘月驀然一轉麗中天萬國山河皆照着入聲

高皇資稟生知勤于聞善每遇閭墅鄉校講說詩書必注意聽之而不去有儒衣數人講孟子以微子微仲王子比干箕子膠鬲爲六人　高皇曰微子王子箕子所封爵與國也微仲比干膠鬲是人名衆皆嘆服

上潜時漁于川上日獲鯉三十五置之簍中有陳四者來共語又戲以覃覃聖躬既而上持魚歸啓簍已失其五知爲陳所竊往問之陳諱不認上欲毆之陳笑出以還上

高皇謀身無所碌碌途中一日遇相者于永安橋相者儀甚偉　高皇異之因歎已處世變故身歷艱危求其後來之否泰相者曰汝今當大通矣言訖別去及即位改橋名爲大通橋今在濠梁府城東南十里

上嘗往來淮泗間入一山深處一人冠服特異揖上而言曰今天下亂汝何爲在此我有一物汝可佩之解以授　上乃赤摇光玦也　上因扣其姓字曰我此山之神也忽不見　上遽出遂決意集兵定亂卒有天下及即位遣行人致祭焉未審何山

高皇微時過剩柴村已經二日不食矣行漸伶仃至一所乃人家故園垣缺樹凋是兵火所戕者上悲嘆之緩步周視東北隅有一樹霜柿正熟　上取食之食十枚便飽又惆悵久之而去乙未夏　上拔釆石取太平道經于此樹猶在　上指樹以前事語左右因下馬以赤袍加之曰封爾爲凌霜長者或曰凌霜

侯

高皇生于元天曆戊辰歲至　皇祖死時年十有七歲矣又十年方起兵滁和時至正甲午巳年二十七歲矣

在田錄終

一統肇基錄

長沙夏原吉纂　明張遂辰閲

據皇陵碑載　高皇帝曰朕幼時　皇考爲朕言先世居句容縣之朱家巷爾祖生于宋季元初我時尚幼挈家渡淮開墾兵後荒田因家泗州朕記忽忘皇考有子朕長兄諱　生于津律鎮仲兄諱　生于靈壁縣三兄諱　生于虹縣及　皇考年五十居鍾離東鄉而生朕甫十歲復遷鍾離之西鄉長兄侍親仲兄三兄皆出贅而復遷太平之孤庄村

據解學士大明帝典載　高皇帝系出顓頊周諸侯國于邾漢大司空浮之裔也始居丹徒後渡江家于泗　仁祖暨陳后嘗夢于休天曆元年戊辰九月丁丑旦誕　帝巳卯膨不懌　仁祖夢之寺抱抵于金人植璋于脊端寤瘳因以帝許從釋氏

至正十四年甲午　帝夢江東有一木與天相齊又見紅日中赤城紫闕宮殿崔嵬中放一幅金字帛下有二句云翺翔太平美霽中華鈎畫分明恍若白書帝覺甚以爲異私自喜之就于是歲起兵

上初起手時行列未成屯戍未備一日于曠野處作午飯以瓦鑵爲炊器適亂兵突至鑵爲火藥所壞不得食者累日及戍和州漸成軍容打諢謂徐達曰鋼將軍打碎鑵州城那時好苦諢謎語也

上初隸濠之定遠滁陽王郭子興麾下子興本姓陳元末有陳某者不知何許人精識緯候知王氣在東南偏游閩廣江黄間久亾所遇乃北涉淮泗入塗山之境得之遂止不行假五行命祿求諸陶漁中大姓郭某令觀其家人數輩悉貴人命也後及一女陳曰公家之貴悉由此女主人曰是乃雙瞽復問聘者曰人以瞽弗娶陳曰吾未娶誠能歸之當得貴子主人遂納爲壻生四男一卽滁陽王也亾幾天下大亂王糾旅已衆　皇祖亦歸之王配以女卽　孝慈也王分兵授　皇祖往守某地時與王同起有甲乙兩軍王從甲軍飲甲將除王因徙席漸遠王從兵已臨卽執之　皇祖聞變馳援王得脫而　皇祖被執王速遣中山王達往質易　皇祖歸久之兩軍復連和中山亦歸巳而　皇祖悉有滁陽之衆王後伏劒死

乙未渡江下采石定太平　上舍于太平民陳氏家
后誕　懿文陳媼賢夢天上龍見雲光爛然明月具
韭根盤金盥賀曰太子生太子生太平俗賀生子以
韭根盤取根源長久之義也
丙申取金陵　上命總制孫炎聘括蒼劉基基陳時
務十八策又遣使聘金華宋濂濂至問以取天下計
濂以不殺對
上欲定鼎金陵未决陶安言金陵古帝王之都龍盤
虎踞據其形勝足以馭萬方　上竟從之

庚子六月僞漢傾國入寇攻陷姑熟窺伺南京　上
召康茂才計事謂才曰友諒來寇吾欲速其來非汝
不可汝與友諒有舊宜作書遣使僞降友諒爲內應
招之速來仍給之以虛實使分兵三道以弱其勢才
曰諾吾家有老閽舊嘗事諒令賚以往必信無疑既
而友諒得書果大喜問曰康公安在曰見守江東橋
又問曰橋何如曰木橋也乃遣使還謂曰歸語康公
吾即至至則呼老康爲號歸具以告上乃命李善長
連宵易江東橋爲鐵石橋諒至見橋皆鐵石乃驚疑

又呼老康無應之者始知閽者謬已才乃合兵奮擊
大破降其將校士卒二萬餘人
上開中書省于南京克敵後設御座于省內將奉小
明王劉基大怒罵曰彼牧竪耳奉之何爲不拜遂陳
天命所在　上大感悟
上議伐張陳劉基曰張自守虜耳陳居上流宜先伐
之會陳氏復攻洪都　上亦思報龍江之役決意大
戰
辛丑秋八月伐陳友諒逆安慶直泝上流至小孤山

風忽大作左右言祭拜當得濟　上口吟一詩云大
孤過了小孤過風浪迎船奈爾何丈夫自有凌霄志
誰肯低頭拜老婆
過小姑山抵九江九江陳氏僞都也友諒以神兵自
天而下倉皇宵遁遂克九江獲其玉研華蓋日月旗
等物
壬寅春兵至彭蠡湖南昌降　上駕至龍沙臺集父
老諭之曰陳氏據此軍旅百需民甚苦之。今俱不以
相勞其各事本業爲吾良民父老皆感悅呼舞云臺

在府城北江濱龍沙上亦國初所築也今俗爲重九登高處

上微行入南昌城游能仁上藍禪院院廣大美麗爲南昌諸寺之冠　上周游細玩傍若無人僧扣其姓名　上不答僧固扣之上命取筆來題于殿壁云殺盡江南百萬兵腰間寳劒血流腥野僧不識山河主只個滔滔問姓名擲筆徑出明日以兵圍其寺一寺三百餘僧相聚啼泣有一雲遊僧笑曰不用哭不用哭我有一計可解其難乃磨去　上所題詩更題曰

御筆題詩不可留留時唯恐鬼神愁常將法水頻頻洗猶有毫光射斗牛　上至殿見之問誰所題此僧曰是小臣所言　上曰寺有如此僧何故不識好人僧曰正是有眼不識泰山陛下至人宜非常人所識也　上笑而遣之遂赦一寺僧得不死今改院爲永寧寺

癸卯秋八月遇友諒于彭蠡湖之康郎山友諒以巨艦連鎖爲陣旌旗樓櫓如山我師舟小卻于仰攻　上不悅麾旗四麾右師小卻　上遽命斬隊長而下十餘人猶不止郭威襄英請以火攻上命常開平與春與郭宣武子興帥衆以輕舸載火縱焚僞平章舟溺敵將張定邊中流矢走陳兵大敗退保鞋山我師控湖口旬有五日友諒食乏出江求戰遇春復用前法燒之敵兵奔遺追北數十里與酣戰自辰至未不解　上所乘舟膠于沙不動　上拔劒斬鬃索仰天言曰如我有天下分舟當得脫索忽如龍形扶舟而出及陳氏平　上立廟致祭封爲鬃三爺爺斬爲三段故云至今過彭蠡湖者立鬃三爺爺則風浪無阻

上與陳氏戰未決雌雄問劉基基期以金木相犯日決勝及期基意友諒以銅將軍害帝乃爲計遇之擊游龍九蓋于巨艦傍曳日月之旗基與帝對弈其下坐帝于近舍諒軍見之大悅遂舉銅將軍基知將發以碁案推帝于倉中將軍及船椅案纖碎而帝得無傷諒知帝必死乃啓牕視之爲我軍郭子興射一矢貫其頭顱而斃其子理結陳奔武昌

甲辰春二月陳理銜璧出降　上入武昌城取陳氏所藏金花子銀花子賞士卒于黃鶴樓下至今人呼

其處爲花子街又駐蹕于封建亭謂此當封楚王後
果然
上平僞周有榜諭曰皇帝聖旨　吳王令旨總兵官
準中書省咨敬奉令旨予聞伐罪救民王者之師考
之往古世代昭然軒轅氏誅蚩尤殷湯征葛伯文王
伐崇侯三聖人之起兵也非富天下本爲救民近覩
有元之末主居深宮臣操威福官以賄求罪以情免
臺憲舉親而劾讐有司差貧而優富廟堂不以爲患
方添冗官又改鈔法役數十萬民湮塞黄河死者枕

藉于道哀苦聲聞于天不幸小民悮中妖術不解其
言之妄誕酷信彌勒之眞有冀其治世以蘓民困聚
爲焼香之黨根據汝潁蔓延河洛妖言既行凶謀遂
逞焚蕩城郭殺戮士夫荼毒生靈無端萬狀元以天
下兵馬錢糧大勢而討之畧無功効愈見猖獗然事
終不能濟世安民是以有志之士傍觀熟慮乘勢而
起或假元氏爲名或托香軍爲號或以孤兵自立皆
欲自爲由是天下土崩瓦解予本濠梁之民初列行
伍漸至提兵灼見妖言不能成事又度胡運難與立

功遂引兵渡江賴天地祖宗之靈及將相之力一戰
而有江左再戰而定浙東陳氏稱號據江上游爰興
問罪之師彭蠡交兵元惡授首父子兄弟面縛輿櫬
既待以不死又封以列爵將相皆置于朝班民庶各
安于田里荆湘閩廣盡入版圖雖德化未及而政令
頗修惟兹姑蘓張士誠爲民則私販鹽貨行劫于江
湖兵興則首聚凶徒負固于海島其罪一也又恐海
隅一區難抗天下全勢詐降于元坑其叅政趙璉囚
其待制孫僞二也厥後掩襲浙西兵不滿萬數地不

足千里僭號改元三也初寇我邊一戰生禽其親弟
再犯浙省楊苗直擣其近郊首尾畏縮又降于元四
也陽受元朝之名陰行假王之令挾制達丞相謀害
楊左丞五也占據江浙錢糧十年不貢六也知元綱
已墮公然害其丞相失帖木兒南臺大夫普化帖木
兒七也恃其地險食足誘我叛將掠我邊民八也凡
此八罪又甚于蚩尤葛伯崇侯雖黄帝湯文與之同
世亦所不容理宜征討以靖天下以濟生民爰命中
書左相國徐達總率馬步舟師分道並進攻取浙西

諸處城池已行戒飭軍將征討所到殲厥渠魁脅從罔治備有條章凡有逋逃臣民被陷軍士悔悟來歸咸宥其罪爾張氏臣寮果能明識天時或全城附順或棄刃投降名爵賞賜予所不吝凡爾百姓果能安業不動即我良民舊有田產房舍仍前約主依額納糧以供軍儲餘無科取使汝等永保鄉里以全家室此興師之故也敢有千百相聚旅拒王師者即當移兵勦滅遷徙宗族于五溪兩廣永離鄉土以御邊戎凡予之言信如皎日咨爾臣庶毋或自疑敬此欽遵外咨請施行准此合行備出榜文曉諭敬依　令旨事意施行所有文榜須議出給者　龍鳳十二年五月十一日本州通判許士傑賫到

丙午遣征張氏明年丁未士誠就擒時姑蘇城　堅難卒破無錫莫天祐與士誠爲聲援其歩將楊茂善游水天祐遣爲偵羅卒獲茂具得往來書悉知士誠天祐虛實九月城破縛士誠

張九四之敗由其僞司徒李伯升倒戈今吳人猶呼賣友者爲李司徒　皇祖始見伯升命勢以酒花綵迎賞于京城三日卻取對九四斬之

呂珍爲張士誠守紹興　皇祖屢攻之未克珍有才畧善戰嘗以牛革囊兵宵濟以襲我師每戰命戰士及城中人爲歌高噪以詬胡公大海王冕元章不肯從珍詬我軍獄策攻之然亦弗克既而竟不能支降乃珉之今越人有此書

兩寇既殄戊申正月　帝即位于郊壇南丞相李善長率文武百官及都城父老北面拜賀舞蹈呼萬歲者三禮畢具儀導從上率世子諸子奉神主詣太廟追尊四代祖考妣爲帝后奉上玉寶玉冊祭畢　上顧謂善長曰朕荷先世積德慶及于躬今遵行令典尊崇先代齊肅一心對越神靈所謂薰蒿悽愴若或見之善長對曰陛下誠孝感通達于幽顯遂詣社稷壇立主行祭上還御奉天殿善長率百官上表賀上受賀畢命善長奉冊寶立妃馬氏爲皇后世子標爲皇太子國號大明改元洪武

朱悛元時　上欲盡除道教有道士黃月清奏曰昨日臣到三天門下見張一金榜大書十字于上云山

川眞洪武日月照大明　上以其言合己意遂定國
號改元道教因得不廢也
初上以丙申七月爲吳國公凡八年甲辰正月爲吳
王凡四年至是卽帝位在位凡三十一年
築新城又營皇城于其內皇城內有萬歲山依山爲
大內宮建宗廟大社及諸司衙門定十二門詔立圜
丘在洪武門外方丘在左甲第門外制大明令造洪
武通寶錢
五月　上幸汴梁卽開封府也議定都兼取元都留

善長守京師　上駐蹕于陳州城北門外父老進瓜
果　上詔本州給瓜果銀仍賜巾服以榮之因于此
建亭亭有榮老石以紀美焉
車駕至汴築城以祭天臺今在布政司治後又築臺
于南薰門外名封臺以爲祭神之所八月還京師詔
以大梁爲北京
八月庚午大將徐達副將常遇春都督張興祖進取
元都元主及后妃太子北走達登齊化門命將塡濠
登城而入達登齊化門樓執其監國宗室淮王帖木

兒不花及太尉中書左丞相慶童平章迭兒必失朴
賽因不花右丞張康伯御史中丞滿川等戮之并獲
其宣鎭南威順諸王子六人及玉印二成宗玉璽一
封其府庫及圖籍寶物又封故宮殿門以兵守之宮
人妃主令其宦侍護視
二年李文忠征迤北三年克應昌獲皇孫買的里八
剌及后妃宮女宋元玉璽金寶玉圖書玉冊玉鎭圭
大圭玉笄玉斧十一月師還至龍江　車駕出勞于
江上文忠上平沙漠表曰日月麗中天萬國仰照臨

之德乾坤大一統羣生倚覆載之恩文教誕敷而治
具畢張武威維揚而妖氛頓息臣民欣戴海宇歡騰
恭惟　皇帝陛下卓冠羣倫茂膺景運皇圖啓祚粤
申命之自天曆數在躬遂化家而爲國拯生民之塗
溺救亂世之勛勤洪鈞布而品物亨皇極建而彝倫
敘凡有血氣莫不尊親惟彼殘胡敢行肆毒竊乘間
隙侵犯邊鄙赫怒皇心用加天討爰聲罪而致討乃
鞠旅以陳師臣賦質庸愚託屬外戚忝受副將之寄
愳無贊襄之能拜命闕廷俾率熊羆之衆總戎行陳

誓空胡馬之羣前茅慶闕而與和之師卽降後騎出塞而旣山之兵旋師進開平而乘破竹之勢克應昌而振覆巢之威皇子后妃兩宮之貴人俱獲金璽玉冊歷代之重器全收皇風遠被于遐荒胡運竟終于此日凡兹勳業之建登因臣下之能兹盖伏遇 皇帝陛下廣運如天宏謀蓋世明見萬里之外遂成千載之功東日窟而西月氐莫非王土南炎荒而北瀚海共惟帝臣一統太平萬年悠久

四年傅友德湯和廖永忠定巴蜀之諸郡師抵重慶次銅羅峽明昇與右丞劉仁等大懼仁勸昇奔成都昇母彭氏泣曰事勢如此縱往成都不過延命旦夕何益不如早降以免生靈于鋒鏑于是明昇面縛銜璧與母彭氏及劉仁等奉表詣軍門降表畧曰乾坤正一統知天命之有歸日月仰大明撫華夷之無外萬方丕冒四海同懽欽惟 皇帝陛下功軼禹湯德及堯舜運乾元不息之妙寰宇肅清秉神武不殺之權生民永賴收豪傑于紛爭之日施仁義于拯溺之時景運維新皇謨丕顯故無征而不免亦無令而不

從臣昇僻處偏方備無學識旣靡竇融先幾之智又乏錢俶達事之宜見同井蛙計窮穴鼠揣罪實由于己啓釁用匪其人自揆愚蒙冒干天討頓閉闗之何益遂開門以來降迎拜道傍竊効子嬰之擊頸仰瞻天七敢希孟昶之傾心謹將軍馬錢糧府庫及土地人民以獻

一統肇基錄終

聖君初政記

江東沈文撰　武林錢敬臣閲

國初御史與校尉同居官舍重屋御史在上尉在下欲其互糾察也

皇祖始造鈔不就一夕夢神告當用秀才心肝爲之寤思之不得高后曰士子苦心文業其文課即心肝也祖善曰得之矣因命取太學積課簿搗而爲之果成

國初諸司官不由科薦苟得其人使令正席民服莅政故有平巾祭酒等稱或有過稍輕罰去冠帶

皇祖一統後毎高秋嚴冬分命諸王帥兵巡邊遠涉不毛校獵而還謂之肅清沙漠歲爲常

功臣廟祀幞頭幟子散給衛士以激勸也

洪武三年二月命製四方平定巾式頒行天下以士民所服四帶巾未盡善復制此令士人吏民服之

詹舍人希原書宫殿公署牓最後寫太學集賢門門字右文稍鈎其末　上曰吾方欲集賢希原欲閉門塞吾賢路耶以此殺之

三年五月諭中書省曰今人書劄多稱頓首再拜白拜非實禮也宜定其式凡致書于尊者稱端肅奉書答則稱端肅奉復敵已者稱奉書奉復上與下稱書寄書答卑幼與尊長云家書敬覆尊長與卑幼云書付某人其名字有犯古聖賢諱者悉更之

上敬天無復毫末怠以樂生不娶專潔建神樂觀以居之贍給優裕所轄錢穀不刷卷日要他事神不必計校常膳外復予肉銀若干

郊壇武舞執干盾後易楯甲繪兵其上曰爲後世防微

皇祖命圖大辟四造罪被刑之狀于錦衣衛外垣俾人得見爲懲戒

洪武初欲作鐵券而不得其制有言吴越王錢氏子孫居浙東者家傳唐昭宗賜鏐之券猶存乃遣使賫得按其制作焉

皇祖於開國之初開禮樂二局徵天下耆儒宿學分局以講究禮樂當時集成有大明集禮而樂未有全書

洪武六年命中書省暨翰林院太常寺定擬三禮明

年再議又明年遍徵草澤文章之士相與考訂之以爲一代之制今書之存者有大明集禮洪武定制禮樂定式稽古定制諸司職掌

洪武三年命儒臣魏俊等六人編類天下郡縣地里形勢爲大明志

洪武壬子簡會試士張唯等一十六人授編脩等職入文華堂宋濂爲之師俾肄業　上間至堂中取其文親評優劣命光祿給酒饌冬夏時賜衣及白金鞍馬

洪武丙辰俾任內外職九年爲秩滿每三年具錄行事之實朝京以考績焉

十有五年詔立諸殿閣官以寵待儒臣之賢者金華吳沈田太史屬拜東閣大學士　上親制誥文以授之

十八年三月十四日聖旨憑禮部選年紀小秀才編類陳蔡二傳二十八年校正尚書會選孟子節文刻板給散天下學校

十九年詔民年八十九十爲鄉閭推重者賜爵有差貧不能養者日給酒肉歲與絮帛著爲令

張士誠平後張昶欲亂政乃使人上書稱頌功德勸上宜及時爲樂劉基曰是欲爲趙高也上頷之

二年詔修元史命李善長爲監脩宋濂王禕爲總裁又詔立皇陵碑

上一日問劉基吾享位幾何年基曰聖壽無窮然以數言當三十五年又其間五歲假者　上忽憶陳四鱅魚事以其數符也立召陳至將殺之　上問汝頗憶昔日事否陳答曰臣何敢忘因述漁事　上曰吾

忘之爲何地陳曰烏龍潭也　上曰吾鄉烏有此陳曰臣嘗於此阜烏龍故云爾　上見其對以爲畏懼頗謂稱旨因曰汝欲爲官乎陳叩首謝　上曰可爲戶部江西郎中時錢穀山積陳居四年竟墨誅

上問戶部天下民孰富對曰以田賦較之惟浙江多富室若蘇州一郡民歲輸糧百石至四百石者四百九十戶五百石至千石者五十六戶千石至二千石者六戶二千石至三千八百石者二戶計五百四十四戶而歲輸至五十萬有奇　上曰富民多豪強故

民受其害宜召之來朕時勉諭之于是諸郡富民入
見諭之云云皆頓首謝復賜酒食遣之
十三年戸部覈實天下土田惟兩浙富民畏避徭往
往以田產詭託親隣佃僕謂之鐵脚詭久之相習成
風奸弊百出謂之通天詭 上聞之遣國子生武淳
等往各處查定細底編類為冊其法甚備謂之魚鱗
圖冊。
上惡游手者和州縛一人至指甲長尺餘 上欲加
刑陶安諫曰此人雖不勤業亦不為惡請 陛下赦

之 上遂解其縛謂安曰微卿言幾殺無辜矣
建帝王廟于雞鳴山之陽 上親祭行酒至漢高帝
曰大哥得天下與朕同多賜你一杯酒令太常再進
一爵
上凡得封疏即令左右疏節其事粘之壁甲乙治之
裁斷如流壁粘一日數易
給存恤之祿以養國初所設十大元帥都尉指揮陣
亡物故無子孫承襲者之父母
驍騎指揮郭德成嘗侍上宴內苑既醉免冠謝其頂
蕩然 上笑曰酒風漢頭毛如此非酒過耶德成曰
臣猶厭其多欲盡薙也上默然既醒悔悟觸犯遂盡
削其髮披緇誦佛乃免
高祖惡頑民竄緇流聚犯者衆乃掘地埋其身十五
并列特露其頂用大斧削之一削去數顆頭謂之鏟
頭會時有神僧在列因示神變元旣喪隨復出凡三
五不止乃釋之并罷斯會
國初重辟凌遲處死外有刷洗裸置鐵床沃以沸湯
以鐵帚刷去皮肉有梟令以鉤鉤脊懸之有稱竿縛

置竿杪彼末懸石稱之有抽腸亦掛架上以鉤入穀
道鉤腸出卻放彼端石屍起腸出有剝皮剝酷吏皮
置公座令代者坐警以懲有數重者有挑膝蓋有錫
蛇游等凡以上大憝之辟也迨作祖訓即嚴其禁至
哉聖心之仁矣
本朝賜臣下姓不多見惟國初有之予鄧州卓揮使
車言本姓信洪武中信錄有軍功賜姓車
太學初成 上幸觀某處後費命埋督造部官
國初官名有更制後人鮮知者漫記一二未之盡也

曰尙賓大使曰都諫官曰知驍騎衛指揮使司事曰詹事府贊讀曰儒學提舉司校理曰侍禮郞曰引進使曰翰林院直學士曰翰林院應奉曰起居注曰左右正言承天門待詔閤門使觀察使侍儀司通贊舍人如罷中書四輔誥院儀禮司及改御史中丞大夫之屬不復其餘

尸堅洪武中以勇力爲直殿將軍外國貢天馬名撞倒山奚官近之輒人立莫能鞚 上以命堅堅立高樓上使人引馬過其下提沙囊四百斤壓之乃得施鞍勒

國初犯大辟者其家屬多請代刑。上并宥之如五倫書所載是也其後繼請者乃一切許之

洛陽秦從龍居鎭江王師徇鎭江從龍與妻偕來上親至龍江灣迎之以入時 上駐富民王彝鼎家因邀之以同處 上待之甚厚

上令有司造成均多蜈蚣築土峯以鎭之號鷄鳴山自是蜈蚣頓息又造士人肄業案座以獨木堅厚曰秀才頑毋敗吾案

聖君初政記終

逐鹿記

明　王禕著　武林徐仁毓閱

甲辰徐達總甲士二十萬東取吳越鏖戰于湖州皂林之野生擒張兵六萬十一月師至姑蘇營于葑門築長圍困之架木塔與城中浮屠等築臺三成名曰敵樓下瞰城中設火筒其上一發連中又設襄陽礮着物無不糜碎礮風着人皆死城中震恐明年九月城破僞周就縛

耿再成下處州時有軍校斬人丘木即捕誅之又有士卒徵私粟于民號曰砦糧成怒其剝民脂膏罷之

薛顯與士誠五太子及朱暹戰于舊館降之五太子士誠養子短小精悍能平地躍起丈餘又善沒水自稱龍精暹亦善戰士誠倚之及降士誠爲之屏氣

張王誠破時縱宮人數百于民間開庫藏令其自取有數人務多因得促腰搖臂之疾一嫁皮工曹某名阿圓自言見庫中金匱可重二百餘斤極力一舉不覺臂脫其骨又出綵帛十三庫散之城中父老又取珍衣二十餘種出于臥龍街將焚之正舉火我軍已入小校单發拾其二種一爲綵鸞摩雲一爲春花競秀一時銀帛狼藉于道（徐達下令封府庫禁士卒）

王師入武昌友諒愛妃樂氏投臺下內人即取其屍埋臺下軍校毀臺忽聞太息聲掘地見尸即妃也一校脫其金鴻戲藻衫去或曰千兵胡德又裨將陸純夫私其宮娥奪臂上玉盤螭張景山入僞宮取出金黑珠玉鎮獅等物後皆按以法

廖永忠伐蜀兵至瞿塘關忠以山峻水急而蜀人設鐵索飛橋橫據關口我舟不得進乃密遣壯士數百

人舁小舟踰山度關以出其上流人持糗糧帶水筒以禦饑渴蜀山多草木命將士皆衣青蓑衣魚貫出崖石間蜀人不之覺也遂攻水寨斬獲甚衆飛天張鐵頭張皆遁去

元宮人至京師將籍之以給令後宮有一人不屈上言爾即守節何不死于元亡時此女對曰願明一言而死以爲有名鬼耳上令左右以紙筆與之女寫云君王慧性被奸迷妾曾三諫觸闈墀不能死守身先遁致今鐘移社稷墟擲筆投地而死　上爲之改容

楊文南征帝製詩賜之曰大將東征膽氣豪腰有秋水呂虔刀馬鳴甲冑乾坤靜風動旌旗日月高世上麒麟終有種穴中螻蟻更何逃大標銅柱歸來日庭院春深慶有勞

李文忠北征患渴忽所乘馬以足跑地泉隨湧出三軍賴之乃爲文殺牲以祭

黔寧王沐英征八百息婦經腰露頂山山頂有石壇父老相傳云古有赤羽僊成道于此道成之日精華少室夫人師僊官降壇設金鵬果木陵子食之餘藏

于櫃今壇東石櫃是也英極力舉之櫃忽開內有朱字四行云翁臺方龕神驚鬼驚啟食其力海東沐英益異之遍視櫃中止有木陵子三枚似棗核而青色英吞之自覺身輕力盛及平八百息婦就于山上刻石紀功而還又征緬思得金絲罽碧珊瑚等物

李文忠兵至錢塘僞周平章潘原明遣員外郎方彛詣軍門納款狀曰嬰城固守乃受任之當爲歸款救民亦濟時之急務竊伏自念起身草野叨位省樞非心慕乎華榮乃志存乎康定豈意邦國殄瘁王師見加事雖貴于見幾民實同于歸義念是邦生靈百餘萬比年物故十二三今既入于職方欲溥覃于天澤謹將杭州土地人及諸司軍馬錢糧之數以獻并執叛將蔣英劉震出降凡得兵三萬糧二十一萬馬六百匹

逐鹿記終

東朝紀

海上王泌著　武林李孫枝閱

初太子讀書大本堂選民間之俊秀及公卿之嫡子入堂中伴讀謂之龍門秀才後以文華殿爲太子進講之所

宋學士景濂敎太子之功居多因孫愼得罪逮坐應死　高后遣奏請免其死　上未允太子泣諫亦未蒙恩太子計窮投金水河左右救止以聞上乃釋公竄之松潘

鈔法旣行　上命太子專董其事時僞造甚衆比有得者一見卽知眞僞葢其機識在二印僞者不知

國初疏牘奉御　上一覽卽送東宮令参決以覩才識後遂定制凡章奏必以副封啓東朝與實封同進

太子以二十五年夏薨將停群祀禮部當議如宋制從之

洪武二十五年九月十三日冊允炆爲　皇太孫詔曰古列聖聖相繼御宇者首立儲君朕自甲辰卽王位戊申卽帝位于今二十九年矣前者操將練兵平天下亂偃天下兵奠生民于田里用心多矣及統一以來除奸暴去豪强亦用心多矣邇來蒼顏皓首儲嗣爲重嫡孫允炆以九月十三日冊爲皇太孫奉上下神祇以安民庶誥示臣民想宜知悉

皇太孫洪武三十一年閏五月十六日卽　皇帝位改明年爲建文元年追　懿文太子爲孝康皇帝懿敬皇太子妃爲皇太后（常遇春女）冊妃呂氏爲皇后后壽州人太常卿呂本之女八月詔書曰將呂后之父呂本靈位與　太祖高皇帝同祀于西宮正指此也

皇帝嗣位之初卽下明詔行寬政赦有罪蠲逋租去事之妨民者明年以紀元賜高年米肉絮帛民鬻子者爲之贖免田之租稅幾分遣使者問海内所患苦者當廉平吏罪至死者多令活之于是刑部都察院論囚視往歲減三之二人重犯法

上親擇二十四人爲採訪使以覩風謠給事華亭徐思勉亦與焉又改建都察院　史衣又賜宴于新治以寵之二年

元年使者還自西方得玉于雪山廣二尺色靑先是

上在宮儲時嘗夢神致上帝命授以重寶及是始應
命丁琢爲大璽方尺六寸九分親定其文曰天命明
德表正萬方精一執中宇宙永昌名曰凝命神寶
上幸大學視祀孔子拜跪盥獻咸用享廟禮縉紳聚
觀皆思自奮以進庸于世元年三月
處士高䰟上時事一墾荒田二抑末藝三慎選舉四
開鐵冶
七月十一日賜學士董倫御書怡老堂三大字及綵
几玉鳩杖各一

十二月癸卯朔乘輿臨視殿壇戒飭百官滌牲省器
是月戊寅　上御奉天殿群公卿咸受誓戒宿于齋
宮明日己卯出舍　皇邸尚食進素膳及期行事自
元旦至于祭天地開朗日月輝華方當出郊龍旗徐
行萬騎不驚山川草木皆有喜色六軍百姓欣躍聚
觀
上手乾清坤寧南北二宮間爲退朝燕處之殿置古
書祖訓于其中沉玩深思名之曰省躬方孝孺奉
諭譔銘

王紳褘之子　皇上即位召入翰林編庵　太祖實
錄王景新一作彰爲山西布政坐事謫雲南　上召爲
侍讀同修　太祖實錄
聞之故老言洪武紀年之末庚辰前後人間道不拾
遺有見遺鈔于塗拾起一視恐汚踐更置者吔高潔
地直不取也
建文國破時削髮披緇騎而逸其後在湖湘間某寺
中武曰武當山　至正統時八十餘矣一日聞巡按御史行
部乃至察院言欲入陳牒門者不知誰何亦不敢沮

旣入從中道行至堂下坐于地御史問爾何人訟何
事不對命與紙筆即書云告狀人姓某太祖高皇帝
長孫懿文太子長子以付左右持上御史謂曰老和
尚亭真僞不可知即真也爾老如此復出欲何爲曰
吾老無能爲矣所以出者吾此一把骨當付之何地
耶不過欲歸體父母側耳幸爲達之御史許諾命有
司守護飛章以聞　上令送京師至遣內監往視咸
不識和尚曰固也此曹安得及事我爲問吳誠在否
衆以白上上命誠往誠見和尚亦遲疑和尚曰不相

見殆四十年亦應難辨矣吾語若一事昔某年月日吾御某殿汝侍膳吾以箸挾一臠肉賜汝汝兩手皆有執持不可接吾擲之地汝伏地以口噬取食之汝寧忘之耶誠聞大慟返命言信也上命迎入大內苿佛堂中養之久而殂云

初遜時由地中出雲遊河南江淮間既久入汴梁某寺題詩云寥落東南四十秋而今霜雪已盈頭乾坤有恨家何在江漢無情水自流長樂宫中雲斷影朝元閣上雨聲愁新蒲細柳年年綠野老吞聲哭未休

太祖嘗問劉誠意朕長孫享天下當幾何劉對曰皇太孫骨氣不凡非富貴可久拘也 上問其由不答固問之劉曰此出家當得僊若嗣大位只四五年天下分 上曰令出家而以燕王為嗣若何劉曰于理不可貽笑于後弗若令嗣大位而有難則避 上言何以預為之所劉曰製一函藏度牒緇衣剃刀其中令遇難則啓之庶幾 此以免且得天下者必燕王也燕王才度恢雄而北地常有王氣 上然之遂作牒函之以遺建文至是果以燕王難披剃而遁燕王即位削去劉誠意伯爵

建文在儲貳時與燕王同侍 太祖太祖出一對以觀其志曰風吹馬尾千條線建文對曰雨打羊毛一片羶燕王則曰日照龍鱗萬點金 太祖意以燕王氣象為不小

建文未遜時先于大內蘭香殿聚珠衣寶帳及內帑珎異諸物殿上塗猛火油貯瀝青其中語親密宮人期以城破遜去舉火故當時以建文自焚死也

東朝紀終

壟起雜事

呉郡楊儀述　仲巽校閲

芝麻李之遁也髠髮爲頭陀僧及天下既定遊徐之永固河河上有留連亭李徘徊久之乃題一筆云憶昔曾爲海上豪臙脂馬上赤連刀此地斬分陳總管彼时斫斷莫軍曹固知今日由天定方信當年謾自勞英雄每每無常在戰袍着盡又方袍三歎投筆而出乃有一翁方且以舟艤岸見李發歎問其故李泣下謂曰我即蕭縣李二也起兵時自謂天下可得今

乃匿踪緇流暫免鋒鏑而功名不就鄉舊何存是以不能不悲耳此翁亦淚流不止自陳其由所謂湘鄉賊鄧文元也避難詭姓名作渡于此二人沽村酒酌之話昔日之强梁傷今日之狼狽聞者爲之感歎

方谷珎起兵時嘗造天台山隱士周必達問計必達曰當今四方雖亂君舉義爲天子除道斯名正言順富貴可致耳餘非我所知也谷珎不别而必去達意珎復來乃題句扉上云海角愚夫不自斟妄起關中逐鹿心命運由來非力致項羽英雄亦就擒遂携妻子入山谷中明日珎果來恨不先殺之焚其廬而去後谷珎事不成爲兵所困方悔曰不意黄毛野人能料事至此嗚呼晚矣乃投水死

徐壽輝以閭巷之庸纔一月而即稱帝（至正十一年八月起兵九月即帝位于蘄水）僭號十年然長于謀敵而短于制勝故攻城略地皆委于倪文俊等及有功者多、忌之是以卒罹其難大抵欲計功謀利者當置心人腹中不宜相忌則必有一傷矣

四飛山亦曰陽山產白墡膩滑精細上誠取之作堦

面之飾和以脂膠久而不變有水雲白雪浪花玉鱗墡等各以形製名也

元夕張燈城中燈毬巧麗他處莫及有玉栅燈琉璃燈萬眼羅百花欄流星紅萬點金街衢雜踏人物喧嘩士誠登觀風樓開賞燈宴令從者賦詩號望太平

張王基本舊治也大亂後百餘年來忽有三異亦氣厚之所鍾也生一草結實如小紅燈夜則開之以承露人取飲之百病自愈人呼爲天膏一異也其根可以爲厨料置飲食中盛暑不敗二異也一男子陰囊

大如斗號浪蕩子陝西大賈識爲至寶買去俟其死破囊得二玉碗世所絶無三異也

僞周用王敬大蔡彦文葉德新爲叅軍謀國事三人皆奴才也丁未春蔡葉伏誅于南京風乾其屍于竿一月王已死初吳人爲十七字詩云丞相做事業專用王蔡葉一夜西風來乾鱉竟其成識

韓林兒始用潁川逃之武安爲穿窬漸肆劫殺有徒既繁乃嘯亂稱小明王劉福通迎居亳州未幾遁于安豐至正十八年又都河南汴梁

林兒母楊氏雖老而善自粧飾性頗淫見人則匿其年云四十自稱少娘又善爲嬌狀使人忘其老司徒杜遵道通焉目之爲少耶自是專權怙勢人皆嫉之時有好事者榜其門云斜倚木開花有思緩隨風轉柳如癡花喻楊柳喻杜也

林兒居汴每事皆決于左右月惟于福源池捕魚以爲樂得魚則鱠之與羣小況醉自謂斫鮮之會又起樊樓于土市子街西飾紅裙綺惡于上將帥出師飲餞于此林兒自稱樊樓主人或暮夜燈火遊翫

宋故宮太后苑舊有土峰十餘處林兒命士卒毀平之獲紅玉指環青金煎子花紋石研粉盤等物

林兒爲劉福通等所推戴建國曰宋改元龍鳳劉護軍基始就之謂豎子不足謀去適　皇祖　皇祖時亦與共事故平僞周榜有皇帝聖旨　吳王令旨之語仍稱龍鳳十二年　皇祖嘗謂劉應使除之乎基云不足爲伺他息嚮府彼巳先下矣因請建號大明　皇祖從之韓果先殄實洪武元年也

張士誠至正十三年據高郵僭號後居蘇州兵糧饒

足雄視一時

丞相士信守湖州粧二美姬以進士誠起香桐芳蕙二館居之又選三吳良家女八十餘人充內使時宮闕未備就于府後起重樓邃閣數十間以爲閨闥之所總名之春錦園

城內淤川士誠嘗以彩漆金花舟施錦帆載美人泛此列妓女于上使唱尋香採芳之曲本朝高太史啓詩云水繞荒城柳半枯錦帆去後故宮蕪窮奢畢竟輸漁父長保秋風一幅蒲遂名其處曰錦帆涇今府

治西衣帶水是也

椒宮舊事

梁溪王達著　武林何士鏻閱

楊王墳在盱眙牧羊山西北洪武初設祠祭署以王親陳氏爲奉祀設墳戶二百十戶供灑掃命宋濂撰文樹之神道（王姓陳氏太后之所自出其先維揚人）

徐王墳在宿州閔子鄉洪武中設祠祭署王親武氏爲奉祀墳戶九十三戶供灑掃王姓馬氏配鄭氏高皇后之父母也（陶凱作誌銘）

皇后馬氏本宿州馬三之女馬三以忿爭殺人恐犯

予法移家定遠及天下亂乃挈皇后母避兵他所而以皇后托郭子興後子興首難自爲元帥收鄉兵皇祖歸焉子興因其單居欲爲娶夫人勸子興以女馬氏配之及即位正號中宮是爲孝慈皇后

子興卒于和陽歸葬滁州洪武初追封滁陽王其女爲妃生蜀王如意王十六年十一月七日　上親纂子興事實召太常丞張來儀諭使爲文刻于廟石

皇妃郭氏山甫之女也　高皇微時過臨淮山甫見之驚異急具饌與交歡酒酣跪　上備陳天表之異他日貴不可言幸無相忘　上去山甫語諸子吾觀若曹皆非田舍郎往往可封侯今始知皆以此公宜謹事之後以女入侍從渡江協孝慈以肇家　孝慈崩嘗攝六宮事號皇妃追封山甫營國公

昭敬皇妃姓胡氏生楚王本豫章侯胡美之長女也後美于十七年以入亂宮禁賜死

孝慈常幸大學遂賜監生家人絮粉錢後以　孝慈崩諸婦不哭臨詔除之

后見秀才巾服與胥史同乃更製儒巾藍衫令　上

着之　上曰此眞儒服也遂頒天下

洪武壬子遣中人往蘇杭選民間婦女通曉書數者入宮給事須其願乃發得四十四人比至試之可任者纔十四人乃爾之賜金以贍其家餘悉遣歸

郭妃弟德成嘗入禁內　上以黃金二錠置其袖曰弟歸勿宣出德成敬諾比出宮門納鞾中佯醉脫鞾露金閽人以聞　上曰吾賜也或尤之德成曰九閽嚴密如此藏金而出非竊耶且吾妹侍宮闈吾出入無間安知　上不以相試衆乃服

上與後宮語必以六禽組紃爲先宮中垣壁屏障皆
繪耕織之象
初魏觀蔡本應召爲蘄州守引入後宮二人領宸旨
將辭出　上遽止之少頃后出宮人奉酒果以從
上手酌以賜二臣
成穆貴妃姓孫氏參政孫英之妹嘗與　上登香雲
閣觀後苑刈稻　上命宮人取酒來爲賞豊飲令妃
誦詩侑酒妃爲歌李紳閔農詩　上大悅賜予有加
皇淑妃李氏霍縣李傑之女也性不愛酒　上爲造

引日醪每宴飲特設以供妃
太祖愛諸公主欲其便于入內乃于後載門外建十
駙馬府制甚弘麗服飾器具悉如意爲之不禁也

椒宮舊事終

造邦賢勳錄畧

夏山王褘集　武林鍾鉉校閱

文臣

楊元杲滁人累官應天府尹　安然開封人初授起居注累官工部尚書御史中丞十四年卒　郭彥仁無爲州人文學歷官嚴州知府　陳灌廬陵人　上克武昌因弘文學士　羅復仁謁　上歷官寧國知府有治功　阮弘道滁人歷仕閩江二行省參政　鞠騰霄山東人素負才不讓　詹彥中淮人國初陞湖廣行省參政及去民立懷

治碑　劉辰金華人謁　上授黜籤奉使方谷珎珎令左右餙二姬以進辰叱之其人慚而退又爲湖廣御史知鎭江府累官刑部尚書　王宗顯烏江人累官至寧越二府開郡學延葉儀宋濂爲五經師戴良爲學正吳沉徐源爲訓導皆一時知名之士亂離後知文向學始于此　趙耀寧晉人以中書自提控官至北平參政　馬汝舟武陵人官常德知府　朱守仁徐州人歷官四川布政　周忠金谿人國初召青龍殿奏對稱旨　薛文勝龍州知州　許存仁謙之孫歷官博士祭酒

單安仁歷官兵部尚書　潘廷堅當塗人歷官中書博士金華同知翰林學士　于翩歷官湖廣按察使會脩大明令爲議律官　錢宰會稽人以老儒徵至京纂修尚書節文　宋訥大名人歷官學士祭酒尤得師道　御史大夫陳寧　學士劉三吾茶陵人　陳遇居金陵　上渡江以書扎徵至授供奉司固辭不受　上數幸其第洪武初陳治要三授學官亦辭賜肩輿校尉十人便其出入召令草平西詔受重賞遘疾　上親賜藥子恭天順間至工部尚書危素以勝國名臣

仕我朝爲學士　上重其文學厚待之　秦從龍洛陽人謀畫帳中深見採納每以漆板書信問答人莫知也　乙巳求還鎭江　上餞之郊外握手爲別　張孟素江浦人洪武中爲太常丞自負爲文奴視同輩劉基嘗爲　上言今文章士第一宋濂臣基次之又次張孟素歷官山東布政　秦約仕至禮侍郎以母老歸入覲陳三事多裨益　沈德以文學選入文華殿說書累官山東參政並蕪人　全思誠以老儒召爲學士何廣洪武中舉明經在郡邑稱循吏在風憲有激

揚在藩垣得方岳體[並松人] 吳雲以賢良授弘文校書累官刑部尚書 楊得安由太學生歷官僉都[並宜興人] 虞謙[金壇人]由監生累官大理卿天津衛倉災焚糧數十萬御史按主守者盜之因火謙察其寃白上得減死論又嘗上書言七事皆切時務 李民贍[揚州人]官至刑部尚書 馮諒以才能累陞尚書 楊靖乙丑進士累官左都 李徵有幹濟才陞兵尚書[並山陽人] 鮑恂以明經召授文華學士輔導東宮 貝瓊徵修元史官至國博士 程本立由秀才出身官至

僉都[並崇德人] 殷近仁[嘉興人]國初以孝悌授平遙令以所著蒞政戒銘四十二篇獻于朝擢廣西叅政 嚴震直國初以稅戶官至工部尚書 陳援官大理丞陳治平十疏 聞良輔常奉使暹羅國官至廣東廉使 潘長壽由人材舉任僉都[並湖州人] 周淵[壽昌人]以能書授舍人陞至四川叅議 蘇伯衡文采敷腴國初擢編修 鄭沂洪武末以人材召至 上以其孝義即授禮部尚書[並金華人] 徐恢國初累官戶部尚書何初召修尚書會選[並常山人] 趙俶以儒士召為司

業名重當時 呂升以教授陞江西僉事調福建有螟傷稼祝天大雷雨作螟盡死[並山陰人] 桂彥良應召命作香几贊授太子正字問治道以正心對而懲忿窒欲為本又條陳十二事名萬世太平治要上之 陶鑄為御史正直不避嘗劾刑部尚書開濟不臣為福建廉使劾布政薛大方貪墨偕召至京民為之詩曰陶使再來天有眼薛公不去地無皮 陳遠有晉人風度召寫 御容賜金帶帛授文淵待詔[並寧波人] 戚存心[黃巖人]禮部侍郎 劉廸簡[宜春人]國初徵授尚

寶卿後陳時務進皇王大學通旨 劉崧禮部侍郎擢吏部尚書 梁伯興[吉安人]嘗撰日本國詔稱旨官至河南布政 曾魯[新淦人]與修元史累陞禮部侍郎 夏恕刑部尚書[賢良] 劉世英僉都[人材] 石璞以教職陞戶部尚書 趙瑁吏部尚書 趙翥工部尚書[並儒士] 范敏戶部尚書[秀才並河南人] 張謙初為御史再薦試劉向說苑吏部奏第一授禮部侍郎 朱善累官文淵學士[並南昌豐城人] 胡楨刑部尚書 于敬[杭人]春坊中允 薛祥[盧人]工部尚書 秦逵[太平人]由國學生

累官工部尚書　唐同新安人歷官博士承旨兼吏部尚書　高巽志博學能文與修元史官至侍講　朱守仁徐州人工部尚書　和希文學行過人官至刑部侍郎　王克巳以文學起家至吏部試尚書　齊鱗太原人禮部侍郎　偰斯應天人戶禮二尚書　李敏工部尚書　唐鐸兵刑二尚書　上重其德　郁新以才能授戶部主事尋陞侍郎　金純禮工二尚書　吳斌持法不撓朝廷重之官至左都　陳居敬戶部侍郎楊冀安禮部侍郎　張泌光祿卿並中都鳳陽人　又左丞

汪廣洋　治書侍御泰裕伯　弘文學士眭稼　起居注樂鳳韶　兵部尚書吳琳皆國初名臣可以表一世者　朱思顏以元臣歸本朝辛丑七月　上視事東閣時天熱坐久汗濕衣左右更衣以進皆經澣濯者思顏曰　主公節儉如此誠可爲子孫法惟願始終如一　上悅

武臣

徐達鳳陽人以軍功封信國公元年加特進有誥云從予起兵于濠上先存捧日之心追茲定鼎于江南遂作擎天之柱朱云赫公韜略當弘一統之規鄧禹功名特列諸侯之上克元都市不易肆人謂曹彬下江南伯顏入臨安不是過也改封魏國公十七年卒追封中山王謚武寧

常遇春懷遠人以軍功封鄂國公洪武已酉卒于柳河川特征大寧追封開平王謚忠武

李文忠盱眙人以取應昌功最大封曹國公十六年命領國子監事　上諭以爲國家育材之地公侯子弟咸在非得威重望臣無以勸勵故命卿十七年卒

追封岐陽王謚武靖常師金華范祖幹

鄧愈泗州人以功封衛國公　上稱其智如淵之深不可測也卒葬三山門西山原　車駕臨奠諭朱夢炎爲碑文追封寧河王謚武順

湯和濠人三吳悉定除御史大夫賜誥有云麾精騎于滁和渡義旗于姑孰金陵地闢明開日月之衢鐵甕城環險據江山之境又云載嘉骨鯁之貞誠若鷹鸇之搏擊三年封中山侯上稱爲熊虎之將二十八年卒追封東甌王謚襄武

沐英濠人有功十年封西平侯十四年生擒達里麻曲靖雲南梁王偪先縊其妃自投水死二十二年入朝上宴之奉天殿二十五年卒追封黔寧王謚昭靖

李善長定遠人初謁上上以長者禮之既定金陵置江南行中書省以善長為叅議時上保有江左命將四征百凡供億皆善長傳給之辛丑二月議立鹽法錢法茶法甲辰陞右相國論平吳功封宣國公三年奉詔編祖訓定封建國邑及百官之制三

[illegible]賢勳集

年議置司農司丙申進封韓國公誥命有功同蕭何之語上與陶凱論齋戒當致誠因謂善長曰人之一心極難檢點心為身之主若一事不合理則百事皆廢所以常自檢心凡事必求至當今每遇齋戒必思齊整心志對越神明七年上發江南民十四萬詣濠給與牛種使之開墾荒田永為己業命善長總其事二十三年卒

馮勝定遠人有功三年征西北上番封宋國公賜誥有云居京師則除肘腋之患誅張祖歷征伐則建爪牙之功三十二年卒

胡大海虹縣人有功歷官江南行省叅政守金華苗軍叛陽請大海至八詠樓下觀弩遇害封越國公

馮國用定遠人初謁上妙山問計以定鼎金陵不貪來殺為對嘗以一身宿衛帳下令降將四繞以安反側卒年三十六車駕臨葬追封郢國公

耿再成泗人從征有功守處州苗軍作亂大罵不屈而死追封泗國公賜叅果山園地一千七百畝以奉祀

趙德勝濠人累有功從朱文正守南昌癸卯陳氏攻城德

[illegible]賢勳象

勝中弩卒于私第追封梁國公

廖永忠巢縣人有功嘗與呂珍戰不利為所獲士誠欲降之不屈卒于蘇州上親製文祭之追封鄖國公

俞通海巢縣人友諒中矢死俘其御舟征張氏敗寇兵于滅渡橋中流矢卒追封號國公謚忠烈

丁德興弟上偉其貌以黑丁呼之圍蘇州卒于軍追封濟國公

張德興合肥人友諒犯龍江追戰采石卒于戰追封蔡國公

耿炳文濠人 吳平論功降褒諭有今日之功無忝古之
名將等語三年封長興侯二十三年死于戰
吳良守通州使張氏不敢西侵以是 上得畢力于
友諒 上嘉其功命宋濂爲文美之三年封江陰侯
傅友德碭山人 累有功嘗面中一矢鏃出腦後不爲沮
三年封潁川侯
廖永忠巢人 征西廣立大功二年封德慶侯八年卒
吳禎良弟 平福建三年封靖海侯
陳德濠人 從征有功丙申平浙右繼靖中原封臨江侯

十一年卒追封杞國公謚定襄
費聚有軍功守關陝尤著績封平涼侯二十六年卒
王志濠人 以功封六安侯三十九年卒追封許國公謚
襄簡
鄭遇春濠人 與兄遇霖同輔 太祖論功封滎陽侯二
十三年卒
康鐸才之子 從征雲南漠北皆有功封蘄國公
郭子興濠人 克漢吳有奇功三年封鞏昌侯十六年卒
謚宣武

趙庸廬人 有功三年封南雍侯二十三年卒
楊璟合肥人 三年封滎陽侯十五年卒謚武侯
朱亮祖六安人 三年封永嘉侯十三年卒
汪興祖巢人 三年封東勝侯有過不與券
薛顯沛人 三年封永城侯二十年卒謚桓襄
俞通源三年封南安侯二十二年卒
蔡遷有功累官廣西行省參政二年卒上親爲文述
其功
韓政三年封東平侯十七年卒

黃彬三年封宜春侯十六年卒
梅思祖歸德人 自張士誠歸 上即授大都督制有云
辟項歸劉知同曲逆舍魏去衛識擬伏波語極褒賞
之三年封汝南侯十五年卒
陸聚三年封河南侯十三年卒
華高和州人 三年冬以軍功封廣德侯卒以無嗣納券
墓中 康勝宗三年封延安侯 陸仲亨濠人 三年封
吉安侯後以奢僭得罪 曹興國十二年征西番論功封懷
遠侯 周武十二年封雄武侯 周德興濠人 三年封

江夏侯　華雲三年封淮安侯　顧時三年封濟寧侯　國初從征有功封侯者不止是又有舳艫侯朱壽　鶴慶侯張翼　永寧侯張銓　鎮遠侯顧成十二年以征西功封侯者靖寧侯葉昇　定遠侯王弼　安慶侯仇成　鳳翔侯張龍　安陸侯吳復永平侯謝成　航海侯張赫　十六年以南征功封侯者東川侯胡海　普定侯陳桓　崇山侯李彰武定侯郭英　洪武前後不封侯授以軍職者莊齡孫世盧高顯丘廣陳文陳清胡進繆大亨何文輝張

彬戴德金興旺王成單發王簡馮德張溫楊文趙圭並至都督僉事　王真潘毅徐司馬袁義王臻王德陶文典潘敬並至指揮　王玉宋朝用湯昌並至元帥　趙臧桓寗院判　謝彥劉謙袁洪陳勝陸旺並至都督　胡淵至四川都司　張旭孫繼達何文政濮瑛胡天福俞輔王雄唐英湯克明從鑑常守道趙監陶成楊義韓春胡保舍霍輝武尉劉聚袁政泰友諒翁子奇皆指揮同知僉事等官

袁義二十三年入朝　上惜其老命太醫院爲之染鬚　吳裕爲溧水令有聲　上作褒賢頌送之

郭英　上呼爲郭四嘗有急連呼之英持鎗躍馬奮臂大喝賊應手而隕　上解所御赤戰袍衣之曰唐之尉遲敬德不是過也

遜邦賢勳錄畧終

掾曹名臣錄序

孔子曰性相近也習相遠也愚謂自聖賢以至於凡庶其德遠矣自割股以至勃磎其行遠矣自讓國以至攫金其事遠矣由初而言善惡之間不能以髮而其終之遠乃如是焉獨不爲習所移爾習之移人雖豪傑之士有不能免者而况於中材乎此爲人上所以有教也正德癸酉予承乏南京戶部侍郎抵任未幾大司徒胡公即有乞身之請累月在告予暨攝印章而治財賦陰覩諸司掾吏有知琴書可敎誨者因

錄我　朝名士出於掾曹至顯宦者數人爲一卷以示皆有勃然興起之色乃知人性果不相遠一脫教習至君子不難矣有教無類不其然乎昔元好問曰自風俗之壞上之人以徒隷遇佐史甚者先以機詐待之廉耻之節廢苟且之心生頑鈍之習成實乇于此而佐史亦以徒隷自居身辱而不辭名敗而不悔甚矣人之不自重也吁遇之以徒隷待之以機詐我固不可以不自省若自暴自棄而不自重爾曹豈可以不戒乎所錄自劉侍郎敏而下凡十三人續有得

焉則載于後正德九年歲在甲戌夏六月望日工凝
齋序

掾曹名臣爵里

劉敏河間府肅寧縣人爲刑部侍郎
李友直保定清苑人爲工部尚書
徐晞常州江陰人爲兵部尚書
楊時習江西人爲交阯按察使
况鍾靖安人爲蘇州府知府
平思忠吳江人爲陝西叅政
胡冉福州侯官人官七品階從仕郎
王堂紹興諸暨人贈翰林院脩撰

曾仍福建莆田人官小鹿巡檢
劉本道常州江陰人進戶部右侍郎
王愷太平當塗人爲當塗縣男
單安仁鳳陽人爲工部尚書
李質其先開封祥符人爲刑部尚書
右掾曹名臣爵里姓氏凡一十三人

爵里終

掾曹名臣錄

明　王凝齋著　張遂辰校閲

劉敏

河間府肅寧縣人爲中書吏時暮以小車出入江市蘆葦旦載於家而後入錄事妻以蘆織席鬻以奉母人或瞷亡以絹帛瓦器遺其家者敏懸于梁俟其復來竟還之爲楚相府錄事值中書以没官婦女給文臣家衆咸勸其請給以事母敏固辭曰事母乃子婦事何預他人及權奸事敗敏獨無所與人稱其有行

識洪武十三年由工部侍郎轉刑部侍郎其誥曰於戲昔聖人以德化天下故民樂于從善而天下治然聖人之心必欲天下之人皆善無惡有不率者然後用刑以齊之故賞當其功罰當其罪而民之不從善者無有也故上曰君聖中曰臣賢下曰民良而天地致和品物咸亨矣後世之君臣乏誠意正心之學寖成已及物之善是以刑罪不當仁義倒施法愈繁而犯愈衆此爲世之大病也久矣求君之聖臣之賢民之良者幾希故善治國者必擇人治刑否則法由此

而煩期於無刑之地焉可得哉今以爾敏爲刑部侍
郎特授通議大夫爾尚敬慎之哉

李友直

字居正保定清苑人也爲北平布政司掾史 太宗
皇帝初奉藩北京建文中廷臣有因齊藩不法遂建
議凡藩國所在更置守臣於是擢張昺爲北平布政
使昺至日求王府細事將爲不利友直密聞於 太
宗義師既舉遂擢用友直友直質樸直亮知無不言
甚見嘉獎日益信任出理餉運入嚴城守率以命之

殫力竭慮事率早集而咸稱上旨初授北平布政司
右參議既建北京改布政司爲行部陞左侍郎時初
作宮殿營繕務殷專經度提督躬任勞勤早暮弗懈
改行在工部侍郎 仁宗皇帝臨御嘉念舊勞陞刑
部尚書奉 命代祀周文武成康陵及秦愍王既還
言關中民瘼深見嘉納 賜誥命并追贈祖考妣請
告焚黄遂立碑於墓以條 上恩昭先德 宣宗皇
帝嗣位改行在工部尚書嘗奉 命董採殿材於蜀
設施有方綏撫有誠勞者不怨自是 朝廷凡有興

作重役悉以委之其臨事有條理而體恤下情所行
悉公是以人從事集訕誹不興而屢承勞錫焉爲人
坦夷闓敏雖不與物競而持己正直亦不屈於物有
恤人之心施濟弗恡與人言必歸於忠厚有之官往
辭者必勉以愛民之政與人交惆款緩急率得其力
度量有容屬司之貪詭者以友直長者數欺慢之友
直雖知弗校清議以是益重之其卒也 上賜祭命
工部營葬禮部賜祭公卿以下皆往祭之

徐晞

字孟晞常州江陰人永樂中由縣功曹授繕工司都
事歷工部郎中試兵部右侍郎奉 命簡閱陝西臨
洮諸衛軍士尋以虜酋朶兒只伯寇西陲佐寧陽侯
陳懋鎮甘州正統初召還實授右侍郎復往鎮凉州
莊浪諸要害地遷南京戶部左侍郎會征麓川晞往
督餽餉凱還以功陞兵部尚書卒晞謙德有容處事
惟慎士論以此多之子訥舉賢良終尚寶司丞訥子
世英以薦授中書舍人累官南京通政司左通政

楊時習

江西人永樂二十二年　仁廟初即位大理卿虞謙奏事侍臣有言此當榻前密請　旨不當於朝班對衆敷奏爲賣恩者又有言其屬官楊時習先導之密陳而謙不從者遂降謙爲大理寺少卿而陞時習爲卿其後大學士楊士奇獨進奏事畢未退　上問士奇曰汝有欲言者否對曰有非虞謙乎對曰然　上曰吾亦頗悔之汝試言之對曰外間皆云時習實無先導之言時習是臣江西人亦親語臣本無此言今冒居卿位慙懼不安士奇又言謙歷事　三朝皆居通顯頗爲得大臣體者且今所犯小過　上曰吾之悔亦念此因問時習其人若何對曰雖起於吏然明習法律公正廉潔　上喜曰吾有以處之會以吏部言交阯闕按察使　上乃復虞謙大理卿取時習交阯憲使

況鍾

字伯樂靖安人中書吏事呂尚書震震薦其才授禮部主事陞郎中蘇郡由永樂以來長吏治狀鮮著朝廷屢遣吏督責無効宣德初以雄劇十郡缺官薦擇良牧尚書胡忠安公等遂舉鍾與蘇郡復奏　賜勅以便行事乘傳赴郡鍾巳洞灼郡弊及任吏胥抱案牘請署以嘗鍾鍾默默若無能爲既三日吏復請署鍾曰若謂吾不事事耶歷舉三日牒無一遺誤指摘其間其爲故出入及隱竄顛倒者喝令取一二十輩即庭下撲殺之僚屬震慄鍾因并舉僚屬貪虐懦者立黜之搜逐胥屬主文積蠹置通關勘合以防詐僞衛卒久暴横痛加繩禁郡體始尊嚴勢家侈恣不法鄉里武斷咸取杖殺之而扶惠單弱置善惡二簿察民善惡者籍其名既施行則著列以示勸懲婚喪不時者召諭反覆而峻其校督刑罰民畏而感無不從令鍾既達而果又素忠直簡在　上心故凡所論列悉　賜施行郡田有官民之别官田税額特重擬奏求減焚香自祝感動以禍福不顧疏上卒得如所請凡奏減省重額正副錢糧七十二萬一千有奇募民開墾荒田起科以免逓年包荒之糧至一十四萬九千五百有奇停徵淹没田糧二十九萬五千免舊欠糧草鈔數百萬錠罷平江伯董漕歲取民船五百艘

殿閣名臣錄八

買免船米十五萬一千一百石疏免　詔買減闊白三梭布七百疋銀數千兩奏革倭船徵需無度請濬淪水道淤塞辨明平民誣入軍者千八百餘家招復逃亡三萬六千七百戶凡所罷行皆綱紀大務民到於今受其賜尤重於事神社稷山川龍母泰伯伍員范仲淹諸祠宇皆拓而新之享獻誠愨雨暘所禱輒響應興崇學校教養才哲薦拔孤寒有起家爲近侍者剛敏敢爲不懾權要度量廓如　朝廷累有褒勞進職陛辭　上爲賜宴賜詩恩寵甚至而以蘇人仰

藉倚以守御不遷其官鍾亦無倦丁内艱去任民上請乞還鍾治復除仍舊任正統五年九載滿去闔郡之民上章乞留往叩闕者八萬餘人遂再遣任若赤子得慈母無疾卒於位民益哀之

平思忠

吳江人初爲縣吏永樂中被薦授禮部主客司主事進郎中時　文皇帝方事招懷主客務方殷思忠有精力事皆立辨尚書吕震特器之俄以事下獄北虜入貢他任主客者多不稱　旨震因以思忠爲言即日赦復其官時以給事楊弘爲陝西布政欲使淸強有力者伺察之遂拜思忠陝西叅政未幾爲人所誣謫戍北邊會有　詔市馬西域以思忠嘗官主客多識買胡　詔釋其戍給冠帶隨太監劉馬兒使吐番諸國而還後卒於家初郡守况鍾官主客與思忠有交承之分至是數延見思忠執禮甚恭且令二子給侍曰非無僕隸欲使兒輩知公爲吾故人爾其見敬如此然思忠居貧自守未嘗以事干鍾人尤多之

胡禺

字宗器福州侯官人也總角穎悟脩潔寡言其父嘗曰兒也不凡吾家閟久宜揚其在兹乎洪武中郡籍博士弟子衆推胡生不置父喜曰兒不凡固宜以學顯即資遣之禺既游庠序喜友其才儁相與頡頏不合尋屬予寧歸遂不復起時憲府謀辟從事諸從史相與言如胡某不宜掾耶得胡掾者宜增重爭羅致禺禺之在憲署也志弗爲貶益樹奇操人不敢干以私嘗從孫僉憲分司于泉孫兇恐而貪饕莫敢與計事前後從史不相能者反爲所中禺擿其奸利骫法

數事飛章劾之孫竟得罪諸長佐每覩冉盱眙日斯
史智藏陽秋吾可弗自檢哉由憲府三最內選叙用
曹掾無慮數十人冉爲主掾掌牋奏以贊曹務識典
故以決羣疑咸服其能會尚膳監選清慎吏遂得官
七品階從仕郎冉晨入暮出進止有常所既執禮度
而儀觀清偉　青宫嘗遥見之問郎選何曹左右曰
此光祿胡署丞也目送咨美久之性謹密內有事未
嘗言於外或問之直曰所職上用有司存焉他吾不
知也退直無事焚香振書衣冠兀坐神情儵然如在

物表賓客非故知莫與往來者蓋在兩京獨處者十
餘年而人見之常如一日焉

王堂

字維政紹興諸曁於也元良吏淮東道宣尉副使王
艮之孫七歲能賦詩長老皆奇之進從學鄉先生唐
處敬讀書日記千言終身不忘方肆力於古文雖值
元季兵亂未嘗輟也　國家平定之初堂之父以元
故官謫濠梁堂侍行躬勤孝養後奉父還鄉辛苦闢
草萊治田廬有　詔發兵民築緣海城邑大夫推舉
堂率民就役撫馭規畫悉有條理民不困而事先集
他之率兵民者多効法焉有司以賢良舉送堂至京
師奉命使蜀還奏稱　旨得疾歸既瘉時太史金師
曾爲浙江布政使表然一時方岳之望其所用簿書
史必慎簡賢良知名之士遂采輿論舉堂爲掾凡所
言與行皆愜王公之意被檄督賦嘉興有推官不職
不爲堂所禮銜之推官後坐贓徵下京獄造誣詞連
堂逮至誣竟直未出京以病卒洪武二十四年十二
月二十九日也洪熙元年以子璉貴贈翰林院脩撰

維敢自少負邁往之志操執剛正議論高明素欲有
所見於世不遂大施以卒其鄉之長老知堂深而尚
存者往往與少者道堂之才之行而未及展施以爲
悼惜云

曾仍

字弘宗號訥菴曾氏故莆大姓世居望江里沂山東
津之鄙濱父尚和工書能詩該綜希夷鬼谷子風候
星占算曆之學數具棺施宗黨之貧者大有義聲母
鄭氏仍六歲失怙日夜呱呱髫髦知孝比長禮度循

習辟辟唯諾無子弟之過舉進士彌勤術者曰非以利子也曷他圖之遂應辟爲藩臬從事矢心在公持法惟謹大方伯廉訪而下咸器愛之既事得冠帶待次銓曹時知府林懋知縣張朝教諭黃暹相繼客死於京仍悉爲之棺殯經紀倉劇而不愆於禮教諭病且革囊白金三十二兩置仍袖中曰僕輩非所託其幸藏諸時無復與聞者仍以虞患不他告久之完全授鄉人歸其子曰此屬纊時寄也物論高之鄉翰林院學士林瀚菴先生聞之嘉其誼語同列曰掾之行

顧爾吾儒庸有弗及者乎遂相與定交及爲仍贊小像極深褒獎方之善人成化戊子拜浙之小鹿巡檢屬歲饑民多亡匿爲盜仍安輯勞來伺其長而尤者還致之發擿如神盜用遁去境賴以不擾越三歲忽悒悒不樂曰吾少有大志謂功名可裂契取竟爲術者所誤班白是官紅腐五斗吾何屑焉遂致政而歸問田園就松菊月夕花朝則炙海鮮溫家釀葛巾野服與一二耆舊徜徉於名山勝水間若忘其身之既老者鄉閭高之翰林學士林文贊曰貌清而癯體安而舒衣冠儼若佩玉鏘如肅乎其容止翼乎其進趨年富而力強智融而器疏不爲外物所誘不以常流自居言必貴乎踐履行必慎乎斯須祿惟安乎淡泊囊不計其空虛心雖善於會計志則勤乎詩書噫其若人歟惜乎所用者未盡其心之所儲若其膺民社之寄必能廣敷仁民之政而爲古循吏之徒也耶戶部尚書張膚贊曰貌不華而質其蓄於內者智識之通融言不肆而訥其檢於身者彝則之脩從志不俗而閎其所向慕而勉者古長者之風仕不通而晦其

祇厥職者無貽疵於夙射噫若人也者石其外玉其中其所積者崇其所洩未艾而鍾其慶於無窮也耶翰林庶吉士陳音贊曰貌癯而不偉行蹈古人遺蹤言訥而不肆心存長者之餘風服質而不侈里閈皆慕其信義之崇位卑而不耀雲仍乃受其餘慶之鍾彼丹青者徒模其外而不能狀其中也耶即數公之言觀之可以見其爲人矣

劉本道

常州江陰人少嗜學有才畧能詩由掾史見知於靖

遣伯王驥引置幕下奏授刑部照磨從征雲南於凡戰克攻守之策多咨訪之正統戊辰閩賊倡熾寧陽侯陳懋往討之尚書金濂實綜理軍務以本道識達請以自隨軍中事宜悉以委之本道盡心戮力活脅從者萬餘人放還婦女八百餘口凱旋陞戶部員外郎景泰庚午西北二邊境民不能生本道奏　請給價買牛二千頭并易穀種與之乙亥貴州邊倉糧侵盜事覺展轉連坐推本道往治本道至彼不逾月而積蔵之弊洞徹無遺且立法以為治規時年被苗賊

作亂本道遺書總兵官李貴貴如計討平之奏上其功本道曰吾職在糧儲用兵乃分外事也固止之竣事還　上嘉其廉能賜五白雲綵段天順丁丑進戶部右侍郎總督京畿及通州淮安糧儲先是漕運京糧惟通州倉臨河近便自通州抵京倉陸運四十餘里費殷而增耗示給各處赴京操軍久役而用稱匱乏本道慮二者之病奏將通州倉糧於各月無事之時令歇操軍旋運至京每三十石給賞官銀一兩而漕運之糧止於通州交納就彼增置倉厫三百間以便收貯歲積羨餘米五十餘萬石以廣京儲　上復賜二品服以寵異之祖克闓父得成皆追贈如其官

王愷

字用和太平當塗人幼有大志沉酣六經諸史間必欲見之於用起應公府之辟為府史疏獄訟人服其平歲乙未　上取江南兵臨當塗即召至幕府上方為元帥命為掾以參決戎事丙申春從王師下建業又下京口民新附杌隉不安愷撫慰之始定上為中書平章政事建江南行中書省於建業陞左

右司都事愷遇事善於彌縫日以薦賢為先元戎宿將戚器倚之惟愷言是信戊戌秋苗獠兵數萬自杭來降待命嚴陵境上　上遣馳入其軍喻以禍福偕其渠帥來朝是年冬　上將征浙東時婺之蘭溪已下僉樞密院事胡大海戍之　上命愷與大海定議取婺州親率師圍其城守將出降愷審察民情而奠綏之歷言　上前無有不聽者己亥春王師攻越久不下夏六月師還　上留大海鎮婺而民賦軍器之務悉以屬愷冬王師克三衢擢左司郎中總制衢州

軍民事愷增城浚濠置游擊軍募保甲兵餘丁及舊民兵得六百人以益戍守兵食不足則斥並城廢田五萬七千畝使之耕以自給民有田力弗能藝者聽軍士貸耕而爲輸糧縣官籍江山常山龍游西安四縣丁壯凡六丁之中簡一以爲兵置甲首都長統之丁壯八萬有奇得兵一萬一千八百無事則爲農脫有警則兵者出攻而五丁資其食開平忠武王屯兵金華其部將或來侵民愷偵知之擒而撻諸市王使人讓之對曰民者國之本將軍天子之股肱肯令傷

其本乎撻一部將而萬民安討將軍所樂聞也王嘆美之開化馬宣差挾舊邑印章誘騙衆爲變江山楊明恃砦柵之險叛服靡常愷皆定討擒之梟首以徇衆部內帖帖無譁民饑疫相仍死者枕藉道路則出倉粟使作糜哺餓夫脩惠濟局居藥以注病者所獲生者不可勝數學校廢於兵愷爲復泮池築杏壇建極高明亭設博士弟子員孔子家廟之在衢者亦爲新之退食之暇集薦紳之徒摩切道藝人士翕然悅服諸暨戍將謝再興與部帥王甲有違言幾致亂

上令愷調解之愷善於說辭二人之懽如初邊鄙以寧同僉樞密院事李文忠以國之懿親握重兵鎮嚴陵　上命愷往來佐其軍庚子夏六月僞漢寇龍江

上召嚴陵帥葛俊擣廣信以牽其師道過衢愷謂俊曰廣信僞漢門戶彼旣傾國入寇寧不以重兵爲守非大將統全軍以往不可若出偏師撓之未見其利設有挫衄吾衢先繹騷矣乃止俊而請大海行大海至而廣信潰一如愷言辛丑夏拜大海江南分其衆萬餘戍婺其帥劉震等相挺爲亂大海被害愷亦

及于難當難作時苗帥多公恩欲擁之而西愷正色叱曰吾　天子大吏設不幸義當死寧能從賊友邪賊初縮首不敢犯拘縶一日而罵賊聲逾厲命左右取酒引滿竟日達夜旁若無人賊知不可屈乃遂刃之壬寅二月七日享年四十有六　上駐蹕江西聞愷歿爲之嗟悼良久親爲文祭之及返金陵　上復率群臣往城南致奠乃以其年四月十一日葬江寧縣鳳臺西鄉聚寶山之原　洪武戊申春正月　上正位宸極布告中外念及舊勳例須恤典於是愷歿

已七年矣初愷既没　上詔有司議贈奉直大夫浙東等處行中書省左右司郎中飛騎尉追贈當塗縣男且俾與享鷄籠山功臣廟中　上猶未慊其情至是復仍其舊縣進爵為子以寵之愷狀貌魔偉氣局堅凝善謀而能斷嘗以事入諫　上弗聽愷却立門外既暮猶未去　上出怪問其故愷從容諫如初　上慨然從之愷於吏事尤長據律按比而飾之以儒術案牘經其裁削辭簡而意周喜為詩歌與賓朋談笑尊俎間更唱迭和情意豁如也故於其殁也人莫

不傷之子文有學行今為侍儀使階承直郎次行賊害愷之日行方侍側或勸其去行曰棄親而求生吾不忍為也隨愷以卒次升童宋濂為左史時侍　上左右與濂論佐運之臣以字稱愷曰王用和經濟之才也吾將大任之惜乎早殁于難

單安仁

字德夫鳳陽人少有志事功雖為府史晝夜以洗冤澤物為事當至正辛卯江淮兵起剽奪相屠流民進退無所寧居安仁奮然曰丈夫當出奇薊冠可坐視父母之邦淪覆耶遂椎牛釃酒率徒少年與飲整部伍嚴器械教以坐作擊刺之法不一月間從之者數萬人新建壁壘橫亘三十里寇至輒揚旗鳴鼓大呼追殺俾無留行乃止退則閉柵自守老弱襁負依為保障者累十千家當是時豪傑角立割疆擅號令者比比而是乙未秋安仁遂移兵廣陵以觀變且曰此輩皆為人作驅除爾真人之興氣勢自與恒人殊丙申冬安仁見　皇上威德日盛統六師而下金陵安仁曰向所為真人者此真是已乃率部曲而歸之

上大悦明年令戍鎮江安仁嚴飭軍伍益自淬勵敵兵不敢侵境居歲餘會　朝廷始立提刑按察司以廉糾不虔　上選安仁為副使廵行浙水東悍將獰卒橫賦民糧曰寨糧務刻剝以蠹民安仁一寘於法金華民有訟其邑丞受白金者安仁詰之曰頗聞爾丞賢爾細民也奈何犯分而訐之即圖其金短長圓方形來民圖上藏屏復命諸左證圖之人各不同安仁曰是非誣耶衆環目相顧無一語遂以其罪抵訟者告訐之風為衰辛丑陞按察使東方肅清莫敢譁

擾甲辰徵爲中書左司郎中時江淮甫定軍國庶務
紛如亂絲安仁佐太師李韓公叅錯裁斷日就統緒
事以無滯　上益倚信之吳元年丁未閤浙中原漸
平營建城闕宮殿脩朝享服御衣物廷議可任其責
者遂奏舉安仁爲將作卿安仁精敏多智凡所制量
皆中法不苟明年戊申是爲洪武元年　上即皇帝
位安仁陞嘉議大夫工部尚書仍領將作事二年夏
改兵部安仁宅心中正能聲彰聞年已六十有七自
以精力衰羸請致其事　上憫其勞從之贈田三千

畝牛七十角仍給尚書半祿養其終身退卜儀真珠
金沙結廬以居六年夏　上念安仁舊勳復　詔中
書起爲山東行省叅知政事安仁誥闕力辭而止八
年復頒敕誥加通議大夫益興數云

李質

字文彬號樵雲其先開封祥符人在宋季有仕於德
慶者因家焉質生穎悟器度宏偉昂然負高志博習
經史必期明體以達諸用當是時無有辟薦之者沉
浮府掾中日以澤物爲已任無何中原擾攘嶺海多

事質起搆義兵捍鄉里及德慶路陷士民遑遑無所
依戴推質守之質日夜浚城隍繕甲兵扼險要以遏
他寇由是一路賴之以寧時據鄉邑多刻剝殘忍質
嘗戒麾下非遇敵毋妄殺或執敵人來獻率給衣糧
縱之家富饒急於賑施三族與鄉里流寓之貧者咸
有所仰以故一時名士如建安張智茶陵劉三吾江
右伯顏子中羊城孫仲衍王彥舉皆聞風來歸及
太祖高皇帝定鼎金陵遣師南討洪武戊申四月平
章廖公忠叅政朱公亮祖總師至質遂散麾下全城

歸附總兵遣使入奏　上嘉質忠誠召至慰勞再三
賚予優渥就擢中書斷事越明年己酉轉都督斷事
偕奉訓大夫皆能執法丞相都督咸敬憚之五年壬
子授刑部侍郎階中順大夫尋陞本部尚書階嘉議
大夫尤慎於刑獄盡哀憐之情致淑問之頌寬猛適
中爲上所知日益親幸時開行省於浙江　上念厥
地素重號稱難治宜簡廷臣有德望未器者往綏之
即拜浙江行省叅知政事階中奉大夫是年秋九月
也下車之初首以承宣爲已任振紀綱正風俗勸農

桑典學校舉遺賢恤民隱知無不爲爲無不力居三年惠流兩浙厥績以懋聲聞於上 天子念其老召還致政於京師嘗入見 帝賜坐便殿訪以時政得失直言無隱 上益重之八年乙卯冬十月復起爲靖江王府右相階資政大夫有 勑獎諭甚至質益竭忠誠以盡輔導之職嘗入覲因奏乞歸省墓上可其請 帝親揮翰賦詩以 賜復命藩憲元僚與府中官屬宴餞漓江之滸人莫不以爲榮後王坐事去國質隨終焉質偉丰儀性孝友治家有法接人以誠雖極顯榮情素冲澹暮年尤工於詩有樵雲集若干卷藏於家爲行中書省叅知政事分省於婺以控御

東浙愷仍以左司郎中分治省事金華婺劇邑役民無藝愷令民自實田請都以糧多爲正里長寡者爲副正則以一家或二家克副則合四三至七八而止通驗其糧而均賦之有一斗者役一日賤與貴皆無苟免者金華周泰義烏楙昌恃勢以蠧民愷逮至於獄皆痛懲之自是畏避不敢吐氣猾吝濳立道操金華一邑田賦之柄飛寄詭遁並緣爲奸利廉其罪狀

以聞寘於法大海日治軍旅以畧嵊縣禦諸暨以爲巳任分省之政皆愷統之愷挈綱布紀風采凜然僞吳將呂珍侵諸暨欲堰水以灌我城大海奪其堰反決水灌珍珍勢蹙乃馬上指天與大海誓請各解兵愷聞之移書謂大海曰彼狡謀爾愼毋聽今珍在重圍是天授首之日也大海不忍食言竟從之珍果敗盟而去

掾曹名臣錄終

明良錄畧

明　沈士謙著　何士錫校閲

昔元綱不振群雄並起而爭之于時山童子韓林兒據中原僭稱小明王國號大宋改元龍鳳都亳州徐壽輝臣陳友諒據湖廣僭稱帝國號大漢改元大義都江州或曰武昌履州民張士誠據浙西僭稱王國號大周改元天祐都蘇州明玉珎據四川僭稱帝國號大夏改元天統都成都其餘若方谷珎據浙東陳有定據福建何真據廣東劉益據遼陽毛貴田豐等據山東皆各覇一方以專號令垂及二十餘年盡混一于我　太祖高皇帝矣

上即位以所生鄉爲雄飛里舊舍兵火後不復辨但於址上金銀覗地大會鄉之故老宴畢仍以金賜之特與劉氏田三十頃免十年之税衆請罪田主上曰此世情耳不必問吾貧時彼豈知今日爲天子耶

郭景祥濠人博洽經史丙申置行省于金陵上自總省事以景祥爲左司郎中與李夢庚侯元善等同事遇事敢言累遷和州總制教養大舉

劉基字伯温處州青田人得性理學天文兵法無不洞曉在元舉進士不仕嘗游西湖有異雲起西北光映湖水中時魯道原宇文公諒諸同遊者皆以爲慶雲將分韻賦詩基獨縱飲不顧曰此天子氣也應在金陵十年後有王者起其下我當輔之時無知基者惟西蜀趙天澤竒之以爲諸葛孔明之流　皇帝定括蒼基乃指乾象謂所親曰此天意也豈人力能之耶總制孫炎以上命聘至金陵自是凡有征伐基密謀居多上方欲刑人基曰何爲上語基以所夢基曰是衆字頭上有衆血以土傳之得土得衆之象應在

三日當有報至三日後海寧以城降元年葉琛奏定處州税糧上特命青田縣糧止作五合起科曰使劉伯温鄉里子孫世世爲美談也仕終御史中丞加弘文館學士封誠意伯八年四月卒年六十五以天文書授子璉使伺服闋進且戒之曰勿令後人習也所著有郁離子覆瓿集寫情集犁眉公集

陶安字主敬太平當塗人乙未　太祖渡江取太平路安與耆儒李習出迎上待之厚既而得劉基宋濂

章溢葉琛四人上問四人者何如對曰臣謀畧不及劉基學問不及宋濂治民之才不如章溢葉琛上多其善讓甲辰知饒州上賜以詩曰匡廬巖穴甚濟濟水惟無端盈彭蠡鼉魚因韓去遠洋陶安鄱陽郎一理三年入朝民為之歌曰十里榛蕪侯來之初萬姓耕鬬侯去之日既而復命守饒州民懷其德復歌之曰湖水悠悠侯澤之流湖水有塞我思侯德吳元年初置翰林院召安為學士賜誥有云江南之士杖策謁予軍門者陶安實先乃者開翰苑以崇文治立學

士以冠儒英重道尊賢莫先于爾丁亥　上御東閣安與中丞章溢等侍因論前代興亡之事上曰喪亂之源由于驕佚大抵居高位者易驕處佚樂者易侈知此者未有不亡今日聞卿之論此深有儆于予心古者今之鑑豈不信歟癸巳上與儒臣論學術安對曰道之不明邪說害之也上曰邪說之害道猶美味之悅口美色之眩目人鮮不為所惑自非有豪傑之見不能決去之也壬子奏言天子大社必受霜露風雨以達天地之氣若亡國之社則屋之不受天陽也今于社稷壇創屋非禮安自入翰林國家制度禮文多所定擬撰文武誥命千餘上賜對曰國朝謀畧無雙士翰院文章第一家仕終江西參政戊辰九月卒年五十七疾劇猶草時務二十事上之

宋濂字景濂金華人在娠七月生六歲為詩歌有奇語人呼為神童游元末諸名賢之門至正間有薦于史館者辭不赴入龍山門著書名龍門子庚子遣使徵至金陵授江南儒學提舉奉旨授皇太子經壬寅八月上召濂講春秋左傳濂因曰春秋乃孔子褒善

貶惡之書苟能遵行則賞罰適中天下可定也甲辰改起居注未幾以疾告還家賜金帛太子賜有加上箋謝恩復奉書皇太子勉以孝友恭敬勤敏讀書無怠惰無驕縱進修德業以副天下之望上覽書甚喜召太子語以書意且賜書答其畧曰曩者先生教吾子以嚴相訓是為不佞也以聖人文法變俗言教之是為疏通也所守者忠貞所用者節儉是為得體也昔聞古人今則親見之二年詔修元史為總裁官擢翰林學士時甘露屢降上問災祥之故對曰受命不

于天下其人休符不于祥于其仁是以春秋不書祥而紀異爲是故也五年擢太子贊善上問帝王之學讀何書最要濂請讀真德秀大學衍義上令左右大書揭之兩廡之壁時睇觀之六年陞侍講奉詔搜萃歷代姦臣之蹟編爲辨姦錄及進分賜太子諸王上作祖訓錄成命濂序之嘗侍上至後苑觀稼上曰農事成矣對曰陛下能知稼穡之艱難實德也八月奉詔纂修大明日曆一百卷擇言行之大者爲寶訓朝夕禁中至七年五月乃成上嘗欲得叅大政辭曰臣

少無他長惟文墨是攻不願居戎任也上愈厚之每燕見必命坐賜茶每旦令侍膳濂嘗奉制詠鷹令七舉足即成有自古戒禽荒之言上嘗與濂飲濂辭上强之至三觴面如赭行不成步上歡笑親御翰墨賦楚辭一章以賜仍命侍臣咸賦醉學士歌曰俾後世知朕君臣同樂若此也九年拜學士承旨上謂曰朕以布衣爲天子卿亦起草萊列侍從爲開國文臣之首俾世世與國同休不亦美乎輒令取子孫官之特詔太子選良馬以賜濂上親作馬歌以寵耀焉上又嘗稱濂寵辱不驚始終無異可以爲賢人君子十年致仕歸臨行賜綺幣及御製文集皇太子贈以衣三襲上諭曰朕最慎于賞予嘉卿忠誠故有是賜又曰卿年幾何曰六十有八上曰藏此幣俟三十二年後作百歲衣也是年九月入朝上降勑遣儀曹奉醪膳諸物抵寓館以賜自是日侍上遊歷觀闕盤旋禁禦便殿侍食日宴始退上喟然歎曰純臣哉歲暮辭還上謂其子璲曰爾父雖去朕嘗見諸夢寐中書舍人史靖可太子正字桂彥良等皆爲詩歌以紀之蠻夷

朝貢者數問先生安否日本使奉勑請文得潛溪集刻板國中以百金爲獻卻不受高麗安南使者至購文集不啻拱璧而濂躬默自持似不能言者晚年歸青蘿山閉門纂述人不見其面視近甚明一黍上能作十餘字人以爲不飲酒不嗜慾所致十三年冬孫慎以罪被刑濂安置茂州以疾卒于夔州端坐斂手而逝年七十二所著有潛溪芝園集蘿山詩槀

章溢字三益處州龍泉人弱冠從鄉先生王叔剛遊至正壬辰蘄黃妖寇自閩犯龍泉溢從子存仁被執

溢思兄止一息願以身代賊素聞溢孝友并舍之溢集義勇應石抹宜孫退賊又以私田易粟代里人從行勸糴之政民受其惠旣而天下日入于亂結廬匡山又避地入閩中歲庚子　太祖以束帛召溢與劉基等同至建業上問勞曰我爲天下屈四先生耳自是擢用嘗與宋劉等從上觀綠萼梅于香雪亭賜宴亭上宴畢各賜白夷龍涎酒一瓶弁天竺玉縢笫一根元年拜御史中丞兼太子贊善二年卒年五十六溢平生嘉言善行不可勝紀嘗奏減處州稅停海舶

本

王禕字子充金華義烏人有齊琦者得邵子數推言天運興衰甚驗見禕嘆曰公異代人物也禕亦自知世道終不可爲隱靑巖山著書不求仕戊戌　太祖下金華聞禕名遣使徵至行在一見大悅

太祖卽位之後親戚無貧富皆賜朱戶復其家至今村上數家茅屋柴扉上猶施朱

開元寺潛龍殿基多龍鳳磚上微時嘗鑿之爲硯及卽位遣使輦之內府中都人爭效之一日搬取殆盡號龍鳳硯

上起兵時嘗夜過塗山橋聞前有人云胡運窮胡運窮廣運有神通扶桑墩上日照得大胃紅上忽之忽不見及卽位改橋名廣運

上攻下鳳陽時飯于翁然石亭忽有寇兵遽至遺飯而去至今呼其坐石爲遺飯石

上嘉徐達之功特建開國元勳閣于鳳陽府以表之曰俾萬代不泯也

明良錄畧終

從政錄

河東薛瑄著　武林孫士鏕閱

孔子曰不患無位患所以立惟親歷者知其味余忝清要日夜思念於職事萬無一盡。況敢恣肆於禮法之外乎。

程子書視民如傷四字於座側余每欲責人嘗念此意而不敢忽

凡國家禮文制度法律條例之類皆能熟觀而深考之則有以酬應世務而不戾乎時宜

作官者於愚夫愚婦皆當敬以臨之不可忽也。學者大病在行不著習不察故事理不能合一處事即求合理則行著習察矣

處事最當熟思緩處熟思則得其情緩處則得其當

一字不可輕與人一言不可輕許人一笑不可輕假人。

至誠以感人猶有不服。況設詐以行之乎。

防小人密於自修。

事故不可輕忽雖至微至易者皆當以慎重處之。

丙吉深厚不伐。張安世謹慎周密。皆可爲人臣之法。

論萬事皆當以三綱五常爲本學者之講明踐履仕者之所表倡推明皆當以三綱五常爲本舍此則學非所學仕非所仕也

接物太宜含弘如行曠野而有展布之地不然太狹而無以自容矣。

左右之言不可輕信必審是實。

爲政通下情爲急

愛民而民不親者皆愛之未至也書曰如保赤子誠能以保赤子之心愛民則民豈有不親者哉

正以處心廉以律己忠以事君恭以事長信以接物寬以待下敬以處事此居官之七要也

士之氣節全在上之人獎激則氣節盛苟樂軟熟之士而惡剛正之人則人務容身而氣節消矣

爲官者切不可厭煩惡事坐視民之寃抑一切不理曰我務省事則民不得其死者多矣。可不戒哉。

作一事不可苟。

必能忍人不能忍之觸忤斯能爲人不爲之事功。

與人言宜和氣從容氣忿則不平色厲則取怨處人之難處者正不必厲聲色與之辯是非較長短惟謹於自修愈謙愈約彼將自服不服者妄人也又何校焉

爲官最宜安重下所瞻仰一發言不當殊愧之張文忠公曰左右非公故勿與語予深體此言吏卒輩不嚴而慄然也

待下固當謙和謙和而無節及納其侮所謂重巽吝也惟和而莊則人自愛而畏

謹動當先慎其幾於心次當慎言慎行慎作事皆慎動也

聞人毀己而怒則譽己者至矣

法立貴乎必行立而不行徒爲虛文適足以啓下人之玩而已故論事當永終知弊

爲人不能盡人道爲官不能盡官道是吾所憂也

使民如承大祭然則爲政臨民豈可視民爲愚且賤而加慢易之心哉

處事了不形之於言尤妙

嘗見人尋常事處置得宜者數數爲人言之陋亦甚矣古人功滿天地德冠人羣視之若無者分定故也

如治小人寬平自在從容以處之事已則絕口不言則小人無所聞以發其怒矣

膽欲大見義勇爲心欲小文理密察智欲圓應物無滯行欲方截然有執

事事不放過而皆欲合理則積久而業廣矣

養民生復民性禁民非治天下之三要

治獄有四要公慈明剛公則不偏慈則不刻明則能

照剛則能斷

大丈夫以正大立心以光明行事終不爲邪暗小人所惑而易其所守

疾惡之心固不可無然當寬心緩思可去與否審度時宜而處之斯無悔切不可聞惡遽怒先自焚撓縱使即能去惡已亦病矣况傷於急暴而有過中失宜之弊乎經曰忿疾於頑孔子曰膚受之愬不行皆當深味

輕與必濫取易信必易疑

韓魏公范文正公諸公皆一片忠誠爲國之心故其事業顯著而名望孚動於天下後世之人以私意小智自持其身而欲事業名譽比擬前賢難矣哉

成王問史佚曰何德而民親其上史佚曰使之以時而敬順之忠而愛之布命信而不食言如臨深淵如履薄冰此名言也

以巳之廉病人之貪取怨之道也

作事只是求心安而巳然理明則知其可安者安之理未明則以不當安者爲安矣

聖人爲治純用德而刑以輔之後人則純用法術而巳

以其能治不能以其賢治不賢設官之本意不過如此有官威剝民以自奉者果何心哉

去姦當治其本本未治而徒去其末雖衆人之所暫快亦賢知之所深慮

人皆妄意於名位之顯榮而固有之善則無一念之及其不知類也甚矣

機事不密則害成易之大戒也

爲善勿怠去惡勿疑

恭而不近於諛和而不至於流事上處衆之道

世之廉者有三有見理明而不妄取者有尚名節而不苟取者有畏法律保祿位而不敢取者見理明而不妄取無所爲而然上也尚名節而不苟取狷介之士其次也畏法律保祿位而不敢取則勉強而然斯又爲次也

一毫省察之不至即處事失宜而悔吝隨之不可不愼

處事當沉重詳細堅正不可輕浮忽略故易多言利艱貞蓋艱貞則不敢輕忽而必以其正所以吉也

天下大慮惟下情不通爲可慮昔人所謂下有危亡之勢而上不知是也

不欺君不賣法不害民此作官持巳之三要也

人遇拂亂之事愈當動心忍性增益其所不能所行有窒礙處必思有以通之則智益明

下民之寃抑不伸者由長人者之非其人也

不虐無告不廢困窮聖人之仁也

一命之士苟存心於愛物必有所濟益天下事莫非分所當爲凡事苟可用力者無不盡心其間則民之受惠者多矣

勿以小事而忽之大小必求合義

臨屬官公事外不可泛及他事

無輕民事惟難無安厥位惟危豈惟爲人君當然哉凡爲人臣者亦當守此以爲愛民保己之法也

王伯之分正在不謀利不計功與謀利計功之分

處事識爲先斷次之

作官常知不能盡其職則過人遠矣

孔子曰死生有命富貴在天是皆一定之理君子知之故行義以俟命小人不知故行險以僥倖

法者輔治之具當以教化爲先

止末作禁游民所以敦財利之源省妄費去冗食所以裕財利之用

春秋最重民力凡有興作小大必書聖人仁民之意深矣

凡事分所當爲不可有一毫矜伐之意

伊傅周召王佐事業大矣自其心觀之則若浮雲之漠然無所動其心

清心省事爲官切要且有無限之樂

犯而不校最省事

人好靜而擾之不已恐非爲政之道

名節至大不可妄交非類以壞名節

守官最宜簡外事少接人謹言語

與人居官者言當使有益於其身有益及於人天之道公而已聖人法天爲治一出於天道之公此王道

之所以爲大也

霍光小心謹慎沉靜詳審可以爲人臣之法

亦有小廉曲謹而不能有爲於事終無益

凡事皆當推功讓能於人不可有一毫自行自能之意

大臣行事當遠慮後來之患雖小事不可啓其端

雖細事亦當以難處之不可忽況大事乎

所謂王道者眞實愛民如子孟子所謂老吾老以及人之老幼吾幼以及人之幼上以是施之則民愛之

如父母者有必然矣

民不習教化但知有刑政風俗難乎其淳矣

惠雖不能周於人而心當常存於厚

孔子曰斯民也三代直道而行也是則三代之治後世必可復

唐郭子儀竭忠誠以事君故君心無所疑以厚德不露圭角處小人故讒邪莫能害

處大事貴乎明而能斷不明固無以知事之當斷然明而不斷亦不免於後艱矣

聖賢成大事業者從戰戰兢兢之小心來

好善優於天下若自用已能惡聞人善何以成事功

聖人子民之心無時而忘

於人之微賤皆當以誠敬待之不可忽慢

爲治舍王道即是霸道之卑陋聖賢寧終身不遇孔孟不自貶以徇時者爲是故也

書言罰弗及嗣賞延於世此聖人之仁心也故賞當過於厚而刑不過於濫

出處去就士君子之大節不可不謹禮曰進以禮退以義孔子曰有命孟子不見諸侯尤詳於進退之道故出處去就之節不可不謹

從政錄終

致身錄序

往歲戊辰予同二三友人薄遊茆山會淫雨連旬兀坐一室老道以所藏雜佚緗閱竟日無可意者最後得史翰林致身錄讀而撫掌曰華除多疑事讀史者深不决之悲得此足發覆矣詢其得之由則成弘間史之裔孫嘗携以遊道士竊而鑰之者也袖之歸尋亦竟失去今閱五十餘年於敝篋中得之完好如故罔歎華除最饒節義而史未有聞讀茲錄而夷險不二建文君卒有賴焉不啻諸俠烈士矣然史之子孫失之於前予亦失之於後華除之多疑義若有闕而惜之者然今幸　聖天子已多昭雪不諱之世可不梓之以傳已未秋孟焦竑書於忻賞齋

致身錄

東吳史仲彬自叙　吳懐古閲

洪武三十一年戊寅閏五月辛卯建文帝即位冬十一月史仲彬以明經除翰林院侍書

先是洪武二十四年彬應詔執貪縱官吏廷見高皇帝條具若干言當時俱付法司論如　高皇帝命主政戶部彬悉錢穀事重頓首固辭更訪治道稱　旨賜酒饌于廷及鈔四百錠驛舟傳歸建文帝即位越五月詔起山林才德士有司以名聞適監察御史劉有年上儀禮十八篇并叙彬明經儀禮故彬家所藏劉夙典講習王是上之于朝命藏秘閣特詔所在禮請來京十一月十八日陛見試四書疑一道　欽授翰林院侍書楷侍詔上正九品佚

建文元年春正月遣往衡山告即位也元旦　上受朝賀畢謂侍臣曰朕奉天地山川之靈以登太寶改元伊始將告五嶽神祇其命儒臣以往闍臣擬彬衡山初六日陛辭閲三月報　命

夏四月更定官制疏諫不報
用壽州訓導劉亨言乃與方孝孺等議大加更定
彬具疏大略以安靜法祖爲言會金華樓璉亦上
疏稱引孟莊子之孝上於樓疏批此與那史仲彬
疏同意此正所謂知其一未知其二者六卿果可
畀於五府耶祭酒果可在於太僕下耶假令 皇
祖而在當必以更定爲是羣臣勿復言
秋七月廷斥監察御史尹昌隆爲奸黨因薦魏國公
徐輝祖 上嘉納之
時燕藩已稱兵兩月矣昌隆爭疏面奏勸上讓位
守藩廷臣愕然彬執笏麾之曰天下乃 太祖之
天下非 皇上所得私授者一人逆命遂舉而授
之尤而效之又何以爲選將募兵今日急務臣竊
見魏國徐輝祖忠義性植智勇絕人以當一面燕
可平也昌隆狂言惑世請速加誅 上曰人臣之
義當以仲彬爲正昌隆素有敢言之氣其勿爲罪
二年春三月疏均江浙賦役從之
時建文帝正值更制彬乃上疏曰邑家有惟正之

供賦役不均非所以爲治江浙本賦重而蘇松嘉
湖又以籍入沈萬三松江史有爲嘉興黃旭蘇州紀定湖州
準租起稅此以繩一時之頑豈得據爲定則乞悉
減免以蘇民困竊照各處起科畝不過斗即使江
南地饒亦何得倍之奈有重至石餘者臣往年面
奏 先帝賦歛太重蒙 旨嘉勞特以臣本蘇人
而史有爲又臣之族屬也恐坐以私未敢盡言幸
皇上明聖每事從寬敢竭愚忠伏聽採擇疏上
詔可蘇松準各處起科蘇松人仍官戶部
夏五月改彬爲徐王府賓輔仍兼原官階長史下正六品秩
時三王亦遣之國長史以下諸員直宿内閣參議
事宜多見親幸故壬午削籍殆盡焉
三年春正月副工部尚書嚴震直督餉山東閏三月
彬歸報 命
轉餉已專責嚴震直矣副之者曰敵情虛實并將
士强弱密偵以報閏三月十八日還朝見 上于
文華殿奏夾河之役非戰之罪也盛庸智深勇沉
當今將略還爲第一至莊得張能楚智平元斬將

搴旗力戰以殁宜急加恤典以爲風勵燕王用兵
變化不測用强恃壯親掠我陣幸肅結陣甚堅故
不可動復以單騎逼營越宿鳴角穿營而去蓋恃
勿殺叔父之諭也軍中衆謂 皇上失之太仁帝
曰奈何巳有是命不可返也黙然者久之更奏機
密事十二條 帝叱左右曰勿洩因誦君不密則
失臣臣不密則失身機事不密則害成之句叩首
而出
冬十一月以省親還鄉隨賜 勅命

自轉餉歸請告凡四不許至是得請適 皇少子
以十三日生查京官歷三年滿者得一五百十二
人帝親制詞彬以前二日滿考 皇帝勅曰國家
建官文武殊局中外分曹等最辨職難兼也爾徐
府賓輔兼翰林院侍書史仲彬用明經起家矢盡
忠報國或校書或轉餉或密疏或面陳文材兼武
畧俱隆輔蕃與襄 帝竝茂朕資啓沃實用弘多
咨爾承德郎妻沈氏爲安人追厥所自父母有教
育之恩忠孝本一致之理爾父居仁從爾咨爾母

黄氏從妻咨給假歸家以申寵錫父母深恩今巳
展矣國家多事爾毋忘焉特 勅十八日奉旨發
中書科謄寫與他二十一辭朝限三月以裏來京
四年三月彬入京陛見口授翰林院侍讀
時北兵日逼詔勤王者分道四出遂依限單騎入
京戒其子曰而父官雖卑被 朝廷恩寵見幾引
避非所願也萬一有難爾守 先帝孝弟力田之
諭以成家保身毋爲我慮
夏六月庚申廷議避難彬請從方孝孺堅守之策

燕王渡江李景隆往許割地不許還報 上憫然
無措羣臣慟哭茹瑺等請幸湖湘王韋等請幸江
浙方孝孺謂當堅守京城以待四方之援衆議譁
然不決彬獨以方言爲是樓璉亦言效死勿去爲
正上微首肯羣議乃定 燕兵薄金川門監察御
史魏冕及彬請誅徐增壽從之先是 燕兵將薄
城下左都督徐增壽謀降魏冕廷毆之至是在左
順門語同列曰 皇上必面縛出降乃可魏冕與
彬亟請加誅 帝怒甚下殿手刃之復請誅李景

降手詔召來使未至金川而門已啓矣
大内火起帝從鬼門遁去從者二十二人
時六月十三未時也　帝知金川失守長吁東西
走欲自殺翰林院編修程濟曰不如出亡少監王
鉞跪進曰昔　高帝升遐時有篋遺曰臨大難當
發謹收藏奉先殿之左羣臣齊言急出之俄而舁
一紅篋至四圍俱固以鐵二鎖亦灌鐵　帝見而
大慟急命舉火焚内程濟碎篋得度牒三張一名
應文一名應能一名應賢袈裟帽鞋剃刀俱備白

金十錠朱書篋内應文從鬼門出餘從水關御溝
而行薄暮會于神樂觀之西房　帝曰數也程濟
即爲上祝髮吳王教授楊應能亦願祝髮隨亡監
察御史葉希賢毅然曰臣名賢應賢無疑亦祝髮
各易衣備牒在殿凡五六十人痛哭仆地俱矢随
亡　帝曰多人不能無生得失有等任事著名勢
必究詰有等妻兒在任心必掛牽宜各從便御史
曾鳳韶曰願即以死報　陛下　帝麾諸臣大慟
引去若干人九人從　帝至鬼門牛景先以鐵棒

敲之若不用力而即尾解者出鬼門而一舟艤岸
以待十人乘舟舟人頓首　帝問汝何人何爲至
此對曰臣乃神樂觀道士即前　皇上賜名王昇
昨夢　太祖高皇帝緋衣南向御奉天門令兩校
尉縛臣詰曰汝提點秩六品何爲臣頓首謝不知
曰明日午時可于後湖艤大舟至鬼門外伺候汝
周旋勿洩後禍未期不然難逃陰殛臣是以知
陛下之來也今晚恐息觀中徐議行止舟止太平
堤畔王起導前間步至觀已薄暮矣俄而楊應能

葉希賢等十三人同至共二十二人兵部侍郎廖
平襄陽人刑部侍郎金焦貴池人翰林編修趙天
泰三原人浙江按察使王良祥符人四川參政蔡
運南康人刑部郎中梁田玉定海人監察御史葉
希賢松陽人程濟績溪人中書舍人梁良玉梁中
節俱定海人宋和臨川人郭節連州人刑部司務
馮漼黄岩人所鎮撫牛景先沅人王資楊應能劉
仲俱杞縣人翰院待詔鄭洽浦江人欽天監正王
之臣襄陽人太監周恕何洲及徐王府賓輔史彬

吳江人上曰今後但師弟稱呼不拘禮數諸臣泣啱廖平曰諸人願隨固也但隨行不必多更不可多就中無家室累并有膂力足捍衛者多不過五人餘俱遥爲應援爲便師曰良是于是環坐于地亭道士夜會酌定左右不離者三人比丘楊應能葉希賢道人程濟往來道路給運衣食者六人馮漼時稱塞馬先生時稱馮翁時稱馬公時稱馬二子郭節時稱雪菴後稱雪和尚宋和時稱雲門僧時稱稽山主人時稱樵主趙天泰適衣葛稱衣葛

翁時稱天肖子王之臣家世補鍋欲以此作生計號老補鍋牛景先稱東湖樵時稱東湖主人師曰吾今往滇南依西平侯彬曰大家勢處耳目衆多况新主諒不釋然能無見告不若往來名勝東南西北皆吾家也弟子中有家給而足備一夕者駐錫于兹有何不可師曰良是於是更舉七家廖平王良鄭洽郭節王資史仲彬梁良玉師曰此可暫不可久况郊壇所在明旦必行將何所之衆擬浦江而鄭亦曰族俱忠孝可居也夜分師病足肯度

不能行微明牛景先與彬步至中河橋畔謀所以載者有一艇來聞聲爲吾鄉人急叩之則彬家所遣以偵彬吉凶者也與牛大快亟迎師且至彬家諸人聞之且喜且悲同載八人爲程爲葉爲楊爲牛爲馮爲宋餘俱散走期以月終更聕取道溧陽依叔松隱所不納八日始至吳江之黃溪奉師居所居之西偏曰清遠軒衆出拜師亦大適明旦改題水月觀師親筆篆文閱三日諸弟子至彬家相聚五日師命歸省

八月十五 勑命師遜去 新皇帝追彬

新皇帝即位之九日編籍在任諸臣遜去者四百六十三人即日削籍戒毋齒及八月着禮部行文書各州縣追繳華除誥勑至是蘇州府差吳江邑丞鞏到彬家追奪且曰建文帝聞在君家彬曰未也微哂而去明旦師同兩比丘一道人入雲南餘俱星散期以來年三月集于襄陽廖平家

癸未正月彬往襄陽

正月二十日爲襄陽之行三月初三日至廖平家

牛景先已先在矣閱六日馮淮自雲南來四人相對大慟馮告以師向留雲南之永嘉寺亦甚安妥明年來遊天台今年無煩往來復居停旬日諸弟子俱會惟梁良玉已物故矣月終東歸

甲申八月大師同楊程葉三人來家

先是七月牛景先來言師將至矣至是八月初九日天將暝一僧突至忠孝堂彬及家人出拜畢款至重慶堂已舉燈矣而楊程葉亦至舉酒半酣師曰我明日當即去彬惶悚曰弟子掃門而俟久矣即有不肅師當見原奈意欲留師幾月奈何明晨之云乎師泣曰彼方覓我而圖我昨於西安道中見冠蓋來者瞪目而視此臣我曾目善之彼必有以奏也東南通臣屈指先汝我去致爲汝計相對而慟久之且曰此近宮闕不便彬曰亦不妨視師衣履敝甚固留三日命家人製衣師服師用綿紬大小計十六件楊程葉俱用綿布大小計三十有六件白金十兩爲贐十三日清晨彬隨師爲兩浙之行杭州計遊廿三日天台雁宕計遊三十九日會馬二子稽山主人金焦亦來于呑梁間且云諸友俱約於此一會然終不一見時天氣已寒師欲返雲南固却諸人而去

丁亥春三月同何洲往雲南謁師

正月中遣僮往海州請何洲同到雲南三月終纔到留五日彬攜一僮三人皆道人飾行二月得至連州訪郭節適故翰林檢討程亨在焉相持痛哭徐曰師近來在重慶府之大竹善慶里有杜景賢築室與居吾四人同往候之留二日遂行至所謂善慶里師不在杜亦不在時朝廷偵師密而嚴有胡濙鄭和數往來雲貴間彬等夜則同宿日則分行相與行乞于市者旬有六日一日彬于寺舍傍暫息比丘程濟熟而視之曰汝在耶彬起鼓掌曰是急叩師程曰已結菴白龍山深處矣去此不遠兩人淚下如雨不敢出一聲比晚同諸人以往程爲導時七月十八日也月色皎然上下山坂逶迤曲折約行十八九里而菴在焉天已微曙矣扣扉而出者爲楊應能旋拜師楊甫師顏色憔悴形容

枯槁蓋夏日患痢因有戒嚴不能時時出山爲膳
狠狽至此對面慟憶問曰汝等帶得方物爲我嘗
否各爲獻彬獨有僮而所獻豐兄當年職居禁近
知師所好若金華火肉淡菜金山魚膾爭鮝鵞豆
肉鬆六味見之大喜即命熟火肉啓床頭樽酒啖
之曰不嘗此已三年矣謂於彬家嘗後無之也翌
日師率由山中自近而遠日以爲常甫一月郭與
程以事請行彬亦以請師曰汝遠來固當久留因
問汝子年幾何曰十六歲矣能辨事否曰尚在書

堂曰欲爲官乎曰必不敢相與唏嘘久之自後屢
請屢留竟延至明春三月行之日師痛哭失聲囑
曰今後勿再來道路阻修一難關津盤詰二難況
我安居不必慮也彬等叩首領命而行

庚子秋八月彬往雲南

自南遊以後嘗有以奸黨告者雖獲宥於上官心
嘗惴懼十餘年來無日無滇南之思終不得往且
臨行師囑恐彼此俱戾至是華徐之禁稍稍寬矣
決中秋攜一价以往始至南康蔡運家旣至襄陽

廖平王之臣家復至連州郭節家俱已物故矣遂
至雲南循白龍山菴故道了不見所爲菴者山旁
有一民居詢其老婦則曰向來上司官來已毀矣
問僧徒則曰不知所之暗中流淚曰彬不遠萬里
來得一面師必且瞑目不則得一音耗歸家亦安
凡値寺院靡不拜禱循遊數郡幾兩月餘一日在
鶴慶忽一比丘指曰汝尋師耶彬愕然比丘曰固
忘我耶彬曰汝師何名曰文大師是也亟問何所
曰在隨之去三日得至師所師兀坐一室見之大

喜菴在平陽前後深林密樹不下數里爲浪穹所
轄地先時葉希賢所募建者甫落成兩人已故菴
之東即埋之於是師命舉所饋獻奠之呼僮沽酒
是夕盡歡前此戚容愁氣殆消融矣惟言及楊葉
則嗟歎久之流連彌月遣歸

甲辰秋七月洪熙改元八月彬往雲南

八月十三日自家起行九月二十二入湖廣界投
宿旅店主人曰內有兩道可與俱彬入見一道衲
衲床上覗之師也伺其覺師喜曰此來何爲曰來

訪師彬曰師欲何往曰訪汝等言及榆木川皆色喜彬問道路起居狀答曰近來强飯精爽倍常明日卽偕下江南以從陸路十一月始得抵家至之日具酒餚於重慶堂師位上程濟東列彬西列有從叔祖名弘者嘉興縣史家村人也直入至堂上彬不得已亦與坐問師何來彬未及答卽起趨出招彬曰此建文皇帝也彬曰非也弘曰吾曾于東宮見之當吾家籍沒時非是吾無死所矣活命恩主也彬不得已以實告弘卽稽首堂下涕泣問向

才狀師曰虧這幾箇隨亡的人給我衣給我食周旋夷險之間二十年來戰戰兢兢復大慟慟已徐曰今想可老終矣弘曰師今欲何之曰欲遊天台諸勝弘曰吾當具一日之積隨行居數日師行戒彬曰有叔在爾勿往也也弘從之去去明年三月復來擬往祥符渡江彬送之江上偶有洪熙升遐之問師顧曰吾心放下矣今後而可往來想關津不若昔之有意我也且喜且悲止程濟從彬等覲渡而返

此先君事主之顛末也先君性忠孝一飯不敢忘君從亡一節爲仇訟凡十有七竟以此死先君終不爲悔死之前一日不肯往獄中先君曰我死矣卽不望若遠行來時得謹事一食周給我瞑目也致身錄十八條存之以志一生之槪然勿示他人戒子若孫毋輕示人雖　今皇帝寬仁長厚此節事自不可知慮有赤族之禍子孫言及此者以不孝論時宣德二年丁未三月初七日也閱三日竟死明年不肖訟寃於按臺

寘仇于死但先君所不忘於師者自後絶無音耗至九年甲寅五月兒婦患產凡四日家人惶惑無措適老僕密言前道人在外晟急迎之入方稽首于地而耳聞微聞已產男矣師悲先君之亡旋喜產男之慶命名曰文隨轉語曰我文也而不終將無疑耶適一宋史在案更命曰鑑師精于祿命詳鑑子平曰是兒當貴晟曰不求貴得識字成家足矣師曰卽不貴當以文名世留五日晟具衣十件并行糧爲會稽之遊程濟

從迨今十又一年不知所之時正統戊午三月

望不肖晟謹識

致身錄終

殉身錄

亡名氏撰　武林章如錦閱

王禕進平江西頌　上覽而喜曰吾固知浙東有二儒者卿與宋濂耳學問之博卿不如濂才思之雄濂不如卿丙午同知南康元年出判漳州上疏勸　上法天道順人心以爲祈天永命之實五年命往諭雲南梁王不屈遇害其遺文有華川集玉堂雜著

程國勝死鄱陽之難汪廣洋應制賦詩挽之曰黑雲如陣壓艨艟血戰消沉一代雄鐵馬降靈忠慣在金

貂追爵聖恩隆張巡節重凌煙上紀信功高汗竹中生氣尚疑君不死且天終古作長虹

桑世傑無爲州人　戊戌攻張士誠江陰石牌寇樂瑞整兵出戰傑奮戈陷陣死之後附祭功臣廟　國初在盧則有精忠大節者四人曰楚公永安虢公通海蔡公德勝永义侯就世傑也

曹良臣安豐人有功三年封西寧侯五年北征孤軍深入陷虜戰歿茅成定遠人　國蘇州軍婁門戰死孫興祖濠人三年北伐死于五郎口胡深處州人乙巳征陳友定馬蹶被執不屈死

花雲懷遠人　庚子守太平友諒以舟師入寇城陷不屈而死妻郜氏生一子煒甫三歲聞雲遇害義不受辱以煒付侍兒孫氏令善護之遂投水死諒軍虜孫氏至九江孫氏恐兒被害以簪珥爲漁家嫗鞠之是年冬王師敗僞漢孫脫身至漁家視兒在瞯其亡竊負以走宿陶穴中明日出江滸僦舟以渡遇潰軍還爭舟捽孫氏及兒投之江方出沒波中有斷木自上流浮至附之入蘆渚中渚有蓮實孫氏取啖兒七日

不死忽夜聞人語聲呼之逢老父告之故與偕行明年辛丑達　上所遂撫養之年十三授千戶

許瑗樂平人　趙忠王鼎儀真人　皆死太平之難

韓成虹縣人　戰鄱陽漢軍圍我師　上方設奇成謂得如紀信誑楚遂賜龍袍冠冕對賊衆投水死賊遂退

濮真鳳陽人　國初征高麗被執王愛其驍勇欲降之不屈加以刃真厲聲曰夷虜爾滅吾爾亦不日滅矣遂剖心以示之王懼遣使入朝請罪真子璵尚在襁褓即封西涼侯稍長令御用監鑄一王字牌懸璵冠上

每朝禪人知所遜避
孫炎一足偏跛天台丁復句容夏煜皆以詩名炎遊
二人間得其真趣乙未 上召用之尋遷處州總管
壬寅苗將作亂幽辱之令其解衣炎曰此綺裘乃
主上賜我者賊勿解遂遇害
王愷太平人與大海守金華同履其難曾萬中劉齊陳
海同守吉安癸卯友諒遣將必勝饒鼎臣來取三人
被執不屈死揚國興丁未與士誠兵戰死國初封宜
興城隍顯佑伯于光戊徽州召還 上解連環并絲

賜之二年死王保保之難孫處與徐達北征戰死落
馬河周顯張耀平定麗煙李傑並從文忠北征死之
顯尤 上所愛嘗賜所服紫繡襖
李實滁人十二年從沐英平西羌與敵戰于土門乘
勝深入中流矢死 上特勑禮侍郎劉崧撰神道碑
劉林洪武中土官作亂林擊賊至西寶融臺力戰而
歿 上嘉其忠因改名其臺曰劉林臺
國初壬寅三月南昌降將祝宗等叛癸卯友諒圍南
昌文武諸臣與之戰死者凡十四人趙德勝李繼先
劉齊許圭趙國昭朱潛牛海龍張子明張德山徐明
夏茂成葉思成葉琛趙天麟立廟南昌歲時祀之
癸卯四月友諒以重兵來圍洪都呂久守將朱文正
遣使告急請援七月上率諸將統舟師二十萬往討
之諒解圍東出鄱陽湖以迎我師遇于康郎山歷戊
子巳丑庚寅等日連與大戰一時諸臣多效死者凡
三十六人韓成宋貴王勝陳兆先李信姜潤丁普郎王鳳顯程國勝后明常惟德王德王咬住朱鼎張志雄李志高汪清常德勝鄭興袁華昌文貴俞昶陳沖王喜先汪澤丁宇逯德山羅世榮史德勝徐公輔劉義陳弼裴黔王理王仁曹信建祠于康郎山歲時祭之

殉身錄終

備遺錄

太常寺卿黄公　新淦張芹編　武林徐仁毓閲

公諱子澄江西分宜人初名湜以字行博學多才洪武癸亥貢入太學明年京闈鄉試第二乙丑會試第一進士及第第三授翰林院修撰尋兼春坊官侍東宮講讀累遷太常寺卿太孫立諸王多不心服一日太孫坐東角門召子澄告曰諸王尊屬各擁重兵何以制之澄以漢平七國事爲對太孫喜曰得先生謀

吾無慮矣及即位有言周齊湘代岷五府爲變者朝罷召子澄謂曰先生憶昔東角門之言乎子澄曰不敢忘也遂與齊泰謀遣李景隆往執周王徙代王于邊以兵圍湘王于荊王自焚死執齊王囚之京師珉王降爲庶人　燕邸亦加誚讓朝廷以子澄爲功褒賞之己卯七月靖難兵起移檄誅子澄及齊泰等耿炳文既敗詔李景隆率兵百萬以往景隆自負文武材子澄授以指畫景隆依違而已子澄甚憂之未幾景隆戰敗奔還京師赦不誅子澄哭諫曰景隆出師無紀意在觀望不誅之以謝宗社何以懲將士不聽已而徐凱盛庸繼踵敗衂顧成等皆降子澄撫膺慟曰大事去矣萬死不足贖誤國之罪矣乃賦詩以志痛詩曰仗鉞曾登大將壇貂裘遠賜朔風寒出師無律眞兒戲負國全身獨汝安論將每時悲趙括攘夷何日見齊桓尚方有劍憑誰借哭向蒼天幾墮冠聞者哀之尋用廷臣議謫子澄及泰于遠方以快敵意其實陰使之募兵也時諸將猶守淮南而一文廟之師渡江矣京城破子澄死之宗黨連坐者甚衆

兵部尚書齊公

公諱泰應天府溧水人洪武丁卯鄉貢進士始名德後受知於　高廟改賜今名筮仕禮部主事一日雷震謹身殿　上躬禱於天擇九年無過官陪禮泰與焉乙亥爲兵部左侍郎戊寅進本部尚書嘗被召問邊將姓名泰歷數無遺又欲考諸圖籍泰出袖中手冊以進自是益承眷遇及　上棄羣臣泰與受顧命輔嗣君日見倚重遂與黄子澄議削弱諸藩邸及靖難兵起泰主用兵之策命將出師多其籌畫嗣君惟

召學士輩討論周官法度處便殿弄翰墨而已閫外事一以付泰泰遂移檄指斥　親王或難之泰怒曰名正言順敵乃可服是何言邪語聞泰罪遂重泰以谷王漏師遁還慮遼寧二府為變召還京師寧王與靖難師合惟遼王至始與北兵戰猶互有勝負及勢不可支乃謫其官以求解兵時二年七月也李景隆奏書　文皇謂齊黃皆已屏竄遐荒可息兵矣　文皇不信進兵益急尋召泰還而京城已定嗣君出走泰追之不及至廣德州時翰林修撰王叔英在州募

兵以泰為貳令州人執之既至泰告之故乃釋與圖再舉後被執不屈而死親黨連及者數百人（或云泰之敗走也其所乘白馬極駿虜人識之乃以墨塗黑為既而行遠馬汗流墨脫竟為人所蹤跡）

翰林侍講方公

公諱孝孺字希直一字希古別號遜志浙江寧海人父克勤為濟寧太守子三人公其仲也生之夕有大星墮於其所自幼精敏絕倫雙瞳炯炯如電日讀書積寸年十四五侍父北遊歷齊魯故墟覽周公孔子之廟宅求七十子之遺蹤慨然以為彼七十子縱顏閔未可幾及其餘若樊遲冉求輩使與之同時豈出讓之但今世無孔子者出不得所依歸耳自是精思力踐進修不已弱冠從學宋濂時濂所收皆天下名士公五經百家皆已蘊藉凡理學淵源之統人物絕續之紀盛衰機微之載名物度數之詳靡不研精離析而會歸於大通謂化民必自正家始作宗範九篇以告宗人嘗卧病絕糧家人以報輒曰古人有三旬九食甑無儲粟者窮豈獨我哉因相與大笑而止父嘗被誣謫戍江浦上疏乞代役不報洪武十五年吳

沉揭樞等薦公可大用聘至入見稱旨　上謂太孫曰此莊士也當老其才以輔汝試靈芝甘露論諭遣還家丁卯復召至　上方重賞罰以其志存教化謂左右曰今非用孝孺時乃擢將仕佐郎漢中府學教授蜀獻王延之處以賓師使之講經論文無虛晷當時蜀治依於禮樂公之功也丙子校文應天府戊寅太孫即位召為翰林侍讀學士每臣僚奏事必命公就扆前批答言聽諫行近古所無公嘗作書事詩曰斧扆臨軒几硯閒春風和氣滿龍顏細聽天語揮毫

乆攜得香煙兩袖還風軟彤庭尚薄寒御爐香繞玉闌干黃門忽報文淵閣天子看書召講官其相與如此時朝議削弱諸藩公與其謀靖難師起移檄誅姦臣公名與焉姚廣孝嘗啟　文廟曰殿下入京慎勿殺方孝孺殺此人天下讀書種子絶矣至是勢迫公自分必死乃作絶命詞其畧曰天降喪亂兮莫知其繇姦臣得計兮謀國用猶忠臣發憤兮血淚交流以死徇君兮抑又何求嗚呼哀哉兮庶不我尤旣而文廟踐祚求代草者廣孝薦公召之數回乃以衰服

入見慟哭不止授以筆投之地　文廟曰吾效周公輔成王而來公曰旣稱周公輔成王今成王安在且成王旣沒當立成王之子因有滅十族等語　文廟大怒　命割其舌乃含血犯御座語極不遜磔之至死乃已遂誅其宗親八百四十七人焚夷其先人墓後　仁廟嘗與近臣論及曰孝孺是箇忠臣永樂二十二年十一月御劄禮部建文中姦臣正犯已受顯戮家屬初發敎坊司錦衣衛浣衣局并習匠及功臣家爲奴々有存者旣經大赦可宥爲民給還田宅於是惟一子婦魏氏得歸即其故居立祠祀之所著遜志齋集行於世或云初李景隆父子好賢下士與公交誼甚篤景隆之帥師北代由公薦之旣而兵敗不誅漸有異志人多知之以告建文建文雅信公遂不復疑卒開門以降蓋不免於誤國也

副都御史練公

公諱安字子寧以字行江西新淦人父伯尚洪武間爲起居注以直言忤旨謫歸德州同知後遷臨安鎭江二府通判卒于官公性資英邁志操不凡幼從鄉長者竹莊先生遊竹莊命賦水竹村居有千山暮雨石泉通一夜春雷籜龍長之句竹莊甚奇之後遊邑

庠與金公幼孜相友善嘗謂之曰子異日必爲良臣我當爲忠臣洪武甲子領鄉薦明年入對大廷極言朝廷用人徇其名而不求其實以小善而迅進之以小過而迅戮之因歷陳古人所以教養任用之道言甚剴切　高廟嘉之擢第二名進士及第授翰林院修撰公益以名節自礪於是聲望藹然未幾以母喪去位力行古喪禮服闋陞吏部左侍郎尋遷御史臺左副都御史華除間與方公孝孺等特見信用靖難師起公極論曹國公李景隆姦邪不忠一日於朝班

內執景隆數其罪奏請誅之不聽公憤激稽首請先伏誅遂罷朝師既渡淮靖江府長史蕭用道衡府紀善周是修上書論大計指斥用事者罪書下羣臣及兩人議用事者怒盛氣以詬兩人公言國事至此尚不容言者乎顧所論吾過有則改之無則加勉詬者愧而止　文廟繼統召公責問公不屈而死姻親被逮戍邊徼者甚衆惟吉水錢氏得免及錢公習禮仕於朝為鄉人所持恒懷不安以告少保楊公榮楊公乘間以聞　文廟欣然曰使練子寧今日在此朕固當用之耳後同知王佐輯公遺文一帙序之曰金川玉屑集提學副使李夢陽立金川書院祀公父子名其堂曰浩然而刻石記焉

禮部右侍中黃公

公諱觀字瀾伯一字尚賓池州貴池人父贅于同邑許氏從其姓公既仕始復姓公自幼穎異長受業於元翰林制黃公殷士天兵入大都殷士死之公益砥礪以忠義自許洪武庚午領鄉薦辛未入對禦戎策大要以天道福善禍淫之機人事練兵講武之法為

言　高廟嘉之擢狀元及第授官翰林尋陞禮部右侍郎革除年間改官制增侍中員次尚書以公為之與方公孝孺等日見親用靖難師既渡淮公徵兵上游率諸郡入援奮不顧家且行且募兵至安慶聞京城已定痛哭謂人曰吾妻素有志節必不受辱遂招魂葬之江上明日家僮自京逃來果言夫人翁氏暨二女俱被執有象奴得之叱取釵釧出市酒殽夫人遂攜二女率家屬十人赴淮清橋下溺焉公舟至李陽河度大事已去不可為乃東向再拜於羅汊磯湍水急迅紿舟人奮櫂遂自溺焉郡人柯暹嘗為傳其事匿不示人後知縣清江龔守愚於公所居故址學宮之西立祠祀之

禮部尚書陳公

公諱迪字景道寧國宣城人曾祖巨卿元江州路總管祖宥賢父仲康撫州守禦千戶所百戶公自幼倜儻有志操洪武初辟郡學訓導己未以通經召除翰林編修乙丑陞侍講預修大典辛未陞山東布政司左參議捕蝗弭盜民甚德之甲戌丁內艱奪情起服

辭不允乙亥陞雲南左布政使時曲靖烏撒烏蒙等處苗賊猖獗公率師擊破之獻俘於　朝有白金綵幣之賜戊寅陞禮部尚書革除二年水旱求言公條陳清刑獄恤流民等事多見采納尋加太子少保辭所兼俸不受靖難師起公與太常寺卿黃子澄兵部尚書齊泰等上疏陳大計　文廟繼統召公責問公不屈與子丹山鳳山等六人同剮于市丹山等哭叫曰父親累我輩也迪曰今日休說這話一云迪之臨刑也文皇命割其子肉塞入迪口令自啖之因問曰好喫否迪曰這是忠臣孝子底肉香美好喫我若是亂臣賊子云云初廷臣同約死義者二

十五人惟鄭賜黃福尹昌隆歸附後數十年有司於公故居立祠祀之

戶部侍郎卓公

公諱敬字惟恭浙江瑞安人後徙滄洲博學多能談論英發天文律曆地理兵刑皆造其奧十五六歲時讀書寶香山嘗夜歸值風雨路得一牛騎以行及門縱之則虎也洪武戊辰繇進士爲給事中嘗言諸王服飾踰制　高皇笑而納之歷宗人府經歷進戶部侍郎革除初　文廟入朝卓審奏曰　燕王智慮絕人酷類　先帝夫北平者強幹之地金元所繇興也宜徙燕封南昌以絕禍萌夫萌而未動者幾也量時而爲者勢也勢非至剛莫能斷幾非至明莫能察疏上建文君大驚袖而入事竟寢後靖難兵入有執敬數之曰此得非前日奏我諸王者耶敬厲聲對辭不遜且曰若用敬言王何能至此　上怒欲殺之繫之獄使人諷之受官不屈姚廣孝乃借吳不殺范蠡而蠡卒滅吳王衍不殺石勒而勒終滅衍夫敬言誠見用　陛下豈有今日於是斬敬夷三族

左拾遺戴公

公諱德彝浙江奉化人洪武甲戌進士第三授翰林編修再三載陞侍講　上諭之曰官翰林者雖以論思爲職然既列近侍旦夕在朕左右凡國家政治得失生民利病當知無不言昔唐陸贄崔羣李絳之徒在翰林皆能正言讜論補益當時顯名後世爾盍以古人自期待哉公與侍讀張信皆頓首謝繇是感奮思所以稱　上意拾遺補闕直聲振於朝改監察御史益善于其職革除間改左拾遺靖難師既迫與黃

子澄齊泰方孝孺練子寧胡閏宋徵韓永等日夜畫策防禦後俱死難

都給事中龔公

公諱泰字叔安浙江義烏人九歲而孤母傅氏躬教之洪武丙子領鄉薦入太學授戶科給事中辛巳遷都給事中壬午六月靖難師駐金川門與妻傅訣曰顧事至此吾分死矣爾齋勑攜幼稚以歸否則俱溺于井辱可免矣言未竟火起內庭公馳赴之道爲兵校所執見 上於門外命非姦籍者釋之公亦釋遂從城上投下而死時年三十六

太常寺少卿廖公

公諱昇洪武中爲五軍都督府斷事二十九年六月遷太常寺少卿革除中修 太祖實錄與侍讀學士高巽志俱爲副總裁壬午六月京師平自縊死

副都御史陳公

公諱性善初名復以字行浙江山陰人洪武丁丑進士授行人司副遷翰林檢討動止安雅書法精研 上嘉悅之超拜禮部左侍郎革除間以副都御史監李景隆軍北伐白溝河之敗朝服躍馬入河以死

大理寺少卿胡公

公諱閏字松友江西鄱陽人嘗題竹詩于吳芮祠壁間 太祖征陳友諒時見之深加歎賞陰記其姓名（詩云幽人無俗懷寫此蒼龍骨九天風雨來飛騰作靈物）後以薦至闕 上識之曰此題詩鄱陽廟者也授都督府經歷革除間累遷大理寺左少卿靖難兵入京師死之

宗人府經歷宋公

公諱徵革除間建議親藩不順削其屬籍故靖難之兵討焉事平就戮其詳不可考

翰林修撰王公

公諱叔英字原采號靜學浙江黃巖人洪武中爲漢陽縣知縣革除初召爲翰林修撰上資治八策曰務學問曰謹好惡曰辯邪正曰納諫諍曰審才否曰慎刑賞曰明利害曰定法制皆援古證今鑿鑿可行且曰 太祖皇帝除姦剔穢抑強鋤梗如醫者之去疾農夫之去草然急於去疾則或傷其體膚嚴於去草則或損於禾稼固自然之勢今體膚疾去之餘則宜

謫變其血氣禾稼草去之後則宜培養其根苗亦宜然之理也識者知公有經濟遠略靖難師起公奉命募兵廣德知事不可爲乃沐浴具衣冠書絶命辭曰人生穹壤間忠孝貴克全嗟予事君父自昔多過愆有志未及竟奇疾忽見纏肥甘空在案對之不能嚥意者造化神有命歸九泉嘗聞夷與齊餓死首陽巔周粟豈不佳所見良獨偏高蹤遠難繼偶爾無足傳千秋史臣筆愼勿稱希賢又書於案曰生既久矣愧無補於當時死亦徒然庶無慚於後世遂自經而死

公將死以書抵祠山道士盛希年曰可葬我祠山之麓希年卒收葬之後廣德知州莆田周瑛重修公墓立石爲記

兵部尚書鐵公

公諱鉉河南鄧州人洪武間繇國子生授禮科給事中一云初爲都督府斷事奏對詳明 高廟喜之字之曰鼎石嘗有訴藩府違法狀者召至屬法司鞫之數日獄未成 高廟怒屬公鞫之片時而成自是益見愛重凡法司有疑獄必以屬公未幾擢山東布政司參政靖難師起曹國公李景隆奉命出師駐德州公督漕運飛芻挽粟水陸並進未嘗乏缺俄軍敗南奔公與斷事高公巍相遇於臨邑遂協謀募兵固守濟南既而被圍相持不下城有攻破者輒完之受圍既久乃伏兵門內開門詐降欲誘 文皇入城下閘板閘之幾中其計已而出兵戰城下靖難師大敗奔還凡三月圍始釋事聞賜金幣封三代入謝陞右布政使尋陞兵部尚書佐大將軍歷城侯盛鏞總天下兵北伐 文皇繼統以計擒之械至京師責問不屈而死

刑部尚書侯公

公諱泰不知何所人革除間爲刑部尚書靖難師起公主抗禦之策壬午二月運糧至濟寧諸郡五月復運糧至淮安時京師已告急六月赴京行至高郵被執七月十日就戮

戶部主事巨公

公諱敬山西平凉人革除間爲戶部主事與陳廸等俱被責問不屈而死

監察御史甘公

公諱霖安慶懷寧人洪武丁卯領鄉薦爲監察御史持正不靡及 文皇即位執迷不從被執求死乃伏誅

鄒魏二公

鄒公諱公瑾魏公諱公冕俱江西永豐人鄒爲大理寺丞魏爲監察御史靖難師駐金川門有約開門迎納者二公率同僚十八人即殿前毆之幾死其日駿朝二公大呼曰請速加誅臣等義不與同生不聽次

日宮中自焚丞 文廟繼統二公俱自殺

僉都御史景公

公諱清陝西真寧人革除間爲僉都御史以剛直聞 文皇入南都清死之一云文皇既即位清陽臣服而陰懷豫讓之志 文皇夜夢緋紅衣人挾刃闖不軌者遂驚覺明日視朝令遍搜群臣清果衣紅而潛挾利刃詰之對曰欲爲故主報仇耳乃用鐵箒刷其肉至盡親屬連坐者尤衆

給事中陳公

公諱繼之福建莆田人登革除二年進士授戶科給事中以江南僧道多占腴田蠹食百姓乃奏請僧道人給五畝餘以賦民從之靖難師起公累有建明因肆指斥 文廟繼統召公責問不屈而死

吏部尚書張公

公諱紞字昭季別號鶡菴陝西富平人父號月川文行知名公於識通敏洪武間由明經舉歷雲南布政司右參政進左布政使凡雲南土地貢賦法令條格祀神壇祠公署廨宇與夫上下典儀公用程度悉公裁定夷民心孚遠近奠安洪武三十年三月入覲考最爲天下第一三十一年爲吏部尚書 文廟繼統

命公與戶部尚書王鈍俱以半俸致仕公遂自經于部之後堂

監察御史曾公

公諱鳳韶江西廬陵人洪武末年進士革除間爲監察御史嘗侍朝班彈劾無所避忌聞者駭愕靖難師起議遣使致書請罷兵歸國無敢行者公獨請行至軍前不納公取竹通節入書鼓風達之亦不報 文廟繼統嘉其直復以御史召不赴尋加侍郎召又不赴乃刺血書憤詞於襟其略曰予生居廬陵忠節之

邪素負骨鯁之強讀書而登進士第仕宦而至繡衣郎慨一死之得宜可以含笑於地下而不愧吾天祚囑妻李氏子公壑勿易衣遂自殺時年二十九李氏亦死於節

副都御史茅公

公諱大芳泰州人洪武間以儒士應辟典教淮南考績入朝 高廟召對悅之擢秦府長史且勉以董子輔相之業公以特受隆遇懼無以稱益自感激諫諍彌綸得大臣體踰年秦國稱治革除間累官副都御

史靖難師起公以詩寄淮南守將梅殷曰幽燕消息近如何聞說將軍志不磨縱有火龍翻地軸莫教鐵騎渡天河關中事業蕭丞相塞上功名馬伏波老我不才無寸補西風一慟一悲歌聞者壯之 文廟繼統不屈而死

刑部侍郎胡公

公諱子韶字仲常一字伯尚舊名志高方孝孺之教授漢中也公從之遊後以儒士薦至京師 高廟重之革除間為史官歷山東按察僉事遷刑部侍郎壬午九月十一日受戮四川嘉定州榮縣人

戶科給事中黃公

公諱鉞字叔揚蘇州常熟人洪武初以太學生授典史後登革除庚辰進士遷戶科給事中以憂家居壬午歲自投琴川橋下死

兵科給事中韓公

公諱永陝西西安人一云山西平山人革除中為兵科給事中一云戶科與陳迪巨敬戴德彝等俱被責問不屈而死

監察御史王公

公諱度字子中惠州歸善人由明經儒士授山東道監察御史有直聲嘗監革除二年會試壬午七月以姦黨發賀縣千戶所充軍後出不遜語坐族誅

監察御史高公

公諱翔陝西朝邑人有文學洪武中以明經薦授監察御史所論奏皆關國家机事 文廟素聞公名及繼統召公將用之公衰服入見語又忤 旨乃坐族誅

翰林修撰王公

公諱艮字敬止江西吉水人庚辰進士初取狀元傳臚以貌不揚及胡廣乃以廣易之公次焉遂遵洪武乙丑事例首甲三人皆授翰林修撰聞靖難師起憂但不食日就羸憊以辛巳九月卒華除君閔之遺禮部侍郎黃觀諭祭于家吉安志云文廟繼統羣臣多往迎附公慟哭與妻子訣是夜服腦子死非實

散騎舍人廖公

公諱鏞無爲州巢縣人德慶侯權之子華除間以元勳後任散騎舍人見用癸未四月十日就戮母湯氏東甌王長女也入浣衣局弟銘鉞俱充軍

浙江按察使王公

公諱良字天性河南開封人居常以忠孝自許建文辛巳坐事以刑部侍郎左遷浙江按察使謁岳飛墓誓曰苟愧武穆非人也壬午六月聞難慟哭誓必死會命使召公公集本司及各道印于私第嗟歎者久之妻問故公曰我分應死顧思所以處汝未決耳妻曰我則不難處君爲男子乃爲婦人謀乎遂投池水而死公即列薪于戶命妾抱幼子往某僉事家以宗祀爲託遂闔室自焚事聞　上曰歷自兵□燬也可罪耳徙其家于邊

江西按察副使程公

公諱本立字原道別號巽隱族出伊川遠祖杞自開封徙杭曾祖鵬自杭徙秀州崇德父德剛生公於鳳鳴里公少有大志聞金華朱彥修兄弟得考亭之學於許文懿公乃往就學造詣日深洪武丙辰舉明經秀才擢秦府引禮舍人召見奉天門下賜馬疋楮幣在任五月以母艱去庚申服除補周府禮官從王之國大梁丁卯春從王朝京師被累謫

雲南馬龍他郎甸長官司吏目留家大梁以一僕之任所部百夷叛逆公單騎深入爲書諭以禍福諸夷感悅邊事以息時西南當王師初靖餘孽尚驕長官不能戢遂屢生變公因創爲賑濟安撫之計身歷艱險自楚雄姚安以逮大理鶴慶麗江永昌咸賴其撫綏由是軍民得安戊寅奏計京師府尹向琇學士董倫交章薦其文行乃徵入翰林纂修　高廟實錄陞左僉都御史辛巳歲以失誤陪祀調除仍留翰林纂修明年實錄完調江西按察副使未及行適靖難兵

渡江公有所見而遂自盡實壬午六月十三日也官
因追其恩典家無遺貲時稱爲清御史所著有巽隱
集四卷藏于家

徽州府知府陳公

公諱彥回福建莆田人父諱立誠洪武間歷仕州縣
以罪被誅家屬發戍雲南之臨安多道卒比至蜀惟
公與祖母郭氏存既而遇　赦無資以還乃依定遠
知縣鄉人黃積良以居遂從其姓更名禮未幾積良
亦謫去公轉依南充縣丞于中和其後閬中教諭嚴
德政以明經薦公爲保寧府學訓導九載考績　高
廟親擢爲平江知縣明年　高廟晏駕公捧香入臨
給事中楊惟中等薦陞知徽州府明年朝覲考覈稱
職賞賚甚厚其年冬丁郭氏憂徽民詣闕奏留未報
革除己卯春公乃疏其改姓歷官情罪乞正名籍乃
罷爲民尋命復官留治郡事公復上疏乞終制得許
歸葬葬畢即回郡供職明年復涖徽州會靖難師起
公募義勇赴援　文廟繼統械至京師不屈而死

寧府左長史石公

公諱撰山西平定州人洪武中爲寧府左長史　太
宗靖内難諸郡縣皆下撰在大寧獨爲守備　上怒
攻拔之得撰不爲屈遂支解而死

遼府左長史程公

公諱通字彥亨績溪人祖平素業儒洪武初謫戍延
安有同謫而旅死者平遣子以誠負遺骨歸其家其
家以貧故不納又買地葬之公少有至性動必遵禮
以縣學生貢入太學聞父喪徒步歸葬廬墓下三年
哀慟毀瘠妻子至不相識時平已老公上書言臣壯
而無父祖猶父也臣祖老而無子孫猶子也更相爲
命願代其役辭極懇切　上歎曰孝哉若人命兵部
除其籍驛送平還鄉後舉應天府鄉試授遼王府紀
善以祖喪免歸復廬墓三年服闋進左長史從　王
之國靖難師起朝廷遣人告急通草上封事數千言
進之　文皇入繼大統知公有封事詔械詣京師死
之家人戍邊錄其家得因數十函遺書數十百卷而
已公初讀書即勵志聖賢之學故所立如此

衡府紀善周公

公諱以德字是修以字行江西泰和人洪武間爲霍丘訓導入見　高廟問曰汝年幾何對曰年四十四又問曰家居何事曰導人爲善而已　高廟喜擢周府奉祠正革除初年有訴王府不法者宮屬皆下吏公以嘗諫得免改衡府紀善任編纂於翰林靖難師起公數論國家大計及指斥用事者誤國用事者怒共挫折之公不爲動師入金川門公留書別友人江仲隆解縉胡光大蕭用道楊士奇且付後事慕入應天府學自經死越數月御史言公不順天命請加

追戮　文廟曰彼食其祿自盡其心耳置不問公平生負氣節嘗曰忠臣不以得失爲憂故其言無不直貞女不以死生爲慮故其行無不果卒能償其志云

沛縣知縣顏公

公諱瓌字伯瑋江西廬陵人唐魯公真卿之後以賢良徵授徐州沛縣知縣未幾靖難師起所過郡縣皆歸附公獨以死自誓時曹國公出師駐德州公督民給軍餉措畫有方未嘗闕乏辛巳六月靖難師直擣濟寧過沛沛民竄匿公招來之九月設沛豐軍民指揮司集民壯五千人築堡備禦壬午正月靖難師駐沙河二十二日攻沛公遣縣丞胡先詣徐州告急既而度不能支預送其子有爲出乏告之曰汝還家白大人子職弗克盡矣題察院壁曰太守諸公監此情只因國難未能平丹心不改人臣節青史誰書縣尹名一木豈能支大廈三軍空擬築長城吾徒雖死終無憾望采民艱達　聖明翌二鼓師入東門指揮王顯迎降公冠帶升堂南拜大哭曰臣無以報國矣乃自經死其子不忍去復還公已死矣遂自刎以從俄

擒主簿唐子清典史黄謙至亦死之縣丞胡先收公父子屍葬沛南關題曰顏公墓

前斷事高公

公諱巍字不危山西遼州人洪武十五年應貢入太學十七年以孝行被旌表尋授前軍都督府試左斷事十八年上疏欲墾河南山東北平兵後荒田及抑末役愼選舉惜名器數事　高廟深嘉納之後因斷事不稱　旨當罪以議賢謫戍貴州關索嶺仍許以姪代役革除初年上疏陳情乞歸田里許之既而遼

守王欽辟送赴銓曹靖難師起公建議乞放主父偃下推恩之令分封藩王子弟以少其力遂命公從曹國公李景隆出師參贊軍務公累上書文廟請罷兵歸國不報俄而戰敗隨景隆南奔遇督餉叅政鐵鉉於臨邑遂與協謀固守濟南頗著勞績後從征晉陽爲門等處既而聞京城已定乃縊死驛舍

北平左布政使張公

公諱昺山西澤州人國初舉人材華除問爲禮部侍郎府欲削弱諸藩凡王封所在悉更置守臣以素

負重望者居之乃以公爲北平左布政使公察文廟必起兵遂與都指揮謝貴以在城七衛及屯田軍士列九門防守掾吏李友直泄其謀會朝廷遣內官逮護衛官屬文皇召公及貴入府執之皆不屈而死(己卯七月六日也昺得屍還葬)及繼統族誅其家後上屢夢公等被髮爲厲命出其屍焚而棄之面猶如生

濟陽教諭王公

公諱省字子職江西吉水人洪武壬子領鄉薦明年詔免會試命吏部次第擢用之公以親老乞歸養後以文學應徵高廟親試稱旨例當殊擢公以才薄力弱親老乞便遂授浮梁教諭尋丁外艱起改睢陽八年改濟陽靖難師至濟陽公爲遊軍所獲從容引譬辭義慷慨衆舍之公乃陞明倫堂召諸生謂曰若等知此堂何以名明倫今日且都不說只說君臣之義一節如何遂大哭諸生亦哭遂以頭觸堂柱而死後有司立祠學宮祀之其子禎爲夔州通判亦死于賊

蘇州府知府姚公

公諱善字克一湖廣安陸州人初姓李後復今姓志行純實學識高遠工詩洪武中由鄉舉歷祁門丞同知廬州重慶所至有能聲三十年擢知蘇州治爲列郡最隱士王賓獨居陋巷公往候見舍車騎詣門賓問爲誰應曰姚善乃開門延語及賓報謁而府門再拜而去公自邀還賓辭曰非公事不敢入也又將候韓奕奕避入太湖公歎曰韓先生可謂名可得聞而不可而見也己卯靖難師起公畫策勤王與有勞焉壬午京師平時黃子澄朝廷索之急避於公所約與

航海公曰在公則可在善則不可善守土之臣當與城存亡子澄去善竟伏節而死或記云當時燕師日迫建文君與方孝孺用漢破七國之策貶齊黄于外善言于朝曰有文武才畧可以扶顛濟危者反置之散地不用今事狼狽須急召之詢其姓名不對再三詢之則曰於今人才豈有過於黄太卿哉遂復召二人不至則是善嘗在朝也然其詳不可考矣

燕府長史葛公

公諱誠不知其所以進靖難師未起時　文皇嘗病中暑布政使張昺偕三司官入問疾見　文皇四圍皆着火爐猶自呼寒皆懼危篤獨誠密語云非病也

不得于上故耳因令人上變會　文皇遣人至京奏事齊泰等言于建文君執之既成獄即發符逮王府官屬後謀不果見殺族其家

教授俞公

公諱逢辰南陽鎮平人兵起時以泣諫被戮

陝西按察僉事林公

公諱嘉猷本名鼎以字行浙江寧海人洪武中以儒士校文四川後入史館累遷陝西僉事嘗得　燕邸密事以告方孝孺壬午九月丁亥被戮時遣錦衣千戶張安齎書

許世子欵封公謀也

寧波知府王公

公諱璡字器之莒州日照人學通經史長於春秋初任教授謫遠方洪武末以賢能薦授寧波知府清儉律己平易近民杜私謁華吏弊政教兼舉而自奉儉約一日見饌有魚肉大怒命撤而瘞之號埋羹太守惟痛繩武人之不法者以故軍衛斲之靖難兵逼方造船航海勤王爲軍衛縛送京師　文皇問造舟何爲對曰由海趨瓜州以截來路耳　上義而釋之得

還田里

蕭縣知縣鄭公

公諱恕台州仙居人由訓導遷蕭縣知縣靖難師至竭力拒守被擒而死時年五十六二女當給配亦死之子濂渥皆從坐

東平州判官鄭公

公諱華台州臨海人洪武丙子貢士授行人華陰間謫東平州判官將赴任聞靖難師至以妻子託其友人馳至東平力疾戰死

岳池縣教諭程公

公諱濟陜西朝邑人洪武間以明經爲四川岳池縣儒學教諭公有法術岳池去朝邑數千里寢食俱在朝邑而日治岳池學事不廢革除間上書言某月某日西北方兵起朝廷以爲非所宜言繫至京召入將殺之公扣頭曰陛下幸囚臣期而無兵臣死未晚也遂繫公獄已而兵果起乃赦出公更以爲軍師護諸將北伐與靖難兵先鋒戰于徐州大捷會曹國公師退 文皇至江上公逃去不知所終初徐州捷時諸將樹碑載戰功及統軍者姓名公忽夜往祭碑人莫測其故後 文皇過徐州望見碑問知之大怒趣左右碎碑方一再椎 命止勿擊錄其碑文遂按碑族誅諸將無得脫者公姓名正在擊處遂免往日之祭蓋禳之也

北平都指揮使謝公

公諱貴革除間議削諸藩 文皇稱疾齊泰謀以備虜爲名以貴爲北平都指揮使與張昺潛通王府官屬覘察動靜貴等謀欲先發同官張信與布政司吏李友直入王府告變遂與昺同召入端禮門伏發執擒而死

叅將宋公

公諱忠革除間朝議欲削 燕邸命公爲叅將以備虜爲名練兵北方守懷來靖難師至公帥兵拒敵將士多北平人對陣時見其父兄子弟皆無鬭志遂大潰公被執而死

都指揮馬公

公諱宣奉命守薊州靖難兵起朱能張玉來戰公與鎮撫曾濬等閉城堅守玉等反覆諭之不下遂擁衆急攻宣率兵出拒玉遣精銳衝敗之遂與濬皆被執而死事聞革除君褒卹之

都指揮朱公

公諱鑑提兵守大寧靖難師至拒戰而死事聞革除君閔之卹典加厚（相傳鑑與馬宣之死皆畧無異辭云當時用兵累年武臣死事者甚衆不能悉紀）

魏國公徐公

公諱輝祖中山王達之子襲封魏國公 高廟崩諸

王世子及郡王多在京遺命三年喪畢遣還時　仁
廟漢庶人趙王皆留遺詔至北平　文皇有疾遣人
扶掖哭臨語莫能辨如是數月乃乞　仁廟及漢趙
視疾朝廷以遺詔不許既而屢請益哀懇建文君將
許之輝祖不可乃止明年　文皇疾愈入朝復申前
請建文不忍違召輝祖及弟都督增壽議增壽獨以
百口保無他虞於是　仁廟及漢趙遂得還國益
文皇后中山王女也故朝廷謀必及之靖難師將起
輝祖復與齊黃陰謀加兵于燕及　文皇即位齊黃

輩皆死獨輝祖以中山王子赦不誅革爵閒住尋繫
獄而卒永樂五年八月朔日奉　聖旨比先徐輝祖
與黃子澄齊泰盧振張昺葛誠等通同謀危社稷以
後事發黃子澄等伏誅徐輝祖是中山王男因念中
山王比先平定天下有大功於國家以此不曾罪他
只着在閒今病故了中山王的功不可忘如今着他
嫡長男還襲中山王原封魏國公爵中山王沒後的
祿米戶部查了都還他

已上五十五人

黃公彥清不知何所人　革除間巡撫某地　文皇即位頒
詔至不受　命謀欲起兵其下皆已歸附力寡而死
劉公諱政字仲理蘇州人父以禮洪武中薦授沛縣
教諭公聰敏好學平生以忠義自許革除己卯中應
天鄉試第一不知曾授某官　壬午歲不食而死
彭公諱二北平都指揮己卯七月與張昺謝貴同死
盧公諱原質浙江寧海人洪武戊辰進士第二歷翰
林編修陞太常寺少卿
葉公諱惠仲浙江寧海人嘗以知縣充修史官爲庚

辰會試考官後陞知府
牛公諱景先不知何所人　禦靖難師京城平逃難出家而
死
周公諱璿青州諸城人曾與抗禦靖難師壬午內難
平戮死不知爲某官
謝公諱昇不知何所人　曾犯靖難之師壬午歲伏誅父旺
子咬兒俱發金齒衛充軍
郭公諱任鎮江丹徒人戶部侍郎一云定遠人
盧公諱迥台州仙居人戶部侍郎

毛公諱泰吏部侍郎

黄公諱魁禮部侍郎

綦公諱昭刑部侍郎

董公諱庸監察御史

盧公諱振

已上一十五人事迹未詳

附錄 永樂二十二年仁宗即位御劄付禮部尚書呂震曰建文中姦臣其正犯已悉受顯戮家屬初發教坊司錦衣衛浣衣局并習匠及功臣家爲奴今有存者既經大赦可宥爲民給還田土

備遺錄終

平夏錄

東海黃標編　武林張遂辰閲

元政不綱羣雄鼎沸葢天命

聖人必先以驅除云爾蜀有明氏(一曰旻氏)諱玉珍(一曰辛玉珍)隨州玉沙村人也家世務農玉珍身長八尺目重瞳子鄉閭有訟皆往質焉至正辛卯歲汝頴兵起玉珍乃團結里中人屯于青山衆推爲屯長(一曰爲延司弓兵牌子頭隨倪蠻子爲盜蠻子卽文俊也)明年壬辰徐壽輝亦起於蘄黃癸巳冬十一月壽輝僭大號都漢陽遣使招玉珍玉珍歸漢陽授元帥葢兵俾鎮沔陽與元將哈林秃連戰湖中飛矢中其右目人呼爲旻眼子沔陽連歲饑乙未春(一曰夏)玉珍將斗船五十艘上夔府哨糧時夷陵皆屬漢參政姜珏守之玉珍至巫峽貿糧皆滿丙申冬辰州人楊漢者元義兵元帥也以精兵五千屯平西寨時行省右丞相完者都鎮重慶招兵丁酉春三月漢以兵屯江北完者都誘漢來謌席間殺之欲併其軍麾下懼且怒乃虜船下流適遇玉珍於巫峽訴其事且言重慶一城竝有左丞相哈林秃右丞相完

者都兩不相下郡無厚兵可攻也玉珍猶豫未決萬戶戴壽等曰鳥困投林人困投人且公在沔陽爲民也遠來覓糧亦爲民也若分船爲二以其半載糧還沔陽以其半因漢兵攻重慶事濟則爲之不濟則歸無損也玉珍從之道路俄見斗船遠邇驟然完者都夜遁果州生獲哈林秃父老迎玉珍入城玉珍禁侵掠城中安堵如故四外降者絡繹不絶乃獻哈林秃于漢陽是歲㤥壽輝以玉珍爲隴蜀省右丞戊戌春二月完者都來自果州屯嘉定之大佛寺(一名凌雲)規復重慶玉珍使義弟明二禦之明二者黃陂人也智勇過人玉珍寵愛之妻以弟婦稱爲明二(一曰明三奴)後復姓名曰萬勝明二攻嘉定夜遣軍人陳夜眼緣城劫烏牛山城破惟大佛未下相持越半載玉珍親率兵繼之旬日內潰入之趙資者行省參政也與完者都平章朗革歹同守嘉定明二陷嘉定時完者都朗革歹先遁惟資守大佛明二執資妻于江岸以招資資嘻曰痴婦不死何爲汝不見平章婦乎平章婦者朗革歹妻也城陷時赴水死語畢以強弩射殺妻復欲射

其子爲衆所擁不得射已而大佛陷賨亦遁三人者會于龍州謀與復爲遊兵執至重慶玉珍欲用之館之治平寺使人諭意三人曰國破家亡祈一速死爾玉珍猶欲生之時傳趙參政兵將至三人者同斬于市郎大十字街蜀人亦謂之三忠玉珍乃以禮葬之初玉珍攻完者都時道出瀘州暮宿于河下宣使劉澤民曰此間有劉禎者字維周官爲大名路經歷前元進士也能文章政事避青巾李喜亂入居深山盍往見爲玉珍曰可與俱來澤民曰此可就見不可屈致也

明日遂往見之相與講論玉珍喜曰吾得一孔明也邀至舟與議國事即舟中拜爲理問官己亥遣使貢於漢陽時友諒矯命使會兵建康明年庚子春友諒弑壽輝自立玉珍曰陳友諒倪文俊同在徐朝爲臣子今弑逆予當討之遂令莫仁壽領兵守夔關絶不與通爲壽輝立廟城南衆推玉珍爲隴蜀王辛丑夏四月以劉禎爲參謀朝夕侍講禎屏人從容説曰四蜀形勝之地東有瞿塘北有劍門沃野千里自遭青巾之虐民物凋耗明公撫養民幸蘇息人心之歸則

天命可知且陳友諒弑主自立明公必不肯聽命也若不稱大號以繫人心恐軍士俱四方之人或思其鄉土而去明公孰與守取乎弗聽明日禎又言玉珍乃咨謀於衆以壬寅年春三月戊辰即位于重慶綱目書三月明玉珍破雲南夏五月自稱隴蜀王國號大夏改元天統倣周制設六卿即日以戴壽爲冢宰萬勝爲司馬張文炳爲司空尚大亨莫仁壽爲司寇吴友仁鄒興爲司徒劉禎爲宗伯置翰林院以牟圖南爲承旨史天章爲學士立妻彭氏爲皇后子昇爲皇太子朝夕受學内設

國子監教公卿子弟外設提舉司教授生徒府置刺史州曰太守縣曰縣令去釋老二教止奉彌勒夏定賦稅十取其一農家無力役之征姊廷試進士賜董重璧等八人及第餘出身有差置雅樂立郊社之祭冬命司馬萬勝領兵攻刺踏坎普顏達史平章走之天統二年癸卯春命司馬萬勝攻雲南由界首入司寇鄒興由建昌入指揮芝蔴李由八番入勝兵不滿萬皆以一當十二月八日抵雲南梁王孛羅一名把都及雲南行省廉訪司官先二日走屯兵金馬山一曰皆走楚雄

鄉李不至遣使四出告諭招安降者日至即遣侍中
楊源表聞獲其象以獻表曰聖德孔昭誕受維新之
命王師所至安無不服之邦大軍既發于三巴踰月
遂平乎六詔窮秖交賀遠邇同歡恭惟皇帝陛下勇
智如湯文明協舜慨念中華之貴反爲左袵之流矧
在位之貪殘致生民之困悴恭行天罰遂平定乎多
方禮順人情即進登于五位忝玆南詔鄰比西戎藩
公挾便宜行事之文專任儉人恣其饕餮寄宰無恒
心愛民之意肆爲虐政害彼黔黎下詔楊廷出師討

罪初臨烏撒蠻酋納款以供輸繼犬馬降敵衆望風
而奔潰遂由驛路踏入滇池士民冒雨以爭降官吏
叩頭而請罪一毫不染萬室皆安勝愧以庸才欽承
威命凡此大勛之集斷非小器之能皆聖人大庇之
洪休抑諸將劾勞於忠力深入不毛臣愧偶同於諸
葛誕敷文命帝德齊美于有虞此鄉興所撰也夏四
月梁王下王傅官大都領兵回哨援之勝敗於關灘
時招安元帥姬安禮被執至行郎問兵多寡曰八千
於是大都命集于大理是役也勝以孤軍不可深入

士多戰傷乃留建水元帥府聶千戶守之遂引還重
慶天統三年甲辰司馬萬勝兵攻興元圍城三日不
克而還命司寇鄒興攻巴州克之留兵鎮守是年更
立中書省樞密院戴壽爲左丞相萬勝爲右丞相尚
大亨張文炳爲都察院鄒興爲平章俾鎮成都吳友
仁鎮保寧莫仁壽鎮夔門俱爲平章竇英姜珏爲參
政鎮播州夷陵荊玉商希孟俱爲宣慰鎮永寧黔南
天統四年乙巳萬勝取興元時有劉諶者江西人爲
仁壽教官文章清古能作成後進玉珍入蜀棄官隱

居瀘州子弟多從之游玉珍屢徵不就卒弟子葬之
小市廂是年冬我
太祖高皇帝遣使通騁曰胡人本處沙塞今反居中
原是冠履顛倒足下應時而起居地上流區區有長
江之險相爲唇齒協心同力併復中原惟足下圖之
玉珍遣參政江儼答聘天統五年丙午春玉珍卒年
三十六昇襲位纔十歲改元開熙尊母彭氏爲皇太
后萬勝與張文炳有隙文炳使玉珍義子明昭矯彭
氏旨召勝殺之使劉禎代爲丞相勝有開國功次非

其罪人多不服吳友仁移檄興兵昇命戴壽討之友仁遺書曰不誅昭國必不安昭若朝誅吾當夕至壽乃奏誅昭友仁入朝謝罪是年昇遣使來貢　太祖命侍御史蔡哲報聘因挾一畫史同往潛圖其山川險易已酉大明洪武二年也　朝廷遣使入蜀求大木昇亦遣使來貢使還　上賜璽書答之曰朕歷觀古之有蜀者如公孫述劉備李特王建孟知祥輩皆能乘機進取而善守之道未聞今足下據此必圖所以善守可也朕連年出師所向皆捷諸將用命故能

成功遠勞致禮益見厚意因使者還姑以此復是年冬十月　太祖遣湖廣行省平章楊璟招諭昇璟至蜀諭昇禍福使同入覲昇牽於羣議不能決璟還復以書曉之其畧曰足下以幼冲之資襲先人之業不吝至計而聽羣下之議以爲瞿塘劍閣之險一夫負戈萬人無如之何此皆不達時變以誤足下何則昔之據蜀最盛莫如劉備諸葛孔明佐之訓練士卒財用不足取之南蠻然猶朝不謀夕僅能自保今足下疆埸南不過播州北不越漢中以此準彼相去萬萬而欲以陡絕一隅之地延頃刻之命可謂智乎我聖上以足下先人通好之故不忍加師數遣使諭意又以足下年幼未歷事變恐惑於狂瞽之說失遠大之利故復遣璟面諭禍福深仁厚德所以待明氏者至矣足下可不深念之乎且向者亂雄如陳友諒張士誠竊據吳楚造舟塞江河積糧過山嶽强將勁兵自謂莫敵然鄱陽一戰友諒授首旋師東討張氏面縛此非人力實天命也足下視此以爲何如禍福利害瞭然可觀逆順之圖在足下審之而已昇不能從

洪武二年庚戌夏四月大將軍徐達遣裨將金興旺張龍由鳳翔入連雲棧合兵攻興元興元守將劉思忠知院金慶祥迎降達留興旺龍鎮守七月吳友仁寇興元興旺擊卻之明日友仁復來攻興旺與戰面中流矢拔矢復戰斬首數百時城中守兵纔三千友仁以兵三萬興旺遣使間道走寶雞取援兵友仁乃圍城決濠塡塹急攻興旺嬰城拒守發礮擂石敵兵多死時徐達在西安得報即帥師還屯益門鎮先令傅友德率兵三千徑趨黑龍江夜襲木槽關攻斗山砦

下遂令軍中人持一炬然于山上友仁見列炬起大驚乘夜遁去是年又遣使假道攻雲南戴壽不奉命又遣蔡參政招諭昇不從四年辛亥春正月丁亥上親祀上下神祇告伐明昇命中山侯湯和爲征西將軍江夏侯周德興爲左副將軍德慶侯廖永忠爲右副將軍暨滎陽侯楊璟都督僉事葉昇率京衛荊湘舟師由瞿塘趨重慶潁川侯傅友德爲征虜前將軍濟寧侯顧時爲左副將軍暨都督僉事何文輝等率河南陝西步騎由秦隴趨成都諭和等肅部伍嚴

紀律懷降附禁殺掠以王全斌事爲戒戊子令宋國公馮勝往陝西修城池衛國公鄧愈往襄陽練軍馬運糧餉以給征蜀將士閏三月楊璟兵次夔以大溪口先是蜀人自謂瞿塘天險遣莫仁壽守之以鐵索橫斷關口聞王師臨境又遣戴壽鄒興飛天張益兵爲固守計於鐵索外北倚羊角山南倚南城寨鑿兩崖壁引纜爲飛橋三平以木板置砲以拒我師璟等攻之弗克是月傅友德攻蜀階州克之先是友德陛辭　上密語之曰蜀聞吾兵至必悉其精銳來守瞿塘北阻金牛以拒我若出其不意直擣階文門戶既隳腹心自潰兵貴神速但患爾等不勇耳友德受命馳至陝集諸道兵揚言出金牛潛使人覘知青州來陽空虛階文雖有兵壘而守備單弱遂引兵趨陳倉選精兵五千爲前鋒攀緣山谷晝夜兼行大軍繼之直抵階州蜀守將平章丁世真率衆來拒友德擊敗之生擒其將雙刀王等十八人真遁去遂克階州進至文州距城三十里蜀人斷白龍江橋以阻我師友德督兵修橋以渡至五里關丁世真等復集衆拒險

都督同知汪興祖躍馬直前中飛石死友德怒奮兵急攻破之世真僅以數騎遁去遂拔文州五月己未友德兵至漢江不得渡乃令軍中造船百餘艘己卯船成將進兵欲以軍事達湯和而山川懸隔適江水漲乃以木牌數千書克階文綿州月日投漢江順流下六月壬午友德拔漢州初夏人聞王師至命戴壽吳友仁等悉衆守瞿塘以扼三峽之險及聞階文破壽乃留鄒興飛天張守瞿城而自與友仁還援漢州以保成都未至而友德舟師已逼漢州何大亨悉兵

戰于成都友德選驍騎擊敗之既而壽等兵至友德令諸將曰彼遠來聞何大亨敗衆已洶洶可一戰克也乃迎擊壽兵大敗之遂抜漢州壽與大亨走成都臨江侯陳德追擊又敗之獲其卒三千馬三百友仁走古城友德乃以顧時守漢州自將擊古城又大敗其衆擒殺二千餘人友仁遁還保寧丙戌上聞湯和等駐兵大漢口欲候水平進師恐其逗遛失事 賜璽書促之廖永忠聞命率所部先進和猶遲疑未決及得木牌于江乃自鹽山伐木開道由紙坊溪以趨

夔州永忠兵至舊夔州鄒興等出兵拒戰永忠分軍為前後陳前軍既接後軍為兩翼旁擊之興等大敗明日復併兵攻之殺溺死者甚衆辛卯永忠進兵瞿塘關山峻水急而蜀人鐵索飛橋橫據關口舟不得進遂遣壯士齎併力舁舟踰山度關出其上流人持糧帶水筒以濟饑渴衣青蓑衣以象草木色魚貫出崖石間蜀人不之覺也度其已至乃率精銳出墨葉渡夜分兩道一攻陸寨一攻水寨船頭皆鐵裹置火器而前黎明蜀人盡銳來拒永忠已破其陸寨矣俄

而將士舁舟出上流者揚旗鼓譟齊下蜀人方大駭下流舟師亦進發火砲火筒夾擊大破之鄒興中火箭死飛橋鐵索皆斷擒其將蔣達等八十餘人斬首千餘溺死無算飛天張鐵頭張等皆遁去永忠入夔州明日湯和兵至永忠乃與和分道並進和率步騎永忠率舟師約會于重慶丙申傅友德進兵成都夏守金州九龍山寨平章俞思中率官屬軍民二千三百餘人詣友德降是日永忠舟師抵重慶次銅鑼峽昇等大懼或勸昇奔成都昇母彭氏泣曰今勢成破

竹兵民皆已膽落豈能效力驅之拒守死傷徒多終亦不免不如早降昇遂遣使詣永忠軍納欵永忠以湯和未至辭不受癸卯湯和至會永忠兵駐朝天門外是日昇面縛銜璧與母彭氏及右丞劉仁等詣軍門降和受璧永忠解縛承制撫慰下令將士不得侵掠撫諭戴壽何大亨等家令其子弟持書往成都招諭遣指揮萬德送昇等并降表于京師表畧曰乾坤正一統知天命之有歸日月仰大明撫華夷之無外萬方丕冒四海同歡欽惟 皇帝陛下功軼禹湯德

俾堯舜邁乾元不息之妙寰宇肅清秉神武不殺之權生民永賴收豪傑於紛爭之日施仁義於墊溺之時景運維新皇謨丕顯故無征而不克無令而不從臣昇僻處偏方情無學識既靡實融先機之智又乏錢俶達事之宜見出井蛙討同穴兎搖罪實由於此啓釁用非其人用撄愚蒙冒干天討顧閉關之何益遂開門以來降迎拜道旁竊効子嬰之繫頸仰瞻天上敢希孟昶之傾心謹將軍馬錢糧及土地人民以獻七月庚申友德兵圍成都戴壽何大亨等出城拒

戰以象載甲士列于陣前友德命前鋒以弩矢火器衝之象中矢還走反蹂壽兵死者甚衆友德亦中流矢會壽等得家書聞昇已降而室家並完皆無鬬志乃藉倉庫遣子納欵友德許之翊日壽等率其屬詣軍門降友德按兵自東門入得士馬三萬壬戌友德分兵狥州縣之未附者重慶知州尹善清拒戰友德擊斬之判官王桂華率軍民降夏亡初保寧城中有韓氏女年十七遭明氏兵亂慮爲所掠乃僞爲男服混處民間既而果被虜居兵伍中七年人莫知其女子也後從玉珍兵掠雲南還遇其叔父贖歸成都以適尹氏人皆異之稱爲韓貞女乙丑明昇等至京師

上命禮官定受降禮禮部按孟昶入宋故事擬令昇等於午門外進表待罪聽宣制釋罪賜冠服引入丹墀聽宣諭　上曰明昇與孟昶不同昶專制國政所爲奢縱昇年幼事由臣下宜免其叩頭伏地上表請罪之禮是日昇及其官屬朝見百官稱賀制授昇爲歸義侯賜冠帶衣服及居第于京師八月庚子湯和遣周德輿會傅友德攻克保寧執吳友仁械送京

師蜀地悉平

復辟錄

明　亡名氏集　陸名時校閱

景泰八年春正月
上染疾免百官朝數日内外羣臣患之十有一日左
都御史蕭維禎左副都御史徐有貞率十三道同百
官問安於左順門外太監興安自内出問曰若皆何
官維禎答曰乃都御史六科十三道給事中御史五
府六部堂上官　聖體不寧謹來問安興安以指作
十字謂病之篤不過是日耳又曰若皆　朝廷大臣

耳目不能爲社稷計日日徒問安耳衆乃惶惶而退
即日維禎同有貞集十三道御史議曰今日興安之
言若皆達其意否衆曰　皇儲一立無他患矣請早
立之二公喜曰斯議得矣衆還道中作封事草其略
曰　聖躬不寧五日未朝内外憂懼京民震恐蓋爲
　皇儲未立以致如此伏望　皇上早建元良正位
東宮以鎮人心草具呈堂二公是之會稾於　朝集
文武羣臣石亨張軏張輗于謙王文胡濙楊善等於
左掖門議允僉題維禎舉筆曰我更一字乃東建字
爲擇字笑曰吾帶亦欲更也是日進奏十有三日本
出奉　聖旨朕這幾日偶染寒疾是以不曾視朝待
正月十七日早朝請擇元良一節難准部院科道皆
勃勃憂慮瑄與同官監察御史錢璡樊英同曰斯當
復請未幾禮部尚書胡濙令一辦事官赴道報曰請
立東宮事令本部會閣下及文武大小羣臣於十七
日待　上視朝合辭懇請令來報知僉名瑄與璡英
不勝忻忭約曰　上再不可吾等皆免冠叩頭辭職
乞還田里滿朝若是　上亦心動事無不可皆會議

於禮部學士商輅主筆草奏其略曰天下者　太祖
　太宗之天下傳之於　宣宗陛下　宣宗之子憲宗
御名　宣宗之孫以　祖父之天下傳之於孫此萬古
不易之常法稿成登正本會僉因姓氏衆字畫多訛
至十六日晡時方完是日先進題知明日對仗陳進
亦無害也徐有貞時常往返石亨家人莫知其故是
日未末有貞自造亨家燃燭時方出十七日四鼓時
衆集於　朝人人謹待　上出以期事濟頃之南城
呼噪震地羣臣失色須臾鳴鐘鼓　上皇御極矣於

是朝野歡騰以為復見太平本遂不進　旨下擒于
謙王文等以其迎立外藩故也有貞亨等皆進爵有
差究迎立之迹無實可驗乃曰謀而未成于謙王文
殺死棄市商輅免還為民餘從編戎伍有貞以己乃
謀首功冠文武論於　上前乃錫以奉天翊運推誠
宣力守正文臣特進光祿大夫武功伯兼東閣大學
士亨一日自引千戶盧旺顏敬二人侍於去文華殿
前　上問曰二人何人也亨對曰臣之心腹何謂心
腹對曰臣每有機事與二人謀他人不知也如迎請

上時亦與斯二人謀乃特拜二人為指揮使自是
求請無虛日冒報功次陞六千餘人　上甚厭之事
定日久　上察迎立事愈無狀心頗見疑每詰亨及
張軏曹吉祥等迎立外藩之故對曰臣亦不知乃有
貞向臣言耳石曹二家專權恣肆無復畏忌死生予
奪皆在其手士皆重足而立莫敢仰視君子患焉有
貞亦欲遏其勢每沮其謀互相排抑於是文武二途
矣成化改元修　國史瑄詢史館未載是事瑄乃身
為目見故謹錄於斯以彰　國史之公以備修史者
采　瑄浙江按察司副使豐城楊瑄識

初景泰不豫圖富貴者因起異謀大學士王文與太
監王誠謀欲取襄王世子立為東宮其事漸泄既而
景泰疾亟太監興安諷羣臣請復立東宮僉謂
上皇子固宜復之惟王文之意不在此閣下陳循輩
亦知之賢因會議問學士蕭鎡乃曰既退不可再賢
始覺其有異謀也文入對衆曰今只請立東宮安知
朝廷之意在誰賢益知其必然明日早覲奏詞曰
早選元良人皆曰此非復立之意遂駕其說於石亨

輩曰王文于謙已遣人齎金牌勑符取襄王世子上
矣即於十七日早帶兵入南城請　上皇復位是時
景泰不朝已四日矣先一二日又駕其說於石亨輩
云景泰命太監張永等拏亨數人掌兵者其謀立
上皇中官吉祥蔣晃輩白于　太后寫勑旨與亨輩
成此事遂以王文輩為大逆姦惡然王文初謀于謙
輩未必知亨輩不過因于謙平日總督軍務一切兵
臨事而行之亨不得遂其所私乃乘此機而除之其
餘皆因平日不足者而中傷之未必皆知王文之初

謀也況王文之謀其實未發所以誅戮者多非其罪乃曰臣等舍命舉此大事以為有社稷之功　上亦信之極其報典之隆而亨等遂招權納賄擅作威福冒濫官爵恣情妄為勢焰赫然天下寒心初徐有貞亦與迎　駕之謀特命入閣有貞以陳循輩在前不得自專乃助亨除去循輩未幾有貞亦為亨所嫉而出之人以為天道好還不意亨復遭烈禍益見天道之好還也（李賢天順日錄）

景泰有疾都督張軏武清侯石亨太監曹吉祥以南

城之謀抑太常卿許彬彬曰此社稷功也雖然彬老矣無能為也盍圖之徐元玉軏亨等從其言是十月四日夜會有貞有貞曰　太上皇帝昔者出狩非以遊畋為赤子故耳今天下無離心謀必在此特不知南城知此意否軏等曰兩日前有陰達者有貞曰必伺獲審報乃可議軏等去兩日夜再會有貞言報得矣計將安施有貞乃升屋覽步乾象亟下附軏等耳言時在今夕不可失遂相與密語人不得聞已而軏云今虜騎薄都城奈何有貞言正宜乘此以備非常

為名陰納兵入內誰不可者軏等首肯之復密語既倉皇以出有貞焚香祝天與家人訣曰事成社稷之福不成家族之禍矣歸人不歸鬼遂往會軏亨吉祥王驥楊善陳汝言等收諸門鑰夜四鼓開長安門納兵近千人宿衛官軍驚愕不知所為有出入者兵輒叱止之有貞命仍鎖諸門曰萬一內外夾攻事去矣鎖訖有貞取鑰投水竇并軏等莫之知時天色晦暝軏等惶惑有貞趣行軏顧謂曰事當濟否有貞大言時至矣勿退薄南宮城門鐵錮牢密抑不應俄聞城

中隱隱然有開門聲有貞等命取巨木架懸之數十人舉撞城門又令勇士踰垣入與外兵合毀垣垣壞門啓城中黯無燈火軏等入見太上皇燭下獨出問曰爾等何為衆俯伏合聲請　陛下登位乃呼兵士舉輦來兵士驚懼不能舉有貞等助挽以前掖　上皇登輦有貞等又自挽以行忽天色明朗星月輝光
上皇顧問有貞等卿為誰各對某官某有貞等前導密邇屬車既升　奉天殿諸臣猶有在輦前者武士以椎擊有貞　上叱止之時斧座尚在殿隅諸臣

往推之至中　上升座鼓鐘鳴羣臣百官入賀　景皇帝聞鐘鼓聲問左右云于謙耶左右對曰太上皇帝　景皇帝曰哥哥做好　上既復辟卽日命有貞依舊左副都御史兼翰林學士明日陞兵部尚書命掌內閣事三月封武功伯仍命兼華蓋殿大學士掌文淵閣事　燕材小纂

景泰八年正月十二日禮部會內閣及文武羣臣議立東宮事具奏不允十四日內閣大臣陳循等招石亨至東閣會本請復立茂陵爲　皇太子亨對曰上

面有病休要激惱他又言少停慢慢說話因見人多不曾說得初　景皇帝有病羣臣不知其危劇本月十三日夜石亨獨蒙宣到郊壇齋宮榻前面受命代行禮親見知必難起於是時有南城之謀十七日早四更時有郎中龍文至循家蓋文素善張軏得之軏謂前日石總兵要與循計較說道西邊病重難起若請復立東宮不如就請　太上皇復位可以得功賞要與循說轅循不着却與徐有貞計較言先要與陳學士說不曾說得本官回言陳學士往日在人前說你無功封侯此事如何與他說他見爲首請立東宮若他得知西邊難起是的又會集百官懇請　太上皇復位大衆所爲必無功賞切不可令之知只約內外典兵柄者三五人密爲之庶幾功勳有歸權寵在已又與亨計必須揑箇異故方顯得吾輩功高此事在今日早發　見陳循辯冤疏

天順元年正月十七日　聖上復位當日拿于謙王文第二拿項文曜聞父喪未起身送錦衣衞皆打一百第二日拿陳循蕭鎡商輅俞士悅江淵王偉顧鏞丁澄沈敬等多官問皆打二十擬謀逆重罪題奉

聖旨且監着內臣王誠舒良吳榮權者十四五人皆擬重罪陞副都御史徐有貞爲兵部尚書太常卿許彬大理卿薛瑄加禮部侍郎

勑朕居南城今既七年心已忘天下不幸姦臣謀逆武淸侯石亨等能　機謀　忠義奉迎朕復正大位功在　宗社可特進封爲　國公食祿一千五百石右都督張軏爲太平侯食祿一千三百石張輗爲文安侯都御史楊善爲典濟伯食祿一千二百石

俱予孫世襲如 勑奉行
正月二十二日 聖旨于謙王文舒良王誠張永王勤論法本當凌遲從輕決了罷家下人口免死充軍家小免爲奴着隨住家財入官陳循江淵俞士悅項文曜免死發口外永遠充軍家小隨住蕭鎡商輅王偉顧鏞丁澄原籍爲民
天順元年正月二十六日都察院左都御史蕭維禎等於奉天門欽奉 聖旨于謙王文結同內賊王誠舒良張永王勤等搆成邪謀逢迎景泰篡位易儲依

阿從諛廢黜正后內外朋姦紊亂朝政擅奪兵權將軍國大事都弄壞了近因景皇御名有疾不能臨朝視政這厮每自知罪惡深重恐朕不容因共謀爲不軌糾合心腹都督范廣等要將總兵官等擒殺迎立外藩以樹私恩動搖宗社其一般姦黨陳循蕭鎡項文曜俞士悅王偉顧鏞丁澄商輅亦各𥨊知前謀不行發舉及朕復位這厮每姦謀節次敗露已將于謙王文王誠舒良張永王勤處以極刑籍沒家產成丁男子俱發充軍仍將其餘姦黨陳循等發口外永遠充軍及原籍爲民了論這厮每圖危 宗社的情理窮兇極惡本當族滅如今體 上天好生之德都從輕處治了今後內外的官務要竭力盡忠奉公守法以保身家不許似這厮每朋姦亂政違了必誅不饒恁都察院便出榜曉諭多人每知道欽此
天順元年二月初六日奉 聖旨軒輗陞刑部尚書劉廣衡刑部左侍郎李賓調大理寺卿李秉調南直隸管糧儲張鳳調南京戶部薛希璉調南京刑部蕭維禎調南京都察院姚夔調南京禮部宋琰調兵部

鄭泰李敏孟鑑張睿沈翼張惠孫元貞張純楊寧張敏王驥年富馬瑾馬昂韓福樂惲程南雲蔡翼嚴愷姜勝都着他致仕劉本道替張睿管京倉糧儲翰林院便寫勑書着人鋪馬裏去欽此
上復寶位二三日間諸文臣首功之人列侍文華殿
上喜見眉宇呼諸臣曰弟弟好矣喫粥矣事固無預弟弟小人壞之耳諸臣黙然時都督劉深亦帶刀在侍亦以復位功進左都督後充總兵官掛征蠻將軍印來廣西爲盛偶及此其語尤詳水東日記

壬申易儲之詔既下何文淵嘗告人曰詔文天佑下民作之君父有天下傳之子此文淵語陳閣老恩不及也既歸田里又屢以告郡邑親識人皆知之天順改元鄉人固廣文淵必及禍謂在旦夕一日遞報陳都御史將至邑人並驚信文淵因自經死未幾至者乃廣東陳副使泰便道過家耳陳以都憲改職因誤傳云　上同

天順初　上以郕王薨欲令汪妃徇葬賢因奏曰汪妃雖立爲后即遭廢棄幽閉幸與兩女度日若令隨

去情所不堪況幼女無依尤可矜閔　上惻然曰卿言是朕以弟婦少年不宜存內初不計其母子之命一日　上曰汪妃既存不宜在內欲移居舊府何如賢曰如此誠便但衣食用度不可闕減　上曰朕更欲加厚豈可減乎其原侍宮人悉隨之復遣老成中官數人以備使令由是母子保全甚得其所

上之復位天下人心無不歡戴若無亨輩攙擾左右前後得正人輔導行事三代可復不幸而遇亨輩讒言一人未能遽解數年之久言路猶塞所謂開家承家小人勿用可不戒哉

初朝廷旨意多出內閣臣條進稾留閣中號絲綸簿其後宦寺專恣時奏收簿秘內徐有貞既得權寵乃告　上如故事還簿閣中

景泰不豫文武羣臣不過候其不起請　上皇復位時武清侯石亨都督張軏掌大兵小人欲圖富貴者以爲少保王文于謙與中官王誠等欲取宗室立之之說以激亨等借其勢而成功亨等遂以迎　駕爲功殺王文于謙等并貶陳循等數十人亨封忠國

公軏封太平侯乃固寵攬權冒濫官爵黷貨無厭方復位之初人心大悅及見亨等所行人皆失望于動天象彗出星變日暈數重數月不息乃羣邪固蔽太陽之象而亨恬不知戒賄賂公行強預朝政掠美市恩易置文武大臣邊將以彰其威有不出於門下者便欲中傷中外見其勢焰莫不寒心敢怒而不敢言亨姪彪頗驍勇驟陞都督性尤貪暴初立邊功大肆兇惡謀鎮大同邀人保奏　朝廷覺其不實使人廉察果皆虛詐置彪於法人心皆快已而罪連亨　朝

廷初念其功累有之未幾家人傳說怨謗有不軌之
謀於是置亨於法籍其家受禍甚烈議者以爲天道
好還如此人見其爵位勢力重如泰山一旦除之曾
不少阻蓋幽明冤抑從此伸氣雖　朝廷大法有所
不免亦其罪惡貫盈人神共怒助力於間當時若以
彪鎮大同誠爲可憂且在京武官多出亨門下而亨
又握兵權天下精兵無如大同稍有變動內外相應
其禍可勝言哉此時雖欲撲滅力不能及今擀之於
早除此大害非　上之剛明果斷不能如此而亦

祖宗在天之靈默相之社稷綿遠兆端於此 天順日錄
法司奏石亨等親昵官員俱合查究　上召賢問曰
此事可否恐驚動人心賢對曰若查究則不可但此
等冒陞職者自不能安欲自首猶豫不決若朝廷許
令自首免罪事方妥帖　上曰然遂行之於是冒陞
職者四千人盡首改正人心皆快或有擬欲追其支
過俸米者賢曰不可戶部奏請得旨乃免人心皆安
亨既置于法平日出入門下者無不驚懼一日賢言
於　上曰元惡既除宜戒諭羣臣慰安人心不究其

餘　上允之中外釋然無不感戴朝廷之恩者 天順日錄
石亨下獄死法司請瘞其屍　上召賢曰如何賢對
曰如此行之未爲盡善法司宜執法論罪欲梟首示
衆　朝廷不從特全其首領尤見恩義　上曰然節
從之 天順日錄
石亨嘗往來大同顧紫荆關謂左右曰塞守斯關京
城何由能至識者知其心矣忌憚于謙兼懼正人之
多不敢決爲天順初自　南城迎復之功封忠國公
益恃寵招權納賂天下都司及邊將多出門下是年

二月初三日朝退歸私第所親盧旺彥敬杜清等二
十餘人各叩頭起侍亨曰我這職事皆爾之所欲爲
者衆不知所謂咸曰我等賴公擡舉各衛都指揮及
指揮之職至是足矣三公之位何敢望也亨曰當時
趙太祖陳橋之變史不稱其謀反爾等若助我至此
我職非爾爲之而何衆皆股戰南城有功替日指揮
童先乃手出妖書曰惟有石人不動蓋天意有在爾
等勉力爲之乃謀曰大同人馬甲天下我撫之素厚
今石彪在彼充遊擊將軍異日以彪代李文掛鎮朔

將軍印北塞紫荊關東出山東拒臨清決高郵之堤以絕餉道則京城可不戰而疲遂議以盧旺守眞河一道各有分地三月虜寇延綏命亨征之童先力勸亨成前謀亨曰爲此事不難但天下各處都司除代未週待週爲之不晚也童先曰時者難得而易失也恐時一失不可復得亨不聽童先私罵曰這廝不是幹此事底亨師還無功見 上於文華殿 上命環衛露刃以待

天順五年七月初二日太監吉祥姪昭武伯曹欽作

亂放火燒東西長安門殺害左都御史寇深恭順侯吳瑾錦衣指揮同知逯杲等前夕指揮皮兒馬哈麻在欽家飲酒謀叛既而悔之乃以聞

內官吉祥居禁庭最久爲人惟喜私恩小惠招權納賂擅作威福嘗往雲南福建殺賊帶去達官軍能騎射取功因而收於部下加以恩澤爲心腹天順初呼召此輩迎駕俱陞大職此輩亦感吉祥之恩後否亨事發冒官者俱革去此輩又爲吉祥所庇不動吉祥初以迎 駕爲功貪圖富貴一家弟姪俱得大官又賣官鬻獄黷貨無厭 上初不得已而從之後不能堪稍疎抑焉吉祥輙懷異志令其姪昭武伯欽糾集所恩之人謀爲不軌會兵部尚書馬昂懷寧伯孫鏜統官軍往陝西殺賊於五年七月初二日早辭 朝欽等乘機欲殺昂等就擁兵入內爲變幸而鏜等先覺二鼓時即報於內禁門不開欽兄弟與同惡者詣錦衣衛指揮逯杲宅前遇杲方出斬其首碎其尸蓋杲亦吉祥所恩之人後 朝廷委任行事且發欽非理之事所最恨者先害之然後分布於各禁門待其

開擁入三鼓至門欽兄弟四五人俱在長安門予五鼓到朝房聞鎗馬驚亂以爲出征之軍及入房聞呼錦衣指揮焦壽郭英等拿住予亦不知何如俄又呼予官名曰尋李學士予方恐即出房至門前見披甲持刀者數人一人砍予一刀又打一刀背曹欽適至見予不忍殺連呼尊長執予手曰毋恐叱退持刀者且告曰我父子兄弟盡忠迎 駕複位逯杲譖毀反欲相害提杲頭示予曰誠爲此人激變不得已也予曰此人生事害人誰不怨恨既除此害即可請命欽

日就與我寫本進入即令防予至吏部朝房尚書王翺處借紙筆寫成予拉翺同行門縫投進欽見門不開乃舉火焚燒復欲害予令持刀者同予尋尚書馬昂得翺等解之及天明上馬呼衆馳往東安門又令披甲持刀者一人馳馬尋予翺等復解之忽孫鏜領官軍襲而圍之予乃得脱時恭順侯吳瑾左都御史寇深俱被殺死予被傷在吏部至晚大雨不止聞官軍圍欽等於其宅盡誅之予慮其脇從者不寧即進本請急宜 聖旨脇從者罔治以安反側之心然後

詔示天下布寛恤之恩一切不急之務悉皆停罷與民休息吉祥已正典刑蓋此亂臣賊子肆行反逆天地鬼神所不容當時若不早覺各門既開此賊擁入縱横一時不能禦之其禍不可勝言幸而早撲滅之此實 宗社之福也 天順日錄

吉祥初傳 太后勑旨令石亨等迎 駕有功與政然不通文墨恐事歸司禮監以此極力贊說凡事與二學士商議而行時徐有貞李賢已爲吉祥所引入閣辦事故除于謙等皆用徐 有貞策而賢陰助之先吏部侍郎關調兵部侍郎項文曜於吏部李賢以吏部郎中陞兵部侍郎代文曜蓋嫌於陞本部與尚書王翺並之意謙嘗薦文曜賢以爲令調出謙意深奇之嫉給事中王鎮等劾文曜爲謙姦黨都御史蕭維禎亦吉祥所引用文致謙罪以爲欲迎立外藩依謀反者律凌遲處死以文曜爲知于謙謀反故縱者律斬事載李賢天順日錄及蕭維禎所搆獄案日錄內賢自言助有貞展盡底蘊又言有貞素行持公者少及予持公助之遂改前轍觀此賢有貞害謙之事謂

賢不與謀可乎况日錄屢言文曜黨謙士林非笑夫謙本非邪人文曜所黨何事唐李訓鄭注爲宦官所引用既而欲除宦官以自解訓又恐注專其功遂致甘露之禍賢與有貞既爲吉祥亨所引用而慮爲所累欲以至公除之幾致禍變初亨毎來閣議事則欲以已意令内閣行之有貞等得無厭乎又亨欲薦吳與鄭贇乃代草附亨奏之則吉祥亨初與有貞賢相親厚可見矣 雙溪雜記

復辟錄終

建州女直考

天都山臣輯　武林翁藎業閱

按今女直卽金餘孽也　國朝分爲三種曰建州曰海西曰野人而建州實居中雄長地最要害定每歲以十月入貢正統初建州衛都督猛可帖木兒爲七姓野人所殺弟凡察子童倉逃之朝鮮併失印時童倉弟董山嗣爲建州衛指揮亡何凡察童倉歸建州詔更予印比得故印凡察輒匿更給者乃更分建州左右衛剖二印令董山領左凡察領右而董山益邊無虛月尋誅之邊備日嚴乞款貢而董山凡察後皆得襲顧時以報董山讐爲辭患苦塞上又襲破之後其酋完者禿貢馬請襲如故嘉靖二十一年建州夷李撒赤哈等入寇巡撫禦之已復稍戢萬曆二十八年建州奴兒哈赤襲殺猛骨孛羅其勢始桿猛骨孛羅者與那林孛羅俱海西部落與奴酋三家俱封龍虎將軍猛最忠順虜或入犯輒預報諸夷惡之奴酋尤甚會猛酋與那酋讐殺猛力不支請救於邊不許願得爲障扞不許遂求援奴酋奴酋悉起兵以援爲名襲執之時邊臣遣使譏救奴酋外恐吾聲罪實心利其妻妾部落乃僞以女許猛酋而陰縱其妾與通徐以私外母名殺之仍以女許妻猛酋長子送次子歸我內地以苟塞前講邊臣因不與較奴酋自是有輕中國之心又先是奴酋父他失乘醉入我邊堡邊吏誅之奴酋遂恨日與弟速兒哈赤厲兵秣馬設險攏唐數年前精騎一萬今且至數萬自三十四年以勒索車糧爲名遂不復貢擁衆要挾侵犯遼陽而要其跋扈之勢巳成於襲殺猛酋之日矣按奴酋故部在清河邊外寧宮塔塞直開原之東而猛骨那林三酋部落在鎮北撫順關外直開原東北與韃靼三衛接壤奴酋所以不得通北虜以二酋爲之障也猛酋亡矣那酋僅五千餘騎勢必亡亡則建酋與北虜通矣勢豈小哉且建夷素獷捷喜馳獵上下巖壁如飛浮馬渡江河不用舟楫夫北虜善陸戰遇江河則股栗南夷習水道賴大海爲隔越乃建酋兼水陸之長無河海之限由此言之奴酋一日不死不可一日弛履霜之戒也敢考之以俟謀軍國者

跋女直考

自天厭夷德降生　真主北竄胡元我中土始得
光天日月之蓋皇祖另闢乾坤於遜代之外其德
固駕唐虞三代而上之矣乃爾歲建酋以旣燼之
灰鴟張跋扈始則詭併部落繼則要挾不庭而駿
駿乎敢彊也豈唯扠鉞者蒿目卽荷犂執槧岩叟
販夫有弗裂眦而呼亟欲顛其壘穴者乎顧不稔
察其境之逶折不歷遡其類之從滋亦何異望洋
興嘆自兹圖考出而虜在吾目中矣跡奴兒哈赤
之於猛酋也假女爲敵餌委妾爲賄資雖狡黠百
出哉無過一猒饞之獸耳我　皇祖不階尺寸一
朝而蕩腥羶豈以金甌鞏固之日控弦幾何儲積
幾何猛將謀臣幾何而顧難彈一痓哉吾儕食土
之毛忠憤橫臆然有志竊未之逮唯同志者披圖
而起長於謀者輸謀長於力者輸力長於賄者輸
賄共殲此黠猒而臠之也庶不孤傳梨之意

女直考終

夷俗記卷上

泰安蕭大亨纂　章斐然校

匹配

夷中嫁娶惟以兩姓相懽男女年相若者遂爾配合烏睹所謂媒妁哉其聘儀則取牛馬諸畜近亦知具幣帛以貧富而豐儉其數其成親則婿往婦家置酒高會先祭天地隨宴諸親爻婦家預置一帳房竪於所居之側如貳室然宴畢諸親爻皆已散去時將昏矣婦則乘騎避匿於鄰家婿亦乘騎追之獲則挾之

同歸婦家不然即追至數百里一二日不止也倘追至鄰家婿以羊酒爲謝鄰家仍贈婦以馬縱之於外必欲婿從曠野獲之其至婦家也諸婦女擁抱推送入幕中婿與婦將羊骨互相捧持然後交拜天地婦之裏衣必以馬尾辮維繫之固婿以小刀斷之其始配如此貧者則隨意資送同歸婿家矣歸時婦披長紅衣戴高帽婦女前導至幕中婦持羊尾油三片對竈三叩頭即以油入竈焚之與祭竈無異次則拜公姑伯叔毋仍各送一衣似亦爲贄然亦終避匿不相見别嫌不親授受未嘗以燕報聚麀而廢也至虜王及諸台吉家其俗大柢相同特無婦避婿追之事然台吉之女成婚之日若婦不命婿入婿不敢遽入也既婚後婿在婦家必俟産育男女始歸其歸也所贈嫁儀若帳房若馬駝若衣服男女奴僕之類輒以數百計其酋長之婿名倘不浪女名啞不害此兩家者世爲婚姻其有夫妻反目别娶有妾者婦家廉知之即竊入其幕殺其所娶之妾盡驅其馬駝以歸若婦不悦夫則隨其所欲嫁夫亦恐不敢言也若台吉之

妻有不和則給於所部之夷如有所出則給家産令其與子别居他所無子則守夫不命之嫁不敢嫁也至父死妻其後母兄弟死盡取其妻妻之不如此反相訕笑故中行說有言惡種姓之失也不亦大可揶揄哉

生育

夷人産育男女不似我中國護持産時即裹以皮或以氈越三日方洗洗畢仍裹之如前是日椎牛置酒召親戚鄰里而會飲名曰米喇兀産母初産時即飲

食如常不避風寒即所産之孩亦不避風寒母亦不甚懷抱兒饑則乳乳飽則以搖車盛之置於帳之内或帳之外如晁錯所稱風雨罷勞饑渴不困中國之人弗與也盖自孩提而然哉産時仍有媼收生兒臍帶以箭斷之無論男女産畢俱懸紅布并腰刀於門上與懸弧結帨相似

分家

夷人分析家産大都厚於長子及幼子如人有四子伯與季各得其二仲與叔各得其一如女子以聘人

而未嫁者遇父母歿亦得分其家産以歸若已嫁之女不過微有所得耳至夷人有絶戸者凡家産俱入所管之台吉其妻亦給别夷若有恩男義子曾報名於台吉及應差者即得其家産如故不然則毫無所得也

治姦

夷俗以姦爲最重故其處治爲最嚴如酋首之娘有與散夷姦者廉知之即以弓弦縊死其娘與凡姦夫之父子兄弟止存一人餘盡置之死若妻女若婢妾

諸畜産之類盡給之各散夷所謂亦族之禍不過是也若散夷中有姦其娘者唯以姦夫置之死如姦夫預知而逃避者則稟其酋長罰畜産以七九之數其有因姦而私相奔逃者被獲則持其娘以歸而姦夫之罰亦如之至於姦其室女者父母獲之則痛責其姦夫送至夫家俟其死如夫家遣之則止不然則罰以九九之數若貧不足以九九者則盡以其妻奴足之若竊其女而逃奔他所者獲則罰亦如之且罰其女之父母以七九若父母有不知情者亦令之誓然

後恕之至若叔伯兄弟之姦干係倫理者反置之不問間有處置亦不至於太甚若稍疎者亦畧有罰而已大抵夷俗治姦嚴於疎而恕於親也

治盗

夫治盗之法曩時有盗若牛羊駝馬者止罰七九或三九之數耳今新法一行且剜其目斷其手仍罰一九之數即盗一馬之尾法猶截一指也至畜産走失有收獲者酋首知之雖二三年外猶令人執旗徧部落中訪之自首者則恕如隱昧不白其事事發仍剜

其目斷其手何其慘也惟外甥盜母舅之物則置之不問即甥盜其舅舅亦無可責之者此又何縱也奴盜主財既斷一指矣且罰及得財者計畜之牝牡而重輕其罰大抵得牝者罰六九得牡者罰三九也盜戰具則罰三九盜田禾則未收者三九已收者六九也盜為途人所獲則盡以所盜之物給之貴其能獲盜也彼酷於治盜如是是或一道乎

聽訟

夷人雖居沙漠喜則如馬之交頸相靡怒則分背相

夷俗記　五

踶而其處分亦無定律如兩台吉不和虜王則令衆台吉理其曲直曲者則罰牛羊以千計駝以百計如散夷不和則處置其富者先奉以羊酒然後訴其事曲直已分則令曲者為直者奉酒次日直者亦還敬遂相懽如故也如甚曲者則罰罰不過牛羊數頭即坐於曲者各下以供賞賚之資其有致人於死者則殺其人以抵命其人已逃則盡掠其家財男女而後止若兩娼相爭至於傷命酋長必先詰之曰汝之致死彼娼汝意欲謀嫁彼夫耶其娼誓曰無遂以此婦與死娼之夫矣夷中奴僕多漢人及別夷之被掠者為之郎其子若孫亦世世無改易也若有智勇藝能之人間若有令之管事儼然亦酋首矣此而為人所殺則罪與殺真夷者同科若奴有殺死真夷者非惟殺其奴以償命且併其財產一空至於奴為夷人所殺不過罰牛羊幾九以給其妻耳無妻者不過數罰牛羊以給其主耳若奴僕新來為人所殺又不過罰羊一隻以給其主耳何薄奴僕若爾若曰此奴非我族類故不甚惜之乎是以被掠之人往往南冠而越

夷俗記　六

唫殆為此哉

瘞埋

夷病不服藥其所從來矣近款貢以來每賜之醫藥冀起其罷聾顛連而安全之然藥亦多不驗者何也蓋諸戎以曠野為性飲食衣服不與華同故張脉僨興外强中乾往往夭促其天年鮮能以壽終者良有以也乃其瘞埋之禮則尤可異焉初虜王與台吉之死也亦畧有棺木之具併其生平衣服甲冑之類俱埋於深僻莽蒼之野死之日盡殺其所愛僕妾良馬

如奈穆殉瘞之意若有盜及塚中所埋衣甲及塚外馬肉併一草一木者獲即置之死子女盡入爲奴而資財無論矣即盜散夷之塚者亦罰九九之數故每於他所別立一帳令人守之且揚言曰此某王某台吉之塚也儻亦效曹瞞之餘智乎俗無三年之喪唯於七日內自妻子至所部諸夷皆去其姑姑帽頂而已七日外復如故也今奉貢惟謹信佛甚專諸俗雖仍其舊獨瘞埋殺傷之慘頗改易焉蓋西方之僧彼號曰喇嘛者欲以火瘞之法凡死者盡以火焚之拾其餘燼爲細末和以泥塑爲小像像外以金或銀界之置之廟中近年大興廟宇召喇嘛誦經四十九日雖部落中諸夷亦召喇嘛誦經至七日而止盡以死者所愛良馬衣甲爲喇嘛謝凡四方來吊者與所部諸夷來吊者但有牛馬賻瘞則俱以謝喇嘛其所嬖幸之人雖不盡殺但自生母以外仍爲子所收子死父則擐甲持刃向門三砍仍收其媳惟此淫俗固佛教所不能變者若其像則雖傳至久遠亦供奉之而莫敢毀也夫像教之設肇於西方流於北土化悍厲爲仁慈於王化豈曰小補之哉

崇佛

夷俗獷悍不可化誨久矣比款貢以來頗尚佛教其幕中居恒祀一佛像飲食必祭出入必拜富者每特廟祀之請僧諷經捧香瞻拜無日不然也所得市銀皆以鑄佛鑄浮圖自虜王以下至諸夷見佛見喇嘛無不五拜五叩首者喇嘛唯以左手摩其頂而已且無論男女老幼亦往往手念珠而不釋也又有以金銀爲小盒高可二三寸許藏經其中佩之左腋下即坐臥寢食不釋也曩俺答在時往西迎佛得達賴喇嘛歸事之甚謹達賴每指今松木台吉所居曰此地數年後有佛出焉後達賴喇嘛卒不一年至萬曆十六年松木之妻孕矣孕嘗在腹中有聲衆僧曰此當客生佛比產時兒果自言曰我前達賴喇嘛也衆僧曰此真向者達賴復生矣達賴生時乘馬念珠及經一冊順義王西還以此數者示兒兒果曰此我之馬也於諸品物中獨取念珠與經曰此我之故物也且時時作西方語惟僧能解之甫三四歲時言禍福亦輒

慮夷人聞之於是千里贏糧而丕謁之者日相望於門也咸號曰小活佛上其事以聞萬曆二十年奉聖旨陞松木之子爲孕兒只昌異其事也以故夷人愈益崇佛不倦而喇嘛之在虜中者我歲有所賜以獎異之松木台吉常居上谷西北今順義王之親弟其子曰虎督度年可七八齡云

待賓

夷人應酬禮節無所謂揖遜謙讓之儀其在幕中賓坐於西北隅主坐於東北隅賓之從者即列于西北

之下主之從者即列於東北之下皆趺迦箕踞不倚不席也主人待之仍飲以乳以茶以酥油次則酒肉之類賓主食畢即以其餘者犒從群然聚食於一幕而主僕不分也又有生平不相知識或貧或餒不必畢辭哀請直入其幕而坐之主人食即以其食剖而分之以故行人過客往往望屋而食雖適千里者奚必三月聚糧哉亦有貧夷食寡恐人之分其食也輒暮夜傳食晨起暮食若候至日中則食雖甚寡亦必均分而無吝矣孰意很如很貪如羊者乃能軫猶饑之念若此乎

尊師

彼文無詩書字非六體烏有所謂師然就其能書者名曰榜什此師也學書者名曰捨畢此弟也捨畢之從榜什學也初則持羊酒行叩首禮後雖日見日叩其首必至書寫已成然後謝以一白馬一白衣衣或布或叚惟隨貧富製之無定數也夷人能書則隨酋首往來列於諸夷上一等以故夷中最敬榜什倘有侮慢榜什者罰馬一匹以給之往者各部落中榜什

不過數人近以奉貢崇佛榜什頗爲殷衆往者書用板或以皮近欵貢來每給以紙筆之具但紙以供表章至學書者仍以板板之制如我水牌而甚麁且書甚遲鈍不能搦管祇以草管代之其字形長而直體雖草而有似于篆故不可究詰云

耕獵

論者咸曰夷人肉食不藿食也又曰不火食也此在上古或然耳今覩諸夷耕種與我塞下不甚相遠其耕具有牛有犁其種子有麥有穀有豆有黍此等傳

來巳久非始於近日惟瓜瓠茄芥葱韭之類則自款貢以來種種俱備但有耕種惟藉天不藉人春種秋斂廣種薄收不能胼胝作勞以倍其入所謂耕而鹵莽亦鹵莽報予者非耶且也腴田沃壤千里鬱蒼厥草惟天厥木惟喬不似我塞以內山童川滌邈焉不毛也倘能深耕溉種其倍入又當何如彼中松栢連抱無所用之我邊氓咸取給焉則互市之開其於材木不可勝用矣若夫射獵雖夷人之常業哉然亦頗知愛惜生長之道故春不合圍夏不群蒐惟三五爲

朋十數爲黨小小襲取以充饑虛而已及至秋風初起塞草盡枯弓勁馬强獸肥隼擊虜酋下令大會蹛林千騎雷動萬馬雲翔較獵陰山十旬不返積獸若丘陵數衆以均分此不易之定規也然亦有首從之別如一獸之獲其皮毛蹄角以頒首射旌其能也肉則瓜分同其利也其亡矢遺鏃無人竊匿恐罹重罰其控弦鳴鏑悞傷本夷以致於死者惟償以一奴或償一駝不然則償馬二匹而已卽陣中亦依此例俱不入故殺之科也

食用

夷人雖知火食然亦粗糲之甚矣其食肉類皆半熟以半熟者耐饑且養人也肉之汁卽以煮粥又以烹茶茶肉味相反彼亦不忌也有臼爲米有磨爲麵麵和以乳而不知烹調之法也酒之名太多大抵以乳爲之厚者飲數盃卽酩酊矣盛以皮囊名曰殼殼葢鴟夷滑稽之遺製也雖肉食然客至未嘗特牛款之也雖穀食然終肉氣勝食氣也其性耐饑卽食一餘彈飲水一升可度二三日也又耐寒冬夜卧雪中縮

其手足卽雪厚數尺不言凍也食無箸以手舉之亦無碗以木盆盛之今諸夷以麤製木碗木杓矣酋首則以銀爲之其壁帳房門必異向卧亦西首今受胡僧之約巳南其門矣但西首而卧雖草野露宿終不改易也散夷仍卧於地不設床榻冬氣寒肅卽犬與羊俱蟠遶於卧前人畜不分也其鼎釜食具人食畢卽縱犬餂之腥穢不避也所謂犬羊之群豈虛語哉若其酋首則近日設有床榻矣僅高尺餘氈褥厚數寸食最喜甘衣最喜錦則糖飴錦繡之賞亦五餌之

所不廢者乎

帽衣

夫被髮左衽夷俗也今觀諸夷皆祝髮而右衽矣其人自幼至老髮皆剃去獨存腦後寸許爲一小辮餘髮稍長即剪之惟冬月不剪貴其煖也莊生所稱窮髮之北非此類耶若娘女自初生時業已留髮長則爲小辮十數披於前後左右必待嫁時見公姑方分爲二辮末則結爲二椎垂於兩耳耳亦穿小孔貫以金鐺銀環亦以朱粉爲飾但施朱則太赤施粉則太

白不似我中國之適均也其帽如我大帽而製特小僅可以覆額又其小者止可以覆頂俱以索繫之頂下其帽之簷甚窄帽之頂贅以朱英帽之前贅以銀佛製以氈或以皮或以麥草爲辮遶而成之如南方農人之麥笠然此男女所同冠者凡衣無論貴賤皆窄其袖袖束於手不能容一指其拳恒在外甚寒則縮其手而伸其袖袖之製促爲細摺摺皆成對而不亂膝以下可尺許則爲小辮積以虎豹水獺貂鼠海獺諸皮爲緣緣以虎豹不沾草也緣以水獺不斷露

也緣以貂鼠海獺爲美觀也衣以皮爲之近奉貢惟謹我恒賜之金段文綺故其部夷亦或有衣錦服繡者其酋首愈以爲榮也又別有一製圍於肩背名曰賈哈鈒其兩隅其式如箕左右垂於兩肩必以錦貂爲之其裹衣甚窄以繩隹其腰而服之不以帶束也女不爲弓鞋與男俱靴靴之底甚薄便於騎乘也雖甚富不以二衣更代自新製時輒服之至於敝弊亦不補也雖極隹麗不一二日則垢垢亦不浣也非惟衣垢不浣即其夫終日垢其面經年垢其體故其腥

羶不可聞殆積垢所致哉人言虜多受制於娘非其婦性獨悍夫亦有所挾耳凡衣服冠履一切巨細之事皆出其手夫自持弓射獵外一無所事事也平則司牝雞之晨怒則肆獅子之吼功多而驕勞多則嫉勢固然也

敬上

夷俗所最法令或苛急而過猛或懈弛而太寬雖失競絿剛柔之中乃其敬共上命亦有可紀者凡命下之日有抗違不奉行者輒罰千馬百駝雖台吉在所

不赦也凡所過地方俱有應付馬匹如我驛遞若奉差人員至有抗違不應付者輒罰牛羊五頭酋首之門今巳南向若王子及台吉入俱必由門之西其散夷由門之東有由中直入者輒褫奪其衣且罰其乘來之馬若婦之入見翁姑亦必由門之東見則叩首退則仍面其上逆行必出至門外始轉身順行不然懼背尊不敬也諸夷之來謁見也馬必遠繫他所繫近幕下者亦罰其乘來之馬至若毀駡酋首凡聽聞者人人皆得殺之如逃不能護則盡其牛羊馬駝而

沒之矣近奉佛教或有疾病輒召僧諷經祈禱台吉爲虜王禱諸夷爲台吉禱其敬上勤懇如此

禁忌

夷人原不知機祥之説其所最忌者無過於痘瘡凡患痘瘡無論父母兄弟妻子俱一切避匿不相見調護則付之漢人如無漢人則以食物付之他所令患痘者自取之也至若夫妻之患痘也必俟聞雷聲然後相聚不聞雷聲則終年避匿如路人然其地寒患痘者少視內地若火宅不肯久留慮患痘也近奉佛教禁忌猶甚凡事皆守僧之戒毫不敢違一舉動僧曰不吉則戶限不敢越也一接見僧曰不吉則人罕覩其面也其俗無曆以明時惟記月之十二圓缺爲歲記日之三十出沒爲月然毎月必以初一初十十五爲上吉也是日也出行皆利刑罰盡弛其餘若上元中秋端午重九除夕元旦之節盡懵然不知慶賀不舉矣俗有卜筮不與我同有持羊膊骨火灼之以驗吉凶者有以上弦之弓用兩指平舉之口念一呪俟弓微動而知吉凶者有以衣領口袋諸器具向內

爲吉向外爲不祥者又有以所食之物藏於懷納於靴取以與人人以爲吉若頂於首盛以袖人即忌而不食者又有天陰雷鳴震死頭畜爲大不祥則以酒食禳之立二竿爲門驅群畜從中逐者則吉留之稍旁出則凶令衆搶之奪者虜雖蠢然而亦知禁忌如此

牧養

夷人畜産惟牛羊犬馬騾駝而已其愛惜之勤視南人之愛惜田禾尤甚其愛惜良馬視愛惜他畜尤甚

見一良馬卽不吝三四馬易之得之則旦視而暮撫剪拂珍重更無以加出入不以騎惟蓄其力以爲射獵戰陣所需而已凡馬至秋高則甚肥此而急馳驟之不三舍而馬斃矣以其膘未實也於是擇其尤良者加以控馬之方每日步馬二三十里俟其微汗則縶其前足不令之跳踃蹶躅也促其銜轡不令之飲水齕草也每日午後控之至晚或晚控之至黎明始散之牧場中至次日又復如是控之至三五日或八九日則馬之脂膏皆凝聚於脊其腹小而堅其臀大

而實向之青草虛膘至此皆堅實凝聚卽盡力奔走而氣不喘卽經陣七八日不足水草而力不竭我中國不知控馬之方徃徃乘肥馬以涉遠道則馬之死者十而九矣故馬不在肥在肥而實相馬以肥則騏驥不御有以也且其人平日間緩步以馬急馳以馬射獵以馬故周旋熟而鞶控精我中國人能如是乎卽有從馬上弄弓矢者亦月不數次此所以人馬不相得而馳驟不如意與乘異產無異也虜酒多取馬乳爲之故馬之乳人與駒而分食彼旦日我分其乳

則駒食乳多至冬月不耐寒此亦曲爲之說耳若駒以全乳食之我想其騰驤更數倍也大抵馬之駒牛之犢羊之羔每一年一產產於春月者爲佳羊有一年再產者然後羔多有倒損之患故牧羊者每於春夏時以氈片裹羝羊之腹防其與牝羊交接也馬乳初取者太甘不可食越二三日則太酸不可食惟取之以造酒其酒與我燒酒無異始以乳燒之次以酒燒之如此至三四次則酒味最厚非奉上敬賓不輕飲也牛羊之乳凡爲酥爲酪爲餅皆取給焉取牛乳

則俟犢能齕草遂隔別之日取其乳至夜始令毋子相聚也取羊乳亦俟羔能齕草驅至他所將牝羊每兩隻其頭相對束縛之使不動人從羊尾後取之取畢始解其束縛令毋子相聚也其取羊毛則歲取二次或一次積其毛若干則合鄰家之婦聚而爲氈彼此交作不數日而氈畢成駱駝則二年一產力能任重每藉以負載行裝故虜貴駝也犬不甚大而其性更靈收則藉以守獵則藉以逐有獸被矢而逸者犬追之不獲不止其發縱指示動如人意故虜貴犬也

虜以牧養爲生諸畜皆其所甚重然有窮夷來投或別夷來降此部中人必給以牛羊牧之至於孳生已廣其人已富則還其所給似亦知恤貧也若鷄豚鵝鴨皆其所無惟板升諸夷稍有之野產之物若黃羊盤羊野猪野牛野馬野駝野鹿之類皆不可馴致惟大獵時則能獲之皆在極東極西極北三處最爲繁夥處宣大邊外之地所產不多蓋彼三處地廣人稀食之者寡而宣大以外恒聚數十萬虜於此此正江河不能實漏卮所產安能供所食哉故虜以潼酪謀其旦夕也

習尚

夷性椎魯木彊自服食器用之外不貴異物賤用物固其習俗然也乃今尤趨華靡哉其酋長類佚樂無所事事惟耽于壺觴溺于妖冶拍胡笳以諠雜合絲肉而呼吰荒淫沉湎更復何管其娘女雖不甚佳麗然最務藻飾間亦工於刺繡故胭粉針線所最好也但其長乳垂至腹下時當拮据兒輒從腋後索而食之此豈生成亦從馬上得之耳其俗不競富貴不戚

貧賤雖家無升斗處之晏如最敬者篤實不欺最喜者膽力出衆其最重者然諾其最憚者盟誓僞則不誓一誓死不渝也最好弓弓有經十餘年不壞者最好刀刀之制與我無異然惟尚犀利不尚光明也最好盔甲制極精堅即無戰陣猶時時拂拭也又最好犬馬犬馬之良者愛之甚於愛人往時不畏鬼神近甚敬佛嘗特建廟宇乞買丹青爲莊嚴之故也其衣服鞍轡惟娘女爲最華若其丈夫雖弊衣垢面往來親友家不顧也其人之體貌不甚魁梧面亦有皙白

可愛者但其首微扁而短其肩橫濶其睛白者多而黑者微黃其鬚黃而赤其言語多喉舌音而不清輕其歌唱亦多喉唇音而不嚮亮近雖貴金紫之飾悅錦綉之文甘茶糖之味若夫珍禽奇獸翡翠明璫可以快耳目周彝商鼎虞絃孔碑可以供清玩彼不知尚也雖非渾渾噩噩之民猶有狉狉蓁蓁之俗此上聖所不能懷者今何幸就我戎索哉

夷俗記卷上終

夷俗考卷下

泰安蕭大亨纂　章斐然校

教戰

世人聞匈奴之長技三歲曰此誠不可當不知彼非有他謬巧亦習慣若自然乎史載匈奴兒十五卽騎羊射鼠李詩亦云胡兒十歲能騎馬豈虛語哉今觀胡兒五六歲時卽教之乘馬其鞍以木爲之前後左右皆高五六寸置兒於中雖馬逸亦無傾跳之患也稍長則教之蟠鞍超乘彎弧鳴鏑又教之上馬則追

狐逐兎下馬則控拳彎張少而習焉長而精焉不見異物而遷焉無非比勇角力之事也又稍長則以射獵爲業晨而出暮而歸所獲禽獸夫旣食其肉而寢處其皮矣且射騎於此益精也及至勇力出衆衆甚重之雖虜王台吉恒解衣衣之推食食之卽勇力者或紾其臂而奪之食虜王台吉亦慨然不以爲怪也其馬每至秋高則肥肥則不堪道遠彼有控馬之方故馬不虛肥其膘皆實卽日行數百里經陣七八日馬猶如故也弓以桑榆爲榦角取諸野牛黃羊膠以

鹿皮爲之體制長而弱非若六鈞三石之强也矢以柳木爲之麄而大鏃以鐵爲之有濶二寸或三四寸者有似釘者有似鑿者然陣中人不數矢矢不虛發也弦以皮條爲之麄而耐久也其弓弱其矢强彀之極滿至三二十步發之輒洞甲貫胸百不一失但不能射於五十步之外甲胄以鐵爲之或明或暗制與中國同最爲堅固矢不能入徒躍如也說者謂虜無鐵有鐵皆自互市中所闌出者不知未市之先歲所擄掠者不知其幾庚戌之犯其鐵馬金戈明光耀目

夫豈裸體來哉特彼中少鐵故貴鐵貴鐵故精於鐵非若我之多而濫惡也矢則人人能爲之惟弓有弓人函有函人弓人函人皆我中行說爲之也陣中有鉤鎗柄長五六尺鎗刃長數寸刃後有鉤可以刺可以挽也有鉤杆可緣以登城也有弩專以射牲戰則不用也無金鼓惟有觱栗以木爲之制如我銅號頭而甚長吹之以合衆其聲聞更遠也無旌旗惟虜王及台吉則有坐纛典師振旅皆知祭纛出行無導從服飾無等級行如鴈行人亦莫知誰爲王誰爲台吉

也夫自幼至長惟力是恃自上至下惟力是愛此所以從古爲中國患乎

戰陣

夫虜之犯順也其小入零竊則無如我何獨糾衆大舉則往往得志矣嘗聞虜之大舉也不締盟與國則藉援婚姻合羣虜而部署之輒逾數月始則虜王令人持三尺之梃晝夜兼程諭諸部約以某月某日集於幕中敢有愆期者必罷重罰至期諸部果畢至至則進逐左右不令與聞獨召各酋長入幕議所掠事

議畢仍令散歸各部備弓矢甲冑及牲畜若干以充軍需至某日會於某所敢有愆期不畢會者仍罷重罰至期諸部又畢至虜所重者坐纛也其虜王之纛列之於中諸酋之纛則横列如鴈行大會群夷於纛下是日殺牲致祭俱南面叩首祈神之祐祭畢大享群夷誓師啓行先議所犯之處猶不令衆知也如欲犯東且西行三舍或五舍至塞垣下乃翻然東向曰惟予馬首是瞻遂疾驅將入塞則先營老弱以守軍需令輕騎數百或數千持鍬荷钁潰垣而入比精銳者或伏於塞內令數十騎且前且却以誘我我烽堠始舉狼烟以傳寇至我師躬擐甲冑介馬而馳而所伏之精銳固以逸待我我不知也遂入其伏而敗師者有之矣或深入我內地三四百里如迅雷或散掠我墩堡遽反大巢如脫兔望之則瀰山徧野敵之則左詘右支往往以應接不暇顧此失彼而敗者有之矣或合衆虜頓之堅城之下酋首親臨陣中四面攻圍各有分地令勇悍不別生死者以鉤緣城次則持刀繼之旁皆引滿鏑上向以衛緣城者我師從城上

以礧石擊緣城者而引滿者輒一發若射隼於高墉中則我師不無少卻而城下之虜觱栗齊鳥呼聲動地遂蟻附肉薄而登而城陷矣此皆將帥寡籌偵探不的之過也倘有明哨以探虜情而預知所議之事有暗哨以探虜形而預知所犯之鄉則委利垂餌可以邀其惰堅壁清野可以老其師輕騎出塞擣其老弱可以使虜內顧而速其旋由此觀之安邊境立功名是在良將不可不擇也及虜既歸仍以纛竪之如前將所獲一人生束之斬於纛下然後會衆論功群

夷上所鹵獲於群酋而莫之敢匿群酋上所鹵獲於虜王而莫之敢匿虜王得若干餘以頒群酋群酋得若干餘以頒群夷功輕者陞為把都兒打兒漢功重者陞為威靜打兒漢再重者陞為骨印打兒漢最為首功則陞至威打兒漢而止凡兩陣相對我營為方陣四面外向以應敵虜亦以陣當我度其勢均猶萬馬齊驅直蹂我陣稍弱則旁擊分掠隨所欲往矣其陣中有持鈎鎗者前可刺而却可挽也右則彀弓以侍左則握亦以須每三人為隊長短相雜也虜不能

下馬地鬬故一人恒備三馬五馬多則八九馬者倘有一人折馬衆必以餘馬載之不然酋首必重其罰也有被創者危在呼吸間衆必捐軀以援之援一台吉台吉則敬如父母歸則盡以所愛衣甲良馬與之矣援一散夷散夷亦敬如父母歸則盡分以資財且世世德其人而不忍忘矣然此援人者惟欲稱雄虜中為名高不為厚利也論者咸曰虜猛甚不可當也不知虜豈虎而翼飛而食人哉蓋酋長之於群夷也獲則同其利群夷之於黨伍也危則同其害利害相

同千人一志奚俟三令五申然後蹈白刃赴湯火哉今我中國法令敢私鹵獲一介乎被危者肯越伍相援乎即勇而貪前首級不及格肯論功乎局將若轅下駒視卒如秦越人其數不勝也倘有豪傑之士破其町畦解此拘攣棄我所短習虜所長而日陰山不可掃賀蘭不可登吾不信也

貢市

元自崇禮侯後潛居應昌不再傳被弒者五維特厓剌稱強小王子之勢又浸盛元之苗裔不絕如綫今

順義王固小王子之苗裔哉乃小王子及厓剌未知其為元苗裔否也小王子之子曰歹顏罕者生子十一人吉囊俺答老把都其第三子之子也視他子最為雄悍所傳嗣視他子特為繁衍吉囊居當河西地最饒佚樂所鹵忻代女樂日夜縱淫病髓竭死俺答老把都居當上谷地最瘠計畫無所之遂標竊為寇其子辛克都隆偏脣善用兵以故父子數數寇邊無已我逆黨趙全等又從而傳其翼鋒甚銳歲殺邊堠無算亡何而那吉叩關降那吉者俺答之孽孫也俺

答有所私寵而那吉怨故來降俺答怒欲以兵索之先總督王襄毅公崇古廵撫方金湖公逢時使人謂之曰兵來則那吉不生還矣執趙全等以贖乎俺答首肯之因訖幕中議事遂擒八逆以獻督撫上其事以聞因許通貢互市不絕賜金印封俺答爲順義王其餘封爵各有等今順義王傳三世矣歲貢馬若干市馬若干欽賞若干咸有定額不載吉囊貢市不隸宣大不載宣大所市凡五區宣府之張家口則寺把都所部市焉大同之守口堡得勝堡新平堡山西之

水泉營則順義王所部市焉論者謂互市如養癰然不市則戰鬭則有死亡之慘而貲財無足論即戰勝則有犒賚之費而物故未必無絕互市以博犒賚矜犒賚而忘物故視今塞下耕耘樂業呑捕成功爲孰得哉然欵不可恃乘欵而修金湯乘欵而致堅利乘欵而實三氣是許欵之初意也我有戰之具我操欵之權則欵可也戰可也是制虜之微意也稽之邊防未有不能戰而能欵者揆之虜情未有不喜欵而喜戰者顧欵有欵之時戰有戰之會審時投會乃得之

矣因紀虜俗遂贅及焉

夷俗記終

北征錄

明　金幼孜撰　于之英校閲

永樂八年二月初十日上親征北虜是日駕出德勝門幼孜與光大胡公由安定門出兵甲車馬旌旗之盛耀于川陸風清日和埃塵不興鐃鼓之聲訇震山谷晩次清和十一日早發清河途間雪融泥深馬行甚滑晩次沙河勉仁始至十二日早寒發沙河午次龍虎臺十三日早發龍虎臺度居庸關關下人馬輳集僅容篤過如是者凡數處晩次永安甸大風未幾

陰晦須臾大雪少頃雪霽天宇澄淨雲霞五彩爛然照耀山谷西南諸山無雲巖巒積雪如銀臺玉闕東北諸山雲掩其半露出峯頂四顧皆奇觀上立帳殿前面東北諸山命其等西立觀山上曰雪後看止此景最佳雖有善畫者莫能圖其髣髴也十四日早發永安甸大風甚寒且行且獵幼孜觀騎逐兎不覺上馬過前上笑呼幼孜三人曰到此看山又是一種奇特也葢諸山雪霽千巖萬壑聳列霄漢瓊瑤璀璨光輝奪目眞奇觀也午後次懷來十五日早發懷來午次鎭安驛十六日早發鎭安驛行數里道邊有土垣宛如一小城問人曰此元時官酒務毎歲駕幸上都于此取酒午次雞鳴山相傳起于唐太宗征高麗至此登山雞鳴由是得名上指示幼孜三人曰此卽雞鳴山昔順帝北遁其山忽崩有聲如雷其崩處汝等明日過時見之十七日發雞鳴山山甚峭上有斥堠下有故永寧寺基有歐陽玄所譔碑尚存其西北崩處土石猶新其下卽渾河流出盧溝橋有石柱數十根陷於泥間其半出地上俗傳以爲魯班造橋未成

而廢但無紀載可考竊以爲遼金時所造者行里餘路甚窄僅可容兩馬人馬輳集危迫殊甚又行三四里度橋山下有土垣乃元時花園有舊柳數株尚存更行二十餘里過坳見山路險如雞鳴山石巉然下壓下臨河水路陡絶旁有積雪凝附于岸雪上亦可行但坼裂可畏車行馬驟毛髮栗然過此山漸平上勒馬登高岡召幼孜等指諸山曰此天之所以限南北也且行且語上下馬少坐于山岡之上賜酒殽午次泥河十八日發泥河午次宜府上閲武營内夜雨

十九日微雨駐蹕宣府閲武營内二十日駐蹕宣府二十一日發宣府晚至宣平召幼孜等謂曰今滅此殘虜惟守開平興和寧夏甘肅大寧遼東則邊境可永無事矣二十四日早發宣平行數里度一河水迅疾及馬腹近岸冰未解水從下流人馬從冰上度間有缺處下見水流而薄處僅盈寸度此甚戰栗更行數里入山峽中行又數里上登山而行過山下平陸次萬全大風寒下微雪二十五日大風寒發萬全行數里至城下上謂幼孜三人曰此城朕所築過城北

見城西諸山積雪上曰此亦西山晴雪也過城北入德勝口上指關口曰如此險人馬安能度山皆碎石若堆粟然入關兩峽石壁崎峭如削時車馬輳集拆關垣以度過關由山峽中行地凍冰滑馬蹄時踣間度澗積雪未消從水梁上行大風甚寒下馬便旋靴底霑雪凝凍滑甚上馬尤難兩手攀鞍皆凍不能屈伸行二十餘里上野孤嶺上指東南諸峯曰至此看山則盡在下矣時風沙眯目小石擊面而爲風所吹皆紫黑下山頂度關關門爲車所塞從土堤而下地

滑馬多仆者午後至興和城北下營既而上召獨光大往上曰足寒時不要即附火只頻行足自煖又曰金幼孜何在恐凍傷其足光大曰適同至僕者未到在彼控馬二十六日駐蹕興和上祭所過名山大川上駐馬於營前召幼孜等謂曰汝觀地勢遠見似高阜至即又平也此即陰山脊故寒過此又暖爾等昨日過關始見山險若因山爲塹因壑爲池守此誰能輕度幼孜等頓首曰誠如聖諭二十七日駐蹕興和上閲武營外時天晴大風上曰爾等今日始知朔方

風氣忽天陰上曰雪且至命亟曰至營門雪下巳而大風復晴二十八日風寒駐蹕興和上閲武營外二十九日獵者得黄羊至上召幼孜等三人觀之遂立語于帳殿前至二鼓乃退三月一日晚上召至帳殿語至二鼓上曰夜巳深汝等且休息庶明日有精神歸帳房巳三鼓矣自是每宵或漏下或二更始出初二日駐蹕興和賜食黄羊初七日早發興和行數里過封王陀今名鳳凰山山西南有故城名沙城西北有海子鶖鶬鴻雁之類滿其中遠望如人立者坐者

行者謦欬者白者如雪黑者如墨或馳騎逐之即飛起人去旋下翩躚迴翔于水次過此海子又度數山岡午次鳴鑾戍上指示山謂幼孜三人曰此大伯顏山其西北有小伯顏山指其東北曰由此去開平復曰汝等觀此方知塞外風景讀書者但紙上見未若爾等今日親見之上又曰適所過沙城即元之中都此處最宜牧馬語久始退少頃上復謂曰汝等觀此四望空闊又與每日所見者異汝若倦時少睡半餉即起四面觀望以暢悅胸次幼孜等叩頭退初八日駐蹕鳴鑾戍夜上坐帳殿前望北斗召幼孜等觀北辰正值頭上語至二皷乃出初九日駐蹕鳴鑾戍上大閱武誓師六軍列陣東西綿亘數十里師徒甚盛旗幟鮮明戈戟森列鐵騎騰踔鉦鼓震動上曰此陣孰敢嬰鋒爾等未經大陣見此似覺甚多見慣者自是未覺先是東風及鼓作徐轉南風上悅大飲將士午回營夜召幼孜三人至帳殿前語至二皷始出初十日早發鳴鑾戍上登山麓漸行徑山谷山平曠不甚高見鹿蛻角于地長數尺許槎牙如樹枝行數里

平山漸盡東北有山頗高如諸山上曰此即大伯顏山西北有山甚長隱隱如雲霧間如海波層疊上曰此即小伯顏山望之若高少焉至其下則又卑矣由是地平曠沙中多穴上指示曰此𪕰鼠穴也馬行其上爲所陷漸近一山下見諸軍於此掘井所出泌有純黃者其色如金白者其色如玉雪又有青黑者上令中使下馬取觀復以示幼孜三人觀之適中官射一野馬來進上召幼孜與光大勉仁及尚書方賓前觀上曰野馬如馬此野騾非野馬汝輩詳觀之比來每物見之足廣聞見又行數里遠望如水近則如積雪乃是鹻地又行十餘里過凌霄峰即小伯顏山也上登山頂多石山下荒草無際北望數十里外又有平山甚長上曰人未經此者每言塞北事但想像耳安能得其眞也觀望良久乃下見草間有兩途如驛道上曰此黃羊野馬所行路也駐營凌霄峰北晴少水軍士多不食者夜雪平地尺餘次日人馬得雪炊飯皆足十一日駐蹕凌霄峰北上召幼孜三人曰雖下雪不寒夜來無水人馬俱足矣食後天晴十三日

午復下雪夜漏下上召至帳殿語至二鼓雪霽月明寒風洒淅毛髮粟然久乃出十六日五鼓駕發由東路幼孜三人向西路行三十里天明隨駕不及幼孜與光大由哨馬路迷入槖駞山谷中山重疊頂皆石山下有泉水一溝甚清飲馬其上泉旁多豐草闃無一人但見鹿蛻角滿地間見人家居址墳塋漸見有數卒驅驢過問大營所在皆不知前行數十里山轉深遂登高岡望川之西北蕭條無人始勒騎回至泉上有數十騎駐泉北問之皆不能知遂下馬畧休息

忽有軍師過見予三人亦下馬同坐草間問駐蹕處亦不知軍師往東南山谷中尋大營幼孜三人由東北而往車馬來者漸多皆尋不得行十餘里遇去者漸回乃由東北山峽中行峽之南山皆土而北山盡石壁巉巖峭削有小石戴大石層疊高低宛如人所爲者自與和至此地無寸木但荒草而已惟此石壁之半生柏樹一株甚青翠可愛如江南人家花圃所植幼孜呼光大曰此亦塞外一奇觀峽中行十餘里途窮復回穿過數山忽遇寧陽侯曰我已五處發馬

尋大營待回報相與同往飯畢久俟報馬不至日已暮上遣中官二人來問之曰大營在五雲關去此八十里寧陽侯領二千騎與幼孜三人偕行行數十里入山谷中下一山甚險時昏黑下馬徐行過此又上山相與盤旋于山頂上不知路所向更過兩山下山麓東南有間道可行時月色昏暗野燒漫山悲風蕭瑟行十數里度大川望東北行從山麓有泉潺潺而流行數十里遇深澗馬不可度乃復回泉上下馬休息荒草間十七日早由山間望東南行逾數十里雪

益大隱隱聞銅角聲隔山谷間又過一山見隊伍前進即按馬行五六里往問之曰左掖軍馬言駕起往前五十里駐營遂同行午至錦水磧見上上喜曰汝等何來遲三人答以迷上問迷道之故遂備言之上大笑曰爾等皆疲倦且休息出遇方尚書曰昨日上在途屢召不見謂必迷道凡遣傳令者三十輩來相尋今早又遣十餘人適又問爾三人來未幼孜自惟以一介書生荷蒙聖上眷顧頃刻不忘天地之德將何以爲報十八日駐蹕錦水磧上念幼孜無馬敕令

中官傳旨與淸遠侯討馬鞍一副送至帳房下遂詣
上前叩頭謝十九日早發錦水磧行十餘里道邊有
古城上指示曰此答魯城也朕嘗獵于此又行十餘
里上登山射黃羊令幼孜隨觀午次環瑱圖自此皆
沙陁出塞至此漸見有榆林鳥鵲二十日次壓虜川
水多鹹炊飯色皆變黃作氣息食不下咽日暮上召
幼孜三人至帳殿前指示塞北山川上曰古交河在
今哈剌火州因兩河相交故名水嚙沙出碑曰唐之
交河郡故知交河在彼二十一日駐蹕壓虜川二十

二日次金剛阜日暮上坐帳殿前令幼孜遠望極目
可千里曠然無際地生沙蔥皮赤氣辛臭有沙蘆菔
根白色大者徑寸長二尺許下支生小者如筋氣味
辛辣微苦食之亦作蘆菔氣二十四日夜甚寒上召
草勅硯水成氷二十五日早發金剛阜午次小甘泉
有海子頗寬水甚淸鹹不可飲中多水鳥胡騎云此
名鴛鴦海子疑卽鴛鴦濼也地志云鴛鴦濼在宣府
此去宣府蓋遠未敢必其然否夜召語至三鼓乃出
二十六日發小甘泉上召語虜中山川上曰女直有

山其巔有水色白草木皆白產虎豹亦白所謂長白
山也天下山川多有奇異但人迹不至不能知耳此
地去遼東可千餘里朕嘗問女直人故知之行十餘
里上召令馬上草勅幼孜三人按轡徐行執筆書草
成上已行三里餘飛鞚至上前視草觀畢令謄眞下
馬坐地于膝上書之午次大甘泉二十七日上令衛
士掘沙穴中跳兎與幼孜三人觀大如鼠其頭目毛
色皆兎爪足則鼠尾長其端有毛或黑或白前足短
後足長行則跳躍性狡如兎犬不能獲之疑卽詩所

謂躍躍毚兎者也有鹽海子出鹽色白瑩潔如水晶
疑卽所謂水晶鹽也二十八日移營于大甘泉北十
里屯駐二十九日午次淸水源有鹽池鹽色或青或
白軍士皆采食三十日駐蹕淸水源去營六七里地
忽出泉予與光大往觀至則泉溢數畝人馬飲之俱
足四月初三日進神應泉銘初五日午發淸水源過
此沙陁漸少時大風寒予戴帽上馬時被風吹斜側
常以手執帽籠上顧而笑曰今日秀才酸矣晚至屯
雲谷此處少水由淸水源載水至此晨炊初六日早

發屯雲谷霜氣甚寒皆衣皮裘戴狐帽行十餘里上召曰云豳風一之日觱發二之日栗烈今已蕤賓之時而氣尚栗烈人皆衣狐裘未經此者與之言自是不信光大對曰誠所謂井蛙不可以語海夏蟲不可以語氷臣若不涉此亦不深信上笑曰爾等誠南士也午次玉雪岡見上于帳殿上見光大衣狐裘暖帽笑曰今爲冷學士矣初七日發玉雪岡行十餘里過一大坡陀甚平曠遠見一山甚長一峯獨高秀拔如拱揖上指示曰此賽罕山華言好山也又曰阿十者

華言高山也其中人迹少至至則風雷交作故胡騎少登此若可常登一覽數百里已爲其所窺矣午次玄石坡見山桃花數葉盛開草莽中忽覩此亦甚奇持上登山頂製銘書歲月紀行刻于石命光大書之并書玄石坡立馬峯六大字刻于石時無大筆用小羊毫筆鉤上石勒成甚壯偉可觀晚有泉躍出于地如神應泉足飲人馬名曰天錫泉上命幼孜三人及尚書方賓侍郎金純往觀至見人馬塡滿泉水上溢出泉復壅塞初八日次鳴轂鎭初九日早發鳴轂鎭

是程若遠然地甚平曠午至一山谷中有二舊井水可飲新掘井皆鹽苦午後忽微雨風作天氣清爽人馬不渴若暄熱人皆疲矣過數里兩旁皆山西山皆黑石礧砢層疊東南諸山皆土晚至歸化甸上與諸騎將前行眺望有泉出于地遂名曰靈秀泉適中官以玄石坡字來進觀畢命司禮監藏于篋十二日早發歸化甸由山谷中行地多鼠穴馬行其上輒踣行三十餘里地多美石有如琥珀玳瑁瑪瑙碧玉者其光瑩然同行好事者下馬拾以爲玩午至楊林戍地

亦有美石但不如前所見者之佳晚有泉出于營之西南遂命名曰神貺泉十六日午次禽胡山營東北山頂有巨白石上命光大往書禽胡山靈濟泉大字十七日次香泉戍十八日早發香泉戍行沙陀中多山桃花滿地爛熳又有榆林叢生不甚高有鳥巢甚完固舉手可探之皆鷹隼巢也午後至廣武鎭川中有土城基問人云國初征和林時所築屯糧于此過川入山有泉流馬皆不飲泥臭故也西南山峯甚秀上欲刻石令方賓與幼孜三人上觀石登山下馬徧

觀無作石得一石略平可書正書忽風雨作遂下山至營復命上面營前高峯而坐上曰人恒言此山有靈異適登此忽雲陰四合風冷然而至遂命之曰靈顯翠秀峯泉曰清流十九日發廣武鎮上登靈顯翠秀峯令幼孜三人從晚次高平陸無水于廣武鎮載水至此晚次二十日次懷遠塞二十一日次捷勝岡有泉湧出名曰神獻泉上令光大書捷勝岡三大字于石山多雲母石并書雲石山三字刻于石二十二日早發捷勝岡行數十里但見荒甸野草上曰四望

無際莫知其極此真所謂大漠也午次清泠泊有泉湧出名曰瑞應泉二十三日午發清泠泊晚至雙秀峯是程無水自清泠泊載水炊飯適天陰風寒下雨人馬俱不渴二十四日早發雙秀峯踰時至威虜鎮泉曰永清二十五日午後發威虜鎮晚至紫霞峯二十六日至玄雲谷使臣舒百戶自瓦刺回上召幼孜三人隨駕同行聽其言瓦刺事夜命寫勑無卓以氊覆地伏而書之書畢已四皷矣二十七日次古梵場二十八日早發古梵場行數十里東北有山甚高廣

峯巒聳拔蒼翠奇秀類江南諸山山之下孤峯高起上多白石元氏諸王葬其下晚至長清塞有泉水甚清賜名曰玉華泉夜漏初下上立帳殿前指北斗曰至此則南望北斗矣語甚久方退三十日至順安鎮上立帳殿前指營外諸山曰此虜地諸山之入畫者遂令畫工圖之晚下雨五月初一日早微雨發順安鎮行十餘里山多白雲上召指示前山曰此即名白雲山又行數里白雲中有青氣接地望之如青山白雲上曰此山甚高大可觀幼孜以爲信然上笑曰此

氣也非真山若誠爲山則天下之山無有過之者度一岡遂見臚朐河又過一岡上攬轡登其頂四望如下又行數里臨臚朐河立馬久之賜名曰飲馬河河水東北流水迅疾兩岸多山甚秀板岸傍多楡柳水中有洲多蘆葦青草長尺餘傳云不可飼馬馬食多疾水多魚頃有以來進者駐營河上地名曰平漠鎮初二日駐蹕平漠鎮賜食御庖鮮魚初三日發平漠鎮由此順臚朐河東行午至祥雲巘上立帳殿前召語片時乃退初四日晨發祥雲巘午次蒼山峽哨馬

營巳值胡騎四五人得箭一枝馬四疋來進初五日發蒼山峽午次雪臺戍地多野韭沙葱人多采食又有金雀花花似決明莖似枸杞有刺葉小圓而末鋭人采取其花食之又有一種黄花菜花大如蔄蒿葉大如指長數尺人亦采食初六日次錦屏山初七日次玉華峰初八日發玉華峰胡騎都指揮款台獲虜一人至知虜在兀古兒扎河晚遂度飲馬河下營初九日上以輕騎逐虜人各齎糧二十日其餘軍士令清遠侯帥領駐劄河上扈從文臣止令尚書方賓及

光大勉仁數人隨行命幼孜留營中初十日早雨駕將發余同光大詣帳殿見上請隨駕同往上曰爾不能戰陣往亦無益前途艱難朕一時顧眄有不及或爲爾累爾留此豈不安幼孜叩頭不勝感激食後送光大勉仁出營門馬上相别殊覺愴然是日哨馬營獲胡寇數人及羊馬輜重送至大營清遠侯復遣人護送馳詣上所葢欲以爲鄉導也十五日早食後出城東回至清遠侯帳下坐移時得上追逐胡虜動静十六日食後同張侍郎袁中書出城外登一小山四望天宇空濶情懷甚適十九日食後聞捷音將至甚喜清遠侯來邀作午飯仍食鮮魚二十一日早飯出城外候駕光大勉仁先至營中相見且喜且戚時駕從城外過去城二十里安營至營中見上與語良久命寫平胡詔二十二日分軍由飲馬河先回上以騎兵追逐餘虜東行步行者俱不得從是日發平胡詔及書勑諭數道甚忙迫午後赴營二十三日午大雨午後雨止發威遠戍晚至廣安鎮二十四日發廣安鎮由此循飲馬河南東北行午次蟠龍山大雨平地

水流暮雨止二十五日發蟠龍山雨意未止晚次臨清鎮二十六日午後離飲馬河取便道入山中晚次定邊鎮是程無水載水爲早炊二十七日發定邊鎮午至河午食後渡河河水稍深據鞍不能渡幼孜三人俱脫衣乘散馬以渡水沒馬及腰以上暮至雙清源夜禁火不舉二十八日發雙清源午至河水益深多用柳枝縛筏以渡晚次平山甸上立帳殿前召幼孜三人問津河之由上嘆曰朕渡河時已命筏上渡汝何不由彼光大曰臣輩不知及至彼又無與臣言

者故不由彼渡上笑曰今日方爲艱難汝得無懼乎因渡水得一木板上有虜字就以進上命譯史讀之乃祈雨之言也虜語謂之札達華言云詛風雨蓋虜中有此術也二十九日次盤流戍六月初一日次凝翠岡初二日發凝翠岡午經闊灤海子上令幼孜數人往觀去營可五六里有山如長堤以限水海子甚濶望之者無畔岸遙望水高如山但見白浪隱隱自高而下天下之物莫平於水嘗經江湖間望水無不平者獨此水遠見如山之高近處若極下此理極不

可曉觀畢復命上曰此水周圍千餘里幹難臚朐凡七河注其中故大也遂賜名曰玄冥池晚次玉帶河初二日次雄武鎮上召予同勉仁往光大着馬及退漏下巳三皷矣初四日發雄武鎮晚次清胡原初五日次澄清河初六日發澄清河數里渡河穿入柳林中柳蒙密不可行下皆汙泥行五六十里下營大雨如注至晚不止又復起營夜次青楊戍初七日發青楊戍凡四渡河河水甚急午次克忒克剌華言半箇山山甚峻拔遠望如坡故名入此河稍峽山攢簇多

松林上曰此松林甚似江南至前山水益清秀可愛孰謂虜地有此奇觀也晚次蒼松峽隔岸坡陀間樹林蓊鬱宛如村落水邊榆柳繁茂荒草深數尺而草稍俱爲物所食是日獲虜二人因問之知虜騎曾經此過一宿草爲馬所食也初八日發蒼松峽渡泥河數次河狹水淺兩岸泥深人馬多陷晚渡黑松林蒼翠可愛遂下馬少憇復行十數里下營飼馬日沒復啓行夜入山谷中乘月倍道兼行上坡下澗不勝崎嶇月落路難行旌旗甲戈咫尺不能辨幼孜三人從

寶纛須臾莫知其處但前騎皆不行始下馬立半山間逾時復上馬下至平川路多沉淖且陷益難行而鄉道亦惑遂止次飛雲壑初九日發飛雲壑行二十餘里凡渡數山至一水泉處前哨馬巳見虜列陣以待上飭諸將嚴陣先率數十騎登山以望地勢幼孜三人下馬被甲復上馬隨陣後渡一大山見虜出沒山谷中少頃遣人來僞降先是上度虜必僞乞降預書招降勑以待至是虜果來上在陣前召取勑幼孜遂馳馬至前以勑進上曰虜詐來請降朕亦紿之乃

以勅付來者去又行數十里駐兵于山谷中忽見陣動亟上馬前行俄聞砲聲左哨已與虜敵虜選鋒以當我中軍上麾宿衛即摧敗之虜勢披靡追奔數十餘里予三人同方尚書隨寶纛前進上已駐兵于靜虜鎮遣傳令都指揮王貴來收兵貴見予數人驚曰何故在此主上已久下營可亟回予數人遂回往返已百餘里初十日早發靜虜鎮命諸將皆由東行人渴甚以衣于草間且行且挼漬露水扭出飲之行數十里始得水晚次駐蹕峰十一日上先將精騎窮追

虜潰散者令予三人及文職扈從者皆隨都督金玉冀忠用領馬步後進午始行入山谷中漸見虜棄輜重晚次長秀川而輜重彌望十二日發長秀川隨川東南行虜棄牛羊狗馬滿山谷暮次回曲津十三日次廣漠戍歸大營上逐虜于山谷間復大敗之久方回營幼孜三人見于帳殿上語破賊之故復加慰勞幼孜三人叩頭謝十四日發廣漠戍行數里渡河河濱泥深陷及馬腹餘虜尚出沒來窺我後上按兵河曲佯以數人載輜重于後以誘之虜見競奔而前銃

響伏發虜蒼黃渡河我騎乘之生擒數人餘皆死虜由是遂絕晚次蔚藍山十五日次寧武鎮十六日欽紫雲谷十七日次玉潤山十八日次紫微岡十九日次青陽嶺二十日次青華原二十一日次淳化鎮二十二日早發淳化鎮渡河深及馬鞍既渡以為無水矣而入一澤中長六七里草深泥水相交復渡兩河泥陷及馬腹馬行泥潦中幾陷晚次秀水溪二十三日發秀水溪行十餘里入淙流峽甚險一水流其中路傾側臨水縈廻曲折如羊腸日凡七八渡登高下

低馬力疲倦逾數岡至營晚次峽中二十四日次錦雲峰二十五日次永寧戍二十六日次長樂鎮二十七日發長樂鎮草間多蚊大者如蜻蜓拂面嘬嗜拂之不去晚次通川甸即應昌東二海子間上登山遙望指海邊石山曰此即三石山也營之西南曼陀羅山下有寺基元公主造寺出家于此國初廢二十八日次金沙苑二十九日發金沙苑是程多水途邊多榆柳沙陀高低樹青沙白甚可觀上曰此景猶小李金碧山水也行數十里有大海子水稍深先令軍士

伐木爲橋以渡晚次玻瓈谷三十日次威信戍七月初一日次武平鎮初二日次開平營于幹耳朶孳言宮殿也元時宮殿故址猶存荒臺斷礎零落荒煙野草間可爲一慨初四日次環州上召賜瓜果初五日次李陵臺今名威虜驛連渡數河水深及馬鞍晚次寧安驛初七日發寧安驛經元西涼亭故址亡面石墻未廢殿基樹木已成抱殿前栢兩行仍在但蕭條寂寞觀久悵然而出晚次盤谷鎮初八日發盤谷鎮入山峽中路甚險兩山相夾如行夾城中上曰此山險阸若是雖有虜騎千羣豈能至此縱至此斷其歸路鮮有能出者晚次獨石初九日次龍門龍門兩山對峙石崖千仞水流其中路由水中行山水泛時此處最險上指此山曰斷此路孰能叟者崖石懸處甚平光大曰此處好鐫磨崖碑上曰朕意如此汝言正相合也初十日次爽然關十一日次長安嶺至此方出險十二日次鎮安驛十三日次懐來十四日次永安甸召賜瓜菓十五日度居庸關上令幼孜三人記關內衕自八達嶺出關口凡二十三橋晚次龍虎臺十六日次清河十七日駕入北京

北征録終

北征後錄

明 金幼孜撰 裘昌今校閱

永樂十二年三月十七日庚寅上躬帥六師往征瓦剌胡寇答里巴馬哈木太平把禿孛羅等馬步官軍凡五十餘萬予與學士胡公光大庶子楊公勉仁扈從是日辰時啓行由安定門出午至清河下營晚微雨夜復驟雨五更雨止十八日晨發清河午至沙河命光祿寺賜酒饌十九日早雨晨發沙河途間雨止午次龍虎臺午後復雨二十日晨發龍虎臺度居庸關午後至隆慶州下營二十一日至榆林雨午後至懷來下營雨不止二十二日早雨止發懷來午次沙城晚晴二十三日午次雞鳴山大風二十四日午次泥河二十五日次宣府大風雨下即止是日穀雨二十七日晨發宣府午次宣平大風二十八日次德勝口晚發風下雪二十九日度野狐嶺風寒午後次興和三十日風寒四月初五日移營于興和北十里沙城初六日大閱軍士初十日次紅橋是日立夏十一日次凌霄峰即兀出于伯顏雨連宵不止甚寒十

二日早雨食後發凌霄峰午後次大石鎮無水暗宿十三日早微雨午前次五雲關即哈剌罕有水十四日霜寒次高平阜即忽牙撒里禿十六日次殺胡城即答虜城十七日次龍沙甸即阿蘭惱兒午後雨十八日次錦雲磧大風雨雪晚復晴十九日次小甘泉二十日次大甘泉二十一日次清水源即馬塔馬二十四日午發清水源晚次屯雲谷無水自清水源載水至作晚餐二十五日次玉雪岡是日小滿二十六日發玉雪岡晚次玄石坡大風二十七日次鳴轂鎮二十八日發鳴轂鎮晚次清風巹無水大風二十九日早寒午次歸化甸五月初一日癸酉早寒午次楊林戍初二日次禽胡山初七日大風寒晨發禽胡山晚次香泉戍初八日風寒巳時發香泉戍午後次廣武鎮即哈剌莽來夜雨初九日大雷雨下雹如雪積地二三寸初十日次懷遠塞十一日次玉帶川即柴禿是日芒種十二日次富平鎮即兀見禿十三日次翠幕甸無水暗宿十四日次長山峽少水十五日次至喜川十七日至環秀岡十八日午發環秀岡暮次

野馬泉暗宿十九日次蒙山海二十日午發蒙山海晚次威武鎮二十一日午前發威武鎮晚次通泉泊二十三日午次飲馬河微雨晚晴二十六日夏至二十七日移營于飲馬河北十里凡五渡河至營暮大雷雨二十八日次飲馬河二十九日早食後復自飲馬河北仍五度河午前次飲馬河西三峯山六月初一日壬寅次飲馬河清流港初二日早微雨發清流港循飲馬河行二十五里復晴下營午後再行至暮次崇山塢無水暗宿初三日晨發崇山塢午後入一

山峽長數十里有水下營作午炊食後再行晚次雙泉海即撒里怯兒元太祖發迹之所舊嘗建宮殿及郊壇每歲于此度夏山川環繞中濶數十里前有二海子一鹽一淡西南十里有泉水海子一處西北山有三關口通飲馬河土剌河胡人常出入之處也初四日微雨午晴次雙泉海前哨馬來報哨見胡寇數百人稍與戰皆退去初五日午發雙泉海暮至西北三峽口即康哈里孩無水是日前哨馬與寇相遇交鋒殺敗胡寇數百人宵遁初六日次蒼崖峽初七日

次急蘭忽失溫賊首答里巴同馬哈木太平把禿孛羅掃境來戰去營十里許寇四集列于高山上可三萬餘人每人帶從馬三四匹上躬擐甲胄帥官軍精銳者先往各軍皆隨後至整列隊伍與寇相拒寇下山來迎戰火銃四發寇驚棄馬而走復集于山頂東西鼓譟而進寇且戰且却將暮上以精銳者數百人前驅繼以火銃寇復來戰未交鋒火銃竊發精銳者復奮勇向前力戰無一不當百寇大敗人馬死傷無筭皆號痛而往宵遁至土剌河上乃收軍回營巳二

鼓矣遂名其地曰殺胡鎮初九日移營向西十里許晚雨下風寒初十日頒師午次廻流甸晚微雨風寒十一日晨發廻流甸午出三峽口餘寇復聚峽口山上又有數百人據雙海子諸軍乃以火銃先擊據海子者寇知不能拒遂遁餘寇在山峽者恐火銃再至亦遁去晚次雙泉海十二日次平山鎮十三日次飲馬河清源峽是日小暑十四日次飲馬河平川洲十五日次飲馬河青楊灣十六日次飲馬河三峰山十七日渡飲馬河西北三峰山東南下營阿魯台遣頭

目數十人詣軍門謁見上皆賜以衣服絹帛米糧復勞之酒肉遣回十九日移營于飲馬河北舊下營處二十日午後渡飲馬河凡三渡水循河行數里下營二十一日循飲馬河南岸東行數十里下營二十三日次青山峽微雨無水暗宿二十四日晚次蒙山海二十五日午後發蒙山海途中驟雨即止暮次野馬泉二十六日次環秀岡二十七日次至喜川暮再行十里下營二十八日次黑山峪是日大暑二十九日次翠幕甸三十日次富平鎮七月初一日次玉帶川

大風微雨初二日大風初三日次懷遠塞初四日次廣武鎮過二十里下營午後大風微雨初五日晨發廣武鎮午前過香泉戍午後次禽胡山爲平胡詔其晚就遣都指揮李瑛同中官齋回北京初六日次楊林戍晚下雨初七日次歸化甸晚微雨復晴初八日午前發歸化甸途中下雨晚次清風墊初九日次鳴鑾鎮午後復起營晚次玄石坡初十日次屯雲谷十一日次清水源十二日次小甘泉十三日次錦雲磧上召賜食燒羊燒酒其日立秋十四日次龍沙甸下雨十五日次殺胡城微雨晚晴十六日過高平阜下雨午後次五雲關更度山二十里下營十七日晨發五雲關過大石鎮午後次凌霄峰上召賜食燒羊燒酒十八日次紅橋十九日次興和二十一日晨發興和度野狐嶺過德勝口午後次萬全大風雨二十二日午次宣府下雨至更盡雨止二十三日次泥河下雨二十四日次雞鳴山途中微雨晚上召賜桃子及食羊肉酒二十五日午次土墓二十六日次懷來二十七日次永安甸二十八日雨是日處暑晨發永安

甸度居庸關于後次新店大雨晚奉吉同光大勉仁先回八月初一日早文武百官迎駕由安定門入上升殿羣臣上平胡表稱賀而退

北征記

明　楊榮著　武林徐仁毓閱

永樂二十二年春正月甲申大同開平守將並奏虜寇阿魯台所部侵掠邊境初忠勇王金忠來歸屢言阿魯台弒主虐人違天逆命數爲邊患請發兵討之願身爲前鋒自効上可其奏至是勑緣邊諸將整兵以俟丙戌勑山西山東河南陝西遼東五都司各選馬步兵擇將統領以三月至北京山西行都司兵命都督李謙統領以三月至宣府必士馬精强兵甲堅

利不如令者誅三月丁丑朔大閱命安遠侯柳升領中軍遂安伯陳英副之英國公張輔領左掖成國公朱勇副之成山侯王通領右掖與安伯徐亨副之武安伯鄭亨領左哨保定侯孟瑛副之陽武侯薛祿領左哨新寧伯譚忠副之寧陽侯陳懋忠勇王金忠率壯士爲前鋒安順伯薛貴恭順伯吳克忠都督李謙等各領兵從上諭諸將曰爲君奉天愛人爲本朕臨御以來視民如子内安諸夏外撫四夷一視同仁歲期生遂逆賊阿魯台始以窮蹙來歸撫之甚厚豺狠野心不知感德積久生慢反恩爲讐侵擾邊疆毒虐黎庶違天負恩非一而足朕再出師搗其巢穴焚其積聚寇之微命危如絲髮當時從將士之志寇豈復有生理但體上帝好生之仁驅而逐之亦冀萬一其能改也而獸心終爲不變今朕必往伐之朕非好勞惡逸蓋志在保民有非得已爾等從朕誠能奮勇成功高爵重賞不汝吝如方命失機則軍法亦不汝貸汝其懋哉四月戊申以親征胡寇告天地宗廟社稷遣官祭旗纛山川等神詔皇太子監國己酉車駕發

北京次唐家嶺癸丑次龍虎臺遣太常寺臣祭告居庸山川乙卯度居庸關次岔道丙辰次懷來丁巳次土木陞陝西行都司指揮劉廣爲右軍都督府都督僉事仍掌陝西行都司事戊午勑各城堡嚴哨瞭謹守備己未次長安嶺享諸將壬戌萬壽聖節禮部尚書呂震奏百官行賀禮詔却不受遂發長安嶺次赤城癸亥次雲州乙丑次雲門丁卯次獨石庚午次隰寧忠勇王所部指揮同知把里禿等獲虜諜者言虜去秋聞朝廷出兵挾其屬以遁及冬大雪丈餘孳畜

多死部曲離散北聞大軍且至復遁往荅蘭納木兒河踰荒漠以避所以遣諜者慮聞之不實耳上曰然則寇去此不遠遂命諸將速進以獲諜功陞把里禿爲都指揮僉事餘皆陞一等各賜白金有差辛未次西涼亭甲戌次開安五月乙亥朔次威虜鎮丁丑次環州戊寅次雙洛己卯次開平是日雨士卒有後至而霑濕者時其地尚寒上見之指示諸將曰士卒者將帥所資以成功名撫之至則報之厚古人有言視卒如嬰兒可與赴深谿視卒如愛子可與之俱死今

方用此輩爲國家除殘去暴其可不恤甲申召學士楊榮金幼孜至幄中諭之曰朕昨夕三皷夢有若世所畫神人者告朕曰上帝好生如是者再此何祥也豈天屬意此寇部屬乎榮等對曰陛下好生惡殺格于天此舉固在除暴安民然火炎昆岡玉石俱燬惟陛下留意上曰卿言合朕意朕豈以一人有罪罰及無辜即命草勑遣中官伯刀苛及所獲胡寇齎往虜中諭部落曰往者阿魯台窮極來歸朕所以待之者皆爾等所知天地鬼神實監臨之此何負彼而比年

以來寇欲我邊鄙虔劉我烝黎累累不厭其自取之禍也朕聞者雖以天人之怒再率六師往行天討當是時如徇將士之志奮雷霆之威彼之危猶洪爐片雪豈復有餘命哉朕體上帝好生之仁惟剪其枝葉毁其藪聚驅出曠遠之地豈徒全其餘息亦猶冀其或改而自新也廼獸心弗悛日增月益比吾邊氓困其荼毒者殆非一所夫爲惡有本今王師之來罪止阿魯台一人其所部頭目以下悉無所問有能被順天道輸誠來朝悉當待以至誠優與恩賚仍授官職

聽擇善地安生樂業朕之斯言上通天地毋懷二三以貽後悔乙酉命安遠侯柳升等率軍士拾道中遺骸爲叢塚瘞之上親爲文祭焉丁亥次武平鎮戊子召諸將諭曰古謂武有七德禁暴誅亂爲首又謂止戈爲武蓋謂止殺非行殺也朕爲天下主華夷之人皆朕赤子豈間彼此哉今之罪人惟阿魯台餘脅從之衆悉非得已不可以同日語自今凡有歸降者宜悉意撫綏無令失所非持兵器以禦我師者悉縱勿殺用稱朕體天愛人之意己丑次威信戍辛卯次通

川甸壬辰次長樂鎭文淵閣大學士楊榮金幼孜侍
上曰漢高祖過追人慮追於人今朕至長樂思與天
下同樂何時而庶幾也榮等對曰有志者事竟成陛
下聖志如此天必助順矣癸巳次香泉泊甲午次環
翠岡乙未次永寧戍丙申次清平鎭郎元之應昌路
是日兩重車皆後上諭諸將曰輜重者六軍所待爲
命兵法無輜重糧食無委積皆危道曹操所以屈袁
紹者先焚其輜重今諸軍皆至而重車在後爾等獨
不遠慮邪遂命分兵迎之丁酉晏隨征文武大臣命

內侍歌太祖皇帝御製詞五章因舉爵諭諸大臣曰
此先帝垂諭創業守成之難而示戒荒淫酣酗之失
也朕嗣先帝鴻業兢兢焉惟恐失墜雖今軍旅之中
君臣杯酒之歡不敢忘也尚相與共勉之英國公張
輔等稽首對曰敢不欽遵聖訓戊戌次威遠川己亥
宴文武大臣上曰朕仰循皇考之意自製詞五章以
奉天法祖勤政恤民爲言亦將以垂示吾子孫俾有
所警惕遂命內侍歌之羣臣俯首聽畢皆叩頭言皇
上深思遠慮前古帝皇之所不及上悅悉霑醉而罷

庚子次陽和谷辛丑次雙泉海壬寅次覽秀川癸卯
次錦秀岡六月甲辰朔次祥雲屯乙巳次錦霞磧內
午次翠玉峯勑寧陽侯陳懋忠勇王金忠等曰用兵
之道貴乎先知古之賢將所以動而勝人者先知敵
之情也今興師遠出而未悉賊情何以成功朕以前
鋒命爾尤宜晝夜用心其精擇勇智廣布偵邏如有
所得星馳奏來朕佇俟焉丁未次鳴玉關戊申次清
漠州己酉次和鸞谷庚戌次紫駝岡辛亥次清泉泊
壬子次通流潤癸丑次金沙濼寧陽侯陳懋等得胡

寇馬九疋來進上曰醜虜多詐安知非以是誘我也
勑懋等益加防愼不可怠忽甲寅次秀水河乙卯次
玉壘峯丙辰次寶屏山諭諸將曰今旣深入虜地尤
須謹備嚴哨瞭肅部伍明約束晝夜毋怠孔子行軍
必臨事而懼孫吳兵法無恃其不來恃吾有以待之
必敬愼如此庶幾萬全丁巳次凌雲峯戊午次玉沙
泉上以荅蘭納木兒河已近令諸將各嚴兵以俟是
時將士皆踴躍思奮上聞之喜曰兵可用矣己未次
龍武岡命寧陽侯陳懋忠勇王金忠率師前進且戒

之曰若遇賊宜審機行事如兩鋒相當彼投戈下馬者皆良民勿殺如其來敵先以神機銃攻之長弓勁弩繼其後遇阿魯台亦勿殺生擒以來庚申次天馬峰上以大軍繼進行數十里懋等遣人奏言臣等已至荅蘭納木兒河彌望惟荒塵野草虜隻影不見車轍馬迹亦多漫滅疑其遁已久上遣英國公張輔成山侯王通等分兵山谷大索仍命寧陽侯陳懋忠勇王金忠前行覘賊車駕進駐河上以俟壬戌發河上次蒼石岡英國公張輔等相繼引兵還奏曰臣等分

索山谷周迴三百餘里一人一騎之跡無睹必其遁久矣癸亥次連秀坡寧陽侯陳懋忠勇王金忠亦還奏曰臣等引兵抵白印山咸無所遇以糧盡故還于是英國公張輔等奏願假臣等一月糧率騎深入罪人必得上曰今出塞已久人馬俱勞虜地早寒一旦有風雪之變歸途尚遠不可不慮卿等且休矣朕更思之甲子次翠雲屯召英國公張輔等諭曰昨日之言朕思之不可易也古王者制夷狄之道驅之而已不窮追也且今孽虜所存無幾莽莽廣漠之地譬如

求一粟于滄海可必得邪吾寧失有罪誠不欲重勞將士朕志定矣其旋師于兵部尚書李慶等進曰王者之師畏則舍之今已鏟虜之穴破虜之衆塞北而萬里無虜跡雖有數輩如犬羊棲棲偷生窮漠之境陛下天地大德寧當盡殺之邪上悅遂命班師乙丑召諸將議分兵兩路南歸于是上率騎士東行命武安侯鄭亨等領步卒西行期會開平丙寅次蒼玉澗諭諸將曰今大軍南還將士既未嘗見敵必有怠心寇蹤跡詭秘不可輕忽須嚴兵殿後仍戒飭軍中晝

夜警備常如寇至丁卯次清流峽戊辰次富平川乙巳次長清戍庚午次懷柔甸壬申發懷柔甸次寧遠鎮七月甲戌朔乙亥次迴流灣丙子次清虜鎮丁丑次峭石川戊寅次羣玉峰己卯次雙清島庚辰次清水源道旁有石崖數十丈命大學士楊榮金幼孜刻石紀行曰使萬世後知朕親征過此也辛巳次豐潤屯壬午次長林壑癸未次廣平川甲申次遠安鎮乙酉次通津戍其地平廣多榛子軍士有馳騎犯之者上適見之急下令止之謂諸將曰能種是者必安業

于此不爲寇矣而不見人者必聞大軍至懼而逃今縱騎犯之非仁其禁止士卒凡有種藝而無居人者皆勿犯違者斬丙戌次盤古鎮丁亥次翠微岡上御幄殿憑几而坐大學士楊榮金幼孜侍上顧問内侍海壽曰計程何日至北京對曰其八月中矣上頷之旣而諭榮等曰東宮歷涉年久政務已熟還京後軍國事悉付之朕惟優游暮年享安和之福矣榮對曰殿下孝友仁厚天下屬心允稱皇上之付託上喜賜太監馬雲賜榮幼孜羊酒而退戊子次雙流濼以旋

師遣禮部尚書呂震齎書諭皇太子并詔告天下已丑次蒼崖戍上不豫下令大營五軍將士嚴部伍謹哨瞭毋忽庚寅次榆木川上大漸召英國公張輔受遺命傳位皇太子且云喪服禮儀一遵太祖皇帝遺制辛卯上崩内臣馬雲孟驥等以六師在遠外秘不發喪密召大學士楊榮金幼孜入議喪事遂一遵古禮含斂畢載以龍轝所至朝夕上食如常儀壬辰靈轝次雙筆峯大學士楊榮少監海壽奉遺馳訃皇太子癸巳次連雲磧甲午次黑河戍乙未次宣威鎮丙申次廣漠川丁酉次青楊峽戊戌次開喜岡已亥次白沙河庚子次香泉泊辛丑次通川甸壬寅次武平鎮武安侯鄭亨等所領官軍皆至八月癸卯朔靈轝度開平次雙塔甲辰次威虜城乙巳次西涼亭丙午次隰寧丁未次雲州戊申次赤城已酉次鵰鶚皇太孫奉皇太子命至自北京哭迎軍中始發喪六軍號慟。聲徹天地。庚戌次懷來辛亥入居庸關文武百官縗服軍民耆老僧道人等皆素服哭迎壬子及郊皇太子親王以下素服哭迎至宮中奉安仁智殿加斂

奉納梓宮

使高麗錄

宋 徐兢著 括蒼何鏜閱

宣和四年壬寅春三月詔遣給事中路允迪中書舍人傅墨卿充國信使副往高麗秋九月以國王俁薨祓旨兼祭奠弔慰而行遵元豐故事也五年癸卯春二月十八日壬寅促裝治舟戊申詔赴睿謨殿宣示禮物三月十一日甲子赴同文館聽誡諭十三日丙寅皇帝御崇政殿臨軒親遣傳旨宣諭十四日丁卯錫宴于永寧寺是日解舟出汴夏五月三日乙卯舟

次四明先是得旨以二神舟六客舟兼行十三日乙丑奉禮物入八舟十四日丙寅遣供衛大夫相州觀察使直睿思殿關弼口宣詔旨錫宴于明州之廳事十六日戊辰神舟發明州十九日辛未達定海縣先期遣中使武功大夫容彭年建道場於總持院七晝夜仍降御香宣祝於顯仁助順淵聖廣德王祠神物出現狀如蜥蜴實東海龍若也廟前十餘步當鄞江窮處一山巍然出於海中上有小浮屠舊傳海船望是山則知其爲定海也故以招寶名之自此方謂之

出海口二十四丙子八舟鳴金鼓張旗幟以次解發中使關弼登招寶山焚御香望洋再拜是日天氣晴快巳刻乘東南風張篷鳴艣水勢湍急委蛇而行過虎頭山水淶港口七里山虎頭山以其形似名之度其地巳距定海二十里矣水色與鄞江不異但味差鹹耳蓋百川所至此尤未澄徹也過虎頭山行數十里即至蛟門大抵海中有山對峙其間有水道可以通舟者皆謂之門蛟門云蛟蜃所宅亦謂之三交門其日申未刻遠望大小二謝山歷松栢灣抵蘆浦抛

八舟同泊二十五日丁丑辰刻四山霧合西風作張篷委蛇曲折隨風之勢其行甚遲舟人謂之拒風巳刻霧散出浮稀頭白峯窄額門石師顔而後至沈家門抛泊其門山與蛟門相類而四山環擁對開兩門其勢連亘尚屬昌國縣其上漁人樵客叢居十數家就其中以大姓名之申刻風雨晦冥雷電雨雹欻至移時乃止是夜就山張幕掃地而祭舟人謂之祠沙實岳瀆主治之神而配食之位甚多每舟各刻木爲小舟載佛經糗糧書所載人名氏納於其中而投諸

海蓋禳厭之術一端耳二十六日戊寅西北風勁甚
使者率三節人以小舟登岸入梅岑舊云梅子眞棲
隱之地故得此名有履還飄痕在石橋上其深麓中
有蕭梁所建寶陀院殿有靈感觀音昔新羅賈人往
五臺刻其像欲載歸其國曁出海遇焦舟膠不進乃
還置像於焦上院僧宗岳者迎奉於殿自後海舶往
來必詣祈福無不感應吳越錢氏移其像於城中開
元寺今梅岑所尊奉卽後來所作也崇寧使者聞于
朝賜寺新額歲度緇衣而增餙之舊制使者於此請
高麗錄　八　三
禱是夜僧徒焚誦歌唄甚嚴而三節官吏兵卒莫不
虔恪作禮至中霄星斗煥然風幡搖動人皆懽躍云
風已回正南矣二十七日己卯舟人以風勢未定尚
候其孰海上以風轉至次日不改者謂之孰不爾至
洋中卒爾風回則茫然不知所向矣自此卽出洋故
審視風雲天時而後進也中刻使副與三節人俱還
入舟至是水色稍澂而波面微蕩舟中已覺䑽𣩄矣
二十八日庚辰天日淸晏卯刻八舟同發使副具朝
服與二道官望闕再拜投御前所降神霄玉淸九陽

總眞符籙并風師龍王牒天曹直符引五嶽眞形與
止風雨等十三符訖張蓬而行出赤門食頃水色漸
碧四望山島稍稀或如斷雲或如偃月已後過海驢
焦狀如伏驢崇寧間舟人有見海獸出沒波閒狀如
驢形當别是一物未必因焦石而有驢也蓬萊山望
之甚遠前高後下峭拔可愛其島尚屬昌國封境其
上極廣可以種蒔島人居之仙家三山中有蓬萊越
弱水三萬乃得到今不應指顧間當是今人指以爲
名耳過此則不復有山惟見連波起伏噴豗洶湧舟
高麗錄　八　四
楫振撼舟中之人吐眩顚仆不能自持十八九矣舟
行過蓬萊之後水深碧色如玻瓈浪勢益大洋中有
石曰半洋焦舟觸焦則覆溺故篙師最畏之是日午
後南風益急加野狐颿制颿之意以浪來迎舟恐不
能勝其勢故加小颿於大颿之上使之提挈而行是
夜洋中不可住維視星斗前邁若晦冥則用指南浮
針以揆南北入夜舉火八舟皆應夜分風轉西北其
勢甚亟雖已落蓬而颭動颾搖瓶盎皆傾一舟之人
震惧膽落黎明稍緩人心向寧依前張颿而進二十

九日辛巳天色陰翳風勢未定辰刻風定且順復加野狐䮂舟行甚說申後風轉西刻雲合雨作入夜乃止復作南風入白水洋其源出靺鞨故作白色是夜舉火三舟相應矣黃水洋即沙尾也其水渾濁且淺舟人云其自西南而來橫於洋中千餘里即黃河入海之處舟行至此則以雞黍祀沙蓋前後行舟遇沙多有被害者故祭其溺水之魂云自中國適句驪唯明州道則經此若自登州板橋以濟則可以避之比使者回程至此第一舟幾遇淺第二舟午後三柂併

折賴宗社威靈得以生還故舟人每以過沙尾爲難當數用鉛硾時其深淺不可不謹也黑水洋即北海洋也其色黯湛淵淪正黑如墨猝然視之心膽俱喪怒濤噴薄屹如萬山遇夜則波間熠熠其明如火方其舟之升在波上也不覺有海惟見天日明快及降在窪中仰望前後水勢其高蔽空腸胃騰倒喘息僅存顛仆吐嘔粒食不下咽其困卧於茵褥上者必使四維隆起如槽不爾則傾側輥轉傷敗形體當是求脫身於萬死之中可謂危矣六月一日壬午黎明

霧昏乘平南風巳刻稍霽風轉西南益張野狐䮂午正風厲第一舟大檣砉然有聲勢曲欲折亟以大木附之獲全未後東北望天際隱隱如雲人指以爲半托伽山不甚可辨入夜風微舟行甚緩二日癸未早霧昏曀西南作未後澂霽正東望一山如屏即夾界山也華夷以此爲界限初望隱然酉後過近前有二峯謂之雙髻山後有小焦數十如奔馬狀雪浪噴激遇山濺瀑尤高丙夜風急雨作落帆徹蓬以緩其勢五嶼在處有之而以近夾界者爲王定海之東北蘇

州洋內羣山馬島皆有五嶼大抵篙工指海山上木山爲嶼所以數處五山相近皆謂之五嶼矣三日甲申宿雨未霽東南風作午後過是嶼風濤噴激久之嵐崒蒼翠頗甚可愛是日巳刻雲散雨止四顧澂霽遠望三山並列中一山如堵舟人指以爲排島亦曰排垛山以其如射垛之形耳是日午後東北望一山極天連亘如城日色射處其白如玉未後風作舟行甚快黑山在白山之東南相望甚邇初望極高峻逼近見山勢重複前一小峯中空如洞兩間有溪可以

藏舟昔海程亦是使舟頓宿之地館舍猶存今取道
更不抛泊上有民居聚落國中大罪得貸死者多流
竄於此每中國人使舟至遇夜於山巔明火於烽燧
諸山次第相應以迄王城自此山始也申後舟過月
嶼二距黑山甚遠前曰大月嶼回抱如凡舊傳上有
養浪源寺後曰小月嶼對峙如門可以通小舟行闌
山島又曰天仙島其山高峻遠望壁立前二小焦龜
鼈之狀白衣島三山相連前有小焦附之偃檜積蘇
蒼潤可愛亦曰白甲苫跪苫在白衣島之東北其曰

特大於衆苫數山相連碎焦環遶不可勝數夜潮行
激雪濤奔薄月落夜昏而濺沫之明如火熾也春草
苫又在跪苫之外舟人呼爲外嶼其上皆松檜之屬
望之欝然夜分風靜舟行益鈍檳榔焦以其形似得
名大抵海中之焦遠望多作此狀唯春草苫相近者
舟人謂之檳榔焦夜深潮落舟隨水退幾復入洋舉
舟恐懼亟鳴櫓以助其勢黎明尚在春草苫四日乙
酉天日晴霽風靜浪平俯視水色澄碧如鑑可以見
底復有海魚數百其大數丈隨舟往來夷猶鼓鬣洋

洋自適殊不顧有舟楫過也是日午後過菩薩苫麗
人謂其上曾有顯異因以名之申後風靜隨潮寸進
是日酉後舟至竹島抛泊其山數重林木翠茂其上
亦有居民民亦有長山前有白石焦數百塊大小不
等宛如堆玉使者回程至此適值中秋月出夜靜水
平明霞映帶鉼光千丈山島林壑舟楫器物盡作金
色人人起舞弄影酌酒吹笛心目欣快不知前有海
洋之隔也五日丙戌晴明過苦苫苫距竹島不遠其
山相類亦有居人麗俗謂刺蝟毛爲苦苫苫此山林

木茂盛而不大正如蝟毛故以名之是日抛泊此苫
麗人挐舟載水來獻以米謝之東風大作不能前進
遂宿焉六日丁亥乘早潮行辰刻至羣山島抛泊其
山十二峯相連環遶如城六舟來迓載戈甲鳴鐃歛
角爲衛別有小舟載綠袍吏端笏揖於舟中不通姓
字而退云羣山島注事也繼有譯語官閤門通事舍
人沈起來參同接伴金富軾知全州吳俊和遣使來
投遠迎狀使副以禮受之揖而不拜遣掌儀官相接
而已繼遣荅書舟既入島沿岸乘旗幟列植者百餘

人同接伴以書送使副及三節早食使副牒接伴送
國王先狀接伴遣采舫請使副上羣山亭相見其亭
瀕海後倚兩峯相並特高壁立數百仞門外有公廨
十餘間近西小山上有五龍廟資福寺又西有崧山
行宮左右前後居民十數家後使副乘松舫至岸三
節導從入館接伴郡守趨廷設香案拜舞望闕拜舞
恭問聖體畢分兩行升堂使副居上以次對再拜訖
少前叙致復再拜就位上中節堂上序立與接伴揖
國俗皆雅揖都轄前致辭再拜次揖郡守如前禮□

高麗錄　八

就席其位使副俱南向接伴郡守東西相向下節□
人聲喏于庭上節分坐堂上中節分兩廊下節坐門
之兩廂舟人坐于門外供張極齊肅飲食且豐腆禮
帛恭謹地皆設席蓋其俗如此亦近古也酒十一中
節下節第降殺之初坐接伴親斟以奉使者復酳之
酒半遣人致不三節皆易大觥禮畢上中節趨揖如
初禮使副登松舫歸所乘大舟官嶼在羣山島之南
一山特大亦謂之案苫前後有小焦數十繞之石犖
一洞深可數丈高闊稱之潮至拍水聲如雷車七日

戊子天日晴快見全州守臣致書備酒禮曲留使者
使者以書固辭乃已惟受所饋蔬甚魚蛤等因以方
物酬之午刻解舟宿横嶼八日己丑早發南望一山
叢之紫雲苫横嶂差疊其後二山尤遠宛如雙眉凝
翠焉是日午後過下用倉山即舟人所謂芙蓉山也
其山在洪州境内上有倉廪積穀且廣云以備邊鄙
非常之用故以富用名之洪州山又在紫雲苫之東
南風百里州建其下又東一山產金盤踞如虎謂之
東源小山數十環拱日城其山上有一潭淵澄可□

高麗錄　八

不可測是日申刻舟過鵶子苫亦名軋居苫麗人謂
笠爲軋其山形如之因以得名是日酉刻舟過是日
酉後舟勢極大舟行如飛自軋子苫一瞬之間即泊
馬島蓋青州境也泉甘草茂國中官馬無事則羣牧
於此因以爲名其主峰渾厚左臂環抱前行石嘴入
海激水而波驚湍洶涌千奇萬怪不可名狀故舟過
其下多勸敢近慮觸嘴焦也有客館曰安與亭知青
州洪若伊遣介紹與譯語横陳懿同來如全州禮岸
次迓卒旗幟與羣山島不異入夜然大火炬郷煌照

空時風政作惡舟中搖蕩幾不可坐使者扶持以小
舟登岸相早如攀山亭之禮惟不受酒禮夜分還使
舟九日庚寅天氣清明南風甚勁展發馬島巳刻過
九頭山其山云有九峯遠望不甚詳然而林木蒲茂
清潤可喜唐人島未詳其名山與九頭山相近是日
午刻舟過島富雙女焦其山甚大不異島嶼前一山
雖有草木但不甚深密後一山多木中斷為門下有
暗焦不可通舟是日巳刻舟自唐人島繼過此焦數
勢愈亟舟行益速大青嶼以其遠望鬱然如凝黛故

麗人作此名是如午刻舟過和尚島山勢重疊林壑
深茂山中多虎狼昔嘗有學佛者子之獸不敢近今
葉老寺乃其遺跡也故麗人謂之和尚島是日未刻
風過其下牛心嶼在小洋中一峯特起狀類覆盂而
中稍銳麗人謂之牛心它處皆見之形肖此山而差
小者亦謂之雞心嶼是日未正舟過此嶼南風小雨
聶公嶼以姓得名遠視甚銳逼近如堵蓋其形匾縱
橫所見各異是日未末舟過其下小青嶼如大青嶼
之形但其山差小而周圍多焦石申初舟過雨勢稍

密是日申正舟次紫燕島即廣州也倚山為館榜曰
慶源亭亭之側為幕屋數十間居民草舍亦衆其中
之東一嶼多飛燕故以名之接伴尹彥植知廣州陳
淑遣介紹與譯官卓安持書來迎兵仗禮儀加厚申
後雨止使副與三節登岸到館其飲食相見如全州
禮夜漏下二刻歸舟十日辛卯辰刻西北風八舟不
動都轄吳德休提轄徐兢同上節復以采舟詣館過
濟物寺為元豐使人故左班殿直宋密飯僧是日未
刻到急水門其門不類海島宛如巫峽江路山圍屈

曲前後交錯兩間即水道也水勢為山峽所束驚濤
泊岸轉石穿崖喧豗如雷雖千鈞之弩追風之馬不
足喻其湍急也至此巳不可張篷惟以櫓棹隨潮而
進申後抵蛤窟拋泊其山不甚高大民居亦衆山之
脊有龍祠舟人往還必祀之海水至此比之急水門
變黃白色矣分水嶺即二山相對小海自此分流之
地水色復渾如梅岑時十一日壬辰早雨作午刻潮
落雨益甚國王遣劉文志持光書使者以禮受之酉
刻前進至龍骨拋泊十二日癸巳早雨止隨潮至禮

成港使副遷入神舟午刻使副率都轄提轄官奉詔書于采舟麗人以兵仗甲馬旂幟儀物共萬計列於岸次觀者如堵墻采舟及岸都轄提轄奉詔書入于采輿下節前導使副後從上中節以次隨之入于碧瀾亭奉安詔書訖分位少憩次日遵陸入于王城臣竊惟海道難甚矣以一葉之舟泛重溟之險惟恃宗社之福當使波神効順以濟不然則豈人力所能至哉方其在洋也以風颿爲適從若或暴横轉至他國生死瞬息又惡三種險曰癡風曰黑風曰海動癡風

之作連日怒號不已四方莫辨黑風則飄怒不時天色晦冥不分晝夜海動則徹底沸騰如烈火煑湯洋中遇此鮮有免者且一浪送舟輒數十餘里而以數丈之舟浮波濤間不啻豪末之在馬體故涉海者不以舟之大小爲急而以操心履行爲先若遇危險則發於至誠虔祈哀懇無不感應者比者使事之行第二舟至黄水洋中三柂併折而臣適在其中與同舟之人斷髮哀懇祥光示現然福州演嶼神亦前甚顯異故是日舟雖危猶能易他柂既易復傾搖如是五

晝夜方達明州定海北至登岸舉舟臞顇幾無人色其憂懼可料而知也若以謂海道非難則還朝復命不應受重賞以爲必死則自海道而還者臣亦有人以其年五月二十八日放洋得順風至六月六日即達羣山島及回程以七月十三日甲子發順天舘十五日丙寅復登大舟十六日丁卯至蛤窟十七日戊辰至紫燕島二十二日癸酉過小青嶼和尚島大青嶼雙女焦唐人島九頭山是日泊馬島過軋子苫望洪州山二十四日乙亥過横嶼入羣山門泊島下至

八月八日戊子凡十四日風阻不行申後東北風作乘潮出洋過苦苫八夜不住九日己丑早過竹島辰巳望見黑山忽東南風暴復過海動舟側欲傾人大恐懼即鳴鼓招衆舟復還十日庚寅風勢益猛午刻復還羣山島至十六日丙申又六日矣申後風正即發洋夜泊竹島又二日風阻不行至十九日己亥午後發竹島夜過月嶼二十日庚子早過黑山次過白山次過五嶼峽界山北風大作低蓬以殺其勢二十一日辛丑過沙尾午間第二舟三副柂折夜漏下四

刻正柂亦折而死使舟與他舟皆遇險不一二十三日壬寅望見中華秀州山二十四日癸卯過東西胥山二十五日甲辰入浪港山過潭頭二十六日乙巳早過蘇州洋夜泊栗港二十七日丙午過蛟門望招寳山午刻到定海縣自離高麗到明州界凡海道四十二日云

使高麗錄卷終

玉堂漫筆

雲間陸深著　章斐然校閱

薛文清公觀崖石每層有紋横界而層層相沓謂爲天地之初陰陽磨盪而成若水之漾沙一層復一層也殊不知實是水所漾耳葢天地之初混沌一物惟有水火二者開闢之際火日升水日降而天地分矣凡山阜皆從水中洗出觀江河間沙洲可見余嘗謂水天下之至高者也山天下之至卑者也故海底有石而山顛有水然水亦實至高霜露雨雪是也

孟子塞乎天地之間塞字與吾往矣字相應是克然不撓屈之義與塞天地貫金石語微不同雖横渠亦有天地之塞吾其體之言恐與孟子之意不同

性字從心從生若以耳目口鼻手足動靜爲性此近於作用之說釋氏嘗曰狗子有佛性是也然釋氏之所謂性其義亦與吾儒不同

薛文清公與吳康齋嘗言夢見朱子孔子二公皆質實人雖無妄語然不書亦可也

釋氏之所謂心吾儒之所謂氣也所謂性似吾儒之所謂心者命名取義各有宗旨不必比而議之可也

昔人謂月體無光借日爲光朱子亦有粉丸之喻故新月之闕向東殘月之闕向西此之謂映日可也惟望後之月闕亦向西似與映日之說稍礙戊戌正月十九日予寓東長安是夜客散適見闕月初升闕處乃西向疑之明日晉陽諸生來見因舉予月影辨因識之

虞伯生集題耕織圖大意謂元有中原置十道勸農使總於大司農皆愼擇老成重厚之君子親歷原野

安輯而教訓之功成省歸憲司憲司置四僉事其二乃勸農之官由是天下守令皆以勸農繫銜憲司以耕桑之事上大司農至郡縣大門兩壁皆畫耕織圖此意甚好我　朝立法最爲周密似少此耳

漢哀帝時王舜劉歆議天子三昭三穆與太祖之廟而七七者其正法數可常數者也宗不在此數中宗變也茍有功德則宗之不可預爲設數殷之三宗是已宗無數也所以勸帝者之功德博矣又云宗其道而毁其廟此皆據統一之君而論又曰迭毁之禮親

疎相推祖宗之序多少之數經傳無明文漢儒之說不過如此似涉傅會姑錄出

天包地外水在地中恐名理亦未盡天包水外水包地外地水皆在天中晉志述黃帝書曰天在地外水在天外水浮天而載地恐亦難據使天果有外恐只是氣耳豈容有水耶氣無窮理亦無窮却倒說

嘗見閩閫尚有憲副云龍袖嬌民為我　文皇帝自溝之役時事歐陽圭齋南詞中已有此語想是元時方言不知是何等也

圭齋論風雅取名最有理前輩說詩者之所不及也其言曰風即風以動之之風雅即雅烏之雅以其聲能動物也又曰風雅惟其聲不必惟其辭故有聲而無辭者有之無聲而有辭者無有也

月光生於日之所照魄生於月之所蔽當日則光盈就日則光盡此張衡靈憲生魄生明之說也嘉靖戊戌九月望在十六十四日晨入朝有事於太廟見月西墜而闕處向東南此時日在寅宮矣二十二日晨起見月闕正向西周髀步月自東而南而西而北宵天所論日繞辰極沒西而還東不出入地中恐亦有理

予登乙丑科今三十六年矣浮沉中外六十有三歲己亥蒙　御筆親題以學士掌行在翰林院印扈從南巡時同年在朝者九人掌十印亦盛事也內閣未齋顧公居守賜關防石門翟公新起行邊改兵部尚書兼都察院右都御史鑄關防禮部行在則介溪嚴公兵部尚書則東瀛張公禮部印則甬川張公兼掌翰林院印刑部印則南塘朱公戶部右侍郎三峰高

公出辦糧草亦給關防以行順天府尹則石峰邵公

俞貞木洞庭人石澗先生之孫年九十六而卒嘗見其題趙仲穆畫馬一絕頗有風致房星方墮墨池中飛出蒲稍八尺龍想像開元張太僕朝回騎過午門東

漢制以本官任他職者曰兼常惠以右將軍兼典屬國是也以高官攝卑職者曰領劉向以光祿大夫領校書是也唐制有曰攝者如侍中之攝吏部是也又有行守試之別職事高者為守職事卑者為行未正

各命者爲試宋制則高一品爲行下一品爲守下二等爲試元祐以後又置權官如以侍郎權尚書之類

漢制趙充國爲假司馬則又有假職矣

宋制以翰林學士帶知制誥謂之内制以他職帶知制誥謂之外制

本朝開科自洪武四年辛亥始後至十七年甲子復設乙丑會試楊文貞謂國初三科猶循元制作經疑至二十一年戊辰始定今三場之制刻録

揚州漕河東岸有墓道題曰夏國公夏（音虔）與夏宇相類少一發筆下作又行人遂訛呼爲夏國公蓋鎮遠侯顧公王之賜葬也王丙申歲歸　太祖累立戰功靖難師起輔　仁宗居守北京内難平論功封鎮遠侯年八十有五永樂十二年卒　國初功臣未有壽考如王者也王最有功於貴州出鎮貴州時辭　仁宗於文華殿曰　殿下於事君父恤兵民素行有誠惟於小人當置度外凡事有天理不足計意爲濩府然其辭指温厚亦武臣中之難得者獨與姚少師論兵不合云

金陵陳先生遇字中行自少篤學仕元爲温州路學教授時兵亂棄官歸隱閒居一室署曰静誠每夙興焚香叩天願生　聖主以救世我　太祖克金陵南臺侍御史秦元之薦於上即日召見與語大悅稱先生而不名旣定鼎賛書寔多命爲翰林學士者再皆辭又命爲禮部侍郎又辭又除爲禮部尚書又固辭上嘉獎連稱君子數諭之曰卿即老不欲仕有子令帶刀侍衛亦叩首以子幼辭洪武甲子年七十二卒董倫誌其墓

宋太祖北征因河東諜者語劉承鈞曰君家與周世讐宜其不屈今我與爾無間何爲重困此一方之民承鈞復命曰河東土地甲兵不足以當中國之什一然承鈞家世非叛者區區守此葢懼漢氏之不血食也自漢魏以來詞命簡潔未有其比

陳東宇約之以翰林編修出官二司今以參議捧表入京過余問近世詩體予未及答明日以所作高子業集序爲贄其持論甚當但詩貴性情要從胸次中流出近時李獻吉何仲默最工姑自其近體論之似

落人格套雖謂之擬作亦可也楊載有云詩當取裁漢魏而音節以唐爲宗殆名言也

國初書法以詹孟舉希原爲第一奕棋以江陰相子先爲國手奉化胡廷鉉與孟舉同書千文　太祖以廷鉉書法過孟舉令書皇陵碑鄞人樓得達亦累勝子先得賜冠帶都南濠亦記一僧屢勝子先云

相傳永樂初遣胡忠安公巡行天下以訪邋遢張仙人卽張三丰名通號玄玄子天師之後寓居鳳翔寶雞縣之金臺觀修煉洪武壬申常應蜀獻王之召辭

還山金時人也都太僕玄敬嘗爲予言蘇城人家有三丰手筆蓋與劉太保秉中冷協律起敬同學於沙門海雲者南陽張朝用嘗記三丰遺跡三丰陝西寶雞人元時於鹿邑之太清宮學道與朝用高祖毅相識往來其家爲親密亦愛朝用之父叔廉元末兵亂叔廉避地寶雞洪武中三丰亦來寶雞與西關李道士白雲先生交契相厚朝用時方年十三三丰見之問曰汝誰家子答曰吾父柘城張叔廉也兵亂徙家於此三丰曰我張玄玄也昔柘城時多擾汝家名毅者爲誰答曰吾高祖也三丰曰吾曾見其始生時童子其勉力讀書後當官至三品越月朝用與李白雲送之北去見其行足不履地云朝用官詹事府主簿忠安公以其常識三丰薦之爲均州知州與同往尋訪竟無所遇而還十五年　文皇再遣寶雞醫官蘇欽等齋香書遍訪名山求之又遣龍虎山道士奉書云皇帝致書真仙張三丰先生足下朕久仰真仙渴思親承儀範嘗遣使致香奉書遍詣名山虔請真仙道德崇高超乎萬有體合自然神妙莫測朕才質疏

庸德行菲薄而至誠願見之心夙夜不忘敬再遣龍虎山道士謹致香奉書虔請拱候雲車夙駕惠然降臨以副朕拳拳仰慕之懷敬奉書或云此舉實託之以別有所爲忠安行事有密勅云又淮安王宗道字景雲學仙嘗與三丰往來游從永樂三年國子助教王達善以宗道識三丰薦　文皇召見文華殿賜金冠鶴氅奉書香徧訪於天下名山越十年足跡滿天下竟無所遇而還復命近見都公談纂記三丰在洪武永樂中事三則祝希哲野記冷謙作仙奕圖以遺

三十一條此不錄

洪武二十八年戸部節奉　太祖聖旨山東河南民人除已入額田地照舊徵外新開荒的田地不問多少永遠不要起科有氣力的儘他種按此可爲各邊屯田之法

彭惠安集有云天時不同地利亦異亢旱則低處得過而高處全無水澇則高處或可而低處不熟按此可論吾縣東西鄉之利害

國初歲遣監察御史廵按方隅大災重患乃遣廷臣

行視謂之廵撫事迄而止無定員宣德間以關中江南地大而要始命官更代廵撫不復罷去正統末南北兵興於是南省邊隅徧置廵撫官矣今惟浙江福建無廵撫時設廵視陝西一省則有四廵撫北直隸則有兩廵撫云

丁酉歲予自四川左轄召爲光祿入　朝而見候五日乃罷因免　朝故也後轉太常兼讀學詹事兼學士皆不得面　恩當時敘菴李公時在內閣曾與論請行午　朝禮敘菴以爲難彭惠安公韶弘治初因

彗星上疏云臣獲隨午朝竊念日奏尋常起數於事無補但於祖宗勤政之典乞飾其意可也臣願今午朝惟議經邦急務如吏部有大陞除禮部有大災異戸部兵部有緊急錢糧邊報工部法司有緊關工程囚犯之類許令先期開具事由奏乞　聖駕定日出御左順門侍衛一如午　朝之儀事該各衙門會議者各官就於御前公同計議如吏部陞除大臣明言某官才德堪任某官資望未可之類內閣輔臣亦同議可否事體既定就行口奏取　旨奉行次日補本

備照若係本衙門自行者亦就　御前逐一陳說有無故事兩疑情由請　旨定奪若是事體重大一時難決者聽各官先行博議於下候至朝時再議奏行仍乞溫顏俯詢曲折如此不惟世事日熟而　聖明耳目開達羣臣高下邪正亦自可見有事則行不必寒暑無事則止勿勞　聖駕既不廢午朝之典又可率羣臣典事則凡時政得失軍民利病自可次第弛張矣其議如此若用之今日尤切事宜老成先見可敬可服己亥南廵還有　旨各衙門俱嚴公座仍許

禮部都察院參劾予掌詹事印日往衙門與崔少詹後渠坐堂復至東閣書會一時冷局為之振作時見左順門陳 御座設黃幄於上將 朝廷欲修午朝故事耶因讀惠安新集備記於此

張文潜以水喻作文之法至謂激溝瀆而求水之奇此無見於理而欲以言語句讀為奇反覆咀嚼卒亦無有文之陋也此言切中今日之弊

太祖時南京官僚想用傘蓋襲封誠意伯劉 有華蓋殿侍宴退 朝詩云團團羅傘被服金文章可

見

史記扁鵲傳飲以上池之水上池水竹木上未到地水

宋高宗南渡建炎初有臣僚召對所陳劄子首曰恭惟陛下歲二月東巡狩至於錢塘呂頤浩當國見之笑曰秀才家識甚好惡文章之弊一至於此為之浩歎

柘湖今在華亭縣南六十五里本海鹽縣地王莽時改曰展武因陷為湖

扈瀆今在上海縣北十里本海鹽之東堰晉袁崧築壘以禦孫恩者

上海縣元末割華亭東北之五鄉分置唐天寶初割海鹽之北境置華亭縣

蘇丑字叔武歙人易簡之後年八十餘正統間卒以隱逸自高性愛古法書名畫不惜萬金購之曰此足養心性非他玩好可比其人品亦可謂博雅矣近時江南人家有好古玩物至於敗家亡身者此又可為鑑戒也

衡山後生竹最大名曰南竹土人截取其筒以為甑節處可置鹽盆然在深山中人蹟不到之處

世傳七賢過關圖或以為即竹林七賢爾屢有人持其畫來求題跋漫無所據觀其畫衣冠騎從當是晉魏間人物意態若將避地者或謂即論語作者七人像而為畫爾美南舉人云是開元間冬雪後張說張九齡李白李華王維鄭虔孟浩然出藍田關遊龍門寺鄭虔圖之虞伯生有題孟浩然像詩風雪空堂被帽溫七八圖裏一人存又有樣溪張輅詩二李清征

狎二張吟鞭遥指孟襄陽鄭虔筆底春風滿摩詰圖
中詩興長是必有所傳云

元高德基云吳人尚奢爭勝所事不切廣置田宅計
較微利不知異時反貽子孫不肖之害故謂之蘇州
獃自今觀之獃豈獨蘇哉

富韓公嚴重每言辭皆厲邵氏聞見錄記其一則曰
獨嘗病今之作文字無所發明但模稜依違而已人
之爲善不易人之爲惡必用奸謀以逃刑戮君子爲
小人所勝不過廢位耳惟有三四寸竹管子向口角

頭褒善貶惡使善者貴惡者賤須是由我始得不可
更有畏怯也

世言大藏經五千四十八卷此自唐開元間總結經
律論之目至貞元間又增新經二百餘卷宋至道以
後惟淨所譯新經又九千五百餘卷予見南宋藏經
與元藏亦不同而本 朝藏經又添入元僧以後諸
人文字而卷數仍舊豈亦有添減歟

襄陽大堤曲有倒着接䍦花下迷蓋用白紗作巾南
朝雖帝王亦服白紗帽沈攸之所謂大事若克白紗
帽共着耳又別有白疊巾白綸巾後世惟凶服乃用
白

予遊金陵觀大功坊回龍巷想見當時 君臣之際
焉大將軍爲人謙謙不伐又從父老問大將軍時事
其處元帝於開平也闕其圍一角使逸去常開平怒
亡大功大將軍言是雖夷狄然嘗久帝天下吾 主
上又何加焉將裂地而封之乎抑遂甘心也既皆不
可則縱之固便開平且未然嗚呼深遠矣

文章貴簡明王伯厚甫嘗稱歐陽公劉柳無稱於事

業姚宋不見於文章過於唐人所云周勃霍光雖有
勳伐而不知儒術枚皋嚴忌善爲文章而不知巖廊
終不若漢人所謂絳灌無文隨陸無武尤爲痛快也

宋徽宗宣和六年禮部試進士至萬五千人是年賜
第八百餘人宋朝故事每廷試前十名御藥院先以
文卷奏御定高下高宗建炎間始曰取士當務至公
考官自足憑信豈容以一人之意更自升降自今勿
先進卷子此眞帝王之體古所謂君明樂官不明樂
音者正如此

晉悼公入告羣臣之詞左氏國語並載而不若左氏之簡嚴也左氏曰孤始願不及此雖及此豈非天乎國語作孤之及此天也惟此語勝左氏

古之言天者三家曰宣夜曰蓋天曰渾天宣夜無傳周髀蓋天考驗多失獨渾天近理其言曰天如雞卵地如卵黄天大地小天表裏有水天地各乘氣而立載水而浮天轉如車轂之運

玉堂漫筆終

願豐堂漫書

雲間陸深著　王道焜校閱

南畿辛酉鄉試少傅劉野亭先生忠以翰林侍講為考試官策問中有及　宗室日繁而祿入不繼者余當時才以恩義立說謂恩之所不能周者則當裁之以義與其過於恩而非福不若裁以義而無患此特場屋體耳漫無籌策遂占首選程文所刻乃欲折鈔以當俸入亦非通論此事嘗往來於懷常與朋僚講之今制雖　將軍殿下亦歲給祿米二百石金枝玉

葉日以廣衍傳之千萬年之後雖竭天下之力不足以供之恭坐困之道也宋神宗時王荊公安石作相裁減宗室恩數宗子相率訴馬前荊公徐諭之曰祖宗親盡亦須祧遷何況賢輩宗子遂散去其後宋宗室無論戚疎少長皆仰食縣官西南兩宗無賴者至縱其婢與閭巷通生子則冒為巳子以利其請給其醜若是今太宰遂菴楊先生一清謂宜自　國王而下以次制其妃嬪之數蓋有見也

凡圖畫雷形作人間小鼓環而聯之或畫其神狀如飛鳥而銳喙肉翅赤色而人足按宋大觀間大滌山人胡真隱居山間一日忽聞有聲若鼉鼓數百黑雲叢聚間火毬相逐已而迅雷烈風移時乃止夫陰陽相搏擊則為雷非若七政可以形象求也雷若有象則火毬近是霹靂斧先儒所謂星隕而石之類火能生土故也晦菴劉少師健為庶僚時奉　命往祀華山正及夏日晦菴與客高登顧見山下白霧瀰漫若大海然而山頂赤日了無纖翳俯視突煙暴起或丈餘遞至尺許亦無所聞頗異之從者以為雨作也及

下山村麓人云適有驟雨挾震雷數百已過矣向所見煙中突起者悉雷也凡聲自下聞之則震自上聞之則否所謂山頭只作小兒啼者是已

周文襄公忱巡撫江南日巨璫王振當國慮其異已也時振新作居第今之京衛武學是已公乃令人度其齋閣使松江作剪絨毯遺之覆地不失尺寸振極喜以為有才公在江南凡上利便事振悉從中贊之

宋秦檜格天閣成鄭仲為蜀宣撫遺錦地衣一鋪檜命鋪閣上廣袤無尺寸差檜默然不樂鄭竟得罪二

事極相類一以見疑一以見厚豈其心術之微有不同耶

楊髡發宋諸陵有裒其骨葬之者陶九成輟耕錄所載以爲唐義士珏瞿宗吉歸田詩話所載以爲林義士塾周公謹癸辛雜志則以爲宋陵使羅銑者葢中官云

張莊懿公鎣仲子早卒聘都城趙氏女女聞夫卒即輿至夫家守制奉翁姑如婦禮年五十餘矣弘治間宜春劉侯德資琥守松上其事旌之題曰趙女張節

婦顧侍讀士廉以爲言婦則無所附麗言女則已去其母家若不當旌者錢修撰與謙奮臂起辨之引張艮陶潛爲事類至千餘言不罷郡中一閧予時遊南雍還心是士廉言而與謙已病革矣元余忠宣公闕爲中書吏部員外郎時安西郭氏女受聘未行會夫卒自縊死有司請旌其門闕以爲過於中庸不可以訓格不下惜當時禮官無引此以駁之者

婦人首飾以髮爲之者曰假頭亦曰假髻作俑於晉太元中弘治末京師婦女悉反戴之令漸傳四方矣殆非佳兆

正德壬申秋自饒還過蘭谿拜楓山章先生懋於所居白露山下因留一日語間及吳徵士與弼康齋先生云昔見白沙陳公甫獻章言公甫就學康齋時忽一日晨光初動窗外見康齋手自颺穀其子從作厲聲曰秀才恁地懶惰只如此何到伊川門下又如何到孟子門下又一日出穫手爲鎌傷流血不止舉視傷處曰若血不即止而吾收之即是爲爾所勝言已而穫如故又往遊武夷過逆旅索宿錢至多三文堅

不與或勸之曰即此便見泰吝天物乃負擔而夜往焉

金臺紀聞

雲間陸深著　王道焜校閱

孔子曰多聞擇其善者而從之多見而識之夫聞見難矣多又難也多而能擇又難也能擇而能從識之又難也此非聖人之神不足以與此予忝登朝爲史官記載職也偶有所得輒漫書之蓋自乙丑之夏訖于戊辰九月錄爲一卷題曰金臺記聞藏之庶以便自考焉爾江東陸深書於靜勝軒

○弘治癸亥蘭谿章先生懋起爲南京國子祭酒一見予遂蒙顧待嘗以事見輒慰諭之曰大凡爲禮貴敬而和不必太促縮令人氣索孟子曰說大人則藐之凡見一有爵位者須自量我胸中所有苦不在其人之下何爲畏之哉比爲庶吉士與座主劉學士司直忠先生偶道此先生微哂曰此老失言矣孟子所謂藐者是藐其勢位若如所云是藐其人矣章公援引之至劉公析理之精前輩風度如此

世所傳張僊像者乃蜀王孟昶挾彈圖也初花蕊夫人入宋宫念其故主偶攜此圖遂懸於壁且祀之謹一日太祖幸而見之致詰焉夫人跪答之曰此我蜀中張僊神也祀之能令人有子非實有所謂張僊也蜀人劉希召秋官向余如此說蘇老泉時去孟蜀近不應不知其事也

李少卿子陽旻自南京來與余論綱目數事其論書新莽云莽操温之徒皆篡弑之賊於魏書太祖於梁書太祖於新獨斥之莽者何實錄也何以謂之實錄各因當時之文也新者國也莽者名也魏梁之繼世皆有天下廟號儼然而莽死於亂兵之手美惡無一定之謚將從何書書其國繫之名爾此春秋據事直書之舊例也其言有理又謂莽大夫楊雄死與晉徵士陶潛卒則爲贅筆春秋之法大夫致仕卒而不書若曰借二人以爲漢晉起例則孔子何以不得卒於春秋云

北人驗時以天明三星入地爲河凍之候正月丙寅冬至在十一月二十八日都下寒最遲而河亦遲凍是月望日與諸吉士早朝共試覩之黎明三星正入地而河氷亦適合云

天妃宮江淮閩濱海多有之其神爲女子三人俗傳神姓林氏遂實以爲靈素三女太虛之中惟天爲大地次之故製字者謂一大爲天二小爲地故天稱皇地稱后海次於地者宜稱妃耳其數從三者亦因一大二小之文蓋所祀者海神也元用海運故其祀爲重司馬溫公則謂水陰類也其神當爲女子此理或云宋宣和中遣使高麗挾閩商以往中流遭風賴神以免使者路允迪上其事於朝始有祀 丘濬碑

東白先生張吏侍廷祥云自余登朝而內閣待中官之禮凡幾變 英廟天順間李文達公賢爲首相司禮監巨璫以議事至者便服接見之事畢揖之而退後彭文憲時繼之門者來報必衣冠見之與之分列而坐閣老西西太監面東太監第一人位對閣老第二人常虛其上二位後陳閣老文則送之出閣後商閣老輅又送之下階後萬閣老安又送至內閣門矣今凡調 旨議事則掌司禮者間出其餘或使少監并用事者傳命而已

壩口上以石鑿獸置兩傍狀似蜥蜴首下尾上其名曰蚣蝮昔鴟鴞氏生三子長曰蒲牢好聲以飾鐘今之鐘紐是也次曰鴟吻好望以飾屋今之吻頭是也次曰蚣蝮好飲卽今壩口所置是也

鄖縣河灘上有亂石隨手碎之中有石魚長可二三寸天然鱗鬣或雙或隻不等云藏衣笥中能辟蠹魚又平陽府侯馬驛澮河兩岸仄土上皆婦人手跡或掌或拳儼然若印削去之其中復然又大同山中有人骨在山之腰上下五六十丈皆石耳惟中間一帶可四五尺皆髑髏歷節齟齬然關中之山數處亦爾余聞之陝西舉人張守後以訪之士大夫云果然造化變幻何所不有也

蚯蚓糞能治蜂螫余少時摘黃柑爲遊蜂所螫急以井泉調蚯蚓糞塗之其痛立止聞之昔人納涼簷際見石蜂爲蜘蛛所罥蛛出取蜂受螫而墮少甦爬沙墻角以後足抵蚯蚓糞掩其傷須臾徙行卒噉其蜂於網信乎物亦有知也沈存中筆談亦記一事與此相類但謂以芋梗耳姑試之

偷桃事有兩一說王母獻桃於武帝東方朔從旁竊

觀之王母指之曰此兒巳三度偷吾桃矣一說武帝
時東方之國貢小人至使朔辨之朔曰王母種桃三
千歲一結子此兒巳三度偷桃矣未知孰是
正德二年八月十四日加　恩諸元老内閣則西涯
李公時以少師兼太子太師吏部尚書華蓋殿大學
士加俸一級守靜焦公以太子太保吏部尚書兼武
英殿大學士升少傅兼太子太傅謹身殿大學士吏
書如故守谿王公以戸部尚書兼文淵閣大學士升
少傅兼太子太傅武英殿太學士戸書如故冢宰許

公進司馬劉公宇俱太子少保宗伯李公傑司寇屠
公勳司徒顧公佐司空李公鐩皆賜玉帶余嘗聞前
輩云　本朝文班玉帶不過五條余初登　朝所見
亦止五條爲内閣劉少師健李東陽謝遷二太保冢
宰馬少師文升司寇閔太保珪皆官至一品云　今
上登極明年五月馬少師致仕時守靜焦公以吏侍
進吏書不久遂賜玉十月劉謝二公致仕焦公以吏
書入閣文班才三條既而守谿公被賜會司空以進
呈　奉天殿氈毯被賜復如五條之數數日曾公卒

閱兩月閔公致仕自是六卿無腰玉者又三月許冢
宰、劉司馬同日被賜復如五條之數時四明屠公滽
以太子太傅吏書起復兼都察院左都御史適過其
數今至十玉盛矣哉景泰初九列皆加太子少保而
鹽山王公翺泰和王公直並爲吏書時有滿朝皆少
保一部兩尚書之語弘治末學士最多而謝閣老木
齋鴻臚寺卿賈斌太常寺卿崔志端俱帶禮書時有
翰林十學士禮部四尚書之語今可謂六卿皆玉帶
吏部四尚書矣内閣李焦二公與左都御史屠公俱

吏書但二王公並蒞天官而今則帶銜云
公穀文法悉著何字嘗與汪檢討器之論及必當時
口相講授作答問語而其徒録之者也故其間文有
極拙者非必如左氏操觚爲之近見元儒郝文忠經
伯常三傳折衷序亦云公穀二氏口授其義而爲之
傳故其文約其辭切其辨精反復曲折使聖人微婉
之旨可推而見云乃知古人先有以此求之者文忠
又有與友人論文法書亦前人所未道者其書曰古
之爲文法在文成之後辭由理出文自辭生法以文

著相因而成也非先求法而作之也後世之爲文也則不然先求法度然後措辭以求理若握杼軸求人之絲枲而織之經營比次絡繹接續以求端緒未措一辭鈐制夭閼惟恐其不工而無法故後之爲文法在文成之前以理從辭以辭從文以文從法資於人而無我是以愈工而愈不工愈有法而愈無法秪爲近世之文弗逮乎古矣

友人王瓊字瑩中江浦人與定山莊孔易同里嘗往來定山之門爲余談白沙陳公甫來訪定山定山拏

舟送之有維揚一士人同泛數十里士人素滑稽是日極肆談鋒盡衽席褻昵之事人不堪聞故以是爲二老困定山怒不能忍幾至厲聲色追明日餘恨猶未已白沙則當其談時若不聞其聲及其旣去若不識其人定山大服之

孝廟人才之盛好事者取其父子同朝作對聯云一雙探花父兩箇狀元兒時張宗伯昇己丑狀元子恩王禮侍華辛丑狀元子守仁俱爲兵部主事戶部郎中劉鳳儀則己未探花龍之父兵部員外李贊則壬戌探花廷相之父也一時橋梓前此未之有也

金華戴元禮　國初名醫嘗被　召至南京見一醫家迎求溢戶酧應不閒元禮意必深于術者注目焉按方發劑皆無他異退而怪之日往觀焉偶一人求藥者旣去追而告之曰臨煎時下錫一塊麾之去元禮始大異之念無以錫入煎劑法特叩之答曰是古方爾元禮求得其書乃餳字耳元禮急爲正之嗚呼不辨餳錫而醫者世胡可以弗謹哉

楊文貞公云東坡之竹妙而不眞息齋之竹眞而不

妙

嘗聞西域人算日月食者謂日月與地同大若地體正掩日輪上則月爲之食傳注家謂月蝕爲暗虛所射者余未敢信以爲然

袁凱字景文別號海叟有海叟集行于世　國初詩人之冠冕吾鄉人仕爲御史　太祖高皇帝嘗欲戮一人　皇太子懇釋之召凱問曰朕欲刑之而東宮欲釋之孰是凱對曰　陛下刑之者法之正東宮釋之者心之慈　太祖怒以爲凱持兩端下之獄凱下

獄三日不食　太祖遣人勸之食已而宥之每臨朝見凱嘗曰是持兩端者凱一日趨　朝過金水橋詭得風疾仆不起　太祖曰風疾當不仁命以木鑽鑽之凱忍死不爲動以爲蹋茸不才放歸田里凱歸以鐵索鎖項自毀形骸　太祖每念之曰東海走却大鰻鱺何處尋得遣使即其家起爲本郡儒學教授鄉飲爲大賓凱瞠目熟視使者唱月兒高一曲使者復命以爲凱誠風矣遂置之聞之都主事玄敬穆余少聞故老談景文既以疾歸使家人以炒麵攪沙糖從

竹筒出之狀類豬犬下潛布於籬根水涯景文匍匐往取食之　太祖使人覘知以爲食不潔矣豈所謂自免於禍者耶

國初高啓季迪侍郎與袁海叟皆以詩名而雲間與姑蘇近迩不聞其還往唱酬若不相識然何也玄敬嘗道季迪有贈景文詩曰新清還似我雄健不如他今其集不載是詩玄敬得之史鑑明古史得之朱應祥岐鳳岐鳳吾松人以詩自豪於一時爲序在野集者其事雖無考然兩言者蓋實錄云

周元素太倉人善畫　太祖一日命畫天下江山圖於便殿壁元素頓首曰臣粗能繪事天下江山非臣所諳　陛下東征西伐熟知險易請　陛下規模大勢臣從中潤色之　太祖即援毫左右揮灑畢顧元素成之元素從殿下頓首賀曰　陛下江山已定臣無所措手矣　太祖笑而頷之

後唐明宗長興三年令國子監校定九經雕印賣之其議出於馮道此刻書之始也石林葉少蘊以爲雕板印書始馮道此不然但監本五經道爲之爾柳玭

訓序言其在蜀時嘗閱書肆云字書小學率雕板印紙則唐固有之矣石林時印書以杭州爲上蜀本次之福建最下京師比歲印板殆不減杭州但紙不佳蜀與福建多以柔木刻之取其易成而速售故不能工福建本幾遍天下然則建本之濫惡蓋自宋已然矣今杭絕無刻　國初蜀尚有板差勝建刻今建益下去永樂宣德間又不逮矣唯近日蘇州工匠稍追古作可觀

古書多重手抄東坡於李氏山房記之甚辨比見石

林一說云唐以前凡書籍皆寫本未有模印之法人不多有而藏者精於讐對故往往有善本學者以傳錄之艱故其誦讀亦精詳五代時馮道始奏請官鏤板印行國朝淳化中復以史記前後漢付有司摹印自是書籍刊鏤者益多士大夫不復以藏書爲意學者易於得書其誦讀亦因滅裂然板本初不是正不無訛謬世既一以板本爲正而藏本日亡其訛謬者遂不可正甚可惜也其說殆可與坡並傳近日毘陵人用銅鉛爲活字視板印尤巧便而布置間訛謬尤易夫印已不如錄猶有一定之義移易分合又何取焉茲雖小故可以觀變矣

勝國時郡縣俱有學田其所入謂之學糧以供師生廩餼餘則刻書以足一方之用工大者則糾數處爲之以互易成帙故讐校刻書頗有精者初非圖鬻也國朝下江南郡縣悉收上國學今南監十七史諸書地里歲月勘校工役並存可識也今學既無田不復刻書而有司間或刻之然以充餽贐之用其不工反出坊本下工者不數見也善乎胡致堂之論明宗曰命國子監以木本印書所以一立義去舛訛使人不迷於所習善矣斂之可也鬻之不可也或曰天下學者甚衆安得人人而斂之曰以監本爲正俾郡邑皆得爲焉何患於不給國家浮費不可勝計而獨靳於此哉此馮道趙鳳之失也

廷宴餘物懷歸起於唐宣宗時宴百官罷拜舞遺下果物怪問咸曰歸獻父母及遺小兒上勑太官今後大宴文武官給食兩分與父母別給果子與男女所食餘者聽以帕子懷歸今此制尚存然有以懷歸不盡而獲罪者

魯司業鐸振之欲乞終養還戊辰四月中即謀之夜夢幞頭騎青羊乃去占者以爲當乙未日得請是時六月二十九日得乙未振之屈指以爲是其期也時禁方嚴因循遂過其期後乙未乃八月三十日以爲不至是八月六日已得　旨矣俄爲吏部覆疏衆以前夢不驗振之遂再請　旨從中許之明日謝　恩適當八月之乙未振之公服入直房待漏衆共異之

本朝輿地前古無比猗與盛哉然有可疑者二事堯

舜時以冀州爲皇畿四方皆二千五百里今冀州之北能幾何耶三吳在古不入職方其民皆斷髮文身以與蛟龍雜處若空其地然爲最下也今財賦日繁而古之遺跡不異其水不爲害者天幸爾萬一洚水不知何以處之區區鬧籬難以言善

金臺紀聞終

制府雜錄

明　楊一清撰　莫系茂校閱

初予致政家居強長史晟書云先生之在位也不患於難進而患於難退今既得謝不患於無復起之日而患其有復起之機比起廢西征過西安見之曰某不幸復起奈何晟曰　朝廷以戎事起公安得不出但功成之後宜早退以全晚節耳晟汝南人予提學時爲貞寧訓導以文學見知前所言非道義不及此顧予西事甫定旋被　召命屢辭不獲媿負忠言

寧夏有沃饒之利故稱樂土自撫馭非人橫徵暴斂紛然雜出軍始不堪命逃亾接踵見存者日益困敝至逆瑾時極矣上下交征歛取財物爲脫禍計盤糧料道所歛銀四千兩鎮巡倍之官軍俸廩芻糧經年不得給千戶何錦指揮周昂素梟雄知人怨入骨始懷異志錦頗通文事乃應武舉上京見時政日非歸語昂等曰可舉大事矣屬鎮巡俱更代太監李增總兵姜漢雖無大善不至如前作虐都御史安惟學自陝西布政擢巡撫正德五年二月十九日抵鎮安素

嚴明以藏廩空虛軍政廢弛乃與總兵約申嚴禁令追徵積年負欠屯糧追補馬匹被箠撻者多無完膚大理少卿周東清查屯地又復嚴急錦昂等遂激衆爲亂諸臣皆遇害四月五日也寧夏奏事者皆嘗被管之人遂揚言於朝謂亂乃惟學東所激而成聽者不察和出一口後李姜俱沾卹典惟學既被僇錄又以言者追奪之且錦等蓄謀已非一歲惟學蒞任未及兩月況比併公務比之朘削私用者有間矣作惡者何人而惟學乃代伊受禍寃哉盖亂臣賊子必假藉事端以爲口實故寘等必殺鎮巡奪其兵柄而後可逞是時惟學雖賢亦不能免也

何錦之亂鎮巡既被殺副總兵楊英領兵在外錦招之不肯入其所部兵聞亂而潰英僅以身遁錦又紿遊擊將軍仇鉞入城而奪其兵時陝西總兵曹雄在固原聞變即趨至境上首遣都指揮黃正統遊兵三千入靈州以固士人之心約會隣境將官刻期進討又遣兵戍寧夏中衛及廣武營以捍其所必攻客嶢大壩捲埽之草以攻其所必救與靈州守備史鏞鎣

謀奪取河西之船盡泊之東岸錦聞而懼領兵出守
大壩以防決河雄乃議令史鏞潛遁仇鉞書謂河東
大兵已集以某日渡河俾鉞爲内應鉞卒成大功顯
名天下而發蹤指示之功何可少哉竟以締姻劉瑾
得罪身死家籍良足悼已功名之士固自有幸不幸
者存而世之見利忘義托身匪人者亦可鑒也夫
曹雄長子謙讀書善吟作有機略揣度世事多曲中
又樂爲義舉陝西故李忝政崙孔主事琦家貧其妻
子不能存活雄上疏請卹其家以勸廉官從之蓋出

謙意具其筆也高御史徹先被逮 詔獄貧無銖兩
之資謙助之路費令人送至京又資給其家類此者
尚多然英華太露好惡太明自恃其才智頗輕世傲
物故人多忌之雄通好劉瑾初若避禍然至締兒女
姻則甚矣謙慮不及此不能力止之卒以黨惡被收
乃爲怨家所忌箠死獄中傷哉予致仕家居時 廷
議有見推者謙以書來曰此何等時也而先生可復
出哉宜致書所厚切勿道及起用二字又曰近日陝
西人才連茹而起山川之不幸也獨不留三五輩以

爲後地耶彭濟物不見登用天其有意於將來矣夫
以謙之明於料人忠以處人如此而所以自料自處
顛若是不尤大可惜哉
靈州邊堡壁間有詩云堪笑書生無勇略演營習陣
日紛紛問之乃總制才尚書所作後聞諸邊將云才
公見予下操軍令及行營陣圖笑曰此皆古本子何
足法邊兵自能殺賊若得驍勇將官賊來驅之使戰
有進無退何功不成安用營陣爲哉未幾聞虜在邊
檄陝西寧夏兩鎮總兵自與武營出塞促之使前直

擣賊營而親率輕騎百餘人徐踵其後賊數十騎自
沙窩突出百餘騎皆潰散才中矢墜馬身被數刃而
死出不兩逾時竟以屍還輿武勵哉予誠書生不諳
軍旅嘗以古人行謹哨探止修戰備爲法每諭諸將
曰無事常如有事時隄防有事還如無事時鎮靜又
念武侯李靖未嘗廢營陣世無岳武穆豈可恃野戰
以爲能哉才之死固出不幸而後之易其言輕進貪
功者可以鑑矣
總督張公嘗語及地方事輒斥瑾曰天下事被伊驅

得如此時瑾焰方烈張公與予初傾蓋又左右多瑾腹心爪牙予默不敢應時貴近家人隨征者數十張公每名給銀百兩令買蔬肉及供馬匹食用曰此外不許分毫侵擾軍民犯者以軍法從事瑾姪男劉奎等二人後至獨不賞曰不愁伊無有也予曰彼亦叅隨之數難分彼此若謂其有將聽其取受耶乃笑而與之又欲將瑾盤糧招商諸事有所論列予恐嫌隙遂成密告之曰二公皆爲帷幄腹心重臣公今在外宜存形跡不宜輕起釁端張公厲聲曰先生不知吾

何畏彼哉予曰固然彼方在　帝左右公有言能保其必達乎且扶蘇父子之親蒙恬之有功卒陷趙高之手不可不慮也張公首肯久之後乃知瑾亦頗聞張言將謀不利幸其歸遠不及有所爲卒除姦宄於呼吸間然亦危矣　祖宗在天之靈實默相之　主上之剛斷又豈近代人主之可及哉

中國制禦夷狄惟火器最長頃令所造鉛砲不能致遠兼不善用不能多中近年虜人不甚畏之惟大將軍二將軍三將軍諸銃力大而猛然邊城久不用予昔在定邊營教場取而試之總兵張安輩皆懼謂恐傷人予曰然則遂爲長物耶詢諸軍中必有能用者西安指揮楊宏應曰某曩在陝城教場見用此器越三日花馬池下操宏請先取二將軍試之乃自裝藥舉火却立十餘步以俟聲如迅雷遠及三百步營中皆震懾宏神色不動予喜曰破大虜無逾此矣然以欽降者不敢輕用乃市鐵募工於固原鑄造如二將軍式分發邊城營堡各數枚俟賊大舉入寇攻城札營以此擊之當不戰而退自後陝城所在肄習用以

爲常至是花馬池叅將閻綱告予曰前歲達賊擁衆出城下用公所發鐵銃擊之所傷甚多賊遂遁去又此器衆云止可用之守城予謂行營亦不可無乃議令二騾駕一銃凡用八騾可駕四器出禦之時置之中軍遇有危急劫營潰圍不過數壯士之勞而可當千萬夫之力矣因思往年宣府張穆二遊擊被虜圍之數重經二三宿使營中有此豈至全軍覆没哉

各邊演習營陣止按舊規而行不知變動予謂地利有險易賊勢有强弱人馬有多寡若不知活變遇營

安能濟用乃參酌舊規間出新意令隨機應變如衝
三疊陣畢再衝旋陣下一條邊營畢變三才營又變
五行營又合爲四門斗底營當分而分當合而合分
而不缺合而不亂或人馬方行驟報賊至倉卒之間
就於腳下站立拒敵務使彼此人馬相迎盤旋拒捺
以決勝負凡坐作進退應援追截悉視中軍旗鼓指
揮以類而推隨意生發如下棋局局皆新如此操演
使人人知兵初雖甚難久則有益
今之下營布陣或太稠密或太空疎太疎恐敵人乘

隙而入太密則旋轉之間人馬擠塞賊來衝擊無所
措其手足乃教之按古兵法止則爲營行則爲陣陣
中容陣隊間容隊營中存營有正有奇有常有變布
列有廣狹回轉離合無相奪倫部分有疎密左右救
援不致淆亂卒有外寇侵軼堅整全備莫可動搖
演陣下營務使人人常存戒心就如賊在目前軍器
什物常防遺落馬匹常防奔逸毋容外人得入恐係
姦人刺客如一面受敵三面皆當提防敵來無懼色
敵去無惰容久久慣熟　敵不過如此樁塘夜不收

軍人務尋達人達帽粧作眞達賊形狀若無眞達衣
兵翻穿皮襖乘風拍馬直衝營陣腥臊難聞聲勢兇
惡使我馬慣見遇賊自然不驚是不但習人亦且習
馬其衝擊方向悉聽管塘馬官臨期驅使或東或西
或來或去或衝其前倏擊其後使官軍應接不暇以
上皆予總　務時軍令才尚書之見喚者以此知兵
者或以爲然姑識其槩以俟後之君子
將領三軍司命安危所係苟非其人則急去之在其
位則不可忽且侮予在制府雖衛所庶僚平居未嘗

妄笞輕詈一人有足重者必改容禮之苟奸法干紀
則亦未嘗假貸故解任之後遺愛恒多才公嘗怪參
將閻綱遊擊陳善都指揮郭遡不能殺賊褫其衣冠
加之巾幗婦服令周遊營陣三人皆有時名坐是諸
將解體出塞之役心知其非無一争者比聞其敗各
按兵不救且耳心焉是時變起倉卒雖救無益而人
情向背可知已
法曰兵無選鋒曰北凡官軍一隊之中勇怯能否必
須區別若混爲一途非惟人心懈怠兵勢不揚且臨

敵挾戰怯者先逃羣衆被其動搖壯勇亦爲所累故選鋒爲兵家第一義然人才難得舍短取長皆有可用大將之門兼收並蓄庶無遺才予先年總制通行各邊大小將官各於該管衛所城堡官軍夜不收内逐一試驗揀選弓馬出衆膂力兼人有膽氣有智畧四事兼備或三事兼擅者定爲第一等四者之中二事可取者爲第二等一事可取或二事粗可觀者爲第三等若四事俱無足取但不係羸弱疾病者爲第四等其老弱幼小疾病者定爲第五等一等選備奇

兵二等三等選備正兵四等專備守城守堡雜差撥用第五等不堪之人責令選勾精壯戶丁代補騎射之外各採所長如善御兵車者善放銃砲者熟於弩彈牌刀骨朵者善用鈎鎗斧鉞鞭撾者但一藝精熟皆可備二等三等之選此外仍須廣詢博訪有知天文善占候者識地利山川道路遠近險易者善書算者攻巫醫者自虜中來習知虜事者善胡語者脚健善走者眼明善瞭者形影詭譎善窺探者有雖無他長賦性直戇決烈不顧生死者以至百工技藝之人苟有一長俱令開報閱視無異各造册登籍定與操習條約立爲賞罰規格隨宜器使各得其用行之一年自覺人心奮勵精采一新後予解任南歸此事旋廢今部曲猶能道之方圖舉行而召命下矣姑識之

古之善將兵者不獨選人亦兼選馬蓋馬身首有大小行步有疾遲筋力有强弱平居之際先爲選別出戰之時量力馳用庶幾人馬相當戰功可立若平時漫不挑選用之征戰人强馬弱人欲進而馬不前馬强人弱馬可前而人怯懼雖有猛將安能成功予行令各將官將所部馬隊官軍騎坐馬匹逐一愼選精

别等第身力高大馳驟迅疾者選作第一等身力雖小頗能馳驟者作第二等身力雖大行步遲鈍者作第三等若身首短小又不善行及瘡瘸老瘦者作第四等一等二等專備騎征三等以備雜差四等責令易換中間若有跳蕩超越之材上山下坂足力不倦駐坡驀澗如履坦途者及有十分調良馴熟羣馬動而不嘶金鼓喧而不驚者亦要查出開報以備將官遇急取用今敢戰之兵隨處皆有練兵之將予無一

二。兵不練而强之應敵其不敗者幸也。選兵之説已
多不能知不能行。而令其選別戰馬。其不呀然驚賬
然笑者幾希矣。

制府雜録終

北虜紀畧

明　汪道昆撰　章斐然閲

北虜之盛終于西南直吐蕃青海西海之地在松潘山外東北抵遼海絕朝鮮盡西北東三面皆抵海地雖廣漠而分散無統皆中國未有以制之非虜能强也甘肅迤西一曰忠順王以元裔不能服哈密回一曰瓦剌部落止存數百騎一曰帖木哥以番僧爲夫雖有虛號盡屬中國虜之枝蔓剷矣弘治末虜之强臣亦不剌酗酒斬小王子使者率其部落度莊浪古

浪峽南走雪山徃徃寖侵西番族帳族帳舊有國初所賜金牌納馬賜茶號合當差法故設西寧兵備守備以鎭撫之葢漢典屬國都護職也亦不剌掠之而不能救族帳皆怨叛内侮徃徃又致討伐以是西番離心差法馬少入茶不行而亦不剌遂雄據西海矣自嘉靖以來吉囊承火篩餘烈據河套有衆四五萬數自賀蘭山後度古浪峽穿黒松山入西海伐之亦不剌死長子斡耳篤思其二弟析而爲三嘉靖二十四年吉囊侵西海虜斡耳篤思全部以歸居之

賀蘭山後以爲右部自此寧夏赤木黄峽之口無寧日矣其二弟愈南徙直松潘永寧山外絕不與虜通初吉囊之西伐也娶瓦剌之女至是死三子曩台吉等各分兵俺灘阿卜孩吉囊弟也居黄河東仍虜俗欲烝瓦剌氏三子不從遂大戰俺灘敗走渡河仍居直宣大之地又數失小王子貢約亦相侵伐近年以來俺灘阿卜孩得肆志中國益桀驁然西失吉囊手足之助内携小王子君臣之情頻年戰伐而驕侈淫縱部衆亦厭苦稍離心矣其地西距娘娘灘黄河東

不過故獨石嶺潮河川所逮之麓所謂萬塔黄崖者衆男女老弱不過四萬凡東南侵必徙其帳於北以避我擣巢又留兵以護家防小王子故直南則入宣大之間極則西至紫荆關東至永寧四海冶隆慶居庸直西則入大同雁門以犯山西自獨石嶺折而東行千六七百里方過太行山麓由潮河經行之口以犯古北東至順薊南窺通潞然臚朐滹沱京西諸水及都城遮之亦不能復南也古北路甚險故西緣陵南白羊口以出居庸關後仍道宣府而歸古北口之

東曰墻子嶺曰羅紋峪皆縮入古北口之東南西曰不塘嶺曰馬闌大水峪匣兒嶺又西曰渤海所黃花鎮皆縮入古北口之西南其山外夾墻則諸華夷人之逋逃者曰陳撻頂色稱兒何耨豆兒居之衆僅合六七百猶中國山賊也常盜俺灘馬牧山深險無如之何虜之折而東行一千六七百里此山之虜遮之也中國置墻皆在山下山皆棄不守不足爲險自此以東置墻皆如之緣川而行遇山悉棄故廻遠而難守然皆故大寧地以居朶顏者也其入貢而爲患者

哈喀赤又東曰喜峰口南直薊州又東曰冷口南直遵化永平虜若犯此則在潮河之東又爲白龍江所阻當犯永平遵化鐵冶不能至京師又東則泰寧福餘地直遼左矣虜之特起新酋曰虎喇哈赤者衆不滿千遶澤受東北諸夷水入海之路春夏秋三時多淖泥常以三冬春初氷結時犯塞又遼人王忠入搆熟夷得千人自爲部長常以父事趙叅將傾葵數爲盜晨起必斬二人以祭旗率以爲常其惡甚於哈舟兒陳通事等也虜中大校如此其名目可徵見者今

列於左方以備叅考云

虜酋名目

小王子打來孫罕

俺灘阿卜孩（大虜首在大同邊外）

把卜孩（熱夷古北黃草川）

虎秃孛賴（朶顏頭目近邊住夷）

吉囊（在黃河南死有三子最吉台吉青台吉黃毛台吉）

虎喇哈赤（大虜首在遼東邊外）

那應真（遼東熟夷）

紅臉孛羅（泰寧衛在夾墻住）

捨力木（泰寧熟夷）

倘孛賴（花當達子頭兒）

伯言哈答（此乃虎剌哈赤孳殺之人）

達火通倘不囊（俺灘部下小頭目）

阿兒秃（夷首）

哈哈赤（朶顏都指揮）

司吉囊（夷首）

穩克兒（朶顏部下頭目）

瓦撒荅通事在大同北

丫頭智脫脫部下夷人通事講開馬市者已被擒獲

辛愛把都兒俺灘子

花當荅子在遼東辛愛外父

把把遼東全夷

花當駝立近遼東夷首

把禿差用夷人

把禿賴兒其子辛愛壻也

討不賴花當部夷

我包阿卜敘遼東達子頭目

祖兒在把都兒部下夷

哈喇夷首

伯顏帖忽思朵顏都指揮

引燒卜朵顏夷首

安灘的即俺灘亦呼俺荅

虎喇大阿卜戶夷首

昔馬台吉獨石邊外虜首子

阿剌處台吉小王子部下

青台吉小王子部下是吉囊子疑有二名或俺荅借名以脇我

納林台吉小王子部下

更　探台吉夷首

錫剌台吉夷首

把都兒台吉夷首

鬼林台吉小王子部下夷首

各台吉俱吉囊部落恭俺灘輩借名以脇我耳

陳仁錫曰此司馬第一篇文字大有來歷又不剿

古

翦勝野聞

吳郡徐禎卿著　徐仁毓閱

太祖嘗自叙朱氏世德之碑其文曰本宗朱氏出自金陵之句容地名朱巷在通德鄉上世以來服勤農業五世祖仲八公娶陳氏生男三人長六二公次十二公其季百六公是爲高祖考娶胡氏生二子長四五公次即曾祖考四九公娶侯氏生子曰初一公初二公初五公初十公凡四人初一公配王氏是爲祖考妣有子二人長五一公次即先考諱世珍元初籍淘金戶金非土產市於他方以先祖初一公困於役遂棄田廬攜二子遷泗州盱眙縣先伯考五一公十有二歲先考纔八歲先祖營家泗上置田治產及卒家日消由是五一公遷濠州鍾離縣其後因至鍾離居先伯考性淳良務本積德與人無疾言忤意鄉里稱爲善人先伯娶劉氏生子四人重一公重二公重三公生盱眙重五公生鍾離先考君娶徐氏泗州人長重四公生盱眙次重六公重七公生五河某其季也生遷鍾離後戊辰年先伯考有孫六人兵興以來

相繼寢沒先兄重四公有子曰文正今爲大都督重六重七俱絕嗣曩者父母因某自幼多疾捨入皇覺寺中甲申歲父母長兄俱喪次兄守業又次兄出贅劉氏某托跡緇流至正二十四年天下大亂諸兄皆亾淮兵大起掠入行伍乃招集義旅兵刀漸衆因取滁和龍鳳三年帥師渡江駐兵太平爲念先考君嘗言世爲朱巷人宗族俱存平日每有鄉土之念即訪求故鄉宗族之所遂調兵取句容明年克金陵而朱巷距城四十里舉族父兄昆弟四十餘人至始得與之叙長幼之禮行親睦之道但朱氏世次自仲八公之上不復可攷今自仲八公高曾而下皆起家江左歷世墓在朱巷惟先祖墓泗州先考塋鍾離此我朱氏之源流也爰自金陵太平駐節開府爲根本之地實鄉郡焉屢歲征伐拓境開疆吳楚既越方數千里由是累膺顯爵乃龍鳳九年三月十四日內降制書　曾祖考爲資德大夫江南等處行中書省右丞上護軍司空吳國公　曾祖妣吳氏吳國夫人先祖考稱　大夫江南等處行中書省平章政事上柱國司

徒吳國公祖妣王氏吳國夫人　先考府君開府儀同三司錄軍國重事平西右丞相吳國公　先妣陳氏吳國夫人謹以閏月十三日祇謁先壟焚香告祭之舊典也重念報本禮行宜厚令勉建事功匪由巳能實荷先世靈長之澤垂衍後昆宜得報恩三代並爲上公以遂爲子孫者之至願書曰作善降之百祥易曰積善之家必有餘慶先祖父積功累善天之報施茂於厥後凡我子孫皆當體祖宗之心踏德存仁以永其緒於無窮是吾之所望也於是備書于後

以傳信將來有所攷焉

淳皇帝及后疾疫死重四公繼之貧薄不能具棺木宂　太祖與仲兄謀草埜山谷中行未抵所而綆絶仲返計　太祖視屍忽風雨雷電　太祖避樹下聞空中神語曰孰襲取我土髣髴有應者具　淳皇帝諱神曰爲若人則巳巳而暴風揚沙折木天轉晦比明徃視之土裂屍巳陷田伯劉大秀遂歸其地而葬責令鳳陽皇陵卽其地也

太祖在滁嘗濯手於栢子潭有五蛇擾而就之因祝之曰如天命在予汝其永附焉一日戰畢羣坐藉土蛇忽蜿蜒其側　帝乃掩以兜鍪項復報戰亟戴兜鍪而往是日手刃甚衆軍法戰勝必祭甲胄衆推帝功居多乃置其兜鍪於前甫奠忽霹靂太震白龍天矯自兜鍪中出挾雷聲握火光騰空而去諸將自是畏服

青田劉基伯溫嘗携客泛舟於西湖抵暮仰瞻天象而言曰天子氣在吳頭楚尾後十年當輿予其輔之及過蘇閶門見張士誠曰貴不過封侯何能久也夜

登虎丘山復曰天子氣尚在吳楚之間時郭子輿據濠土就見之遇　太祖曰吾主翁也深自結納曰後十年主君當爲天子我其輔之乃拂衣而去

太祖之初振也將屬皆草莽麄士人人欲更試大位徐相國陰奇帝乃謂諸將曰天子豈可更立耶遂止

常遇春初附劉聚時常晝寢夢一羽士語之曰起起此處非爾所宜託也爾主至矣既寤適　太祖至於是遂傾心焉

王師與僞漢戰於湖中時乘白舟漢主以赤龍船厭

之及戰王師大捷　帝因制令以赤船載俘囚白船給官胥之屬

僞周主張士誠面縛見　帝俛首瞑目踞坐甚不恭　帝叱之曰盍視我對曰天日照爾不照我視汝何爲哉　帝以弓弦縊殺之及見周伯琦遙伏於後問爲誰對曰前元江浙行省參政臣周伯琦　帝曰元君寄汝以心膂之責乃資賊以爲亂耶伯琦惶懼不能答先迎三日大醉以酬其功後戮之司徒呂伯昇先以國情虛實輸我師　帝以爲佞臣命誅之以示

士誠

帝念劉大秀施地爲陵之惠封爲義惠侯又感汪媪之意勅授世官從事郎署令衛皇陵

徐太傅追元順帝將及之忽傳令頒師常遇春不知所出大怒馳歸告　帝曰達反矣追兵及順帝而已之其謀不可逆也太傅度遇春歸必有變乃留兵鎮北平而自引軍歸駐舟江滸仗劍入謁　帝時方盛怒宿戒閽吏曰達入愼毋縱之達旣入未見　帝自疑有變乃拔劍斬閽吏奪關而出　帝因使人釋其罪令內謁達不允於是　帝不得已枉視於舟中達因進曰達有異圖不在今日雖曰晚矣然吾臨江鞠旅亦能擁有江淮顧弗爲爾且吾之不擒元帝亦籌之熟矣彼雖微也亦嘗南御宥耗當時人怨之史亦謂章溢欽刻急胡致棠排本其殺身以爲興利之戒

缺文

怒曰俟汝爲天子而宥之　太子惶懼不知所出遂赴溺左右救得免　帝且喜且罵曰癡兒子我殺人何預汝耶因徧錄救溺者凡衣履入水者擢三級解衣鳥者皆斬之曰　太子溺俟汝解衣而救之乎乃

赦濂死而更令入蜀然怒卒未解也會與　太后食后具齋素　帝問之故對聞宋先生坐罪薄爲作福祐之　帝惻然投箸而起濂至　帝令無相見謫居茂州而竟殺璲慎

太祖視朝若舉帶當胷則是日誅夷蓋寡若按而下之則傾朝無人色矣中涓以此察其喜怒云

太祖御膳必　馬后親調以進深以防閑隱微一日進羹微寒　帝怒舉盃擲之羹污很鬢　后耳畔微有傷　后熱羹重進顏色自若

洪武二十五年下度僧之令天下沙彌至者三千餘人中有冒名代請者　帝大怒悉命錦衣衛戮之吳僧永隆（嘗居蘇之尹山寺）請焚身以救免　帝允之勑中官以武士衛其龕至雨華臺出龕望闕拜辭入龕書偈一首又取香一瓣上書風調雨順四字語中侍曰煩語　陛下若遇旱以此香祈雨必驗乃秉炬自焚骸骨不倒異香逼人羣隺盤旋舞於龕頂　上乃宥三千人誅時太旱　上命以所遺香至天禧寺禱雨至夜雨大降　上喜曰此真神僧永隆雨也　太祖御

製落魄僧詩以美之

太祖嘗爲漢兵所逐　馬后負之而逃　太子私繪爲之圖及　后薨　帝慘不樂愈肆誅虐　太子諫曰　陛下誅夷過濫恐傷和氣　帝默然明日以棘杖遺于地命　太子持　太子難之　帝曰汝弗能執與使我潤琢以遺汝豈不美哉今所誅者皆天下之險人也除以燕汝福莫大焉　太子頓首曰上有堯舜之君下有堯舜之民　帝怒即以所坐榻射之太子走　帝追之　太子探懷中所繪圖遺于地

帝發視之大慟而止
太祖嘗遊一廢寺戈戟外衛而內無一僧壁間畫一
布袋僧墨痕猶新旁題偈曰大千世界浩茫茫收拾
都將一袋藏畢竟有收還有散放寬些子又何妨蓋
帝爲政尚嚴猛故以此諷之亟命索其人不得
余嘗於民家敝集中得鷄渼上梁文聊識於此其詞
曰伏以乾坤造渼宮獻脊璽圖書之瑞日月光天德
立國家社稷之基手以濟世安民手以建邦啟土地
靈有待天眷無私欽惟　皇帝陛下齊聖廣淵聰明
肅知富有四海作之君作之師天錫九疇得其位得
其祿視民猶己立賢無方北伐東征專不邇聲色之
美文韜武畧厲宵衣旰食之勤儼九重龍鳳之姿擁
百萬貔貅之衆惟皇作極應天順民萬福攸同一人
有慶習成周之故業如豐沛之寓都展三輔之皇圖
覽九江之秀色瀑布瀉銀河於峭壁小孤屹砥柱於
中流左彭蠡右洞庭滔滔天塹前朱雀後玄武煒煒
京華工部掄材梓人獻巧電布星羅之合虔翬飛鼓
翼之奏功黃道紫宸峙中天之華闕金釘朱戶啟南

面之明堂虹舉雙梁雷陳六偉
東扶桑擁出一輪紅光被海隅開壽域衮衣端拱帝
王宮
西使臣諭蜀馬如飛五十四州霑雨露民安物阜悉
依歸
南嶺喬嶽歸奏表函方土琛奇皆入貢華生彤管照
晴嵐
北萬里幽寒苦霜雪江南佳麗樂昇平比屋熙熙被
帝德
上天命維新增氣象中天帝座十分明歷歷泰階光
萬丈
下邊境烽消收戰馬六軍務在盡耕桑率土豐登樂
閒暇
伏願闔闔開宮殿巍巍玉几之端嚴山河壯帝居翼
翼金城之鞏固永保安寧之日信符海晏之將衣冠
講唐虞股肱皆社稷廬山高幾千仞綱紀四方天子
壽億萬年本支百世
元君旣遁復留兵開平猶有覬覦之志　太祖遣使

馳書明示禍福因答詩曰金陵使者渡江來漠漠風煙一道開王氣有時還自息天心何處不昭回信知海内歸明主亦喜江南有俊才歸去誠心煩爲說春風先到鳳凰臺

太祖喜微行每至徐太傅家一日太傅病篤　帝忽至太傅自枕藤下出一劍以示　帝曰戒之戒之若他人得以僇汝也自後諸公臣家不復至矣

太祖嘗微行京城中聞一老媪密呼　上爲老頭兒　帝大怒至徐太傅家繞室而行沉　不已時太傅

他往夫人震駭恐有他虞惶恐再拜　得非妾夫徐達負罪於　陛下耶　太祖曰非也嫂勿以爲念亟傳令召五城兵馬司總諸軍至曰張士誠小竊江東吳民至今呼爲張王今朕爲天子此邦居民呼朕爲老頭兒何也即命籍没民家甚衆

太祖幸内庭見宫人遺絲綺些微在地召諸嬪至計其蠶繅織紉之費而責之今後有不惜者斬

太祖嘗微行里市間過國子監監生某者入酒坊　帝揖而問之曰先生亦過酒家飲乎對曰旅次草草聊寄食爾　帝因與之入時坐客滿案惟供司土神几尚餘空　帝攜之在地曰神姑讓我坐乃與生對席問其鄉里曰某四川重慶府人也　帝因屬詞曰千里爲重重水重山重慶府生應聲曰一人成大大邦大國大明君　帝又舉裂几小木命生賦詩因喻已意其詩曰寸木元從斧削成每於低處立功名他時若得臺端用要向人間治不平　帝私喜因探錢償酒家相别而去生不知其爲　帝也明日忽移名召生入謁生惑然自失既至　帝笑曰秀才憶昨南

天子對席乎生惶恐謝罪又曰汝欲登臺端乎遂命除爲按察使秣陵民家至今供司土神於地本此

僧宗泐性頗聰慧　太祖愛之令其養髮髮既成欲官之泐固辭乃止　帝嘗命往西域求釋典泐不敢辭行至外國道逢一老僧泐遥拜問之曰西域此去幾何老僧曰汝頭白行不到也泐曰　明天子命往西域求經惟老師指教僧曰毋行秪自勞爾爲我致書　明主愼毋發也泐受之歸見　帝具道所以　帝發書視之乃　帝即位時作水陸醮齋以答神貺

上御製手書表文也。紙墨如故。帝允之乃止。

僞周主張士誠據有江東，時姑蘇市井中童謠曰：張王做事業，只憑黄蔡葉。一夜西風來，乾鱉。後國事既去，太祖取其臣黄蔡葉三人者，剖其腸而懸之，至成枯腊。蓋三人皆元戚機臣，其殘膏積倐，敗國喪家，帝特惡焉，故極于此典。

常開平遇春驍猛絶世，狀類獼猴，指臂多修毫。所過之地，縱士卒剽掠，故其兵特銳，有戰輒舉。

太祖微時，甚見愛于郭子典。郭氏五男惡焉，乃以飢

事幽之空室中，絶其粢食。馬后竊以餅餌遺之。一日煎餅斧中，將修供，爲郭氏親信所窺，遂納懷中，膚有傷痕。

代王之母郜人也。先是，太祖嘗戰敗而奔投王母家。王母曰：汝朱某耶？人言汝當爲天子也。因留之宿。及旦辭去，王母曰：吾後有娠何如？帝乃貽做梳爲質，王母亦以匣中裝贈行。自是果娠。及太祖即位，子且長矣。王母携其子及質物上謁，帝令工部草創木宇居之，不令入宮。及代府既成，遂分封焉，故王卒得終養其母，踰於常制。

太祖以太子性仁柔不振，一日竊令人載屍骨滿輦過其前激之。太子不勝慘慼，撫掌曰：善哉善哉。

太祖嘗于上元夜微行京師，時俗好爲隱語相猜以爲戲，乃畫一婦人赤脚懐西瓜，衆譁然。帝就視，因喻其旨（謂淮西婦人好大脚也），甚啣之。明日命軍士大僇居民，空其室。蓋馬后祖貫淮西，故云。

洪武十三年五月四日，雷震謹身殿。帝親見火炎自空中下，乃再拜曰：上帝赦臣，臣赦天下。（或云雷火焚身

追帝）蓋帝時刑戮過厲故云。

貴妃某氏薨，太祖詔太子服齊衰杖朞。太子禮惟士爲庶母服緦，大夫以上爲庶母則無服。又公子爲其母練冠麻衣縓緣，既葬除之。蓋諸侯絶朞喪，諸侯之庶子雖爲其母，亦壓於父，不得伸其私。然則諸侯之庶子不爲庶母服，而況於天子之嗣乎？帝大怒，以劒擊之。太子且走，曰：大杖則走。翰林正字桂彦良諫太子曰：禮可緩，君父之命不可違也。嫌隙由是生矣。太子感悟，遂齊衰見帝謝罪。

帝怒始釋
馬后旣薨臨葬日大風雨雷電　太祖甚不樂召僧
宗泐至曰　太后將就窀穸汝其宣偈泐應聲曰雨
落天垂淚雷鳴地舉哀西方諸佛子同送馬如來宣
巳　帝大悅頃忽朗霽遂啓輀　詔賜泐白金百兩
徐魏國公達病疽疾篤　帝數往視之大集醫徒治
療且久病少差　帝忽賜膳魏公對使者流涕而食
之密令醫人逃去未幾告薨亟報　帝　帝蓬跣擔
紙錢道哭至第命收斬醫徒夫人大哭出拜　帝

帝慰之曰嫂勿爲後慮有朕存焉因爲周其後事而
去
太祖在軍中甚喜閱經史後遂能操筆成文章嘗謂
侍臣曰　朕本田家子未嘗從師指授然讀書成文
釋然自順豈非天授乎
太祖多疑每慮人侮巳杭州儒學敎授徐一夔嘗作
賀表上其詞有云光天之下又云天生聖人爲世作
則　帝覽之大怒曰腐儒乃如是侮朕耶生者僧也
以我從釋氏也光則摩頂之謂矣則字近賊罪坐不

敬命收斬之禮臣大懼因上請曰愚懵不知忌諱乞
降表式永爲遵守　帝因自爲文傳布天下
太祖嘗下詔免江南諸郡秋稅復稅之右正言周衡
進曰　陛下有詔巳蠲秋稅天下幸甚今復徵之是
示天下以不信也　上曰然未幾衡告歸省假衡無
錫人去　京畿甚近與　上刻六日復朝叅衡七日
失期　上怒曰朕不信於天下汝不信於天子遂命
棄市
獄有疑囚　太祖欲殺之　太子爭不可御史袁凱

侍　上顧謂凱曰朕與　太子之論何如凱頓首進
曰　陛下欲殺之法之正也　太子欲宥之心之慈
也　帝以凱持兩端下獄三日不食出之遂佯狂病
顚拾唉污穢　帝曰吾聞顚者不膚撓乃命以木錐
錐凱凱對　上大笑　帝放歸自縲木榻於牀下久
之　上使人召之凱慢坐對使者歌使者廉其縲還
奏狀上不爲疑巳而　太祖晏駕凱始出優游以終
翰林應奉唐肅初以失朝坐免官歸鄉里　太祖重
其才再召入嘗命侍膳食訖拱筯致恭　帝問曰此

何禮也肅對曰臣少習俗禮　帝怒曰俗禮可施之
天子乎罪坐不敬謫戍濠州
太祖之封十王也親草冊文適李韓公北征唐之淳
在軍中嘗爲草露布　帝讀其文嘉之問草者爲誰
韓公以之淳對　帝令飛騎召之使者不諭　旨械
繫之淳之淳以父肅得罪慄慄不自保至　京師過
其姑之門告使者止索其姑出泣曰善爲我歛屍姑
乃大慟之　行次東華門已閉守者曰有旨令以布
裹從屋上遞入纍纍傳易數遞始至便殿膏燈煌煌

帝坐閱書之淳俯首庭下　帝問曰是汝草露布耶
之淳對曰臣昧死草之良久中侍以短几置之淳前
列燭　帝令膝坐以封王冊文一篇授之曰尒爲弘
潤之之淳叩首曰臣萬死不敢當　帝曰即不敢姑
旁注之之淳如命　帝令中侍續續報定畢乃上之
遙望燭影下　帝微微喜大第下凡十篇悉定之每
奏輒嘉悅奏畢時夜未央　帝令明日朝謁復如故
出至姑家姑尚守門見之淳相慶幸具酒食沐具及
旦庭謁　帝問曰汝世宦否對曰臣父翰林應奉唐

肅即日命嗣父官
洪武十一年元幼主崩六月詔部省國學文吏擬祭
幼主文獻之先是星變　詔求直言蘇民錢煕具封
事謂丞相不拜旁或趣之煕曰豈有未拜天子而先
拜宰相乎丞相紿之曰然　太祖覽其奏詔煕於中
書省試事丞相令校簿後湖至是煕聞詔乃爲文獻
辭當　上意即召見曰錢煕乃者何在對曰臣校簿
後湖　上悟曰丞相憾汝耶即欲官之煕謝病歸
帝許之曰爲我道諸郡縣入南向坐口諭曰　皇帝

勅爾善闢田里養老恤孤無忘軍旅簡在　帝心欽
哉勿替煕稽首　陛辭如句容句容令禮之而不達
如丹陽丹陽令待之甚恭煕密上其事　帝嘉其縝
密報之曰　朕命也命禮而將之因怒句容令不達
召而罪之由是郡縣望風尊禮之還至家而止
陶學士安既歿其子壽以事見僇家人四十餘人悉
坐罪從軍喪亡之餘軍衛收完伍而家無餘丁安妻
莫可控訴乃褁素裳赴京師擊鼓求見　帝異其容
儀問曰令媼爲誰安妻頓首曰妾陶安之妻也　帝

泫然曰是陶先生之嫂乎言及陶先生使人心懷愴然又曰嫂有子乎對曰妾不肖子二人咸伏辜死家人四十餘悉補軍伍今以缺丁州司督妾就道犬馬餘年無足顧惜惟　陛下念先學士安一日之勞使妾得保首領入溝壑　帝允之立召兵部臣諭之曰臣渡江之初陶先生首與先後棠涉諸難功在鼎彝形神入土子姓殘落深可憫念令即赦四十餘軍還養老嫂汝其毋緩於是安妻辭謝而出

太祖召畫工周玄素令畫天下江山圖於殿壁玄素復命曰臣未嘗徧迹九州不敢奉詔惟　陛下草建規模臣然後潤之　帝即操筆倏成大勢令玄素加潤玄素進曰　陛下山河已定豈可動搖　帝笑而唯之

余嘗見倭國求通表文曰臣聞三皇立位五帝禪權豈謂中華之有主焉知夷狄之無君乾坤浩蕩非一主之獨權宇宙洪荒乃萬民之斜首故天下者天下之天下也非一人之天下也臣居遠疆偏倭小國城池不滿六十座封疆不足二千里故常存知足之心而知足嘗足也臣聞　陛下作中華之主爲萬乘之君至尊至上也城池數千餘座封疆數萬餘里尚且不足常起絕滅之意天發殺機神號鬼哭地發殺機龍蛇起陸人發殺機天地反覆堯湯有德四海來賓周武施仁八方拱手今聞大國有興戰之策小邦有禦兵之法臣豈肯執途拱奉天顏順之未必其生逆之未必其死今聞　陛下選股肱之師起竭國之兵來侵臣境賀蘭山前聊以博戲徽君勝臣輸則滿上國之策設若臣勝君輸反作小邦之利自古及今講和爲上罷兵爲強免生靈之疾苦救黎庶之艱辛年年進貢於中華歲歲稱臣於弱國今遣使臣徑詣丹墀敢進止

觚不觚錄

吳郡王世貞撰　陳泰交閱

孔子有言觚不觚觚哉觚哉盖傷觚之不復舊觚也所謂削方爲斲朴爲雕者兹之謂矣又曰吾猶及史之闕文也有馬者借人乘之今亡矣夫其作春秋脫左驂而贖蕎皆寓微旨焉余自舞象而小識人事踰冠登朝數躓數起以至歸田今垂六十矣高岸爲谷江河下趨觚之不爲觚幾莫可辨識閒居無事偶臆其事而書之大而

朝典細而鄉俗以至一器一物之微無不可慨嘆若其命是昔非不觚而觚者百固不能二三也既成而目之曰觚不觚錄

國朝邊帥無加宮保以上者其官至左都督而止或斬級功多則加祿賜蔭又多則封流伯又多則于流伯加歲祿其又多則許世襲或至伯而後加宮保嘉靖中閣臣不諳典故始以太子太保加大同總兵梁震繼以太保加大同總兵周尚文而錦衣緹帥亦薦加少保以至太保矣夫總兵一凳將也緹帥三衙之

杖士也而冒燮理陰陽之寄不亦重辱哉是可釐而正也

隆慶即位恩詔文職五品以上以禮致仕者進階一級于是致仕尚書左右都御史皆腰玉侍郎至按察使皆腰犀僉都御史至知府皆腰花金而僉事府同知皆腰金戴褐盖事稍稍聞于內一時八座諸公尤不平謂我輩未滿九載尚不得玉而彼坐不稱而退者乃玉耶于是言官申明其事謂尚書未滿初考進一階止當曰資政大夫滿考授資政者止當曰

資德大夫授資德者方可曰榮祿大夫得換服色以下皆倣此因通行天下裁正而腰玉與犀金之徒如故也余竊不敢以爲然以爲階者所稱大夫也級者品級也必隔品而謂之級若只在本階則所謂陞一級與陞俸一級者當何處耶且考之祖宗恩典皆然間與故相華亭公及之公卽草是詔者答曰公言是也當時實以爲國家曠蕩之恩第所謂彼彈劾考察致仕者不當援耳自後新鄭草赦詔第云進本一階則林下之臣被恩者無幾而諸公之自相貴者復自

若也一南兵部署員外主事以考察去者一知州被
華者忽兩進其階曰朝列大夫一府同知後　恩詔
半歲而考察去者亦署曰朝列大夫金紫塞途見者
扼腕而無如之何所謂知州者以進階高會其乃弟
亦大僚也忽莞然曰恨　世宗不數赦則吾兄玉腰
玉也又聞舊一輸粟指揮使凡四覲　恩詔輒刻一
牙章鼓後曰特進光祿大夫柱國此二事可爲進階
者助捧腹
又國家于大計京察尤重其責貪官尤深故每遇

恩詔于冠帶閒住致仕爲民復官帶者必曰不係朝
覲考察而壬午詔艸當事者矯前人之刻而收人心
遂除此語而橐金如山艸芥人命者擁冠蓋揚揚閭
里閒矣
南京六部都察院之長嘉靖以前有乞休及起用而
辭者往往奉　旨不允而稱卿以留之惟下吏部議
覆不得不斥姓名爲太留耳嘉靖之末迨于近世惟
林尚書雲同一次稱卿且有褒語爲異恩其他即吳
萬二公皆故大宗伯吳又位少保爲三孤而皆下之
吏部直斥姓名反以爲故事殊不知其非故事也
成化以前諸邊掛印總兵雖都督僉事未有不稱卿
者正德以前侯伯爲總兵亦未有不稱卿者近年則
以李寧遠之開邑封戚將軍之位三孤直斥姓名重
者僅稱爾恐亦非故事也
嘉靖遺詔卹錄言事得罪諸臣雖倣改元詔旨最爲
收拾人心機括惜乎吏部奉行之臣未諳典故倉卒
奏請不能無舛如熊太宰浹之加少保少保三孤也
非部所宜定議也此一舛也得罪之臣當酌其事理

之切直心之赤誠與否而後劑之今但以得禍輕重
爲主致郭豐城之卹反優于楊富平此二舛也翰林
春坊自有本等階職可贈今擬贊善修撰皆爲光祿
少卿是外之也此三舛也都給事御史止贈通叅太
理丞其有遺誤而撫按題請者超二級太常少卿致
仕官亦如之此四舛也自後言官所舉尤爲掛漏如
石文介瑶本以少保致仕而稱太子太保彭襄毅澤
本以致仕加少保而亦稱太子太保以故復贈少保
林貞肅俊以致仕加太子太保而止稱刑部尚書以

故復贈太子少保今獨林公改正而已楊文忠一品十二年滿加太傅固辭而止又與蔣文定俱封伯亦固辭而止楊不當僅加太保蔣不當僅加少師此則執政之誤也

閣臣兼掌部院非舊規也焦泌陽掌吏部不過數日李餘姚亦不過數日而已嚴常熟以候郭安陽得兩月餘嚴分宜徐華亭之掌禮部亦以候代故張永嘉之掌都察院未嘗不推代也惟高新鄭托掌吏部起而入與閣務趙内江亦遂兼掌都察院而局体大壞

矣高以吏部爲鳳池至進首輔亦不忍捨出而斥陟入而報允眞足寒心雖勉起故吏部楊蒲坂以塞人口不還其舊物而置之兵部亦可怪也此祖制之大變也

高帝不欲武臣廢習騎射故雖公侯極品而出必乘馬下不用牀杌嘉靖中以肩輿優禮郭翊國朱成公扈駕南巡給輿後遂賜常乘而崔京山張英公駙謝二都尉方安平亦因之矣夫勛戚至保傅且篤老可也陸武惠朱忠僖以錦衣緹帥而用内壇供奉

亦得濫竽却恐非　高帝意也

余于萬曆甲戌以太僕卿入陪祀太廟見　上由東階上而大璫四人皆五梁冠祭服以從竊疑之夫高帝製内臣常服紗帽與羣臣不同亦不許用朝冠服及幞頭公服豈有服祭服禮會與江陵公言及以爲此事起于何年江陵亦不知也後訪之前輩云嘉靖中亦不見内臣用祭服而考之累朝實錄皆遣内臣祭中霤之神此必隆萬間大璫内遣行中霤禮輒自製祭服以從祀耶惜乎言官不能舉正坐成其僭妄耳

親王体至尊于中外文武大臣處投刺作書有稱王者有稱別號者不書名惟今魯王一切通名雖獲恭順之譽而識者頗以爲非体自分宜朝冠服歸然本班之首當時莫敢問也

今上初重張江陵于御札不名以後傳旨批奏亦多不名而群臣吏附之至于章疏亦不敢斥名第稱元輔而已夫子之于父尚猶君前臣名故欒黶御晉侯而叱曰書退此禮也江陵没餘威尚存言官奏事欲

仍稱元輔則礙新執政張蒲坂乃曰張太師至有稱先太師者蓋未幾而譏詈無所不至矣

六年一京察爲成化以後典章其宅有以　主上初即位而考察者有以災異而考察者至于考察科道則或以輔臣去位而及其黨者惟嘉靖丙辰太宰李默治獄命輔臣李本掌部事悉取六部九卿自尚書而下至尚寶丞及六科十三道分別而去留之蓋上以星變欲除舊布新而分宜緣此用伸其恩怨也其後大臣有起用者而小九卿及庶僚則不振矣隆

慶之四年忽有旨命吏部高拱考察科道官高乃上請與都察院同事報可蓋高之去實爲科道所聚劾至數十上至是欲盡其忿而會有疏小觸　上意者故托中貴達之上甚忿之大者削小者謫蓋高雖敗而猶不獲伸及江陵沒言路稍稍白其冤于是太僕少卿魏君獲補南大理丞右給事中周君獲遷吏科左而少卿張御史周亦以次起文蓋人知起考察官之非例而不知考察之非例也

萬曆之庚辰南京兵部主事趙君世卿上疏極言時政之弊皆剌譏江陵大怒旬日間吏部爲升楚府長史明年南京考察遂斥之壬午江陵沒明年其事敗言官乃交薦趙君爲禮部郎中此起決不可已而考察之典章爲之一變矣此二事皆破例故特著之

左右春坊中允入閣門內揖出用雙導左右贊善從六品亦然而翰林侍讀侍講品故同中允然以本院屬官故揖則中庭出則單導獨至修書講筵主兩京試則皆講讀先而中允後二百年故事也萬曆已卯南京鄉試忽以中允高啓愚先而羅萬化後知者謂

江陵善高公故至爲之易成法不五年而高至禮侍以首題舜命禹爲言官所論以江陵有不軌謀而高媚之至奪官削籍焚告身當時使用故事羅居首必不出此題即出此題而高却得無恙一抑一揚禍福倚伏非人所能爲也

詹事府詹事班在大理卿下累科試讀卷可考惟弘治九年謝文正遷以內閣故班副都御史上近年吾鄉申少傅以宫詹掌翰林亦班其上莫有與之爭者自是遂爲故事矣

故事吏部尚書體最重六卿以下投皆用雙揺刺惟翰林光學以单紅刺相往返至轉禮侍則如他九卿禮彼此皆用雙帖而此故事廢矣萬曆初吾鄉王公元馭以少詹事學士而仁和張公爲吏部以一单紅刺投之元馭拒不納必改正乃已葢確然能守其故獨念當時無爲元馭告者不必拒不納次日亦以单紅刺報之尤爲當也

余少從家君于京師覲朝天宫習儀時吏部熊公浹以太子太保居首工部甘公爲霖以少保次之兵部

唐公龍以太子太保又次之若以三孤爲重則甘不宜讓熊若以部序爲重則唐又不宜讓甘葢兩失之也其六部尚書雖加太子少保必以部銜定序第以皆正二品故耳而甲戌朝班則工部朱公衡爲太子少保以先貴據吏部張公澣上張亦無如之何葢一變也

相傳司禮首璫與内閣刺用單紅帋而内閣用雙紅揺帖答之然彼此俱自稱侍生無他異也近有一二翰林云江陵于馮璫處投晚生刺而呂舍人道驥云在制勑房侍江陵者三載每有投刺皆從本房出無所謂晚生也豈于致謝求托之際間一行之爲人所窺見耶

相傳六部尚書侍郎大小九卿于内閣用雙帖報之单紅五部及九卿于冢宰用雙帖亦報之单帖余舉進士時尚然及以太僕卿入都則惟内閣報单帖如故而六部自仁和張公以下皆以雙帖見報矣余等于各部屬中書行人等官皆用雙帖往返不知起自何時殊覺陵替所費紙亦不少

翰林舊規凡入舘而其人已拜學士者即不拜學士而先登甲第七科者投刺皆稱晚生餘不爾也余入朝見分宜首揆而華亭次之其登第相去六科分宜又不爲學士華亭首揆而常熟新鄭次之科第相去亦六科華亭又不爲學士投刺俱稱晚生巳小變矣至江陵首揆而蒲坂次之相去僅二科而亦稱晚生何也聞局體自是大變矣

余行部萊州而過故太倉守毛槩乃故相毛文簡公紀子也當文簡以少保居内閣而楊文忠廷和梁文

康儲爲少師嘗出二公拜刺乃色箋僅三指濶中云楊廷和拜而已梁公則稱契末或稱老友余怪問之文簡豈二公門人耶曰非也毛公視二公僅後三科其答刺則曰侍生亦僅三指濶而已三十年來次輔投首輔帖無不用雙摺者而首輔報之亦絕不見有直書姓名及契末老友等稱

正德中巡撫勑諭尚云重則叅提輕則發遣巡按御史及三司處治其後漸不復然御史于巡撫尚猶投刺稱晚生侍坐也辛卯以後則僉坐矣尋稱晚侍生

正坐矣又稱侍教生矣已而與巡撫彼此俱稱侍教生矣已而與巡撫俱稱侍生矣蓋由南北多警遷擢既驟巡撫不必耆宿御史多有與之同臺者又功罪勘報其權往往屬之御史積漸凌替故非一朝也

正德以前都御史曾于都察院上任者御史執屬官禮○嘉靖中葉○都御史曾于本院協管堂事者尚執屬官禮○二十年年雖管堂事者俱勿論矣

余初仕刑部時尚書聞莊簡公甫去位而屠簡肅公代之其絜淡爲天下最喻劉應何猶能守而勿失如

淮安理刑必用半年之外曾經提牢過者南北決囚三人必于主事中差資最深者毫髮不敢亂二十年後有甫入部而遽委理刑者有越資而差審決者甚至有以私情借別部差者有借本部滂除名月不當差官而差者此可嘆也

翰林分考會試雖本經房而不係所取者不稱門生惟入翰林則稱門生侍坐而至位三品以上不復敘嘉靖甲辰吾鄉瞿文懿公景淳及第而太保嚴公訥同考皆詩經瞿以齒長坐輒據其上亦不投門生刺

也至乙未嚴公復入場而少師李公春芳復于詩經中會試亦不于嚴公投門生刺也此皆不可曉

百年前翰林京堂諸公使事還里及以禮致仕若在告者謁巡按按察司兵道則入中門升甬道巡撫布政司府州縣則由傍門升東階盖以桑梓之重與特憲者有分別耳吾吳朱恭靖公希周最名爲恭謹然尚馳御史中門甬道爲提學胡直所强下階胡嘗爲余言之余不敢對近者寧波張尚書時徹欲馳撫按監司甬遂至兩不兩聞而華亭董侍郎傳策馳兩道

爾亦退有煩言今遂無此事矣

故事內閣大學士肩輿出則六卿以下皆避而吏部尚書獨不避遇則下輿揖余入仕時聞莊簡公猶守此與貴溪分宜二相偶遇而揖二相不善也莊簡太位夏涪縣邦謨繼之則避矣

吏部尚書與三品大九卿四品左右通政大理少卿遇則皆下輿馬揖其四品以下同其長遇則不避獨行則多避而自楊襄毅在隆慶初以少傅爲吏部尚書位望俱重于是左右侍郎自本部外皆遠避矣迄

于今不復改楊公之再起以吏部尚書掌兵部事侍郎有欲不避者竟不敢

太常應天光祿太僕皆三品卿出乘輿而皆避侍郎副都御史與此最無謂不知起自何代大與祖制不合夫入朝同一班出而避道何也華亭董公傳策爲太僕寺卿不避侍郎與人以其先朝直臣莫敢難之後竟不行

余在郎日令馬中丞文煒時任荆州兵廵道爲余言前任某每江陵公之父封君某相訪輒于大門外一拱而入令人擁其輿由中道進至儀門復一拱復令人擁其輿進至堂已從傍進見即前堂延之正坐而已侍坐送亦如之馬至第任其由甬道而執主禮如常自是封君不復候馬使人傳問而已又言江陵時有賜及父母或誥命皆令家僮私齎至家封君于中堂跪聽開讀子孫列月臺而道府乃又列其下問作何處余謂此更不可示人其家勑也非勑道府與詔赦也但吉服至門候宣畢而後入賀可也馬深以爲然當亦如所云行之江陵聞亦不以爲忤

故事廵按御史行部必竣事而後與鄉士大夫還往當徐文貞公柄國日其父贈公在鄉賢祠時直指之陳姓者三日謁文廟畢即謁贈公主于祠而後聽諸生講講畢即造文貞第謁家廟設坐于堂拜之而後出一時他直指效之郡遂定爲儀注後直指温見儀注大駭泚筆丞之諭郡毋入此條而身行禮亦不敢廢嘗爲余言如此及文貞公謝政歸直指無謁鄉賢祠者而其訪文貞亦必待竣事矣

二司自謁吏部都察院庭参有跪而至于朝房私第

及驛傳迎送則惟長揖而已內閣大臣雖尊貴無跪禮而江陵之奔喪所經省分三司皆出數百里外以謁然跪者十之六七未盡純暨還朝則先遣牌謁本閣部所經由二司相見俱遵照見部禮于是無不跪者矣

三十年前他郡推在吾州查盤者州守與之抗禮歡飲具賓主或于門外下輿小示別而已迩來查盤他郡推官至州守入見行跪禮乃至以他事或便道過州亦必跪雖宴會稠疊謔浪歡呼必稍坐不敢講敵

禮也有崑山縣丞劉諧者由給事中考察降而御史委之查盤常熟嘉定常熟令見之行跪禮嘉定令禮之一如推官惟不行跪而劉尚怏怏不悅恣流言眞可謂倒置矣

余自嘉靖丁巳戊午間爲青臬前後所周還三撫臺劉公來傳公頤丁公以忠皆知已丁公又同寮而是時撫臣體尚尊劉公三次詢問事體丁公亦如之皆手書不具名惟丁公一次用單紅帖而已戊辰起兵備大名撫臺爲溫公如璋後余三科進士亦舊知也手書論事無所不及而筆益潦草亦不具名刺轉叅政浙江外公中虛爲撫臺交淺而知于深每有所詢輒另具姓名雙摺刺余以爲奇歸田數年來乃知所不用刺而稱公稱丈屢屢至有施之郡守以下者雖能得其歡心而事體日益褻矣

兩廣二司初謁總督行跪禮蓋褒毅之威劫使之其後迄不能正嘉靖末應侍郎檟爲總督此公守常州遵憲綱不肯跪御史有山字太守之目雖見憎白簡爲天下所誦稱至是入有以風公者不得已聽之跪

禮遂廢江西巡按獨不遵憲綱自下坐而二司夾侍左右十年以來一御史改正就從憲綱矣惟此二事不觚而觚者可紀也

京師稱謂極尊者曰老先生自內閣以至大小九卿皆如之門生稱家主亦不過曰老先生而已至分宜當國而諛者老弟其厚之甚者稱夫子此後門生稱座主俱曰老師余自丙辰再入朝則三品以上庶僚多稱之曰老翁又有無故而稱老師者今不可勝紀矣

內閣諸老縉紳于外稱呼亦不過曰某老先生而已分宜當國多稱之曰相公而華亭徐姚與同事則別姓以異之然不盡衛也至江陵晩年則直稱曰老相公而他皆別以姓矣

馮璫勢張甚固安武清以長樂尊父見之亦叩頭惟謹呼老公公馮小屈膝答之曰皇親免禮而已若駙馬叩頭則垂手小扶耳不爲敬也

國朝文武大臣見王振而跪者十之五見汪直而跪者十之三見劉瑾而跪者十之八嘉靖以來此事殆

絶而江陵歿其黨自相爲欲結馮璫以爲援乃至言宿亦有屈膝者矣

故事投刺通書于東西皆書一正字雖甚不雅亦不知所由來而承傳已久余自癸酉起官見書牘以指濶紅帋帖其上間書啓字而丙子入朝投刺俱不書正字矣初亦以爲雅旣而問之知其爲避江陵諱也

正德中稱謂尤簡至嘉靖中始有稱翁者然不過施之于三品九卿耳其後四五品京堂翰林以至方伯憲長皆稱翁矣今則翰林科道吏部以至大參僉憲郡守無不稱翁足又其甚者部屬在外及丞倅司理亦稱翁矣此其諂諛闒冗流穢人目固無足道而又有一種可怪者往時于鱗與余頗厭惡之與子與輩尺牘相聞以字然不過知巳十余人至于詩文稱字稍廣然亦僅施之年位輩行相若者耳今貧士書生不見錄有司輸粟富家兒不識一丁口尚乳臭輒戴紫陽巾衣忠靜衣挾行卷詩題尺牘俱稱于鱗伯玉而究之尚未識面

諸生中鄉薦與舉子中會試者郡縣則必送捷報以

紅綾爲旗金書立竿以揚之若狀元及第則以黄紵絲金書狀元立竿以揚之其他則否萬曆戊寅吾郡申相公入閣報至撫按兵道創狀元宰輔字金書于黄旗揭竿于門入雲表聞此公知之頗不樂也而不及正矣又一大司馬子拜錦衣千戸一大宗伯子入胄監郡縣皆送旗比之中式者加壯麗數倍

先朝之制惟總兵官列營始舉炮奏鼓吹而吾蘇韓襄毅公雍以右都御史總督兩廣開府梧州最盛自是三邊宣大之總督以至内地帶提督者皆然若巡

撫則不爾先君代楊襄毅總督駐密雲晚堂則不舉炮奏鼓吹云楊公固如是得非密雲逊京輦當稍從裁省耶然自是之後巡撫亦無不舉炮奏鼓吹矣倭變來巡江御史亦行之五六年前吾州兵道亦行之內地之人少聞金鼓不無駭異又每一臺使行部則寂然無聲忽而復作殊不爲雅

余于嘉靖中見在都一二翰林有乘兩人肩輿出城飲宴者以爲怪事至萬曆甲戌郎署往往有之不復以爲異矣同寮二三少卿至乘四人肩輿開路出西

北郭門無有問之者矣

余在郎日襄陽楊兵巡一魁以考蒲吏部題覆陞湖廣右參政仍管兵巡事當時每有文移稱右參政仍管兵巡事余竊非之以爲此仍字蓋緣不移道而設不當入御偶閱萬曆癸未登科錄則倪銀臺光薦以工部左侍郎仍管通政使事入銜皆可笑也當時代言者亦誤只當稱掌通政使事不當言管通政使事也

世廟晚年不視朝以故群臣服餙不甚依分若三品所繫則多金鑲雕花銀母象牙明角沉檀帶四品則皆用金鑲玳瑁犀頂銀母明角伽楠沉速帶五品則皆用雕花象牙明角銀母等帶六七品用素帶亦如之而未有本色者今上頗注意朝儀申明服式于是一切不用惟金銀花素二色而已此亦不觚而觚之一也

主事署郎中員外郎不得繫花帶而武臣自都督同知以至指揮僉事凡署職者皆得繫其帶此國初以來沿襲之久遂成故事矣獨會典所載服色武職三

品以下有虎豹熊羆彪海馬尾牛之制而今則通用獅子畧不之禁此不可曉也

宋時諸公卿往返俱所四六啓余甚厭之以爲無益于事然其文辭尚有可觀嘉靖之末貴溪作相四六盛行華亭當國此風小省而近年以來則三公九卿至臺諫無不投啓者矣漸次投部僚亦啓矣撫按監司日以此役人司訓諸生日以此見役旨不能脫畢冗不知何所底止余平生不作四六然未嘗用此得罪

分宜當國而家人永年專爲世蕃過錢署號曰寉坡無不稱寉坡者一御史朱與之稱義兄弟而小九卿給事御史投刺十益一二至江陵當國而家人子游七司其出納署號曰楚濱無不稱楚濱者翰林一大僚爲記以贈之而二給事皆李姓與之通婚講翰林諸公贈詩及文而九卿給事御史投刺十至四五矣徹侯緹帥延飲必上坐衣冠躍馬洋洋長安中勢尤可畏後事敗一坐絞一坐斬人心雖快而士大夫之體則已糜爛不可收拾矣

先君初以御史使河東取道歸里所過遇撫按必先顧荅拜之出酒食相欵必精腆而品不過繁然亦不預下請刺也今翰林科道過者無不置席具啓肅請矣先君以御史請告里居巡按來相訪則留飯葷素不過十器或少益以糖蜜果餌海味之屬進子鵝必去其首尾而以鷄首尾蓋之曰御史毋食鵝例也若迩年以來則水陸畢陳留連卜夜至有用聲樂者矣先君巡按湖廣還見諸大老止一刻曾南豐集大明律例各一部爲贄嚴氏雖勢張甚亦無用幣也二年在楚所投謁政府絶不作書常時匪直先君爲然有用幣者知之則頗以爲駭矣

余以刑部主事慮囚江北見巡撫必侍坐抵家及所過道路遇之皆然惟審録舊規以敕諭事重且多年深正郎故有僉坐之説而亦不能盡守當時戶工二部固無論也及余以副都撫鄖陽所見主事以上無不僉坐者間有一二人持不肯亦必强之坐不容獨異也亦不知起自何時

余舉進士不能攻苦食儉初歲費將三百金同年中

有費不能百金者今遂過六七百金無不取貸于人蓋贄見大小座主會同年及鄉里官長酬酢公私宴醵賞勞座主僕從與内閣吏部之輿人比舊往往數倍而裘馬之飾又不知省節苦此將來何以教廉

河南淮北山陝諸郡士夫多仍王威寧康德涵之習大小會必呼伎樂留連宿飲至著之詞曲不以爲怪若吳中舊有之則大槩考察削籍不堪復收者既而聽用在告諸公亦染指矣又既而見任陞遷及奉使過里者復瀾倒矣乃至居喪未輕縗白恰左州侯右

夏姬以縱游湖山之間從人指目了不知恠嗚呼異哉

余在山東日待郡守禮頗簡畱飯一次彼必側坐雖迁官謁辭送之皆下而巳遣官人投一刺亦不荅盖其時皆然其後復起累迁山西按察使一日清軍提學二道偶約余同宴二郡守升官者置酒于書院余甚難之第令列名與分而辭不往乃聞具糖席張嬉樂具賓主縱飲夜分而罷頗以爲怪後問之余弟乃知近日處處皆然不以爲異也

余初任山東時布按二司後堂無畱郡守坐者畱之坐則必于私衙雖設飯無害而起官至山西臬則自守以至倅理無不畱坐後堂者矣當時無按不畱郡守令坐司理縣令行取亦只立待茶而巳今兩直隸至畱飯矣聞之各省尚不盡然

二司自方伯以至僉憲稱撫臺曰老先生稱按院則曰先生大人其語雖不爲雅而相承傳巳久二十年來凡宣大之守廵與吾南直隸之兵備皆以老先生稱按院矣

余初于西曹見談舊事投刺有異者一大臣于正德中上書太監劉瑾云門下小厮某上恩主老公公嘉靖中一儀部郎謁翊國公勛則云渺渺小學生某皆極卑諂可笑然至余所親見復有怪誕不經者一自稱不佞至通家一家不佞治下不佞鄉治下佞眷不佞一自稱牛馬走亦曰通家治下牛馬走一曰湖海生形浪生一曰神交小子一曰將進僕一曰未面門生一曰門下沐恩小的一曰何罪生此皆可嘔穢不堪捧腹

袴褶戎服也其短袖或無袖而衣中斷其下有橫摺而下復豎摺之若袖長則爲曳撒腰中間斷以一線道橫之則謂之程子衣無線導者則謂之道袍又曰直綴此三者燕居之所常用也迺年以來忽謂程子衣道袍皆過簡而士大夫宴會必衣曳撒是以戎服爲盛而雅服爲輕吾未之從也尺牘之有副啓也或有所指議或有所請託不可雜他語不敢具名姓如宋疏之貼黄類耳近年以來必以此爲如厚大抵比之正書稍簡其辭無他説或無所忌諱而欲隱其名

甚至有稱副啓一副二至三至四者余甚厭之一切都絕卽以我爲簡褻亦任之而已

分宜當國而子世蕃挾以行黷天下之金玉寳貨無所不致其最後乃始及法書名畫葢始以免俗且闘侈耳而至其所欲得往往假總督撫按之勢以脇之至有破家殞命者而價亦驟長分宜敗什九入天府後復佚出大半入朱忠僖家朱好之甚豪奪巧取所蓄之富幾與分宜埒後殁而其最精者十二歸江陵江陵受他饋遺亦如之然不能當分宜之半計今籍

矣若使用事大臣無所嗜好此價當自平也

畫當重宋而三十年來忽重元人乃至倪元鎭以逮明沈周價驟增十倍窑器當重哥汝而十五年來忽重宣德以至永樂成化價亦驟增十倍大抵吳人濫觴而徽人導之俱可怪也今吾吳中陸子剛之治玉鮑天成之治犀朱碧山之治銀趙良璧之治錫馬勲治扇周治治商嵌及歙呂愛山治金玉小溪治瑪瑙蔣抱雲治銅皆比常價再倍而其人至有與縉紳坐者近聞此女流入宮掖其勢尚未已也

兄弟之子曰從子自是而推次從兄弟之子次五服以內兄弟之子次妻之親從子與姊妹之子曰甥者次知已義兄弟之子次五服以外兄弟之子是諸子者行必隨行坐必侍坐不可踰也次中表兄弟之子次同年之子次寮宷會友之子年齒懸絕者行必隨行坐必侍坐有宴會不並席也子之同年與遠戚兄之子雖同年之子而年位高者行不必隨坐不必侍不據上席可也今獨同年之世講重者身貴而爲同年之子故賤也何以明其可小殺也鳳年至宰

輔而身下寮則不敢講敵禮也遇公事糺捐不避矣其至勢避而首相傾名軋而陰相毀有利必相兢有害必相擠卽先君子之難與後之幾不獲伸伸而不能盡一一皆同年爲之故曰可少殺也

觚不觚錄終

谿山餘話

雲間陸深著　王道焜挍閲

周諝延之尤溪人字希聖宋熙豐間人知廣之新會縣不肯奉行王安石新法有寄子弟詩湏有虛名落世間自慚無實骨毛寒未年三十身先倦纔得一官心已闌卜宅擬誅栽藥圃買田宜近釣魚灘他年子弟重相見藜杖籃衣篛笠冠詩雖淺頗不類宋一時門人稱周夫子其風致可想也又著孟子解義禮記說亦一博學之士

嘉靖己丑予謫延平將以八月到任故自七月冒暑渡浙江沿途皆以疾謝遣人事二十六日過蘭溪謁楓山章文懿公祠堂公諱懋字德懋是日始具衣冠文懿家甚寥落八十歲外生一子時年己十五矣祠中塑像乃公服不甚肖似為賦一詩曰　大明啟運接虞唐成化初年士氣昌歲晚舊京施木鐸日長過客奠椒漿蓋棺論定知消長節惠恩深識播揚青眼門生今白首敢于初志負升堂公丙戌會元入翰林為編修因鼇山應　制上疏諫止遂謫外是時羅一峯倫方論時相起復後先就貶士論翕然稱之稍遷福建僉事遂致仕家居近三十年　孝廟末始因論薦起為南京國子祭酒自祭酒遷南太常寺卿不赴再遷南禮侍再不赴復乞致仕家居復以論薦陞尚書年八十六卒　賜祭　賜葬　賜謚　復廩食其幼子皆異典也深卒業南雍極蒙公器待時年二十六今五十三矣公和易不事邊幅喜為後生輩談論講說終日不倦其言若不甚切深而其應皆如影響所謂國家之蓍蔡若人是已每為諸生言甲子歲吏

天下多事云云乙丑　孝廟賓天而劉瑾擅權　武宗朝事無一不驗所聞者非一人世當有記之者別有一二事得于獨聞因憶正德壬申秋深以編修使淮府畢事還經蘭溪與今僉都御史唐虞佐龍同謁公于白露山下公留飯于廳事惟虞佐與深侍公一一詢　朝事併及當道諸公因曰萬一今　上無嗣則孝宗絕其繼承云何深不敢對曰當論昭穆昭穆亦有數說不同若據左傳曰文之昭也武之穆也則昭穆當視廟制深益不敢對虞佐時以刺城尹持服

素喜議論是時亦默默公微笑字謂深曰子淵意何如深遂避席對曰此非小臣所敢道公又笑曰官也不小李綱在宋朝許大擔負只是起居注耳起居注正是今編修之官深遜謝不省何謂公亦遽以他語易之深至杭遂上疏移疾還家丙子秋告起迁司業辛巳奔先太史公喪還家戊子始召迁祭酒明年三月以　經筵面奏再上疏得　旨降延平同知其事頗與李忠定合按忠定字伯紀梁溪人梁溪今之無錫縣其生則在予華亭縣公廨故至今有相公曰以

忠定故也忠定在講筵以面奏謫沙縣沙縣今隸延平予亦以面奏得延平雖文章勳業萬萬不敢望忠定而事有偶然相類者不知文懿當日何以特舉忠定爲深勵耶古人何限亦何必忠定其有意耶其無意耶皆不可知也漫書于南劍州之九峰吏隱處

予爲庶吉士時一日侍坐于少師洛陽劉公健因問予章德懋可爲今日何官予亦遜謝不敢對公大聲曰以不知德懋故問予始起對曰恭而安宜爲日講經筵官以輔養　聖德公搖手曰不得不得德懋居山林久未開講筵禮數萬一山野使人主不肯親近儒臣自此始同年崔子鍾銑聞之曰此公私意孰謂德懋不習禮度耶由今日觀之深之去講筵也雖所自取亦以少誠意無感悟之效如盛庶子端明魏祭酒校皆以生疏改秩半歲之間屢有變動　聖心可想矣乃知前輩練事久自有長識後生未易斷也

我　朝每歎君臣隔絕寔以　憲廟口吃之故至孝宗末年有意　召見大臣與議機務李西涯文正公東陽載在燕對錄比來南翔聞之蕭少卿九成韶

言一日　孝廟嘗問司禮監　祖宗時召見大臣其禮如何當在何處蕭敬對云　英宗多在文華殿嘗見臨　殿前檻見吏部尚書王公翺問對畢王公辭去顧見其衣後破損再呼還問衣破何不令家人補之王公答曰今日偶服此到部適聞　命不及更衣英廟撫掌笑命賜一綺　孝廟聞之曰朕不能如祖宗簡易若此數日間遂召見兵部尚書劉公大夏見後稱好好向見邃菴楊公一清亦談一事云時甘肅闕總兵官會推恭順侯吳瑾　英廟以爲得人

召問王公如何王公以爲不可用　英廟遽曰老王執拗外庭皆道此人好獨不以爲不好何也王公叩頭曰吳瑾是色目人甘肅地近西域多回回雜處豈不笑我中國之人　英廟即撫掌曰還是老王有見識即命另推　祖宗時君臣之間契會如此　孝廟有意修復真　聖政也

戶部尚書杏岡李公瓚嘗爲兵部主事言東山劉公大夏當　孝宗之朝最爲得君公亦以天下爲任議汰冗食凡軍職皆以軍功爲準通查裁革既得　旨議之而一時　侍衛將軍力士之流皆以才藝選初無軍功該司失于照詳類行報罷一時閧然時駙馬都尉樊凱管紅盔將軍特過兵部爲言此輩不宜裁革東山槩拒之凱積不平適當　駕陞殿凱立午門外語諸人曰爾輩不用了昨已奉　旨裁革雖我亦無地位矣蓋激之也衆人遂散出　孝宗上殿平昔執爪帶刀之人皆不在儀衛簡寂恐恐不安屢顧左右問故既退遂宣樊駙馬而究凱奏昨兵部以行裁革去矣　孝宗大聲曰劉大夏敢如此　玉色不怡

復宣兵部東山至走急氣促不能了了而裁革之事悉罷　聖眷遂衰矣夫以東山之公忠與　孝廟之有爲事機一失乃至于此信乎臣不密則失身一時疎畧甚可惜也該司可謂無人矣諺云倖門如鼠穴此言可以論

嘗記宋時漕運自荆湖南北米至真揚交卸舟人皆市私鹽以歸每得厚利故舟人以船爲家一有損漏旋即補葺久而不壞運道亦通　太宗嘗謂侍臣曰篙工柂師有少販鬻但無妨公不必究問真帝王之度哉

亡國之君多善文辭如隋煬帝陳李二後主使與詞人才子爭長亦居優列豈浮華者無實用耶南漢劉鋹疑爲對宋太祖曰臣承祖父基業違拒朝廷煩王師致討罪在不赦陛下旣待臣以不死願爲大梁布衣覩太平之盛未敢飲此酒也其文章質直有西漢風骨不知五代衰亂僻在南服何以能此此豈有才質耶

羅仲素云中庸之書孔子傳之曾子曾子傳之子思

分明是有一本書相傳到子思却云述所授之言著于篇朱晦菴作大學章句又說經是孔子之言而曾子述之傳是曾子之意而門人記之如仲素所謂述而成書猶有可言若謂不得其言徒記其意遂乃支分節解以不失本書之旨微恐于理有礙誠如所云則曾子有此門人不應無聞也是二家之說不免學者之疑畢竟大學中庸却有原書不若程子只說大學孔氏之遺書也恰好

今東南之田有二則曰官田曰民田然官田未必盡

重而民田未必盡輕也存諸冊籍有此異同其在耕種各有肥瘠高下而官民之名若于田無與者非如輕重二則之有利害也惟編審差徭則官田輕而民田重故受田之家亦嘗校論官民之則然官田之得名莫能推求所始或指爲近世抄沒之田或以爲賈似道所買之田偶見李忠定公奏議中已有東南官田之說元豐間檢正中書五房公事畢仲衍投進中書備對所述四京十八路田稅數目已見官田則西北並有之又熙寧八年詔凡官田及已佃而或佃租違期應刬佃者別召佃悉籍之官當時又有總領措置官田所名目之設其所從來遠矣拈出以俟㕘考

鄧肅字志宏沙縣人別號栟櫚有栟櫚先生文集栟櫚山水奇絕今屬永安縣志宏有文行與朱韋齋先生交好一日韋齋觴客栟櫚以冠帶寓之醉起韋齋曰留以質紙筆明日如約韋齋受筆還冠而以紙少留帶曰儻無千幅竟不還栟櫚爲寄一詩曰歸帽納毫眞得策要牋留帶討還疎公如買菜甚求益我已忘腰何用渠閉戶羽衣聊自適推窻柿葉對人書帝

都聲價君知否寄付新傳折檻朱前輩風流調笑藹藹若此

天下水各不同而篙師柁工不相爲用鄧栟櫚稱閩水曲折行亂石間冉烹雪噴相應而起親見之方知其工

晉共太子曰君安驪姬是我傷公之心也其言如此異世悲之我朝　憲廟最寵萬貴妃萬嘗得罪　孝廟外傳萬自盡嘗見一中官說萬體豐肥一日以拂子撻一宮人怒甚遂痰厥而死蓋卒疾云內人毒報

靈廟玉色憮然云萬使長去我也待要去也不久遂賓天鍾情之傷若此申生之言益信清心寡欲自是人主壽命之源可不愼哉

吳文恪公訥吾鄉常熟人所著文章辯體一書號爲精博自眞文忠公正宗之後未能過之但聯句小序謂聯句始著于陶靖節而盛于東野退之則失考矣若論聯句寔始于賡歌而柏梁之作其體著矣

歌辭代各不同而聲亦易亡元人變爲曲子今世踵襲大抵分爲二調曰南曲曰北曲胡致堂所謂綺羅

香澤之態綢繆宛轉之度正今日之南詞也登高望遠舉首高歌而逸懷浩氣使人超乎塵垢之表者近于今日之北詞也

予嘗謂張子房之出處其後有李泌韓退之之文章惟陸宣公可敵

己丑十一月九日予聞山西之命以明年夏四月六日入太原李忠定公起用卽往援太原事亦頗類章公之言予益以愧無所辭云

谿山餘話終

清暑筆談

九山陸樹聲著　周起鳳校閱

余衰老退休端居謝客屬長夏掩關獨坐日與筆硯爲伍因憶曩初見聞積習老痼廢忘間存一二偶與意會捉筆成言時一展閱如對客譚噱以代抵掌命之曰清暑筆談顧語多苴雜旨涉淆訛聊資臆說以備眊忘觀者當不以立言求備時輿辰夏仲也

有天地斯有山川自一氣初分而言則曰融結氣之

成形則曰流峙形區性別則曰動靜水陰也融而流動者其陽乎山陽也凝結而靜峙者其陰乎故知陰陽互爲體用

乾坤天地之體坎離天地之用體交也而爲用故乾得坤之一陰而爲坎坤得乾之一陽而爲離坎陰也陰中有陽離陽也陽中有陰其在人身心爲離而離中有眞水腎爲坎而坎中有眞火故心腎交水火濟謂之母子胎養丹經以硃砂煅出水銀硃砂屬離水銀爲眞水以水銀煉成靈砂水銀屬坎靈砂爲眞火水火升降養成内丹

陰陽之氣專則不能生化如天地交而爲泰山澤通而爲咸水火合而爲濟葢交則爲用故或以陰求陽或以陽求陰或陽感而陰應或陰合而從陽龍陽也然爲陽中之陰故龍之與雲陽召陰也虎陰也然爲陰中之陽故虎之生風陰召陽也

人之生也分一氣以爲形賦一理以爲性自夫岐形體者以爲異而不知性無分別也譬之境交萬燭而光影難分海會百川而水體無二

其聚也其散也變化也氣之客形也所以主宰之者不變也是故方其聚也以爲有也然自無而有則有者未始不無方其散也疑於無也然因有故無則無者未始不有

卯者冒也陽氣冒地而出建二月卦則自泰而之大壯外卦坤變爲震月令雷始發聲蟄蟲啓戶故曰卯爲天門

心去腎八寸四分天去地八萬四千里人自子至巳則腎生氣自午至亥則心生血陽生子而地氣上升

至巳而亢陰生午而天氣下降至亥而極人身肖天地也

寒暑天地間一大氣萬物所同有也而人於其間起欣厭避就不知人之一心方與物交欲惡起而攻之如焦火凝冰惱安樂性此之謂内寒暑

此身爲衆苦所集有問大熱向何處避者曰向鑊湯裏避何以故曰衆苦所不到

暑中嘗黙坐澄心閉目作水觀久之覺肌髮洒洒几格間似有爽氣須臾觸事前境頓失故知一切境惟心造眞不妄語

廣野中陽燄坌之如波濤奔馬及海中蜃氣爲樓臺人物之狀此皆天地之氣絪緼盪潏回薄變幻何往不有故知萬象者一聚之氣兩間之幻有也

人與萬物孰大物萬而人處一焉則物大然道生萬物萬物之道備於人備萬物者之謂大大於道則物不足言矣是故至人能細萬物

東坡云凡草木之生皆於平旦昧爽之際其在人者夜氣清明正生機所發惟物感之牛羊旦晝之牿亡則存焉者寡朱子曰平旦之氣便是旦晝做工夫的樣子當常在此心如老氏云早復

張則必翕强則必弱興則必廢與則必奪此物理之自然是謂微明微明者微密而明著理昭然可考見也蓋老氏處恬淡無爲不爲物先方衆人紛拏擾攘在靜地中早見以待物之必至者若此或作權智解者謂管商之術所自出

聖人忘己靡所不已夫惟無我而後能兼天下以爲我故自私自利從軀殼上起念者有我也至大至公

會人物於一身者無我也聖人盡己之性盡人物之性以賛化育而參天地是兼天地萬物而爲我矣故曰成性成身以其無我而成眞我

明鏡止水喻心體也然常明常照常應常止依體有用用不乖體故曰體智寂寂照用如如若曰觸事生心依無息念則是隨塵動靜非具足體

余無字學兼不好書間有挾卷軸索余書者逡巡引避然遇佳紙筆入手輒弄書數字書後或棄去獨喜購佳紙筆或謂善書者不擇筆爲余曰此謂無可無

不可者耳下此惟務其可者

士貴博洽然必聞見廣考據精不然則乖誤屢繼爲後人抨擊之地如歐陽公好集古而黄長睿以爲攷校非其所長然長睿自任考校精審矣而樓攻媿猶摘其中可疑者謂尚多舛訛

捶粉箋雜色者僅華美然粉疎則澁筆滑則不能燥墨藏久則粉渝而墨脱不便收摺摺久衡裂近稍用緊白純淨者亦物古質而今媚近來俗好多媚惟祈用縑素稍還古質故余詩云餘情寄縑素反朴還其淳

余不善書自委無字性然亦豈可盡責之性此近於不修人事而委命者晚年知慕入法然衰老指腕多强復懶放不能抑首臨池毎屈意摹倣拙態故在乃知秉燭不逮晝游歐陽公云晩知書畫眞有益却悔歳月來無多

製筆者擇毫精麤與膠束緊慢皆中度則鋒全而筆健近來作者鹵莽筆既濫劣惟巧於安名以斬售一種毫過圓熟者不能運墨用之則鋒散而墨漲以供學人作義易敗而售速予性拙書用筆不求備然觕馬無良御益窘躓矣

國初吳興筆工陸文寶醞藉喜交名士楊鐵老爲著頴命託以秦中書令制官復自注中書令秦無此官前輩臨文審於用事若此

墨以陳爲貴余所蓄二墨形製古雅當是佳品獨余不善書未經磨試然余惟不善書也故墨能久存昔東坡謂呂行甫好藏墨而不能書則時磨墨汁小啜之余無啜墨之量惟手摩香澤足一賞也

士大夫胷中無三斗墨何以運管城然恐藴釀宿陳出之無光澤耳如書畫家不善使墨謂之墨癡

硯材惟堅潤者良堅則緻密潤則瑩細而墨磨不滯易於發墨故曰堅潤爲德發墨爲材或者指石理芒澁墨易磨者爲發墨此材不勝德耳用之損筆

蔡忠惠題沙隨程氏歙硯曰玉質純蒼理緻精鋒鋩都盡墨無聲此正謂石理堅潤鋒鋩盡而墨無聲矣安能損筆而坡仙乃謂硯發墨者必損筆此不知何謂

端硯以下巖石紫色者爲上其貴重不在眼或謂眼爲石之病然石理堅潤而具活眼者固自佳若必以有眼爲端則有飾譌眼於凡石者西施捧心而顰病處成妍東家姬無其貌而效顰焉者也

凡香品皆產自南方南離位離主火火爲土母火盛則土得養故沉水栴檀薰陸之類多產自嶺南海表土氣所鍾也內經云香氣湊脾火陽也故氣芬烈

龍涎於香品中最貴重出大食國西海海中雲氣罩覆其下則龍蟠洋中大石臥而吐涎飄浮水面爲太

陽所爍凝結而堅若浮石而輕用以和衆香焚之能聚烟縷不散蓋龍能興雲亦蜃氣樓臺之例也

犀角以粟紋麤細辨貴賤貴者爲通天犀色理瑩徹一種半黑白者爲班犀或謂通天者乃其病相傳犀飲濁水不欲照見其角每蛻角則掊土埋之惡其病已也然則物之有美者又孰知其非病也耶

琴材以輕鬆脆滑謂之四善取桐木多年者木性都盡液理枯勁則聲易發而清越凡木皆本實而枝幹虛惟桐木枝幹堅實用以製琴或謂琴木取枯朽不勝指者此不可不曉

鍾子期死伯牙絕絃不鼓傷世無知音也然使其音而猶之人則以諳衆耳可也奚子期也如其爲至音歟則知者宜寡故曰知我者希則我貴即世不我知安知後世無子期者而絕絃寢音以自傷是何其恃人者重自任者輕而果於待世之薄也

余不蓄琴客有爲余解嘲者曰昔陶靖節蓄無絃琴今君并琴不蓄視靖節又進一解矣余曰雖然此近於貪漢自傳王夷甫口不言阿堵物耳

陶元亮畜無絃琴曰既得琴中趣何勞絃上聲雖然得精而遺其粗無事于音則音與形可兩忘也然尚有琴者在

歐陽公論琴帖自叙夷陵令時得一琴常琴也及作舍人學士再得琴後一琴雷琴也官愈昌琴愈佳然在夷陵得佳山水耳目清曠意甚適自爲舍人學士日奔走塵紛聒聲利無復清思乃知在人不在器苟意所自適無絃可也

遺喧入靜者以瓢因風動棄瓢以絕聽不知耳塵雖

淨心塵未盡蓋六用爲塵若從耳根返源則何所往而非靜故曰風幡非動由心動故

右軍蘭亭在僧辨才處唐太宗令蕭翼以百計得之從葬昭陵夫太宗以天下與其子而蘭亭則未之與其靳惜若此後人論蘭亭者往往從摹刻中校量故曰蘭亭如聚訟昔嘗爲之說曰後世而有王右軍則蘭亭之後出者必勝後世如無王右軍則蘭亭當求初本不見初本正是不必論蘭亭也

都下庖製食物凡鵝鴨雞豕類用料物炮炙氣味辛

醲巳失本然之味夫五味主淡淡則味真昔人偶斷穀羞食淡飯者曰今日方知真味向來幾爲舌本所瞞

東坡於資善堂食河鈍味美曰直得一死而梅聖俞以爲甚美惡亦稱凡世間尤物之可以溺性迷心至伐命沈生者就其初執不以爲至美耶

東坡偕子由齊安道中就市食胡餅糲甚東坡連盡數餅顧子由曰尚須口耶客有以仕宦連蹇罷歸不自釋者余慰之曰凡仕宦所歷如飲食精粗美惡然過口至於果腹同歸一飽何暇追計客謂此東坡齊安道中未發之意

東坡在海南食蠔而美貽書叔黨曰無令中朝士大夫知恐爭謀南徙以分此味使士大夫而樂南徙則忌公者不令公此行矣或謂東坡此言以賢君子望人

蔘虫之食苦也蛣蜣之轉丸也而天下之甘與芳臭可齊矣故曰天下皆知美之爲美不知非美之爲美也何也以美惡無常是也

隆慶己巳余被召北入滯疾淮上疏再上乞休未得報發舟泊瓜步歸下會天氣乍暄運艘大集河流淤濁每旦舟子棹江濤中汲中泠泉一日舟觸罌破索他器承餘瀝以候瀹茗聞金山僧飲食盥漱皆取給於此此何異秦割十五城易趙璧而荊山之人用以抵鵲

晨起取井水新汲者傳淨器中熟數沸徐啜徐漱以意下之謂之真一飲子蓋天一生水人夜氣生于子平旦穀氣未受胃藏冲虛服之能蠲宿滯淡滲以滋

化源

財虜不足言矣多蓄珍玩未免落富貴相一種嗜好法書名畫至竭資力以事收蓄亦是通人一癖是着清淨中貪癡

賢者重進而輕退廉者重媿而輕死義士重信而輕身其段干木鮑焦田光之謂乎

歐陽公之切于釋位歸田也至欲以得罪去東坡謂在他人或苟以藉口若公者發於至情如飢者之不忘食以是知士非求進之難而乞身之難也

嘉靖壬子余自史官請假回中途聞先資政喪持服滿三載又再踰年就家起南司業甫及期移疾歸自是無意復出壬申內召承乏禮書距壬子離國門者二十年餘矣乍到入覲

闕庭頭目眩暈拜起蹣跚幾不成禮東坡云久居山林乍入朝市覺舉動周章信其言不爽

士大夫逢時遇合跬步以至公卿非難而歸田爲難此東坡有激之言至謂歷官一任無官謗釋肩而去如大熱遠行雖未到家得清涼館舍一解衣漱濯已足樂矣此非親履其境意適於中者不能道

士大夫處世聲名重者則責望亦重若虛名一勝恐不能收實用如眞西山負一世重名及其入朝前譽小減故前輩云聲名自是一項事業自是一項江南地土薄士大夫只做得一項

攫金於市者見金而不見人剖身藏珠者愛珠而忘自愛與夫決性命以饕富貴縱嗜欲以戕生者何異

臨海金一所賁亨僑居應容庵大猷二人以道義相友善金既謝事家居應復起用語金言别金曰君此

出他日回來要將一照樣應容菴還我兩人竟保晚節昔王嘉叟與王龜齡别曰吾輩會合不可常惟常留面目異時可復相見龜齡每誦其言

士大夫出處遇合得失皆有定數然得失止于生前而是非常在身後葢身名之得失關一時之亨否而公論之是非係千載之勸懲故曰得失一時榮辱千載

高子業詩云衆女競閨中獨退反成怒夫爭妍取忌有之也而獨退成怒者豈不以衆邪醜正世忌大潔

耶故楊誠齋有云聲利之場輕就者固不爲世所恕蔡定夫是也不輕就者亦不爲世所怨朱元晦是也

昭德晁氏世多賢者自蔡京專國晁氏子姓皆安於外官唐質肅子嘉問紹聖初至京師謁時相見一人朱衣象笏爲典客所拒匍匐從門闑下入歎曰士大夫汨喪廉耻一至此乎拂衣徑去蓋家世熏蒸習熟見聞故能自立若此

棊罷局而人換世黃粱熟而了生平此借以喻世幻浮促以警夫溺情世累營營焉不知止者推是可以

盡達生之旨

賈太傅年二十而爲大中大夫楊太尉五十而應州郡辟馮唐白首而袴穿郎署董賢年未二十而爲三公馮元常平生取錢多官愈進盧懷愼貴爲卿相而終於處貧修短貧富窮達其有定命若此

任安灌夫世之置論者或眇小其人也然觀其處衛大將軍魏其丞相於死生隆替之間終始不二後世稱士大夫者往往規勢以分燥濕順時而爲向背處一人之身而變態不常如翻覆手者其視二人何如仕局中脂韋迎合工巧佞以希媚于時者一似優人登場作劇憂喜悲笑曲盡情態以取人意然不過一餉間俱成空矣

玉韞璞而輝珠處淵而媚世爭寶之三上而刖足暗投而按劍忽於自售也

陸士衡豪士賦云身危由於勢過而不知去勢以求安禍積起於寵盛而不知辭寵以招福石季倫金谷澗詩序云感性命之不永懼凋落之無期二人者攷其終所及祗自道也

世之言者曰君相不言命又曰君相造命此言君相處時位之得爲凡事幾得失治忽理亂當責成於已不可諉命于天非若制於時位者之可以言命也若曰威福予奪自恣而吾能陶鑄人以是爲造命而肆然物上則謬解矣

失生於得者也辱生於寵者也故得爲失先寵爲辱先惟能以未得爲失則失不足患矣以遺寵待辱則辱不能驚矣故曰得者時也失者順也以得委時何寵之有以順處失何辱之有

元次山作丐論自叙遊長安中與丐者爲友或以友匄爲太下者然而世有丐顔色於人丐名位於人丐權家以售邪妄以容媚惑者此之不羞而羞與丐者爲伍郭忠恕自放於酒出則從傭丐飲街肆中或詆其不倫者曰吾觀今公卿大夫中多此輩也

富者怨之府貴者危之機此爲富貴而處之不以其道者言之也乃若處榮利而不專履盛滿而知止持盈守謙何怨府危機之有

或謂立朝多異同者彰止堂曰異同無妨但顧當面

異同如韓范富諸公上殿相爭如虎此異同也然體國忘私同歸于是異處未嘗不同乃若外示苟同内懷猜異甚則設謬敬以爲容悦假深情以伏蔽機快意巳私不恤國是以是爲同非國家之利也

祿位者勢分也官守者職分也勢分爲儻來由乎人者也職分有專責由乎巳者也故士大夫之視勢分也宜假其視職分也宜真乃若大行不加窮居不損此則所謂貴于巳者性分是也

孟子云萬物皆備于我反身而誠老氏曰吾有大□爲吾有身老氏之所謂身者四肢六骸舉體而言之也孟子之所謂身者四端萬善即性而言之也故曰人于萬類中如海一漚發言體也曰此心不與萬物同盡者言性也在釋氏則有報身法身之謂

李翺復性篇主排佛也而間用其言王坦之廢莊論以反莊也而多襲其語此文章家之操戈入室者

暇日過僧寺入淨室見僧掃地次曰淨室何須着掃僧拈起箒柄近前曰土上加灰余曰棒不着便好與二十箒柄去

昔人以理髮搔背剔耳刺嚏爲四暢此小安樂法余所服二丹曰嚥津納息爲小還丹澄心寂照爲夜氣丹既無火候又免抽添久之著效

宰相元氣也臺諫藥石也調和燮理輔元氣也繩愆弼違備藥石也元氣之養貴乎藥石之用貴明故人君者託心膂於宰相而寄耳目於臺諫心膂欲其平耳目欲其明也

堯舜之與賢也禹湯之傳子也論者謂堯舜不私其子然使啓非賢而太甲不遷善則禹湯有不得私其

子者故南巢之放禹不得而有夏矣牧野之伐湯不得而有商矣以是知堯舜之善愛其子

禪家曰絕學玄門曰絕聖此爲已學而絕學旣聖而絕聖向建立處掃除離絕名相能所皆空者言之非未嘗學也而可言絕學未至聖也而可言絕聖儒者曰爲學日益爲道日損使其未嘗學也何所損哉

釋氏之輪廻不特生死輪廻凡念頭起滅卽是輪廻如前念滅而引後知後念生而續前滅種種取捨無非是相故一念之起生之類也一念之滅死之類也

於中解脫是了日用中小生死

玄關牝戶此言陰陽往來闔闢之機交合綿續根柢出入是謂天地之根或以口鼻心腎爲玄牝者是涉形相何以云若存也故董思靖曰神氣之要會曾道冲以爲玄者杳冥而藏神牝者冲和而藏氣俞玉吾謂坎離兩穴妙合二土混融神氣不落名相者斯近是矣

寺剎中地獄變相具刀林沸鑊極陰慘之狀使觀者悔惡遠罪然必在當人起念處懺除而愚惑者謂生前一切罪業沒則可假僧梵懺除是使爲惡者得造業於生前而免于身後藉以爲釋罪之因而恃以無恐昔方蛟峰有云或問鑊湯地獄中何以無和尚曰若使閻羅有罪亦要和尚懺除

無雲之月有目者所快覩也而盜賊所忌花鳥之玩以娛人也而感時惜別者因之墮淚驚心故或見境以生情或緣情而起境

文章功業之士於世願已足則往往求服餌以希慕長生然于世法中取較已多恐造物者所靳惟以嗇

處泰廉取而薄享以延續其餘可也昔白香山忠州別駕命下明日而丹竈敗盎世間法與出世間法不兩立若此

處治安之世而戒以危亡履盛滿之勢而戒以知止當嗜慾之熾而戒以節忍則諱惡其言而不之信及其亂亡禍敗追思其言則無及矣是故早見而戒未然者之謂豫

人不能以勝天力不可以制命故壽夭通塞豈約自其墮地之初大分已定如缾罍釜盎各有分量非人

所能置力增損君子惟愼德修業以聽其自至若曰我命在天措人事于不修則又非修身俟之之謂也故曰君子不以在我者爲命而以不在我者爲命

書畫自得法後至造微入妙超出筆墨形似之外意與神遇不可致思非心手所能形容處此正化不可爲如禪家向上轉身一路故書稱墨禪而畫列神品觀舞劒而得神聞江聲而悟筆法此出于積習之久一觸則詣神境如參禪已至境界一喝得悟者譬之人當闕而立一喝則掉臂而過矣靈雲之于桃花香嚴之于擊竹其得悟皆此類若據以求悟是守枯埜

而索舟劒也

近來一種講學者高談玄論究其歸宿茫無據依大都臆度之路熟實地之理疎只于知崇上尋求而不知從禮卑處體究徒令人凌躐高遠長浮虛之習是所謂履平地而說相輪處井幹而譚海若者也

陽明致良知之說病世儒爲程朱之學者支離語言故直截指出本體而傳其說者往往詳于講良知而於致處則略坐入虛談名理界中如禪家以無言遣言正欲掃除前人窠臼而後來學人復向無言中作窠臼也

孔子曰隱居求志孟子曰得志澤加于民所謂得志者得行其所求之志也苟道不行于時澤不加于民雖祿萬鍾位卿相不可謂得志也故昔人云不論窮達利鈍要知無愧中只是得志

仕而不得行志或謗之時不可爲者往往依違衆中曰無奈時何然時亦人所爲也如荊公新法一時奉行者迎合詭隨釀成也甚間有不樂居職欲投劾去

者堯夫曰此正今日仕人君子盡心之時晁美叔爲常平使者東坡貽書曰此職計非所樂然仁人於此時假以寬大少紓吏民於綱羅中亦所益不少二公之言若此彼徒潔一去者于已分得矣如時弊之不可捄何

吳中故語

本郡楊循吉撰　祝允明校閱

太傅收城

勝國之末太尉張士誠據有吳浙僭王自立頗以仁厚有稱於其下開賓賢館以禮羈寓一時士人被難擇地視東南若歸自是梢能羅致名客如張思廉陳惟允周伯琦輩皆在焉及　大朝行弔伐之誅羣雄稽顙而士誠獨後至勤　王師鐘鼓聲伐螳臂自衛天下笑之當是時太傅中山武寧王實爲元帥以長

圍圍城城中被困者九月資糧盡罄一鼠至費百錢鼠盡至煮履下之枯萆以食于時城中士卒登垣以守多至亡沒士誠聚尸焚于城內烟焰不絕哀號動地武寧圍久不克或有獻計者曰蘇城蓋龜形也六處同攻則愈堅耳不若擇其一處而急攻之乃可破也會士誠之親信李司徒者亦密遣人至軍前納欵武寧王乃引兵從閶門入士誠募勇士十人號曰十條龍者皆執大杖出戰死焉武寧乃入不戮一人時信國公以城久不破怒若城下之後一歲小兒亦當斫爲三段時信國引兵從葑門入遇城中士女必處以軍法武寧聞之急使人捧令牌迎信國軍曰殺降者斬信國軍乃止士誠聞城破其母作淮音語士誠曰我兒敗矣我往日道如何士誠乃悉驅其骨肉登齊雲樓縱火焚之而已獨不死曰吾救一城人命乃就縛俘至都下李司徒者得以鼓樂迎導遊城三日息謂必得重賞乃竟正丁公之戮焉李司徒故宅今吳縣學宮是也其墓在九龍塢亦被發掘久矣初葑門以信國之入至今百載人猶蕭然武寧入閶門故

今民物繁庶餘門皆不及也迹士誠之所以起蓋亦乘時衰亂保結義社泛海得杭遂止於蘇覩其在故元時貢運不絕亦固知有大義者獨恨不能如吳越錢俶王之獻土以取覆滅哀哉然蘇人至今猶呼爲張王云

魏守改郡治

蘇州郡衙自來本在城之中心僭周稱國遂以爲宮頗爲壯麗元有都水行司在胥門內乃遷衙居焉及士誠被俘悉縱煨燼爲瓦礫荒墟方版圖始收茲地

高皇擇一守未愜蒲圻魏公觀方以國子祭酒致仕將歸 上親宴餞於便殿得平蘇之報因酌酒留之曰蘇州新定煩卿往治蒲圻遂領蘇州時高太史李廸方以侍郎引歸夜宿龍灣夢其父來書其掌作一魏字云此人慎勿與相見太史由是避匿甫里絕不入城然蒲圻愛被殷勤竟遂兼寐告爲忘形之交然未有驗蒲圻碩學夙充性尤仁厚貴臨之久大得民和因郡衙之隘乃按舊地而徙之正當偽宮之基初城中有一港曰錦帆涇云闔閭所鑿以游賞者久已

堙塞蒲圻亦通之時右列方張乃爲飛言 上聞云蒲圻復宮開涇心有異圖也時四海初定不能不關聖慮乃使一御史張度覘焉御史至郡則偽爲役人執搬運之勞雜事其中斧斤工畢擇吉構架蒲圻以酒親勞其下人予一杯御史獨謝不飲是日高太史爲上梁文御史還奏蒲圻與太史並死都市前工遂輟至今郡治猶仍都水之舊僻在西隅堂宇偪側不稱前代儀門下一碑猶是都水所記可徵也而偽吳故基獨爲耕牧之場雖小民之家無敢築室其上者惟宮門巍然尚存蒿艾滿目一望平原而已然數年之前猶有拾得箭鏃與金物者近亦無矣

嚴都堂剛鯁

嚴德明在洪武中爲左僉都御史嘗掌院印以疾求歸發廣西南丹充軍面刺四字曰南丹正軍後得代歸吳中居於樂橋深自隱諱與齊民等宣德末年猶存西軍之過暴苦民家公奮手毆之西軍訟于察院被逮時御史李立坐堂上公跪陳云老子也曾在都察院勾當來識法度底豈肯如此李問云何勾當嚴

公云老子在洪武時曾都察院掌印今堂上版榜所稱嚴德明者卽是也李大驚急扶起之延之後堂請問舊事歡洽竟日而罷後御史繆讓家宴客教授李綺上坐致公作陪公時貧甚頭戴一帽已破用雜布補之綺易其人見公面上刺字憐而問之云老人家何事刺此四字公怒因自述老子是洪武遺臣任僉都御史不幸有疾嘗思發南丹今老而歸且曰先時法度利害不比如今官吏綺亦大驚拜而請罪因退避下坐前輩朴雅安分如此閭之長者洪武時吳中

多有仕者而惟嚴公一人得全歸焉今其子孫不聞如何也然當公在時已埋沒不爲人所知況其後乎

況侯抑中官

蘇州古大郡也守牧非名公不授載見前聞自入我朝魏公觀以文化爲治姚公善以忠烈建節赫如也自時厥後乃得況公鍾焉公本江西人實姓黃氏初以小吏給役禮部司僚每有事白堂上必引公與俱有所顧問則回詢於公以荅尚書呂公震奇之因薦爲儀制主事　仁宗賓天　宣宗在南京當遣禮官

一人迎　駕衆皆憚行呂尚書以公就命公挺然出曰是罔非我不可鋪馬馳七晝夜至南京　駕發公紗帽直領芒鞋步扶版轎行千餘里不辭其勞　宣宗憐之　勑令就騎每至頓次則已先謁道左　宣宗由是知其忠勤可用時承平歲久中使時出四方絡繹不絕采寳幹辦之類名色甚多如蘇州一處恒有五六人居焉間來內官羅太監尤久或織造或采促織或買禽鳥花木皆倚以剝民祈求無藝郡佐縣正少忤則加捶撻雖太守亦時訶責不貸也其他經

過內官尤横至縛同知臥於驛邊水次鞭笞他官動至五六十以爲常矣會知府缺楊文貞公以公薦而知蘇州有內官難治乃請　賜勑書以行文貞難其事不敢直言乃以數毋字假之以柄下車之日首謁一勢閹于驛拜下不荅欽揖起云老太監固不喜拜且長揖既乃就坐與之抗論畢出麾僚屬先上馬入城而已御轎押其後由是內官至蘇皆不得撻郡縣之吏矣來內官以事杖吳縣主簿吳清況聞之徑往執其兩手怒數曰汝何得打吾主簿縣中不要辦事

只幹汝一頭事乎來懼謝爲設食而止於是終況公之時十餘年間未嘗罹內官之患也然況公爲政特尚嚴峻故時有以輕罪而杖死者御史某巡按在蘇況適過交衢中拱手而過不下轎徑去人乃嘶之竟以爲謗故久抑遏不遷至九年復爲留守卒官然蘇州至今風俗淳良則皆其變之也至於減三分糧當一代軍則其惠澤之在人者不小也然其初非呂尚書之薦　宣廟之知楊文貞之助則安得如是而九年之間使不滿而他徙則其政未必告成若此也耶

中引與之俱逸其名不恥下問以達其下亦賢矣哉

錢曄陷楊貢

錢曄常熟之富人也入貲得授浙江都司都事豪壓一邑知府楊貢訪朱漢房御史曄在焉衣服鮮美而語言容止並復都雅貢敬之既去問得是貲官貢始悔恨曰此吾部小民何敢與吾坐乎惡之曄之寓舍在泰伯橋下先是指揮何某呼角妓數人供宴舟載經曄寓過曄亦方筵客截而有之何由是銜曄至是每短曄於貢貢既深惡曄得何言益怒於是以事收

之下府獄吳人大喜貢具本馳奏曄之輩如劉以則等數人皆大家也平日相結爲友見曄敗有脣寒之懼各助曄銀五百兩必欲勝貢曄家僮奴數百人多有有智能者貢之本既發上道曄家人隨焉詐爲附舟者與齎本吏一路游處卒賂之發封竊視盡得其所奏情罪辭吏先往預以本進焉一一皆破貢所論者也後三日貢本始入同下巡撫都御史鄒來鶴推勘鄒特欲扶曄故遲之以貢難抑不敢決初曄之在獄獄囚夜反知縣閻人恭白貢請乘勢棒殺曄貢不肯曰是何得好死獄中貢意蓋欲顯戮曄并沒其產也及鄒既爲曄獄久未成曄遂使人以貨謀於權貴乞同提至京理對於是貢與曄皆就逮北行初將朝審時方嚴寒曄賂校尉五更巳縛貢縛繩至骨又不與飲裸凍欲僵莫能發一語曄則飲酒披裘至臨入始一縛焉於是貢辭不勝貢至刑部尚書某曰楊知府汝作街頭榜用牌兒名綴語此時巳天奪汝魄矣尚何言初曄進本自署浙江都司都事至是刑部覆不言貢以知府按曄事但言以都事與知府詰奏事

勢相等又曄與貢亦交有所論於是論貢與曄皆爲民吳人寃之貢誠清苦無所私其收曄亦深欲抑强而自立也公不勝貨事遂以壞惜哉然於貢亦何損焉當時僉事湯琛賦一詩紀之蓋幾千言語雖鄙俚皆述實也詞多不載貢既去郡貧甚還家布衣破帽敎授以自養近始卽世曄無子亦老死家中將死前月餘所乘馬尾一旦盡落人謂絕後之兆方曄盛時其享用等封侯園池之勝蓋爲江南甲冠嘗於池中築一亭夏月宴客則登焉客旣集則去橋不得輒去

亭皆四空嫌日色蒸照則取大方舟實以土上種名花作高屏蔽日所至牽而障焉

王文捕許妖

許道師尹山之小民也善房中術以白蓮教惑人欲鈞致婦人爲亂有傳道者數輩事之以爲神佛遂鼓動一境皆往從焉其人居一室中人不得妄見以五月五日取蜈蚣蛇蠍壁虎等五種毒物聚置一甕中閉而封之聽其相食最後得生者其毒特甚乃取而刺其血和藥浸水貯之令婦人欲求法者必令先洗

其日云不爾不清淨不可以見佛洗後入室金光眩然妄見諸鬼神相愚無知者於是深信之以爲誠佛也道師坐一大竹籃中令婦人脫衣抱持傳道婦人不肯者則請令小兒摸其勢果若天閹者於是競不疑之及親體則迫而淫焉婦人或聽或不聽無不被污而出不敢語人故其後至者不絕有沈三娘者與之淫尤密每招村之婦女來傳法則並污之惑者既衆恒所聚人亦幾百數時都指揮翁某新至欲以此立功求陞百戶李慶贊之遂白都御史王文張皇其事文時以賑濟在蘇亦有喜功心三人議遂合乃發衛兵五百人往收之知府汪滸指揮使謝某坐中軍李慶爲前哨妖黨初但以淫人故爲左道實未敢爲叛也至是懼死乃相率遁去居田野中其類惑之者執竹鎗田犂之器衛之許道師坐一石上衛兵列陣而對之其黨曰汝軍家勿動吾師少誦一咒則汝等來者皆死衛兵惑之果欲反走中一卒曰賊首坐在石上何難擒也馳突前至道師所執其衣領擒之餘皆盡縛無脫者蓋將三百人焉皆以檻車載送捷上

尚書于謙在兵部深知其飾功止特奏陞翁一級餘並不遷賊首置極典連誅者三四十人沈三娘者亦在焉後李慶進本自陳其功乞遷官于尚書立案不行慶爭曰若如此則使他日有警人不肯用心也于曰吾杭州人豈不知此事僞耶令一士執一人遂謂之討叛乎遂罷許妖之罪自是滔天不容誅矣然其間田野愚夫有一時無知相從者因三人有遷官之心遂使三百人皆以大辟死誠何心耶後文被誅翁亦縊死李慶之二子皆爲盜死獄中亦報施之不爽

也已

三學罵王敬

成化癸卯之歲太監王敬以采辦藥材書籍至江南所至官司無不望風迎合任其意刹取財貨無敢沮者於是民間凡有衣食之家悉不自保惴惴朝夕又有一種無賴小人投附其中悉取富人呈報或以償其私忿敬既恃其權奸於是大肆厥惡至及於士類先在杭州時使士子錄書或不如意則出梵經使鈔之得畧而止至蘇復以子平遺集要三學筆錄其多

至于餘卷初每生給錄一帖凡錄數百帖與之矣時方近秋試復以紙牌呼集諸生諸生知其意復欲抄書不往敬怒使人督促三學學官學官不得已率諸生往見于姑蘇驛敬時坐堂上其副曰王臣者立其傍王臣本杭之無賴嘗得罪當死有邪術能爲木人沐浴跳踉于几上夤緣進上遂得寵用是行實其計敬之爲惡大抵皆斯人爲之敬特爲之尸而已時敬見諸生至責曰何不肯寫書衆合辭對向來已寫訖敬曰昨日飯今尚飽耶遂欲笞學官諸生乃大譟呼

其在門下者皆入指敬面而罵之敬起而復坐不能爲進退荒忙失措仰面偃肩于座上聽其罵其部下軍校執杖擊諸生走出驛門遇市薪二束各執之反擊軍校皆散走王臣知不敵遁入舟中衆又從而逐之有鄭五者都下惡少亦王臣黨也被執至城門下閶門而毆之幾死時三學生徒及其家僮僕幾百人旣散去明日敬召知府劉公瑀泣而愬之以爲訐使諸生罵之劉公跪拜乞罪出而訪求罵者自三學乃一時恃其衆多以所訪十七人及諸生皆引見敬王

臣時在側乃極口詆訶諸生不知何人悉以諸生陰短報王臣臣悉發之衆大慚而出劉乃引罵者笞于皇華亭下各二十具數而已劉次日召諸生責之曰王敬家有三條玉帶汝輩小兒何能與之抗且說永樂間秀才罵內使皆發充軍汝謂無紅船載汝輩耶恐械至臨清則俱死爾長洲學生戴冠獨抗對曰死生有命如何倘得遂罷然諸生又有自書其輩名字詣敬首告者益爲敬所寬薄焉方罵時巡撫都御史王公恕適至公嚴峻剛方特爲天下具瞻平生恒不

喜闞貴至此諸生懼罪哀訴焉公曰既已罵詑今無如之何且俟其歸必作奏亦不過行巡撫巡按處耳今且勿譁諸生大失望然不知王公寄奏已達矣後敬至　闞下果以諸生事上至動　震怒果下巡按推治時敬勢方張未敗也諸生又往告王公王公曰此人耳目至多蘇州南北交往之地兼有二竪在此謂織染局有太監二人既曰推治安得不笞朴松江僻靜吾已與御史言送彼中獄矣巡按時爲張公淮亦號有風力不肯承旨重繩諸生以是得無苦然張公亦且未

敢決其事持兩可之說以待會王敬等事敗下獄張公乃上其事得皆末減焉初敬出時氣焰薰天諸生以士子罵之與古人烈烈者何異惜其後更無挺然自當敢出數語與此輩辨曲直者俯首帖耳反敗儕輩之事抑何前後之不類乎惜哉聞諸四方可笑也古之爲忠義志定於平日而氣發於一時彼無根之怒豈可一旦而施之遂以徼取忠義之名乎若然則陳東輩遍天下皆是也當時好事者遂傳以爲吳中士子美談不知乃一時之氣耳豈不過哉

此卷有裨史學黃氏吳記祝氏猥譚鄙褻馳頹遠不及也顧嘉慶識

甲乙剩言　東越胡應麟著　裘昌今校閱

蜀僧

余過京口見鄔佐卿語曾于甘露寺遇一蜀僧與接言論盖深于禪理者因數數往還佐卿適有所負迫窄無以應憂見于色僧問曰君須幾何而形困若此鄔曰此方以内煎熬地獄非十金不能免此僧持几上賚茶銅銚視之曰此踰十金矣便命索炭鄔異之即以熾炭僧出袖中一包出藥匕許以銚周身擦抹

此藥藥盡着火中燒令通赤急索酒淬之壽以水洗則成銀矣鄔遂得緩子錢之急明日往謝僧已行矣

方子振

八多言方子振小時嗜奕嘗于月下見一老人謂方曰孺子喜奕乎誠喜明當俟我唐昌觀中明日方往則老人已在老人怒曰曾謂與長者期而遲遲若此乎當於詰朝更期于此方念之曰圯上老人意也方明日五鼓而往觀門未啟斜月猶在老人俄翩然曳杖而來曰孺子可與言奕矣因布局于地與對四十八變每變不過十餘着耳由是海内遂無敵者余過清源因覔方問此方曰此好事者之言也余年八歲便喜對奕時已從塾師受書每于常課必先了竟且語其師曰今皆弟子餘力請以事奕塾師初亦懲撻禁之後不復能禁日于書案下置局布算年至十三天下遂無敵手此盖專藝入神晉夷吾所謂鬼神通之而不必鬼神者也

酒肆主人

余過淮陰市中憩一酒肆主人約五十許人與余談

酒事各極其意主人忽瞪目視余曰觀君似解操觚者余謝曰非曰能之嘗竊一斑矣主人遂與余論詩上自三百漢魏下及六代三唐以及我皇明無不畢當窾綮因命酒對坐劇飲復論天下事事至于千古興衰每太息流涕忽向余曰吾閲海内人多矣少得似君君得無金華胡元瑞乎余曰是也余因詢其姓字主人曰肆門所書張叔度是也余復問其鄉縣主人曰吾無何有鄉之人也余笑曰地且不得曾謂張叔度是丈人姓字乎主人起顧余笑躍身入内曰毋

多談君且休矣明日索與相見衆傭保曰主人仗一劍躍馬去矣余遂窮問其人則曰主人有錢數百千令我輩張肆于此其出處從不能悉也余意必江淮大俠託于市隱者耳

天上王司

乙未春試前一夕余忽夢見冕服一人坐殿上召余入試旣入則先有一人在坐者呼之曰易水生未幾殿上飛下試目一紙視之有晉元帝恭默思道七字翻飛不定余與易水生爭逐之竟爲彼先得余怒力

從閗擊而覺爲不怡者久之及入會塲第一題是司馬牛問仁章始悟所謂晉元帝者晉姓司馬元帝是牛金所生以二姓合爲司馬牛也恭默思道是訒言破無意耳可謂大巧第易水生不解所謂及揭榜則湯賓尹第一蓋以易水二字爲湯也然夢亦憒憒書法以水從易音陽非易也觀此則天上王司且不識字何尤於濁世司衡者乎

李惟寅

李惟寅太保别僅一再易凉暑耳遂不艮于行蹣跚出見客道故殷勤至涕落不能止因念走馬長干鍾陵躍澗時何輕捷也而一旦衰憊爾爾乃知人生壯盛足恃幾何不覺覽鏡亦爲髩絲興嘆

趙相國

趙相國以東事憂悴時或兼旬不起余往訪之適日者王生醫者李生兩人在坐相國謂王曰我佹忌何日出宫謂李曰我何日膏肓去體余笑曰使石尚書出京便是佹忌出宫沈遊擊去頭是膏肓去體相國爲之默然

劉玄子

劉玄子從朝鮮還言彼中書集多中國所無者且刻本精良無一字不做趙文敏惜爲倭奴殘毁至圓淵之間往往以書幅拭穢亦典籍一大厄會也因目不忍見爰命部卒聚而焚之余乃知國初朝鮮獻顔子朝議以僞書却之此四庫之所以不及前代也且如今中秘所藏如子華關尹亢倉之類果皆出于諸賢手乎嗟嗟真以爲僞僞或爲真惟具眼者能別其真與僞耳

王長卿

工長卿新安人能詩其内人精于鉄繡嘗覩其繡佛纖密絢爛而髮絲眉目光相衣紋儼若道玄運筆余所見宋繡最多此繡當不多讓即謂之鍼王可也王行甫汪明生諸君多以篇詠重之第性嚴妒長卿往朔方謁周中丞慮有外私使向繡佛前受邪淫戒而去

王太僕

天台王太僕嘗言天台名山無踰五岳皆得覽其槩

矣未有若峨嵋之奇變者余嘗宿絕頂光相寺于時暑秋曉起遠望寒冽不減嚴東爲體戰齒鬪不能止時寺鷄三號耳殘月猶在遠見西極荒垂有一點尖明若夾光者因以問僧僧云此天竺雪山爲初日所照也始亦未信頃之日出而此山隱隱炫耀天際已而日色徧滿大千則山光不復明矣但見一粉堆耳余味此言乃知佛經言初日始出先照金剛山頂爲足證也

青鳳子

新安楊不弃精于鑒別法書名畫吳用卿所刻新帖皆其審定鉤摸上石不弃鄉人有得一石于水濱狀如鶩子而青瑩可愛楊以千錢易之恒以自隨作鎮紙及楊來燕有外國人數來看之不忍釋手楊詢之其人曰此名青鳳子即吾土價亦不貲于是聲價一旦貴踴有一兩殿供事許以千金易去進内聞爲禁中寶重夫此一石也弃之水濱與瓦礫無異一遇知者遂爲上方大寶物固有遭與不遭如此哉

博古圖

鄭錦衣樸重刻小幅博古圖其翻摹古文及雲雷饕餮犧獸諸象較精于前且卷帙簡少使人易藏雖寒生儉士皆得一見商周重器大有裨于賞鑒家第一序艱滯可笑人謂可比樊宗師余謂非也此猶閩粵田農卷舌作燕趙語耳足爲圖減價落色

曹娥碑

聞吳閶韓太史家藏曹娥碑眞蹟書法甚佳而有識者謂是贋本何者碑辭本作可悵華落乃以可爲何常是臨書人不解文義而悞書之耳余謂墨蹟眞贋

我則不知若曰可悵則是唐人字面矣且觀其上文曰生賤夕貴利之義門下文曰艷冶窈窕永世配神則可悵有勸慰之意如作何悵便與上下文不相協矣讀者當自得之

沈惟敬

沈惟敬以落魄僑寓燕中寓傍有開屋使賣水擔子沈嘉旺居之嘉旺本樂淸趙常吉家蒼頭幼爲倭奴所掠載還日本凡十八載泛海而還還復走燕依趙趙無所用之故賣水以自給惟敬暇則時時從嘉旺談夷中情俗雖器什鄙語無不了悉會石大司馬經略東事而石寵姬之父袁某恒從惟敬游惟敬日與袁言夷中事若身至之者袁以告石石遂召與相見與語大悅遂奏受游擊將軍奉使日本而有封貢之說矣惟敬妻姓陳名澹如本故倡也惟敬既遠使石每到門慰籍至以沈夫人呼之眞可謂能下賤矣第下非其所當下爲可惜耳

賀啓露布

有一近來聞人賀翰林某啟曰通藉玉堂　帝亦呼庶吉之士校書天祿人皆稱劉更之生此與昔人身坐銀交之椅手持金骨之朶可謂今古捧腹又曾見寧夏露布以祿山之亂對宋江之强彼以山對江自謂絕異不知轉入惡道是以王元美先生謂近來修史之難政謂此耳如此等一番大舉動載此露布一通可乎

卵燈

余嘗于燈市見一燈皆以卵殼爲之爲燈爲蓋爲帶爲墜凡計數千百枚每殼必開四門每門必有欂栱窗櫺金碧輝耀可謂巧絕然脆薄無用不異凋冰畫脂耳縣價甚高有中官以三百金易去

陳紀傳

臨朐馮少宗伯嘗問余曰范曄書陳元方傳與邯鄲淳碑辭稍異將從碑乎從傳乎余曰觀元方傳便見蔚宗作賊腸肺蓋碑文明說以何進表荐拜爲五官中郎將而傳則删去第謂董卓入洛陽乃使就家拜官是陷陳入于卓黨以爲彼所謂名賢亦復爾也至于謀說呂布絕婚袁術一事乃元方爲國破奸一點

赤忠所在竟抹殺不書蓋以見小人不成人之美如此理當從碑傳不足據也馮爲首肯

李長卿

李長卿嘗言自古大篇名什銷没沉湮令人搜募不得至于學究所攻如千家詩及巷里村詞如呂蒙正蘇秦劉知遠之類雖窮邊瘴海莫不誦讀唱演我不知其何所感格一至于此余謂天下多凡眼俗耳惟近于凡俗則行之必遠此亦勢也故我輩捉筆得與千家蘇劉傳奇爭上下便足千秋矣不覺相對大笑

魏總制

人傳紫陽魏總制與繡水沈中丞不協當朔方變起哱賊誘虜深入以撓我師我師多挫衂不得逞然魏往往掩敗爲功會題沈多不與魏蓋恨之時沈軍固原値虜過靈州而南魏令烽砲毋達固原虜遂猝至固沈數日而去余謂邊塞烽堠自有軍法何得至此恐言者之過及見中丞客姚士粦塞上詩有豈有勝兵雄九地不傳烽火到孤城之句乃知人傳者不誣也夫大臣爲國家折衝禦侮以當一面正須共分歉念協力相爲乃欲以敗爲功欺誤朝廷固罪在不赦更復嫌忌同官以虜猝中此又刑書所必討者也

合卺杯

都下有高郵守楊君家藏合卺玉杯一器此杯形製奇甚以兩盃對峙中通一道使酒相過兩杯之間承以威鳳鳳立於蹲獸之上高不過三寸許耳其玉温潤而多古色至碾琢之工無毫髮遺恨蓋漢器之奇絶者也余生平所見寶玩此杯當爲第一

薛校書

京師東院本司諸妓無復佳者惟史金吾宅後有薛五素素姿度艶雅言動可愛能書作黄庭小楷尤工蘭竹下筆迅掃各具意態雖名畫好手不能過也又善馳馬挾彈能以兩彈先後發必使後彈擊前彈碎于空中又置一彈于地以左手持弓向後以右手從背上反引其弓以擊地下之彈百不失一也素素亦自愛重非才名士不得一見其面又負俠好奇獨傾意于袁六微之余笑謂袁曰袁黒横得素素相憐能無爲我輩妒殺素素好佛師俞羨長好詩師王行甫

人亦以萍梗書呼之雖篇什稍遜洪度而衆伎翩翩亦昔媛之少雙者也

吳少君

余下第後吳少君忽從北來人寄余一絶云趙氏連城辨得眞幾年聲價重西秦從來有眼皆能識何意猶逢按劍人得詩數夕後夢少君曰余詩中按劍人明日諱避之余亦不解其意明日飲朱汝修齋頭以口語相謔趙常吉忽使酒至按劍欲甘心焉汝修力救余得絶袖逸柱而逸趙猶率奴丁數里追索此余

平生所遭最大危厄乃從朋友得之尹公佗良爲多愧而少君一詩遂于夢中點出趙氏按欲四字大可怍也

友人

友人嘗從關中來言自環慶以北不復見山毎從馬首極望惟見平沙際天千里超忽俄有横山嶙峋可人忽焉㓕没知是雲也余後讀俞羡長詩云惟有故雲似遠山乃知是眞境也又言固原都御史行臺後有園池池北有堂池上有亭堂之顔曰天光雲影亭之顔曰半畝方塘棹楔之前曰源頭活水後曰淸如許凡歷四中丞所題僅用朱晦庵一絶句耳又言環縣御史臺廳事寫李獻吉天淸障塞收禾黍日落溪山散馬群爲柱聯但改落爲轉眞所謂點金成鐵也

前定命

都下有抄前定命者其辭皆七言而村鄙若今市井盲詞之類其言自父母妻子兄弟貴賤庚甲皆具人皆狂駭以爲神也雖三公九卿莫不從風而靡以爲此邵堯夫再來也不知此皆從京師日者購其年庚

履歷預爲撰集使人身自覓索以駭眩之耳如余未嘗以命問京師日者則覓之不復有此命矣且未有文理村鄙若此而足以定人之貴賤壽夭者也其事易見何不少察而明墮于其僞術乎

邊道詩

有一邊道轉御史中丞作除夕詩云幸喜荆妻稱太太且斟栢酒樂陶陶蓋部民呼有司眷屬惟中丞巳上得呼太太耳故幸而見之歌詠讀者大爲絶倒然此特近于俚鄙耳至若閩人王少白有作郎爲衆所

傳誦如來入日出卓入腳之類最多好事故爲鏤板書價一旦騰踴貿者如市蓋人喜得之用爲笑資耳亦詩道一惡劫也

都下詩

余頃入都詞人蕭寥落無幾而所見篇什惟吳允兆秋草十詩及汪明生秋閨雜詠翼翼可誦其他惟椰諄父元夕一結云看他何處不娛人及楊不弃溪上偶成沙頭小鴨自呼名而已至如朗哉公翰諸君都不復進亦足以見詩道之不振也

胡孟弢

胡孟弢嘗言于任城客邸遇一人豐頤長髯頭着青幘身被布衲手捉一扇來謁胡胡與之言則道流也須臾拉胡上太白樓下瞰南池遠眺洸水劃然長嘯有如鳳音因相與對坐道人曰倉卒無以爲娛聊與君飲遂袖出一盤如赤玉徑八寸許光瑩可愛又出二杯則琥珀也胡意安所得酒餌乎未幾以盤向空言曰取無鬼餌來忽見鹿脯滿中杯紅香撲人矣心益大駭既飲而杯復滿脯亦不見增減道流更言曰明日在酒清風滿衿不有歌舞多負佳客因向南招之頃之有白鶴一雙自南而來下集客前相對鳴舞胡不覺五體投地曰凡夫不知賢聖願知此身昔所從來今何抵止幸一爲指示道人曰人有星宿降謫身有菩薩出世身有眞仙再來身有山川孕靈身有見神託見身汝是匡廬山伯來所從來止所從止後當自驗吾乃言天地之秘未敢盡泄胡因歷以在朝諸大寮問則曰趙相國是天目上眞張相國是旌陽顯化陳相國是參水猿沈相國是南濱公孫太宰是

金天上相孫少宰是文昌司命楊尚書是司祿褚侍郎是司祿左相范尚書是貴相馮侍郎是壁月烏劉侍郎是江伯曾侍郎是南岳副司命石尚書是武曲李侍郎是北地王者沈侍郎是優波離尊者蕭尚書是折威星呂侍郎是尾火虎徐侍郎是營室褱總憲是左執法李臨淮是次將李寧遠是上將軍胡欲更問諸公而忽聞窗外大聲曰盜道多言有翅不奮道人曰余過矣余過矣遽起長別不知所之余笑曰可惜此問答只成得一部天上縉紳耳何不問胡元瑞

以上應少微庶幾解俗乎

黃白仲

黃白仲寓居武林余往訪之適有友人携一名姬邀余兩人赴飲黃便入內少時其客有處復以他事誘說許時邀者益急言主人候湖上久矣余欲捉之偕行黃復身入內余聽之聞刺刺詈聲余知其以妓故不敢往也故促之黃不得已與余相赴日未晡黃便謝歸主人留之不得遂去明日余往伴問于黃曰年踰四十遂乏血胤雖一似人女婢亦不能居命也奈

何更問昨者遲回之狀曰凡赴妓席必涕泣至歸方已又問如遠出何以制君曰出必歃血涖盟余因大嗟曰余方愧王茂弘九錫不意足下更是馮敬通也

知己傳

余嘗于潞河道中與嘉禾姚叔祥評論古今四部書姚見余家藏書目中有于寶搜神記大駭曰果有是書乎余應之曰此不過從法苑御覽藝文初學書抄諸書中錄出耳豈從金函石篋幽岩土窟掘得邪大都後出異書皆此類也惟今浙中所刻夷堅志乃吾篋中五分之一耳別後乃從都下得隋盧思道知己傳二卷上自伊呂下至六代由君相父兄妻子友朋外以及鬼神禽畜涉乎知己者皆錄第諸葛孔明與先主最相知以爲有君自取之一語爲大不知己不錄蓋有激乎其言之也因尋校此書惟隋志有之自唐已下不復有也能不愧金岩石篋遽以語叔祥者乎

厠籌

有客謂余曰嘗客安平其俗如厠男女皆用瓦礫代

紙殊爲嘔穢余笑曰安平晉唐間爲博陵縣鶯鶯縣人也爲柰何客曰彼大家閨秀嘗必與俗自異余復笑曰請爲君盡厠中二事北齊文宣帝如厠令楊愔執厠籌是帝皇之尊用厠籌而不用紙也三藏律部宜律師上厠法亦用厠籌是比丘之淨用厠籌而不用紙觀此厠籌瓦礫均也不能不爲鶯鶯要處掩鼻耳客爲噴飯滿案

余從錄酣中清泠點沸得此抄本挍得二十字已復得五字顧不知鏤板後何如耳昔人謂校書如

掃落葉隨落隨掃亦是一適張元陵識

甲乙剩言終

三朝野史

元　吴萊著　三衢余繼祖閱

史彌遠之立理宗而廢濟王，或者謂其於夢寐之中有所感而然也。後村先生劉克莊以詩譏之云：楊柳春風丞相府，梧桐夜雨濟王家。人皆謂彌遠是佛位中人。乃父丞相浩與覺長老道契，握手入堂與問之曰：和尚好我好？覺見堂與中簾模綺羅，榮華富裕，紛白黛綠，環列左右，乃應荅曰：大丞相富貴好，老僧何好之有。既而曰：此念頭一差，積年蒲團工夫俱廢，未

免墮落。一日浩坐廳上，儼然見覺長揖突入堂内，使人往寺中請相見，人回報云覺長老坐化圓寂于法堂上。頃間浩堂裏弄璋，浩默然自知，後以覺字爲彌遠小名。觀彌遠二十七年當國，冊立理宗，措天下於泰山之安，運籌廊廟，日食萬錢，豈非佛位中人歟？遠自恃冊立之功，專權納賄，天下變爲汚濁，功則有之，忠則未也。賈似道不許配享理宗由此。

湖丙潘壬太學生也，就湖州冊立濟王爲帝，事敗，濟王遇鴆而殂，丙壬各梟其首，欲屠湖州一城人民。彌遠夢中見李侯太尉求免，遂追回大統制，一城生靈均拜李侯更生之賜，至今長興李侯廟人民敬祀，以報其威靈也。

李全擾淮時，史彌遠在廟堂束手無策，有訛傳全軍馬渡江過行在京師，人民惶惶。彌遠夜半忽披衣而起，有愛寵林夫人者見其起可疑，亦推枕而起相隨於後，忽見彌遠欲投池中，林夫人急扶住泣告曰：相公且少耐區處。數日後得趙葵捷書。

裕齋先生馬光祖知高郵軍，適值管軍官營前率衆

叛，據城縱軍刼掠，與同黨王安等飲宴，有妓毛惜惜不服趨侍，全痛責之，惜惜云：妾雖賤妓，不曾伏事反臣。全遂斬之。秋崖先生方岳作義娼傳。

馬光祖知京口，判姦婦云：世間若無婦人，天下業風方靜。觀其尹京之日，不畏貴戚豪强，庭無留訟，頗得包孝肅公尹開封之規模。福王府訴民不還房廊屋錢，光祖判云：晴則雞卵鴨卵，雨則盆滿鉢滿，福王若要屋錢，直待光祖任滿。有士人踰墻偷人室女，事覺到官，光祖令當廳面試，光祖出踰墻摟處子詩，士人秉

筆云花柳平生債風流一段愁踰墻乘興下處子有心樓謝砌應潸越安香討暗偷有情還愛欲無語强嬌羞不負秦樓約妄知漳獄冈玉顔麗如此何用讀書求光祖判云多情愛還了半生花柳債好箇檀郎室女爲妻也不妨傑才高作聊贈青蚨三百索燭影搖紅配取娣人是馬公犯姦之士旣幸免決罪反因此以得佳偶此光祖以禮待士也

金陵帥閫趙以夫過衢州訪祕書徐霖相見後覿面大慟左右見者駭然不知所哭何事元來哭世道艱險小人在朝君子在野生民不見太平之治以夫與霖俱懷嫠緯之憂故也

理宗祀明堂徐清叟爲執綏官玉音問曰猫兒捕鼠如何清叟急機荅曰愛之欲其生惡之欲其死應對雖捷然理宗本命屬鼠一時荅問不覺觸突天聽理宗度量恢宏亦不之咎

宏齋先生包恢年八十有八爲樞密陪祀登拜效臺精神康健一日賈似道忽問曰包宏齋高壽步履不艱必有衛養之術願聞其畧恢荅曰有一服丸子藥

乃是不傳之祕方似道欣然欲授其方恢徐笑曰恢喫五十年獨睡丸滿座皆哂

四月初八日謝太后壽崇節初九日度宗乾會節賈似道命司封郎中黄蛻作致語中有一聯云聖母神子萬壽無疆亦萬壽無疆昨日今朝一佛出世又一佛出世滿朝縉紳皆喜之

至元丙子春淮西閫夏貴歸附大元宣授中書左丞至元己卯薨有贈以詩云自古誰不死惜公遲四年聞公今日死何似四年前又有人弔其墓云享年八十五何不七十九嗚呼夏相公萬代名不朽

大兵渡江賈似道師出檄書播告中外曰洪惟藝祖肇造我邦至於高宗爰宅吳會以仁守國以德配天未嘗行一不義殺一不辜可以質諸無疑證諸不悖理宗四十一年忠厚之澤著于生民先帝十一載恭儉之心何負天下不念元溫犨從尚受卵翼之恩李陵一門初無毫髮之損國家厄運一至於此人心忠義夫豈無之太皇后七袠之聖躬今天子孤惸之沖質在人情猶知恤鄉鄰之老幼豈臣子忍坐視君父

三朝野史　八

之阽危寧無邪國忠臣亦有江湖豪傑其合唱義之
旅載馳勤王之師如陶士行慷慨之征申張魏公忠
赤之志救日之弓救月之矢便直指於旌旗如礪之
山如帶之河尚永堅於盟誓檄到諸路咸使聞知
賈似道乃父涉開閫淮東爲國宣勞似道閫帥兩淮
効父之故智閫才有餘相才不足自當軸以來收畜
古銅器法書名畫玉器珍寶金銀貨泉用譚玉辨驗
以元老之尊屑就輿賤娼濫稱忘襄狎貪財好色一
至於此敗壞宋國遺臭萬年

宋興於後周顯德七年時恭帝八歲亡於德祐元年
少帝四歲諱顯顯德二字不期而合周以主幼而亡
宋亦以主幼而亡周有太后在上禪位於太祖宋亦
有太后在上歸附於大元宋太祖革命之時韓通不
伏而被誅陳宜中當國之日韓震無辜而被殺此造
物報應之理也
賈秋壑甲戌寒食嘗作一絕云寒食家家插柳枝留
春春亦不多時人生有酒須當醉青冢兒孫幾箇悲
明年謫死

有越僧作錢塘懷古詩云天定終難恃武功不堪雙
淚濕東風百年南渡斜陽外十里西湖片雨中燕子
來時龍輦去楊花飛後鳳樓空倚筇曾向錢塘望山
掩江城霧氣籠
賈秋壑德祐乙亥八月生日建醮青詞云老臣無罪
何衆議之不容上帝好生奈死期之已迫適值垂弧
之旦預陳易簀之辭切念臣際遇三朝始終一節爲
國任怨但知存大體以杜私門遭時多艱安敢顧微
軀而惡末路屬醜虜會狼之猖獗率驕兵悍將以徂

征用命不前致成酷禍措躬無所惟有後圖衆口皆
詆其非百喙難明此謗四十年勞悴悔不爲留侯之
保身三千里流離猶恐置霍光於赤族仰慚覆載俯
愧劬勞伏願皇天厚土之鑒臨理考度宗之昭格三
宮霽怒收瘴骨于江邊九廟闡靈掃妖氣於境外此
時已無廖王諸客矣豈似道所自爲邪讀之雖可怒
可笑可恨其文自好
丙子三宮赴北行省浮三學生一百人從行責齊僕
足其數時兒幾者悉已寖州橋吳府子弟名孛孫健

一入齋至是乃為齋僕所指驅之北去出關後諸生趑趄不行人箠以棍棒三下登舟餒甚得粥飲一桶無匙箸乃於河邊拾蚌蛤之殼爭攫而食之飢寒困苦道亡者多皆身膏草野後授諸路府教授僅餘十七八人耳

文文山天祥劉中齋夢炎一般狀元宰相末後結果不同流芳遺臭較然可見陳靜觀宜中客死暹羅難免作北臣而視從容就義者有間矣陳如心文龍舉義就擒尤得其死方岐峯逢辰德祐屢召不起持父

那終其身尚得為全人也文山在獄中時北人有詩云當令不殺文丞相君義臣忠兩得之義似漢王庚齒日忠如蜀將斫頭時乾坤日月華夷界兩嶺風雲草木知未必史臣書到此老夫和淚寫新詩中齋自北歸過嚴陵就養於其子府判者何潛齋遺之詩曰昆明灰劫化塵緇夢裏功名黍一炊鍾子不將南操變庾公空抱北臣悲歸來服底湖山在老去心則漸木知白髮門生憐未死青衫留得裹遺尸

彭大雅知重慶大興城築僚屬諫不從彭曰不把錢做錢看不把人做人看無不可築之理既而城成僚屬乃請立碑以紀之大雅以為不必但立四大石于四門之上大書曰某年某月彭大雅築此城為西蜀根本其後屬之流離者多歸焉蜀亡城猶無恙真西蜀根本也

三朝野史終

熙朝樂事

錢塘田汝成輯　徐鬫野君閲

正月朔日官府望闕遥賀禮畢即盛服詣衙門往來交慶民間則設奠於祠堂次拜家長爲椒柏之酒以待親戚隣里以春餅爲上供蕡栗炭於堂中謂之旺相貼青龍於左壁謂之行春挿芝蔴梗於簷頭謂之節節高簽柏枝於柿餅以大橘承之謂之百事大吉自此少年遊冶翩翩徵逐隨意所之演習歌吹或投瓊買快鬪九騘牌傳成賭閒舞棍蹋毬唱說平話無

論晝夜謂之放魂至十八日收燈然後學子攻書工人返肆農商各執其業謂之收魂

立春之儀附郭兩縣輪年遞辦仁和縣於仙林寺錢塘縣於靈芝寺前期十日縣官督委坊甲整辦什物選集優人戲子小妓裝扮社夥如昭君出塞學士登瀛張仙打彈西施採蓮之類種種變態競巧爭華教習數日謂之演春至日郡守率僚屬往迎前列社夥殿以春牛士女縱觀闐塞市衙競以蔴麥米荳拋打春牛其優人之長假以冠帶騎驢叫躍以隸卒圍從

謂之街道士過官府豪門各有賛揚致語以獻利市過襤褸猥瀆衙中節級則褫而杖之亦有謔浪判語不敢與較至府中舉燕鞭牛而碎之隨以綵鞭土牛分送上官鄉達而民間婦女各以春旛春勝鏤金簇綵爲燕蝶之屬問遺親戚綴之釵頭舉酒則縷切粉皮雜以七種生菜供奉筵間盖古人辛盤之遺意焉耳

正月十五日爲上元節前後張燈五夜相傳宋時止三夜錢王納土獻錢買添兩夜先是臈後春前壽安

坊而下至衆安橋謂之燈市出售各色華燈其像生人物則有老子美人鍾馗捉鬼月明度妓劉海戲蟾之屬花草則有梔子葡萄楊梅柿橘之屬禽虫則有鹿鶴魚鰕走馬之屬其奇巧則琉璃毬雲母屏水晶簾萬眼羅玻瓈瓶之屬而豪家富室則有料絲魚魫綵珠明角鏤畫羊皮流蘇寶帶品目歲殊難以枚舉好事者或爲藏頭詩句任人商揣謂之猜燈或祭賽神廟則有社夥鰲山臺閣戲劇滚燈煙火無論通衢委巷星布珠懸皎如白日喧闐徹旦市食則糖粽粉

園荷梗孛婁瓜子諸品果蓏燋燈交易譏辨銀錢眞
僞織毫莫欺人家婦女則召帚姑針姑葦姑筲箕姑
以卜問一歲吉凶鄉間則有祈蠶之祭俗子以上元
爲天官賜福之辰亦有誦經持齋不御葷酒者
二月朔日唐宋時謂之中和節今雖不舉而民間猶
以青囊盛五穀瓜果之種相遺謂之獻生子自是城
中士女巳有出郭探青掃墓設奠者湖中遊舫備復
日增矣二日士女皆戴蓬葉諺云蓬開先日草戴了
春不老

春日婦女喜爲鬭草之戲黃子常綺羅香詞云綃帕
藏春羅裙點露相約鶯花叢裏翠袖拈芳香沁筍芽
纖指偷摘遍綠遷烟霏俏拳下畫闌紅紫掃花堦蘚
展芙蓉瑤臺十二峯仙子芳園清晝乍來亭上吟吟
笑語妬穠誇麗奪取籌多瀛得玉璫瑜珥凝素靨香
粉添嬌映黛眉淡黃生喜綃胸帶空縈宜男情郎歸
也未
二月十五日爲花朝節蓋花朝月夕世俗恒言二八
兩月爲春秋之中故以二月半爲花朝八月半爲月
夕也是日宋時有撲蝶之戲今雖不舉而寺院啓涅
槃會談孔雀經拈香者麕至猶其遺俗也十九日上
天竺建觀音會傾城士女皆往其時馬塍園丁競以
名花荷擔叫鬻音中律呂黃子常賣花聲詞云人過
天街曉色擔頭紅紫滿筠筐浮花浪蘂畫樓睡醒正
眼橫秋水聽新腔一回催起吟紅叫白報得蜂兒知
未隔東西餘音軟美迎門爭買早斜簪雲髻助春嬌
粉香簾底喬夢符和詞云侵曉園下叫道嫩紅嬌紫
巧工夫攢枝飣蘂行歌佇立洒洗粧新衣挽香風看

街簾起深深巷陌有箇重門開未忽驚他尋春夢美
穿牕透閣便憑伊與取惜花人在誰根底
三月三日俗傳爲北極佑聖眞君生辰佑聖觀中修
崇醮事士女拈香亦有就家啓醮酌水獻花者是日
觀中有雀竿之戲其法樹長竿于庭高可三丈一人
攀緣而上舞蹈其顛盤旋上下有鷂子翻身金雞獨
立鍾馗抹額玉兎搗藥之類變態多方觀者目瞪神
驚汗流浹背而爲此技者如蝶捎鴉翻蘧蘧然自若
也是日男女皆戴薺花諺云三春戴薺花桃李羞繁

清明從冬至數至一百五日卽其節也前兩日謂之寒食人家插柳滿簷青蒨可愛男女亦咸戴之諺云清明不戴柳紅顏成皓首是日傾城上塚南北兩山之間車馬闐集而酒尊食罍山家村店享餕遨遊或張幕籍草並舫隨波日暮忘返蘇堤一帶桃柳陰濃紅翠間錯走索驃騎飛錢拋鈸踢木撒沙吞刀吐火躍圈觔斗舞盤及諸色禽蟲之戲紛然叢集而外方優妓歌吹覔錢者水陸有之接踵承應又有買賣趕趁香茶細果酒中所需而綵粧傀儡蓮船戰馬餳笙

鼗鼓瑣碎戲具以誘悅童曹者在在成市是夜人家貼清明嫁九娘一去不還鄉之句於楹壁間謂如此則夏月無青虫撲燈之擾僧道採楊桐葉染飯謂之青精飯以饋施主

三月二十八日俗傳爲東嶽齊天聖帝生辰杭州行宮凡五處而在吳山上者最盛士女答賽拈香或奠獻花菓或誦經上壽或枷鎖伏罪鐘鼓法音嘈振竟日

立夏之日人家各烹新茶配以諸色細菓餽送親戚比隣謂之七家茶富室競侈果皆雕刻飾以金箔而香湯名目若茉莉林檎薔薇桂蕊丁檀蘇杏盛以哥汝瓷甌僅供一啜而已

四月八日俗傳爲釋迦佛生辰僧尼各建龍華會以盆坐銅佛浸以糖水覆以花亭鐃鼓迎往富家以小杓澆佛提唱偈誦布施財物有高峯和尚偈云呱聲未絕便稱尊攪得三千海嶽昏惡水一年澆一度知他雪屈是酬恩

端午爲天中節人家包黍秫以爲粽束以五色綵絲

或以菖蒲通草雕刻天師馭虎像於盤中圍以五色蒲絲剪皮金爲百虫之像鋪其上却以葵榴艾葉攢簇華麗或以綵絨雜金線纏結經筒符袋互相饋遺僧道以經筒輪子辟惡靈符分送檀越而醫家亦以香囊雄黃烏髮油香送於常所往來者家家買葵榴蒲艾植之堂中標以五色花紙貼畫虎蠍或天師之像或硃書五月五日天中節赤口白舌盡消滅之句揭之楹間或採百草以製藥品覔蝦蟆以取蟾酥書儀方二字倒貼於楹以辟蛇虺

六月六日宋時作會於顯應觀因以避暑今會廢而觀亦不存自此遊湖者多于夜閒停泊湖心月飲達旦而市中敲銅盞賣氷雪者鏗聒遠近是日郡人昇猫狗浴之河中致有汩沒淤泥踉蹌就斃者其取義竟不可曉也

立秋之日男女咸戴楸葉以應時序或以石楠紅葉剪刻花瓣撲插鬢邊或以秋水吞赤小豆七粒

七夕人家盛設瓜果酒殽於庭心或樓臺之上談牛女渡河事婦女對月穿針謂之乞巧或以小盒盛蜘蛛次早觀其結網疎密以為得巧多寡市中以土木雕塑孩兒衣以綵服而賣之號為摩睺羅

七月十五日俗傳為中元節地官赦罪之辰人家多持齋誦經薦奠祖考攝孤判斛屠門罷市僧家建盂蘭盆會放燈西湖及塔上河中謂之照冥官府亦祭郡厲邑厲壇張伯雨西湖放燈詩云共泛蘭舟燈火鬧不知風露濕青冥如今池底休鋪錦此夕槎頭直掛星爛若金蓮分夜炬空於雲母隔秋屏却憐牛渚偏狂甚苦欲燃犀走百靈劉邦彥詩云金蓮萬朵漾中流疑是潘妃夜出遊光射魚龍離窟宅影搖鴻鳥亂汀州凌波未必通銀浦趁月偏憐近綵舟怨憶少年清泛處滿身風露獨凭樓

八月十五日謂之中秋民間以月餅相遺取團圓之義是夕人家有賞月之燕或攜榼湖船沿遊徹曉蘇堤之上聯袂踏歌無異白日

郡人觀潮自八月十一日為始至十八日最盛蓋因宋時以是日教閱水軍故傾城往看至今猶以十八日為名非謂江潮特大于是日也是日郡守以牲醴致祭於潮神而郡人士女雲集僦倩幕次羅綺塞塗上下十餘里間地無寸隙伺潮上海門則泅兒數十執綵旗樹畫傘踏浪翻濤騰躍百變以誇材能豪民富客爭賞財物其時優人百戲擊毬關撲魚鼓彈詞聲音鼎沸蓋人但藉看潮為名往往隨意酣樂耳瞿宗吉看潮詞云嘉會門邊翠柳垂海鮮橋上赤闌欹行人指點山前石曾刻先朝御制詩出郭遊人不待招相逢都道看江潮今年秋暑何曾減映日爭將畫扇搖一線初看出海遲司封祠下立多時須臾金鼓

連天震忭殺中流踏浪兒壚頭酒美勸人嘗紫蟹初肥綠橘香店婦也知非俗客奚奴背上有詩囊沙河塘上路岐踪扶醉歸來日已斜怪底香風來不斷簷頭插得木樨花步入重門小院偏金猊飛裊夜香烟家人笑問歸何晚已備中秋賞月筵

重九日人家糜栗粉和糯米伴密蒸糕鋪以肉縷標以綵旗問遺親戚其登高飲燕者必簪菊泛萸猶古人之遺俗也又以蘇子微漬梅滷雜和蔗霜梨橙玉糯小顆名曰春蘭秋菊

霜降之日帥府致祭旗纛之神以而張列軍器以金鼓導之遶街迎賽謂之揚兵旗幟刀戟弓矢斧鉞盔甲之屬種種精明有飆騎數十飛轡往來逞弄解數如雙燕綽水二鬼爭環隔肚穿針枯松倒掛魁星踢斗夜叉探海八蠻進寶四女呈妖六臂哪吒二仙傳道圯橋進履玉女穿針擔水救火踏梯望月之屬竄態極變難以殫名騰躍上下不離鞍韉之間猶猊猱之寄木也

十月朔日人家祭奠於祖考或有舉掃松澆墓之禮者八日則以白米和胡桃榛松乳蕈棗栗之類作粥謂之臘八粥十五日爲下元節俗傳水官解厄之辰亦有持齋誦經者

立冬日以各色香草及菊花金銀花煎湯沐浴謂之掃疥

冬至謂之亞歲官府民間各相慶賀一如元日之儀吳中最盛故有肥冬瘦年之說春粢糕以祀先祖婦女獻鞋襪于尊長亦古人履長之義也

十二月二十四日謂之交年民間祀灶以膠牙餳糯

米花糖豆粉團爲獻丐者塗抹變形裝成鬼判叫跳驅儺索乞利物人家各換桃符門神春帖鍾馗福祿虎頭和合諸圖粘貼房壁買蒼朮貫衆碎瘟丹栢枝綵花以爲除夕之用自此街坊簫鼓之聲鏗鍧不絕矣僧道作交年疏仙米湯以送檀越醫人亦送屠蘇袋同心結及諸品湯劑於常所往來者

除夕人家祀先及百神架松柴齊屋舉火焚之謂之糊盆煙焰燭天爛如霞布爆竹鼓吹之聲遠近聒耳家庭舉燕則長幼咸集兒女終夜博戲藏鉤謂之守

歲燃燈床下謂之照虛耗以赤豆作粥雖猫犬亦食之更深人靜或有禱灶請方抱鏡出門窺聽市人無意之言以卜來歲休咎是日官府封印不復僉押至新正三日始開而諸行亦皆罷市往來遨飲蓋杭人奢靡不論貧富俱競市什物以慶嘉節而光飾門戶塗澤婦女衣服釵環之屬更造一新皆故都之遺俗也

西湖之景天下所稀捫虱新話曰蘇東坡酷愛西湖其詩云若把西湖比西子淡粧濃抹也相宜已曲盡

西湖情態又詩云雲山已作娥眉淺山下碧流清似眼是更與西子寫真也宋時有張秀才者江西人驟見西湖而嘆曰美哉奇哉青山四圍中涵綠水金壁樓臺相間全似一幅着色山水獨東邊無山乃有百雉雲連萬瓦鱗次殆天造地設之景也此語雖粗而西湖面目盡見矣正德間有日本國使者經西湖題詩云昔年曾見此湖圖不信人間有此湖今日打從湖上過畫工還欠着工夫詩語雖俳而羨慕之心聞于海外久矣故遊湖者挹山水之清暉以詩酒冶思而已歌童舞女已非本色而閭巷鄙人以戲子傀儡雜之溷聒聒聽誠所謂花上晒褌松下喝道者也宋時范景文詩云湖邊多少遊觀者半在斷橋煙雨間盡逐春風看歌舞幾人着眼到青山可以針砭遊湖之病矣

西湖夏夜觀荷最宜風露舒涼清香徐細傍花淺酌如對美人倩笑款語也高季迪西湖夏夜觀荷詩云雨晴南浦錦雲稠曉待湖平蕩槳遊狂客興多惟載酒小娃歌遠不驚鷗半湖月色偏宜夜十里荷香巳

欲秋爲愛前汀好凉景滿身風露未迴舟

西湖觀月秋爽最宜煙波鏡淨上下一色漁燈依岸城角傳風山樹霏微萬籟閒寂自非有清奇之興超豁之襟不能往也宋時葉夢得夜遊西湖紀事敘云張景修與予同爲郎夜宿尚書新省之祠曹廳步月庭下爲予言嘗以九月望夜過錢塘與詩僧可久泛湖時落鈒傍山松檜參天露下葉間蕤蕤有光微風動湖水滉漾與林葉相射可久清癯坐不勝寒索衣無所有乃以空米囊覆其背自謂平生得此無幾因

作詩紀之云山風獵獵釀寒威林下山僧見亦稀怪得題詩無俗語十年肝膈湛清輝侶茲清賞繼躅者稀近有太白山人孫太初者遊湖必于秋夜自得之趣良難語人也其詩云一望晴烟破暝幽湖天灔灔月初浮旋携斗酒呼隣父小有盤蔬上釣舟笛咽水龍中夜冷杯搖河影萬山秋人間回首悲何事欲覽清光最上頭又云十里蒹葭雨盡收西湖一望月光浮野袍白幘同幽事菰米蓮房作好秋波靜黿龍聽醉語夜凉河漢帶漁舟高情盡在形骸外不用逢人說勝遊

西湖賞雪初霽最宜高興者登天竺絕頂及南北兩峯俯瞰城闉遠眺海島則大地山河銀溶汞結而予以藐然稊米凌厲剛風恍欲羽化次則放舟湖中周覽四山若秋濤聳湧瓏瓈乘飈而玉樹琪花晃然奪目前輩凌雲翰遊雪湖八詠曲盡景致其鷲嶺雪峯云大地渾無一點瑕光明都屬梵王家兩峯高並疑堆玉一道中分類剖瓜巳爲岩嶢知鷲嶺還因凛冽記龍沙此時翻憶藍關句誰復能開頃刻花冷泉雪

澗云下有流泉上有松諸山羅列玉芙蓉爐頭又釀誰家酒屐齒應嫌此處蹤波去煑茶隨甕抱引來劉木入厨供澗邊亭子無人宿空使猿號昨夜峯巢居雪閣云人間蓬島是孤山高閣清虛類廣寒木處恐顛從此穩僧居疑小較來寬瑤花琪樹緣邊繞玉宇瓊樓向上安裏外湖光明似鏡有梅花處好凭闌南屏雪鐘云翠屏花作玉千層樓近鐘聲恍若憑和雪送來清瀝瀝穿雲透出慢騰騰華鯨謾憶秋蟾月鐵馬渾疑夜響氷一百八聲纔擊罷雷峯又照塔中燈

西陵雪樵云湖曲風寒戰齒牙不知高樹幾翻鴉遠持斤斧黏氷片旋斫柴薪帶雪花市上得錢沽斗酒擔頭懸笠插山茶路人試問歸何處笑指西陵是我家斷橋雪棹云山退晴光玉氣浮我來乘興似王猷橋迷蝃蝀高高聳船壓玻璃細細流雪後未回花外棹雨中曾喚柳陰舟遥思寂寞春寒夜一舸歸來起白鷗蘇堤雪柳云寒梢不耐北風狂何似東風萬縷黃西子畫來蛾黛淺蘇公行處馬蹄香繭同舊葉堪爲佩藕比新絲可織裳待得春歸飛絮亂盡橋移近

艸邊傍孤山雪梅云凍木晨開噪鼎連孤山景好勝
披圖翠禽巢失應難認皓鶴籠空不受呼已見萬花
開北隴數枝一片落西湖快晴更待黄昏月疎影隨
身不用扶

熙朝樂事終

委巷叢談

錢唐田汝成輯　趙文治校閱

宋南渡諸將韓世忠封蘄王楊沂中封和王張俊封循王俱享富貴之極而俊復善治生其罷兵而歸歲收租米六十萬斛今浙中豈能着此富家也紹興間内宴有優人作善天文者云世間貴官人必應星象我悉能窺之法當用渾儀設玉衡若對其人窺之見星而不見其人玉衡不能卒辦用銅錢一文亦可乃令窺光堯云帝星也秦師垣曰相星也韓蘄王曰將

星也張循王曰不見其星衆皆駭復令窺之曰中不見星只見張郡王在錢眼内坐殿上大笑俊最多貲故譏之

宋紹興乙卯以旱禱雨諫議大夫趙霈上言自來祈禱斷屠止禁猪羊今後請并禁鵞鴨時胡致堂在兩掖見之笑曰可謂鵞鴨諫議矣間虜中有龍虎大王當以鵞鴨諫議當之嘉定中察院羅相上言越州多虎乞行下措置多方捕殺正言張次賢上言八盤嶺乃禁中來龍乞禁人行太學諸生遂有羅擒虎張尋龍之對

林逋隱居西湖朝廷命守臣王濟體訪之逋投一啟其文則儷偶聲律之式也濟曰草澤之士不友王侯文須格古功名之事俟時致用則當修辭立誠今逋兩失之矣乃以文學保薦詔下賜粟帛而已又逋嘗敖許洞洞作詩嘲逋云寺裏啜齋饑老鼠林間咳嗽病獼猴豪民送物鵞伸頸好客臨門鱉縮頭則逋在當時亦不滿于輿論甚矣賢才處世之難也

洪武中浙江都司徐司馬令郡城人家植冬青樹于門數年後街市綠陰匝地張輿賦詩云比屋冬青樹

人皆隱綺羅春風十年後惟恐綠陰多

錢唐祝吉甫居西河上搆小樓眺盡湖山之勝賓客常滿隣有富豪築高墻數仞蔽之吉甫因鬱鬱不樂趙松雪訪吉甫登樓爲書二字扁曰且看一日貫酸齋來亦題於左云酸齋也看無何隣以通番籍錄家徙垣屋摧毀小樓内湖山如故

考亭朱文公得友人蔡元定而後大明天地之數精詣鍾律之學又緯之以陰陽風水之書乃信用蔡說

上書建議乞以武林山爲孝宗皇堂且謂會稽之穴淺狹而不利願博訪草澤以決大議其後言者毀考亭陰援元定元定亦因是得謫云

宋時閫帥郡守等官雖得以官妓歌舞佐酒然不得私侍枕席熙寧中祖無擇知杭州坐與官妓薛希濤通爲王安石所執希濤榜笞至死不肯承伏想唐制亦然也

紹興四年大享明堂更修射殿以爲享所其基卽錢王時握髮殿吳人語訛乃云惡發殿謂錢王怒時卽

乘此座也時殿柱大者每條圍一十二尺其壯麗如此

度宗崩幼君諒陰榜第一名王龍澤二名路萬里三名胡幼黃行都爲之語曰龍在渊飛不得萬里路行不得幼而黃醫不得

癸辛雜識言宋時杭城除有米之家仰糴而食者凡十六七萬人人以二升計之非三四千石不可以支一日之用而南北二廂不與焉客旅之往來又不與焉武林舊事言杭諺有之杭州人一日吃三十丈水頭以三十萬家爲率大約每十家吃擂搥一分合而計之則三十丈矣此二事較之今時亦不減也

錢氏時西湖漁者日納魚數斤謂之使宅魚其捕不及者必市以供頗爲民害一日羅隱侍坐壁間有蟠溪垂釣圖武肅王索詩隱應聲曰呂望當年展廟謨直鉤釣國更誰如若教生在西湖上也是須供使宅魚武肅王大咲遂蠲其征

吳越王妃每歲歸臨安王以書遺妃云陌上花開可緩緩歸矣吳人用其語爲歌含思宛轉聽之凄然蘇

子瞻爲之易其詞益清平調也詞云陌上花開蝴蝶飛江山猶是昔人非遺民幾度垂垂老遊女長歌緩緩歸陌上山花無數開路人爭看翠軿來若爲留得堂堂去且更從敎緩緩回生前富貴草頭露身後風流陌上花已作遲遲君去魯猶歌緩緩妾回家

武肅王開國日頻役士卒怨嗟興焉或夜書其門曰沒了期沒了期修城纔了又開池王出見之命書其傍云沒了期沒了期春衣纔罷又冬衣嗟怨頓息蓋以恩典發其感激之心也亦應變之智云

西湖雖有山泉而大旱之歲亦嘗龜坼宋嘉熙庚子西湖水涸茂草生焉官司祈雨無應李霜涯戲作一詞云平湖千頃生芳草芙蓉不照紅顛倒東坡道波光瀲灧晴偏好邏者廉捕之遁不知所往

元至正間西湖冰合故老云六十年前曾有此異張仲舉賦詩云西湖雪厚冰徹底行人徑度如長川風吹鹽地結陰鹵日射玉田生暖煙魚龍穴裏寒更縮鷗鷺沙頭饑可憐安得長冰通滄海我欲三島求神僊

尚書故實云百越人以蝦蟆爲上味疥者皮最佳名錦襖子范蜀公東齋筆記云沈文通守杭州禁民食蝦蟆終三年人不敢食而蝦蟆亦絕不生及文通代去禁弛而蝦蟆復生傅子翼蠏譜云杭俗嗜蝦蟆而鄙食蠏時有農夫田彥升者家於半道紅性至孝其母嗜蠏彥升慮其隣比竊笑常遠市於蘇湖間熟之以布囊負歸已上載紀舛差皆不可曉蝦蟆形雖不典然周禮亦嘗羞而薦之宗廟與羔兎同珍漢武帝欲除畿甸以爲上林苑東方朔以爲此地土宜姜芋水多蛙魚貧者家給則食蝦蟆者長安亦有之不獨越人也至云不脫疥皮以爲佳品此又不情蛙皮腥韌非可食者何越人之饞饕至此周時蟈氏焚牡蘜以殺蛙黽其法無驗未聞沈文通以何術禁之使三年不生也杭人最重蠏秋時風致惟此爲佳而云杭人嗜蝦蟆而鄙食蠏此又何說至如歐陽公歸田錄又云國初通判嘗與知州爭權有錢昆者杭人也其俗嗜蠏嘗求外補人問所欲曰但得有螃蠏無通判處足矣其所載杭俗又與傅子翼不同蓋聞見得於外方者往往失真非土著者不能辯也

宋時陶穀奉使吳越忠懿王宴之因食蝤蛑詢其族類忠懿命自蝤蛑至蟛蚏凡十餘種以進穀曰真所謂一解不如一解也

東坡仇池筆記云杭人喜食鵞日屠百鵞予自湖上夜歸屠者之門百鵞皆號若有所訴鵞能警盜亦能却蛇有二能而不能免死又有祈雨之厄悲夫

古之所謂廋詞即今之隱語也而俗謂之謎人皆知其始於黃絹幼婦而不知自漢伍舉曼倩時已有之

癸至飽照集則有井字謎杭人元夕多以此爲猜燈任人商略永樂初錢唐楊景言以善謎名

外方人嘲杭人則曰杭州風葢杭俗浮誕輕譽而苟毀道聽塗說無復裁量如某所有異物某家有怪事某人有醜行一人倡之百人和之身質其疑皎若目覩譬之風焉起無頭而過無影不可蹤蹟故諺云杭州風會撮空好和歹立一宗又云杭州風一把葱花簇簇裏頭空又其俗喜作僞以邀利目前不顧身後如酒攙灰鷄塞沙鵞羊吹氣魚肉貫水織作刷油粉

自宋時已然載於癸辛雜識者可考也

杭人以冬夏二至後數九以紀寒暑云冬至後一九二九相喚不出手三九二十七籬頭吹觱篥四九三十六夜眠如鷺宿五九四十五太陽開門戶六九五十四貧兒爭意氣七九六十三布衲兩頭擔八九七十二猫狗尋陰地九九八十一犂耙一齊出夏至後一九二九扇子不離手三九二十七氷水甜如蜜四九三十六拭汗如出浴五九四十五頭戴秋葉舞六九五十四乘凉入佛寺七九六十三牀頭尋被單八九七十二思量葢夾被九九八十一家家打炭墼

自元豐制尚書省復二十四曹繁簡絕異在汴京時有語曰吏勳封考筆頭不倒戶度金倉日夜窮忙禮祠主膳不識判硯兵職駕庫典了襏袴刑都比門總是寃魂工屯虞水白日見鬼及駕幸臨安喪亂之後士大夫亡失告身批書者多又軍賞百倍平時賄賂公行冒濫相乘軍籍日滋賦歛愈繁而刑獄亦衆故吏戶刑三曹吏胥人人富饒它曹寂寞彌甚吏輩又爲之語曰吏勳封考三婆兩嫂戶度金倉細酒肥羊

禮祠主膳喫虀吃麵兵職駕庫齩姜呷醋刑都比門人肉餛飩工屯虞水生成餓鬼

曹元寵題村學堂圖云此老方捫虱衆雛爭附火想當訓誨間都都平丈我語雖調笑而曲盡社師之狀杭諺言社師讀論語郁郁乎文哉訛爲都都平丈我委巷之童習而不悟一日宿儒到社中爲正其訛學童皆駭散時人爲之語云都都平丈我學生滿堂坐郁郁乎文哉學生都不來曹詩葢取此也

杭人削松木爲小片其薄如紙鎔硫黃塗其銳名曰

發燭亦曰焠兒蓋以發火代燈燭用也史載周建德六年齊后妃貧者以發燭爲業豈即杭人所製歟陶學士清異錄云夜有急苦於作燈之緩批杉染硫黄遇火即燄呼爲引光奴今遂有貨者其名頗新

杭人稱四司六局蓋宋時官府貴家置四司六局各有所掌筵席排當凡事整齊都下街市每遇禮席以錢僦之四司者帳設司廚司茶酒司臺盤司也六局者果子局蜜煎局菜蔬局油燭局香藥局排辦局也祗應慣熟不煩賓主之心今時雖無此名而禮筵率

有但辦咄嗟而集他如珠冠禮衣方巾花扇綵轎盒擔幃幙吉凶器具皆有置賃者猶行都之遺風也

世態炎涼綢流尤甚宋時杭州有丘浚者謁珊禪師接之殊倨頃之有州將子弟來謁珊降階接禮甚恭浚不能平伺子弟去乃問曰和尚接浚甚傲而待州將子弟乃爾恭也珊曰接是不接不接是接浚勃然起捆珊數下曰和尚莫怪打是不打不打是打此言殊快人意

輟耕錄言杭州人好爲隱語以欺外方如物不堅緻曰憨大暗換易物曰搠包兒麄蠢人曰杓子朴實曰艮頭白獺髓言杭俗澆薄語年甲則曰年末語居止則曰只在前面語家口則曰一差牙齒語仕祿則曰小差遣此皆宋時事耳乃今三百六十行各有市語不相通用倉猝聆之竟不知爲何等語也有曰四平市語者以一爲憶多嬌二爲耳邊風三爲散秋香四爲思鄉馬五爲誤佳期六爲柳搖金七爲砌花臺八爲霸陵橋九爲救情郎十爲舍利子小爲消黎花大爲朶朶雲老爲落梅風諱低物爲鞁以其足下物也

復諱鞁爲撒金錢則又義意全無徒以惑亂觀聽耳

宋時臨安四方輻輳浩穰之區游手游食姦黠繁盛有所謂美人局以倡優姬妾引誘少年有櫃坊局以博戲關撲騙賺財物有水功德局以打點求覓脫賺財貨有以僞易真者至以紙爲衣以銅鉛爲銀以土木爲香藥變換如神謂之白日鬼有剪脫衣服環佩荷包者謂之覓貼兒其他穿窬胠篋各有稱首至如頑徒攔街虎九條龍之類尤爲市井之害今之風俗大抵仍之而挿號稍異白手騙人謂之打清水網夾

剪衫袖以掏財物謂之剪綹撒潑無賴者謂之破落戶

杭人言寧可曰耐可音如能可漢書楊惲之人耐暑註與能同李太白詩耐可乘明月又耐可乘流直上天皆讀如能言人胸次不坦夷遲獨見以忤人者曰㒿㒿音如刻契漢書㒿㒿而無志節言人愚不省事者曰儓魏萬詩五方造我語知我非儓癡亦曰憨䐴書表寶兒多憨態得寵憐言人猶與不前猛者曰㬝尿齋如迷癡蘊藉不瞭暴者曰眠娗音如緬忝出列

子又皮日休反招魂上嘜昧而下懸尿言人進退不果曰佁儗音如熾膩司馬相如賦佗以佁儗栩子厚夢歸賦紛若倚而佁儗今言事頻煩不易作者曰鄭重法王莽傳非皇天所以鄭重符命之意言人無用者曰不中用史記始皇聞盧生竊議亡去怒曰吾將收天下書不中用者盡去之罵人曰老狗漢武故事上嘗語栗姬怒弗應又罵上爲老狗言紛紜不靖曰海紅花薟海紅花乃山茶之小者開時最繁鬧故借以爲喻詈人桀猾不循理者曰雜種晉書前燕載記貊曰蠻兹雜種奕世彌昌見人有不當意者曰觜鼻金史宋破金泗州守將畢資倫不肯降繫獄十四年及盱眙守將納合買住降北望哭拜謂之辭故主資倫見買住罵曰國家未嘗負汝何所求死不可乃作如此嘴鼻也言人聆言不省曰耳邊風杜荀鶴詩百歲有涯頭上雪萬般無染耳邊風作事助力曰阿癠癠武后時南皮縣丞郭勝靜每巡鄉與民婦託衣縫補而姦之其夫至縛勝靜鞭數十主簿李懋往救解之勝靜羞諱其事但忍痛不禁低聲唱云勝靜不被

打阿癐癐衝寒而饑栗卒起曰痒禁韓退之鬭鷄詩磔毛各禁痒日光微暖曰溫暾王建宮詞新晴草色暖溫暾白樂天詩池水暖溫暾言已是如此曰嚼是元微之詩嚼是身如夢頻來不爲名問何人曰阿誰訛爲兀誰劉先主破成都置酒爲樂龐統諫曰伐人之國而樂之非仁也先主怒曰武王勝商前歌後舞既而悔曰向者之論阿誰爲失統曰君臣皆失言人有病曰不快華陀傳體有不快起作一禽之戲又曰不耐煩庾炳之傳爲人強急而不耐煩俚語又言要

不得蓋人有病則嗜慾不遂嬰㜷㜷不得要行行不
得意義雖粗亦有可解遷居而辭友治具過飲曰暖
屋亦曰暖房王建宮詞太儀前日暖房來言不潔曰
鏖糟霍去病鏖皐蘭下注云盡死殺人爲鏖糟蓋血
汚狼籍之意也訴人傭工曰客作三國志焦光饑則
爲人客作飽食而巳賤丈夫曰漢子北齊書何物漢
子與官不就女子及笄曰上頭而娼女初薦寢於人
亦曰上頭花蕊夫人宮詞新賜雲鬟使上頭呼女子
之賤者曰丫頭劉賓客詩花面丫頭十三草木稱

而初蕁者曰始花音如試月令桃始華蟬始鳴註皆
去聲言戲擾不已曰嬲音如褻嵇叔夜書嬲之不置
稱善能營生者曰經紀唐滕王蔣王皆好聚歛太宗
嘗賜諸王帛敕曰滕叔蔣兄自能經紀不須賜物鄙
人之庸賤微薄者曰小家子霍光傳任宣謂霍禹曰
使樂成小家子得幸大將軍言日間小食曰點心唐
史鄭傪夫人云我未及餐爾且可點心言人作事無
據者曰沒雕當又曰沒巴鼻蘇長公詩云有甚意頭
求富貴沒些巴鼻使奸邪言人不通時宜者曰方頭

陸魯望詩頭方不會王門事塵土空緇白紵衣事相
邂逅曰豆湊蓋鬬湊之訛也或言吳越風俗除日互
擊炒荳交納之且餐且祈曰湊投殆此語所從出歟
事多褒貶曰包彈蓋宋人以包孝肅多所彈刻故云
包彈畏憚之詞也言人虛僞不檢者曰樓頭蓋宋時
何家樓下多亡賴以濫惡物欺人其時有何樓之號
樓頭者益何樓之惡甿也言人舉止倉皇者曰麞麈
馬鹿蓋四物善駭見人則跳趯自竄故以爲喻又曰
鼠張猫勢亦此意也言人儀矩可喜者曰庸峭音如

波峭本梁上小柱名取其有曲折俊俏之意也
杭人有以二字反切一字以成聲者如以秀爲鯽溜
以團爲突欒以精爲鯽令以俏爲鯽跳以孔爲窟籠
以盤爲勃蘭以鐸爲突落以窠爲窟陀以圈爲窟欒
以蒲爲鵓盧有以雙聲而包一字易爲隱語以欺人
者如以好爲現薩以醜爲懷五以罵爲雜嗽以笑爲
喜黎以肉爲直線以魚爲河戲以茶爲汕老以酒爲
海老以沒有爲埋萋以莫言爲稀調又有諱本語而
巧爲俏語者如詬人嘲我曰溜牙有謀未成曰掎與

冷淡曰秋意無言黙坐曰出神言涉收與曰殺風景言胡說曰扯淡或轉曰牽冷則出自宋時梨園市語之遺未之改也

宋時靈隱寺緇徒甚衆九里松一街多素食香紙雜賣舖店人家婦女往往皆僧外宅也

鹽橋富室李省者販鹽出必經年紹興元年省與同業六七人出三四年弗反且無音耗其家絕憂之有與李善者謂其妻曰同業數客盡歸不應獨後得非墮於非命乎宜往占之妻歷訪十數肆皆云不吉慟

哭而歸召僧建道場招魂掛服間空中泣聲甚哀出視之見李渺茫煙霧間宛如存日詢問幼稚婢妾且云賴汝薦拔獲離苦難明日妻買地造塚備極勞費又一月李泛舟達江口原不死也黠思依人而見幻往往如此

宋時吏部有一胥好滑稽有董公邁參選失去官誥但存印紙遂投狀給據一日侍郎問其胥曰此事無碍否胥曰朝公大夫董公邁失一官誥印紙在也不碍侍郎覺其謔傷杖一百罷之蓋俗有舞十般癩云一般癩不一般癩渾身爛了肚皮在也不碍如是凡十首語言相類故應聲爲戲云

宋時行都節序皆有休假惟七夕百司皆入局不住假有時相古朴問堂吏云七夕不作假有何典故吏應云七夕古今無假時相但唯唯不知其有所傷也蓋用柳詞七夕二郎神云須知此景古今無價

錢塘羅貫中本者南宋時人編撰小說數十種而水滸傳叙宋江等事姦盜脫騙機巧甚詳然變詐百端壞人心術其子孫三代皆啞天道好還之報如此

晉天福中浙中兒童市井皆以趙字爲語助如云得則曰趙得云可則曰趙可通國無不皆然及言未趙延壽貴盛浙人謂必應讖後延壽爲北兵所執而謡言益盛後宋祖受禪錢氏納土浙中皆屬趙矣淳熙十四年都城市人謡曰汝亦不來我家我亦不來汝家流傳遠近莫詳其說或以爲紹熙二三年兩宮隔絕之兆嘉泰三年杭人唱歌云東君去花無主朝廷禁之未幾景獻太子甍賈似道當國時臨安謡云滿頭靑都是假這回來不作要其時京師女粧競尚假

玉因以假爲賈諭似道專權而景炎丙子之亂非復庚申之役也似道遭貶時人題壁云去年秋今年秋湖上人家樂復憂西湖依舊流吳循州賈循州十五年間一轉頭人生放下休此語視雷州寇司戶之句尤警吳循州謂履齋之貶乃賈擠之也

委巷叢談終

蜩笑偶言

閩南鄭瑗撰　金維垣校閱

武侯忠漢能使後主不疑而周公之勤王家反不見信於其君叔子不鳩能使敵國不疑而曾參之不殺人反不見諒於其母讒蔽其明愛惑其聰無足怪者

古之聖人有能和萬邦而不能使衞子無傲虐能來重譯而不能使昆弟無流言一人之身乃如此冥頑不靈可畏哉

季羔避難而閽者室之子胥出奔而漁父渡之商君亡命而舍人拒之項籍敗亡而田父紿之得人之與

失人何啻千里

陳琳爲袁本初草檄極詆曹公及歸魏而曹公不責駱賓王爲徐敬業草檄極詆武氏傳京師而武氏不怒英雄之舉措大抵如此嗚呼當塗代漢周紀亂唐豈偶然哉

食祿宜郤饋遺也而有時乎受饋遺故子產受生魚不爲傷廉陳戴受生鵞不爲不義去國非爲飲食也而有時乎爲飲食故魯膰不至而孔子行楚醴不至而穆生去

懷羸失身重耳沃盥奉匜而以不從不言爲善處蔡琰忍辱羌胡重歸董祀而以授受不親爲知禮所謂不能三年而緦功是察放飯流歠而齒決是問者也雖然豈直婦人也哉

袁紹誅宦官無須多誤死冉閔殺胡羯多須多濫死

應侯相秦必殺其辱巳者韓信王楚反官其辱巳者趙高指鹿爲馬陰中其異巳者朱溫指大柳宜車轂反撲殺其佞巳者蓋各繫其逢也

周昌以漢高帝比桀紂而帝不加罪劉毅以晉武帝比桓靈而帝以爲直文帝勞軍細柳軍尉不奉詔而帝善之錢鏐微行北城門吏不啟關而鏐賞之皆帝王盛德之事也

晉靈公刺客不殺趙宣子漢陽琳刺客不殺蔡中郎晉劉裕刺客不殺司馬楚之唐太子承乾刺客不殺于志寧淮南張顥刺客不殺嚴可求西夏刺客不殺韓魏公苗劉刺客不殺張魏公孰謂盜賊無義士乎

前漢書表古今人物其失也混新唐書表宰相世系

其失也濫備三長如班歐猶有此失矧其他乎
元魏馬后淫兇弑逆竊國大柄而獲考終天網有時而漏也及胡氏效其尤則不免於沉河矣唐之武后腥穢人紀冒干曆數而享壽考天道有時而爽也及韋氏繼其軌則不免於授首矣孰謂不善可稔乎
隋室既受周禪蘇威遁歸田里可謂節矣而終失身於僭僞之朝金虜議立異姓秦檜抗言見執可謂義矣而終誤國於渡江之後令終之難也如此王莽篡漢其女爲孝平后稱疾不起守志終身曹丕篡漢其

妹爲孝獻后以璽抵軒涕泣橫流楊堅篡周其女爲天元后憤惋不平形於辭色徐誥篡吳其女爲太子璉妃聞呼公主則涕泣而辭司馬炎篡魏其諸祖安平王孚自稱有魏貞士不預廢立之謀武曌篡唐其姪安平王攸緒棄官不受其賜歸隱嵩山之陽朱溫篡唐其兄廣王全昱責其滅唐社稷知有覆宗之禍此三男子四婦人者不豔其至親所爲如此可以見天理人心之不泯矣繭蠶出也而蠶非繭則不能藏身以形化網蛛出也而蛛非網則不能憑虛而覓食

嗟乎依憑其軀者乃出自其腹也吾於是乎有感
猩紅之罽狐白之裘盛夏被之不若絺綌之便也文茵之車朱幘之馬臨流乘之不若颿繂之利也故曰慮善以動動惟厥時動違其時雖善奚益
取涼於箑不若清風之徐來也然無風則箑不可缺激水於槹不若甘雨之時降也然無雨則槹不可廢是故三王不興不可無五伯之功二典不作不可無兩漢之制
劉禪既爲安樂公而侍宴喜笑無蜀技之感司馬昭

哂其無情李煜既爲違命侯而詞章悽惋有故國之思馬令譏其大愚噫國破身辱之人瞻望故都思與不思何往而不招誚古人所以貴死社稷也
狄仁傑含垢忍恥於僞周而卒成取日虞淵之功呂好問辱身汚迹於僞楚而竟就溥天左袒之績論者猶呫呫動其喙則夫受嗤之師德仰藥之唐恪果何
商後爲殷呂後爲甫唐後爲晉魏後爲梁隨地以名夫何常之有後世或强襲舊名或別創美號失古意

矣

叔孫通爲秦二世博士以巧言面諛見賞而卒爲漢儒宗孔穎達爲王世充博士以草儀禪代見親而卒爲唐儒宗皆所謂小人儒也而世儒宗焉此二代之所以無眞儒也

歐陽公一代之偉人也而小人皷以房帷之醜文信公百世之人傑也而讒夫誣以匿服之罪則夫萋斐之成貝錦哆侈之成南箕又奚怪其然哉

楚莊不罪絕纓之臣秦繆不罪食馬之盜趙盾食翳桑之餓顧榮啖執炙之夫或得其助以成功或賴其

力以濟難其視華元殺羊獨靳羊斟而因之喪師鄭靈解黿獨靳子公而因之遇弒者遠矣中山君曰吾以一杯羊羹亡國以一壺飡得二死士然則施德之與招怨豈在大哉

曾子之妻戲其子以殺彘而烹彘以實其戲孟子之母欺其子以啖肉而買肉以明不欺古人養蒙觀幼之法如此

盜跖以孔子爲僞蘇軾以程頤爲奸李傕以董卓爲忠田承嗣以安史爲聖好人之所惡惡人之所好古有之矣跖傕承嗣不足道而軾亦爲之君子之不仁悲夫

參朮以和而起疴芝蘭以馨而熏物以其昭昭使人昭昭理之恒也若夫阿魏以臭而止臭骨咄以毒而攻毒以其昏昏而使人昭昭理固有難喻者矣

唐明皇好神仙而張果自稱堯侍中宋章聖悅幻妄而賀元自稱晉水部皆乘世主耳目塵蔽而售其欺侮也古之人明目而達聰視遠而聽微彼瑣瑣迂怪之徒尚莫逃於造言亂民之刑矧得而欺侮之

伊尹之言辟不辟孔子之言君不君孟子之言王不王李雲之言帝不帝其義一也而雲獨以是賈奇禍焉延熹之主其太甲齊景齊宣之罪人哉

陳竇諫誅宦官羅其辛螫而漢祚隨移訓注謀誅宦官遭其反噬而唐社隨屋社稷狐鼠灌之難如此履霜滅趾之戒可不慎乎

以兆民爲兆人以致治爲致理之類唐人之避諱也以揖讓爲揖遜以惇典爲厚典之類宋人之避諱也

今人或襲而用之所謂無喪而右拱者也

六經言道而不遺法四書言理而不外事諸國之語迂緩而不切於事情戰國之策變詐而不要諸義理馬遷駁而無緒班固局而不暢

軒轅崩塟著於本紀而世有鼎湖騎龍之說留侯卒謚見於世家而世有辟穀輕舉之說王子晉十七殀亡而世有緱氏乘鶴之說淮南王安謀逆自剄而世有雞犬同升之說漢武曰天下豈有僊人盡妖妄耳亶其然乎

蝸笑偶言終

王笑零音

錢唐田藝蘅撰　鄧章漢閱

鵬運扶搖不知遊于天外蝨逃縫絮不求出乎褌中居化有宜適真各得

華渚流虹虹非淫氣有窮射日日豈陽精

杜梁衣繡而士寒咎犯切中晉文之病鼠壤餘糧而姊棄成綺奚知李耳之仁

心全者以身爲朽骨神超者以心爲死灰魄玄合者以神爲癡影

神龍無瑕卵靈鳳無孽雛白狗不能產騶虞黃狠不解變天祿

禦寇好游壺丘曉之以內觀宋牼好游孟氏語之以尊德德尊則高而俯物觀內則明而燭人

酷刑爲櫛則蟣落黔黎巧諂爲鈎則魚餒臣妾故聖王櫛之以禮梳之以樂釣之以義網之以仁

上善若水有時而作惡貞心如石有時而目開是以怒動情瀾喜開欲竇

詩人以素餐爲譏商君以荒飽爲懼使勳華而爲巢許則丹商之惡不彰使癸辛而爲興臺則禹湯之澤不斬

雷無偏擊日無私燭使編首而擊之則豐隆亦褻矣推戶而燭之則義和其勞乎擊因邪召燭以虛來虛納天光邪基天戾

伊尹亡而沃丁葬以天子之禮周公封而成王賜以天子之樂棄天下尚爲敝屣假禮樂豈爲虛文生前名器或惜繁纓死後功勳何難隧道

心如天運謂之勤心如地寧謂之慎天匪勤則不能

廣運地匪慎則不能久持乾之自彊天心也坤之厚載地心也

忘名之士能棄萬乘之君好名之人能輕千乘之國

陽鱎迎吏宓子爲之長揮猛狗齕人韓非因之竝歎

景陽入井麗華逐狎客何在庭花空厓山蹈海白鷴從丞相猶存衍義進君臣兩失禽色同荒

士苟潔心無假浴于江海女能飭體何必競其黛朱

覩文未及李生歎愈老不休韓子悲

劉累豢夏后之龍孔甲醢鱗而龍逝孟虧馴虞氏之

鳳夏民食卵而鳳翔

五府靈而中天之臺以建六府流而方寸之地乃空

以軒乘鶴衛國謂之不君以車載貐周家名爲賢主

女冠男冠妹喜亡國男服女服何晏喪軀

子雲注情于絲竹非楊雄無以上宜相如立譽于子虛非得意莫能自薦

師開鼓琴以東方西方之聲而知朝夕之室子野吹律以南風北風之辨而測勝負之軍

女樂歸而魯削巫音作而楚衰漢飾伎以祭郊唐藉

倡以供御

尚父戒罔念魯叟悔徒思惟克乃作聖非學亦成章

果有人面之名仁者不餐其肉里有狗彘之號孝子不瘞其親

梁山壅河三日不逝晉景公素縞哭之而水流海潮擊岸百里爲墟吳越王强弩射之而潮息是伯鯀之智不及于輦夫之言而神禹之功僅等乎鐵箭之力

鮑魚小鮮呂涓不登于太子邪蒿惡菜邪峙不進于儲君爲傳者貴謹其幾微養德者在愼其飲食

師寒而楚子拊之三軍暖如挾纊兵渴而曹操譎之萬衆津若餐梅

董仲舒睹重常之鳥劉子政曉貳負之尸實沉臺台非鄭僑之博物不能言龍見絳郊非蔡墨之明占莫能禦雖禀生知之質亦賚好學之功

隼雖鷙不能以攫鳳虎雖猛不能以搏麟

王道通衢也伯道支徑也三代以上由通衢其功緩三代以下由支徑其效速噫通衢日荆棘矣

耕男之職也今之業耕者毁其鋤犂而誨其子以盜

織婦之事也今之業織者棄其機杼而誨其女以淫是何也古之耕織也得飽煖而今之耕織也饑寒因之矣耕織反不若淫盜噫是孰使之然哉文王伐崇而韈係解自結之而弗役其所與處君道也武王伐紂而韈係解五人在前而莫肯結臣道也周之君臣兩得之矣自是而下君將自結邪臣將結之邪一舉足而見之矣

楊朱泣岐路阮籍泣窮途一以悲道之多端一以悲道之不達

周監于二代郁郁乎文哉吾從周殷巳慤吾從周然則文果勝慤矣乎慤悲殷之初也文非周之末也

楚莊納伍胥之諫而罷淫樂齊威悟淳于之諷而行誅賞易曰寘豫成有渝无咎言人君貴信賢而改過也名之曰莊威不亦宜乎

龍負夏禹之艇卒治水而空衣蛇遶衛君之輪遂投殿而伏劍

陽君道也故尊而難對陰臣道也故卑而喜應九疇之凶生于對寄也八卦之吉生于應偶也

風行天上動萬物者莫疾乎風水行地中潤萬物者莫疾乎水故生者之擇居死者之擇穴皆莫離乎風水也

治世不能無淫祠正人未嘗有淫祀

潮汐之盛縮因月之盈虛古語如是誰則驗之吾觀于魚腦之光滅而信之矣盖魚鰕水畜也水者月之液月者水之精陰氣之以類相感者也

管晏之文無鹽醜女也雖醜而有益于國莊列之文西施美婦也雖美而無裨于世

文勝而周衰清談而晉敗道學盛而宋亡國無實也

拘儒不可與談玄腐儒不可與論道

鰲戴山而水居螘負粒而陸遊大小之樂均也虵委腹而緩步蚿百足而疾行有無之勢一也孰重孰輕孰多孰寡孰勞孰逸理之各足焉耳

天本明雲蔽之心本明欲蔽之雲散欲消天心同澈雲錮欲錮天心同閉

鸜鵒之勇能奪巢終貽竊位之耻蛣蜣之智能轉丸卒蒙穢飽之羞泰伯逃荆夷齊采薇醜此故也以人

治人孔子之教也以心印心佛氏之教也聖人見道不遠人故曰道不可須臾離可離非道至人見道不外心故曰離道别覓道終身不見道人即心也心即人也夫道一而巳矣

禽之集也翔以擇木獸之走也挺以擇蔭人之處也審以擇居翔以擇木可以遠矰弋挺以擇蔭可以遠陷穿審以擇居可以遠刑辟

惡土雖善種不生善土雖惡種不死良農擇地而種君子擇人而施

智者之納言也如以水沃燥沙也昏者之拒諫也如以水潑鎔金也以水沃乎燥沙吾見其順受矣以水潑乎鎔金吾見其騰沸矣非水之異也投之非其所也非辭之殊也告之非其人也

有千里之馬而無千里之御不能獨馳也有千里之御而無千里之芻豢不能久良也善其芻豢者主也善其御者牧也如是而不千里非騏驥也

忍大師曰死生大事禹曰生寄死歸莊周曰生浮死休知其爲大事則人固不可輕于生死而忽之如其

爲寄歸浮休則人亦不可重于生死而惑之如是可爲了死生者

蠶斯春黍雖不足以濟饑而惰農媿矣莎雞促織雖不足以濟寒而懶婦驚矣丹鳥挾火雖不足以濟昏而暗行懼矣嗚呼其諸造物者自然之治乎沉檀之木不適用于稗生豫章之材不可琢于既朽何則物有不同時有所宜也

虎豹驅羊孰不憐豺狼驅民孰能愍

罪春秋于當時仲尼不得已也期子雲于後世楊雄其如何哉

雖有金鐘擊以金梃其聲必裂雖有仁主輔以仁臣其治必弱扣金鐘必以木鎚佐仁主必以義士

權會莊誦易卦而郤乘驢前後之鬼徐份詭誦孝經而愈陵父危篤之疾（會北齊人　份陳人）

猛虎之勢奮于一撲三軍之氣作于一鼓

麒麟麋鹿有角同也然麒麟不能爲麋鹿之解角君子小人有心同也然君子不能爲小人之易心

繩之生也曲其用也必直人之生也直其用也或曲

衮錦食鮮非所以延年服粗餐糲聊可以卒歲

句踐鑄金于少伯君子謂之貌臣貫休鑄金于賈島君子謂之心師

王右軍之書五十三乃成高常侍之詩五十外始學

阮籍之放見稱于司馬嵇康之和致忤于鍾會晉公之度征西之禍于此見之矣

蘿蔦依松林可以延百尋青蠅附驥尾可以致千里其爲依附則得矣而如仰高居後何哉

堯舜之愛身甚于愛天下故讓天下于許由務光而

不悋許由務光知其害故不受天下以完其身堯舜之愛天下不如愛子故不以天下與丹朱商均朱均非不肖也何以故讓天下與舜禹而不爭不賢而恐之乎舜禹不知其害而受之天下故有蒼梧會稽之禍不得死于故居而死于逆旅不得死于中國而死于四夷

展禽恐于三黜在今人則爲之貪位慕祿屈原甘于九死在今人則爲之病狂喪心

吳起吮一人之疽而斃敵郄段煩暴一人之瘡而西

羌平子罕哭一夫之亡而宋國安私恩小惠三代以下皆是道也今此之不能爲將之道何如

晉文公二竪入于膏肓扁鵲識之秦孝王雎妃入于靈府許智莊識之非察其疾也乃診其心也

欒布祠彭越不忘奴主之情廉范歛廣漢實切師生之義

良匠之目無材弗良聖主之目無臣弗聖非材之盡良也大小各有所取也非臣之盡聖也內外各有所使也

雞鶩雄塒犬猛專牢强弱之不敵也螳勇兼垤蜂簇攻窠衆寡之相凌也據勢以獵馮力以角其諸春秋戰國之君乎

孔子以死喪之道爲難言重陰道也孟子以浩然之氣爲難言重陽道也然則終不可言與曰原始反終故知死生之說

形如槁木不死之真心如穀種長生之仁死生不測造化之神

防細民之口易防處士之口難得丘民之心易得游

士之心難此七國所以懼横議而暴秦所以令逐客也

象以齒焚犀以角斃猩以血剌熊以掌亡貂以毛誅蛇以珠剖麓斷尾以纓狐分腋以白龜鑽甲以靈麝噬臍以香故曰禽獸無辜懷寳其害匹夫何辜懷璧其罪嗟夫罪在懷璧固巳矣懷人之璧而自抵于罪者獨何與

地以海爲腎故水鹽人以腎爲海故溺鹹

以熱攻熱藥有附子以凶去凶治有干戈善用則生

不善用則死
若綱在網掣繩者君如錐處囊脫穎者人
人之初生以七日爲臘人之初死以七日爲忌一臘
而七魄成故七七四十九日而七魄具矣一忌而一
魂散故七七四十九日而七魂泯矣易曰精氣爲物
遊魂爲變故知鬼神之情狀
微言絕耳顏遠歎別于歐陽鄙吝萌心仲舉思見乎
黃叔
君子之異于人者道同乎人者貌

冬江而夏山公閱休之安宅也地棺而天槨逍遥子
之大葬也
西伯澤及枯骼而大老雙歸燕昭價重死骨而駿馬
三至
白駒過隙魏豹具感于人生飛鳥過日張翰愁思乎
瀛海
大禹入裸國而不衣泰伯適荊蠻而斷髮父母之遺
體有時而自賤衣冠之盛儀因地而或廢
仲尼擊槁而歌猋風仁可以充饑也曾參曳履而歌

商頌義可以禦寒也
分人以道謂之神分人以德謂之聖分人以功謂之
公分人以利謂之私
田子見玉食蹙然曰弗饑斯可矣見錦衣顰然曰弗
寒斯可矣見華屋愀然曰弗露斯可矣毋玉爾食而
玉爾儀毋錦爾衣而錦爾心毋華爾屋而華爾德惟
儀之玉以振天下惟心之錦以文天下惟德之華以
覆天下故君子去彼取此
毛生以結襪而重廷尉汲黯以長揖而重將軍

吳雄不擇封葬而三世廷尉趙典故犯妖禁而三葉
司隸陳伯敬終不言死而年老見殺
學非誦說之末也行而已政非文飾之具也實而已
王非治安之迹也化而已化者其帝乎皇則神矣
有一鄉一國天下之量斯能受一鄉一國天下之善
故曰量者量也量其多寡而受之也
田真三人共爨婦析紫荊之幹以圖分劉良四世同
居妻易庭禽以雛以求異故齊家者先刑其室正內
者必絕其私

倉庚爲炙可止妬婦之心鳳凰爲羮難化忌士之口

大公誅狂猗華士周公非之而下白屋之賢放勳容驩鯀共苗重華殛之而正四裔之罪

徐景山畫生鯔而執白獺放挫啼懸死鼠而釣大雕畫鯔其冠裳乎懸鼠其爵祿乎嗚呼悲夫

孔子歷諸侯七十二聘而不遇一主乃思九夷老子歷流沙八十一國而化被三千遂忘中夏

倚墻之木盜之橋倚床之僕姦之招

周旦作金縢以祈天命君子以爲呪詛之媒夏禹鑄鼎象以辟神姦後世遂有厭鎮之術

亡國之社上屋而下柴絕于天地也敗家之子覆祀而滅嗣絕于祖宗也

心靈匪形故天地不能役而人反以利祿役其心心虛匪氣故陰陽不能運而人反以喜怒運其氣此心之所以不能不動也盡心者虛存心者靈

祭葬厚而奉養薄末世之孝子也承順過而彌拂微末世之忠臣也事生孝之先犯顏忠之大

琴瑟合調夫婦之所以諧音塤篪一節兄弟之所以同氣黿鳴而鱉應兎死則狐悲

人之爲學四書其門墻也五經其堂奧也子史其廡廡也九流百家其器用也居不可以不廣學不可以不博舉業錮而居隘語錄倡而學荒

有子如龍虎不須作馬牛有子如豚犬何須作馬牛

涪水雜江水蒲元能辨其性故淬劍精石城雜南泠德裕能辨其味故煮茶美

京師元帝爲周圍倘談老子之旨海島宋君爲元逐猶講大學之章腐臣朽主自取滅亡神謨聖訓何裨

解穰

天地施恩于萬物而不望萬物之報吾是以知天地之大父母施恩于子孫而不望子孫之報吾是以知父母之大天爲嚴父地慈母少極吾宗太極祖巍巍乎其功德蕩蕩乎其難名哉

蠹實起于不虞

腐鼠墮而虞氏亡猘狗逐而華臣走孽雖由于自作

欲治疑獄鮭鯱解觸咎繇䂳䂳若濟大師倉光實危尚父唯唯　光一作兕

敗歲皆孳形菜色之民而通都有吞花卧柳之司牧防秋多夢妻哭子之士而幕府有歌兒舞女之將軍民欲不流得乎士求不叛難矣

善富者羞德之不積不羞金之不積善貴者恥德之不穀不恥祿之不穀德以聚金則滿不撲德以居祿則鼎不顛

蘇子瞻作殺雞之疏非吾儒之仁張乖厓轉刲羊之經乃異端之義

用良匠者必胥良材用大賢者必胥大位無良材則

良匠不足以成器無大位則大賢不足以成治臨厠而惰容非顏閔之德膺刃而囬慮非關比之忠

君子寢義而夢榮小人寢利而夢辱是故寢薄冰者夢溺寢積薪者夢焚

乾益西旋故二曜輪運坤輿東轉故百谷馬奔暮没而朝升同此日也天不更則日亦不更左注而右浮同此水也地不耗則水亦不耗

民無百里之名士無千里之名仲尼所以來鳳狗之誚民無百里之友士無千里之友林宗所以叢黨錮之災友者人之所憎名者天之所忌

三皇不期皇而皇五帝不期帝而帝三王不期王而王期皇不皇者始皇也期帝不帝者東帝也期王不王者霸王也

以蛙黽當鼓吹孔珪之志初不在于清音以蟋蟀代簫管道賁之心實有契于定慧

詩因鼓吹發桓玄耳入而心通筆以鼓吹神張旭得心而應手

珠雖沕不失為寶莠雖喬不失為草寧為囬天毋為蹠老

江河若決神禹不能挽其流井田能開周公不能復其界地利有宜人事有將

日月不以陰霾而改其升沉聖賢不以昏亂而變其出處有常度萬物仰有常德萬民望

建律者君行律者臣守律者民

以道為穽則士游祥麟以德為籠則士來瑞鳳以功為罟則士投猛虎以利為藪則士奔狂狗

梓慶鐻成而疑鬼靈芸鍼妙而驚神聖道散于游藝

天巧喪于工人

狂以全身君子也狂以殺身小人也被髮邢子昌黥

坐灌夫亡接輿陸通免插杖正乎殃五子歌不慧仲

尼思中行

日閑輿衛何難乎良馬之逐不離輜重豈憂乎終日

之行利秷基于具備喪握本于持輕

月不暇照雲火升梯雨不及施水輪灌隴

笑之頻者泣必深生之急者亡必疾

天鑄萬物聖人鼓之天蘊至文聖人詁之鑄非鼓則

器將盬蘊非詁則文不宣

春雨雜述

西江解縉著　　潘之淙閱

論作詩法

漢魏質厚於文六朝華浮於實具文質之中得華實之宜惟唐人爲然故後之論詩以唐爲尚宋人以議論爲詩元人粗豪不脫𩐀裘童酪之氣雖欲追唐邁宋去詩益遠矣

詩有別長非關書也詩有別趣非關理也不落言論不涉理路如水中月鏡中象相中色學詩者如參曹

溪之禪須使直悟上乘勿墮空有嚴生之論可謂得其三昧

又曰學詩先除五俗後極三來五俗一曰俗體二曰俗意三曰俗句四曰俗字五曰俗韻此初學入門事三來者神來氣來情來是也蓋神不來則濁氣不來則弱情不來則泛而不關於神不屬於氣不在於情去此外道也似是而非也非真所謂不濁不弱不泛也非得心得髓之妙也而後世之說愚謂異於古者此也

詩三百篇之作當時閭巷小子能之後世之作雖白首鉅儒莫臻其至豈以古人千百於今世遽如是哉必有說矣

前人之詩未暇論爰以　國朝枚舉之劉基起於國初極力師古鄒練其詞旨能洗前代𩐀酪之氣且其位置俱在前列僕向集選故首推重樂府古調較之新聲尤勝江右則劉崧擅場彭鏞劉永之相望而擁作者

學書法

學書之法非口傳心授不得其精大要須臨古人墨跡布置間架擔破管書破紙方有工夫張芝臨池學書池水盡墨鍾丞相入抱犢山十年水石盡黑趙子昂國公十年不下樓巙子山平章每日坐衙罷寫一千字纔進膳唐太宗皇帝簡板馬上字夜半起把燭學蘭亭記大字須藏間架古人以箒濡水學書於砌或書於几几石皆陷

草書評

學書以沉著頓挫爲體以變化牽掣爲用二者不可

缺一若專事一偏便非至論如魯公之沉着何嘗不嘉懷素之飛動多有意趣世之小子謂魯公不如懷素是東坡所謂嘗夢見王右軍脚汗氣耶

評書

學書之法非口傳心授不得其精故自羲獻而下世無善書者惟智永能寤寐家法書學中興至唐而盛宋家三百年惟蘇米庶幾元惟趙子昂一人皆師資所以絶出流輩吾中間亦稍聞筆法於詹希原惜乎工夫未及草草度時誠切自愧赧耳永樂丙戌六月

十八日書

書學詳說

書肇於庖犧筆墨紙研皆世古用後世異其制爾書稱作會祀于太常非可以力制爲而詩稱彤管知非始於蒙恬也三者做此今書之美自鍾王其功在執筆用筆執之法虛圓正緊又曰浅而堅謂撥鐙令其和暢勿使拘攣真書去毫端二寸行三寸草四寸掣三分而一分着紙勢則有餘掣一分而三分着紙勢則不足此其要也而擫捺鈎揭抵拒導送指法亦備其曰擫者大指當微側以甲肉際當管傍則善而又曰力以中駐中筆之法中指主鈎用力全在於是又有拔鐙法食指拄上甚正而奇健撮管法撮聚管端草書便提筆法提挈其筆署書宜此執筆之功也若夫用筆毫釐鋒頴之間頓挫之鬱屈之周而折之抑而揚之藏而出之垂而縮之往而復之逆而順之下而上之襲而掩之盤旋之踊躍之瀝之使之入紙之使之凝染之如穿按之如擣注之趯之擺之指之撫之掉之提之拂之空中墜之架虛搶之窮深掣之收

而縱之蟄而伸之淋之浸淫之使之茂卷之蹙之離而琢之使之密覆之削之使之瑩鼓之舞之使之奇喜而舒之如見佳麗如遠行客過故鄉發其怡怒而奮激之如撫劍戟操戈矛介萬騎而馳之也發其壯哀而思也低回戚促登高弔古慨然歎息之聲樂而融之而夢華胥之遊聽鈞天之樂與其簞瓢陋巷之樂之意也是其一字之中皆其心推之有絜矩之道也而其一篇之中可無絜矩之道乎上字之於下字左行之於右行橫斜疎密各有攸當上下連延左右

顧眄八面四方有如布陣紛紛紜紜鬪亂而不亂渾渾沌沌形圓而不可破昔右軍之敘蘭亭字既盡美尤善布置所謂增一分太長虧一分太短魚鬣鳥翅花鬚蝶芒油然粲然各止其所縱橫曲折無不如意毫髮之間直無遺憾近時惟趙文敏公深得其旨而詹逸菴之於署書亦然今欲增減其一分易置其一筆一點一畫一毫髮高下之間闊隘偶殊妍醜迥異學者當視其精微得之是以統而論之一字之中雖欲皆善而必有一點畫鉤剔披拂主之如美石之韞

良玉使人玩繹不可名言一篇之中雖欲皆善必有一二字登峯造極如魚鳥之有鱗鳳以爲之主使人玩繹不可名言此鍾王之法所以爲盡善盡美也且其遺蹟偶然之作枯燥重濕穠澹相間蓋不經意肆筆爲之適符天巧奇妙出焉此不可以强爲亦不可以强學惟日日臨名書無恡紙筆工夫精熟久乃自然言雖近易實爲要肯先儀骨體後畫精神有膚有血有力有筋其血其膚側鋒內外之際其力其筋毫髮生成之妙絲來綫去脉絡分明描捌爲先傍摹次之雙鈎映搨功不可闕對之倣之如燈取影塡之補之如鑑照形合之符之如瑞之於瑁也比而似之如晛伐柯察而象之詳視而默記之如七十子之學孔子也愈近而愈未近愈至而愈未至切磋之琢磨之治之已精益求其精一旦豁然貫通焉忘情筆墨之間和調心手之用不知物我之有間體合造化而生成之也而後爲能學書之至爾此余所以爲書之詳說也

書學傳授

書自蔡中郎邕字伯喈於嵩山石室中得八角垂芒之秘遂爲書家授受之祖後傳崔瑗子玉韋誕仲將及其女琰文姬姬傳鍾繇元常魏相國元常初與關枇杷學書抱犢山師曹喜劉得昇後得韋誕冢所藏書遂過于師無以爲比繇傳庾征西翼衛夫人李氏及其猶子會衛夫人傳晉右將軍王羲之逸少逸少世有書學先於其父枕中窺見秘奥與征西相師友晚入中州師新衆碑隸兼崔蔡草並杜張眞集章鍾章齊皇索潤色古今典午之典登峯造極書家之盛

若張丞相華稽侍中康山吏部濤阮步兵籍向侍中秀輩翰墨奇秀皆非其匹故庾征西始疑而終服謝太傅得片紙而實藏寵絕古今不可尚已右軍傳子若孫及郄超謝朏等而大令獻之獨擅厥美大令傳甥羊欣羊欣傳王僧虔僧虔傳蕭子雲阮研孔琳之子雲傳隋永欣師智永智永傳唐虞世與世南伯始伯始傳歐陽率更詢本褚河南遂良登善傳薛少保稷嗣通是爲貞觀四家而孫處禮過庭獨以草法爲世所賞少保傳李北海邕與賀監知章同鳴開元之

間率更傳陸長史柬之柬之傳猶子彥遠彥遠傳張長史旭旭傳顏平原真卿李翰林白徐會稽浩真卿傳柳公權京兆零陵僧懷素藏真鄔彤韋玩崔邈張從申以至楊凝式凝式傳於南唐韓熙載徐鉉兄弟宋與李西臺建中周繕部越皆知名家蘇舜欽薛紹彭繼之以逮南渡小米傳其家法盛行於世王廷筠以南宮之甥擅名於金傳子澹游至張天錫元初鮮于樞伯機得之獨吳興趙文敏公孟頫始事張即之得南宮之傳而天資英邁積學功深盡掩前人超入魏晉當時翕然師之康里平章子山得其奇偉蒲城楊翰林仲弘得其雅健清江范文白公得其灑落仲穆造其純和及門之徒惟桐江俞和子中以書鳴洪武初後進猶及見之子山在南臺時臨川危太樸饒介之得其傳授而太樸以教宋璲仲珩杜環叔循詹希元孟舉孟舉以親受業子山之門介之以教宋克仲溫而在至正初揭文安公亦以楷法得名傳其子汯其孫樞在洪武中仕爲中書舍人與仲珩叔循磐名相埒云

饒介字介之號醉翁華蓋山樵浮丘公童子亦曰介叟臨川人遊建康丁仲容壻畜之後卒於姑蘇時歲丁未

宋克字仲溫一字克溫吳郡人卒官鳳翔府同知時洪武丁卯

宋璲字仲珩金華人太史潛溪公仲子仕止中書舍人卒於洪武辛酉

俞和字子中號紫芝山樵桐江人寓居錢塘洪武以布衣卒年八十餘

杜環字叔循廬陵人官水部員外郎卒府洪武戊辰

詹希元後更名希原字孟舉新安人號逸菴丙寅納

叟幼從父官勝國至洪武初爲鑄印副使後卒官中

書舍人

胡布字子申旴江人得書法於宋克一云或謂與克

同受學紹興老僧云

楊樞字平仲豐城人

春雨雜述終

病榻寤言

雲間陸樹聲著　陳繼儒校

余卧病榻間寘心攝息或瞀然起念意有所得欲言囁嚅時復假寐頃焉得寤蹶然起坐憑几捉筆造次疾書雖語無倫次其於生死之故養生之旨間亦億中存之以自觀省曰寤言者以其得之寤寐

壬辰秋余卧病兩月一切世慮芒無縈罣追思此身未生之前與此生已盡之後何者爲我乃知是身非實一聚之形氣至則生氣返歸空生理無常而一空

常住故曰生者死之根必至之期達生知命者委順以待之耳先儒曰透得名利關方是小休歇余曰透得生死關此是大休歇

昔人有言曰得者時也失者順也夫人之生也自少而得壯自壯而得老其得也以時至而得也然至壯則失少矣至老則失壯矣其失也以順而失也故鳥之遡風也魚之泝流也皆逆也陰陽家之沙水取逆者迎生氣也易乾下坤上之爲泰外坎內離之爲既濟養生家之取坎塡離返老復丁者皆取逆也易曰生生之謂易又曰易逆數也陽上陰下而必曰一陰一陽之謂道陰先於陽正不測之神也

人之有生也則有生計自一歲至十歲以上爲身計二十至三十以上爲家計三十至四十以上爲子孫計五十至六十以上爲老計六十至七十以上爲死計中間營營擾擾或追憶其既往逆料其將來外則苦其身以事勞攘內則苦其心以牽思慮用以爲周身之防善後之策者總之曰勞生然或計未周而生先盡慮未及而形難留譬之夸父逐日務奔鶩而不

止藏殼求羊多岐路而終亡

死生者天地之定制人理之必至定於稟氣受形之初不以貴賤愛惡有所增損故曰賢愚同盡然而顏跖之辨大椿之於朝菌玉石俱焚薰蕕同臭而其辨不可紊也故有死而不朽沒世而名無稱與草木同腐者非所論於生死之同也故曰至人以萬世爲其喪蜉蝣以旦暮爲大年蠛蠓以甕天爲一世

夫生人之初陰陽和會絪縕凝結資血氣以爲榮衛故血陰而氣陽陽壯乃生陰血方其少壯則氣盛而

血華及其老也氣倭而血衰髮白膚皺是其徵也加之以五欲交攻二火焚和語云燥萬物者莫燥乎火膏油所以繼火於無窮人當暮齒則壯膏既盡衰爐漸微譬之春楊條枝柔可縮結至秋枯瘁脆若拉朽木液竭而生理盡矣故養生者以惜精氣爲本

飲食男女人之大欲也而大戒存焉故有以肥甘爲酖毒衽席爲畏途者戒於所易溺也砒霜之於甘露也美惡不同用之而生死立異然謂甘露可以殺人砒霜亦能活命夫旨酒美色沉湎荒淫以伐命戕生

此非以甘露殺人者乎良藥苦口而利於衛生忠言逆耳而藉以寡過此非以砒霜活命者乎故曰甚美者惡亦稱美好者溺徃亡之尤物世知惡之爲惡矣抑有察於美之果得爲美乎

倪文節公云貧賤之人一無所有及臨命終時脫一厭字富貴之人無所不有及臨命終時帶一戀字夫脫一厭字如釋重負帶一戀字如擔枷鎖又曰富貴貧賤所處不同至三者緊要處則一曰老病死以愚觀之則富貴之於斯三者反不若貧賤者之無係累也向子平曰我已知富不如貧貴不如賤但未知生不如死耳然就是以觀則生不如死亦可知矣

緩步可以當車晚食可以當肉史記顏闔之言也論曰謂顏氏之子可謂巧於處貧漢楊王孫遺命羸葬其言曰死者終身之化而物之歸者也歸者得至化者得變是物各返其眞也又曰精神者天之有也形骸者地之有也精神離形各歸其眞焉用久即其言似非中道然亦不可謂巧於處生死者乎

唐裴炎之序猩猩也曰與之酒兼與之屐醉酒穿屐

則擒而刺血隨所問而得否則寧死合血不與夫身死矣而猶靳於血獸之愚若此人靈於物而其愚有類是者今夫財色名利之溺人也其若猩猩之於酒乎爵賞祿位之羈人也其若猩猩之於屐乎饕餮致禍重利忘身之死而無悔者其猩猩寧死合血乎

乾之內一陽交于坤而爲坎坎爲水坤之內一陽交于乾而爲離離爲火乾坤交而爲水火水火凝合而生人坎離者天地之用故人之受形於天地也先天之氣具水火而後天之養生也不能一日無水火南

離而北坎心居上而腎居下心腎交爲水火既濟故曰水火合則生水火離則病水火絕則死

紀昌學飛衛之躲視小如大視微知著不易于物而物爲我轉造父學泰豆氏之御不以目視不以策驅得之于手而應之于心孔周挾含光之劍視之不可見運之不知其有所觸也經物而物不覺學道者之于養生也墮肢體黜聰明存其精于何思何慮若存若亡之間冲兮若虛神妙合而入無間亦若此若三子者之習于技不若而得之神解則一是亦可謂技而進于道矣

神依形則生神離形則死故形骸者神之宅舍形骸屬陰而元神屬陽陰以實爲質陽以虛爲用心者虛靈之府神明之舍心定則神凝心虛則神守玉皇印經解云皆在心內運黃庭晝夜存之得長生黃言中庭言虛故養生家有曰心死則神活曰心死者則虛之謂也又曰未死而學死當生而無生曰無生者學死而忘生之謂也如曰忘氣以養形忘形以養神矣而又曰忘神以養虛蓋虛之所藏者深矣

夫養生者視身爲太重則憂患易入而憂患因以傷生吾故曰養生者戒于傷生也而世有以養傷生者矣老子曰我有大患惟我有身我若無身我則何患山谷老曰衆生身同太虛煩惱何處安脚夫既身同太虛而視身若無則憂患不能入是能齊生死而處之一矣故曰夭壽不貳然又曰脩身以俟則又非漫然無當而虛生浪死者矣此正先儒所謂養則付命于天道則責成于己養生者所宜體此

楊朱之友季梁有疾其子三致醫其一矯氏之醫曰

病在有生之後欲攻其漸季梁曰衆醫也其一俞氏之醫曰病在未生之前其甚弗可已也季梁曰良醫也其一爲盧氏之醫曰病出于稟生未形之先稟生死而一之也季梁曰神醫也遣之而疾瘳夫季梁之疾三致醫而疾瘳余也齊居三月內達于生死而疾自愈若季梁則猶有外之心也

病榻寤言終

褚氏遺書序

黄巢造變從亂羣盜發人塚墓掘取金寶遇大穴焉方丈餘中環石十有八片形制如槨其葢六石題曰有齊褚澄所歸启葢棺骨已蛇蟻所穴環石内向文字曉然盜疑兵書移置穴外覗之棄去先人偶見讀徹囑鄉鄰慎護明年具舟載歸欲送官以廣其傳遭時兵革不息先人亦不幸遺命與物終當化去神書理難久藏其以褚石為吾棺槨之石褚石隱則骸骨全褚石或與吾名亦顯淵募能者調墨治刻百本散

之餘遵遺戒先人諱廣字叔常清泰二年五月十九日古揚蕭淵序

褚氏遺書

齊陽翟褚澄彦通編金嘉會訂

受形

男女之合二情交暢陰血先至陽精後衝血開裹精精入為骨而男形成矣陽精先入陰血後參精開裹血血入居本而女形成矣陽氣聚面故男子面重溺死者必伏陰氣聚背故女子背重溺死者必仰走獸溺死者伏仰皆然陰陽均至非男非女之身精血散分駢胎品胎之兆父少母老産女必羸母壯父衰生男必弱古之良工首察乎此補羸女先養血壯脾補

弱男則壯脾節色羸女宜及時而嫁弱男宜待壯而婚此疾外所務之本不可不察也

本氣

天地之氣周于一年人身之氣周于一日人身陽氣以子中自左足而上循左股左手指左肩左腦橫過右腦右肩右臂手指脇足則又子中矣陰氣以午中自右手心通右臂右肩橫過左肩左臂左脇左足外腎右足右脇則又午中矣陽氣所歷充滿周流陰氣

上不過腦下遺指趾二氣之行晝夜不息中外必偏一爲痰積壅塞則疢疾生焉疾証醫候紘紀浩繁詳其本源痰積虛耳或痰聚上或積留中遏氣之流艱于流轉則上氣逆上下氣鬱下臟府失常形骸受害曁乎氣本虛弱運轉艱遲或有不周血亦偏滯風濕寒暑乘間襲之所生疢疾與痰積同凡人之生熱而汗產而易二便順利則氣之通也陽虛不能運陰氣無陰氣以淸其陽則陽獨治而爲熱陰虛不能運陽氣無陽氣以和其陰則陰獨治而爲厥脾以養氣肺

以通氣腎以泄氣心以役氣凡臟有五肝獨不與在時爲春在常爲仁不養不通不泄不役而氣常生心虛則氣入而爲蕩肺虛則氣入而爲喘肝虛則氣入而目昏腎虛則氣入而腰疼四虛氣入脾獨不與受食不化氣將日微安能有餘以入其虛嗚呼兹謂氣之名理與

平脉

脉分兩手。手分三部。隔寸尺者命之曰關。去肘度人尺門前一寸爲寸。左手之寸極上。右手之尺極下。男子陽順。自下生上。故極下之地。右手之尺。爲受命之根本。如天地未分。元氣渾沌也。旣受命矣。萬物從土而出。惟脾爲先。故尺上之關爲脾。脾土生金。故關上之寸爲肺。肺金生水。故自右手之寸。越左手之尺爲腎。腎水生木。故左手尺上之關爲肝。肝木生火。故關上之寸爲心。女子陰逆。自上生下。故極上之地。左手之寸。爲受命之根本。旣受命矣。萬物從土而出。惟脾爲先。故左手寸下之關爲脾。脾土生金。故關下之尺爲肺。肺金生水。故左手之尺。越右手之寸爲腎。腎

水生木。故右手寸下之關爲肝。肝木生火。故關下之尺爲心。男子右手尺脉常弱。初生微眇之氣也。女子尺脉常强。心火之位也。非男非女之身。感以婦人。則男脉應診。動以男子。則女脉順指。不察乎此。難與言醫。同化五穀。故胃爲脾府。而脉從脾。同氣通泄。故大腸爲肺府。而脉從肺。同主精血。故旁光爲腎府。而脉從腎。同感交合。故小腸爲心府。而脉從心。同以脉爲竅。故膽爲肝府。而脉從肝。澄生當後世。傳其言而已爾。初决其秘。發悟後人者。非至神乎。體修長者脉疏

形傺儒者脉感肥人如沉而正沉者愈沉瘦人如浮
而正浮者愈浮未𤍠斯理㝵愈衆疾表裏多名呼吸
定至抑背末也世俗竝傳茲得畧云爾

津潤

天地定位而水位乎中天地通氣而水氣蒸達土潤
膏滋雲興雨降而百物生化人肖天地亦有水焉在
上爲痰伏皮爲血在下爲精從毛竅出爲汗從腹腸
出爲瀉從瘡口出爲水痰盡死精竭死汗枯死瀉極
死水從瘡口出不止乾即死至于血充目則視明充

耳則聽聰充四肢則舉動强充肌膚則身色白漬則
黑去則黄外熱則赤内熱則上蒸喉或下蒸大腸爲
小竅喉有竅則咳血殺人腸有竅則便血殺人便血
猶可止咳血不易醫喉不停物毫髮必咳血滲入喉
愈滲愈咳愈咳愈滲飲溲溺則百不一死服寒凉則
百不一生血雖陰類運之者其和陽乎

分體

耳目口鼻陰尻竅也臂股指趾肢也雙乳外腎關也
齒髮爪甲餘也枝指旁趾附也養耳力者常飽養目

力者常瞑養臂指者常屈伸養股趾者常步履夏臟
宜凉冬臟宜温背陰肢末雖夏宜温胸包心火雖冬
難熱熱作腫而竅塞血不行而肢廢餘有消長無疾
痛附有疾痛無生死關有生死疾痛無消長有消長
疾痛生死者疣瘤而已

精血

飲食五味養髓骨肉血肌膚毛髮男子爲陽陽中必
有陰陰之中數八故一八而陽精升二八而陽精溢
女子爲陰陰中必有陽陽之中數七故一七而陰血

升二七而陰血溢陽精陰血皆飲食五穀之實秀也
方其升也智慮開明齒牙更始髮黄者黑筋弱者强
暨其溢也凡充身肢體手足耳目之餘雖針芥之瀝
無有不下凡子肖形父母者以其精血嘗于父母之
身無所不歷也是以父一肢廢則子一肢不肖其父
母一目虧則子一目不肖其母然雌鳥牝獸無天癸
而成胎者何也鳥獸精血往來尾閒也精未通而御
女以通其精則五體有不滿之處異日有難狀之疾
陰已痿而思色以降其精則精不出内敗小便道澁

而爲淋精已耗而復竭之則大小便道牽疼愈疼則愈欲大小便愈便則愈疼女人天癸既至踰十年無男子合則不調未踰十年思男子合亦不調不調則舊血不出新血誤行或漬而入骨或變而之腫或雖合而難子合男子多則瀝枯虛人產乳衆則血枯殺人觀其精血思過半矣

除疾

除疾之道極其候證詢其嗜好察致疾之由來觀時人之所患則窮其病之始終矣窮其病矣外病療內

上病救下辨病藏之虛實通病藏之母子相其老壯酌其淺深以制其劑而十全上功至焉制劑獨味爲上二味次之多品爲下酸通骨甘解毒苦去熱鹹導下辛發滯當驗之藥未驗切戒急投大勢既去餘勢不宜再藥修而肥者飲劑豐羸而弱者受藥減用藥如用兵用醫如用將善用兵者徒有車之功善用藥者薑有桂之效知其才智以軍付之用將之道也知其方伎以生付之用醫之道也世無難治之疾有不善治之醫藥無難代之品有不善代之人民中絕命斷可識矣

審微

疾有誤凉而得冷證有似是而實非差之毫釐損其壽命浮粟經二氣篇曰諸瀉皆爲熱諸冷皆爲節熱則先凉臟冷則先溫血腹疾篇曰乾渴有時當爲蟲產餘刺痛皆變腫傷寒篇曰傷風時疫濕暑宿痰作瘧作疹俱類傷寒時人多瘧宜防爲瘧時人多疹宜防作疹春瘟夏疫內證先出中濕中暑試之苓朮投之發散劑吐汗下俱至此證號宿痰失導必肢麼噬

乎病有微而殺人勢有重而易治精微區別天下之良工哉

辨書

尹彥成問曰五運六氣是邪非邪曰大撓作甲子隸首作數志歲月日時遠近耳故以當年爲甲子歲冬至爲甲子月朔爲甲子日夜半爲甲子時使歲月日時積一十百千萬亦有條而不紊也配以五行位以五方皆人所爲也歲月日時甲子乙丑次第而及天地五行寒暑風雨倉卒而變人嬰所氣疾作于身氣

難預期故疾難預定氣非人爲故疾難人測推驗多舛拯救易誤俞扁弗議淳華未稽吾未見其是也曰素問之書成於黄岐運氣之宗起于素問將古聖喆妄邪曰尼父删經三墳猶廢扁鵲盧出盧醫遂多尚有黄岐之醫籍乎後書之託名於聖喆也曰然則諸書不足信邪曰由漢而上有說無方由漢而下有方無說說不乖理方不違義雖出後學亦是良師固知君子之言不求貧朽然於武成之策亦取二三曰居今之世爲古之工亦有道乎曰師友良醫因言而識

變觀省舊典假筌以求魚博涉知病多診識脉屢用達藥則何愧于古人

問子

建平王妃姬等皆麗而無子擇良家未笄女入御又無子問曰求男有道乎澄對之曰合男女必當其年男雖十六而精通必三十而娶女雖十四而天癸至必二十而嫁皆欲陰陽氣完實而後交合則交而孕孕而育育而爲子堅壯强壽今未笄之女天癸始至巳近男色陰氣蚤泄未完而傷未實而動是以交而不孕孕而不育育而子脆不壽此王之所以無子也然婦人有所產皆女者有所產皆男者大王誠能訪求多男婦人謀置官府有男之道也王曰善未再朞生六男夫老陽遇少陰老陰遇少陽亦有子之道也

褚氏遺書終

此卷得於任丘度聖寺　金嘉會識

瀟湘錄

唐 李隱撰 武林朱五芳閱

高宗承祧後多患頭風召醫於四方終不得療有一宮人忽自陳世業醫術請修合藥餌高宗初未之信又堅論奏遂令宦者監之修藥宮人閑坎作藥爐穿地方深一二尺忽有一蝦蟆跳出如黃金色背上有朱書字宮人不敢匿其事乃進於上高宗不曉其兆遽命放於後苑池內宮人遂別擇地穿藥爐方深一二尺復得前金色蝦蟆又聞於上上惡之以爲不祥

命殺而棄焉至夜其修藥宮人與宦者皆無疾而卒

則天末年益州有一老父携一藥壺於城中賣藥得錢卽轉濟貧乏自不食時卽飲淨水如此經歲餘百姓賴之有疾得藥者無不愈或自游江岸閑眺末日又或登高引頸不語每遇有識者必告之曰人一身便如一國也人心卽帝王也傍列臟腑卽宰輔也外具九竅卽羣臣也故心病則內外不可救之何異君亂於上臣下不可止之乎但凡欲身之無病必須先正其心不使氣索不使狂思不使嗜慾不使迷惑則心先無病心無病則餘臟腑雖有病不難療也外之九竅亦無由受病也況藥有君有臣有佐有使或攻其病君先臣次然後用佐用使自然合宜如失其序必自亂也又何能救病此猶家國任人也老夫賣藥常以此爲念每見愚者一身君不君臣不臣使九竅之邪恣納其病以至於良醫目逃名藥不効猶不自知悲夫士君子記之忽一日獨詣錦江解衣淨浴探壺中唯選一丸藥自吞之謂衆人曰老夫謫限已滿今却歸島上俄化爲一白鶴飛去其衣與藥壺並沒於水求尋不得

相國李林甫家一奴號蒼璧性敏慧林甫憐之一日忽卒然而死經宿復蘇林甫問之曰死時到何處見何事因何却得生也奴曰死時固不覺其死但忽於門前見儀仗擁一貴人經過有似君上方潛窺之遽有數人走來擒去去至一峭拔奇秀之山俄及一大樓下須臾有三四人黃衣小兒曰且立於此候君旨見殿上捲一朱翠簾依稀見一貴人坐臨階砌似判斷公事殿前東西立仗衞約千餘人有一朱衣人攜

一文簿奏言是新奉位亂國革命者安祿山及祿山後相次三朝亂主兼同時悖亂貴人定案殿上人問朱衣曰大唐君隆基君人之數雖將足壽命之數未足如何朱衣曰大唐之君奢侈不節儉本合折數但緣不好殺有仁心故壽命之數在焉又問曰安祿山之後數人僭爲僞主殺害黎元當須速止之無令殺人過多以傷上帝心慮罪及我府事行之日當速止之朱衣奏曰唐君紹位臨御以來天下之人安堵樂業亦已久矣據期運推遷之數天下之人亦合罹亂

惶惶至矣廣害黎元必至傷上帝心也殿上人曰宜速舉而行之無失他安祿山之時也又謂朱衣曰宜便先追取李林甫楊國忠也朱衣曰唯受命而退俄頃有一朱衣捧文簿至奏曰大唐第六朝天子復位及佐命大臣文簿殿上人曰可惜大唐世民効力甚苦方得天下治到今日復亂也雖嗣主復位乃至於末代終不治也謂朱衣曰但速行之朱衣奏訖又退及將日夕忽殿上有一小兒忽變蒼璧令對見蒼璧方子細見殿上一人坐碧玉案衣道服帶白玉冠謂蒼璧曰當却回寄語李林甫速來歸我紫府應知人間之苦也蒼璧尋得放回林甫知必不久時亂矣遂潛恣酒色焉

楊貴妃忽晝寢驚覺見簾外有雲氣氤氳令宮人視之見一白鳳銜一書有似詔勑自空而下立於寢殿前宮人白貴妃貴妃起而熟視之遂命焚香親受其書命宮嬪披讀其文曰勑謫仙子楊氏爾居玉闕之時常多傲慢謫塵寰之後轉有驕矜以聲色惑人君以寵愛庇族屬内則韓虢蠹政外則國忠秉權殊無知過之心顯有亂時之迹比當限滿合議復歸其如

罪更愈深法不可貸專兹告示且與沉淪宜令死於人世貴妃極惡之令宮闈間切秘此事亦不聞於上其鳳尋飛去其書藏於玉匣中三日後失之

天寶年中楊國忠權勢漸高四方奉貢珍寶莫不先獻之豪富奢華朝廷間無敵忽有婦人自投其宅請見國忠閽人拒之婦人大叫言於閽曰我直有一大事要白楊公爾如何艱阻我若不令得見楊公我當令火發盡焚楊公宅閽人懼遂告國忠國忠甚驚遂

召見婦人見國忠曰公爲相國何不知否泰之道邪公位極人臣又聯國戚名動區宇亦已久矣奢佚不節德義不修壅塞賢路諂媚君上又久矣畧不能效前朝房杜之蹤跡以社稷爲念賢愚不別但納賄於門者爵而祿之才德之士伏於林泉不一顧錄以恩付兵柄以愛使民牧噫欲社稷安而保家族必不可也國忠大怒問婦人曰汝自何來何造次觸犯宰相不懼死邪婦人曰公自不知有死罪翻以我爲死罪國忠極怒命左右欲斬之婦人忽復自滅國忠驚疑

未久又復立於前國忠問曰是何妖邪婦人曰我實惜高祖太宗之社稷將被一匹夫傾覆公不解爲宰相雖處輔佐之位無輔佐之功公一死小事爾可痛者國自此弱幾不保其宗廟亂將至矣胡怒之邪我來白於公胡多事也我今却退胡有公也公胡死也民胡災也言訖笑而出令人逐之不見後至祿山起兵方悟胡字焉

杜修已者趙人也善醫其妻卽趙州富人薛氏女也性淫佚修已家養一白犬甚愛之每與珍饌食後修已出其犬突入室內欲嚙修已妻薛仍似有姦私之心薛氏因怪而問之曰爾欲私我邪若然則勿嚙我犬卽搖尾登其床薛氏懼而私焉其犬畧不異於人爾後每修已出必姦淫無度忽一日方在內同寢修已自外入見之因欲殺犬犬走出修已怒出其妻薛氏後歸薛贇半年其犬忽突入贇家口銜薛氏髻而背負走出家人趕奪之不得不知所之犬攜薛氏直入恒山潛之每至夜卽下山竊所食之物晝則守薛氏經一年薛氏有孕生一男雖形貌如人而偏身白

毛薛氏只於山中撫養之又一年其犬忽死薛氏乃抱子迤邐出山入冀州求食有知此事者遂詣薛贇家以告贇遽令家人取至家其所生子年十七形貌醜陋性復兇惡每私走作盜賊或旬餘或數月卽復還薛贇患之欲殺焉薛氏乃私誡其子曰爾是一白犬之種也幼時我不忍殺爾今日在他薛家豈合更不謹若更私出外爲賊薛家人必殺爾實恐爾累及他當改之其子大號泣而言曰我稟犬之氣而生也無人心好殺爲賊自然耳何以爲過薛贇能容我卽

容之不能容我即當與我一言何殺我邪母當自愛我其遠去不復來矣薛氏堅留之不得乃謂曰去即可何不時來一省我也我是爾之母爭忍永不見也其子又號哭而言曰後三年我復來耳携劍拜母而去又三年其子領羣盜千餘人至門自稱曰將軍既入拜母後令羣盜殺其薛贇家屬唯留其母焚其宅携母而去

瀟湘録終

瀟湘録　　　七

清尊錄

宋　廉宣撰　武林徐𤊹如閱

政和初冀州客次中或言某官之家有異事語未畢而某官者至因自言某妻生一男一女而殁某既再娶矣一日亡妻忽空中有聲如小兒吹叫子狀二三日輒一至某問之曰君亦有形乎曰有之卽見形如平生叙舊感泣然近人輒引去常相距十許步因謂曰昔爲夫婦今恐不相親於是相與坐堂中某起執其手則堅冷如氷鐵妻勃然掣手去後五月乃復來慍曰前日遽驚我何耶某再三謝之竟不可近久之後妻忽夢其先祖云汝夫前妻爲恠乃陰府失收耳今巳召捕且獲後數日果絶

建炎初關陝交兵京西南路安撫使司檄諸郡凡民家畜三年以上糧者悉送官違者以乏軍興論金州石泉縣民楊廣貲鉅萬積粟支三十年因是悒悒得疾廣故豪横兼并其鄉鄰甚患苦之旣病篤絶惡見人雖妻子不得見自隙窺之則時捽所藉稻藁而食累日所食方數尺乃殁歛畢棺中忽有聲若踶蹋者家人亟呼匠欲啓棺匠曰此非甦活殆必有恠勿啓其子不忍啓之則一驢躍出嘶鳴甚壯衣帽如蟬蛻然家縶之隙屋中一日其子婦持草飼驢忽跳齧婦臂流血婦麤暴忿怒取抹草刀刺之立殁廣妻遂訴縣稱婦殺翁縣遣修武郎王直臣往驗之備得其事

興元民有得闕遺小兒者育以爲子數歲美姿首民夫婦計曰使女也教之歌舞獨不售數十萬錢邪婦曰固可詐爲也因納深屋中節其食飲膚髮腰步皆飾治之比年十二三嫣然美女子也携至成都教以新聲又絶警慧益秘之不使人見人以爲奇貨里巷民求爲妻不可曰此女當歸之貴人於是女儈及貴游好事者踵門一覿面輒避去猶得錢數千謂之看錢久之有某通判者來成都一見心醉要其父必欲得之與直至七十萬錢乃售旣成劵喜甚置酒與客飲使女歌侑酒夜半客去擁而致之旁男子也大驚遣人呼其父母則遁去不知蹤跡告官召捕之亦卒不獲時張子公尹蜀云

鄭州進士崔嗣復預貢入都距都城一舍宿僧寺法

堂上方睡忽有聲叱之者嗣復驚起視之則一物如鶴色蒼黑目烱烱如燈鼓翅大呼甚厲嗣復皇恐避之廡下乃止明日語僧對曰素無此怪第旬日前有叢柩堂上者恐是耳嗣復至都下爲開寶一僧言之僧曰藏經有之此新死屍氣所變號陰摩羅鬼此事王碩侍郎說

狄氏者家故貴以色名動京師所嫁亦貴家明艷絶世每燈夕及西池春遊都城士女讙集自諸王邸第及公侯戚里中貴人家帟幕車馬相屬雖歌姝舞姬

皆飾璫翠佩珠犀覽鏡顧影人人自謂傾國及狄氏至靚粧却扇亭亭獨出雖平時妒悍自銜者皆羞服至相怨詆輒曰若美如狄夫人邪乃相凌我其名動一時如此然狄氏資性貞淑遇族遊群飲澹如也有滕生者因出遊觀之駭慕喪魂魄歸悒悒不聊生訪狄氏所厚善者或曰尼慧澄與之習生過尼厚遺之日日往尼愧謝問故生曰極知不可幸萬分一耳不然且死尼曰試言之生以狄氏告尼笑曰大難大難此豈可動邪具道其決不可狀生曰然則有所好乎曰亦無有唯旬日前屬我求珠璣頗急生大喜曰可也即索馬馳去俄攜大珠二囊示尼曰直二萬緡願以萬緡歸之尼曰其夫方使北豈能遽辦如許償邪生亟曰四五千緡不則千緡數百緡皆可又曰但可動不須一錢也尼乃持詣狄氏果大喜玩不已問須直幾何尼以萬緡告狄氏驚曰是纔半直爾然我未能辦奈何尼因屏人曰不必錢此一官欲祝事耳狄氏曰何事曰雪失官耳夫人弟兄夫族皆可爲也狄氏曰持去我徐思之尼曰彼事急且投他人可復得

邪姑留之明日來問報遂辭去且以告生生益厚餉之尼明日復往狄氏曰我爲營之良易尼曰事有難言者二萬緡物付一禿媼而客主不相問使彼何以爲信狄氏曰奈何尼曰夫人以設齋來院中使彼若邂逅者可乎狄氏頻面搖手曰不可尼慍曰非有他但欲言雪官事使彼無疑耳果不可我不敢強也狄氏乃徐曰後二日我亡兄忌日可往然立語亟遣之尼曰固也尼歸及門生已先在詰之具道本末拜之曰儀秦之辨不加於此矣及期尼爲治齋具而生匿

小室中具酒殽俟之脯時狄氏嚴飾而至屏從者獨携一小侍兒見尼曰其人來乎曰未也唄祝畢尼使童子主侍兒引狄氏至小室搴簾見生及飲具大驚欲避去生出拜狄氏答拜尼曰郎君欲以一巵爲夫人壽願勿辭生固頎秀狄氏頗心動睇而笑曰有事第言之尼固挽使坐生持酒勸之狄氏不能却爲釂巵卽持酒酬生生因徙坐擁狄氏曰爲子且死不意果得子擁之卽幃中狄氏亦歡然恨相得之晚也比夜散去猶徘徊顧生挈其手曰非今日幾虛作一世

人夜當與子會自是夜輒開垣門召生無闕夕所以奉生者靡不至惟恐毫絲不當其意也數月狄氏夫歸生小人也陰計已得狄氏不能棄重賄伺其夫與客坐遣僕入白曰某官嘗以珠直二萬緡賣第中久未得直且訟于官夫諤貽入詰狄氏語塞曰然夫督取還之生得珠復遣尼謝狄氏我安得此貨于親戚以動子耳狄氏雖恚甚終不能忘生夫出輒召與通逾年夫覺閑之嚴狄氏以念生病死余在太學時親見

崇寧中有王生者貴家之子也隨計至都下嘗薄暮被酒至延秋坊過一小宅有女子甚美獨立于門徘徊徙倚若有所待者生方注目忽有騶騎呵衛而至下馬於此宅女子亦避去匆匆遂行初不暇問其何姓氏也抵夜歸復過其門則寂然無人聲循墻而東數十步有隙地丈餘蓋其宅後也忽自內擲一瓦出拾視之有字云夜於此相候生以墻上剝粉戲書瓦背云三更後宜出也復擲入焉因稍退十餘步伺之少頃一男子至周視地上無所見微嘆而去既而三

鼓月高霧合生亦倦睡欲歸矣忽墻門軋然而開一女子先出一老媪負笥從後生遽就之乃適所見立門首者熟視生愕然曰非也回顧媪媪亦曰非也將復入生挽而刼之曰汝爲女子而夜與人期至此我執汝詣官醜聲一出辱汝門戶我邂逅遇汝亦有前緣不若從我去女泣而從之生携歸逆旅匿小樓中女自言曹氏父早死獨有已一女母鍾愛之爲擇所歸女素悅姑之子某欲嫁之使乳媪達意於母母意以某無官弗從遂私約相奔墻下微嘆而去者當是

也生既南宫不利遷延數月無歸意其父使人詢之頗知有女子偕處大怒促生歸扃之别室女所齎甚厚大半爲生費所餘與媪坐食垂盡使人訪其母則以亡女故抑鬱而死久矣女不得已與媪謀下汴訪生所在時生侍父官閩中女至廣陵資盡不能進遂隸樂籍易姓名爲蘇媛生游四方亦不知女安否數年自浙中召赴閩過廣陵女以倡侍燕識生生亦訝其似女屢目之酒半女捧觴勸不覺兩淚墮酒中生悽然曰汝何以至此女以本末告淚隨語零生亦媿歎流涕不終席辭疾而起密召女納爲側室其後生子仕至尚書郎歷數郡生表弟臨淮李從爲余言

大桶張氏者以財雄長京師凡富人以錢委人權其子而取其半謂之行錢富人視行錢如部曲也或過行錢之家設特位置酒婦女出勸主人皆立侍富人遜謝强令坐再三乃敢就位張氏子年少父母死主家事未娶因祠州西灌口神歸過其行錢孫助教家孫置酒數行其未嫁女出勸客色絶世張目之曰我欲娶爲婦孫皇恐不可且曰我公家奴也奴爲郎主丈人鄰里笑怪張曰不然煩主少錢物耳豈敢相僕隸也張固豪侈奇衣飾即取臂上古玉條脱與女且曰擇日納幣也飲罷去孫鄰里交來賀曰有女爲百萬主母矣其後張别議婚孫念勢不敵不敢往問期而張亦恃醉戲言耳非實有意也逾年張婚他族而孫女不肯嫁其母曰張已娶矣女不對而私曰豈有信約如此而别娶乎其父乃復因張與妻祝神回并邀飲其家而使女窺之既去曰汝見其有妻可嫁矣女語塞去房内蒙被卧俄頃即死父母哀慟呼其鄰鄭三者告之使治喪具鄭以送喪爲業世所謂仵作行者也且曰小口死勿停喪即日穴壁出瘞之告以致死之由鄭辦喪具見其臂有玉條脱心利之乃曰某一園在州西孫謝之曰良便且厚相酬號泣不忍視急揮去即與親族往送其殯而歸夜半月明鄭發棺欲取條脱女蹶然起顧鄭曰我何故在此亦幼識鄭鄭以言恐曰汝之父母怒汝不肯嫁而念張氏辱其門戸使我生埋汝於此我實不忍乃私發棺而汝果生女曰第送我還家鄭曰若歸必死我亦得罪矣

女不得已鄭匿他處以爲妻完其殯而徙居州東鄭有母亦喜其子之有婦彼小人不暇究所從來也積數年每語及張氏猶忿恚欲往質問前約鄭每勸阻防閑之崇寧元年聖端太妃上仙鄭當從御轝至永安將行祝其母勿令婦出遊居一日鄭母晝睡孫出僦馬直詣張氏門語其僕曰孫氏第幾女欲見其人其僕往通張驚且怒謂僕戲已罵曰賤奴誰敎汝如此對曰實有之乃與其僕俱往視焉孫氏望見張跳踉而前曳其衣且哭且罵其僕以婦女不敢往解張

以爲鬼也驚走女持之益急乃擘其手手破流血推仆地立死僦馬者恐累也往報鄭母母訴之有司因得原而張實推女而殺之雖死罪也雖奏獲貸猶杖追鄭對獄具狀已而園陵復土鄭發冢罪該流會赦脊竟憂畏死獄中時吳拭顧道尹京有其事云

南宋馬案

建炎初劇盜張遇起江淮間所至噬螫無噍類衆且數十萬其裨將馬吉者狀絕偉善用兵然頗仁慈每戒軍士勿妄殺人曰爲盜脫饑耳得食則已奈何廣殺凡虜獲士人及僧道輒條別善遇之有疾病視其起居飲食甚篤士卒得女以獻者置別室訪其親戚還之無所歸者擇配嫁娉由是遇帳下譖之曰是收軍情者遇怒掃場欲斬之吁至數其罪嘻笑自若曰賊殺賊豈須有罪邪何云云如是我死固分耳既就地坐瞑目合爪視之死矣遇雖殘忍亦爲變色左右至流涕古稱得道至人以至佛菩薩多隱盜賊牢獄屠釣中以其救人如吉殆是邪

富韓公謝事居洛一日邵康節來謁公已不通客惟戒門者曰邵先生來無早晚入報是日公適病足臥

小室延康節至臥床前康節笑曰他客得至此邪公亦笑指康節所坐胡床曰病中心怦怦雖兒子亦立語遣去此一胡床惟待君耳康節顧左右曰更取一胡床來公問故答曰日正中當有一綠衣少年騎白馬候公公雖病强見之公薨後此人當秉史筆記公事公素敬康節神其言因戒閽人曰今日客至無貴賤立爲通旣午果范祖禹夢得來遂延入問勞稠疊且曰老病即死念平生碌碌無足言然蠢懷朴忠他時筆削必累君願少留意夢得惶恐叵測避席謝後

十餘年修裕陵實録夢得竟爲修撰韓公傳此事尹侍郎説

雷申錫者江西人紹興中一舉中南省高第廷試前三日客死都下捷音與訃踵至鄉里其妻日夜悲哭忽一夕夢申錫如平生自言我往爲大吏有功德於民故累世爲士大夫然嘗誤入死囚故地下罰我凡三世如意時暴死前一世仕久連蹇後忽以要官召纔入都門而卒今復如此凡兩世矣要更一世乃能以償宿譴耳其事可以有爲治獄者之戒

右清尊録廉宣仲布所撰或謂陸公務觀所作非也盖二公同時後人因誤指耳至大改元三月望

石山人識

清尊録終

昨夢録

宋　康譽之撰　武林朱煒閲

滑臺南一二里有沙觜横出半河上立浮圖亦不甚高大河水泛溢之際其勢横怒欲没孤城毎至塔下輙怒氣遽息若不泛溢時及過滑臺城址則横怒如故此殆天與滑臺而設也塔中安佛髮長及二丈有奇拳爲巨螺其大如容數升物之器髮之色非赤非青非緑人間無此色也髮根大於人指自根至杪漸殺爲使兩人對牽之人自其中來往無礙塔有賜名

忘之矣

西北邊城防城庫皆掘地作大池縱横丈餘以蓄猛火油不閲月池土皆赤黄又别爲池而徙焉不如是則火自屋柱延燒矣猛火油者聞出於高麗之東數千里日初出之時因盛夏日力烘石極熱則出液他物遇之即爲火惟真瑠璃器可貯之中山府治西有大陂池郡人呼爲海子余猶記郡帥就之以按水戰試猛火油池之别岸爲虜人營壘用油者以油涓滴自火焰中過則烈焰遽發頃刻虜營淨盡油之餘力入水藻荇俱盡魚鼈遇之皆死

開封尹李倫號李鐵面命官有犯法當追究者巧結形勢竟不肯出李憤之以術羅致之至又不遜李大怒真決之數日後李方決府事有展榜以見者廳吏遽下取以呈其牓曰臺院承差人某方閲視二人遽升廳懐中出一牒云臺院奉聖旨推勘公事數内一項要開封尹李倫一名前來照鑑云云李即呼廳司以職事付少尹遂索馬顧二人曰有少私事得至家與室人言乎對曰無害李未入中門覺有躡其後者

回顧則二人也李不復入但呼細君告之曰平生遽條礙法事唯決某命官之失汝等勿憂也開封府南向御史臺北向相去密邇倫上馬二人前導乃宛轉繚繞由别路自辰巳至申酉方至臺前二人曰請索笏李秉笏又大喝云從人散呵殿皆去二人乃呼閽者云我勾人至矣以牒付閽吏吏曰請大尹入時臺門巳半掩地設重限李於是搢笏攀緣以入足跌顛於限下閽吏導李至第二重閽吏相付授如前既入則曰請大尹赴臺院自此東行小門樓是也時巳昏

黑矣李入門無人問焉見燈數炬不置之楣梁間而置之柱礎廊之第一間則紫公裳被五木捩其面向庭中自是數門或綠公裳者皆如之李既見嘆曰設使吾有謀反大逆事見此境界皆不待捶楚而自伏矣李方惟無公吏輩有聲喏於庭下者李遽還揖之問之卽承行吏入也白李請行吏前導盤繞屈曲不知幾許至土庫側有小洞門自地高無五尺吏去幞頭匍匐以入李亦如之李又自嘆入門可得出否旣入則供帳牀榻裀褥甚都有幞頭紫衫腰金者出揖

李曰臺官恐大尹岑寂此官特以伴大尹也後問之乃監守李獄卒耳吏告去於是捶楚冤痛之聲四起所不忍聞既久忽一卒持片紙書云臺院問李某因何到院李答以故去又甚久又一卒持片紙如前問李出身以來有何公私過犯李答並無過犯惟前眞決命官爲罪犯去又甚久再問李眞決命官依得祖宗是何條法李答祖宗卽無眞決命官條制時已五皷矣承勘吏至云大尹亦無苦事莫饑否李謂自辰巳至是夜五皷不食平生未嘗如是忍饑於是腰金者相對飲酒五盃食亦如之食畢天欲明捶楚之聲乃止腰金者與吏請李歸送至洞門曰不敢遠送請大尹徐步勿遽二人闔洞門寂不見一人李乃默記昨夕經由之所至院門又至中門及出大門則從人皆在上馬呵殿以歸後數日李放罷

西夏有竹牛重數百斤角甚長而黄黑相間用以製弓極佳尤且健勁其近弝黑者謂之後醮近稍近弝俱黑而弓面黄者謂之玉腰夏人常雜犀角以市焉人莫有知往時鎮江裨將王詔遇有鬻犀帶者無他

文但峯巒高低繞人腰圍耳索價甚高人皆不能辨惟辛太尉道宗知此竹牛也爲弓則貴爲他則不足道耳

建炎初中州有仕宦者踉蹌至新市蹔爲寺居親舊絶無半落淒涼斷其踪跡茫茫殊未有所向寺僧忽相過存問勤屬時時餽殽酒仕宦者極感之語次問其姓則曰姓湯而仕宦之妻亦姓湯於是通譜系爲親戚而致其周旋餽遺者愈厚一日告仕宦者曰聞金人且至台眷盍早圖避地耶仕宦者曰某中州人

忽到興鄉且未有措足之所又安有避地可圖哉僧曰某山間有菴血屬在焉其處可乎於是欣然從之即日命舟以往虜已去僧曰事已小定駐蹕之地不遠公當速往注授仕官者告以闕乏僧於是辦舟贈鏹二百緡使行仕官者曰吾師之德于我至厚何以爲報僧曰既爲親戚義當爾也乃留其孥於菴中僧爲酌別飲大醉遂行翼日睡覺時日已高起視乃泊舟太湖中四旁十數里皆無居人舟人語啐啐過午督之使行良久始慢應曰今行矣既而取巨石磨斧

仕官者罔知所措叩其所以則曰我等與官人無涉故相假借不忍下手官當作書别家付我訖自爲之所爾仕官者惶惑顧望未忍即自引決則曰今幸尚早若至昏夜恐官不得其死也仕官者於是悲慟作家書畢自沉焉時内翰汪彥章守霅川有赴郡自首者鞫其情實曰僧納仕官之妻酬舟人者甚厚舟人舟以是恃僧須索百出僧不能堪一夕中夜往將殺之舟人適出其妻自内窺月明中見僧持斧也乃告其夫舟人以是自首汪以謂僧固當死而舟人受賂

殺命官情罪俱重難以首從論其刑惟均可也又其妻請以亡夫告敕易度牒爲是二事奏皆可汪命獄吏故緩其死使皆備受楚酷數月然後刑之

紹興辛巳余聽讀於建昌教官者元劉溥德廣語及余所生之地曰滑臺劉曰聞人之言黄河漲溢官爲卷埽其説如何曰予不及見也尚聞先父言斯事民甚苦之蓋於無事時取長藤爲絡若今之竹夫人狀其長大則數百倍也實以芻藁土石大小不等每量水之高下而用之大者至於二千人方能推之於水

正決時亦能遏水勢之暴遇水高且猛時若抛土塊於深淵耳此甚爲無益焉舍是則亦無他策也或不幸方推之際怒濤遽至則溺死者甚多大抵止以塞州城之門及鹽官場務之衙宇耳瀕河之民頗能視沙漲之形勢以占水之大小遠近往往先事而拒逆來所以甚利便也又有絞藤爲繩楸結竹筏筏木柵等謂之寸金藤有時不能勝水力即寸斷如剪郡縣又科鄉民爲之所費甚廣大抵卷埽及寸金藤白馬一郡每歲不下數萬緡白馬之西即底柱也水常高

柱數尺且河怒爲柱所扼力與石鬬晝夜常有聲如雷霆或有建議者謂柱能少低則河必不怒於是募工鑿之石堅竟不能就頗有溺者了無所益

畢少董言國初修老子廟廟有道子畫壁老杜所謂冕旒俱秀發旌旆盡飛揚者也官以其壁募人買有隱士亦妙手也以三百千得之於是閉門不出者三年乃以車載壁沉之洛河廟亦落成矣壁當再畫郡以請隱士隱士弗辭有老畫工貟緣以至者衆議誰當畫東壁隱士以讓畫工畫工弗敢當讓者再三隱

士遂就東壁畫天地隱士初落筆作前驅二人工就視之不語而去工亦畫前驅二人隱士往觀亦不語而去於是各解衣盤礴慘淡經營不復相顧及成工來觀其初有不相許之色漸觀其次進退咨嗟擊節及見輦中一人工愧駭下拜曰先生之才不可當也其自是焚作具不敢言畫矣或問之工曰前驅賤也骨相當噴目怒鬚可比騶馭近侍清貴也骨相當清奇麗秀可比臺閣至於輦中人則帝王也骨相當龍姿日表也可比至尊今先生前驅乃作清奇麗秀其竊謂賤隸若此則何足以作近侍近侍纔可强力少加則何以作輦中之人也若貴賤之狀一等則不足以爲畫矣今觀之先生所畫前驅乃吾近侍也所畫近侍乃吾輦中人也洎觀輦中之人其神宇骨相蓋吾平生未嘗見者古圖畫中亦未之見此所以使吾慚愧駭服隱士曰此畫世間人也爾所作怒目虬鬚則人間人耳人間人則面目氣象皆塵俗雖爾藝與其他工不同要之但能作人間爾工往自毀其壁以家貲償之請隱士畢其事少董曰余許隱士之畫如

韓退之作海神祠記蓋劈頭便言海之爲物於人間爲至大使他人如此則後必無可繼者而退之之文累千言所言浩瀚無溢蓋乃竭而不窮文竭而不困至於奪天巧而破鬼膽筆勢猶未得已世之作文者孰能若是故於論隱士之畫也亦然

北俗男女年當嫁娶未婚而死者兩家命媒互求之謂之鬼媒人通家狀細帖各以父母命禱而卜之得卜即製冥衣男冠帶女裙帔等畢備媒者就男墓備酒果祭以合婚設二座相並各立小幡長尺餘者於

座後其未奠也二幡凝然直垂不動奠畢祝請男女相就若合卺焉其相喜者則二幡微動以致相合若一不喜者幡不爲動且合也又有慮男女年幼或未開教訓男卽取先生已死者書其姓名生時以薦之使受教女卽作冥器充保母使婢云屬旣已成婚則或夢新婦謁翁姑壻謁外舅也不如是則男女或作祟見穢惡之迹謂之男祥女祥鬼兩家亦薄以幣帛酬鬼媒鬼媒每歲察鄉里男女之死者而議資以養生焉

宣政間楊可試可𢎞可輔兄弟讀書精通易數明風角鳥占雲祲孤虛之術於兵書尤邃三人皆名將也自燕山回語先人曰吾數載前在西京山中遇出世人語甚款老人頗相喜勸予勿仕隱去可也予問何地可隱老人曰欲知之否乃引予入山有大穴焉老人入楊從之穴漸小扶服以入約三四十步卽漸寛又三四十步出穴卽田土雞犬陶冶居民大聚落也至一家其人來迎笑謂老人又不來矣老人謂曰此公欲來能相容否對曰此中地闊而民居鮮少常欲人來居而不可得敢不容邪乃以酒相飲酒味薄而醇其香郁烈人間所無且殺雞爲黍意極歡至語楊曰速來居此不幸天下亂以一丸泥封穴則人何得而至又曰此間居民雖異姓然皆信厚和睦同氣不若也故能同居苟志趣不同疑間爭奪則皆不願其來吾今觀子神氣骨相非貴官卽名士也老人肯相引至此則子必賢者矣吾此間凡衣服飲食牛畜絲纊麻枲之屬皆不私藏與衆均之故可同處子果來勿攜金珠錦繡珍果等物在此俱無用且起爭端徒

手而來可也指一家曰彼來亦未久有綺縠珠璣之屬衆共焚之所享者惟米薪魚肉蔬果此殊不闕也惟計口授地以耕以蠶不可取衣食於他人耳楊謝而從之又戒曰子來或遲則封穴矣迫暮與老人同出今吾兄弟皆休官以往矣公能相從否於是三楊自中山歸落乃盡損囊箱所有易絲與綿布絹先寄穴中人後聞可試幅巾布袍賣卜二弟築室山中不出俟天下果擾攘則共入穴自是聲不相聞先人常遣人至築室之地訪之則屋已易三主三楊所向不

可得而知也及紹興和好之成金人歸我三京余至
京師訪舊居忽有人問此有康通判居否出一書相
示則楊手扎也書中致問吾家意極殷勤且云予居
於此飲食安寢終日無一毫事何必更求仙乎公能
來甚善余報以先人没於辛亥歲家今居宜興俟三
京帖然則奉老母以還先生再能寄聲以付諸孤則
可訪先生於清淨境中矣未幾金人渝盟予頗頻還
江南自此不復通問

昨夢錄終

昨夢錄

就日錄

元　虞集撰　武林潘之淙閱

唐人著夢書言夢有徵夫夢者何也釋氏以四法判之一曰無名薰習二曰舊識巡遊三曰四大偏增四曰善惡先兆周官筮人掌占六夢一曰正夢二曰噩夢三曰思夢四曰寤夢五曰喜夢六曰懼夢造化權輿曰神遇爲夢形接爲事浮虛夢揚沉實夢溺寢藉帶夢蛇鳥銜髮夢飛將雨夢水將晴夢火將病夢食將憂夢歌舞此列子之論也李泰伯潛書云夢者之

在寢也居其傍者無異見耳目口鼻手足皆故形也覺之所遊則或羽而仙或冠而朝或宮室輿馬女婦奏舞與乎其前忽富驟榮樂無有限極及其覺也撫其躬無毛髮之得於是始知其妄而笑此無他獨其心之溺焉耳嗚呼將幸而覺邪抑將冥冥遂至於歿邪前者諸說各有所見且周官載之甚悉而列子之神遇李泰伯之鬼遊心溺果然哉然有二說如夜夢得金寶覺而無所獲若夢與女人交覺而失精此非心溺乎如夏月露卧偶夜露下而失覆則夢雪降冬月擁被衾多則夢火熾此非神遇乎夫至人無夢者緣無想念蓋恐此路頭熟著其所好而往則將冥冥沒沒而不知返者有之要在乎昔學力讀者當察之

孔子曰道之將行也歟命也道之將廢也歟命也是聖人素其位而行所遇不可必故歸之於命先言道而後言命天之有命聖人俟命而行道所以嚴君乎西蜀設肆爲人臣者勉之以忠爲人子者勸之以孝是亦行道爾後世不知斯理觕於書傳自立一家或以五行支干或以二元九氣或專取於日或寓於星

禽或寓於易數立說紛紛徒惑聞見爾如漢高帝入關三百人皆封侯趙括四十萬衆悉坑死豈漢兵無一人行衰絕運限者趙兵無一卒在生旺日時者此理可見近京流岳總卿刊江西廖君所類諸家命書爲五行精紀其集錄備載而無去取亦不勉拘於五行之內言之且造物者惡得以甲乙數語而窺之且夫人事未盡焉盡天理故與人同即爲合德知過再犯即爲轉跳聞焉不信即爲孤神財不儉用即爲耗宿昔有軍校與郝韓王同年月日時生若韓王有一

大遷除軍校則有一大責罰其小小升轉則軍校徵有譴訶此又不知於命以何而取焉大抵燭理明之人五行神鬼皆不能拘繫陶淵明有云癡人前不宜說夢而達人前不可言命至急則無陰陽凡有妄心則被五行所惑一有私心則爲鬼神所制況天道福善禍淫鬼神禍盈福謙以命取斷於卜師彼以糊口之迫而藉此術以度日欲決行藏一以爲貴一以爲賤轉爲之惑以事求用於神彼以幽沉之後尸其享祭焉敢以無作有以曲爲直私之於人且人事之公

行未有詢人者惟有私求則往所禱之夫神鬼本畏人而人一有妄心求彼即彼得以肆欺於其間也近時有一內貴官以門下人命使術者議之若言命佳則必以奇禍擾之言命窮則必以好爵榮之此是時與造物爭功略舉此以少釋其惑

錢唐江潮之說前後紀錄不一山海經以爲海鰌出入穴之度佛書以爲神龍之變化葛洪潮記謂天河激湧洞冥正一經云月屬天而潮應王充論衡謂水者地之血脉隨氣進退而爲潮竇叔蒙海濤志以潮汐作濤必待于月月與海相推海與月相明東海漁翁海潮論云地浮與大海隨氣出入上下地下則滄海之水入於江謂之潮地上則江河之水歸於滄海謂之汐浙江發源最近江水少海水多其潮特大潘洞浙江論曰海門有二山曰龕曰赭夾岸潮之初來亦慢將近是山岸狹勢逼如湧而爲濤姚令威聚語載會稽石碑大率元氣噓翕天隨氣而漲歛潰滓往來潮順天而進退者也浙江南自纂風北自嘉興夾山而水濶下有沙潬（徒旱切）南北亘之隔礙洪波蹙遏

潮勢非江山淺逼使之然也雲麓趙景安漫抄載徐明叔等高麗錄云天包水水承地而元氣升降於太空之中地乘水力以自持且與元氣升降互爲抑揚而人不覺衆家之議海潮潘洞之論勢頗爲當理而止云勢逼而爲濤東海漁翁之論源近遠而分大小理亦近似而云地浮於水其理間斷不若徐明叔等高麗錄云天包水水乘地而元氣升降竇叔蒙之論濤符于月此說正與會稽石碑及趙景安所議相合且月陰也潮水也皆應於易之坎卦爲用故易說卦

步爲水爲月。於此可見是以三家之論爲得焉。

焚紙錢之說唐王璵傳曰漢以來葬者皆有瘞錢後世里俗稍以紙寓錢爲鬼事至是璵乃用爲禳祓則是喪葬之焚紙錢起於漢世之瘞錢也其禱神而用寓錢則自王璵始矣康節先生春秌祭祀約古今禮行之亦焚楮錢程伊川怪問之曰冥器之義也脫有益非孝子順孫之心乎徽廟朝高峯廖用中奏乞禁焚紙錢有云甞怪世俗鑿紙爲錢焚之以徼福於鬼神者不知何所據依非無荒唐不經之說要皆下俚之所傳耳使鬼神而有知謂之慢神欺鬼可也李珂松窻百記云世旣是妄人死而爲鬼其妄又可知無身心耳目口鼻之實而六習常不斷顛倒沉迷豈復覺悟方其具酒殺列冥器鑿楮象錢印繪車馬而焚之以妄塞妄也甞原其本初恐瘞錢爲死者之禍及世鮮得錢易以紙錢自後沿襲至唐而焚之其來久且遠而廖高峯遽欲絶之以塞妄費且夫子謂死葬之以禮又曰敬鬼神而遠之是夫子不欲遽絶而以有無之中言之惟邵康節云脫有益非孝子順孫之心最爲通議

夷堅志載眞官行持靈驗處極多且行持符法自虛靖正一二天師傳度符籙于世亦是延自已精神眞氣正心而驅除妖邪若自已神靈氣清心正之人鬼神亦自畏之况受正法符籙乎上帝好生慮有邪魔爲下方之患遂以天神應化人世用此符籙而誅除之實於助國行化不爲無補猶於自已積功立行可以超登仙列今也不然有無事取罪者妄意傳授符籙假此以荷衣食行持治病則自帶親僕專備附體仍呼神叱鬼又且召役嶽帝城隍且嶽帝城隍可比人間監司郡守謂如人役僕隷受其利養處之無法尚不伏使令不知汝有何功德有何神通以動監司郡守况嶽帝城隍乎豈不自招陰譴而又要求財物作爲淫亂動違天律生不免於雷震則死墮於風刃幽沉是誰之過歟

舊傳不肖子有三變其初變爲蝗蟲謂鬻田園而食次變爲蠹蟲謂貨書而食又變爲大蟲謂賣人而食此切當其理今之不肖子謂之三蟲恐未足以盡其

實初父母未亾也憑藉父祖門蔭聲勢在外無所不為朝去暮歸盜竊財物恣情為非父兄以内有所主及特父兄家私事遏其婢妾至於掣肘或恐玷已遂為掩蔽付之無可奈何及託前世甚至在外指屋起錢高價賖物低價出賣謂之轉肩人皆指而目之爺健大郎父有因此淹抑成病又增利貨錢候父母亾還錢謂之下丁錢其或母先父亾猶且庶幾者若或父亾而母存其為害特甚初父亾得財產入手豈顧其母及財散而母存甘旨不具展轉蠧若親戚兄弟有不忍者携歸奉養則往彼爭喧聒擾謂母有挾藏之物反為求索其親厭煩則付母還之復受岑寂或有兄弟蠧給則興訟索分亦自有此等人資給以導其為訟既訟畢得錢浪費無歲月間又已空虛連及妻室姊妹覓人蓄養作為親戚出入閨門分甘忍恥食殘衣弊而妻輩以寒饑所困初似羞澁終則願為間有妻輩家以力奪去及妻子輩鬻身事人或與所事者厚愛從彼棄此不肖子俱無所施則思舊所交遊者及父兄朋友而求索度日如此又不知以何等蟲處之矣

就日錄終

驚聽錄

宋　皇甫枚撰　明潘之淙閱

韓文公之寢疾也名醫良藥日進有加而無瘳忽宵中驚悸既寤而汗霑衾裯命侍人扶坐小君問之良久曰向來夢神人長丈餘金鎧持戟直入寢門我不覺降階拜之自稱大聖瞋目謂我曰睢遼骨梲國世與韓為讎吾欲討之而不能如何我跪荅曰願從大聖討焉不旬日而文公薨果從其請矣

滎陽郡城西有末福湖引鄭水以注之乎時繞岸皆臺榭花木乃太守効勞班餞之所西南壖多修竹喬林則故徐帥崔常侍彥曾別業也當咸通中龐勛之作變崔公為所執也湖水如凝血者三日而復未幾而其家凶問至余先啓初寓居鄭地故得之昔讀本朝書見河間王之征輔公祏也江行舟中宴羣帥命左右以金盌酌江水至忽化為血合坐失色王徐曰盌中之血公祏授首之徵果破之則禍福之難明也如是

陸存者愚儒也衰白之後方調授汝州剡賊令時乾符丁酉歲也是秋王仙芝黨與起自海沂來攻郡途經剡城存微服將遁為賊所虜其酋問曰汝何等人也存紿之曰某庖人也乃令溲煎油作䭔䭔者移時不成賊酋怒曰這漢謾語把劒來存懼急撮麪兩手速拍曰祖祖父父世世業業衆大笑釋之時縣尉李庭妻崔氏有殊色賊至為所掠將妻之崔氏大詬曰我公卿家女為士君子妻死乃緣命豈可受草賊汚辱賊怒剖其心而食見者無不灑涕

汝州魯山縣西六十里小山間有祠曰女靈觀其像獨一女子焉低鬟嚬蛾艷冶而有怨慕之色祠堂後平地惟石圍數畝上擢三峯皆十餘丈森然肖泰華也詢之老人云大中初斯地忽暴風驟雨裹丘陵震屋瓦一夕而止遂有茲山其神見形於樵蘇者曰吾商於之女也帝命有此百里之境可告鄉里為吾立祠於山前山亦吾所持來者無曠時祭當福汝鄉人遂建祠官書祀典歷數世矣咸通末余調補縣印吏實尸嘗祭與同舍生譙國夏侯禎偕行祭畢與禎縱觀祠內禎獨眷眷不能去乃索卮酒酬曰夏侯禎於

年未有匹偶今者仰覩靈姿願爲廟中掃除之隸神其鑒乎既舍爵乃歸其夕夏侯生惝怳不寐若爲陰靈所中其僕來告余走視之則目瞪口噤不能言矣余謂曰得非女靈乎禎領焉余命吏載楮鏹潔尊席而禱曰夫人嶽鎮愛女疆場明祇致禾黍豐登戢虎狼暴殄斯神之任也今日之祭乃郡縣常祀某職其事敢不嚴恭豈謂友生不勝醆斝之餘至有慢言黷於神聽今疾作矣豈降之罰邪抑果其請邪若降之罰是以一言而斃一國士是違好生之德當專戮之

辜帝豈不降鑒而使神祇虐於下乎若果其請是以一言舍貞静之道播淫佚之風祿張碩而動雲軿顧交甫而解明佩若九閽一叫必貽帷箔不修之責况天下多美丈夫何必是也神其聽之莫訖夏侯生康豫如故

渤海封夫人諱詢字景文天官侍郎敖孫也諸兄皆貢士有聲於名場夫人氣韻恬和容止都雅善草隸工文章盛飾則芙蕖出綠波巧思則椰絮因飆起至於婉静之法剪製之工固不學而生知嫻熟號爲淑女咸通戊子歲始從媒贄移天于殷門故秘省校書保晦還搆還搆兄余寮堉也愛鍾自出姑實親姨夙夜蒸蒸劬勞無怠廣明庚子歲妖纏黃道蟊啓白丁關輔烽飛輦轂還狩以天府陸海之盛奄化于鯨鯢腹中郎冬十二月七日也邦人大潰校書自永寧里所居盡室潜于蘭陵里蕭氏池臺地隣五門以爲賊不復入至明日羣凶霧合秘校遂爲所俘賊酋覩夫人之麗將欲叱後乘以載之夫人正色相拒確然不移誘説萬辭但瞑目反背而莫顧日將夕賊酋勃然

起曰行斯保羅綺於百齡止則取薺粉於一劒夫人奮袂罵曰狂賊狂賊我生於公卿高門爲士君子正室琴瑟叶奏鳳凰和鳴豈意昊天不容降此大厲守正而死猶生之年終不負穢包羞於汝逆豎之手言訖遇害賊酋既去秘校脱身來歸侍婢迎門白夫人逝矣秘校拊膺失聲而前枕屍於股大慟良久揮淚於夫人面曰景文景文卽相見遂長號而絶三婢子覩主父主母俱殞乃相携投浚井而死人曰噫二主二夫實士女之醜行至於臨危抗節乃丈夫難事豈

謂令見於女德哉渤海之媛汝陰之嬪貞烈規儀未光於彤管矣辛丑歲遐攜兄出自雍話茲事以余有春秋學命筆削以備史官之闕

廣明庚子歲余在汝墳溫泉之别業夏四月朔旦雲物暴起於西北隅瞬息間濃雲四塞大風壞屋拔木雨且雹雹有如柸棬者鳥獸盡殪被於山澤中至午方霽覩行潦之內蝦蟹甚衆明日余抵洛城自長夏門之北夾道古槐十拔去五六矣門之鴟吻亦失矣余以爲非吉徵也至八月汝州召募軍李逈光等一

千五百人自鳳門回掠東都南市焚長夏門而去入蜀自茲諸夏騷蕩矣上天垂戒豈虛也哉

許州長葛令嚴郜衣冠族也立性簡直雖羈束於官署常蓄退心咸通中罷任乃於縣西北境上陘山陽置别業良田萬頃桑柘成陰奇花芳草與松竹交錯引泉成沼踈阜爲臺盡登臨之志矣夫人河東裴氏有三女長適滎陽鄭氏次適京兆杜氏幼曰阿珊特端麗妍瑩乙巳歲年十五矣時清明節嚴公令盡室登陘山山西岑有鄭大王祠乃於祠內薦酒饌令諸女縱觀日晚方歸降及山之半旋風忽起于道左繚繞諸女塵坌陰曀衆皆驚懼而阿珊獨仆於地色變不能言鬟上失雙金翹乃扶持而歸召巫者視之巫譯神言曰我鄭大王也今聘爾女爲第三子婦其家遽使齎酒餚紙錢令巫者詣祠祈之旣至得金翹於神坐上巫者再三請禱神終言不可明日阿珊殞使憑巫言以達所以嚴氏遂令送服玩設禮筵于祠內厥後每有所須必託巫言告其家嚴公夫人即余室之諸姑也故得其實而傳之

錄終

劇談錄

宋　鄭景璧撰　明鄒貢士閱

楊朴魏野皆咸平景德間隱士朴居鄭州野居陝皆號能詩朴性癖常騎驢往來鄭圃每欲作詩即伏草中冥搜或得句則躍而出遇之者無不驚真宗祀汾陰過鄭召朴欲官之問卿來有以詩送行者乎朴揣知帝意謬云無有惟臣妻一篇使誦之曰更休落魄貪杯酒便莫猖狂愛作詩今日捉將官裏去這回斷送老頭皮帝大笑賜束帛遣還○野和易通俗人樂

從之遊王魏公當國尤愛之亦數相聞天禧末魏公屢求退不許野寄以詩曰人間宰相惟三載君在中書十四年西祀東封俱已了好來平地作神仙魏公亟袖以聞遂得謝朴死無子而野有子閑能襲父風年八十餘亦得長生之術司馬溫公陝人聞死為誌其墓故世知野者尤多然皆一節之士世競於進取者不可時無此曹一二警勵之與指嵩少為仕途捷徑者異也

余守許昌時洛中方營西内門甚急宋昇以都轉運使主之其屬有李實韓溶二人最用事宮室梁柱闌檻牕牖皆用灰布期既迫竭洛陽内外猪羊牛骨不充用韓溶建議掘漏澤園人骨以代昇欣然從之一日李實暴疾死而還魂具言冥官初追証以骨灰事有數百人訟於庭冥官問狀實言此非我蓋韓溶忽有吏趨而出有頃復至過實曰果然君當還然宋都運亦不免既白冥官而下所抱文字風動其紙略有滅門二字後三日溶有三子連死其妻哭之哀又三日亦死而溶亦死昇時已入為殿中監未幾傳昇忽

溺不止經下數石而斃人始信幽冥之事有不可誣者是時范德孺卒纔數月其家語余近有人之鄆州夜過野中見有屋百許間如官府揭其牓曰西証獄問其故曰此范龍圖治西内事也家亦有兆相符會有屬吏往洛余使覆其言於李實亦然甚哉禍福可不畏乎

前史載李廣以殺降終不侯廣何止不侯蓋自不能免其身于公以治獄有陰德大其門閭而責報於天如符契然因果報應之說何必待釋氏而後知也世

傳歐希範五臟圖此慶曆間杜杞待制治廣南賊歐希範所作也希範本書生桀黠有智數通曉文法嘗為攝官乘元昊叛西方有兵時度王師必不能及乃與黨蒙幹嘯聚數千人聲搖湖南朝廷遣楊畋討之不得乃以杞代杞入境即僞為招降之說與之通好希範猖獗久亦幸苟免遂從之與幹挾其酋領數十人皆至杞大為燕犒醉之以酒已乃執於坐上翌日盡磔於市且使皆剖腹刳其腎腸因使醫與畫人一一探索繪以為圖用是遷待制帥慶州未幾若有所

覩一夕登圊忽仆于圊中家人急出之口鼻皆流血微言歐希範以拳擊我後三日竟卒杞有幹畧亦知書號能吏歐陽永叔為誌其墓

韓退之有木居士詩在衡州耒陽縣鼇口寺退之作此詩疑自有意其謂便有無窮求福人蓋當時固已尸祝之矣至元豐初猶存遠近祈禱祭祀未嘗輟一日邑中旱久不雨縣令力禱不驗怒伐而焚之一邑爭救不聽蘇子瞻在黃州聞而喜曰木居士之誅固已晚矣乃間有此明眼人乎過丹霞退矣然邑人念之終不已後復以木傚其像再刻之歲仍以祀或曰寺規其祭享之餘以故不能廢張芸叟謫郴州過見之以詩題於壁曰波穿水透本無奇初見潮州刺史詩當日老翁終不免後來居士欲奚為山中雷雨誰宜主水底蛟龍自不知若使天年俱自遂如今已復有孫枝相傳以為口實余聞蜀人言陳子昂閬州人州人祠子昂有陳拾遺廟語訛為十姨不知何時遂更廟貌為婦人粧飾甚嚴謂之十姨有禱亦或驗利之所在苟僅得豚肩卮酒子昂且屈為婦人勉應之

不辭新木居士亦何為不可乎聞者皆絕倒

余居山間默觀物變固多矣取其灼然者如蚯蚓為百合麥之壞為蛾則每見之物理固不可盡解業識流轉要須有知然後有所向若蚯蚓為百合乃自有知為無知麥之為蛾乃自無知為有知蚯蚓在土中知其欲化時蟠結如毬已有百合之狀麥蛾一夕而變紛然如飛塵以佛氏論之當須自其一意念真精之極因緣而有即其近者雞之伏卵固自出此今雞伏鴨乃如莊周所謂越雞伏鵠者此何道哉麥之為

蛾蓋自蛾種而起因以化麥非麥之能爲蛾也由是而言之一念所生無論善惡自有必至者后稷履人迹而生啓自石出此眞實語金光明經記流水長者盡化池魚皆得生天更復何疑但恐人信不及爾

富鄭公少好道自言吐納長生之術信之甚篤亦時爲燒煉丹竈事而不以示人余鎭福唐甞得其手書還元火候訣一篇於蔡君謨家蓋至和間持其母服時書以遺君謨者方知其持養大槩熙寧初再罷相守亳州公已無意於世矣圓照大本者住蘇州瑞光方以其道震東南穎州僧正顒世號顒華嚴者從之得法以歸鄭公聞而致之於亳館於書室親執弟子禮一日五鼓起公方聽事公堂顒視室中有書櫃數十其一扃鐍甚嚴問之左右曰公常手自啓閉人不得與意必道家方術之言亟使取火焚之執事者爭不得公適至問狀顒卽告之曰吾先爲公去一大病矣公初亦色微變若不樂者已而意定徐曰乃無大害戲乎卽不問自是豁然遂有得顒曰此非我能爲公當歸之吾師乃以書謁通圓照故世言公得法大本然公晚於道亦不盡廢薨之夕有大星隕於寢洛人皆共見之豈偶然哉

世傳神仙呂洞賓名巖洞賓其字也唐呂渭之後五代間從鍾離權得道權漢人遇者自本朝以來與權更出沒人間權不甚多而洞賓蹤迹數見好道者每以爲口實余記童子時見大父魏公自湖外罷官還道岳州客有言洞賓事者云近歲常過城南一古寺題二詩壁間而去其一云朝遊岳鄂暮蒼梧袖有青蛇膽氣麤三入岳陽人不識朗吟飛過洞庭湖其一云獨自行時獨自坐無限時人不識我惟有城南老樹精分明知道神仙過說者云寺有大古松呂始至時無能知者有老人自松顛徐下致恭故詩云然先大父使余誦之後得李觀所記洞賓事碑與少所聞正同青蛇世多言呂初由劍俠入非是此正道家以氣鍊劒者自有成法神仙事渺茫不可知疑信者蓋相半然是身本何物固自有主之者區區百骸亦何足言棄之則爲佛存之則爲仙在去留間爾洞賓雖非余所得見然世要必有此人也

余少好藏三代秦漢間遺器遭錢唐兵亂盡亡之後有遺余古銅鳩杖頭色如碧玉因以天台藤杖爲幹植之每置左右今年所親章徽州在平江有融銅酒器其首爲牛制作簡質其間塗金隱隱猶可見意古之兕觥會余生朝章亟取爲余壽余欣然戲之曰正患吾鳩杖無侶造物豈以是假之耶二物常以自隨往歲行山間使童子操杖以從殆以爲觀爾未必真須此物也邇來足力漸覺微陟降殆不可無時坐石間兒子輩環側輒倚杖使以觥酌酒而進即爲引滿常亦自笑其癖頃有嘲好古者謬云以市古物不計直破家無以食遂爲丐猶持所有顏子陋巷瓢號於人曰孰有太公九府錢乞一文吾得無似之耶

陶淵明所記桃花源今鼎州桃花觀即是其處余雖不及至數以問湖湘間人頗能言其勝事云自晉宋來由此上昇者六人山十里間無雜禽惟二鳥往來觀中未嘗有增損鳥新舊更易不可知者老相傳自晉迄今如此每有貴客來鳥輒先號鳴庭間人率以爲占淵明言劉子驥聞之欲往不果子驥見晉書隱逸傳即劉驎之子驥其字也傳子驥採藥衡山深入忘反見一澗水南有二石囷其一閉一開開者水深廣不可過或說其間皆仙靈方藥諸雜物既還失道從伐木人問徑始能歸後欲更往終不復得大類桃源事但不見其人爾晉宋間如此異亦頗多王烈石髓亦其一也鎮江茅山世以比桃源余頃罷鎮建康時往遊三日按圖記問其故事山中人一一指數皆可名然亦無甚奇勝處而自漢以來傳之宜不謬華陽洞最知名纔爲裂石濶不滿三四尺其高三尺不可入金壇福地在其下道流云近歲劉渾康嘗得入百餘步其言甚誇無可考不知何緣能進韓退之未嘗過江而詩有煩君直入華陽洞割取乖龍左耳來意當有爲不止爲洞言也

劇談終

解醒語

元　李材著　武林金維垣閲

泰定間中夜忽召集賢學士鄧文原倉卒不備手詔就以帝所佩玉從容召之至曉着二朱衣送出人以爲榮、

京朝官獲美除者寮友設酒于披雲樓以爲賀因名披雲宴六部得堂署則爭相餽遺謂之烘堂南臺權重百寮正堂限號斧户限人不得輕越

平章李孟漢中人始家居不欲事仕因事至京師右丞楊吉薦留輔導仁宗仁宗敬重之嘗與之對奕便殿賜食雪膚餅徹骨員又冬月賜宴煖閣

國初序朝執政大臣謂之擎天班玉堂清署謂之煥璧班言官法司謂之劍鍔班外戚謂之椒蘭班親王謂之瓊枝班功臣將帥謂之豹首班其餘朝臣謂之隨班

長春殿燕群臣供事内臣進饌有咳病帝惡其不潔命爲疊金羅半面閣之許露兩眼下垂至胸自是進饌者以爲此例

宫中臨幸以黄金粧肩輿使官人衣貼繡鋪翠襦扛之、

至元間焉入兒國入貢國近占城二十二年遣使至其國求奇寶得吉貝衣十襲吉貝樹名其華成時如鵞毳抽其緒紡之以作布亦染成五色織爲班布寶花冠十項冠以金作花七寶裝纓絡爲飾蝦羅百顆形如珠而成龍紋大者過于彈丸國有蝦瀬隱沙中常抱珠戲于瀨上土人俟其去取之繡綵紋百段金顔香千團香乃樹脂白者爲佳五香七寶床一隻床可坐不可歷者鶩耨瓢十枚以之貯食經月不敗菴羅樹數十枚花葉似棗實似李味佳大珊瑚百株鱗腈石百枚又有血竭福桃浮金餅等物

僧嗣占妙高上言欲毁宋會稽諸陵西僧楊璉眞伽又請乃如所請發陵取寶器以諸帝遺骨建浮屠于杭之故宫截理宗頂以爲飲器時會稽有六陵徽宗高宗孝宗光宗寧宗理宗度宗發掘搜取諸寶器殆盡徽宗陵獲走花烏玉筆箱文同凉潑繡管外國所進高宗陵眞珠戲馬鞍嶺南劉鋹所結以獻于太祖者光宗陵交加白齒梳香骨案理宗

陵伏虎枕七寶合成伏虎之狀穿雲琴龍肝石爲軫金猫睛爲徽絲玉磬唐陽如物度宗陵五色藤盤影魚黃瓊扇柄其餘器物不可盡舉大抵陵中物無定式惟視平生所玩何如也

世祖獵于灤河一鳥摩于青雲之表世祖以鏑下之形大于鵝羽皆五彩成班有西夷人云此是盧隆鳥宿于西海荻草中

成宗春暮命宮人掃落花鋪繭茗殿施金帳諸嬪衣碧鸞朱綃半袖彩頭纓吉貝錦臂係秋雲紫絛帕着白氍袴成群相逐滾蕊翻花鬪腕飛蹄戲獮日帝

曰上燦黃金下設蓐席使美人爲鞠弋蹴踘之戲

處州陳繹曾爲國子助教口吃一日集諸生曰車生極極欲言諸生習業也中有數人不覺葫蘆絕倒問之皆官產恩蔭也繹曾不能容解官南還

有臧侍郎者素畏其妻妻怒即行跪禮俟其怒解乃起御史中丞觀公有張京兆之風嘗爲妻合脂與粉調以塗之號桃花面京中好事者爭相效焉當時語云侍郎膝大人屈夫人作細君夫人面中丞鍊

撫州吳澄名重至治泰定間貴族巨賈莫不願得一

文以爲子孫傳寶凡求文先脩贄禮後復以金帛致謝謂之採珍在翰林數年幾于巨萬張平章曰吳學士身居玉堂而抱商貨求文章者日以千數孰謂文章不可以榮身發家哉

天曆中一人着紫花草稱東斑竹枝冠蟬翼巾遊市上或時至寺中聽講連日或吟飲酒肆三宿而去市上兒至呼以痴漢亦不爲意京中大姓與之相與承接彌月忘歸人即其姓名但云浮生子平時詩句近于鄙俚人所難處友露警拔蒸文而隱者也凡數年

忽遁去

燕帖木兒奢侈無度嘗屠百羊以會寮吏又于第中起水晶亭亭四壁皆水晶鏤空貯水養五色魚其中剪綵爲白蘋紅蓼等花置水上壁內置琥珀欄杆鑲以八寶奇石紅白掩映光彩玲瓏前代無有也洞房設樓床廣褥擇美姬溫軟少骨者枕藉而睡謂之香肌席脂紅粉白之嬌羅列左右隨其所取以爲花塘玉樂也

尚書范谷英賜食帝前食韭芽麵吉之一筋而止帝

曰不中食乎英曰臣豈敢但天厨珍味臣已領恩矣山妻久厭糟粕將以遺之使知官家有人所不見之物也帝令盡服之（服作食）復賜一帖以歸

倒剌沙賄賂通行賣官鬻獄家有金窖寶海以藏所得金帛珍異時人譏之曰庸才討窮（窮作極）披靡（靡作倚）于勢門金玉運窮朝宗于寶海

唐駙馬寵于太后所賜厨料甚盛乃開回回厨以市厨極馨香使僊人聞之亦當駐也（囘作駐）

榔貫至正間待制翰林與虞集揭奚斯黃溍齊名號儒林四傑

黃溍爲文章如澄湖不波一碧萬頃凡朝廷大詔令皆出其手京師人呼爲蠒口學士

許謙孫從宗言上方珍異庫有虎頭硯魚肌箋猿臂笛金絲簟鳴玉繫腰等以嘗提點庫故知之悉云

詞客馬文友别墅在彰義門内有春香亭每百花開時置酒亭下會都之文人吟士賞花賦詩謂之錦繡會預是會者各輪一席又有飲山亭夏日避暑于此又有婆娑亭玩月之所並聚詩人作會如春香故事因號其墅曰長樂園

國初起圓殿于西宫中以居西僧僧官皆著茜帽

開開眞人嘗于帝前稱天台山多仙果帝曰可致乎眞人曰可因取金盒覆之少頃有水晶李十枚鶴珠棗三十枚毌竹實四枚

吳元節至元中至京師從張留孫見世祖成宗召見贈玄德眞人臨終作詩有一聯云睨眎乾坤輕世界闢開山嶽上天門棄棺如無人乃是尸解也

商人獲利者曰遂心不得利曰犯耗買酒脯禳之至極賤行商呼爲貨郎行商亦謂坐賈曰麴漢荅相識

也

有軍人早出月色朗然見一獨足者橋欄上卧軍人少壯無畏懼乃抱之其鬼卽云放我當有相酬軍人曰得何物曰有銀盞一問居處云少間送來軍人又貪進遂捨之其妻見一年少扣門云賢夫令將醆歸授其妻而去至晚軍人回將醆示之夫乃說今日之事妻曰神靈物不可駐之令將貨之易酒肉祭之夫從其言祭畢夫曰適看其醆有似家內樣莫不偷我

者將來否妻亦疑之徃取果失之矣夫妻愕然曰大是俊鬼子

吳殷文圭舉進士塗中遇一叟目文圭久之謂人曰向者一人綠眉拳入口神仙狀也如學道當冲舉不爾有大名於天下而文圭拳實入口乾寧中擢第

語終

拜程語　八　七

已瘧編

明　劉玉記　武林金維垣閱

江東門外洪武間建輕煙澹粉梅妍翠柳四樓令官妓居其上以接四方賓客大賈及士夫休沐時往遊焉後士夫多以耽酒悅色廢事漸加制限

三山門外有醉仙樓以中秋與學士劉三吾宋濂董倫王景陶安等醉飲得名樂民樓以春時賜民花酒錢傳盃浪蓋得名又有鶴鳴樓亦在三山門

魏國公家一對鴛鴦硯甚奇兩硯並處則硯水自流先彩潤澤分則與常硯無異

丞相胡惟庸畜胡孫十數衣冠如人有客至則令供茶行酒能拜跪揖讓吹竹笛聲尤佳又能執朱戚舞蹈人稱之爲孫慧郎

周王開一園多植牡丹號國色園品類甚多建十二亭以標目之有玉盂紫樓等名儀部郎尤良作十二詩富陽侯李駙馬縱侍兒悉效官妝有蝶粉蜂黃花羞玉讓之號

都下妓柳青頗爲流輩所推一時文人達士盡與之遊最厚者常唾之唾絲白如雪香滑可愛日爲唾花人爭以得唾爲榮

常開平家豪富無比每燕飲童妓滿堂預飲者多賚賞物方往人皆苦之謂之歡喜錢

信州人袁著夜經廢宅遇一黑面婦人自稱裂娘推雙髻衣紅褐佩兩金環正語間忽不見著疑懼旋走退宿于故知家明日復至其所但見汚塵中積褐一堆撥開得一把剪刀乃知昨所遇者剪刀精也

陝西曾子京勇力過人性不喜營產業日以樵獵爲生有搏虎法見虎則先伏于地俟其來卽以藥刀刺其喉虎應手而斃藥刀九曲五尖取譙舉山（山在商州）劫律草搗汁淬其鋒虎當之則虎毛腐裂五喉九結（虎有五喉食喉水喉風喉骨喉橫喉）無不破傷

國初內中嘗失金鉼蓋謂執事內監竊之命斬于市臨刑追免之蓋已得也監言入市時猶懾懼既而覺身坐屋簷上下臨市井見反縛一人將就刑頃之攔報至我乃下屋軀還耳大抵死者冤爽先逝如此又異敎謂人冤非一可以分爲死生去來者亦可參審

之也。

洪武中有胡僧善相在某寺見三僧與寺主別胡謂主者曰彼三僧何之主者曰禮浦陀胡僧亟令召回否則皆有水厄主者令追之不及果俱溺死胡僧後見袁庭禮欲授其術乃令袁視日久之雜以黑白豆令揀之袁目不眩遂以其術傳之袁亦多奇驗

江湖間談星命者有子平有五星又有範圍前定諸數士大夫所樂問者唯子平爲庶幾以其語乎理且道人之富貴貧賤往往多中相傳宋有徐子平者精于星學後世術士宗之故但稱曰子平子聞之隱者云子平名居易五季人嘗與麻衣道者陳圖南呂洞賓同隱華山葢異人也今之推子平者祖宋末徐彥昇其實非子平也

術家以人生所值年月日時推算吉凶而必歸重于日主頗亦有說夫十二時皆生於日積日而後成月積月而後成歲故日于最爲重葢日躔於子宮則謂之子時丑寅之類皆然無日則無時而月與歲皆無從推矣雖小道亦嘗窺測陰陽之際者

元主嘗召一術士問以國祚對云國家千秋萬歲不必深慮惟日月並行乃可憂耳至是大明兵至而元亡

冷謙字啟敬杭州人精音律善鼓琴工繪畫元末以黃冠隱居吳山頂上國初召爲太常協律嘗遇異人傳仙術有友人貧不能自存求濟于謙謙曰吾指汝一所往焉愼勿多取乃于壁間畫一門一鶴守之令其人敲門門忽自開入其室金寶充牣葢朝廷內帑也其人恣取以出不覺遺其引他日庫失金守庫吏得引以聞執其人訊之詞及謙逮謙將至曰吾死矣安得少水以濟吾渴逮者以瓶汲水與飲謙且飲且以足插入瓶中其身漸隱逮者驚曰汝無然吾輩皆坐汝死矣謙曰無害汝但以瓶至御前上問之輒於瓶中應如響上曰汝出朕不殺汝謙對臣有罪不敢出上怒擊其瓶碎之片片皆應終不知所在移檄物色之竟不能得

莫月鼎者道士也嘗與客遊西湖烈日熱甚莫曰吾借一傘遮陰乃向空噓氣忽黑雲一片隨而覆之

有少年郎狎一娼以其美且富也利之百端趨奉唯恐失意郎惑甚留其家經歲雖他娼才貌勝者弗能移也一日晝卧樓窗下命市魚爲午飡俄而見娼自携魚入私念彼胡不使婢輩而必自持注意察之娼不知也提魚竟入厠中郎益疑怪俯窗諦窺之見娼置魚於空淨器中而去頃之又將一器物注淨器中若水而色異亟下視之乃月水也便大恨召與言别不飡而行焉按博物志有云尸布在戶婦人留連注謂月布埋戶限下婦女入戶則自淹留不肯去斯言可信矣

又聞娼家不欲接其人則撮物入水投火中便焦急而去

于梓人者湖廣武岡州人梓人生七八歲眉目如畫資性聰警其州將愛之因其父藝以梓名之及長有俊才且多異術舉洪武乙丑進士歷知登州府部有訴其家人傷于虎者梓人命卒持牒入山捕虎卒泣不肯行梓人笞之更命他卒卒曰第焚此牒山中虎自來兩卒不得已入山焚其牒火方息而虎隨至彌耳帖尾隨行入城觀者如堵虎至庭下伏不動梓人厲聲叱責杖之百而舍之虎復循故道而去尋爲部民告訐以爲妖術惑衆有　詔逮治數月瘐死獄中棄其尸家人發喪成服忽一夜聞叩門聲問爲誰答是梓人也人驚爲鬼曰吾實逃去云死者詐也家人不信謂鬼衣無縫驗之不然遂内之梓人不自晦匿日與故舊遊宴或泛舟不用楫逆水而上以爲樂里人劉氏其怨家也執之白知州伍芳請奏聞芳不許劉遂詣闕告之　朝命法官推按未至一日忽失梓人所在但存鉄索而已劉無以自明竟坐欺罔得重譴而梓人自是不復見矣梓人自號七十一峰道人詞翰遒逸可觀吳用藏言自制遊大山歌一紙余嘗見之

許子伯嘗與友人言次因及漢無統嗣幸臣專朝世俗衰薄賢者放退便據地悲哭時稱許伯哭世

洪武初嘉定安亭萬二元之遺民也富甲一郡嘗有人自京師回問其何所見聞其人曰　皇帝近日有詩云百僚未起朕先起百僚已睡朕未睡不如江南

富足翁曰高丈五猶披被蔦歎曰兆已萌於此矣即以家貲付託諸僕能幹掌之買巨舫載妻子泛遊湖湘而去不二年江南大族以次籍沒獨蔦獲令終其亦達而知幾者與

成都府漢文翁石室壁間畫一婦人手持菊花前對一猴號菊花娘子大比之歲士人多乞夢頗有靈異

太祖嘗微行至朝天宮前見一婦服重服而大笑問曰觀夫人之被服如此而大笑何也曰吾夫爲國而死爲忠臣吾子爲父而死爲孝子然則天下之婦人其好夫好子未有如我者矣吾所以喜而笑也 太祖問曰汝夫已葬乎婦人以手指示曰去此數十步是吾夫埋處也言訖忽不見 太祖識其處明日命有司往視之則黃土一坏草木森欝掘地數尺見其誌則晉卞壼所藏也面色如生兩手皆拳其指甲出手背外六七寸是時城中墳墓有禁 太祖以其爲忠臣也遂命掩之仍爲立廟命有司春秋祀之

張士傑客壽陽被酒歷淮陽瀕入龍祠見後帳龍女塑像甚美乃取桐葉題詩投帳中云我是夢中傳彩筆書於葉上寄朝雲忽見一舟有美女士傑佯詢邂酒女吟曰落帆且泊小沙灘霜月無波淮上寒若向江湖得消息爲傳風水到長安士傑昏醉既醒孤坐於廟門之右小女奴曰娘子傳語還君桐葉勿復置念

已瘧編終

耳目記

唐　張鷟撰　武林鄒吉士閱

周洛州司倉嚴昇期攝侍御史於江南道巡察性嗜水犢肉所至州縣烹宰極多小事大事入金則弭凡到處金銀爲之踊貴故江南人號爲金牛御史

周春官尚書閻知微和默啜司賓丞田歸道爲副至牙帳下知微舞蹈宛轉抱默啜靴鼻而𠲿之歸道長揖不拜默啜大怒倒懸之經一宿乃放及歸與知微爭於殿庭言默啜不必和知微堅執以爲和默啜果反陷趙定知微誅九族拜歸道夏官侍郎右拾遺知良弼使入匈奴坐帳下以不潔食之良弼食盡一盤放歸朝廷恥之

周文昌左丞孫彥高無他識用性頑鈍出爲定州刺史歲餘默啜賊至圍其郛彥高卻鎖宅門不敢詣廳事文案須徵發者於小窗內接入賊既乘城四入彥高乃謂奴曰牢關門戶莫與鑰匙其愚怯皆此類俄而陷沒刺史之宅先殲焉

周契丹賊孫萬榮之寇幽州河內王武懿宗爲元帥引兵至趙州聞賊數千騎從北來乃棄兵甲南走邢州賊退方更向前軍回至都置酒會郎中於御前嘲懿宗曰長弓短度箭蜀馬臨階騙去賊七百里隈牆獨自戰甲仗總拋却騎猪正南竄上曰懿宗有馬何因騎猪對曰騎猪者夾豕走也上大笑懿宗貌短醜故曰長弓短度箭

周左領軍權龍襄將軍不識忌日問府史曰何名私忌對曰父母亡日請假獨坐房中不出襄至忌日於房中靜坐有青狗突入房中襄大怒衝破我忌更陳牒改明朝作忌日談者笑之

周推事索元禮時人號爲索使訊囚作鐵籠頭䩯（呼角切）其頭仍加楔焉多至腦裂髓出亦爲鳳凰曬翅等以椽關手足而轉之並研骨至碎亦懸囚於梁下以石縋頭其酷法如此元禮故胡人薛師假父後罪贓賄流死嶺南

唐監察御史李全交專以羅織爲業臺中號爲人頭羅刹殿中號爲鬼面夜叉訊囚引枷柄向前名爲驢駒拔橛縛枷頭著樹名曰犢子懸車兩手捧枷累塼

於上號爲仙人獻果立高木之上梳向後拗之名玉女登梯

隋末深州諸葛昂性豪俠渤海高瓚聞而造之爲設雞肫而已瓚小其用明日大設屈昂數十人烹猪羊等長八尺薄餅闊丈餘裹餤麤如庭柱盤作酒盌行巡自爲金剛舞以送之昂至後日屈瓚屈客數百人大設車行酒馬行炙挫碓斬膾磑轢蒜齏唱夜叉歌師子舞瓚明日復烹一雙子十餘歲呈其頭顱手足座客皆喉而吐之昂後日報設先令妾行酒妾無故笑昂叱下須臾蒸此妾坐銀盤仍飾以脂粉衣以錦繡遂擘骰肉以啖瓚諸人皆掩目昂於奶房間撮肥肉食之盡飽而止瓚羞之夜遁而去昂富後遭離亂狂賊來求金寶無可給縛於椽上炙殺之

唐益州新昌縣令夏侯彪之初下車問里正曰雞子一錢幾顆曰三顆彪之乃遣取十千錢令買三萬顆謂里正曰吾未要且寄雞母抱之遂成三萬頭雞經數月長成令吏與我賣卻一雞三十文半年之間成九十萬又問竹筍一錢幾莖曰一錢五莖又取十千錢付之買得五萬莖又謂未須且林中養之至秋成五萬莖竹令賣一莖十錢遂至五十萬其貪猥不道皆此類

唐滕王極淫諸官妻美無不嘗偏詐言妃喚卽行無禮時典籤崔簡妻鄭氏初到王遣喚欲不去懼王之威去則被辱鄭曰昔愍懷之妃不受賊胡之逼當今清泰敢行此事邪遂入王中門外小閤王在其中鄭入欲逼之鄭大叫左右曰王也鄭曰大王豈作如是必家奴耳取一隻履擊王頭破抓面流血妃聞而出鄭氏乃得還王大慚旬日不視事簡每日參候不敢離門後王衙坐簡向前謝過王慚卻入月餘日乃出諸官之妻曾被王喚入者莫不羞之其壻問之無辭以對

唐杭州刺史裴有敞疾甚令錢塘縣主簿夏榮看之榮曰使君百無一慮夫人早須崇福以禳之崔夫人曰禳須何物榮曰使君娶二姬以厭之出三年則厄過矣夫人怒曰此獠狂語兒在身無病榮退曰夫人不信榮不敢言使君合有三婦若不更娶於夫人不

祥矣夫人曰乍可死此事不相當也其年夫人暴亡啟更娶二姬

周大足年中泰州鄭家莊有一兒郎年二十餘日晏於驛路上見一青衣女子獨行妾容姝麗郎君屈就莊宿將衣被同寢至曉門久不開呼之不應於窗中窺之惟有腦骨頭顱在餘並食訖家人破戶入一物不見於梁上暗處有一大鳥衝門去或云羅刹魅也

唐柴附馬紹之弟有材力輕趫迅捷踊身以上挺然若飛十數步乃止嘗著吉莫靴上磚城直至女牆手無攀引又以足指緣佛殿柱至簷頭捻椽覆上越百尺樓閣了無障礙文武聖皇帝奇之曰此人不可以處京邑出爲外官時人號爲壁飛

唐垂拱四年安撫大使狄仁傑檄告西楚霸王項君將校等畧曰鴻名不可以謬假神器不可以力爭應天者膺樂推之名背時者非見幾之主自祖龍御宇橫噬諸侯任趙高以當軸棄蒙括而齒劒沙丘作禍於前望夷覆滅於後七廟墮圮萬姓屠原鳥思靜於飛塵（作塵）魚豈安於沸水赫矣皇漢受命玄穹膺赤帝之禎符當素靈之鈌運府張地紐彰鳳舉之符仰緝天綱鬱龍興之兆而君潛遊澤國嘯聚水鄉矜扛鼎之雄逞拔山之力莫測天符之所會不知曆數之有歸遂奮關中之翼竟垂垓下之翅蓋實由於人事焉有屬於天亡雖驅百萬之兵終棄八千之子以爲殷鑒豈不惜哉固當匿鬼東峯收竟北極豈合虛承廟食廣費牲牢仁傑受命方隅循革攸寄今遣焚燎祠宇削平臺室使蕙襟銷盡羽帳隨烟君宜速遷勿爲人患檄到如律令遂除項羽廟餘神並盡惟會稽禹廟存焉

周則天時謠言曰張公吃酒李公醉張公者易之兄弟也李公者言王室也

周杭州臨安尉薛震好食人肉有債主及奴詣臨安止於客舍飲之醉並殺之水銀和煎并骨銷盡後又欲食其婦婦知之踰墻而遁以告縣令詰之具得其情申州錄事奏奉勅杖一百而死

周舒州刺史張懷肅好服人精唐左司郎中任正名亦有此病

周郎中裴珪妻趙氏有美色曾就張璟藏卜年命璟藏曰夫人目長而慢准相書猪視者淫婦人目有四白五夫守宅夫人終以姦廢宜慎之趙笑而去後果與合宮尉盧崇道姦沒入掖庭

唐宜城公主駙馬裴巽有外寵一人公主遣人執之截其耳鼻剝其陰皮附駙馬面上并截其髮令廳上判事集僚吏共觀之駙馬公主一時皆被奏降公主爲郡主駙馬左遷也

唐開元二年衡州五月頻有火災其時人盡皆見物大如甕赤如燈籠所指之處尋而火起百姓咸謂之火殃

周永昌中涪州多虎暴有一獸似虎而絶大逐一虎噬殺之錄奏檢瑞應圖乃酋耳也不食生物有虎則殺之

漢發兵用銅虎符及唐初爲銀兎符以兎子爲符瑞故也又以鯉魚爲符瑞爲銅魚符以佩之至僞周武姓也玄武龜也又以銅爲龜符

栁州古桂陽郡也有曹泰年八十五偶少妻生子名

曰曾目中無影焉年七十方卒親見其孫子具說道士曹體一郎其從孫姪云的不虛故知邢吉驗影不虛也

耳目記終

括異志

宋　魯應龍著　明鄒樹勳閱

三山曾先生陟嘗寓舘於陳氏七載音信不通夏月青衿俱歇獨處一室有道人自吳山來謂之曰子思鄉之切何不少稱歸陟曰水陸三千里幾時得到道人剪紙爲馬令合眼上馬以水噀之其疾如風祝曰汝歸不可久留須臾到家門戶如舊妻令入浴易新衣陟曰我便去妻曰纔歸便去何不念父母妻子乎陟便上馬而行所騎馬足折驚寤乃身在書舘中隨

身衣服皆新製者道人亦不見惟留一藥籃中有一詩云一騎如龍送客歸銀鬃綠耳步相隨佳人未許輕分別不是僊翁豈得知

景德禪院去縣五里在城西門外之焚化院昔有白毫高數丈民以爲祥乃作寺有白龍潭在寺前以白龍穴於此行人多漂溺居人作塔埋金劒鎮之後遂無害今人謂之三塔灣寺三伽藍順德龍王也淳熙大旱知縣李伯時以攪龍事告太守以長繩繫虎骨縋于龍潭中遂得雨取之稍遲雷電遶廳事亟令人取之乃止

上舍伯祖異舊塋惹山後忽卜兆於丁村遂遷塋焉其中紫藤蟠固棺上或云穴有紫藤此吉徵也遂斫藤遷之自後其家浸衰

嘉禾北門有孩兒橋橋欄四角皆石刻孩兒因名之不知何時所建歲時既久遂出爲怪或夜出叩人門戶求食或於月夜遊戲于市人多見之一夕有膽勇者至夜密伺果見其三二石孩兒徐徐自橋而下遂大呼有鬼以刀逐至其處斫去其頭怪遂絕

秀州子城有天王樓建炎間金虜犯順蘄秀大擾將屠之有天王現於城上若數間屋大兵卒望之怖懼遂引去一州之境獲免及亂平建樓西北隅見今事之

有住庵僧王了因事母至孝母病危篤日夜禱於所事韋天獲法神誠意感格忽神降其身作蠻語云憫汝孝誠故救汝母教以藥餌遂愈自是神常降之言人休咎多驗遠近趨之一日有大請禱僧不謹神怒責遂發狂不可止索浴左右不得已具湯與之湯百

沸猶以爲冷投於中死轉爲快衆拜祈哀神曰姑爲懲之爾遂免及出浴舉體畧無少損病亦愈神不復降矣

紹興兵火之變所在荒凉肝眙有市人儲醬一瓮儍利已多然貪心愈生設計售僞日以鹹水及碎瓦屑炭煤之屬和之所得十倍一夕風雨屋棟析折而夫婦正卧其下皆壓死瓮亦破焉而傍舍畧無損動何提刑詩云萬僞何緣鬭一眞時聞謾得面前人生男種女多瘖啞果報元來必有因可不信哉

盧十五嘉興華亭人所居脩竹鄉盧十五以捌鼈爲業每捌鼈歸舍與妻共活煑其鼈然後出賣每日如是嘉泰二年壬戌四月十七申時忽大風驟雨雷電閃光霹靂大震盧十五并妻女三人皆死雷斧之下嗟乎夫龜鼈介族中之靈物也人豈可殺乎盧十五之報亦可畏也今時食鼈之人心旣好食又招賓友聚會而食號團魚會彼此以所食多寡爲勝負殺生之念滋甚罪報何逃聞此可不戒哉

奉新縣村民縶牛於柱將殺之其鄰家子平時饕食乘醉入觀踞坐指屠者曰速操刀我欲肝肺生食不宜緩仍不可與他人也語至再三牛忽驤首怒目直視此子奮力掣索斷直前徑觸之穿其腹戴之以走過四十里不脫鄉民及豪子弟僮奴極百餘人皆槍杖叫譟共往追逐乃得其尸

嚴泰江行逢漁舟問之云有龜五十頭泰用錢十千贖放之行數十步漁舟乃覆其夕乃有五十人詣泰門告其父母曰賢郎附錢五十千可領之緡皆沾濕父母惟之及泰歸乃說贖龜之異

陳宏泰家富於財有人假貸錢一萬宏泰徵之甚急其人曰請無慮吾先養蝦蟇萬餘頭鬻之足以奉償泰聞之惻然已其償仍別與錢十千令悉放之江中經月餘泰因夜歸馬驚不進前視之乃一金蝦蟇也

司濃曾伯祖行恕丱角而孤侍母徐氏就醫嘉興留精嚴僧舍值徐明反擾亂一州止不屠僧母子俯伏於寺之夾衖下衆鎗攢刺命在須臾默禱伽藍神資善典福明王願脫刀兵之難世世子孫不忘香火果得免死至今奉事于靈雲祖塋司法生主簿果主簿

生知縣季頡相繼登料
巫家丘氏世事鄉瀆主其家盛時神極靈異人有禱之者能作人語指其禍福感應如響家遂稍康自後兄弟析居神亦不復語今其子孫尙以巫覡相傳不絶
去東湖三四里有村曰楊墩左右皆楊其姓者有楊四九者以養鴨爲生數百爲羣人有需之者就令其打併楊利於得錢則每鴨必執其頸可以　宛轉於地立死前後不知其幾矣又得燖治之瀆沃之以

熱湯而氣未絶隨燖而身毛脫落晚年得一疾甚恠每常浸浴缸中妻孥頻頻添湯極熱而不覺皮膚皆浸成白析又令人以足踉踏心至今　尙存而家事索然矣人以爲楊生活受鑊湯地獄報云
秀州魏塘村方通判乳媪周氏臨安人爲人朴直自信不慮人欺村民或從假貸不問識不識隨意與之有蔡公者負最多每督取率託以他故經數年媪呼而責之每以妄言荅云實負婆錢累欲償輒爲官事所蕩願更寬今歲如再背約當爲八乳牝狗以報未幾蔡死而方家得一犬八乳周媪常戲呼曰汝是蔡公耶卽掉尾而前自是聞呼卽至十年乃死
嘉興府德化鄉第一都鈕七者農田爲業常恃頑抵賴王家租米嘉泰辛酉歲種早禾八十畆悉以成就收割囤穀於柴積之側遮隱無蹤依然入官訴傷而柴與穀半夜一火焚盡壬戌歲秋其弟鈕十二亦種早稻八十畆藏穀於家又且怨天尤地忽日午間天宇昏暗大風捲地其家一火灰燼無餘嗚呼鈕七鈕十二欺官瞞人天網恢恢疎而不漏亦可畏也

眉山王簿高公有愛子眉郎甚慧不幸早夭心甚悼之公忽暴卒復甦言至陰府初爲二吏來召引至一處如州城若官府所俄見一人著道服手持數珠而出王簿熟視乃其父也責之曰汝有不公當事還曾知否王簿曰何事不公當也父曰斷遞鋪殺人事不窮其理以直爲曲所以天奪汝愛兒眉郎見亦在此汝有陰隲天未遽奪汝壽汝今還世切須事君則忠事長則順不可爲已營私不可以直爲曲戒殺戒淫戒嗔戒怒但依吾教則盡天年不然則壽祿皆削也

海鹽縣將十八居士蔣念二孺人日誦大乘斷除嗜欲一日洗漱更衣燒香念佛書頌而終居士頌曰這箇幻身四大合成今日分散各歸其根諸幻既滅灰飛煙絕如空中風猶碧天月既無障礙又能皎潔一切永斷無復言說又云直道而行心不諂曲四十年來脫離嗜欲唯閱大乘朝讀暮讀今朝擺手西歸自有現成果足蔣孺人頌曰看過蓮經萬四千平生香火有因緣西方自是吾歸路風月同乘般若船

江南平建州有大將余洪敬妻鄭氏有絕色爲亂兵

所獲獻於裨將王建峯遇以非禮鄭志不可奪脅以白刃不屈又命引所掠婦人令鄭殺以食之謂鄭曰汝懼乎曰此身寧早充君庖誓不可以非禮污我竟不忍殺以獻大將軍查又徵將以薦枕鄭大罵曰王師弔伐義夫節婦宜加旌賞王司徒出於卒伍固無足惟君侯知書爲國上將乃欲加非禮於一婦人以逞欲乎願速見殺查大慚求其夫而付之鄭氏節義凜凜二將虎狠終不敢犯婦人之淫奔無恥者視此獨不靦面乎

華亭人黃翁世以賣香爲業後徙居東湖楊柳巷世以賣香爲生每往臨安江下收賣甜頭歸家修事爲香貨賣甜頭者香行俚語也乃海南販到柏木及藤頭是也黃遂將此木斷截挑剔如箋香片子與番香相和上甑內蒸透以米湯調合墨水用茆帚蘸墨水就甑內翻灑此香遍斑取出攤乾上市貨賣淳熙年間黃翁一日駕舟欲歸華亭留東湖湖口泊船而宿候曉卽行湖口有金山大王廟靈威人皆敬畏之是夜三鼓時忽一人擒起黃翁連拳歐之謂曰汝何作

此造罪貨賣假香可速去來過更時許方得蘇醒次日抵舍病月餘而斃一夕其妻黃嫂夢至陰司見二鬼以沸湯兩桶洗一罪人鬼遂叱黃嫂曰婆子此汝之夫黃某也在世貨賣假香今受此報汝今回世說與諸子速改此業黃嫂痛悲泣言及諸子卽飯僧修設功德追救其夫遂改業別爲生理

海鹽縣倪生每用雜木碎剉炒磨爲末號曰印香發販貨賣一夜燒薰蚊虫藥爆少火入印香籮內遂起煙焰事急用水澆之傍有切香亦見焚燬又用水澆

之磨上印香又然倪見火勢難過卽欲出戶迯命奈何遍室煙迷而不能出避須臾人屋一火而盡

嘉興府周大郞每賣香時纔與人評直或疑其不中周曰此香若不好願出門當逢惡神撲死常以此誓爲詞淳祐年間忽日過府後橋如逢一物絆倒衆卽扶持氣已絶矣嗚呼世人焚香誠欲供養三界十方賢聖黃翁倪生與周大郞者乃以糜木爲眞觸穢神祇登得不遭誅戮哉

口人好道不知其方朝夕拜一枯樹輙云乞長生如

二十八年不倦一旦木生紫花甘津如密食之卽仙去

黃覺旅舍見道士共飲舉盃之際道士以箸蘸酒於案上寫呂字覺悟其爲洞賓也遂蕭然起敬道士又於袖中出大錢七小錢三曰數不可益也又與藥寸許歲旦以酒磨服之可終歲無疾如其言至七十餘藥亦盡作詩云床頭曆日無多了屈指明年七十三於是歲卒

陳元植好積陰德禽鳥悉蒙其惠每食高原之上百鳥飛鳴就食一夕夢緋衣人曰汝有陰德及物壽本不逾四十延至九十九無疾而終

周世宗毁銅佛像曰佛教以頭目髓腦有利於衆生尚無所惜寧復以銅像爲愛乎鎭州大悲銅像甚有靈應擊毁之以斧鉞自胷鑱破其後世宗北征疽發胷間咸以爲報應云

李主簿友泊舟臨溪濯足忽有物在水中掣其足衆力救之李號呼曰痛徹心骨不可忍吾寧死也遂隨大水明日求其屍不獲

晉周典死而復生言天帝召見升殿仰視雲氣紫鬱鬱然天帝面方一尺問左右曰是張天帝耶答曰上古天帝久已聖矣此近曹明帝耳

李舟之弟患風或云蛇酒治風乃求黑蛇生置瓮中醞以麴蘖數日蛇聲不絶及熟香氣酷烈引滿而飲斯須之間化爲水惟毛髮存焉

昇山有村兒牧牛洗所著汗衫曝於艸上牛食艸之際併食其衫疑鄰兒竊之其父怒曰生兒爲盜將安用之卽將兒投於水中鄰兒稱冤呼天纔出水父復

撥之俄大雷雨震死其牛汗衫自牛口中出

錢處士嘗見一人謂曰爾天罰將及可急告謝其人曰某平生無過但昨日飲食不如意棄於溝中錢曰是也可急取食之乃以水洗去其穢俄雷電大震錢曰急并穢食之雷電果息

惠州一娼震死於市脇下有朱書云李林甫以毒虐弄權帝命震死此女蓋偃月公後身也元和六年大月某日

入金蠶蠶金色食以蜀錦取其遺糞置飲食中毒人必

死能致他財使人暴富遺之極難雖水火兵刃不能害多以金銀藏篋置蠶其中投之路隅人或收之以去謂之嫁金蠶

臨江軍惠曆寺初造輪藏成僧限千錢則轉一匝有營妓喪夫家極貧念欲轉藏以資冥福累月辛苦求捨隨緣終不滿一千迫於貧乏無以自存且嫁有日矣此心眷眷不能已乃攜所聚之錢號泣藏前擲錢拜地輪藏自轉闔寺駭異自是不復限數矣

有道小子納涼水濱見行賈擲水灌漱俯身潭上一鬼自潭引手至項上三進三止趙叱呼鬼即隨沒賈曰頭髻中有少雄黃辟邪之效也

南陽人侯慶有一銅像欲賣牛粧金色偶有急事他用久矣一夕慶妻忽夢像曰卿夫妻負我金色久不償今取卿兒醜以償金色至曉兒醜有病像忽有金色光照四鄰皆來觀焉

零陵太守有女悅父書吏無計得偶使婢取書吏所飲餘水飲之因有娠生一男數歲太守莫知其所從來一日使是男求其父兒直入書吏懷中化爲水父

大驚問其女始言其故遂以女妻之

有人好飡羊頭嘗晨出見一羊頭人身衣冠甚偉曰吾未位之神也其屬在羊爾食羊頭甚多故來取汝若輟食則已不然吾將殺汝其人懼不復食羊

雷州西有雷公廟百姓歲納雷鼓車人有以黃魚與彘肉同食立遭雷震每大雷人多於野中掘得黳石號雷公墨光瑩如漆

婺源公山二洞有穴咸通末有鄭道士以繩縋下百餘丈傍有光往視之路窮水阻隔岸有花木二道士

對棋使一童子刺船而至問欲渡否答曰當還童子回舟去鄭復攀繩而出明日穴中有石筍塞其口自是無復入者

終南山中有人身無衣服徧體生黑毛飛騰不可及爲獵人所得言秦宮人避亂入山有老翁教食松實初甚苦澀後稍便之遂不饑獵人以穀食之初聞甚臭吐逆數日乃安身毛脫落漸老而死

朱師古眉州人年三十時得疾不能食聞葷腥即嘔用火鐺旋煑湯沃淡飯數數食之醫莫能治史載之

曰俗輩不讀醫經而妄欲療人可歎也君之疾正在素問經中名食掛凡人肺六葉舒張如蓋下覆於脾子母氣和則進食一或有戾則肺不能舒脾爲之蔽故不嗜食素問曰肺葉焦熱掛遂授一方買藥服之三日聞人食肉甚香取而啖之遂愈

歐陽文忠公慶曆末水宿采石渡舟人鼾唾漸至月黑公滅燭方寢微聞呼聲曰去來舟尾答曰有參政船宿此不可擅去齋料幸攜至公私念曰舟尾逆浦且無從人必鬼也通夕不寐五鼓聞岸山獵獵馳驟聲舟尾曰齋料幸見還且行且答曰道場不清淨無所得而歸公異之後日遊金山與長老瑞新語曰某夜有施主設水陸攜室人至方拜忽思臥少頃乳一子俄腥風滅燭一衆盡恐乃公宿采石之夜也公後果參大政

蔡元度適餘杭舟次泗州僧伽吐光射其舟萬人仰瞻有按呈露士大夫知元度不起矣至高郵而沒世言元度乃木叉後身云

有人得青石太如磚背有鼻穿鐵索長數丈循環無相斷處海商見之以數十千易之云此協金石投於

海中經夕引出上必有金

西域胡僧呪人能生死太宗令壯勇者試之如言而死如言而甦傳奕曰此邪法也邪不犯正若呪臣必不行召僧呪奕初無所覺胡僧自倒更不復甦

天復中隴右大饑其年秋稼甚豐將刈之間太半無穗有就田畔斸鼠穴求之所獲甚多於是家家窮穴有獲五七斛者相傳謂之劫鼠倉饑民皆出求食濟活甚衆

吏陵有陰陽石陰石常潤陽石常燥旱則鞭陰石雨則鞭陽石皆應

韋思玄求鍊金術一日有居士辛銳來謁病癰潰血且甚韋方會客居士遂溺於筵上客怒皆起銳亦告去忽不見視其溺乃紫金液光彩爍然客有解者曰辛屬金兌西方屬金銳其金精乎

南海小虞山有鬼母一產千鬼朝產之暮食之今蒼梧有鬼姑神是也虎頭龍足蟒目蛟眉

荆南都頭李遇病困攝至陰府有一先物故者曰常

括異志

待安得來此復有一人云追劉李遇遂蘓見妻子環泣身下卧一畫人號替代云

王泳避暑神廟見一老人佗背及肋有搭白處明日視之乃橐駝也昨夕所見豈其精耶

資聖寺在海鹽縣西本普明院舊記晉將軍戴威捨宅爲寺司徒王詢建爲光典寺天禧二年賜今名寺有寶塔極高峻層層用四方燈照東海行舟者皆望此爲標的焉功爲甚宏有海濱業戶某與兄弟泛舟入洋口倭鮮風濤驟惡舟楫悉壞俱溺於海而火其家日夕號泣一夕夢其夫歸曰我未出海時先夢神告曰來日有風波之厄不可往吾不信遂死於此初墜海時彈指隨波已去數百里神欲救我不可及今在海潮鬼部中極苦每日潮上皆我輩推擁而來他佛事祭享皆爲諸鬼奪去我不可得獨有資聖塔燈光明功德浩大耳其妻因齎家貲入寺設燈願次夕又夢夫來謝云今得升一等矣

捍海塘凡十八條自縣去海九十五里有望海鎮歲久波濤衝齧盡爲洋海紹興中知縣陳某嘗於海塘

括異志

五里建望月亭殆今則亭基在水中不可復見每歲沙岸崩得瓦盎鐵劍舉手粉碎

嘉興縣西南六十步地志云晉歌妓蘓小小墓今有井石在道判聽曰蘓小小墓徐凝寒食詩云嘉興郭裏逢寒食落日家家拜掃歸只有縣前蘓小小無人送與紙錢灰

當湖在今縣北五十里南北十二里東西六里古老相傳地初陷時有婦人產一物若蛟蜃狀濯於水遂陷一方迤邐從東北去今有泖港直通太湖昨得石

刻乃唐吳郡陸府君墓銘塟於蘓州海鹽縣齊景鄉當湖則當湖之名舊矣或云鸚鵡洲圖經不載並縣未陷曾有此湖耶曩歲漁者於湖中獲一鐵鏈長不計極舟滿幾覆懼而棄之或云繫蜃於此自漢迄今上下千餘年湖日淺土日增聞有於其中髣髴見其餘趾

金山忠烈王漢博陸侯姓霍氏吳孫權時一日致疾黃門小竪附語曰國主封界華亭谷極西南有金山鹹塘湖爲民害民將魚鱉食之非人力能防金山故

海鹽縣一旦陷沒爲湖無大神護也臣漢之功臣霍某也部黨有力能鎮之可立廟於山吳王乃立廟建炎間建行宮於當湖賜名顯應尤著鄉民祈禱輒應部下錢侯尤爲靈著王以四月十八誕辰浙之東西商賈舟楫朝獻踵至自六四月至中旬末一市爲之閧沸聞有設祭於松栢間祀其先亡慟哭而反謂之小嶽廟廟中鐵鑄四聖由海而來至今見存

古老相傳湖初陷白沃史君躍馬疾走不及遂駐馬以鞭指得湖東南一角水至不沒因立廟迨今此地得高又云兄弟三人一在沙腰一在乍浦皆稱白沃廟

東林施水院本定庵居士白蓮道場寺有藏歲久弊甚住持僧智祥力鳩衆緣爲之僅成規模其中實無所有始寺有轉藏不問多寡僧以一餅啖之由是至者甚衆人有病祟必以東林藏轉之即愈蓋寺有神姓施封護國公爲之打供僧徒得以濟

齊景鄉縣北四十里有廟在焉圖宅號齊景公廟一云未明大王古老相傳齊景公遷海而南觀於轉附

朝儛會遊於此立廟於斯舊有碑今磨滅不存矣唐貞元十四年太子左贊善大夫吳郡陸使君夫人汝南縣君周氏墓志云祔于嘉興縣東界海鹽縣齊景鄉青墩原西北塋則齊景鄉青墩之名舊矣

元豐末秀州人家屋瓦霜後氷自成花每瓦一枝正如畫家所爲折枝有大花如牡丹花葉者細花如萱草海棠者皆有枝葉無毫髮不具雖巧筆不能爲之以紙摹之無異石刻

寶聖石佛院在嘉興縣東南唐至德二年於寺基掘

得石佛四軀至今見存天聖中賜名寶聖人但呼石佛寺寶一作保

庚子歲夏旱湖間可以通轍有魚舟夜艤水滸遥見有光燭人意謂必窖藏遂於中夜掘之得磚一井片長六七寸兩首各有方竅相入兩面皆有手掌紋極細宛然可見不知此磚始於何時竊意當時陶人手法爲之耳見童爭鬻于市或取以爲硯清潤細膩可愛余嘗得片磚爲好事取去

南林翟塋高祖宣義之墓嘗聞諸伯叔祖言初營地

時高祖頗明地理將鑿池引水至墓之西南夜夢一婦人請曰妾有墓在正南所開池處君戒役夫勿傷吾墓當有厚報次日果於其地得金數塊遂用以營寺至今其墓尚存自建刱以來將踰百年林木塢竹視他處爲盛丙午夏忽生雙筍數株莫不嗟異各有賦詠然竟不成竿亦無他應豈物反常爲妖卒以自斃云

光嚴庵正議之塋瀕湖占勝爲一方冠東南皆枕湖遠峯列如筆架一塔屹於波心文鋒挺立登名仕版者世有其人視他族爲最盛淳祐間忽樹間出煙一道遠近莫不驚異有細視之者見其間有蠓蚋不可計從樹中出終日不絶蓋此煙卽此所成不知何異

湖心有地一方立塔以按風水人呼之曰按山湖水瀰漫時盗多竄伏於此由是守庵者不敢居遂成荒蕪其中有大穴如龕下極空洞巨蟒潛伏於内時有人見之或偃卧湖沙之側近年有數道者居之佛殿廊廡稍稍成緒蛇亦不復見矣余家舊有蛇穴於壁間每春月常有小蛇出沒近歲稍少又有一族人課

僕鋤草忽聞地中有聲入土尺許有石板蓋覆甚固啟之得缸可貯數石米其中皆巨蛇八九奔走四出急擊之或死或竄去竟不知從何而入也意者必有異物蓋不遇而變化云

陳山在縣東北四十里高八十一丈週圍二十五里有白龍湫顯濟敷澤龍王廟山頂有龍穴深不數尺春夏不涸百姓遇旱則禱於穴必有異物見因取其水祀之雨卽滂沛又有龍母塚在焉每歲常在七月多風雨人謂龍洗墓云

陳山龍王廟後有觀音殿曩年忽有兩石從半山闞墜而下一從殿後壁滾入觀音座下　墜殿之西屋兎無所損不知從何而入殿中也今二石尚存亦可異留題者甚多余乙卯歲到祠下嘗賦詩于壁以紀其事

華亭縣北七十里有澱湖山上有三姑廟每歲湖中群蛟競鬬水爲沸騰獨不入廟中神極靈異寺僧藉其力以給齋粥水陸尤感應向年有漁舟艤湖口忽見一婦人附舟云欲到澱山寺及抵岸婦人直入寺

去舟中止遺一履漁人執此履以徃索渡錢寺僧詰訝之曰此必三姑顯靈因相隨至殿中果見左足無履坐傍百錢在焉遂授漁人而去嘉禾百詠云神居陰陽護寺闕捍洪波莫慮蛟龍怒年來畏叱呵

德藏寺前鐘乃銅所鑄音極洪響嘗見古老云初鑄鍾時有匠者云此鐘未可便和俟吾至六十里乃擊之及既去方至新坊十八里寺僧遽扣之匠人聞其聲嘆曰聲止於此今寺中鐘自新坊十八里外不復聞矣惜哉

當湖酒庫有四聖廟在炊淘之後立祠以來閱歲滋久前後交承祀之奉之甚謹每一任初到則上兩幡旣解印則復兩幡酬神之庇以爲定例丙辰丁巳之間有姑蘇姚承節應瑞者董糟丘將幡書徧於神祠中然後取幡染爲黑色雜用人無知者及去任未數里忽其子舟中爲神所憑責之曰我立祠福汝坊場久矣新舊之幡皆我之物安得擅取以爲兒服耶及詰其妾何人磨墨何人折幡歷道其所以衆皆驚愕姚懼亟禱於神許以謝過其子遂甦

伍子胥逃楚仕吳吳王賜以屬鏤之劍自殺浮其屍于江遂爲濤神謂之胥濤人皆知之今嘉興有胥山鄉山高一十五丈週圍二里舊經云伍子胥伐越經營於此水經云子胥死於吳吳人立祠江上名胥山杭州吳山亦名胥山蘇州吳縣亦有胥山則其名非一今胥山鄉伍姓甚繁亦謂之云云

嘉禾志顧亭林庵中有忠烈公祠近歲忽地裂數尺中有風濤聲以物探之應手火起至今尚然

華亭陸四官廟一名陸司空元和初有鹽船數十艘

於廟前泊夜中雨過有光如火或吐或吞船人窺之見一物長數丈大如屋梁口弄一團火以竹篙抑之驚入草際光遺在地乃一珠徑寸以衣裹之光透出乃脫褻服裹之光始不見後至揚州賣之獲數萬緡

輿地志泰置海鹽縣王莽改爲展武縣縣陷爲湖湖中小山生柘樹因以爲名又云秦時有女入湖爲神即此祠也荊公詩云柘林著湖名菱葉蔓湖濱秦女亦何事能爲此湖神年年賽雞豚漁子自知津幽妖乘險阻禍福易欺人

括異志

吳躍龍余友吳宗禮達之之子也乙卯與余友鄉舉同廊就試是歲俱登小薦而躍龍實爲亞榜賦魁實通榜詞賦之第八也揭曉之夕夢登七層寶塔已及六層止餘一層欲上之間忽見一人星冠雲帔若天尊像叱曰此鴈塔也汝何人輙登此連步遂下迤邐至塔外遂坐其傍驚而寤及榜至乃在七名之外余親見其說又有張湘亦以乙卯魁亞薦揭曉兩夕前夢人持巨盤撲賣湘一撲五錢皆黑一錢旋轉不已竟作字一人曰幾乎渾純及榜乃爲小薦第一功名前定不可强求也如此

西宮眞武道院西廡一室有純陽眞人呂翁像極端嚴乃曾叔祖大中璠所創道堂中塑像道堂廢遂移奉於此頗著靈異小兒有拜禱乞錢者或於几上及坐處得之亦見其僊道變化之驗云

嘉興縣界移風鄉有魏四十道者有妻有子中年忽悟眞空捨俗出家修行齋戒甚至鄉民敬之重之淳祐丙辰冬忽感疾自度氣血衰不能起呼同儕具湯沐更衣曰大限到來吾復何戀各自珍重遂跏趺奄然而逝遠近聞者肩踵相摩觀瞻嘆羡凡兩日未定

括異志

淳祐甲申春余館於沈氏書塾因寓宿焉一夕夢婦人著紅衣至其家廳廡下轎無侍女手執黃羅襦直入其堂且與諸生言之皆莫曉所謂次夕方篝燈披閱卷帙忽有人報街外鼓聲甚急倉皇使人視之乃市樓失火烟焰燭天衆力撲救僅免延燎止拽倒小屋數間方知婦人之怪也

永興橋之西陸氏宅有大井不知何年所鑿而闊數尺其深不可測雖大旱不涸其下可以轉篙時時於

其中有浮淬及破碑蒲帆浮起不知何來古老相傳云此下通大海蓋海水伏流地中從此過耶今爲官民得之正居堂之中以板覆蓋甚謹蓋防顛扇也

余家全盛特以東廡爲書塾其西南隅後爲居民王氏宅王見其家每夜常有白衣人出現意其爲祟每夜防之一夕持杖逐至竈側而沒掘之得銀一瓶人無知者遂以此經營他之遂小康焉又李園者以種圃爲業初甚貧一日揮鋤忽糞土中有聲掘得一瓮皆小金牌滿其中李得之遂博而貨易爲他人所發告訴訟

二二五

附于官備極笞楚卒爲他人所得今無復一存矣

嘉興貢院元是州學今有采芹橋泮水之舊規在焉後遷學於鳳池坊此地遂爲貢院每舉終場幾二千人荷笈而進者隨子弟而入者幾及萬餘人然西廊之第三間極北舉子常有爲魅所憑而至死者或如猫而過或如婦人每一發喊則妖氣愈盛是以分棄于其間者多不欲就前後所死非一兵卒之宿於廊廡往往夜見鬼物甚至驚魘不醒逐弗可救丙午歲將赴舉監試官忽夢有人自稱貢院將軍云我死於此地本得爲神每舉子死於場屋者皆我輩爲之可立廟于西北隅事我則免於是明言於府以立祠焉由是兩舉稍安士人之赴試者莫不先期備金錢禱以求陰庇或云此地元爲勘院徐明之亂多鞠死於此故遇呼喊三聲則出矣

枕譚

華亭陳繼儒撰　秀州張炳閱

吾黨讀古人書往往承譌紕繆至有近在目前可以意解者乃不能互相揚推姝足邪揄偶與兒輩洗觴而譚之隨譚隨錄藏于枕中

張玄

晉書謝安傳謝玄北伐苻堅下逮沂安與玄圍碁玄上去一張字讀者知爲何玄耶按張玄與謝玄同名人號南北二玄

新都

後漢書志注王莽新都在南陽今蜀之新都非莽所封

重較

漢世有諺語云仕進不止車生耳謂重較也

舉案

孟光舉案齊眉說文案几屬也用修引張平子何以報之青玉案謂以爲青玉盌且云孟光一婦人安能舉案則用修以案爲今案卓耳以案作盌尤無據按楚漢春秋淮陰侯謝武涉漢王賜臣玉案之食則是玉盤而下有足者曰玉案故說文以爲几屬耳或于案中別眞器或竟眞食若孟光則力能舉石臼而況一案乎

曹娥碑

按世說注曹娥碑在會稽而魏武德祖未嘗渡江

麥金

梁鴻傳載鴻詩二首麥含含兮方秀刻本皆如此藝文類聚引之作麥含金爲是金與含相似而衍爲二字也當表出之

太形

楊用修引列子太行爲太形此亦一證

條脫

條脫臂飾也一作條達又作跳脫蓋傳寫之誤也

躲烏

傳言羿日落九烏烏最難躲而一日得九言躲之捷也後世遂以爲日謬矣

盜竿

老子服文采帶利劍厭飲食而貨有餘此之謂盜竽竽者五音之長竽唱則衆樂皆和大姦倡則小盜和故云盜竽今本誤作盜夸字相近故也

結

韓文石鼎聯句序長頭高結喉中作楚語結字斷句音髻義同

伊傅

秦漢前書文多況喻伊尹負鼎干湯謂尹有鼎鼐之才也橫義者遂以爲庖人誣矣說築傅巖之野築之

爲言居也猶卜築之築求之而不得遂謂起于版築雖孟子亦云誤矣

狄香

張衡同聲歌鞮芬以狄香鞮履也狄香外國之香也謂之香薰履也近刻玉臺新詠及樂府詩集改爲秋香太謬

紫濛

宋人送中國使臣使契丹詩以青瑣對紫濛人多不知此處按晉書慕容氏邑于紫濛之野蓋以慕容比遼是時宋遼方結好故臣僚送別紀行之詩略不譏刺此用紫濛字亦隱而妙矣方虛谷註云紫濛虜中館名妄猜語耳

二庭

唐詩二庭歸望斷萬里客心愁二庭者沙鉢羅可汗建庭于淮合水謂之南庭吐陸建牙于鏃曷山謂之北庭二庭以伊列水爲界所謂南單于北單于也近有註唐音云二庭未詳如此尚未核何以註爲

叱撥

唐詩紫陌斷嘶紅叱撥叱撥馬名

偶語

漢高帝既定天下未嘗及封功臣而諸將聚沙偶語以留侯言先封雍齒乃人人自安今按功臣年表曹參至陳平等九人以十二月甲申以次而封張良至陳豨十三人以正月封雍齒與郭蒙以戊午封而諸將陳武等以三月丙申庚子等日相繼而封然則曹參諸公遠者先三十四日而偶語輩僅陳武等二十餘人耳此曹非有大功何敢偶語意者歸美留侯之

謚辭未可知也

子姬

殷之德陽德也故以男書子周之德陰德也故以女書姬

遂

遂與歲通用史記註引陸賈楚漢春秋云三老董公八十二遂封爲成侯遂即歲也又古作㞷

廣文選

阮嗣宗碑乃東平太守嵇叔良撰而廣文選妄改良作夜不知叔夜之死先于阮也中山王文木賦乃以文爲中山王名而題作木賦宋玉微詠賦乃誤王爲玉而題作微詠賦下書宋玉之名不知王微乃南宋人史具有姓名而疎謬如此殊誤觀者

服妖

晉傳玄奏議云妹喜冠男冠桀亾天下何晏服女服亦亾其身内外不殊王制失序此妖服也

弄

南史東昏侯被弑于西弄西弄宮中別道如永巷之類是也元美遊洞庭山記載風弄即衚也人多不知

仁祠

後漢楚王元英傳遠黃老之微言尚浮屠之仁詞仁祠指佛寺唐時多以寺爲仁祠權載之詩逸氣淸仁祠訪金碧是也溫公通鑑綱目以祠爲慈

側生

左思蜀都賦旁挺龍目側生荔支張九齡荔支賦維觀上國之光而被側生之誚杜子美絕句云側生野岸及紅蒲不熟丹宮滿玉壺諱荔支爲側生雖本之左思張九齡然以時事不欲直道也黃山谷題楊妃病齒云多食側生損其左車則又好奇故耳

五大夫

今人稱泰山五大夫俱云五松樹而不知始皇上泰山封祀風雨暴至休于松樹下遂封其樹爲五大夫五大夫秦官名第九爵也此可證千古之謬

町疃

詩町疃鹿場毛萇云鹿跡也說文云町疃禽獸所踐處漢儒解經如此可笑原詩人之意謂征夫不歸町

疃之地踐爲鹿場非謂町疃卽鹿場也按左傳町原防井衍沃千實注平川廣澤可井者則井之原阜堤防不可井者則町之町小頃也町疃皆說田野

罘罳

段成式云士林多稱雀網爲罘罳其誤如此按漢書罘罳屏也復也臣朝君至屏所奏之事于下又按劉熙釋名曰罘罳在外門罘復也臣將入請事于此復重思也今之照墻也

青荓

史記豫讓漆身爲癩吞炭爲啞其妻不識其友識之不言何人初學皆不知按呂覽襄子馬却不前時事則青荓也

措大

今人不知措大之說李濟翁載四說其一以士人貧居新鄭之野以驢負醋而鬻邑人指其醋馱而名之又曰鄭有醋溝士人多居其溝州之東以甲乙名族故曰醋大皆自鄭地起也濟翁以爲皆謬曰謂其能舉措大事而已

蔡邕

昔人謂蔡邕無子邕傳亦不言有子無子書悉以授王粲按羊祜傳祜蔡邕外孫景獻皇后同母弟祜討逆有功將進爵土乞以賜舅子蔡襲詔封襲關內侯然則邕實有子其女亦不止文姬一人可知此可補傳缺

聾虫

淮南子馬聾虫也用修以爲奇語按龍無耳牛耳皆實其聽皆以角可稱聾若馬則彼此能相語向言聾

也也

鏡聽

李廓王建皆有鏡聽詞鏡聽今之響卜也

左袒

爲劉左袒爲呂右袒昔人頗以絳侯爲失計者王應麟曰考之儀禮鄉射䠞凡事無問吉凶皆左袒是以士喪禮及大射禮皆左袒惟受刑則右袒故覲禮云右肉袒註云刑宜施于右是也以是攷之勃誅呂之計已定若爲呂則有刑故以右袒令之耳吳與陳霆

則云淖齒弑齊王王孫賈入市中呼曰淖齒作亂從我誅淖齒者袒右市人從者四百若以袒右當受刑則市人從討者亦當刑耶應麟自爲得情而不知其已陷于陳氏矣是皆未得情也勃老將也已預知衆心歸劉而不能無疑于呂氏之有黨蓋令一下而間有遲疑未決者立誅之以令衆如楊素朱滔之擧耳豈至此而始覘人心之向背哉

平楚

謝朓詩寒城一以眺平楚正蒼然楚叢木也登高望遠見木杪如平地故云平楚卽詩所謂平林也

落月

落月滿屋梁猶疑照顔色言夢中見之而覺其猶在卽所謂夢中寃鬼猶言是覺後精神尚未回也詩木淺求人看得深反晦矣

佩魚

佩魚始于唐永徽二年以鯉爲李也武后天授元年改佩龜以玄武爲龜也杜詩金魚換酒來蓋開元中復佩魚矣

鋃鐺

鋃音狼鋃鐺大鎖也後漢書崔烈以鋃鐺鎖今多誤鋃作銀至有銀鎖三公脚刀撞僕躲頭之句其傳誤習舛如此

檀暈

東坡詩鮫綃剪碎玉簪輕檀暈粧成雪月明肯伴老人春一醉懸知欲落更多情按畫家七十二色有檀色淺赭所合婦女暈眉色似之人皆不知檀暈之義何也

洗馬

洗馬洗先也騎而爲太子先導也

丈夫

按禮十尺曰丈男子成人之極也夫者膚也其智膚敏弘敎也

轂擊

蘇秦稱臨淄之中車轂擊以爲盛其義何居按樂府云齊人本好轂擊相犯以爲樂也

宣室

淮南子紂拘于宣室悔不誅文王則宣室乃繫所漢不宜名齋殿

官燭

丹鉛餘錄云宋官燭香煙成五彩樓閣龍鳳文者疑是蠟脂所成

鳩杖

續漢禮儀志云仲秋之月賜八九十老人杖杖端有玉鳩鳩不咽之鳥蓋取不咽也風俗通記漢高故事恐未可據

令甲

今人稱法令曰令甲然攷漢書有令甲令丙則漢律當有十卷

茗

古傳註茶樹初採爲茶老爲茗再老爲荈今槩稱茗當是錯用事也

長流

古呼治獄參軍爲長流人多不知按帝王紀云少昊崩神降于長流之山于祀主秋秋官司寇主刑罰也

故取秋帝所居爲嘉名也

小鳳小儀

唐人以中書舍人爲小鳳蓋以中書省爲有鳳池也又謂儀部之長曰大儀員外曰中儀主事曰小儀見鄭谷集宋人猶襲之張天覺自小鳳拜右揆是也

書雲

詩人冬至用書雲事宋人小說爲分至啟閉必書雲物獨以爲冬至事非也按春秋感精符云冬至有雲迎送日者來歲美宋忠註曰雲迎日出雲送日沒也

冬至獨用書雲蓋指此

神瀵

陳希夷詩倏爾火輪煎地脉愕然神瀵湧山椒神瀵字甚奇而不知其出于列子即易所謂山澤氣相蒸雲興而爲雨也

裕眠

楚辭遠望兮仟眠呂延濟曰原野之色也按說文裕眠山谷青裕裕也則仟眠字當從裕眠

萬城

左傳方城以爲城方本万字訛耳唐勒奏土論罔我是楚也世伯南土自越以至葉垂弘境萬里故曰萬城

亭堠

升菴有紀行詩山遮延鷺堠江繞畫烏亭用事甚僻而不知出處按元魏改官制以候望官爲白鷺取延望之意其時亭堠多刻鷺像也上句用此漢明帝起居注帝巡狩過亭障烏鳴亭長引弓躲中之奏曰烏烏啞啞引弓躲左腋陛下壽萬年臣爲二千石帝悦令天下亭障皆畫烏下句用此

渴筆

唐徐浩書張九齡司徒告身多渴筆謂枯無墨也在書家爲難

頖宮

白虎通諸侯之學曰頖宮今或盡作黌宮者非宜作璜宮

趙九齡

紹興甲寅乙卯間劉麟導虜南侵時車駕駐平江有趙九齡者策士也請決淮西水以灌營上不能用而虜以實偵知之矣已而韓世忠得虜酋約戰書曰聞江南欲決淮西水以浸吾軍書到明日虜即退師當時但以爲却敵之功而不知九齡之力蓋陰庇之也

任誕

世謂任誕起于江左非也漢末已有之矣仲長統見志詩曰寄愁天上埋憂地下叛散五經滅棄風雅鄭泉嗜酒臨卒謂同類曰必葬我陶家之側庶千歲化而成土幸見取爲酒甕實獲我心矣二子蓋劉阮之先著鞭者也

忝

方言吳有忝娥之臺束晳賦朝亭五鼎之奉夕宿忝娥之房忝即七也大玄七政亦作忝褚河南書枯樹賦亦作忝

笨

笨音奔去聲粗率也晉書豫章太守史疇肥大時或目爲笨伯宋書王微傳亦有粗笨之語朱子語錄云諸葛亮只是笨不知笨字乃書作盆而以音發之意

諸葛豈筆者耶字尚不識而欲譏評諸葛乎

化益

世本云化益作井宋衷曰化益伯益也荀子成相篇傳禹平天下躬親爲民行勞苦得益皐陶横革直成爲輔呂氏春秋云得皐陶化益真成横革之交五人爲佐化益卽伯益真成卽直成也

楓天棗地

張文成太卜判有楓天棗地之語初不省所出後見乃六典三式云六壬卦局以楓木爲天棗心爲地乃

知文成用此

猥談

吳郡祝允明著　李孫枝閱

李公

永樂初饒人朱季文進所著書楊文貞輩請罪其人火其書近成化末司馬御史提學南畿得予婦翁李公琬琰集舊刻命學徒翻謄之衆請即用元本登之木司馬從之李故假諸督府經歷吳宣宣大怒疏于朝言李某以壻祝允明在學假書令浸潤司馬某事下所司立案而已後見周原已院判笑謂予翰林舊有一可笑事今得吳經歷本作對矣一大將乞翰林某人書專令一吏候之免其他役吏始甚德之踰改火吏不勝躁具牒呈其將言蒙委領某翰林文字爲渠展轉支延已及半載顯是本官不能作詩虛詞誆賺彼此一笑而已以文墨事見之疏牒前有予翰林後有予也又後數年無錫有陳公懋者註書與朱子反亦上于朝上命罪而遣之予謂又與朱季文爲對予也

上父書

上大人（句上上書大人謂叔梁紇）丘（句聖人名）乙已化三千七十士尔（句乙一通言一身所化士如許）小生八九子佳（句八九七十二也言弟子三千中七十二人更佳）作仁（句作猶爲）可知禮也（仁禮相爲用言七十子善爲仁其於禮可知）

上大人丘乙已化三千七十士尔小生八九子佳作仁可知禮右八句末兩也字不知何起今小兒學書必首此天下同然書坊有解胡說耳水東日記言宋學士晚年寫此必知所自又說郛中曾記之亦未暇檢向一友謂予此孔子上其父書也上大人（句上上書大人謂叔梁紇）丘（句聖人名）乙已化三千七十士尔（句乙一通言一身所化士如許）小生八九子佳（句八九七十二也言弟子三千中七十二人更佳）作仁（句作猶爲）可知禮也（仁禮相爲用言七十子善爲仁其於禮可知）大槩取筆畫稀少開童子稍附會理也

文字

文字中稱完顏氏爲大金承襲誤也蒙古自稱大元我朝作者何曾于之以大今應云胡金爾文字門稱都御史爲中丞府尹爲京兆之屬尚視語勢如何若結銜之際亦欲異衆書從別代或妄更變非也如官吏部屬書尚書吏部郎中曾攝使假一品服還尋繳納書賜一品服憲臣出巡易地名如巡按貴陽至如領鄉舉書浙進士賜進士不書出身同出身但書第字爲府縣學生書郡庠邑庠或長庠吳庠之類不知

可乎

別號

道號別稱古人間自寓懷非爲敬名設也今人不敢名亦不敢字必以號稱雖尊行貴位不以屬銜爲重而更重所謂號尤可笑事也士大夫名實副者固多餘唯農夫不然自闤市村隴䆉人瑣夫不識丁者未嘗無號兼之庸鄙狂怪松蘭泉石一坐百犯又兄山則弟必水伯松則仲叔必竹梅父此物則子孫引此物於不已愚哉愚哉予每狥人爲記論多假託以規

諷猶用自愧近聞婦人亦有之向見人稱冰壺老拙乃㛮嫗也又傳江西一令訊盜盜忽對曰守愚不敢令不解問左右一胥云守愚者其號也乃知今日賊亦有別號矣此等風俗不知何時可變

判語

張忠定判瓦匠乞假云天晴瓦屋雨下和泥及丁謂判木工狀云不得將皮補節削凸見心人稱之郡守邢公判重造郡門皷狀云務須緊綳密釘晴雨同聲又一守禁戴幘不得露網巾吏草榜云前不露邊後不露圈守曰公文貴簡何作對偶語乎吏白當如何守曰前後不露邊圈乃不覺一笑

破題

宋末人戲作破題古曲題云看看月上葡萄架那人應是不來也最苦是一雙鳳枕閒在繡幃下破云時至人未至君子不能無疑心物偶人未偶君子不能無感心吳歌題云月子彎彎照幾州幾家歡樂幾家愁幾家夫婦同羅帳幾家漂散在他州破云運於上者無遠近之殊形於下者有悲歡之異小曲題云媽

媽只要光光鏝我苦何曾管雪下去送官賣酒愉番幾曾得免怎容懶有客教奴伴破云吾親狥利而忘義既不能以憂人之憂吾身狥公而忘私又强欲以樂人之樂

俗儉

江西俗儉果榼作數格唯中一味或果或菜可食餘悉充以雕木謂之子孫果合又不解鎔蔗糖亦刻木飾其色以代饌一客欲食取之方知贗物便失笑嘗覩之底有字云大德二年重修更胡盧也

歌曲

今人間用樂皆荀簡錯亂其初歌曲絲竹大率金元之舊略存十七宮調亦且不備只十一調中塡輳而已雖曰不敢以望雅部然俗部大槩較差雅部不啻數律今之俗部尤極高而就其聲察之初無定一時高下隨工任意移易（此病歌與絃音為最）蓋視金元製腔之時又失之矣自國初來公私尚用優伶供事數十年來所謂南戲盛行更為無端於是聲樂大亂南戲出於宣和之後南渡之際謂之溫州雜劇予見舊牒其時

有趙閎夫榜禁頗述名目如趙貞女蔡二郎等亦不甚多以後日增今遍滿四方轉轉改益又不如舊而歌唱愈繆極厭觀聽蓋已略無音律腔調（音者七音律者十二律呂腔者章句字數長短高下疾徐抑揚之節各有部位調者舊八十四調後七七宮調今十一調正宮不可為中呂之類此四者無一不具）愚人蠢工狥意更變妄名餘姚腔海鹽腔弋陽腔崑山腔之類變易喉舌趁逐抑揚杜撰百端眞胡說耳若以被之管絃必至失笑而昧士傾喜之互為自設爾

土語

生淨旦末等名有謂反其事而稱又或託之唐莊宗皆繆云也此本金元闤闠談吐所謂鶻伶聲嗽今所謂市語也生即男子旦曰粧旦色淨曰淨兒末曰末尼孤乃官人即其土音何義理之有太和譜略言之詞曲中用土語何限亦有聚為書者一覽可知

智者

弘治中吾郡一豪子以事官捕之急竄匿不出官百計索之不能得或言鄉者某多智數官延訪之者乞屏左右乃曰欲得之須用老子官曰老子已在此矣

者意蓋用欲取先予之術官所云謂已執其父也者曰不是者箇老子官曰正是者箇老子者又白如前官終不悟即叱之退曰者蠢物尚謂一人有兩老子何智術之有

無故之死

人死有輕於鴻毛又有大無端不若鴻毛者大抵官府最多浸記二事京師人産兒一頭兩身棄諸野一丐取示人以乞錢俄頃觀者牆立閧傳於邏廠中人白于內未報而街坊火甲不知更恐其擾瓌也逐之

丐提孩去明日內旨取看火甲覓丐與兒皆亡矣懼即自經家獨一妻懼追捕亦縊一戶遂絕又二人遇於途甲沈醉乙半酣甲毆乙仆視之死矣逕去總甲見之亟白于官時巳暮姑以葦席四懸障屍衆寢衛於外夜半乙稍甦巳迷前事思安得處此必犯夜禁故潛起而逸歸家巳大醒詣其妻甲毆我明當訟之及明守者失屍驚懼須臾官來謂受賕棄屍箠楚之守者誣服請取屍來乃共往伺于郊一人醉而來衆前撲殺之舁入葦室乙詣甲喧將訟之甲與飲納之賄乃釋甲復思昔者所由固知爲我殺人今若此爲不白之官因邀乙往首實官訊守者屍所來不能諱棄市若漕卒牽夫公役輩無故之死又尋常事耳

癩虫

一自外歸裝有水銀一小簏箱籍上書一銀字爲識舟人以爲銀也乘其醉縛而沈之南方過癩小說多載之近聞其症乃有癩蟲自男女精液中過去故此脫而彼染如男入女固易若女染男者亦自女精中出隨精入男莖中也若男欲除蟲者以荷葉卷置女陰中既輸洩卽抽出葉精與蟲悉在其中卽棄之精既不入女陰宮女亦無害也此治療妙術故不厭猥褻詳述之今南中有癩人處官置癩坊居之不以貴賤知體蘊癩者家便聞官隱者有罰焉

驢姦

曩時婦人與狗姦事有公牒人皆知之又𨶹媼事予記在語怪沈休文宋書凡有兩事又近數年有驢姦事漫述之燕京小民三五家共築一土室買一驢室中置磨各家有麥共往磨之一日三婦磨麥少休驢舒息久之游騰其勢婦下劣戲言我輩能當之乎一往就之畏卽巳一繼之不勝而退一哂而往稍縱焉畜遂就事畜去而婦斃焉此等事如漢濟北江都王及僧祇律猨猴精舍比丘難提死馬等甚多宇宙之間何所不有

丐戶

奉化有所謂丐戶俗謂之大貧聚處城外自爲匹偶良人不與接婚官給衣糧而本不甚窘亦婦女稍妝澤業枕席其始皆官家以罪殺其人而籍其牝官設

之而征其淫賄以迄今也金陵教坊二十八家亦然奉鑾趙之祖齊氏室所生也

新人

城中有女許嫁鄉間富室及期來迎其夕失女所在蓋與私人期而爲巫臣之逃矣詰旦家人莫爲計姑以女暴疾辭而來儐固已洞悉之矣壻家禮筵方啟嘉儀紛沓翹企以待比逆者至寂然主人扣從者皆莫能對儐以袂掩口附耳告曰新人少出不覺一笑而已

猥談終

吳 祝允明著 武林朱煒閱

重書走無常

鄷都走無常事二編已書之後以問邑博熊君君即鄷都人也言之甚悉蓋彼中以此爲常或人行道路間或負擔任物忽擲跳數四便仆於地寘然如死途人家屬但聚觀以伺之或六時或竟日甚或越宿必自甦不復驚異救治也比其甦扣之則多以勾攝蓋冥府追逮繁冗時鬼吏不足則取諸人間令攝鬼卒承牒行事事訖即還或有搬運負戴之役亦然皆名走無常無時無之宣德永樂間（年歲未的）有江西尤和以進士來爲鄷都令下車左右請謁鄷都觀觀在鄷都山居邑外且山勢穹巍岑遠草木蔚密觀奠其陽殊極雄偉觀之後山陰復有山殿之其境益幽詭叢灌蔽翳人迹罕到中亦有官宇則所謂北陰也其下即大獄凡鄉之禱祀者必之前觀香火極盛而凡仕於彼者初涖政亦必虔謁與社稷城隍等耳尤和初至聞衆請岸然曰焉有是哉吾久聞此語今來當官政

欲除之以息從前愚惑尚有於謁禱邪然固當一往視之然後毀除即命駕以往初見山門崇煥已怒比入危級甚遥入中門廣庭脩廡堂殿宏麗尤畧無瞻揖之儀傲睨四顧及後室從宇皆視之遍返駕言伺當命工悉去之及至縣亦無他明晨方治事忽身畔一門子跌仆於公座下倚其韡而僵尤蹴開顧左右應是卒死舁之去左右告非卒死此走無常也尤大怒何復爲此誑語邪吾固曰當施此風妄云云者應加以重罰而復敢爾邪左右言明公姑從衆任之□自起問之可驗苟爲不然一移動則即死矣奈何尤令唤其父母來語之故父母皆懇曰望公姑任之伺渠必自歸倘移之必死矣尤因任之越二日夜尤方坐竟忽欠伸長吁如夢覺者徐徐而起神觀爽然尤問之童言向從公歸方執事忽走無常始回耳尤曰其詳奈何曰初爲冥官召去言爾可往江西某邑里攝尤睦文牒已具即持之行至彼覓尤家得之守門外二日始得入尤聞之大驚蓋睦即其弟也因扣其室廬何似童述之即其家也尤曰何以二日方入邪

曰其家有犬瘈惡不能前屢入屢爲犬噬輒退後乘間得入耳尤思之果有瘈犬曰所攝者何如人曰郎尤睦秀才也其貌爾爾語至是尤不覺慘沮知爲其弟審矣因曰今則何如曰隨已攝逮同趨徑歸於酆都矣曰然則奈何曰旣至後不與我事即併我返然願聞睦當得重辟不可生矣尤聞之大慟急命人訊於家得報睦果以是日暴亡尤乃入觀醮謝且欲加整飾宫觀以致皈依之誠視其居事事完備已窮壯麗特其外無坊表之建棹楔表於門外大道而稍飾諸暗獎處復自製文紀其事鑱之石立觀中以示未信今猶存焉

靈哥

靈哥事海内傳誦殆百年矣景泰天順間且溢于耳邇年多不信之然聞見猶繁不勝登載亦有言其已泯或言其本由假託者然謂其散泯有之盡以爲僞恐不然予兒時則聞諸先人等且其物爲性最軟媚往往與人繾綣結託爲友朋昔景泰中有雲間張璞廷采成化間有吾鄉韓彥哲皆與交密張仕山右一學職爲先公言曩入京師謁之設酒對酌坐間爲張至家探耗頃刻已來言其居室之詳及所見其家人聞何語言見何動作報以無恙張筆於籍後按驗之無錙銖爽也頗與張言其身事謂在唐時與二輩同歸學仙處山中甚久師後以二丹令餌之戒餌後無入水既各吞之皆躁甚腑臟若烈焰燒炙彼不能忍竟入水浴即死予則堅忍後復自凉乃獲成道迄今當時張循其言領畧其意彷彿似謂其師乃呂公而二物者似一猴一鹿已則猴也韓初以歲貢赴銓時祈兆於彼得驗且言韓當宦游其地後韓果得同知德州與之相去不遠每事必諏之無不響荅其所處在曾橋閘旁民家一室不甚弘密外設香火帷幕其内凡荅祈者自帷中言聲比嬰兒尤微殆類蠭蠅稱人每尊重仕者爲大人舉子爲進士公士庶或曰官人大率甚謙遜而善媚往往先索取土宜禮物指而言之或辭以無則曰某物在某笥篋某包襆有若干分幾以惠何不可也往往皆然故人輒驚異奉之至語禍福或不盡驗或曰其物已往今其家造僞耳

蓋初降時因其家一婦人凡飲食動靜皆婦密事之與之甚昵非此婦不語食或謂亦淫之蓋似亦有採取之說此婦沒後家仍以婦繼之然不知其真也又聞之先朝因旱潦嘗令巡撫臣下有司迎入京師詰之祈禳其物亦處于驛舫比至京不肯入城强之不從因問既來何不一入覲天顏荅云禁中獒狗異常我不可入竟嘿然歸人以是益疑為猴狐之類云

神譴淫男女

往年兖州有人家贅壻與其妻妹私通事頗露二人屢自分疏既而語家人吾二人不能自明當共詣岱頂質諸天齊帝遂與俱去告于神吾二人果有私乞神明加誅祝訖下山谷以為謾衆而已神固何知行至山半趨林薄僻處行淫焉久而不歸家人登山覓之始得於林則皆死矣而其二陰根交接粘著不解方知神譴之以示衆也

長安街鬼

弘治中妻父李公貞伯為南京尚寶卿居西長安街南嘗半夜命侍婢秉燭下樓入爨室取湯水聞婢呼

喚聲良久姑來問之云有二皂隷青衣擁喝謂汝何敢來此觸犯應受杖去遂執之將撻婢固推拒久之竈後一婦人出貌甚端好冠飾衣服莊嚴珍麗狀若貴嬪命婦徐徐而坐二皂供侍婦問故皂言婢犯禁故婦曰罪固應爾姑惟宥之皂執不可婦又諄諭婦旁又隨一皂傳命令必釋二皂乃聽命舍去婦不暇諦察得脫奔迸而來矣

捉鬼巫

北濠之東有一巫人呼為某捉鬼嘗為人送鬼自持呪前行令一童擔羹飯香燭紙錢從之既行童覺擔漸重愈前愈重至不能任巫乃令置之地取紙燒之以驗見紙上黑氣一道卓然如立巫曰此兖鬼難治與童皆怖甚舍擔疾趨而前鬼奔逐之至前轉焉二家村巫大叫一家出救扶歸其家既而與童皆死

前世娘

宣府都指揮胡錆有妾死後八十里外民家產一女生便言我胡指揮二室也可喚吾家人來其家來告胡不信令二僕往女見僕遽呼名言汝輩來何用請

主翁來僕返命胡猶不信更命二婢事妾者往婢至女又呼之言生前事令必請主翁來婢歸言之胡乃自往女見胡喜言官人汝來甚好因道前身事胡即抱女於懷女附耳切切寄言舊事胡不覺淚下頓足悲傷與叙委曲女又言家有某物在某地胡遂取女歸女益呼諸子諸婦家人一一慰諭從而發地悉得其貨因呼之爲前世娘女言幽冥間事與世所傳無異又言死者須飲迷魂湯我方飲時爲一犬過踣而失湯遂不飲而過是以記憶了了既長胡將以嫁人女不肯言當從佛法終身不嫁胡不能強既至十六七胡以事死既而子死家人皆死稚子二婦女在不能活乃強嫁之今安然纔二十餘歲耳

福菩薩

東海傍人有步於海濱者得一初生孩意爲私産所棄已且無子漫取歸畀其妻畜之兒無他異弟令眼不開久之以爲盲其人曰雖無目吾既取之不忍復棄之死地比長不肯食葷誦佛經號出家僧行甚高遠近投禮號福菩薩至高年乃坐而命其徒告以將逝復集衆參禮師即口出三昧火漸出次七竅中出火以自焚焉

鬼治家

海虞有民家主母死而不離其家凡家有所爲鬼語於空中謹從之亦有利益鬼日夕在室與人雜處第不見其形闇則言明則寂一夕其女婦試言宿火于缶伺其言而啓燭之既而復語婦急發火第見黑氣一道直起三四尺其上彷彿如人首遂運行去

常熟女遇鬼

常熟一中人之女已有家適歸寧父母步行猶中阨而復歸夫家道遇一綠衣少年尾之行甚久稍漸近鬬其女因肆目挑女徵覘之亦動心目應之既而轉比舍遂呼女相期爲私女諾之少年言汝入門勿見舅姑與夫可託暴疾遽入房我當隨以入女又諾之既入門聲疾痛逕趨内寢少年已躡踵而入矣隨閉戶褫衣而交交既少年即去不見女亦不省何從而出也乃起粧束出房猶詐瞞之而外已窺其所爲矣抑之始諱既而少年屢至女不能拒亦不能復諱家

人審之知為妖亦無以卻之試令需索貨物無不應手而得如是還往數歲踪迹漸稀女竟無他今猶安好年四十五矣不知後終何如時弘治末所聞也

桃園女鬼

嚴州東門外有桃園叢葬處也園中種桃四繚周墻弘治中有一少年元夕觀燈而歸行經園傍偶舉首見一少女倚墻頭露半體容色絕美俯視少年略不隱避少年略一顧亦不為意舍之行前遇一人偕行少年乃衛兵餘丁其人亦同輩也且行且縱話其人

問少年婚乎曰未曰今幾歲曰十九矣又告以時日八字久之至岐路同輩別而他之少年獨行夜漸深行人亦稀稍聞後有步履聲回視即墻頭女也正相逐而來少年驚問之女言我平日政自識爾爾自忘之今日見爾獨歸故特相從且將同歸爾家諜一宵之歡爾何以驚為少年曰汝何自知吾女因道其小名生誕家事之詳皆不謬蓋適尾其同輩行得之諸其口出也少年聞之信便已迷惑偕行至家其家有翁媼居一室子獨寢一房始出時自鑰其戶逮歸不

與翁媼自啓其寢則女已在室中坐矣亦不詰其何以先在也燈下諦翫之殊倍媚嫵新粧濃艷衣飾亦極鮮華皆綺羅盛服也翁媼已寢子將往爨室取飲食女言無須往我已挈之來矣即從案上取一盒子啓之中有熟鷄魚肉之類及溫酒取而共飲食之其殽胾猶熱也啖已就寢女解衣內外皆斬然新製乃與之合猶處子爾將黎明自去少年固不知其何人也迨夜復至與之飲食寢合如昨既而無夕不至稍久之密鄰聞其語笑聲潛窺見之語翁媼云而子必

誘致良家子與居後竟當露禍及二老奈何翁媼因候夜同往而覘之果見女在翁媼愛子甚不驚之明日呼子語之故戒諭之曰吾不忍聞于官令汝獲罪汝宜速拒絕之不然與其惜汝而累吾二老人當恐情執以聞矣子不敢諱備述前因然雖心欲絕之而牽戀不忍且彼亦徑自至無由可斷女知之殊不甚避翁媼無如之何復謀諸鄰鄰勸翁首諸官翁從之展轉達於郡守李君守召子來不伺訊鞫即自承伏云云然不知其姓屬居址也守思之殆是妖祟非人

也不下刑筆教其子令以長線綴其衣明日驗之子受教歸比夜入室女已先在迎謂曰汝何忽欲綴吾衣邪袖中鍼線速與我子不能奪即付之翌日復於守守曰今夕當以剪刀斷其裾子之剪歸女復迎接怒曰奈何又欲剪吾衣裾速付剪來吾姑貸汝子亟予之又復于守守怒立命民兵數人往擒之兵將近其家女已在室知之時方晴皎忽大雨作衆不可前乃返命于守守益怒命一徒邑丞帥兵數十往以取之女亦在室丞兵將至忽大雷電雨飜盆而下雷火

轟擊殊不能進亦回返以告守曰然則任之呼子問曰女之姿貌果何似衣裳何綵色子具言如是如是其外內裳袂一一皆是紵絲悉新裁製也每寢解衣堆積甚多而前後只此終未嘗更易一件其間一青比甲密著其體不甚解脫即脫之與一柳黃衫同置衾畔不暫舍也守曰爾去此後第接之如常時吾自有所處子去時通判某在座守顧判曰吾有一語欲誥公恐公怒耳判曰何如守沉吟久之曰此人所遇之女殆或是公愛息小姐者乎判大怒言公何見侮

之甚吾縱不肖公同寅也吾家有此等事邪公亦何爭繆如是守但笑謂言公試歸問諸夫人判愈怒幾欲罵之遽起入內急呼妻罵守言吾爲老畜所辱乃敢道此語云云妻扣其詳判言老畜先問後生聞其言女容貌衣飾如此乃顧謂我云爾妻驚曰君姑勿怒或者果是吾家大姐乎蓋判有長女未笄而殞攢諸桃園中其容色衣飾良是也判意少解出語守吾妻云云其當是吾女邪守曰固有之且幽明異途公何以怒爲第願公勿恤之任吾裁治可耳判亦姑應

之既而無所施設女來如故又久之有巡鹽御史按部事竣而去郡集弓兵二百輩護行守與羣僚皆送之野御史去守返兵當散去守命勿散從吾行且迂道從東門以歸至桃園守駐車麾兵悉入園即命發判女冢視之女棺之前有一竅如指大四圍瑩滑若有物久出入者即斲棺視女貌如生因舉而焚之蓋守知女鬼已能神故寢其事乘其不知而忽舉鬼果不能禦也守恐鬼氣侵子深或復來纏嬈召入郡中令守郡帑與同役者直宿三月無恙乃釋之其怪遂

絕後子亦竟無他事在弘治中也

橫林査老

毘陵之北地曰橫林有査老者居之年踰五十而死死後鬼歸於家不見其形但空中言語其音即査之素也凡家事巨細一一豫言之某當行某當止點檢門戶什器失物則指其人姓名及物所在是以貨殖獲利爲事不誤而無失物之虞家因以致富外人過謁者亦聞其言至於設宴邀賓亦陳一席於主位以爲査席仍聞査言勸酒留客等了了分明久之人亦

不爲異也如是及三年一日語家人曰我今去矣遂泯

濟瀆貸銀

濟瀆祠相傳神通人假貸前後事不一漫誌其槩一二祠有大池凡欲假金者禱於神以珓決之神許則以契券投池中良久有銀浮出如其數貸者持去貿易剩市加倍如期具子本祭謝而投之銀沒而原浮其券如人間式亦有中保之人若神不許則投券入水壞之從復浮還牛馬百物皆可假借投之復出故不死也嘗有不能償者舍其兒以盆子盛之投入俄頃盆浮起視之兒活於中無恙蓋神鑒其誠閔而貸其債也盆外濕而內中故乾其他類此故多

水寶

弘治中有回回入貢道山西某地經行山下見居民男女競汲山下一池回回駐行謂伴者吾欲買此泉可往與居人商評伴者漫往語民言烏有此買水何庸且何以携去回回言汝毋計我事第請言價民笑漫言須十金回回曰諾立與之衆曰戲耳須二十金

回回曰諾即益之民曰戲耳烏有賣理回回怒將相擊民懼乃鬨於縣縣令亦令紿之曰是須三千金回回曰諾即益之令又反復言四千以至五千回回亦益之令亦懼以白於府守令語之此直戲耳回回大怒言此豈戲事汝官府皆許我我以此已逗留數日今悉以貢物充價汝尚拒我我當與決戰即挺兵相向守不得已許之回回即取椎鑿循泉破山入深穴得泉源乃天生一石池水從中出即舁出將去守令問事既成無沓變試問此何物邪回回言若等知天

下寶有幾衆曰不知回回曰金貝珠玉萬寶皆虛天下唯二寶耳水火是也假令無二寶人能活邪二寶自有之火寶猶易惟水寶不可得此是也凡用汲者竭而復盈雖三軍萬衆城邑國都只用以給終無竭時語畢欣欣持之以往

兩身兒

弘治末太倉民家生兒兩身背相粘著兩面向外其首如雀其陰皆雄

語怪終

異林

吳　徐禎卿著　武林朱煒閱

九仙神

閩中仙遊縣有九仙山其神靈異能知人間未然之事人或禱請輒於夢中開示形兆始雖莫測事往而推無不徵驗神道顯秘莫可殫結予所最徵實者吾鄉衡山文太守吳邑都庫部太倉州周二牧皆親詳其事故疏之云

文太守宗儒分符溫州未期遣人祈問壽算夢者見一人謂之曰往山下當有優人作戲汝可觀之夢者曰太守令我祈問壽算耳其人荅云有孔老人還自問之言訖而去尋至山下遇有丹旐引喪而來果有羣優裝著綵衣蹁躚輦前後鼓樂導從賓客無不鮮盛夢者前致問云今日送葬當是何人有何官職而若是乎荅者曰吾鄉王太守死今當臨穴是以相送耳夢者驚竊自謂不祥乃隱此事不敢陳說徑白太守云蒙遣祈問一無荅但令問孔老人當自知之太守即便搜訪果有此人昨被差遣將一大木付匠裁鋸即召而問之曰汝計此合鋸幾何對曰已就鋸矣曰即計木板當得幾何對曰合得五十有六中腐其一數不得全耳太守怒曰木材如此何止此數便可經營復令益之對曰數已定矣復何及乎太守時年五十有五聞老人言不覺驚汗果及數乃疽發而卒

都庫部玄敬少貧病不得志嘗謁一黃生閩中人也嘗遊吳門一日告歸因相語曰九仙山在吾境上其神靈驗子今坎坷吾當代卜即見復也玄敬喜諾即具手疏陳述其意贈以裹糧生遂辭去至祠所焚香祈禱具白緣由夢入一室中見兩壁上倒懸二軸各書三大字曰在何處嵯峨高生未省諭沉吟再三忽有一人曰子何必疑彼將自知後來吳中具以事白玄敬不悟遍訪識者並不詳曉弘治甲寅年何中丞鑑來巡撫江南偶見都文深蒙獎歎往往薦揚自是知名郡縣大夫爭相引拔次年大比林御史塘即錄送試院有高士達者山西人也爲山東武定州學官來校文事閱玄敬文甚加稱賞遂獲中選其夢始著然嵯峨字義猶未解或曰二字上並有山文高本貫

山西又仕山東兩山字義亦甚明白何云不解其微或然今何公爲南大司馬玄敬爲庫部其言益驗矣

周某閩人也爲常山縣學官仕既不達又復無子以是怏怏求禱於神卽夢一大舟舟尾上有二人坐舟中載一棺以繩纏縛甚堅既得此夢未審云何或曰舟中著棺當是州官船尾二人郎是舟子始大暢悅後果爲太倉州二牧生二子果如其占矣

雷蓬頭者名太雲不知何許人也少爲書生好道術入沙門游又棄而學仙成化間居太和山中敝衣蓬首行若飄雲人或於山下見之或失所在舉頭望之遙在高崖雲霧中相距萬仞或二三十里許或時假寐一室扃闔如故身已在他處山上祠宮咸冏鎖鑰每鷄鳴諸山法鐘遠近俱發道士驚起曰雷仙人入宮矣荆王求見之固請曰側聞神仙之名久矣願乞片言雲曰予丐人也何足以語仙王曰汝年幾何矣曰雲半歲王曰汝何許人雲曰幽州生建康長廣東編戶遼東應役王憮然不悅曰今日幸奉至人願乞道術雲怒曰吾非俳優何術可施遂大相詆呰王不勝怒密遣人縶之噀以狗血遂裹以葦令厭之桎梏置獄欲殺之夜半忽不見成化末不知所終

福州安翁者以市酤爲業常有道人沽飲輒去不償直翁亦不責久之道人來會翁曰良意久不酬今幸枉過乞遂偕行翁許之須臾至一山下草菴中成賓主畢道人曰有一道友去此甚近亦有仙術僕往邀請共君相娛可乎翁喜諸道人遂去久不來翁且餒顧室中蕭然無供具惟破釜在壁下餘飯可升許仰視屋梁上懸槁數顆壁上張畫梅一軸翁不勝餒取釜中飯食訖道人適至曰道侶不遇無以爲款不陋貧居可遂留數日耳翁懇辭道人再三曰煩君遠臨無以相贈奈何翁曰可撥壁間畫耳道人曰此吾道友之物奈何與君君既相愛吾當搨之耳既覆之以手拭之宛然如畫因題其上曰爲買東平酒一卮邀來相會話仙機壺天有路容人到凡骨無緣化鶴飛莫道烟霞愁縹緲好將家國認希夷可憐寂寞空歸去休向紅塵說是非翁持此遂別迷道不知所向問

野中人曰福州離此四日程耳翁始悟遇仙悵怏而歸翁後以壽終于家云

呂疙瘩者不詳其名里成化間嘗游於襄鄧河洛之間冬則臥雪夏則被褐好狎兒童且詼且詈競爲之結小髻每搖首則髮理如櫛復爲結之如螺然滿頭時人呼爲疙瘩一日履江水上江畔一婦人方晨汲見之曰呂公若能行水耶呂怒取其杖笞之復履江去弘治己未相傳於隴右白日上昇而去

張皮雀者名道修少從其父參議江西時每聞道院鐘鼓笙磬之音輒往觀焉父不能禁後還吳中爲道士師事胡風子胡風子師事莫月鼎授五雷法居玄妙觀弟子甚衆欲密授道修以書置屋上覆瓦中呼道修曰天將雨亟升屋敗隙補之道修如其言往胡公曰得乎道修應曰得之矣於是始得秘訣驅風雷如神常懷一皮雀兒小兒每出則小兒羣遶之故時人謂之張皮雀好飲酒食狗肉常有病瘧者求治會方啖狗肉遂以汁濡作符以授之曰謹握之及家而後啓其人竊之曰何物能治疾邪中途竊視之忽有神人怒撻之幾絶一日行道中見一人責之曰汝婦將死盍返視邪入寢中婦果自縊忽絶而甦天大旱太守朱勝求禱道修曰儒輩每毀我欲雨設壇於學宮太守不可然不得已遂强設于里塾又令黃冠輩乞以行命置水於兩廡間呼羣兒侍諧笑滿前每作符遣一兒投水中則雲氣生其上翕合雷雹轟烈大雨如注道修大呼曰請誅貪吏諸吏跪伏莫敢仰視良久曰沾足乎衆曰然雨乃止江陰旱富民周氏請

傳道修往視囷廩甚侈怒曰彼固求福已耳且爲之禱雷雨大作道修曰彼爲富不仁請焚其廩火繞其廬焚之幾盡吳江旱王道會者禱之雨已作道修曰王道會亦禱雨乎今日邂逅誠幸相角法術何如衆驩然建兩壇道修謂道會曰左右何居道會覩東郊已雲遂即左道修在右有頃雲歸于西東堅皎然雨忽大注道會大慚神驗甚衆不可測也居常忤兒意每受箠不走但呼大宿世大宿世以壽終翌旦人於松陵長橋上見之

趙頭陀成化間吳中有業肉和尚自言從終南山來

問其姓名荅云是趙頭陀往來僧居不假寢榻常坐於廊廡之間身着弊衲不易寒暑性好餔餟無所去擇食如燎毛飲若塡壑人莫見其洩溺故呼爲喫肉和尚毎見輒曰可作一齋爾後供者漸不能繼或絶口累日亦復晏然有一少年惡其無厭欲試苦之値大寒月邀請入舍乃款以餘庖羊脂雜物凝貯盂中曰和尚食肉卽舉手張口瞬息噉盡又將取水數升與之曰和尚渴乎便復吸水遽足奉杯飯曰和尚飯乎卽飽飫一頓不謝而去亦無所苦嘗趺坐道上有

一縣吏呵導而來儼然不動吏怒命拽去鞭笞一十亦無嗔愧尋於故處還復安坐人皆笑之有高媪者時造其家輒具食一日忽來呼媪曰我欲行矣不爲他人作取檀越意在相報遂端坐簷下夜半而化晨有羣僧舉之而去閭巷男女聞有此事競來觀看投錢萬計媪意始解丹陽都玄敬博識士也嘗摩其顱門圓徑二寸虛通如穴光朗異常竟莫測其爲何如人也

張剌達者相傳是宋時人爲華州掾嘗從州太守入華山謁陳摶先生先生叙賓主就坐訖復設榻于左似有所伺太守不之悟巳而一道人至藍袍葛巾蕭如也先生與之揖而坐焉道人趨而左據榻端坐傲然無遜容太守不悅先生事之甚恭因請曰先生袖中携有何物幸以相貺道人卽探出棗三枚顔色各異乃以白者授陳先生赤者自呑食之青者授太守太守愈不悅持以奉掾掾遂啖之道人遽出太守問於先生曰是何道者先生固爲恭乎先生曰此純陽眞人也太守悔恨追不能及張公自後得道國初時

往往遊人間毎顯異迹　太宗時開邸北平嘗召見之語有神異及卽位思慕甚篤遣胡尚書濙遍海嶽間求訪之後于秦中邂逅宣述聖意企仰道眞乞廻鶴馭以慰睿望張公曰謹奉詔但道遠日久公先就駕乎當繼至耳旣而胡方入朝張公果至帝延入問之曰何爲是道曰能食能糞此卽是道帝不悅曰卿有仙術爲朕試之以爲榮觀不亦可乎張公遣侍竪舁一甕來卽指之曰臣欲入此以觀造化卽投足縮首頃刻不見呼之則諾視之無形帝命擊破之使人

各持破甕一片呼之如月印水在在俱足隨呼而應莫知所爲帝曰卿可試出言訖張公忽在前帝曰卿可更竆造化之道張公曰諾卽走入柱中呼之復出帝嘆曰妙哉張卿出幽入冥其至神乎張公復取水噀於中庭須臾變成巨川間岸沙際橫一渡舟張公舉手招之舟忽近人遂登舟去不知所之尋視庭際了無波痕後帝患疾久不下始悟張公之言嘆曰張公其能鏡余之死生矣先是張公以草一莖授諷公曰異日陛下若有危疾以此療之於是帝服之果瘥

藝術

胡宏字任之寧波人少讀易遇一道人與語曰我有秘術子可受之但不嘗仕乃可免禍耳宏曰謹奉敎遂以卜筮授之發無不中有卜者窃聞宏作卦輒從鄰壁中聽之其說皆按易占無詭辭後知之遂不說易但言貞咎而已有一人家暴富心疑之宏爲設卦曰家有狸奴走入室是其祥也曰然曰狸形必大可稱之得幾斤曰七斤許曰富及七載狸奴當去何能久也及期狸果去不見家貧如初一人家夜有屍撑于門莫知爲誰主人懼不敢啓扃踰垣而逃卜於宏宏曰有府胥姓某者往求之訟可解矣主人往索果得其人懇乞再三曰誠不敢諱是予某親非有宿嫌求棺耳召其子遣以金帛禍乃解嘗經吳閶門都彥容家將戒舟有唐貢士者偕其友三人來宏曰公等何爲曰行藏未卜幸先生敎之曰草草不暇行當總筮之卦成宏析而論之曰某君勿行當有疾厄某君中乙科唐君後必爲御史後悉如其言平生占驗甚多弃筮一卦則受金半兩以壽終於家

葛可久吳人也性豪爽好博少遇異人授以醫術不事方書中輒神異道有狂犬可久謂人曰誰當擒之卽可療惡少羣環執之可久砭其腎犬臥良久差有羣少戲里中望見可久一少年從牖躍入室曰召可久診視之不驗則羣譟之強可久診之曰腸已斷矣當立死耳有頃少年果死朱彥脩嘗治浙中一女子瘵且愈頰上兩丹點不滅彥脩技竆謂主人曰須吳中葛公耳然其人雄邁不羈非子所致也吾遣書往彼必來主人備具供帳舟楫以迎俟至葛公方

與衆博大叫使者俟立中庭葛公瞠目視之曰爾何爲者使者奉牘跪上之葛公省書不謝客行亦不返舍遂登舟比至彥脩語其故出女子視之可久曰法當刺兩乳主人難之可久曰請覆以衣援針刺之應手而滅主人贈遺甚豐可久笑曰吾爲朱先生來豈責爾報邪悉置不受江浙行省左丞某者患癰疾彥脩曰疾法不治可久曰尚可刺彥脩曰雖可刺僅舉體半耳亦無濟也家人固請遂刺之卒如彥脩言彥脩且詰日促之行曰當及家而絕已而果然二子治驗並題

夢徵

楊中丞一清居京師時其友王溥武昌人也計偕而來嘗同旅舍禮試已畢比將徹闈中丞夜夢入府院中左右文書狼籍滿案有一文秩即啓視之乃試錄展覽始末悉便記憶既覺即與溥言曰公等成敗吾已卜矣溥戲詰之具白其故溥曰當有溥名否曰無也曰武昌一郡當得幾人曰合有二標一在通城一在江夏溥曰誰爲第一曰當是吳人又問其次曰海南丘公雅所稱賞是其人也溥曰頗憶其文乎便了了誦之一無遺脫且曰曩論式唯是一篇今歲文場當有聯璧溥笑曰公言若驗可謂通神既而溥果下第第一人乃是松陵趙寬廉使其次即今孫光祿交蓋丘公門士也謂二標者通城劉紹玄江夏許節檢閱文錄得論二篇其他記誦不爽豕亥溥大驚異知公非常人矣又明年溥始登第尋亦仕爲南康太守

飲客

曾公棨偉儀雄幹善飲喜啖人莫測其量張英國輔欲試之密使人圍其腹作紙偪置聽事後命蒼頭公飲飲幾許如器注偪中乃邀公飲竟日偪已溢別注甕中又溢公神色不動夜半英國具轝從送歸第屬使者善侍之意公必醉坐伺使者返命公歸亟呼家人設酒勞轝隸公取觴復大酌隸皆醉公方就寢英國聞之大驚吏百戶者性嗜飲晝夜沉醉不少醒嘗且謁上官上官與之語懵然無所答上官怒叱之曰汝醉邪其父聞之遂絕其飲久之病且作吳中名醫莫療有張致和者善深於脈理診之曰夜半當絕

勿復紛紛及期果欲絶其妻泣曰汝素嗜飲酒今死矣然久不得飲聊薦一杯與爾永訣死當無恨遂啓其齒以温酒灌之須臾鼻竅綿綿若有息焉又灌之而唇動又灌之而漸甦以報致和致和曰彼以酒爲生酒絶則生絶愼勿藥之當飲以醇酒耳如其言果愈又飲數年乃終

女士

沈氏秀州人聰慧能屬文少選入宫爲給事中孝宗皇帝嘗試六宫守宫論沈文最佳其發端云甚矣秦之無道也宫豈必守哉上悦擢爲第一弟濤爲貢士就試春官沈贈以詩云自少辭家侍禁闈人間天上兩依稀朝隨鳳輦趨青瑣夕捧鸞書入紫薇銀燭燒殘空有淚玉釵敲斷竟無歸年來望爾登金籍同補山龍上衮衣時競傳誦之

孟淑卿姑蘇人訓導澄之女有才辨工詩自以配不得志號曰荆山居士嘗論宋朱淑貞詩曰作詩須脱胎化質僧詩無香火氣乃佳女子鉛粉亦然朱生故有俗病李易安可與語耳爲士林所稱然性疎朗不忌客世以此病之篇什甚富零落巳多最傳者數篇悼亡詩云斑斑羅袖濕啼痕深恨無香使返魂荳蔻花開人不見一簾明月伴黄昏又春歸云落盡棠梨水拍堤凄凄芳草望中迷無情最是枝頭鳥不管人愁只管啼又長信秋詞末韻云君意一如秋節序不教芳草得長春冬詞末韻云雙蛾爭似庭前柳飄盡春來又放舒眞欲與文姬羽仙輩爭長

朱氏淒昌人遊吴虎丘山題詩壁上云梵閣憑臨入紫霞憑欄極目渺無涯天連淮海三千里煙鎖吴□十萬家南北舟航搖落日高低丘隴接平沙老僧不管興亡事安坐蒲團課法華

金陵妓者徐氏亦有文藻作春陰詩末韻云楊花厚處春陰薄清冷不勝單袷衣亦爲清唱

鮑賽賽辰州人年十五隨父耕畬歸遇虎攫父去賽賽操刃追之相持良久竟斃于虎又沅陵縣民吴永華女名六女年十三與姊入山采薇遇虎攫姊去六女操杖追之虎俯首閉目若伏罪狀姊乃脱竟殁太守聞而嘉之賞以米帛

物異

弘治甲寅遼東大風晝晦雨蟲滿地黑殼大如蠅次年乙卯長沙旱苦竹開花楓樹生李實黃連樹生王瓜苦賣菜開蓮花七日而謝又歲丙辰三月敘州楠樹生蓮花五十餘朶李樹生豆莢若若滿枝

弘治甲子蘇州崇明縣民顧氏家鷄胎息一物猴頭餘悉如人狀長四寸許有尾蠕動而無聲是歲海盜作

弘治庚戌歲武昌城中飛鴉銜一囊市人競逐之囊墜啓視之火礫五枚欻然躍出是歲武昌災者三黃州災漢陽災

弘治辛酉元日朝邑地震如雷城宇摧落者五千三百餘所偏地竅發如甕口或裂長一二尋湧泉泛溢幾成川河迄暮夕猶震搖不息人民逃散

弘治戊午夏六月十有一日姑蘇錢塘二郡川湖池沼水忽騰沸高可二三尺良久始復是歲温州泰順縣左忽有一物橫飛曳空狀如箕尾如箒色雜粉紫長數丈餘無首吼若沈雷從東北去修武縣東岳廟北忽有黑氣聲如雷隱隱墮地村民李雲往視之得温黑石一枚良久乃冷

鄒會爲蕭山令性苛暴有何御史者老于家會殺之其子求爲報讐會嘗飲一玉杯甚愛之一夕置几上杯忽自躍墮地而碎會惡之明日難作

想文無錫人弘治己酉秋赴應天試几上筆忽自躍是歲魁榜第二人

弘治中濼陽民家牛産一麟初不爲異偶過厮宇見壁上畫麟始大驚悟俗謂麟能茹鐵糞金遂以鐵灌之而斃後獻其皮於鎮府鎮府貢于庭兩脇有甲毛從甲孔中出角栗形纔及犬大崇明民家于海中設網忽獲一獸如犬黑色置家池中善盜魚患之驅而入海行甚捷海水爲之披躍乃知爲犀也

異林終。

羣碎錄

華亭陳繼儒著　于之英校閱

他石可以攻玉衆壤可以益岱讀書者即一字一語何忍棄之故題曰羣碎群碎王右軍語也陳繼儒記

親傳業者爲弟子弟子復傳于人爲門生故史記曰七十二弟子傳而歐陽公爲轉相授受者曰門生

耳邊風杜荀鶴詩云百歲有涯頭上雪萬般無染耳邊風

今官府文移以上臨下皆用仰字按北齊書孝昭紀詔定三恪禮儀體式亦仰議之用仰字始此增韻資也

前漢書丙吉傳吉爲廷尉監哀皇曾孫無辜擇謹厚女徒胡組命乳養之及組日滿當去曾孫思慕之吉以私錢顧組又南史武陵王紀以金囊擲游擊將軍樊猛曰以此顧鄉送我見七官謂梁元帝此古用顧字

陸放翁問蜀人云攤錢傳也梁冀能意錢之戲注云即攤錢也

詩云江有沱禹貢岷山導江東别爲沱是也沱爾雅謂春秋夏有水冬無水以沱也

鸚鵡州南行洲上有茂林神祠遠望如小山洲蓋稱衡被山處故云至今芳洲上蘭蕙不能生

黄鶴樓舊傳費褘飛升于此後忽乘黄鶴來歸

書曰帙者古人書卷外必有帙藏之如今裹袱之類白樂天嘗以文集留廬山草堂屢亡逸宋真宗命崇文院寫校包以斑竹帙送寺余嘗于項子京家見王右丞画一卷外以斑竹帙裹之云是宋物帙如細簾其内襲以薄繒觀帙用巾旁可想也

剛卯王莽傳剛卯長三寸廣一寸四分或用金玉刻作兩行書曰正月剛卯又曰疾日剛卯凡六十六字以正月卯日作此印佩之以拔除不祥漢姓劉以劉字卯金刀使金刀之利不得行也輿服志長一寸二分方六分又云剛卯漢制莽禁之金刀莽所鑄錢後復禁之

宋太宗立郡國戒石爾俸爾祿民膏民脂下民易虐

上天難欺乃景煥野人閒語書中語也又云摘蜀王孟昶之文按歐陽公集古錄戒碑起唐明皇特不見其詞耳又云宋高宗頒是黃庭堅書

孔穎達曰古人不騎馬故經典不見至趙武靈王謀胡服騎射以教百姓李牧曰殺牛饗士習騎射始見於此又宋劉炫謂左氏左師展將以公乘馬而歸此騎馬之漸予按古者服牛乘馬馬以駕車不單騎也至六國時始單騎

弁髦男子始冠則用之既冠則棄之

今人呼妻父曰岳翁曰丈人匈奴傳曰漢天子我丈人行也故呼爲丈人又以泰山有丈人峰故又呼丈人曰岳翁亦曰泰山

元結以不飲者爲惡客後人以痛飲者爲惡客

投瓊即今之擲投子投今作骰非也蓋取投擲之義而骰字即股字不音投

甘羅事呂不韋因說趙有功封上卿相秦者羅祖茂

文君當盧盧字不從土蓋賣酒區也顏師古曰賣酒之處累土爲壚以居酒甕四邊隆起其一面高形如鍜壚故名非溫酒壚也

首級秦法斬敵一首拜爵一級故謂一首爲一級

漢惠帝賜金不言黃謂錢也食貨志黃金一斤直萬金錢蓋一金與萬錢等也

禮年八十有秩故以八十爲八袠

祖道黃帝子纍祖好遠遊而死於道故後人祭之以爲行神因享飲也方相氏黃帝次妃嫫母（纍祖一云帝元妃）

羈縻羈馬絡頭縻牛靷

無恙恙毒蟲也能傷人古人草居露宿故早相晁問

勞必曰無恙乎又曰恙憂也又㺜食人獸

乘傳傳以木爲之長五寸書符信于上又以一板封之皆封以御史印章所以爲信也如今之驛乘傳依乘符傳而行

陽秋即春秋避晉諱故以春秋爲陽秋

孔子無鬚孔叢子子思告齊君先君生無鬚眉天下王侯不以此損其敬今像多鬚誤

豹直御史初入臺陪直二十五日爲伏豹取不出之義謂之豹直

招與晉伐偪陽諸侯之士門焉叔梁紇抉之以出今韓非呂氏書並言孔子力能招國門之關而不以力聞誤

喪禮稱哀子不稱孤子今人父喪稱孤母喪稱哀

張騫無乘槎事。乘槎是海上客。

毛寶無放龜事。放龜是寶所統之人武昌軍。

老郎署顏駟事今作馮唐用由左太沖詩誤

諱名司馬遷父名談故史記無談字季布傳趙談改名同范曄父名泰故後漢書無泰字故郭泰鄭泰皆

改作太今人與父同名者改曰同本此

天幸霍去病事今作衛青用承王維詩誤

王姬周姬姓故王女皆稱姬如陳嬀楚芈齊姜之後世凡婦人皆稱姬誤

郎官上應列宿天文志郎位十五星在帝座東北依烏郎府是也非二十八宿

齊侯使連稱管至父戍葵丘瓜時而往曰及瓜而代故今稱任滿當代曰及瓜據傳乃一年戍守耳今例稱瓜期不當

殿試唐武后天授元年始。

州縣六曹兵刑工禮戶吏宋徽宗設

龍鍾竹名年老者如竹枝葉搖曳不自禁持

孔子主癰疽趙岐以爲癰疽之醫按說苑雍雎人姓名趙岐傳之誤

孟子去齊宿於晝晝當作畫史記田單聞畫邑王蠋賢劉熙註畫音獲齊西南近邑後漢耿弇討張步進兵畫中遂攻臨淄即此可證

論語禮記中束修束脯也十挺爲束延篤曰吾自束

修以來爲人臣不陷於不忠註束帶修飾也李固奏記梁商曰王公束修厲節晉荀羨擒賈堅堅曰吾束修自立君何謂降耶皆檢束修飾之義與論記不同

漢官儀太守五馬蓋天子六馬諸侯五馬又云漢制九卿則二千石以右驂太守駟馬而已其加秩中二千石乃右驂故以五馬爲太守美稱又王羲之守永嘉庭列五馬後遂援爲太守事

玄孫之子爲耳孫言去高曾遠但耳聞之

楚滅陳爲縣名始此非始於秦

晏駕晏晚也天子當晨起方崩稱晏駕者臣子之心猶謂宮車晚出也

下官梁武帝改稱臣爲下官

牙郎本作互郎取互市之義今訛爲牙郎誤

唐肆今過路亭無壁者

庶出宋神宗問呂惠卿曰蔗字從庶何也曰凡草木種之俱正生蔗獨横生蓋庶出也故從庶

齧膝之馬良馬低頭口至膝故云

前筵後筵古享禮猶今前筵古宴禮猶今後筵杜預

曰享有禮貌設几而不倚爵盈而不飲肴乾而不享宴則折俎相與共食

舊儀侍中親省起居俗謂之執虎子虎子溺器也

尺牘漢遺單于書以尺一牘中行說教單于以尺二牘報漢

屬纊纊新綿人死置口鼻以候氣之絕否

厠牏牏音投漢石奮洗親褻中厠牏顏師古謂汗衫非也青衫雜記以蘇林說牏爲溷是也

里長隋高帝從蘇威議以百家爲里置里長一人

道士科隋煬帝大業元年始後世因之

矐目矐音角以馬糞薰之使喪明也

爰書爰換也以文書換口辭也

葭莩之親葭莩蘆管中白衣至薄者也

耐刑去頰旁毛

紼鑾婦人有汗也紼鑾月事也

緼纊敝衣襏襫蓑衣彘牏雨衣

泚筆蘸濕筆也本文本命吏泚筆口占

擘張手張弩也蹶張足踏弩也

叔孫通起朝儀設九賓臚句傳上傳語告下曰臚下告上曰句九賓謂公侯伯子男孤卿大夫士也又言句字衍文臚傳即傳臚殿榜唱名曰臚傳本此

康莊爾雅曰五達謂之康六達謂之莊

公主天子嫁女不親主婚使同姓諸侯主之故謂公

親孫之子爲曾孫曾孫之子爲玄孫玄孫之子爲來孫來孫之子爲晜孫晜孫之子爲仍孫仍孫之子爲雲孫言輕遠如浮雲也

㸷㸶北地馬羣每一牡將十餘牝而行牝皆隨牡不

入他羣故今稱婦曰媽媽蠻亦不入他羣故爲馬蠻
一名玄駒
嬰兒男曰兒女曰嬰
影國附庸也
八尺曰尋丈六尺曰常五尺曰墨十尺曰丈一手盛
曰溢兩手曰掬掬一升也
三尺法謂以三尺竹簡書法律也
令甲今人稱法令曰令甲出漢宣帝詔蓋是法令首
卷觀江充傳註令乙章帝詔令丙可知想漢律有十

卷耳
搢紳謂插笏於紳紳大帶也搢插也今作縉縉帛赤
色非
梟首百勞名梟以其食母不孝故古人賜梟羹死懸
其首於木故今人標賊首以示衆曰梟首
追蠡趙希鵠云追琢也今画家滴粉令凸起猶謂之
追粉蠡剝蝕也追蠡言禹之鍾欵文追起處剝蝕也
今孟子趙岐註非
寤生左傳鄭莊公寤生驚姜氏杜氏註云寐寤而莊

公生風俗通云兒生未能開目視者曰寤生爲是
孟激字公宜孟子之父母仉氏孟仲子名睪孟子之
子見譜朱子從趙氏註以仲子爲孟子從昆弟與譜
不同
堯封禹爲夏伯故謂之伯禹
春秋繁露曰凡贄用羔羊羊有角而不用如好仁者
執之不鳴殺之不號類死義者羔飲其母必跪類知
禮者故羊之爲言祥也故以爲贄
君平子陵皆莊姓東漢避顯宗諱遂易莊爲嚴如宣

帝諱荀改荀卿爲孫卿卿名況
杜伯度名操曹魏時避武帝諱故隱操字則知度非
名也韓愈諱辨稱杜度誤
妄一男漢武帝時田千秋以訟太子冤拜相匈奴單
于謂漢使曰漢置丞相非用賢也妄一男子上書即
得之矣
古史考曰柘樹枝長而勁烏集之將飛柘樹反起彈
彈烏烏乃號呼此枝爲弓快而有力因名烏號之弓
三農者平地山澤也又云原隰及平地

巴豆與蜣蜋研塗傷處可出箭鏃

七夕俗以蠟作嬰兒形浮水中以為戲為婦人宜子之祥謂之化生

六博用六棋行之故名又云用六隻骰

古人鑄刀以五月丙午取純陽精以協其數

五月忌翻蓋屋死令人髮禿見風俗通又云五月上屋見影魂飛

男子入學多用七歲五歲蓋俗有男忌雙女忌隻之說至冠笄亦然按北齊李渾弟繪六歲願入學家

以偶年俗忌約弗許伺其伯姊筆牘之便輒竊用未幾通急就章則其來久矣

緣池 池者緣飾之名謂其形象水池耳左太冲詩衣被皆重池是也今被頭別施帛為緣呼為被池宋子京春寒到被池用此

周禮方相氏敺罔象好食亡者肝而畏虎與栢故墓上列栢樹路口置石虎為此

喪服記曰魯哀公曰五穀囊起伯夷叔齊不食粟而死故作五穀囊吾父食味含哺而死何用此為

竈神姓張名禪字子郭一名隗又云祝融主火化故祀以為竈神鄭玄以竈神祝融是老婦非已丑日卯時上天白人罪過此日祭之得福又淮南子炎帝作火故祀以為竈神五行書云五月辰日猪頭祭竈治生萬倍

卿忌竈神夫人又五經異義云竈神姓蘇名吉利夫人姓王名搏頰

甕明甲戌神呼之入火不燒

參商高辛氏二子閼伯實沈日相征伐帝乃遷閼伯

於商丘主辰遷實沈於大夏主參故辰為商星昏見參為晉星曉見二星晝夜不相見

俗以初五十四廿三為月忌蓋三日乃河圖數之中宮五數耳三為君象故民庶不敢用

冬至後餘一日則閏正月餘二日則閏二月餘十二日則閏十二月若十三日則不閏

堯元年至萬曆元年癸酉計三千九百六十二年六十七甲子

洪武十七年甲子為中元正統九年甲子為下元弘

治十七年甲子爲上元嘉靖四十三年甲子爲中元
雩多作於戊巳日凡遇戊午巳未日天必變雨遇亢
壁二宿直日則免餘宿不可免
三垣二十八宿中外宮計二百八十三座一千五百
六十五星皆守常位是謂星
市井古井田因井爲市故稱市井
三吳漢分會稽吳與丹陽爲三吳
漢高帝時田横死從者不敢哭隨柩叙哀故承以爲
挽歌漢武時李延年八爲二薤露送王公貴人蒿里

送士大夫庶人
字數沈約韻一萬一千五百二十字廣韻二萬六千
一百九十四字
行李左傳李本作孷孷古文使字宋方勺云按黄帝
有李法一篇師古曰李者法官之號則李與理通人
將行先治裝也
卯本柳字後借爲寅卯之卯北本別字後借爲西北
之北
敬字從茍音棘非苟也從支非文

皐古罪字秦以皐似皇字改爲罪
對丵下從口漢文帝以口多非實改從土
劭從刀劉宋太子名劭而惡字文爲劭刀改刀爲力
峻音雖或作朘赤子陰也老子云未知牝牡之合而
峻作精之至也
天田星爲靈在辰位故農字從辰
謚法司馬法俱周公作
杜子美詩空留玉帳術愁殺錦城人蓋玉帳乃兵家
厭勝之方位主將於其方置軍帳則堅不可犯其法
出黄帝遁甲以月建前三位取之如正月建寅則巳

爲玉帳
瑑音篆玉不琢不成器當作瑑
隋古用隨楊堅以其近遁辵去辵作隋
陣古用陳王右軍小學章旁作車爲陣
影古用景葛洪撰字苑始加彡爲影
留落不偶霍去病諸宿將嘗留落不偶註留謂遲留
落謂墮落今作流落誤
雒陽漢以火德王忌水故去水加隹以洛陽爲雒

陽魏土德故仍從水

蹇不載姓苑下有寋字音義同註曰姓也則蹇當作寋春秋蹇叔亦應作寋傳寫之誤耳

雋永雋肥肉也

乾沒得利爲乾失利爲沒與陸沉義同

乘勝逐北北音佩敗也

弔之矢貫弓也古者葬葉中野禮貫弓而弔以助驅鳥獸之害今從口從巾失其義矣

石敢當五代漢劉知遠時勇士謂其勇無人能當耳

祠山張大帝張秉武陵人一日行山澤間遇仙女謂曰帝以君功在吳分故遣相配長子以木德王其地兹且約踰年酉會秉如期往果見前女歸子曰當世世相承血食吳楚後生子渤爲祠山神神始自長興自號聖澤欲通津廣德使化爲豨役使陰兵後爲夫人李氏所見工遂輟故避食豨

符堅拂蓋郎夏默等三人長至一丈九尺每食飯一石肉三十斤

王業長三尺張仲師長二尺二寸

安祿山三百五十斤司馬保八百斤孟業一千斤

尚長字子平范曄尚作向

馬援路博德俱爲伏波將軍

鮌即鯀字鯀死化爲玄魚故合而爲字

祖士稚祖逖字也作士雅者誤

蔡襄蔡邕子襄子名睦又按羊祜邕外孫則女亦不止文姬

元紐憐太監請於朝謚杜甫爲文貞見張伯雨跋語

欒說告韓信反封愼陽侯享國五十一年至孫買之

棄市國絕

賁赫告英布反封期思侯享國二十九年無後

陶穀本姓唐避晉祖名改小字鐵牛

衛青父姓張稽康父姓奚文彥博父姓敬

苦吟孟浩然眉毫盡落裴祐袖手衣袖至穿王維至走入醋甕

申棖史記作申黨家語作申續續即黨也後漢王政云無申棠之欲其爲棖寫無疑今棖黨並祀是以一人爲二人也黨字子周懸亶孔子弟子字子象史記

作懸豐向未從祀
闞止宰我與田常作亂夷其族見史記按左氏無宰我與田常作亂之文作亂者乃闞止止字子我字與宰予相似故悞以爲宰我
南華老仙唐天寶元年封莊子爲南華眞人故名
野雞漢呂后名雉改雉爲野雞
醉如泥南海有蟲無骨名曰泥在水中則活失則醉如一堆泥故時人譏周澤曰一日不齊醉如泥
張騫使塗林安石國得榴故名安榴石榴

露葵蔡朗父名純因名蓴菜曰露葵
桑維翰曰唐末文人謂芍藥爲婪尾春盍婪尾酒乃最後之盃芍藥殿春故名
聖僧揚州人呼楊梅爲聖僧
子毧北方毛叚細軟者書鳥獸氄毛是也今訛爲紫耳
織綵織音志今訛爲注綵又轉訛爲紵綵音宁非注也見鄭氏釋文
幞頭今訛爲僕頭幞音伏與幞被之幞同起周武帝以幅巾裹首故云幞頭
篴本四孔京房加一孔于後爲商聲本黃帝後伶倫作
染黃帝觀翬翟草木之華乃染五采爲文章
麒麟音鹿專郭璞云麑也
偏提即注子唐改曰偏提又說郛云猶今酒鱉
鉛槧槧板長三尺謂以鉛刻於槧而書之木可修削故簡板稱教削
牂牂杙也所以係舟亦云牂柯牂柯那出此材所以得名

毦音餌羽衣一名兜鍪劉備好結毦
朱紱即朱裳畫爲亞形亞古弗字故因謂之紱亦作黻
緡錢緡綵也以貫錢錢一百曰一緡
漢魏以前戴幅巾晉宋用羃籬後周以三尺皁絹向後幞髮名折上巾
三代兩漢用馬車魏晉至梁陳用牛車唐雖人主妃后非乘馬即步輦自郊祀外不乘車也

漢明帝聽劉峻女出家又聽洛陽婦阿潘等出家此國中尼姑之始

何充捨宅安尼此尼寺之始

隋文帝以沙門彥崇爲學士命僧以官始此

左傳云國狗之瘈無不噬也杜預注云瘈狂犬也今云猘犬宋書云張收爲猘犬所傷食蝦蟆膾而愈又椎碎杏仁納傷處即愈

桐花飼猪肥大三倍

鼓三百三十三搥爲一通

角十二聲爲一疊

玉巵無當當底也

東方光明電王名阿揭多南方光明電王名阿䟡嚕西方光明電王名主多光北方光明電王名蘇多末尼善男子女聞是名字及知方處者遠離一切怖畏雷電災橫之事

梁簡文船神名馮耳五行書云下舡三呼其名除百忌又呼爲孟公孟母劉思眞云玄眞爲水官死爲水神

岳飛死獄卒隗順負其屍踰城至北山以葬後朝廷購求葬處隗之子以告及啓棺如生乃以禮服斂焉隗順史失載

陶人之爲器有酒經焉晉安人盛酒似瓦壺之製小頸環口修腹受一斗凡饋人書一經或二經或五經他境人不達其義聞五經至束帶迎于門乃知是酒五餅爲五經也

勒畢國人長三有翼善言語有鳥如蠅聲遠聞狀如鸚鵡名細鳥

鳳子大蝶見韓偓詩

晉書□犬黑頭畜之令人得財白犬黑尾世世乘車黑犬白耳富貴黑犬白前兩足宜子孫黃犬白耳世世衣冠

周周鳥名首重尾屈將欲飲於河則必顛乃銜羽而飲

鷁水鳥能厭水神故畫於舟首

肉樹端溪猪肉子大如盃炙食之味如豬肉而美

酒樹柳也似酒甘而薄亦不堪飲若頓遜國樹葉汁

取停之數日卽爲佳酒拘樓國仙漿取之樹腹中青田核以水注之少頃成酒乃眞酒味也

渠荅鈇蒺藜欹劂曲刀也

不落酒器名白樂天詞銀不落從君勸

桃笙宋魏之間方言謂簟爲笙桃笙以桃竹爲簟也桃竹葉如椶身如竹密節而實中犀理瘦骨見栁子厚詩

豆腐淮南王劉安所作

衢尊尊酒器也六尊爲衢

今人作書及可笑事便云呵呵出石季龍載記石宣殺弟石韜乘素車從千人臨韜喪不哭言呵呵似胡語

世言開春出楚辭開春發歲風

令人謂避人爲畔陳後與齊雲觀謠曰齊雲觀寇來無際畔

南越稱男曰珠化女曰珠女貴珠也

今人呼藏酒器曰曇抱朴子曰曇是鵂鳥之别名也

今之卜者以錢蓋唐時已用之賈公彦儀禮註云以二少爲重錢重錢九也三多爲交錢交錢六也而多一少爲單錢單錢七也兩少一多折錢錢八也

中酒有日惡李後主詩酒惡時拈花蘂嗅蓋鄉語也又曰倒壺

羣碎錄終

物異考

吳　方鳳著　武林施惟誠閱

語曰子不語怪蓋恐後世好奇之士立爲變幻不經之說以惑亂天下以此防民而邪說不息然宇宙之廣氣類不齊人妖物怪在在有之予因閱史凡異之甚者輒記之庶資博聞者一咲非敢以惑衆也凡七條

水異

魯襄公時穀洛二水鬪將毀王室後數年有如日者

五出於水秦武王時渭水赤三日昭王時又赤三日秦遂亡漢安帝時水赤如血鄧后專政苻堅遥見地色如水謂之地鏡堅遂死紹興中田水如爲物所吸聚而直行平地數尺程氏井水溢亦高數尺矯如長虹聲如雷二水相鬪十刻各退歸舊處乃解

火異

惠帝元康中武庫火燒異寶若王莽頭孔子屐漢高斬白蛇劍及兵器一時蕩盡是後倢愍見殺太子之罰也天順中相國寺災見赤塊飛入門頂之北飛佛閣亦災齊武帝永明中魏地謡言赤火南流喪南國有沙門從北齋火至火赤於常火而小能療疾咸呼爲聖火病者取以炙至七炷郎愈

眚異

哲宗政和中宮中眚作狀先若屋倒聲其形丈餘彷彿如龍金眼行動硜硜有聲黑氣蒙之腥血四灑兵亦不能施或變人形亦或爲驢其出無時宣和中洛陽有物如人或蹲踞如犬色正青方夜郎出掠小兒傷食之後晝亦出入人家爲患謂之黑漢二年乃熄

哀帝建平中湖陵雨血廣三尺長五寸大者如錢和帝建和中北地雨肉似羊肋大如手魏公孫淵時襄平生肉長圍各丈許有頭目口喙無手足而能動搖吳將鄧喜殺豬祠神治畢懸之忽見一人頭往食豬肉喜引弓射之而中咋咋作聲繞屋三日晉武帝太康中河陰下赤雪三頃劉聰建興中雨血深五寸赤氣至天中有赤龍奮飛流星入紫微龍形有光落于平陽視之則肉甚臭肉傍有哭聲晝夜不止數日聰后劉氏產一蛇一獸各害人而走尋之不得頃之見

於陬肉傍天寶中楊愼矜父墓草木皆流血㩦之愼矜裸而桎梏於墓側血亦不止李林甫家東北隅每夜火光先起衆小兒持火出入爲戲建炎中新城縣夜風雪若數千人行聲歌笑雜擾昏黑莫辨窺之無所見明旦雪中有人獸跡流血十餘里

木異

哀帝建平中汝南屋柱仆地生枝如人形身青黃色面白頭有鬚髮長六寸一分靈帝時有兩樗樹皆高四尺其一株宿夕忽暴長丈餘大一圍作胡人狀頭目鬚髮皆備劉曜時有大樹風吹折一宿忽變爲人形髮長一尺鬚眉三寸皆黃白色二手皆歛若欲揖者亦有二足着裙之態惟無目每夜有聲

金石異

元帝永昌中甘卓將襲王敦還家議事金石多變怪卓心疑索鏡照之不見其頭是日卓爲敦所襲後唐天成中僞漢掘古劒有文曰巳與水同宮王將耳曰伺目來居易首山岫護重重盎唐太宗巳亥生水同宮也其下三句爲聖君出三字成帝鴻嘉中大石如雷鳴二百里外野鷄皆應而鳴俗呼爲石鼓石鼓鳴則有兵魏明帝青龍中水湧寶石負圖象如靈龜有石馬七隨之上有列宿鳥獸之形唐垂拱中武威郡石化爲麵貧人取以給食熙寧中益陽縣雷震山石盡裂出米十萬斛炊之成飯而腥不可食頃之米黑如炭

人異

春秋文公時長狄兄弟三人被殺身橫九畝斷其首而載之眉高於軾秦始皇時有大人長五丈足履六尺皆夷服凡十二人見於臨洮漢景時下密人年七十餘生角角有毛魏襄王時有女子化爲丈夫哀帝建平中豫章有男子化爲女子嫁人生一子平帝元始中長安女子生兒兩頭異頸面相向四臂共胸俱前向尻上有目長二寸靈帝時江夏黃氏母浴而化爲黿入于深淵時出水上一簪猶在首元康中梁國女子嫁夫夫戍長安不歸父母更以女適人女固不從强而配之尋病亡其夫戍還逕至女墓開棺號呼女遂活後夫爭之不得復歸前夫惠帝時京洛有人

兼男女體亦能兩用人道性尤淫元帝大興中有女子陰在腹又有女子陰在頭俱好淫安帝義熙中無錫人趙未年八歲一旦暴長八尺髭鬚蔚然三日而死儀鳳中衛士胡丁年其妻吳氏生一男一女其胸相連其餘體各異乃析之則皆死後又産二男亦相連至四歲獻于朝淳熙中崑山縣石工採巧石石隨厭之又三年六月他石工聞石呼聲報其家鑿石出之見其妻喜曰久閉乍風我肌如裂俄頃聲微噤不語化爲石人貌如生

獸異

長慶中吐蕃隴上出異獸如狼而腰尾皆長色青迅猛見蕃人即捕而食之遇漢人則不食漢文時吳有馬生角右角三寸左角二寸靈帝和光中長史馮巡馬生人惠帝大安中張騁所乘母牛言曰天下亂乘我何之騁懼而還牛又曰歸何早也後又人立而行後周建德中陽武有獸三狀如水牛一黃一赤一黑赤與黑鬬久之黃者自傍觸之黑者死黃赤俱入于河成帝咸和中豕生兩子皆人面如胡人狀其身則豕隋開皇末渭南有沙門三人行法於塲圃之上夜大豕與小豕十餘謂沙門曰阿練我欲得賢聖道又有人家寄宿聞其家二豕對語其一曰歲將盡阿爺將我殺何處避之其一荅曰可向水北姊家因相隨而去明日客告主人如其言覔之得二豕開皇中繁昌楊悅見雲中二物如羝羊黃色犬如新生犬鬬而墜悅獲其一養之數旬失去成帝和平中長安石良劉音二人同居有人在室中作聲持杖擊之爲狗走出忽數人持兵至良家良等格殺皆狗也吳諸葛恪

將朝犬嚙衣止之如此者再乃令人逐犬遂升車入朝是日被害後主時苑内犬皆有官稱甚至開府儀同雌犬有夫人郡君之號天寶中李林甫將朝取書囊視之有物如鼠躍于地即變爲狗雄目張牙欲嚙林甫即射殺之惠帝永康中趙王倫既篡得異馬莫能名有小兒見之曰服角馬醫倫將小兒入宮閉之深户明日視之皆不見安帝雍熙中朱倚家婢炊飯群鳥來啄不能逐有獵犬咋殺二鳥群鳥因共啄犬殺之盡噉其肉魏齊王正始中王周南爲邑長有鼠

語曰王周南某日死王不應後又語曰王周南今日日中死王又不應至日中鼠頓盛而死慶元中鄱陽民家一貓帶數十鼠行止食息皆同如母子相哺民惡貓殺之鼠舐其血

物異考終

眞靈位業圖

梁　陶弘景纂　唐丘方遠定

玉清三元宮

上第一中位

上合虛皇道君應號元始天尊

左位

五靈七明混生高上道君

東明高上虛皇道君

西華高上虛皇道君

北玄高上虛皇道君

南朱高上虛皇道君

玉清上元宮四道君　各有諱字

玉清中元宮紫清六道君　各有諱字

玉清下元宮高清四元君　各有諱字

玉清中散位一十君　諱字不顯

右位

紫虛高上元皇道君

洞虛三元太明上皇道君

太素高虛上極紫黃道君

虛明紫蘭中元高上停皇道君

三元上玄老虛皇元晨君

三元四極上玄虛皇元靈君

三元晨中黃景虛皇元臺君

三元紫映揮神虛生主眞元胎君

玉玄太皇君

上皇道君

玉皇道君

清玄道君

上皇天帝

玉天太一君

太上虛皇道君

太上玉眞保皇道君

玄皇高眞

太一玉君

高上玉帝

右玉清境元始天尊爲主已下道君皆得策命學

道號令羣真太微天帝來受事並不與下界相關

自九宮已上上清已下高真仙官皆得朝宴焉

第二中位

上清高聖太上玉晨玄皇大道君為萬道之主

左位

左聖紫晨太微天帝道君

左聖南極南嶽真人左仙公太虛真人赤松子黃老君弟子裴君師

左輔後聖上宰西域西極真人總真君姓王諱遠字方平紫陽君

弟子司命茅君師

紫清太素高虛洞曜道君

太虛上霄飛晨中央道君赤松

太微東霞扶桑丹林大帝上道君

後聖太師太微左真保皇道君

紫明太微九道高元玉晨道君

紫元太微八素三元玄晨道君

九微太真玉保王金闕上相大司命高晨師東海王

清華小童君

領九宮上相長里先生薛君周時得道許長史前緣兄也

太微右真公領九宮上相希林真人燕君從小有天王受王君替代

司命東嶽上真卿太元真人茅君大茅君諱盈字叔申

左卿仙候真君許君諱謬南嶽夫人弟子事晉為護軍長史退居句曲山

侍常晨清蓋真人郭君名世幹

紫陽左真人周君義山

清靈真人裴君漢右扶風人漢時得道

靈飛太真太上夫人

侍帝晨東華上佐司命楊君

協晨大夫石叔門

正一羽晨候公楊子明

玄洲主仙道君太上公子姓勤主開奏仙名

經命仙伯太保真人

八玄仙伯右仙公谷君

正一左玄執蓋郎郄偉玄

繡衣使者孟六奇

太素宮官保禁仙郎裘文堅

左楊王　華仲戒
繡衣使者西林藻　右嬪之姬趙約羅
三天左官直御史管長條
逸域宫　八景城
七靈臺　鳳臺瓊闕
金晨華闕

右位

右聖金闕帝晨後聖玄元道君 壬辰運當下生
右輔侍帝晨領五嶽司命右弼桐栢真人金庭宫王

君 諱晉靈王太子下教
右輔小有洞天太素清虛真人四司三元右保公王
君 諱褒魏夫人師下教矣
侍帝晨右仙公許君 長史子諱翽
玄洲仙都太上丈人 治玄洲紫桂宫玄洲之主矣
太保王郎李君 名飛
侍帝晨觀大夫九宫太傅玉晨郎
北牖弟子中侯仙人 姓范諱邈字度世曾名永漢桓帝侍郎撰魏夫人傳

女真位

紫微元靈白玉龜臺九靈元真元君
紫虛元君領上真司命南嶽魏夫人 諱華存字賢安小有王君弟子楊君師
八靈道母西嶽蔣夫人
北海六微玄清夫人
上真東宫衛夫人
北漢七靈石夫人
紫清上宫九華真妃 姓安晉朝降於茅山
紫虛左宫郭夫人

太極中華右夫人
太真王夫人
滄浪雲林右英王夫人
朱陵北絕臺上嬪管妃
方丈臺昭靈李夫人
北嶽上真山夫人
瓊華夫人
三元馮夫人
右華九成范夫人

紫微左宮王夫人諱清娥字愈音阿母第二十六女也
長陵杜夫人
太微玄清左夫人
右陽王華仲飛姬
西華靈妃甄幽蕭
後聖上保南極元君紫元夫人
後聖上傅太素元君
東華玉妃淳文期青童之妹
東宮中候王夫人桐柏真人別生妹

太和上真左夫人
西漢夫人
華山夫人
玉清神女房素
西王母侍女王上華
董雙成　石公子
宛絶青　地成君
郭密香　干若賓
李方明　張靈子

太帝宮官
靈林玉女　賈屈庭
金闕宮官
太保侯范法安
經命山伯牙叔平
東華宮玉女煙景珠
上元夫人侍女宋辟非
主仙道君侍女范運華
趙峻珠　王抱一

華敬滌　李伯益
鮮于靈金
太和殿　寥陽殿
蘂珠闕　七映房
長綿樓

第三中位

太極金闕帝君姓李壬辰下教太平主

左位

太極左真人中央黄老君

真人紫陽左仙公中華公子

卿黃觀子

人文始先生尹喜

宮龔仲陽幼陽 兄弟二人受道於青童君

東陽直人陵陽子明

中玄老人中央上玄子

北極真人安期子

北極老子玄上仙皇

清和天帝君

南極老人丹陵上真

青精先生太宛北谷子

玄和陰陵上帝

太極高仙伯延蓋公子

玄洲仙伯

太極左仙公葛玄 吳時下濟靈寶下為地仙

西極老人素靈子期

五老上真仙都老公 撰靈書紫文

東極老人扶陽公子

太極左宮北谷先生

三天都護王長　趙昇

太極上真公孔丘

明晨侍郎三天司真顏回

玄圃真人軒轅黃帝

玄帝顓頊 黃帝孫受靈寶五符

王子帝嚳 黃帝曾孫受靈寶五符

帝舜 服九轉神丹入於九疑山而得道矣

栢成子高 湯時退耕修步綱之道

位業圖

夏禹 受鍾山真人靈寶九跡法治水有功

周穆王 至崑崙見西王母

帝堯

風后 黃帝師出羽扇者

西歸子 未顯　蒲衣 莊子云猶是被衣矣

寧車子 未顯　支離

被衣　王倪

齧缺　巢父

許由　卞隨

華封　　北人
子州　　善卷
馬皇　　安公 姓陶乘赤龍矣
大項 名託
右位
太極右眞人西梁子文
太極右眞人安度明
玄洲仙都絳文期
紫陽眞人范明期
位業圖　十一
鬱絶眞人裴玄仁
太玄仙女西靈子都
司馬季主 受西靈子都劍解之道
太極仙侯張奉
洞臺清虛七眞人
西嶽卿副司命季翼仲甫 左元放師
八老元仙
正一上玄玉郎王中之　鮑丘
南陵玉女

陽谷眞人領西歸傳淳于太玄
戎山眞人右仙公范泊華
陸渾眞人太極監西郭幼度
中黄四司大夫領北海公涓子 蘇君師矣
太極法師徐來勒 吳時天台山傳葛仙公法輪經
邯鄲張君　庚桑子
蕭史
太上玄一三眞 吳時降天台山傳葛仙公靈寶經
劉京
位業圖　八　十二
玄洲上卿太極中侯大夫蘇君 名林字子玄涓子弟子周君師
弄玉　二女
長桑公子 莊子師
韋編郎莊周　泰佚
接輿　伯昏
郗間　老聃
第四中位
太清太上老君 爲太清道主下臨萬民
上皇太上無上太道君

右位

正一真人三天法師張 諱道陵

東華左仙卿白石生

張叔茂

元始天王 西王母之師

玄成青天上皇 此三人太清尊位不領兆民

南上太道君　太上丈人

天帝君　九老仙都君

九氣丈人 此並太清三天東宮之真官章奏關啓學道所得

位業闕

中嶽真人高丘子　景雲真人

鬼谷先生　泰清王

九天郎吏　北斗直符七人

定氣真人　監仙真人

五仙夫人　郭内夫人

二十四官君將吏

千二百官君將吏 二條氣化結成

趙伯玄　劉子先

臧延甫　張子房

甯仲君　燕昭王

茅初成

少室山伯北臺郎千壽

赤松子　大梁真人魏顯仁

華山仙伯泰叔隱　葛愆真人周季通

太和真人山世遠

句曲真人定錄右禁師茅君 諱固字季偉爲地真

嶓冢真人右禁郎王道寧

太清右公李抱祖　蓬萊左公宋晨生

位業闕

蓬萊右公賈保安　潛山真伯趙祖陽

九疑仙侯張上貴　蓬萊左卿姜叔茂

周大賓

毛伯道　劉道恭 二人王屋山得道

東方朔　馬明生

彭鏗 西入流沙　鳳綱

韓終

墨翟 宋大夫水解矣　樂子長

李明 雷平山合丹也　商山四皓

淮南八公　青烏公
黃山君　甯封
方明　力牧
昌宇　莊伯微漢時人

右位

太清仙王趙車子　太清仙王李元容
小有仙王鄧離子　五嶽司西門叔度
中央真人宋德玄　中嶽仙卿衍門子
中嶽真人孟子卓　西嶽真人馮延壽

南嶽真人傅先生　青城真人寧崖先生
九疑真人韓偉遠　蚳山真人陰友宗
司命太元定錄紫臺四真人
中嶽真人王仲甫　北陵丈人
太玄丈人　北上丈人
南上丈人　太氣丈人
益命丈人　飛真丈人
九道丈人　示安丈人
百福丈人　百千神氣丈人

登天上籙玉女四人　上天玉女三人
三天玉女百人　青腰玉女官十人
下等玉女　北宮玉女
五帝玉女　太素玉女
天素玉女　白素玉女
平天玉女　六戊玉女
青天益命玉女　神丹玉女
九流玉女

右十五玉女號

高上將軍　衡山使者
上天力士　天丁力士已上四人並有姓名各領天兵十萬
號四將軍
飛天使者　九天使者
九天真王使者　高仙啓天使者
游天使者　太清使者
六乙使者　六丙使者
六丁使者　六壬使者
六癸使者

右十五使者自然之神

東方靈威仰　南方赤熛弩

西方曜魄寶　北方隱侯局

中央含樞紐此太清五帝自然之神

五嶽君五百年而一替　河侯

河伯此三條是得道之人所補　西嶽丈人

三天玉童　洛水神女此三條亦是學道人所補

飛天丈人　太一中黃

玄上玉童

位業圖　八　十七

猛獸先生此自然之神主天下鬼神禽獸

趙昇期在王屋山　陰長生

劉偉道人漢時　郭崇子殷人

郭聲子洛市中卜　周君

徐季道鵠鳴山　鹿皮公

伉季子　司錄君

張巨君

郭芍藥　趙愛兒

王魯連此三人女真

救苦真人君執　司危

司厄　司命

八威　除禍

帛和　華子期

鮑察　欒巴

葛洪隱羅浮山　左東元上王

四天官王　昌命天王

佐命君王　飛真虎王

九都去死王　四海陰王

位業圖　八　十八

太一元君　上虛君

摩病上元君　七星瑤光君

三元萬福君　夜光夫人

和適夫人

第五中位

九宮尚書姓張名奉字公先河內人先為河北河命禁保侯今為太極仙侯兼領北職位在太極矣

左位

左相清虛真人從小有洞天王受王真人替巳處上清

左仙公郭四朝兼玉臺執蓋郎
左仙公王遥甫 赤君弟子齊獻公時人
辛彦雲 赤君弟子隨師下降
散位 未受其職
朱陵嬪丁叔英　管城子 尹虔子師
蘇門先生　周壽陵
孟德然 鄭景女師　宋君
李法成 趙廣信師　鄧元伯
王玄甫 霍山人　尹虔子 華山人

張石生 爲東源伯　李方回 三人並晉時服术
張禮正 衡山漢末服黄精　治明期 衡山
鄭景世 廬江潛山
左位
右相 已度上清　右保召公奭 從羅南明公受此位
右保司晨上公　右眞公郭少金
協晨夫人黄景華 黄瓊之女
文德右仙監張叔隱　眞人禺君章
散位

張重華 晉初服胡麻　平仲鄉 括蒼山受態境
趙廣信 魏末小白山　虞公生 海中狼山
朱儒子 赤水山　黄盧子 西嶽公姓葛禁氣召龍
孫田廣 一名登　麋長生 周人賓弟子
許肇 先在羅酆都爲職東明公右司農　許副 字仲先修大洞眞經
第六中位
右禁郎定錄眞君中茅君 治華陽洞天
左位
三官保命小茅君　三官大理都李豐

三官大理守王附子　荀中侯 不顯名字
白水仙都朱交甫　北河司命保禁侯桃俊
左理中監韓崇 如大府長史左如司馬
九宮協晨夫人
文解地上主者　鮑靚 南海太守
岱宗神侯領羅酆右禁司鮑元節
地仙散位
許虎牙 名聯字文煇受楊君守一之道
王眞 上黨人也　孟君 京兆人也

魯女生在中嶽此三八受行三一真一
左元放孟仲甫弟子在小括山
九疑山女真羅郁今在湘東山
杜陵夫人
宜安宋姬此二人並受西梁真人青精方而不書位號未委何仙且在地真之列
許邁字叔玄小名映改名遠遊東華署爲地仙矣
翁道遠　姜伯真猛山學道採藥二人映之儔侶
郭聲子
黃子陽一云魏夫人食桃皮師二人葛玄常相隨矣

葛玄字孝先丹陽句容人稚川之從祖也初在長山乘虎使鬼無處不至位在太極宮
鄭思遠即葛玄弟子晉永昌元年入括蒼山
戴孟本姓燕名濟字仲徵裴君弟子
謝允歷陽人戴孟弟子晉咸帝時得道
施一號姚坐子孔子弟子三千人數得道
劉奉林周時人服黃連
張兆期費長房之師　周君二人俱讀素書七卷得道
雷氏周氏養龍　姜叔
田公劉安之裴君時冀州別駕　赤魯班即黃初起也

范安遠　賈玄道
李叔勝　言成生
傅道流四人並隸司命主察試學道者在太山
真人樊子明　龍威丈人
劉少翁華山　梁伯鸞
樊大夫　吳睦長安少爲縣吏
朱紽陳留人昔作劫盜　郭端穎川人少孤爲縣吏
范伯慈桂陽人少曾邪病
鮑叔陽　王養伯

段季叔　劉偉惠四人師西靈子都
宋玄德嵩高山　李東
童初府　蕭閑宮並男真
易遷宮八十三人　含真臺俱二百人並女真
右位
右理中監劉翊　典柄執法郎淳于斟
理禁張玄賓主水雨之官亦保命書
童初府師上侯劉寬即保命府
丞四人趙威伯王仙籍并暴畝水

樂長治主災害　鄭稚政主考注
唐公房主其死者
明晨侍郎七人比御史中丞
三男真夏馥字子恬陳留人同栢真人弟子二人
不顯
四女真周夏友汝南安城人河南尹周暢之女張
桃枝沛人司隸朱寓之母二人不顯
盛二人范幽沖遼西人漢尚書郎李整河南人
武解鬼帥者　王延

范糧　傅晃
除衡四人巳度
地仙散位
中嶽仙人宋來子先爲楚市長遇馮延壽
中嶽李先生
扁鵲弟子五人　子容
子明　子威
子戲　子游
趙太子服术者　將先生支子元之師

支子元作裴君小奇師　盧生
侯公
石生入東海爲始皇使　林屋先生王瑋玄
山圖公子周京王時大夫張禁保之師
赤須子夏明晨之師　青谷先生劉上卿之師
惠車子淳于典柄之師　石長生周明晨之師
東郭幼平桃北河之師　鄭子真陽翟
鄧雲山　唐覽華山
西河薊公張理禁之師　周正時

不道林龍伯高之師　郭子華
趙叔達　張季連三人在霍山
趙公成鶴鳴山　范丘林女真趙威伯六甲之師
修羊公化爲白石矣　稷丘子
崔文子　商丘子服菖蒲而不老
劉根服草　介象
白羊公不顯姓名　介琰白羊弟子
劉綱妻　嚴青並善禁氣巳上六人善禁劾
陳仲林　道君

趙叔道 三人蓋竹山中真人　王世龍 許遠遊師
趙道玄　傅太初 遠遊之交
龔幼節　李開林 遠遊代對者
王少道　范叔勝
李伯山 三人童初府標衣　李仲文
傅知禮

女真

竇瓊英　韓太華 安國妹李廣利婦
劉春龍　李奚子

王進賢 衍女　郭叔香
趙素臺 熈女　鄭天生 鄧艾母
許科斗 長史婦　李惠姑 夏侯玄婦
張美子　施淑女 續女
朱漂金母　鮑見妹
張微子　傅和 二人含真臺主
山外其東者杜契
徐宗度　晏賢生 二人契友
孫寒華 女貞　陳世景 二人契弟子

趙熈　方山下洞室主者
張祖常　劉平阿
呂子華　蔡天生
龍伯高 五人並處方臺
謝稚堅　王伯遼
繁陽子何苗　馮良
郎宗 五人在鹿跡洞
王叔明　鮑元治
尹蓋婦 三人之外餘三十人並北山下絕洞

辛玄子 自云禁元中郎將吳越鬼神之司
比干 在戎山　李喜 南陽人
務光

第七中位

酆都北陰大帝 炎帝大庭氏諱慶甲天下鬼神之宗治羅酆山三千年而一替

左位

北帝上相秦始皇　北帝太傅魏武帝
五帝上相 未顯
西明公領北帝師周公 北少傅

賓友晉宣帝　中護軍周顗
東明公領斗君師夏啓
賓友孫策　右師晨如世中書監
許肇巳度九宮位矣
南明公召奭一云東明公巳度九宮右保宮
賓友漢高祖
北明公吳季札吳王壽夢之子闔閭之叔延陵季子
賓友荀彧字文若魏武謀臣漢尚書令
趙叔臺　王世鄉未顯

此四明主領四方各治一天宮在職一千六百年
得補仙官其他不得矣
鬼官北斗君周武王治一天宮
三官都禁郎齊桓公姓姜名小白
太官司命晉文公姓姬名重耳
大禁晨二人位比尚書令
漢光武帝　孫文臺名堅
中禁二人位比中書令監
顏懷字思季　楊彪字文先

北帝南朱楊大門靈關侯郄鑒先是高明司直郄鑒
今爲之位比尚書僕射
右禁監謝幼輿名鯤晉官太常
司馬鄧嶽
右禁監侍帝晨庾元規名亮晉時位比侍中領右衛又云元規前爲中衛大將軍
司馬馮懷字相思晉太常　華歆
長史虞翻字長翔武昌人虞亮江州引爲上佐不就
後中衛大將軍孔文舉名融
長史唐周爲吳尚書

司馬張繡後漢將軍
監海伯治東海温太真位比大將軍
長史杜預晉征南將軍註左傳
北帝侍晨八人位比侍中
徐庶字元直　龎德字令明
姜楡字世都　李廣漢將
王嘉　解結字叔連
何晏字平叔　殷浩字淵源
四明公北斗君各有侍帝晨五人未顯姓名

河北侯二人

劉備字玄德　韓遂

右此職統屬仙官

右位

中庭直事四人如世尚書

戴淵字若思晉驃騎　公孫度字叔齊王遼東

郭嘉　劉封備養子

北帝南門亭長二人

郄鑒　周撫字道和代郄鑒

北天修門郎二人

虞譚　紀瞻

修門郎八人北斗君門亦有此職姓名未顯

北十君天門亭長二人

臧洪字子源　王放晉中書郎

期門郎王允之王敦堂弟　謝鳳

典柄候范明　周魴字子魚主察試

北帝執蓋郎顧和字君孝晉吏部尚書

部鬼將軍王廙字世將晉時荊州刺史

殺鬼地映日遊三鬼北帝常使殺人無姓名

西門郎十六人未顯主天下房廟血食之鬼亦應隷四明公

主非使者嚴白虎吳時人爲孫策所殺

南彈方侯許副領威南兵千人已度九宫未委誰代

主南門鑰司馬留鑽長山人爲吳將

北彈方侯鮑勛領威北兵千人字叔業魏中丞

主北門鑰司馬韋遵吳時昭孫儁門主收執如世羽林監

西河侯陶侃字士行亦領兵數千

長史先用徐寧被彈今用蔡謨字道明晉司徒

廬山侯魏釗會稽人也

南山伯蔣濟字子通魏太尉

此三任各有封掌

泰山君秦顗字景倩

將軍顧衆字長始晉丹陽尹僕射

長史桓範字元則

司馬曹洪魏武帝操弟字子廉又云先用賈誼前漢人

盧龍公曹仁字子孝魏武帝弟位大將軍

長史司馬未顯

南巳候何曾字穎孝魏司徒

東越大將軍劉陶字子寄後魏人

右號爲四鎮各領鬼兵萬人各有長史司馬復有

小鎮數百各領鬼兵數千人

楚嚴公即楚莊王熊儔

趙簡子此二人先未有職今方受位

項梁成作酆都宮頌者　杜瓊蜀人

馬融　劉慶孫與賈謐爭名譽

王逸少　鄧攸此六人未顯

位業圖　三十二

右鬼官見有七十五職名顯者凡一百一十九人

位業圖終

空同子

北郡李夢陽撰　徐仁中校閲

化理上篇

或問雷電空同子曰吁胡叩淵于淺人雖然竊聞之矣是陰陽搏擊之爲也曰有鬼神形者何也曰氣動之也氣散則散凡神怪隨氣之妖祥亦有人物形者皆變也星之妖爲攙搶天狗彗孛等亦氣之生散唐一行北斗化七豕是也

正德二年正月一日日食既空同子曰予蓋親睹焉月體不滿規日大而月小乎凡月食既則輪盡黑無餘欠乃益知月體小於日

天與水違行訟天一生水天水一耳違行訟者訟詞兩而事一也

五行木金水火四氣不内邪邪入則壞惟土内汙汙變則化化則神是故貫四時而獨功也在人脾爲土游溢精液輸灌肺腎肝心不然百物食之腥葷臭味穢雜于胃中何以發神明而行變化莊子神化爲臭臭腐復爲神化蓋言土也用先土生先水天一生水資始之道也故人命門在腎

極黑之夜久坐亦明陰中之陽歟猶水之中明歟

負勁氣者有非威之威是故松檜不棲蟬熊豹之皮不上蟻

天道以理言故曰虧盈而益謙地道以勢言故曰變盈而流謙鬼神以功用言故曰害盈而福謙人道以情言故曰惡盈而好謙盈謙以分限言耳非謂消長升沉也而俗儒不知類以日月草木等當之悲哉月有虧而無益草木有益而無虧若以凋落爲虧則謙者不凋不落邪

天地間惟聲色人安能不溺之聲色者五行精華之氣以之爲神者也凡物有竅則聲無色則敝趣乎此而不離乎此謂之不溺

德者必福天人相與之際若求焉者無心之心也求福不囘人際天也介爾遐福天際人也壽考不忘言壽考之求德如念念在之也禍福之幾捷於影響察之乎察之乎

十月無陽故曰陽月非無陽也陽生而未成也消長之道盡於土則生於下故曰復其見天地之心乎董仲舒雨雹對謂十月真無陽又謂月內一日無陽何哉

易獨言象象者懸一以會萬者也又一一者象之所由始也二以會萬故得象而忘言萬以會一故得意而忘象宅經言一理則止一理言一事則止一事

雨一也春則生秋則枯風一也春則展秋則落雪一也冬六出則盜春五出則損水一也鸂鶒則宜鴉濡則傷土一也夏至則重失卌物且爾況殊哉

或問人性上人何也空同子曰陰陽必爭也二氣旋轉坱北以負勝爲寒暑是故晴和之日少而風曀之時多斯陰陽之爭也人稟其氣得不上人哉

或問化權空同子曰陰陽代更必爭而主之者行如春主生肅惡風淒霜無損於拆萌如冬主藏非無晴和之辰而黃落愈增故曰化權權者謂主之也有官之義焉官之者權也能推移輕重之也

東方蒼龍七宿中曰火心星也心昏中則夏木生火也及心屬火故名火爲心詩七月流火是也斯皆自然之數也火秋則流而下以火不生金故不復中於西而二十八宿西者虎北者龜蛇東者龍南者鶉若自然此象非人假借之也

北之象二陰二也空同子曰予往在玉虛觀見其像設問道士此何神答曰皆星也慮人不敬畏故假名像耳如王靈官即心星數焰而火輪北者至陰之地陽之根縮故日照三面如人之背至陰不自見至靜而動者出焉非此則無根無根則其用窮也人五臟系在背背有神舍故膏肓病則無醫膏肓者根也

夏易首連山天下不止不動動根止商易首歸藏天下無陰無陽陽根陰周易首乾天下非陽不統故後天尊陽

化理下篇

夏則伏者傳其所尅也秋冬春不伏者子承母也伏則蒸濕者土氣也助金生之也木生火故日東出日不照北以水也夏至日照三面亦不北月西生者金生水也月不北者從日也又借日而光者也又陰不

獨成者也

萬物並育而不相害謂不相妒耳桃榮而梨枯麥秀而穀槁則妒矣百步之內茂草各遂一不遂則妒矣虎肥而鹿瘠馬健而牛羊羸則妒矣

斗七故天之數多準七二十八宿皆七也左氏天以七紀是也日月五行璣政亦七易曰七日來復涵永之晝時七則晝夜亦如之詩曰終日七襄是也僧家竊其意義是故數亡人用七

人皆曰中國天地東南隅耳又曰萬物齊乎巽故中國文物聲教獨懿然燕之土盧盧龍塞是也盧黑也江之南丹之色皆赤中國之四方不見乎又星曆驗之側景臺郭守敬量天尺亦樹嵩洛間則中國不有中乎佛者竊其意乃曰天地有幾洲中國者南贍部也

或問海市李子曰此處偶有此怪異氣耳夫陰陽五行氣化不齊濱海之邪海錯萬殊廣之珠滇之石北之壥南之鶩淮之蛢吳之蛤能盡究所來耶事有不必辯者以其非急也有不能辯者以其非理也不必辯如海市鳥鼠同穴象膽四時在四腿之類是也不能辯如蜮立人啼人死託生之類是也人不能自見其腦與背病之來也忽而痛忽而止忽而寒忽而熱自不能知之而好奇者每每辯其非急求之理之外乎

夏之初月高其圓也低冬之初月低其圓也高進退之義也

人之五臟各其喜生腎虛者嗜鹹肝虛者嗜酸凡食脾胃喜之則味佳不喜則咽之不下亦自喜生之道歟口脾之屬歟

濟之性勁源于晉伏流地中乍見乍伏一支穿太行爲百泉爲衛水一支爲濟源出山東爲七十二泉大抵天地勁氣在山西人之性勁天下其鐵亦如之所謂并州剪刀者也漢之性曲其流十里九灣郢沔之間瀦爲澤藪皆漢之漾也語曰勁莫如濟曲莫如漢

五行火無體在物則藏燃物則用用盡則息五藏心爲火烱然中伏遇動則發不動則已

干支在時五日一周在日兩月一周在月五年一周

在歲六十年一周朱子謂六十節者此也十二支子鼠丑牛等初謂取象耳然术人見漆則瘍猫見寅人則銜其兒走徙其窠昨問劉南宮劉曰是眞有之也不但取象朱子論乾馬坤牛震龍巽雞坎豕離雉艮狗兌羊曰此取象亦自有來歷非假譬之由是觀之十二支象眞有之邪

項氏曰六子始氣也末形也中精也雷風氣也山澤形也水火精也空同子曰雷電光墮地則石氣非不形也山澤通氣形非不氣也水火非氣何來氣非不

精也形氣精一而三三而一者也朱子本義主揲著乎

陰陽貫錢四時一緡錢亂而成緡邑矣向背上下雜仍也四時成歲邑矣明晦雨暘雜仍也

離爲科上槁木盛火藏於内助其盛木槁火燃其外灰其槁人水火濟而生者也生則神棲目離爲目也水絶則死以槁而焚也人槁則神先去目

空同子省穡坐其場麥將颺候風焉田老曰風之來視雲雲之方無風也已而四方雲風來子詰之田老曰風即來無定方斯謂斷續之風也不信令颺焉麥果四落子曰嗟斯可以心觀矣夫風無不入者也雲猶格之況心乎況心乎

後天之易退乾西北長子用事退坤西南長女代母然國有長君社稷之福傳稱觀志易戒無成又家有主母則悍奴奪氣如漢高不廢呂雉者斯何也空同子曰用事者六主之者二是故六氣代謝而乾坤常行也故曰役乎坤戰乎乾

秋之雲潤而薄故其雨微夏之雲獨而湧故其雨注

化氣亦專而後壯者勢然也轟雷徧四海湅澍盡八埏天地能之乎故言仁智者必曰勇勇者專壯之義也風行水上渙天下之至文也渙者文隨之而生者也亦天下之至變也天地之道一耳齊生而槩斂則其功不普物之生斂有先後而無棄遺者變化之漸也故曰乾道變化各正性命化極而不生不斂則萌者始枯實者始槁斯傾者覆之也非變化之罪也

小人多君子少何也陽一陰二也陽生於陰也小人必壞者邪也福善禍淫之道也陽生於陰者男自女

生其證也
元氣正行已矣成歲功已矣非無邪惡妖穢之氣任之矣任之者俟其盡自滅也彼卽涸涸無損於歲功斯天地之大也堯舜之治亦其大焉矣非戶戶人人者論也

時甲子五日一周周六而成月月甲子兩月一周周六而成歲歲甲子六十歲一周周六而爲三百六十倮蟲三百六十而人長之毛蟲三百六十而麟長之羽蟲三百六十而鳳長之介蟲三百六十而龜長之

鱗蟲三百六十而龍長之皆六之則也木水用陽六甲六壬火用陰六丁而土金不用

或問舜入井以孔出空同子曰旣入井顧安所得孔哉卽有孔象獨不之知邪曰若是舜胡由出曰神爲之也漢高大風破圍光武六月之氷宋康王泥馬渡河古來眞天子怪異多矣况舜哉此等不可知亦不可窮

物理篇三

道理一橫一直爾十字是也數盡十理亦盡之矣王字眞草篆隸不變挺三才而獨立者也變之非王也

人食蔬谷不害食果蓏害木尅土也木味酸木生火故食果蓏多則酢而內熱木實曰果草實曰蓏

雀孔雛四月四五月五六月六夫曆者聖人節天者也鳥知四時已矣知月乎哉

麥種之秋而焦于夏火尅金也麥穗直而芒有兵象焉穀種之春而焦于秋金尅木也穀穗垂而毛有木象焉

環慶無麥秋大梁無螢無寒蟬然寒蟬螢北京有之

矣地之異邪冷使之邪江之南不產荊棘山不產櫟桑之義邪孔林不產荊棘仁邪

空同子之廬有蝠焉多而穢令撲焉撲者無始而有終問焉曰始撲之逐焉逐逐擾擾其獲也少終立廬之中俟焉至則撲之故其獲多甚哉一之應萬也

宋人不言理外之事故其失拘而泥玄鳥生商武敏肇姬尹之空桑陳摶之肉摶斯於理能推哉空同子曰形化後有氣化焉野屋之鼠醯甕之雞其類已

桃杏仁以核內含生生故曰仁孟子曰仁人心也又

曰仁者人也以生生言之也
髮血之餘血陰也髮黑者水之色也白者反從毋氣
也凡物極則反
松栢蒼然梧竹疎秀茶梅冷淡荆棘針㰁櫟臃腫芝
菌靈異茶蘼穠弱鹿葱海棠艷並育而同生氣之變
化然也文固難以拘論也故文必曰如此如此者皆
拘之類也
雙生以後爲兄者昧化理者也凡產必前動謂之囬
轉無碍則首始下首下則生矣即以受氣先後疑則

囬轉時先氣者先出矣斯造化至妙之幾所以全毋
子者也予亦雙生子先生者體大差長亦獨先壯
橄欖爲楫檝魚則浮亦磁石引針琥珀起草之類歟
骨鯁以玉簪花根汁滴之則化
席其化理其篾一横一直者二儀也一顯一伏者陰
陽也一篾顯伏者陰陽一道也篾必錯三而成文者
三才也織之必自中起者極也形必方者四方也制
器尚象孰不由之而人知之乎
北之土厚故其人信南之水廣故其人智土厚故其

鼻隆水廣故其口闊鼻隆故北人不相鼻口闊故南
人不相口信而偏故其性戇智而流故其性巧
水克火然火水既濟木生火然火焚木何也天下有
一氣之害二性之交也
海翁忘機則鷗狎百里奚忘祿則牛肥祿亦機心乎
禽鳥先氣者也凡噪聚處則旺而與空同子曰弘治
初予嘗待朝焉毎鐘鼓鳴則烏鴉以萬數集於龍樓
予退而問諸長老曰此百鳥來朝也然久矣朝朝
帝帝如此後正德間不復見此矣嘗聞　獻皇帝

之國也舟泊龍江開烏鴉以萬數集江柳向　王舟
鳴噪亦今　中興之應歟今人家喜鵲憂鴉亦氣之
先歟寧陵符生舊稱老鴉符家言環莊樹皆鴉毎鳴
噪妨人語今多事來鴉亦不之來
知聲而不知音者禽獸是也知音而不知樂者衆庶
是也惟君子而後知樂空同子曰聲言直音言曲樂
言律直者單而粗者也音者方而文者也律者比而
諧者也如喌喌呼鷄落落呼猪咄咄呼馬驢苗呼猫
鷩呼雀呼之則應者知聲也人人能謡如今里巷之

詞曲不學而能之疾徐高下皆板眼所謂知音也及問其出某呂某律孰宮孰商則不知也故曰惟君子而後知樂解者未達乃以瓠巴鼓瑟游魚出聽伯牙彈琴六馬仰秣爲禽獸知音夫作樂而獸舞鳳儀斯感通之妙非聲音之末也昔有鼓琴於池上者謂及蕤賓而蕤賓鐵躍之出亦謂知音邪

天道虧盈而益謙繪事其証乎凡繪不及則是過之則非知繪人分寸亦人若六七尺則非人以人長五尺也物皆然又如繪朴野幽寂之形則雅如草村茅廬疎松片石疲驢破帽則雅若繪樓閣金碧凡富貴

空同子　八　一三

事則俗矣吁天之盈虧不顯哉不顯哉

鳥之性南向鴉鵲晨南昏北蝠昏南晨北南出而北還也鴈之南也鶴鸛亦南即鵓鴿鴝鵒梧同黃雀之微亦南不問遠近但見其南耳

生性難移如草木之蔓之直故人剛柔之偏變之爲剛善柔善有之矣若欲剛爲柔柔爲剛能之乎

天之生物主於用龍用天故雲馬用地故健虎用山故風牛主耕故柔馬主行故不寐豕主食故一乳十

七八推之物皆然而仙釋之徒乃欲棄人倫絕羣類高飛遠翥哉如生才亦主用大受小受即有湮淪者鮮焉用之時義大矣哉

王生善聽聲聞丁公馬蹄聲曰旬月必拜相又聞其蹄聲曰必出而西行皆驗以是觀之小人名位素定矣易謂小人道長不以是乎又以知宋宰相乘馬金蓮官肩輿行謂馬卑也唐宋拜相則築沙堤或以便於馬歟箋云唐天子尚乘馬況宰相哉如肅宗與玄宗控馬是也

禹貢山川多與今不合何也空同子曰自河之入淮也彼滎澤孟諸芒碭諸陂今皆耕牧地耳流謙變盈

空同子　八　一四

滄海而桑田古今能合哉

車陸象鳥舟水象魚蓋不能不圓席不能不方智者行其所無事已矣私意鑿之哉

空同子圍爐而觀銅瓶之水熱極則響轉微乃喟然而歎曰嗟至寶不耀至聲無聞天之道哉天之道哉凡欲人知者非足者也凡人不知而悶者欲人知者也

泰時用商鞅法令如牛毛天下之毛多矣繁令必曰

牛毛者何也空同子曰牛之毛於人獨無用用之無益也然則繁令者不可鑒哉

味生色故染絳必以酸義生味故吟詩必用色嘉靖六年四月舞陽之野麟生於牛其夜火光又其聲雷又見其角而麟以爲妖擊之口吐火驚項又蘇塞之土又自起聲轉雷擊碎首乃死見者謂麟也野人懼扛之省城然誠麟也古謂麟一角然此則雙肉角麟馬蹄此則蹄牛古謂鶴胎生今鶴卵生豈傳者誤邪抑形有變邪此似麟非麟者邪占又謂牛馬交則生

麟此牛馬交者邪龍與馬交則生千里馬汗則腹下麟

嘗疑大學絜矩又疑平天下不言準而言矩今乃知方圓平直一道矩盡之也矩爲方側其角則圓矩爲平直其尾則平尾不直不平也陣法五變亦方變圓

或問方能圓圓不能方何也李子曰楊根陰也

鋸之齒太平直則入木不行必有齟齬俗謂之料斯濟變之譬也泛駕之馬不羈之才用之易效

聖人貴智亦貴藏以智者善藏也鱖魚性痴見人則樹其鬣謂人懼已也又其性畏寒西方有鳥曰半翅者亦痴見人飛不過三五尺可以杖擊之得也鱖魚入網輒伏者惜鱗也孔雀愛其尾沾則露尾錦雞愛其毛羽自照水因而有溺死者皆不智不藏者也

乾爲駁馬駮鉅牙食虎豹一名茲白空同子曰凡物食物天生相制之義非但力之也駮未必力虎豹虎豹食鹿豕牛馬鹿豕牛馬見之則鶻而尿斯有制之者非力之罪也如豺小而降虎豹是也在人如君制民夫制妻在禽如鶻搏兔鵲擊鳶

治道篇四

或問哀帝屢誅大臣而卒不威何也空同子曰人主以無爲爲威有代天之相則百官自正有執法之吏則百度自貞君何爲哉故自用者小侵下者煩煩小之政挾之誅戮則人心離矧哀非正已之君乎賈氏曰廉遠地則堂高

君子以遏惡揚善順天休命遏者止之之義而揚者彰之之名也火在天上既無所不照物無遁形善惡畢露使遂賞罰之則四海兆民勝罰之邪又能盡爵

之邪故聖人不曰罰而曰遏遏之不遏則罰行不曰
賞而曰揚揚之又揚則賞行天命有善而無惡又火
在天上故曰順天言有非我者遏之揚之吾何心哉
眞僞兩在不逆其僞功罪具疑則重其功上之道也

羣居而和一君子每蓋數小人陽統陰也私起而爭
一小人每害數君子陰賊陽也反復之道也天地能
使陰無哉在統之有道耳

衆美容惡羣惡不容美如華屋有穢只見其華而茅
茨之下著一雕氣則莊眼難觀矣故衆君子中不無

小人而羣小人內絕無君子故治朝君子七而小人
三不害其治而亂世容一君子不得

言治者必曰唐虞何也聖人久於其道而天下化成
也堯在位一百一年舜在位八十年又禹繼之則二
百餘年矣卽有堯舜而年或不及則於變亦難孔子
王者必世而後仁謂此也

郊上辛社稷上戊祭孔子丁戊在丁後故先丁如
十日丁則一日戊當先戊而後丁以丁不常十故人
鮮知一日之戊弘治間吏部主事楊子器上言戊從
初十之丁則次戊非上戊也時無諳禮者竟寢下行

大人以天下爲度書云其心休休焉其如有容焉言
度也論相者曰鼻吸三斗醋曰腹內好撑船亦以度
言也相必言度者以狹人氣勝也氣勝則偏偏則窒
窒則曹天下之務大人恒澄明澄明則鑒物也今人
但知宰相包容不知包容中有鑒也不然模稜胡塗
亦謂天下之度可乎

天地父母萬物聖人父母萬民其心無一息忘之故
孔有莫知之歎孟有不得已之辯卽如父母育嬰兒

有一息忘之耶

莊周齊物之論最達天然亦最害治使人皆知彭殤
孔跖同盡同歸則孰肯自修或又知淸濁混沌金石
銷鑠孰彭孰殤孰孔孰跖肯自修乎故曰害治孔子
曰民可使由之不可使知之

人之病痰火八九老人不宜盡去火虛人不宜盡去
痰去之則愈病斯救世之譬也

書曰汝惟風下民惟草又曰彰善癉惡樹之風聲孔
子曰君子之德風小人之德草政之行風行之也鬨

烈威振華夏陶侃千里不拾遺亦其風耳李斯論四
渭水爲赤而關東盜愈繁漢武令直指使者誅捕無
道而海内愈擾以不知風耳傳曰知風之自

甘誓以君行故其詞嚴胤征以臣行故其言詳一君
二民之道也

疾威上帝其命多辟命之夭者也天生烝民其命匪
諶秉之人者也命一也蕩之世乃辟乃匪諶乃有初
無終皆詩人疑怪之辭也天不湎爾以酒不義從式
言酗酒者不制之義酒伐德故愆爾止又亂性故無

明晦號呼俾晝作夜者靡明靡晦也斯自事耳非天
湎之也

顛沛之揭者本實先撥也非枝葉之害也治天下有
本其本亂而末治者否也

人無賢愚嗜酒必昏然紂甚是故詩書言酒禍於紂
切也

居上貴寬太寬則弛臨事貴簡太簡則漏故曰寬而
栗又曰居敬而行簡

聖人重祿位者本人情而順天心也天之禍福主德
人之好惡主利孔子稱舜曰故大德必得其位必得
其祿又曰貧與賤是人之所惡也書曰我有周惟其
大介賚爾迪簡在王庭是以名位歆之也詩亦曰爾
公爾侯逸豫無期聖人豈内好爵而外隱約哉民之
所好好之又天以是報德也故今將喬其官則高廣
紅黃夢寐嘉美星命拱吉固知天未始不祿之重也
又曰期人以名位不若勉人以德業空同子曰無其
德無其業無其業無其位無其位無其名即有之幸
耳矣

空同子曰使孔子得位二帝三王之治難哉或問何
難也曰堯舜禹之世則有益稷皐契夔龍湯有伊尹
萊朱文武有太公周召孔門惟一顔子王佐才不幸
而蚤死設使孔子得位則參雍游夏季路輩能爲益
稷諸人事否乎豐沛中豪傑南陽貴人觀之則佐命
未生亦孔子不王之兆也

爲政在人非其人而用之貽不官取人以身非其身
而取之則不人不人而曰世無人不官而曰世無官
有是理哉孟子曰虞不用百里奚而亡秦穆公用之

而覇劉基徐達葦固元生之也我　太祖用之而興世無人邪有人邪

鮑叅政曰今欲平治先三要或問何謂三要曰內閣掌印一要吏部尚書一要左都御史一要空同子曰內閣之要大而公吏部之要明而執都御史之要貞而無回大生公公生明明生執執生貞貞無回

問之先生曰銷元氣者苛吏也苛則刻則不恕則恕巳夌人則訐人則伺察人譬無疾而藥索五臟之未形

今之弊官不久任　國初臺省不甚通如御史歷按察僉副或徑歷使使久則入為左右都副則左右副僉則左右僉如知府久則歷左右布政使或叅左右使久則入為部侍郎尚書等如此則法吏敢持繩糾之權民吏無不更事之嫌今臺省既大相通融而任又弗久也蓋官非良久必敗故今之官吏數遷太相夤緣求速故私竹易規避大事無了絕途路迎送糜費甚者一官至民不知姓名去矣猶過客也今又為小轉法如知府轉按察副使按察僉事轉叅議等或年資未應轉又為更調法如此府調彼府此縣調彼縣此臬調彼臬此省調彼省等甚者巡撫都御史亦調法愈巧而官愈廢故曰今弊

古之良久任獲之也漢世為吏者不長子孫乎凡治朝皆然

孝廟不立貴妃是時言官有以匹夫之行言者或謂之諂之者不讀禮者也古者天子有后有夫人有世婦有嬪諸侯一娶九女皆廣嗣之道也是故一傳絕胄志秦秀庾純父子皆切實之才晉武怒而不釆郤

詵阮种華譚直辯博之士則上第登庸斯取人以身之證乎

太宗時鄱陽一老儒詆斥濂洛之學上巳所著書上覽之大怒閣臣楊士奇劝營救得不殺遣人即其家盡焚其所著書空同子曰盛世之君有道哉記曰一道德以同俗故異言亂政

詔令足以占朝廷言有遺慮則知野有遺賢矣故朝有王臣則其言王朝有覇臣則其言覇尉佗得漢文書即徹黃屋奉正朔竇融得光武璽書歎服曰天子

明見萬里孰謂詔令不足占朝廷哉

爲上爲德爲下爲民如聚財强兵非不爲上然非爲德援引私昵非不爲下然非爲民

舜禹有天下而不與孟子所謂若固有之者誌曰不以位爲樂非也樂者對憂之名不以位樂以位憂乎既若固有則憂樂具泯豈必不樂而後爲不與哉獨言舜禹者以其得天下易也

成康刑措之治召畢壽考夾輔之功也不然康之世其難哉或曰任之而不疑二王不賢乎

春秋諸侯出告廟則書至則有飲至策勳之禮所以孝敬而防淫佚也聖人之制禮不其微邪是故信侑愛如棠

和氣致祥而治世亦菑天心仁愛之然乖氣致菑而叔世亦瑞燈滅必光耳或曰治世菑在朝廷而瑞在天下叔世瑞在朝廷而菑在天下

空同子終

冥寥子游

四明屠隆著　武林潘之淙閱

冥寥子爲吏困世法與人吐匿情之譚行不典之禮何謂匿情之談主賓長揖寒暄而外不敢多設一語平生無斯須之舊一見握手動稱肺腑掉臂去之轉盻胡越面頌盛德則夷也不旋踵而背語蹠也燕坐之間寔辨有口迺託簡重身有穢行謬爲清言懼褁言漏實莊語觸忌則一切置之而別爲浮游不根之譚甚而假優伶之謳歌以亂之即耳目口鼻悉非我

可嗔喜笑罵總屬不真俗已如此雖欲力矯之不能何謂不典之禮賓客酬應無論尊貴雖其平交終日磬折俛首何譬于天而日與之遠何親于地而日與之近貴人纔一啓口諾聲如雷一舉手而我頭已搶地矣彼此相詰絕不欲見而下馬投刺徒終日僕僕夫往來通情非舉行故事也先王制禮固如是乎褒衣束帶縛如檻猿風嗜膚癢甚而不可搯蹩步開行輙恐隃官守馬上以目注鼻視不越尺寸視越尺寸人即從旁偵之溺下至不可忍而無故莫敢駐足其大者三尺在其前清議在其後寒暑撼其外得失煎其中豈惟纆墨之夫哉雖有豪傑快上通脫自喜不涉此途則巳一涉此途不得不俛而就其籠絡冥寥子將縱心廣意而游于滯瀁之鄉矣

或曰吾聞之道士處靜不枯處動不喧居塵出塵無縛無解俄而柳生其左肘有鳥巢于其頂此亦冥靜決寥之極也供爨下之役拾地上之殘此亦卑瑣穢賤之極也而至人皆冥之子厭仕路之踽踽而樂奇游之清曠無迺心爲境役乎冥寥子曰得道之人入

水不濡入火不焦觸實若虛蹈虛若實靡入不適靡境不冥則其固然余乃好道非得道者也得道者權柄在我虛空粉碎投之囂喧穢賤若濁水青蓮淤而不染故可無擇乎所之余則安能若柳之從風風寧則寧風搖則搖若沙之在水水清則清水濁則濁余嘗終日清靜以晷刻失之終歲清靜以一日失之欲聽其所之而遇境不亂不可得也使天子可以修道則巢許何以箕潁使國王可以修道則釋迦何以雪山使刘侯可以修道則子房何以謝病使庶官可以

修道則通明何以挂冠。余將廣心縱意而游于莽蒼之鄉矣

或曰願聞子游冥寥子曰夫游者所以開耳目舒神氣窮九州覽八荒采真訪道庶幾至人唉雲芝逢石髓御風騎氣冷然而飄渺不知其何之然後歸而掩關面壁了大事矣余非得道者宅神以内養德以澹。游氣以虚。敢不力諸。然而未也。宅神以内。忽而馳于外。養德以澹。忽而移于濃。游氣以虚。忽而着于意。其中不寧。則稍假外鎮之。其心無以自得。則或取境娱

之故余之遊迹奇矣。挾一烟霞之友與俱各一瓢一衲百錢自隨不取盈而欲令百錢常滿以備非常兩人乞食無問城郭村落朱門白屋仙觀僧廬戒所乞以食不以酒以蔬不以肉其乞辭以孫不以哀畀則去之其不畀者亦去之要以苟免飢而已有疑物色者誨而自免去有見凌者屈體恐之有不得已無所從乞即以所携百錢用其一二。遇便即補足焉。非甚不得已不用也。行不擇所之。居不擇所止。其行甚緩。日或十里。或二十里。或三十四十五十里而止不耽

多多恐其罷也。行或遇山川之間青泉白石水禽山鳥可愛玩。即不及住選沙汀磐石之上。或坐而眺焉邂逅樵人漁父村氓野老不通姓氏不作寒暄。而約略談田野之趣移晷乃去别而不關情也大寒大暑。必投栖止焉而不行。懼寒暑之氣侵人也行必讓路津必讓渡江湖風濤則止不渡或半渡而風濤作則凝神定氣委命達生曰苟渡而溺天也即恐寧免乎如其不免則游止矣幸而獲免游如初遭惡少年于道或誤觸之。少年行其無禮。則孫辭謝之謝之而不

免則游止矣幸而獲免遊如初有疾病則投所止而調焉其同行者稍爲求藥而已則處之泰然内視反聽無怖炁如是則重病必輕輕病立愈。如其大運行盡則游止矣幸而獲免游如初踪迹所至邏者疑焉而以細人見禽。或以情脱或以智免如其不免則游止矣幸而獲免游如初行而託宿石庵茅舍無論也託宿而不及即寺門廟阿窮簷之外大樹之下可以偃息或山鬼伺之。虎狼窺之。奈何山鬼無能爲苦。虎狼無術以制之。不有命在天乎。以四大委之而神氣

了不爲動卒塡其喙數也則游止矣幸而獲免游如初其游以五嶽四瀆洞天福地爲主而以散在九州之名山大川佐之亦止及九州所轄人迹所到而已其在赤縣神州之外若須彌崑崙及海上之十洲三島身無羽翼恐不能及也所遇亦止江湖之士山澤之臞而已若扶桑青童暘谷神王桐柏小有王母雲林諸眞身無仙骨恐不得覯也其登五岳也竦立罡風之上游覽四海之外萬峰如螺萬水如帶萬木如薺星河摩于巾領白雲出于懷袖鶤鵬舉手可拾日

月掠雙鬢而過之卽嘯語亦不敢縱非惟驚山靈殆恐只尺通乎帝座矣上界晴灝萬里無纖翳下方雷雨晦冥而不知微聞霹靂聲細于兒啼斯時也目光睒睒魂氣躍躍出壙垠卽欲乘長風而去何之乎或西日欲匿東月初吐烟霞晃射紫翠倏奕峰巒遠近乍濃乍淡又或五夜聞鐘聲大殿門不闔虎嘯有風颯颯去披衣起視則兎魄斜墮殘雪在半嶺烟光濵濛前山不甚了了于斯時淸冷逼人心意欲絕又或嶽帝端居群靈來朝幢節參差鈴管蕭蕭殿角雲氣

紫皺霞綃恍惚可睹似近而遥快哉靈人之音何彼冷風之斷之也五岳而外名山復不少矣若四明天台金華括蒼金庭天姥武夷匡廬峨眉終南中條五臺太和羅浮會稽茅山九華林屋諸洞天福地稱仙靈之窟宅神明之奧區者莫可殫數芒屩竹杖縱不能遍歷隨其力之所能到而遨焉飲神瀵之水問仙鼠之名啖胡麻之飯餐栢上之露或絕壁危峰陡揷天表人不能到則以索自縋而登或石梁中斷玉扉忽開奮而闖入無恐谽谺穽窌之洞深黑而不見底

僅通一線仰逗天光以火自爇而入焉無恐以尋高流羽士肉芝瑤草及仙人之遺蛻處游于大川若洞庭雲夢瞿塘巫峽具區彭蠡揚子錢塘空濶浩淼魚龍神怪之所出沒微風不動空如鏡也神龍不怒抱珠臥也水光接天明月下照龍女江妃試輕綃躡文履張羽葢吹洞簫而出凌波徑度良久而滅胡其冷爽也惡風擊之洪濤隱起鴟夷賈怒天吳助之大地若磨焉窩縣若簸焉恍乎張龍公挾九子擘青天而飛去胡其險壯也又秀媚靚粧莫如虎林之西湖楊

柳夾岍桃花臨水則麗華貴嬪之開曉鏡也菱葉吐華芙蕖濯濯朝光澄鮮芳香襲人則宜主合德之出浴也天清日朗風物明媚朱閣朝臨蘭橈夕泛則楊家妃子之笑也烟雨如黛群山黷淡奇絶變幻亦大可喜則吳王西施之顰也冥寥子散步西泠六橋已而深入天竺靈鷲禮古先生罷而出訪丁野鶴于烟霞石屋之間又潮音落迦則冥寥子之家山也觀音大士道場在焉采蓮花而觀大海豈不勝哉

意與旣遠汗漫而行萬里足下耳目偶愜其性或旬日居之終朝趺坐以煉三寶道德五千言其竅與妙乎玉清金笥其忘與覓乎扶桑玉書其不問隣乎陰符二篇其機在目乎太上指其觀心古佛操其定慧因禪定以求參同則兀如非枯也仙靈之官眞如之寺金身妙相焜燿如日月燭旣明矣香旣清矣羽人衲子分蒲團而坐啜茗進菓繙經閱藏小倦則相與調息入定久之而起則月在籐蘿萬籟闃然沙彌以頭觸地童子摅藥爐而瞑于斯之時雖有塵心何由而入也若在曠野矮墻茅屋酸風吹靡淡日照林牛羊歸乎長坂飢鳥噪于平田老翁敝衣亂髮而縣短桑之下老婦以瓦盆貯水而進麥飰當其情境儼絶亦蕭瑟有致哉若道人之遊以此爲厭薄則不如無遊也若入通都大邑人㒳輻輳車馬塡委冥寥子行歌而觀之若集百貨者若屠沽者若倚門而譚者若列肆而卜者若聚訟者若戲魚龍角觝者若樗蒲蹴踘者冥寥子無不寓目焉興到入酒肆沽濁醪焚枯魚生菜兩人對飲微醒長吟采芝之曲徘徊四顧意豁如也驚詫市人何物道者披藍縷蕭然而風韻乃爾乎衆共疑之盍仙人云須臾徑去不見

高門大第王公貴人置酒爲高會金釵盈座玉盤進醴堂上樂作歌聲遏雲光隷守門拄杖在手道人闖入乞食焉雙眸烱碧意度軒軒而高唱曰諸君且勿喧聽道人歌花上露花上露何盈盈不畏冷風至但畏朝陽生江水旣東注天河復西傾銅臺化丘隴田父紛來耕三公不如一日醉萬金難買千秋名請君爲歡調鳳笙花上露濃于酒清曉光如珠如珠惜不久高墳鬱壘壘白楊起風吼狐狸走其前獼猴啼其

後流香渠上紅粉殘祈年宮裡蒼苔厚請君爲歡早
回首歌罷若有一客怒曰道者何爲吾輩歡方驩而
渠馨來敗人意亟以胡餅遣之道人則受胡餅趣出
一客謂其從者曰急追還道者前一客曰飲方懽恨
渠來溷人以胡餅逐之善矣何故追還後一客曰僕
察道者有異欲令還而熟視之前一客曰乞兒也何
異之有彼渠意所需一殘羹冷炙而足又一客曰味
初歌詞小不類乞者座上若有一紅綃歌姬離席曰
以兒所見此道者天上謫神仙也兒察其眉宇清淑

音吐俊亮謬爲乞兒狀而舉止實徹露其都雅歌辭
深秀乃金臺宮中語固非人間下里之音況吐乞兒
口哉神僊好晦迹而遊人間急追之勿失最後一客
曰何關渠事亦飲酒耳試令追還道者固無奇矣紅
綃者不服曰兒固與諸公無緣又若有一青綃者復
離席曰諸公等以此爲賭墅可乎試令返道者果有
異則言有異者勝返之而無奇則言無奇者勝諸公
大鬨曰善令從者追之則化爲烏有先生矣從者返
命前一客曰吾固知其不可測也紅綃者憮然曰是

甫出門而即烏有耶惜哉失一異人
賓寥子曳杖逍遙而出郭門連經十數大城皆不入
至一處見峰巒背郭樓閣玲瓏琳宮梵宇參差掩映
下臨清池時方春日韶秀鳥鳴嘉樹百卉敷榮城中
士女新裝袨服雕車繡轂競出行春或蔭茂樹而飛
觴或就芳草而布席或登朱樓或櫂青雀或並轡而
尋芳或連袂而蹋歌賓寥子樂之爲之踟躕良久俄
而有一書生膚清神爽翩翩而來長揖賓寥子曰道
者亦出行春乎僕有少酒在前溪小閣櫻桃之下朋

儕不乏而欲邀道者助少趣能從我去乎賓寥子欣
然便行至其處若見六七書生皆少年俊雅先一書
生笑謂諸君曰吾輩在此行春無雜客適見此道者
差不俗今日之尊罍欲與道者共之諸君以爲何如
咸應曰善于是以次就坐道者坐末席酒酣暢洽談
議橫生臧否人物揚扢風雅有稱懷春之詩者有咏
采秀之篇者有談廊廟之籌策者有及山林之遠韻
者辨博紛綸各極其至道人在座飲啖而已先書生
雖在劇談中顧獨數目道人曰道者安得獨無言道

人曰公等清言妙理聽之欣賞而不能盡解又何能出一辭少選諸君盡起行陌上折花攀柳時多妖麗蘼蕪芍藥往往目成而道人獨行入山徑良久而出諸君曰道者獨行何爲曰貧道適以雙柑斗酒往聽黃鸝聲耳一書生曰道者安得作許語差不俗庸知非黃冠中之都水賀監耶道人深自謙抑諸君復還就坐一人曰今日之游不可無作一人應曰良是有一人則先成一詩曰踈烟醉楊柳微雨沐桃花不畏清尊盡前溪是酒家一人曰厨冷分山翠樓空入水

烟青隊君不醉風雨送殘年一人曰戲問懷春女輕風吹綉襦不嗔亦不荅只自采蘼蕪一人曰金鞭擲道傍寶馬桃花汗何故擲金鞭儂將試紈扇一人曰青山帶城郭綠水明朝陽日莫那能返開簾延月光道人曰諸公開美詩各佳甚一人曰道人能賞吾輩之詩必善此技某等願聞道人起立謙讓再三諸君固請不輟道人不得已徐曰諸公信一時之秀秫各擅場貧道蟬噪蛙鳴以博諸公噴飯乃吟曰沿溪踏沙行水綠霞紅處仙犬忽驚人吠入桃花去諸君大

驚起拜曰咄咄道者作天仙之語我輩固知非常人也於是競問道人姓名但笑而不荅問者不已道人曰諸公何用知道人名雲水野人邂逅一笑即見呼以雲水野人可矣諸君既心異道人于是力欲挽入城郭道人笑曰貧道浪遊至此四海爲家諸公謬愛即追隨入城無所不可遂相携入城以次更宿諸君家自是或登高堂或入曲房或文字之飲或歌舞之場道人無不往者城中傳聞有一雲水野人好事者爭相致之道人悉赴人與之飲酒即飲酒與之談詩

文即談詩文挈之出遊即出遊詢以姓名則笑而不荅其談詩文剖析今古規合體裁頗核或稱先王開及世務兼善恢諧人愈喜之而尤習于養生家言偶觀歌舞近靡曼或諷之以察其意道人欣然似類有標韻者至主人滅燭留髡燕笑媟狎即正容危坐人莫能窺夜嘗少臥借主人一蒲團結跏趺其上倦則即其上假寐而已人以此益異焉居月餘一日忽告去諸君苦留之不可得各出金錢布帛諸物相贈作詩送行臨別諸公皆來會惆悵握手有泣下者冥寥

子至郭門第僅足百錢悉出諸公所贈諸物散給貧者而去諸公聞之益歎息莫測所以

冥寥子行出一山路深窅峭隘喬木千章藤蘿交蔭仰視不見天日人烟杳然樵牧盡絕但聞四旁鳥啼猿嘯陰風肅肅而恐人冥寥子與其友行許久忽見一老翁龐眉秀頰目有綠筋髮垂兩肩抱膝而坐大石之上冥寥子前揖之老翁爲起注目良久不交一言冥寥子長跽進曰此深山無人處安得有跫然者翁殆得道異人也弟子生平好道中歲無聞石火膏

油心切悲歎願垂慈旨以開迷老翁佯爲弗聞固請之乃稍敎以虛靜無爲之旨無何別去目送久之而滅山深境絕處安得無若而翁者耶

又或隨其所到有故人在焉疇昔以詩文交者以道德交者以經濟交者以心相知者以氣相期者思一見之則不復匿姓名徑造其家故人見肅見冥寥子衣冠稍異怪問之荅曰余業謝人間事通明季眞吾師也曰公婚嫁畢乎未也以俟其畢如河之淸向子平去則不返余猶將指家山聊以適吾性爾于是欵之淸齋追往道故數十年之前俛仰一笑俱屬夢境友人乃低回旣嘆且羡冥寥子其無累之人耶夫貴執高張榮華滲漉人之所易溺也白首班行龍鍾盤跚猶戀此物而不肯舍一旦去之攢眉向人業問車馬而遲行出國門而回首旣返田舍不屑屑焉薅穜稑理麻豆而日夜問長安之耗或遺書當路故人焉胸中數往數來直至屬纊乃已有夫拜命下之日即其屬纊之辰有目瞑數時而朝使後至者大可笑也子何修而能早自脫屣若此冥寥子曰余閒中觀焉

殆有所傷而悟也余觀于天日月星漢何究而早夜西馳今日之日一去卽失雖有明日非今日矣今年之年一去卽失雖有明年非今年矣天日自長吾日自短三萬六千朝而外吾不得而有也天年自幻吾年自短百歲而外吾不得而有也又况其所謂百者所謂三萬六千者人生常不得滿而其間風雨憂愁塵勞奔走之日常多良時嘉會風月美好胸懷寬閒精神和暢琴歌酒德樂而淒娑者知能幾何日月之行疾于彈丸當其轂轆而欲墮西岩雖有拔山扛鼎

之力不能挽之而東雖有蘇張之口不能說之而東雖有樗里晏嬰之智亦不能轉之而東雖有觸虹蹈海之精誠不能感之而東古今談此事以爲長恨余觀于地高峠爲谷深谷爲陵江湖湯湯日夜東下而不止方平先生曰余自接待以來巳三見滄海爲桑田矣余觀于萬物生老病死爲陰陽所摩如膏之在鬻火下熬之不斯須而乾盡如燭在風中揺揺然淚枯燼落頃刻而滅如斷梗之在大海前浪推之後浪叠之泛泛去之而莫知所棲泊又況七情見戕聲色

見伐憂喜太極思慮過勞命無百年之固而氣作千秋之期身坐膏火之甲而心營天地之外及其血氣告衰神明不守安得不速壞乎王侯將相甲第如雲擊鐘而食動以千指平旦開門賓客擁入日昃張晏粉黛成行道人過之呵聲雷鳴而不敢窺後數十年又過之則蔓草荒礫被以霜露風淒日冷不見片瓦兒童放牛牧豕之塲乃疇昔燕樂歌舞處也方其鼎盛豪華譜謔歡笑時寧知遂有今日大榮衰歟何其一瞬也豈止金谷銅臺披香太液經百千年而後淪

沒哉暇日出郭登丘隴鬱鬱纍纍燕韓耶晉魏耶王侯耶厮養耶英雄耶騃子耶黃壤茫茫是烏可知吾想其生時耽榮好利競氣爭名規其所難圖而獵其所無益憂勞經營疇不其然一朝長寢萬慮俱畢余嘗宿于官舍送往迎來不知其更幾主也余嘗閱乎朝籍去故登新不知其更幾名也余嘗出關門臨津渡陟高崗眺原野舟車絡繹山川莽蒼不知其送人幾許也歎息沉吟或繼以涕泗則吾念灰矣友人曰晏子有言古而無死則爽鳩氏之樂也齊景公流涕

悲傷識者譏其不達今吾子見光景之駛疾知代謝之無常而感慨係之至于沉痛得無屈達人之識乎冥寥子曰不然代謝故傷傷乃悟也齊景公恨榮華之難久而欲據而有之以極生人之樂我則感富貴之無常而欲推而遠之以了性命之期趨不同也曰子今者遂已得道乎冥寥子曰余好道非得道者也曰子好道而游者何冥寥子曰夫游豈道哉余厭仕路踽踽人事煩囂而聊以自放者也欲了大事須倣閉關曰子一瓢一衲行歌乞食有以自娛乎冥寥子

口余聞之師蓋有少趣在濇烹羊宰牛水陸畢陳其始亦甚甘也及其饜飽彭脝滋覺其苦不如青蔬白飯氣清體平習而安之殊有餘味妖姬孌童盡態極妍楬鼓吹笙滿堂鼎沸其始亦甚樂也及其興盡意敗轉生悲凉不如焚香攤書兀兀晏坐氣韻蕭疎久而益遠某雖常濫進賢冠家無負郭橐無阿堵止有圖書數卷載之以西波臣懼爲某累一舉而損之水濵此身之外遂無長物境寂而累遣體逸而心開其趣詎不長哉一衲一瓢任其所之居不擇處與不擇

物來不問主去不留名在冷不嫌入鬧不溷故吾之游亦學道也其人乃欣然而喜曰聆子之言如服清凉散不自知其煩熱之去體也

子旣好道願聞其旨夫三敎亦有異乎曰無有異也今夫儒者在世之法也釋道者出世之法也儒者用實而至其妙處本虛釋道用虛而至其現處本實譬之人嘉穀以濟饑甘漿以止渴以漿濟饑不濟以穀止渴不止儒者以其道治世修明人倫建立紀綱法精綱密人待以爲命然而世法榮華易生彼羨世法

無常易生得失世法束縛易生厭苦世法勤勞易生煩躁至于釋道貴寂寞而去榮華重性靈而輕得失離束縛而尚擺落舍煩躁而就凄凉故儒者譬則穀食也釋道譬則漿飲也以釋道治世若以漿濟饑固無所用之欲存儒而去釋道若食穀而不飲漿如煩渴何故三敎並立不可廢也曰釋與道亦有異乎曰無有異也釋貴虛靜道亦貴虛靜釋貴無爲道亦貴無爲釋之所重在神故但修性而不言命靈明之極萬刼不壞是性自該命也道之所重在形故多修命

然必性命雙修以性立命而後超凡度世是命不能離性也道家鍊精還氣鍊氣還神鍊神還虛以成大丹而出有入無是有爲而無爲也釋家戒生定定生慧至于慧則靈光所在亦丹也是全以無爲無爲之爲其道愈大也釋家一證眞空萬刼不壞長生其所不必言者道家形神俱妙自然長生初非貪長生而修道以長生爲言者蓋爲學人設而非黃老之本旨也道家有專言修命者其道不大雖足延年易壞所謂地仙之輩是也釋家修性不徹則其形旣壞而其

神有未能獨立不免投胎奪舍所謂清靈之鬼是也要而言之佛道若成仙何論乎修仙者以佛修仙仙道乃大二氏微有不同其大處同也友人曰子之論三教核矣何患不成冥寥子曰夫道知之非難行之難而不知若盲者之索塗也知而不行畫餅其可充饑乎於是里中之人稍稍有知冥寥子者相期來視冥寥子懼其疲于酬應乃辭友人而行

至一處乞食或見官府五百縛一貧者而鞭之甚楚索錢不得五百愈怒貧者聲泪俱下一豪家子鮮衣怒馬從者如雲陵轢市人市人屏息屠兒持刲豕宰牛刲羊豕呼聲極哀諸魚鱉蚌蛤鰍鱔堵積如丘山腥穢聞數十里或婦與姑反唇者或子與父誶語者狡童婦飾而嫲淫妖娼當門而挑客作遇種種冥寥子愍之呼集市人廣爲設法闡菩提之果論天人之福括三生之緣指善惡之報無住而修行則爲大乘清虛而修行則爲仙品有漏而修行則生天界抱欲而修行則成魔道嗔心而修行則成修羅壞法而謗□則名闡提嫗暴而婬毒則化羅刹棄善而縱惡則

墮地獄惡極而罪大則沉阿鼻其言凱切聽者悚然多有因而改悔者

俄而一書生至與冥寥子論辨書生曰仙與佛果有之乎曰是何言歟今夫凡夫縱欲憂勞則心氣憒耗偶時日清心寡慾則神識爽然人能密緯真氣保和靈光則成仙作佛又何疑也吾姑淺言之佛道兩藏及高僧傳神僧傳傳燈錄列仙傳諸書往往出至人大儒手百千萬億歲以來彼豈盡無其事而妄言之以欺誑後世者耶神怪鬼魅世人嘗有見聞者有鬼神則有仙佛何言其無即爲謗道曰所謂東岳酆都閻羅冥官果有之乎曰是何言與今夫明有閻浮提天子宰割四海其下則有宰相六曹監司群牧宣敎達情以恩威慶賞整齊萬民而後成世道人天之上有天帝端居統治下土其下則有天神諸將三官萬靈考校人間善惡分別賞罰以彰神理子謂神靈無有寧謂上帝亦無有乎有上帝而無神靈一孤帝巍然于玉清之上乎又何以賞罰善惡而行其敎令也曰善惡報應三世因果果有之乎曰作善降之百祥

作不善降之百殃儒者之言也欲知前世因今生受者是欲知來世因今生作者是釋氏之言也今夫愚騃薄惡之子終身富貴慶流子孫非其今生足以受之也或以其前世種福根深也聰明好修之夫夭札坎壈後嗣零落非其今生有以取之也或以前世之修福業薄也不然則此二事遂不可解而上帝賞罰之權倒置矣頃之一少年來戟手而罵寘窶子曰道人乞食得食即去饒舌何為是妖人也吾且鬬之官攘臂欲毆寘窶子寘窶子笑而不荅或勸之乃解

于是寘窶子行歌而去夜宿逆旅或有婦人冶容艶態而窺于門須臾漸逼微辭見調寘窶子私念此非妖也耶端坐不應婦人曰吾仙人也愍子勤心好道故來度子且與子宿緣幸無見疑吾將與子共遊于度索蓬萊之間矣寘窶子又念昔閭成子學道勦山試而不遇卒為邪鬼所惑失其左目遂不得道而絕真誥以為猶是成子用志不專頗有邪心故也夫鬼狐惑人傷生殞命固也不可近即聖賢見試不遇亦非所以專精而凝神也端坐如初婦人瞥然不見為鬼狐為魔試皆不可知矣寘窶子游三年足跡幾遍八下目之所見耳之所聞身之所接物態非常情境靡一無非鍊心之助雖浪跡不為無補哉于是歸而葺一茆四明山中終身不出

寘窶子游終

公安袁宏道著　錢敬臣校閲

逍遥遊

豎儒所謂大小皆就情量所及言之耳大于我者即謂之大是故言大山則信大海則信言鳥大于山魚大于海即不信也何也以非情量所及故也小于我者即謂之小是故言蝼蟻則信蟭螟則信言蟻有國國有君臣少長是非爭讓之事蟭螟睫上有無量虫虫有無量郡邑都鄙即不信也何也以非情量所及故也嗟乎一人身量自頂至踵五尺耳三百六十骨節之中三萬六千種尸蟲族焉凡有目者即有明是彼未嘗無晝夜日月也凡有足者即有地是彼未嘗無山岳河瀆也有嗜欲者即有生聚是彼未嘗無父子夫婦養生送死之具也醬而爲疥彼知癬剤膚中之蟣出之甲上奔走如鶩彼知其死吾安知天地非一巨丈夫邪娑婆世界非其一骨節之虚空處邪人物鳥獸賢聖仙佛非其三萬六千中之一種族邪經曰髮毛爪齒皮肉筋骨皆歸于地吾是以知地特髮毛之大者唾涕濃血津液涎沫皆歸于水吾是以知水特唾涕之大者暖氣歸火動轉歸風吾是以知風火特喘息之大者天地得其大不爲有餘人得其小不爲不足虫處其内不爲逼狹人據其外不爲廣廓天地以成住壞空爲刼虫以生老病死爲刼肘間之蟲笑指節爲夷狄膚間之蟲語以牙甲叱爲怪誕尚不信身外有人又况人外之天地邪由此推之極情量之廣狹不足以盡世間之大小明矣拘儒小士乃欲以所常見常聞闚天地之未曾見未曾聞者以定法縛已又以定法縛天下後世之人勒而爲書文而成理天下後世沉魅于五尺之中炎炎寒寒畧無半錯可出頭處一丘之貉又惡足道聖人知一已之情量決不足以窮天地也是故于一切物無巨細見于古今世無延促見于衆生相無彼我見殤可壽巨可細短可長我可彼智可蒙蜉蝣以暮死爲長年故殤未始不壽也牛大于豕小于象故巨未始不細也夢十年者不出一覺故短未始不長也魘者以手搦胸手即物故我未始不彼也聖不能見垣外故智未始不

蒙也正倒由我順逆自彼游戲根塵無罣礙盡聖人
者豈有三頭九臂迥然出於人與虫之外哉唯能安
人虫之分而不以一己之情量與大小爭斯無往而
不逍遥矣

齊物論

天地之間無一物無是非者天地是非之城也身心
是非之舍也知愚賢不肖是非之果也古往今來是
非之戰場墟壘也天下之人頭出頭沒于是是非非
之中倚枯附朽如大木蠹之見物則緣而狂犬之聞
聲則吠是故寄心于習寄口于羣人嗔則嗔人譽則
譽者凡夫之是非也援古證今勘聖校愚叱凡譽雅
者文士之是非也投身幽谷趨清避濁潔士之是非
也課名實黜浮譽上督責罪虛誕法家之是非也祖
述仁義分別堯桀規思矩孟馨王醜霸儒生之是非
也惡盈善退絕智棄聖道家之是非也趨寂滅樂悲
捨贊歎戒律呵斥貪嗔釋氏之是非也異途分門爭
道並出海墨爲書不可盡載嗚呼是非之衡衡于六
根六根所常執爲道理諸儒墨賢聖詰其立論皆准
諸此今夫不食烟火者目見十里短視隔尺訓狐之
鳥夜察蚊蟆晝不辯丘嶽目果可常乎哉跛難陀龍
無耳而聞虯聽以掌牛以角耳果可常乎哉口司言
也而海外有形語之國馬相不以鼻口果可常乎哉
足附地則行蚑側蹶此其職也而蟻能倒行蠅能
仰棲足果可常乎哉色借日月借燭借青黃借眼色
無常聲借鐘鼓借枯竹竅借鞮借肺中風借舌齶聲
無常想借塵緣借去來今借人借書冊想無常夫不
可常即是未始有衡未始有衡即不可憑之爲是非
明矣攫葉之虫其身純青見粉蠹之白者笑之而不
知青白之不由彼也蜀犬見雪則吠詫其所變江魚
入海則惑失其所常生首子者烹而食之以爲宜子
彼見夫中國之慶喜鄭重以爲不慈矣親夫尚僧以
貴其女彼見夫中國之問名納采從一守貞以爲不
令矣死者棄骸野外以施烏鳶七日不盡聚族而哭
彼見夫中國之素車黃腸珠襦玉匣以爲不仁矣天
地之大何所不有我憐彼彼亦憐我我訕彼彼亦訕
我是非之質惡從而辨之是故以長非短者是以髮

之若若譏髭之虬結也以大議小者是以瓶中之空
笑盃中之空也以辨屈辨者是以百舌之語攻燕子
之語也以聖斥狂者是以横吹之聲刺空谷之響也
以古折今者是以北邙之舊壘歎南山之新壘也以
智證愚者是以機關之木人悲土偶之無識也以中
國非夷狄者是以楚蜀之土音正閩廣之鄉語也夢
中之人物有嗔我者有譽我者是我是人夢中之榮
瘁醒待不相續醒中之悲喜夢時亦不相續孰真孰
幻空中之花可以道無亦可以道有故聖人不見天

高地下亦不言天卑地高波中之像可以言我亦可
以言彼故聖人不見萬物非我亦不言萬物是我物
本自齊非吾能齊若有可齊終非齊物聖如可悟不
離是非愚如可迷是非是實雖萬釋迦何處着脚哉

養生主

天下無一物不養生者亦無一刻不養生者貧賤之
人波波吒吒槁形極慮以養其生富貴之人營生路
曠奥室以養體淫妖以養目絲肉以養耳極羞醢以
養口窮嗜欲以養性養之未久病痾立至伐生斧命

萬厲于此賢知之人憫其淫溺是故執軌以範躬收
視卻聽以衛耳目恬淡虛無以葆神氣夫執軌以範
躬躬之卷鞠者生而躬之安逸者死矣收視以衛目
目之幽隱者生而目之奔逸者死矣却聽以防耳耳
之蘊蔽者生而耳之納囂者死矣恬淡以約口口之
淡薄者生而口之愛濃厚者死矣虛無以葆性性之
寂滅者生而性之動蕩周流朋從往來者死矣皆吾
生即皆吾養不宜厚此薄彼辟如半身不隨之人雖
復醫形天地半已枯朽不得復名全人故養生者傷

生者也夫生非吾之所得養者也夫之生是人既有
此生即有此養草木無知亦能養生若必自養而後
生盡天地之夭喬枯死久矣子待父而養者也而少
孤之子不見天絕于世父母豈真能養子哉嬰兒之
生也即知求乳是嬰兒知養生也二月之後以手歷
之則知閉目見風則啼是嬰兒亦知衛生也嬰兒非
真有知也養生之道與生偕來不待知而知者也聖
人之于生也無安排無取必無徼倖任天而行修身
以俟順生之自然而不與造物者忤是故其下無傷

生損性之事而其上不肯爲益生蘇命之行古之善養生者有三家釋曰無生儒曰立命道曰外其身而身存既曰無生即非養之所能生也既非養之所能生則不以不養而不生明矣立命者順受其正順受故不欣長生不悲夭折何也命不待壽而立壽何益命不因夭而不立夭何惡夭不足惡壽不足欣故養生以益壽皆妄之妄者也外其身者可以存身則内其身亦可以亡身郭橐駝之種樹也置之若棄鄉人有病疽者痛楚入骨殆不欲生一日聞其父有大獄

立起下牀籌畫區置旦日而病去此外身身存之明效也衆人以利生故害生聖人不利故不害衆人以得生故失生聖人不得故不失嗜雞雞者養以松子灌以漿酪雞亦自幸與群雛異而不知鸞刀之先至也西方有神女相好光明且謁主人于門主人曰神何來女曰余功德天凡余所至之家求福者福求慧者慧乞男女者男女諸所願欲無不吉祥如意主人乃洗浴稽首延之上座頃之一醜女至面若塗漆髮若野蒿主人曰若何來女曰余黑暗女凡余所至之

家富者貧貴者賤幼者殤壯者衰男子盡哭婦嫗夜啼主人乃奮臂挈杖驅之出門天曰不然有事我者亦當事彼余與彼如形之影如水之波如車之輪非我無彼非彼無我主人大駭揖手謝天送之唯恐不速聖人之養生亦若是焉矣嗟夫養生之說起于貪生知生之不必貪則養生之說荒已今夫世之所謂夭折者或三十二十以至一周二周所謂善攝養者最多不過八十九十或百餘歲辟二蜉蝣一死于午一死于暮諸水族虫皆弔午而慶暮而不知時之與

刻也若爾則所貪之生亦大倏忽矣試令一老人與少年並立問彼少年爾所少之壽何在覓之不得問彼老人爾所多之壽何在覓之亦不得少者本無多者亦歸于無其無正等若爾則所貪之生亦大烏有矣天地如獄入其中者勞苦無量年長獄長有若老囚縱不求脫何至求繫若爾則所貪之生亦大勞碌矣生有生可戀死亦有生可戀戀生之生者既迷而畏死戀死之生者亦必迷而畏生若爾則所貪之生亦大兒戲矣嗚呼不知生之如戲故養生之說行不

知生之本不待養故傷生之類衆非深達生死之理者惡能養生哉惡能養生哉。

人間世

衆人處人間世如鰍如蟹如蛇如蛙鰍濁蟹橫蛇毒蛙噪同穴則爭遇弱即噉此市井小民象也賢人如鯉如鯨如蛟鯉能神化飛越江湖而不能升天鯨鼓鬣成雷噴沫成雨而不能處方池曲沼之中蛟地行水溢山行石破而入海則爲大鳥所啖賢智能大而不能小能實而不能虛能出纏而不能入纏是此象也唯聖也如龍屈伸不測龍能爲鰍爲蟹爲蛇爲蛙爲諸蟲蛹故雖方丈涔蹄之中龍未嘗不沂鱗濯羽也龍能爲鯉爲鯨爲蛟故江淮河漢諸大水族龍未常不相噓相沫也龍之爲龍一神至此哉是故先聖之演易首以龍德配大人周易處人間世之第一書也仲尼見老聃以猶龍老子處人間世之第一人也易之爲道在于善藏其用崇謙抑亢老氏之學源出于易故貴柔貴下貴雌貴黑夫翠不藏毛魚不隱鱗尚能殺人而况于人是故大道不道大德不德大仁不仁大才不才大節不節道也者導也有導則有滯滯則得故古之人以道得禍者十常一也德也者得也如人得物則矜矜則人見而畏故古之人以德得禍者十常三也仁也者恩也恩能使人愛亦能使人忌忌愛相半故古之人以仁得禍者十常五也才也者財也如人有財盜必劫之故古之人以才得禍者十常七也節也者岊也高也氣太高則折身太高則危行太高則厥故古之人以節得禍者十常九也天下之患莫大乎見長于人而據我于扃我之爲我其伏甚細其害甚大聰明我之伏于諸根者也道理我之伏于見聞者也知解見覺我之伏于識種者也古之聖人能出世者方能任世我見不盡而欲任世辟如有人自縛其手欲解彼縛終不能得堯無我故能因四岳禹無我故能因江河太伯無我故能因夷狄迦文無我故能因人天三乘菩薩諸根是故龍逢見戮比干剖心伍有乘潮靈均是沈者事君之我未盡也務光投河夷齊叩馬漆室自縊者潔身之我未盡也羑里彼囚居東見疑者居聖之我未盡也孔畏于

匡伐木于宋絕糧于陳者行道之我未盡也孔子自言六十耳順是六十而我見方盡明矣我見不盡戮身之患且不保何况治世令夫父母之養嬰也探其飢飽逆其寒暑啼者令嬉嗔者令喜兒口中一呶喃喃不字之語皆能識而句之何則無我故也同舟而遇風者十百人一心惟三老所命呼東則東呼西則西何則無我故也夫使事君者而皆若父母之求其子處世者而皆若同舟之遇風何暴不可事何亂不可涉哉古之至人號肥遯者非遯山林也遯我也我

根在卽見山林亦顯何也有可得而見者也我根盡卽見朝廷亦隱何也無可得而見者也無可得而見是故親之不得疏之不得名之不得毁之不得尚無有福何有于禍處人間世之訣微矣微矣三代而下亦有一二至人與龍德相近者漢之子房東方朔黄叔度晉之阮嗣宗唐之狄仁傑是也子房當烹狗藏弓之世時隱時見托赤松以自保方朔事殺人如蔴之主玩弄兒戲若在掌股叔度居亂世君公顧厨皆其師友而黨禁不及嗣宗縱酒汙朝口無臧否梁公身事女主與姪奴爲伍繼博褫裘恬不知耻使諸君子有一毫道理不盡我根潛伏惡能含垢包羞與世委蛇若此夫李泌亦似之矣然高潔其行至不能調伏一張良娣我見尚在處人間世之道未盡也嗟乎若胡廣之中庸馮道之五代是之而非非之而是噫余不敢言之矣

德充符

天下所寶者軀命也所尊者面貌也所倚者手足耳目也軀命計其短長面貌角其姸媸手足料其强瘦

耳目較其聰塞一支不治百里尋方一夫抱疴舉族奔趍至于覺明眞常形神之蔕聽其杌捏恬不知怪有言及者互相嗔笑指爲異端噫何其頑鈍昏劣抑至此邪夫天地之長且久者非以形氣也草木之生生長長非以枝葉也人之視聽操履含知秉燿非以手足耳目心也謂耳能聽死者亦有耳何不聞謂目能視死者亦有目何不見謂手持足行死者亦有手足何不趨謂心能思死者七竅具在何以都無知識空俄而有氣氣俄而有根根俄而有識根者諸濕之

偶聚如濕熱之蒸而成菌也識者六緣之虚影如芭蕉之卷而成心也蕉落心空緣去識亡熱謝菌枯濕盡形壞向非覺明真常客于其中一具白骨立見僵仆辟則無柱之宇無根之樹其能一日立于天地間哉萬物皆可爲人是故得水者知得火者烈得金者强得木者理人皆可爲萬物是故值其生則生值其尅則死值其駁則愚值其正則賢草木一生尅也人特草木之有知者也瓦礫一水火也人特瓦礫之能動作者也嗟夫知與動作豈人之爲覺性也今夫神

之赴箕也密語則聽是有耳也呈帖則知是有目也證夢則書遇物則題是有思慮也夫其耳目思慮者豈箕之爲哉神也神不以箕之成壞爲已之存亡則人亦不當以殼之有無爲心之憂喜明矣楚俗尚鬼其致鬼之物不一推之皆有至理肩挺之鬼揺兀不休所附者長而狹且直也甕罌之鬼聲如歌曲所附者腰大而嚥細也兀丫之鬼剝啄如雷所附者短身長咮也斛桶之鬼厲聲疾呼所附者濶口空腹也覺之在人如鬼附物因形發識虚實各異是故附其巻

而納者則爲聽附其漏而光者則爲視附其勁而節者則爲動履附其竅而出入者則爲意識一切衆生不深惟身心之所以百計愛惜以愛惜故牽纏糾縛促局如繭中之虫煎唧如在釜之蟹畜盜自劫家貲日銷至于寶盡囊空猶愛盜不止可不大哀經云空生大覺中如海一漚發又云汝身汝心皆是妙明真心中物夫狂者尊古卑今尚能眼空一世糠粃形骸至人脫郤浮漚通身是海又惡有淨穢大小之見哉

齊有優蛾者館于泰山之逆旅龜蒙先生分室而寢

夜半聞蛾謂弟子曰余初入俳場村叟有聚覩者余面若塗血心若累石口噓噓不能終折已遊三街六衢與諸少年狎視村叟之觀者蔑如也已又過達官貴人之家分盃連席謔浪終日歸而見市井少年猶奴隸也已而人京師隸籍樂部出入掖廷聲遍長安王侯公子爭爲挾箏負琴視達官貴人猶家鶩庭鳥也今余出京又十年餘高賢大士游公卿賈閱歷既多處萬人場有若幽室籠撚揞撥隨手而應歌喉盤旋不拘本腔人無不擊節者何則不見已焉耳不見

人爲耳纔蒙先生曰吾瘵矣夫某甲行道四十年而唯恐置身之無所也監矣夫彭祖之神與國殤相遇于道殤曰兒來祖怒曰余壽過若倍屣何嬰我殤曰見所謂八百形骸也非見也夫人僞而鬼真今與若較卽真之日子壽先若久矣

大宗師

古今宗師未有不言生死者佛曰爲一大事由見于世孔曰朝聞夕死老曰死而不亡者壽夫釋老之爲生死人皆知之孔學之爲生死雖鉅儒大賢未有能遽知之者嗟嗟聖人之道止于治世卽一修齊已足而沾沾談性與天窮極微眇得無迂曲之甚夫天命者不生不死之本體也何言天非人是也天與人對非人者非耳非目非口鼻非心意識也既已非耳非目非口鼻非心意識矣我何在我相盡卽道既已無耳無目無口鼻無心意識卽天下之耳目口鼻一時頓盡矣人何在人相盡卽教教之一字尤爲喫緊位天育物總是教禮門淨土淨曰位胎卵滅度曰育性如是故非是強爲爾我生死了不可得噫金口未宜木鐸先啓涅槃玆路實肇數仍天人導師非孔誰歸莊去孔聖未遠七篇之中半引孔語語語破生死之的倘謂蒙莊不實則中庸亦僞書矣天下皆知生死然未有一人信生之必死者囫圇之人一陷大戮瘖瘖瘵瘵惟脫死是求是故有一罅可直不惜營營也有蹊可脫居間可解不惜傾囊橐鬻子女赴之也何則信已之必死故也茫茫衆生誰不有死墮地之時死案已立趨名騖利唯日不足頭白面焦如慮銅鐵之不堅信有死者當如是邪文章之士以立言爲不死是故著書垂訓舐毫吮墨仰面觀星神仙之士以留形爲不死是故鍛精鍊氣留心龍虎坎離及諸大丹藥物之術二乘之士以寂滅爲不死是故耽心禪觀趨向虛無遠離一切幻垢無明夫文章之士無足論矣十種大仙壽千萬歲報盡還墮二乘雖受三界外變易之身終屬有爲捨此趨生焉知大道嗟夫道何物也而可以已意趨捨之哉夫道天也趨捨人也天地之間無物非人卽無物可與道湊合者道若可聽是聲非道道若不可聽是塞非道道若可見是相

非道道若不可見是暗非道道若可言是響非道道若不可言是瘖非道道若可思是憶非道道若不可思是忘非道道若可得是法非道道若不可得是空非道可聽可見可言等即生不可聽不可見不可言等即死可聽可見可言等即死不可聽不可見不可言等即生種種趨避皆屬生死迫道愈急去道愈遠夫惟聖人即生無生即生故不捨生無生故不趨生畢竟寂滅而未嘗破壞有爲常處一室而普見十方空界示與一切同行而不與一切同報尚無生死有

了又焉有生死可趨避哉善我者無體善行者無時善因者無果金之堅也而火流之水之輕清也而風日銷之有體故也聖無體一株之桃可分而千松子飛山成林蓮實墮泥成藕者因能爲果果亦能爲因也聖無果子生于亥死于丑此一時之生死也日生于朝死于昏此一日之生死也春生于冬死于夏此一季之生死也時爲之也聖無時無時者古今一時是故伏羲神農至今猶在無果者無因非果仲尼表高子淵表深杏壇陋巷本無是事無體者諸法同體三教聖人末世衆生同一眼見同一耳聞同一氣出人此非識心分別可知智證乃見讀儒書者尚以此意參之庶幾聖門之嫡傳哉

應帝王

矢不密鳥不高羅不繁獸不深法不多民不譎道不勞士不岐吾欲爲網罟彼即爲深穽網罟者深穽之始也吾欲爲法律彼即爲舞文法律者舞文之始也吾欲爲仁義彼即爲放弑仁義者放弑之始也道而觸者彼曰無禮此亦曰無禮分辯不已遂爲格鬬僞

盟誓者亦假約束何也非約束無以爲局騙資也嗟夫此豈制作之初意哉勢使然耳文中子爲弟子曰余依先聖之言教民慈教民孝教民睦教民信講業三十年而民之腐滋甚者今之人不逮古邪何訓之難也弟子曰先生之教非也非民之難訓也先生言慈而不類之子始以慈望其父先生言睦而不肖之卑幼始以厚責其長上先生言信而詐盟要約者始以信讓其朋友故自先生立教以來父見子過子見父過兄弟責望于家朋友譙讓于野先生之教則然

豈民之罪哉文中子愀然而退屏居深山終身不爲人師邃古之初民物雜處有若族屬患難不作迨其後世始有教民網罟漁獵者于是獸相率入于山魚相率入于淵鳥相率入於深林人與禽獸旣不相習是故人之強有力者遇獸則殺獸之強有力者遇人亦恣其食噉故夫民之無辜而不免於齒角之禍者智士之教也文王謂鶡冠子曰敢問詐之所始鶡冠子對曰始于一二文王曰一二奇偶自然之數也惡乎詐鶡冠子曰有一二卽有千百有千百卽有計算

有計算卽有文字有文字而天下之機變不可勝窮也試曰蒼頡作字天雨血鬼聚哭憤大朴之漓奸巧之生也鬼神不得其所況乎人哉舜南巡狩至江漢之野遇一丈人披髮而泣舜曰天下熙熙然樂父老獨悲何者丈人曰往者余釣于江朝出夜沒垂六十年人無知者今江濱之人有以余爲賢而親之者矣是必上之人有以使之也夫以爲賢而親之不賢者將疎之矣余將目擊夫百姓之相食而此地之爲戰場也是以泣也舜曰今天下何如放勳之時丈人曰

噫安可比帝堯之世九水溢十日出而民不爲災今則壤定日月調而民之繁庶不加于昔也帝堯之世四凶在位三苗負固頑讒布野而堯不以其故貶聖今流者流格者格殛者殛而昭宣平章不倍于昔也夫帝堯之德去烈山氏一間耳今奚得比哉聖王之治何法曰法天天何法曰法嬰兒嬰兒何法曰法鷇卵天不以水之熱炎而去水天不以嗜人之故而絕虎狼蚊蚋天不以地狹民貧而摧山塡海聖王亦然聖王者覆智愚賢不肖而因其自生自育者也故法

天也嬰兒激之不嗔譽之不喜太山摧于前而目不瞬天之至也故法嬰兒也鷇卵無聞無見冥冥漠漠爍之不以爲熱濡之不以爲寒蒙之祖也故法鷇卵齊威王令于國中有能善巧分別者賜千金三日而應募者三人一人曰臣能分別人之面貌萬不失一齊王乃呼左右一色一衣者百人遍令閱之一閱而識其姓字三覆不悞一人曰臣之術有過于此者臣能分別鷄鶩野鵲齊王乃呼嗇夫籠孔雀翡翠百餘似類其左右前後遍令閱之頃之發籠嘈啖庭下雜

問其處一無所失一人曰臣之術又有過于此者臣能分別諸名花果齊王乃導入圃命觀桃李諸花觀畢死令摘花試之枝葉柯亞皆記其處十問而十不失齊王大喜立賜千金西郭先生進曰此小術也奚足爲怪臣之術有大異于此者因問首一人爾一日能分別幾曰千餘人次分別幾鳥曰百餘次分別幾花曰不過六七樹西郭先生笑曰陋哉臣之術能一時知趙魏齊楚諸國雨點之數飛禽走獸皆洞得其情狀臨淄之中七萬戶起一心一念臣能悉知用臣不術可撫四夷齊王大駭齋戒七日庭設九賓進西郭先生于殿王三環進食跪而請曰先生之術可得聞乎西郭先生曰可霖雨臣知其可千里猛雨知其不數十里分龍之雨𡵆雲之雨知其不隔轍臣是以知雨點之數也翼者知其能飛角者知其能觸逸者知其善走臣是以得鳥獸之情狀也王之百姓貧者知其欲粟賤者知其欲爵鰥者知其欲婦曉起知其營業人夕知其宴眠臣是以悉知其心之所念也臣之術操者簡而用者博故得之可撫四夷威王憮然自失曰先生休矣

廣莊終